LA
SOLUCIÓN
TIROIDEA

Un plan clínicamente comprobado y desarrollado por doctores para diagnosticar el desequilibrio tiroideo y revertir sus síntomas

DR. RIDHA AREM

RODALE

Ciertas partes de este libro fueron publicadas anteriormente por Ballantine Books en 2007. La edición de envío directo por correspondencia de Rodale Inc. se publica en 2009 bajo licencia de Ballantine Books.

Library of Congress Cataloging-in-Publication Data
Arem, Ridha.
    [The thyroid solution. Spanish]
    La solución tiroidea : un plan clinicamente comprobado y desarrollado por doctores para diagnosticar el desequilibrio tiroideo y revertir sus síntomas / Ridha Arem.
       p.   cm.
    Includes bibliographical references and index.
    ISBN-13 978–1–60529–702–6   hardcover
    ISBN-10 1–60529–702–X   hardcover
   1. Thyroid gland—Disease—Popular works.   2. Thyroid gland—Diseases—Complications.   3. Depression, Mental.   4. Mind and body therapies.   I. Title.
   RC655.A6818   2009
   616.4'4—dc22

2009009740

2 4 6 8 10 9 7 5 3 1 tapa dura

Inspiramos a las personas y les damos la posibilidad de mejorar tanto sus vidas como el mundo a su alrededor

Para conseguir más de nuestros productos visite **rodalestore.com** o llame al 800-424-5152

A las personas más especiales que enriquecieron mi corazón con amor:
a mis queridos padres, a mi amada esposa y a mis dos hijos maravillosos.
Mi esperanza es que este libro inspire a mis hijos a dedicarse
a ayudar y amar a los demás.

ÍNDICE

PRIMERA PARTE
La emergente conexión mente-tiroides:
Las maneras en que esta diminuta glándula endócrina afecta su estado de ánimo, sus emociones y su comportamiento

SEGUNDA PARTE
No es idea suya: interacciones emocionales y físicas comunes

TERCERA PARTE
Los problemas tiroideos de las mujeres: sus síntomas no son producto de su imaginación

CUARTA PARTE
Diagnóstico y tratamiento de los trastornos tiroideos más comunes: el camino al bienestar

PRÓLOGO

En el momento en que se publicó la primera edición de este libro, los pacientes que sufrían de un desequilibrio tiroideo, diagnosticado o no, contaban con recursos muy limitados para averiguar más acerca de su afección y para comprender y validar sus síntomas y su sufrimiento. Millones de pacientes con trastornos tiroideos alrededor del mundo fueron malentendidos, mal diagnosticados y les hicieron sentir que sus síntomas eran tan sólo el producto de su imaginación. Rara vez se hacía mención en libros o en los medios de comunicación del vínculo que existe entre el desequilibrio tiroideo y los trastornos del humor, entre ellos la depresión, así como el papel que desempeña la hormona tiroidea en regular el estado de ánimo, las emociones, el comportamiento, el apetito y la salud hormonal de las mujeres.

Algunos pacientes con trastornos tiroideos chateaban en la internet, compartiendo sus experiencias en un intento por entender sus síntomas y se negaban a creer que habían perdido la razón. Los libros que hablaban acerca de los trastornos tiroideos en esencia listaban los síntomas y los indicios de estas afecciones en un formato de libro de texto de medicina, sin describir los problemas y los retos que estos pacientes tienen que enfrentar en su vida diaria y sin brindar una manera de entender y curar el desequilibrio tiroideo.

Cuando *La solución tiroidea* se publicó inicialmente, recibí miles de mensajes por correo electrónico de pacientes de todo el mundo, dándome las gracias por haber escrito este libro. Sigo escuchando comentarios acerca de cómo ha cambiado la vida de tantas personas que padecen trastornos tiroideos. Debido a que mi visión del impacto que un desequilibrio tiroideo tiene en la salud y la vida de una persona, y gracias también a que mi manera cabal y futurista de abordar la atención que se les debe dar a los pacientes con trastornos tiroideos va más allá de lo que tradicionalmente ha enseñado la medicina convencional, muchos doctores convencionales, entre ellos los endocrinólogos, expresaron cierto desacuerdo con mi visión y mi abordaje del tema, pero esto era algo que yo ya estaba anticipando.

Sin embargo, con el paso de los años, un número cada vez mayor de médicos ha empezado a entender mi visión y a adoptar mi método exitoso para tratar a los pacientes con trastornos tiroideos. Cada vez más pacientes con trastornos tiroideos están siendo atendidos sólo con base en los análisis. Más doctores están prestando atención a los síntomas de sus pacientes y están más conscientes de que el sufrimiento puede continuar incluso después de que los resultados de los análisis de sangre se han normalizado con el tratamiento. Más doctores están siendo compasivos y están ofreciendo más maneras de aliviar los síntomas. Pero pese al avance que hemos observado, este sigue siendo insuficiente.

Desde la primera edición de este libro, he adquirido más conocimientos tanto de los pacientes que he atendido como de la creciente investigación médica publicada en los últimos años. La primera edición había despertado un gran interés entre investigadores colegas por comprender mejor la manera en que el sistema tiroideo afecta nuestra salud y nuestro bienestar físico y mental, y por seguir validando los beneficios de un abordaje inclusivo que comprendiera tanto el cuerpo como la mente para tratar a los pacientes que estuvieran padeciendo un desequilibrio tiroideo. En años recientes, se han logrado avances importantes en cuanto al reconocimiento de la importancia de una nutrición saludable, el uso de las técnicas de cuerpo y mente, el consumo de vitaminas y antioxidantes y el ajuste fino de los medicamentos cuando se está tratando a pacientes con trastornos tiroideos. Ahora sabemos más acerca del vínculo que existe entre los trastornos tiroideos y otras afecciones autoinmunitarias como la disfunción pituitaria, la deficiencia de la hormona del crecimiento, la fibromialgia y la insuficiencia adrenal, por nombrar sólo unas cuantas. Ahora también sabemos más acerca de los problemas hormonales de las mujeres y cómo se ven afectados por la glándula tiroides, acerca de los beneficios de los tratamientos hormonales y acerca de cómo se debe usar la terapia de reemplazo hormonal. También sabemos más sobre cómo se regula el peso, cómo el sistema tiroideo afecta la regulación compleja del apetito y del metabolismo y cómo los pacientes con trastornos tiroideos pueden ganar la batalla contra el peso. Hemos adquirido más conocimientos en los campos de la depresión, la ansiedad y los trastornos de cambios de humor y de la relación que existe entre estos trastornos y el sistema tiroideo. Actualmente, están disponibles muchos medicamentos y métodos de tratamiento nuevos para tratar trastornos mentales y los pacientes con trastornos tiroideos necesitan ser informados acerca de los mismos. También sabemos más acerca de lo que dispara y perpetúa las reacciones autoinmunitarias en la tiroides, así como del papel que desempeñan el estrés, el medio ambiente, las vitaminas y los antioxidantes en mantener la salud de la tiroides. Los médicos que atienden a pacientes con trastornos tiroideos ahora saben que se debe tratar no sólo la tiroides y solamente corregir los análisis de sangre sino también brindar el mejor apoyo posible tanto al sistema inmunitario como a la mente.

Este libro ha sido extensamente revisado y reescrito a modo de incluir tanto estos conocimientos como las diversas maneras prácticas y nuevas que ahora existen para que los pacientes con trastornos tiroideos se puedan sentir lo mejor posible y logren y mantengan un nivel óptimo de salud. A lo largo de los últimos años, he refinado el protocolo de tratamiento combinado con T4/T3 para pacientes hipotiroideos que han tenido síntomas persistentes de fatiga y depresión. He aprendido más acerca de la importancia de la proporción de estas dos hormonas para lograr el mayor beneficio. En esta nueva edición, usted aprenderá que usar T3 compuesta de liberación retardada en vez de utilizar T3 sintética le permitirá a su doctor ajustar la dosis de T3 con mayor precisión para curar sus síntomas.

Aprenderá más acerca de la actual controversia que rodea los análisis de hormonas tiroideas, la facilidad con la que pueden darle un diagnóstico equivocado y cómo evitar que esto ocurra. Este libro le enseñará que usted podría ser una de las millones de personas que sufren de una tiroides hipofuncionante pese a que los resultados de sus análisis sean normales. También le explicará cómo obtener un diagnóstico y tratamiento adecuados para esta afección que con tanta frecuencia se pasa por alto.

El desequilibrio tiroideo es, de hecho, mucho más común de lo que se estimaba hace una década. A pesar de que ahora hay una mayor consciencia de lo común que es el desequilibrio tiroideo en nuestra población, de que ahora están disponibles muchos más libros que hablan de los trastornos tiroideos, del gran número de artículos que se han publicado en revistas de salud, revistas para mujeres y la internet y del gran interés que se ha generado desde la publicación de la primera edición, aún hay mucho por hacer con respecto a educar tanto al público como a la comunidad médica acerca de esta epidemia verdaderamente oculta. Mi esperanza es que esta nueva edición especial de *La solución tiroidea* contribuya a mejorar el conocimiento de estos problemas y a ayudar a más personas alrededor del mundo.

AGRADECIMIENTOS

Son muchas las personas han hecho posible este libro. En primer lugar, quiero expresar mi más profundo agradecimiento a los pacientes que me han enseñado lo que nunca pude aprender en los libros y los artículos y a aquellos que fueron tan amables de compartir sus experiencias conmigo para este libro. Estos pacientes han hecho una contribución invaluable para ayudar a otros. El trabajo arduo y la dedicación de los investigadores y psiquiatras de todo el mundo que han estudiado la enfermedad tiroidea fueron elementos críticos que me permitieron comprender e interpretar las interacciones que se dan entre la mente y la tiroides. Un agradecimiento especial para mi mentor, el profesor Raymond Michel, quien a principios de los años 50 fue uno de los investigadores que descubrió la T3, que es la forma más activa de la hormona tiroidea. El profesor Michel encendió mi pasión por aprender el papel que la hormona tiroidea desempeña en nuestro cuerpo.

No hay duda que sin el inquebrantable apoyo y la comprensión de mi esposa, Noura, yo no hubiera sido capaz de llevar al cabo el proyecto de escribir este libro. Le doy las gracias a mi administradora, Julie Murphy Pieper, por su continuo apoyo. Estoy agradecido con mis asistentes, Stephanie Sterie y Kimberly Garland. Hicieron un trabajo sobresaliente al ayudarme a recopilar una cantidad tremenda de estudios de investigación, mecanografiar y organizar la segunda edición de este libro.

La gratitud que siento con mi agente, Angela Rinaldi, no puede expresarse en palabras. Su ayuda y su guía no tienen precio. Aprecio profundamente la minuciosidad y el talento de mis editoras en Ballantine Books, Leslie Meredith, Christina Duffy, Sue Warga y Patricia Nicolescu. Sus sugerencias fueron siempre acertadas. También quiero darles las gracias a todas las demás personas que trabajaron en este proyecto. Su apoyo y su ayuda me permitieron mantenerme con el ánimo en alto a lo largo del tedioso proceso de completar este libro.

INTRODUCCIÓN

Hace unos años, en el transcurso de una semana atendí a dos pacientes, Stacy y Murielle, cuyas experiencias fueron las que, en última instancia, me inspiraron a escribir este libro.

Stacy me vino a consultar para pedirme una segunda opinión acerca de su padecimiento, una afección llamada la enfermedad de Graves, que da como resultado un hiperfuncionamiento de la tiroides. Ella me pidió que le recomendara un libro para "gente común" que tratara con los aspectos psicológicos y emocionales de la enfermedad tiroidea. Stacy ya había estudiado todos los libros sugeridos por las Bases Tiroideas de los Estados Unidos, la principal organización de recursos para pacientes con afecciones tiroideas. También había buscado información en las secciones de salud y medicina de varias de las principales librerías. Stacy había padecido esta afección tiroidea durante cuatro años y los síntomas mentales y emocionales que le producía habían contribuido al fracaso de su matrimonio y a la pérdida de su empleo. Estaba decidida a averiguar de qué manera su afección tiroidea había afectado su mente y cómo se iba a sentir probablemente en el futuro. Aunque sí le mencioné varios estudios científicos, me di cuenta que no sabía de ningún libro popular dirigido al público en general que tratara este problema importante.

Poco después de la consulta con Stacy, atendí a Murielle, una psicóloga joven que sufría de depresión. "Mi nivel de energía es tan bajo —me comentó—. Parece que lo único que puedo hacer es tratar de mantener la concentración porque me siento muy cansada. Quiero trabajar menos y ahora le he llegado a tener pavor a los casos difíciles y complejos con muchos problemas de personalidad".

Aunque su formación profesional le había dado cierta experiencia para lidiar con cuestiones de la mente y el estado de ánimo, Murielle no tenía muy clara cuál era la causa y la cura de su propia depresión. Como sabía que la depresión y el cansancio también podrían ser síntomas de un desequilibrio tiroideo, empezó a preguntarse si sus síntomas podrían tener alguna relación con su tiroides. A diferencia de Stacy, resultó que Murielle no tenía una glándula tiroides disfuncional. En cambio, ella padecía un trastorno en la química cerebral que tenía relación con un desequilibrio en los niveles de hormona tiroidea en el cerebro. Aunque Murielle había probado tomar varios antidepresivos, no había sido capaz de recobrar completamente su felicidad, su energía y su sensación de bienestar general sino hasta que empezó a tomar una hormona tiroidea junto con un antidepresivo. Por lo tanto, aunque Murielle no tenía una afección tiroidea en sí, en su caso, el tratamiento con una hormona tiroidea en combinación con un antidepresivo fue la solución que la llevó a una recuperación total.

Mientras la estuve tratando, Murielle me hizo varias buenas preguntas, entre ellas, dónde podría averiguar más acerca de cómo la tiroides y las hormonas que libera al torrente sanguíneo afectan al cerebro y al sistema nervioso, alterando así, directa o indirectamente, el estado de ánimo, las emociones y el comportamiento. De nuevo, no había libro alguno que pudiera recomendarle que tratara, en lenguaje coloquial, las relaciones intrincadas que existen entre los padecimientos tiroideos, las emociones y los patrones de pensamiento. Así entonces, me fui percatando cada vez más de la necesidad urgente que tenían pacientes como Stacy y Murielle de aprender más sobre su afección, y esto fue lo que me llevó a empezar a escribir este libro.

El propósito de *La solución tiroidea* es doble. En primer lugar, pretende introducir a los lectores a las muchas maneras en que la tiroides puede afectar la química cerebral. En años recientes, los científicos han logrado avances asombrosos en cuanto a demostrar la manera en que las sustancias químicas del cerebro, como el bien conocido neurotransmisor llamado serotonina, pueden influenciar todo desde el estado de ánimo hasta el apetito. No obstante, muchos médicos no comprenden lo esenciales que son las hormonas tiroideas para una química normal del cerebro. Es hora de que las hormonas tiroideas sean reconocidas como sustancias químicas clave del cerebro, con acciones y efectos similares a los de la serotonina y otros neurotransmisores. Dichos efectos incluyen aliviar estados emocionales como la depresión, tal como descubrió Murielle, así como asistir otras comunicaciones entre la mente y el cuerpo, por ejemplo, la regulación del metabolismo, la sexualidad, la fertilidad, el apetito, el peso y la claridad mental.

En segundo lugar, este libro pretende brindar a los pacientes con trastornos tiroideos, así como a sus parejas, familiares y amistades, información práctica y útil que pueda ayudarles a entender y lidiar con las dificultades y el sufrimiento emocional inducido por las enfermedades tiroideas. *La solución tiroidea* detalla un programa de cuerpo y mente que le ayudará a usted, como paciente, a impedir que los síntomas vayan escalando y a restablecerse. También le enseñará a colaborar con su médico para obtener un diagnóstico acertado. Además, le ayudará a lograr y mantener un equilibrio tiroideo óptimo a través del tratamiento.

Una de cada diez personas que viven en los Estados Unidos, es decir, más de 20 millones de personas, sufren de disfunción tiroidea. El desequilibrio de hormona tiroidea, junto con su gemela fraternal, la depresión clínica, podría ser el resfriado común de las enfermedades emocionales. No obstante, la mayoría de sus víctimas no saben que los padecimientos tiroideos tienen componentes mentales o emocionales. Sólo saben que se sienten raros y que no se han sentido bien durante mucho tiempo. Es a aquellas personas a quienes va dirigido este libro y estoy seguro les ayudará a recobrar su salud emocional.

Afecciones e inquietudes

Como cualquier órgano del cuerpo, la glándula tiroides puede verse afectada por una amplia gama de trastornos, desde la afección común y endémica llamada tiroiditis de Hashimoto, que es la principal causa de hipotiroidismo (tiroides hipofuncionante), hasta afecciones raras e inusuales como la tiroiditis de Riedel (una afección en que el tejido fibroso reemplaza el tejido tiroideo saludable). La función principal de la glándula tiroides es producir hormona tiroidea, una sustancia química crucial que afecta al metabolismo y a otras funciones corporales. La hormona tiroidea también forma parte de la mezcla de sustancias químicas del cerebro que regulan los estados de ánimo, las emociones, la cognición, el apetito y el comportamiento.

Un libro de referencia casero completo sobre las enfermedades tiroideas tendría que describir en detalle todas las afecciones tiroideas, tanto las inusuales como las comunes. Pero eso dejaría poco espacio para detallar los efectos ocultos y a menudo mal entendidos de los desequilibrios hormonales tiroideos más comunes, los cuales afectan a millones de personas. Por esa razón, este libro se centra principalmente en las afecciones que dan por resultado los tipos de desequilibrios de hormona tiroidea que afectan a la mayoría de las personas. No obstante, he incluido información útil acerca de diversas afecciones tiroideas, entre ellas el bocio, los nódulos tiroideos, el cáncer de tiroides, la enfermedad ocular tiroidea y muchas otras. Si usted padece alguna de estas afecciones, esta información le servirá de guía cuando esté buscando un diagnóstico o recibiendo tratamiento.

La solución tiroidea también difiere de muchos otros libros acerca de las enfermedades tiroideas en su descripción de los pacientes con trastornos tiroideos y los retos e inquietudes reales que enfrentan, los cuales los pacientes me han revelado durante los más de quince años que llevo trabajando con ellos y ayudándolos a sanar. Este es el primer libro que explica el sufrimiento secreto que muchos pacientes tienen dificultades para expresar y el primero en brindar maneras nuevas de ayudar a atender y curar este sufrimiento. Mi esperanza es que sus relatos le ayuden a identificar sus propios síntomas, algunos de los cuales quizá haya creído que no tenían relación con una afección tiroidea. Además, sus relatos de cómo recuperaron la salud física, mental y emocional quizá le inspiren a encontrar las respuestas y el tratamiento que usted necesita.

Cómo puede usar este libro

La Primera Parte de *La solución tiroidea* describe los conocimientos más actuales acerca de la conexión que existe entre la tiroides y la mente y cómo es probable que un desequilibrio tiroideo afecte no sólo su salud física, sino también su estado de ánimo, sus emociones y su comportamiento. Resalta los tipos de afecciones tiroideas que podrían dar por resultado un desequilibrio tiroideo y describe los efectos potenciales que este podría tener en su salud emocional y física. Aquí aprenderá a reconocer el hipotiroidismo (tiroides hipofuncionante) y el hipertiroidismo (tiroides hiperfuncionante) y a colaborar con su médico para obtener un diagnóstico apropiado. La Primera Parte del libro también le muestra cómo los neurocientíficos han llegado a considerar la glándula tiroides como un "anexo del cerebro", dado que el cerebro usa sustancias químicas tiroideas para llevar a cabo una amplia gama de funciones cerebrales. También aprenderá que saber lidiar con el estrés, mantener un estado de ánimo saludable y estable y lidiar con la vida dependen en gran medida del buen funcionamiento de su tiroides y de la entrega y dispersión adecuadas de hormona tiroidea en el cerebro. El estrés y el desequilibrio tiroideo van de la mano: el desequilibrio tiroideo afecta su percepción del estrés y el estrés puede provocar un desequilibrio tiroideo. Esta relación entre la tiroides, el sistema inmunitario y la química del cerebro es intrincada y el manejo del estrés es importante para evitar episodios agudos de desequilibrio tiroideo. Aprenderá que los efectos de los desequilibrios tiroideos son tanto físicos como mentales, aunque muchos médicos tienden a centrarse sólo en los físicos. También aprenderá las muchas razones deplorables por las cuales los desequilibrios tiroideos a menudo permanecen sin diagnosticar, o bien, se diagnostican equivocadamente. Una de tales razones es que los pacientes que sufren de un desequilibrio tiroideo a menudo presentan los síntomas de ciertos trastornos del estado de ánimo y de ansiedad y por lo tanto, se les puede diagnosticar como pacientes deprimidos o ansiosos. El desequilibrio de la hormona tiroidea en el cerebro puede ser ocasionado ya sea por un mal funcionamiento de la glándula o por una alteración en la manera en que la hormona se dispersa en el cerebro. Cualquiera que sea el caso, esto puede conducir a diferentes tipos de depresión y trastornos de ansiedad. El equilibrio hormonal tiroideo en el cerebro es crucial para mantener un estado de ánimo, emociones y comportamiento estables. La hormona tiroidea se puede usar como un auténtico antidepresivo. Cuando se administran formas naturales o sintéticas de esta hormona en la dosis correcta junto con ciertos antidepresivos, se pueden lograr efectos casi milagrosos en el estado de ánimo del paciente. Esto puede ser especialmente cierto para las personas que sufren de depresión y que no han respondido completamente a los antidepresivos convencionales, como *Prozac®* y otros inhibidores de la recaptación selectiva de serotonina.

La Segunda Parte presenta información detallada acerca de la manera en que los desequilibrios tiroideos pueden afectar su peso, su vida sexual y sus relaciones.

Debido a que los desequilibrios tiroideos pueden irrumpir en su vida personal y afectar tanto su vida sexual como sus relaciones con consecuencias devastadoras, es importante que aprenda a hablar de estos efectos íntimos con su doctor. Dichos efectos no necesariamente desaparecen después de que se ha tratado el desequilibrio, de modo que también tendrá que aprender a lidiar con estos problemas y a pedirle a su pareja el apoyo que usted necesita.

La Tercera Parte está dedicada a los problemas de salud de las mujeres, en particular la infertilidad y el aborto espontáneo, la depresión posparto, el síndrome premenstrual y la menopausia. Un desequilibrio tiroideo causará o intensificará el síndrome premenstrual durante los años fértiles y afectará cómo se siente una mujer durante la menopausia. Cuarenta millones de mujeres entrarán a la menopausia durante las próximas dos décadas y un número significativo de ellas padecerán algún tipo de desequilibrio tiroideo. Casi del 10 al 12 por ciento de las mujeres posmenopáusicas padecerán hipotiroidismo. Debido a que los síntomas de la menopausia y aquellos de los desequilibrios tiroideos comparten muchas similitudes, es importante que las mujeres sepan cuándo sospechar una afección tiroidea y cuándo considerar la terapia de estrógenos.

Incluso un desequilibrio tiroideo minúsculo puede dar por resultado infertilidad y la depresión que engendra dicha infertilidad a menudo empeora a causa de un desequilibrio tiroideo. Las mujeres también pueden perder el deseo sexual. Le explicaré la interacción que tiene lugar en la mente entre los efectos de la infertilidad y el desequilibrio tiroideo y cómo puede romper los agotadores círculos viciosos que genera una enfermedad tiroidea.

La Cuarta Parte es directamente la sección más práctica de *La solución tiroidea*. Esta sección le brinda las herramientas que necesitará para determinar la salud de su tiroides y qué debe hacer si sufre de algún desequilibrio tiroideo. También describe los análisis de laboratorio más populares para medir cuánta hormona tiroidea tiene en su organismo, así como las ventajas y desventajas de otras técnicas de autodiagnóstico más sencillas. Aquí también examinamos una importante controversia que hay en este ámbito: ¿puede alguien tener un desequilibrio tiroideo aunque los resultados de los análisis de sangre parezcan normales? Usted encontrará un resumen extenso de otras afecciones médicas que pueden aumentar su riesgo de padecer un desequilibrio tiroideo en el futuro. Estas son las mismas afecciones con las que tendrá que tener cuidado si ya le han diagnosticado un trastorno tiroideo y ha recibido tratamiento para el mismo. Y también aprenderá acerca de algunos de los problemas más comunes que pueden surgir durante el transcurso del tratamiento para el hipotiroidismo y el hipertiroidismo, desde los efectos secundarios que se relacionan con el uso de fármacos tiroideos convencionales hasta los muchos problemas que pueden ocurrir si está recibiendo tratamiento con yodo radioactivo.

Aprenderá a colaborar con su médico para recibir el tratamiento más adecuado para su afección. También aprenderá a prevenir los lapsos de memoria y otros problemas cognitivos, así como la depresión, que pueden persistir aún después de haber tratado un desequilibrio tiroideo. Estos efectos persistentes de los desequilibrios tiroideos a menudo persiguen a millones de personas incluso después de que sus análisis de sangre han vuelto a ser normales con tratamiento, y puede que necesite ser perseverante en su búsqueda por encontrar la manera de curarlos. Muchos de mis pacientes se han beneficiado de seguir el modelo del "Círculo de Bienestar" que les doy para recuperarse de los efectos a largo plazo de un desequilibrio tiroideo.

Ya sea que sufra de hipotiroidismo, depresión relativa a la tiroides, fibromialgia o efectos persistentes, si usted ha estado buscando una manera de aliviar sus síntomas y recobrar la salud en general, un innovador protocolo de tratamiento que desarrollé, el cual combina dos de las principales hormonas tiroideas, bien podría revolucionar la manera en que usted trata su afección tiroidea. *La solución tiroidea* es el primer libro para el público en general que habla de este tratamiento y que demuestra sus beneficios.

Por último, le presento un plan completo para mantener la salud general de su tiroides. El gran número de elecciones que debe hacer diariamente en cuanto a su estilo de vida puede prevenir o aliviar los desequilibrios tiroideos. Hablaremos de la alimentación óptima para la salud de su tiroides, una alimentación que, no por coincidencia, también apoya la salud de otras glándulas y órganos. También aprenderá cuáles son los nutrientes más amigables para su tiroides y los beneficios de los antioxidantes y los ácidos grasos esenciales para lograr y mantener una salud física y mental óptimas. Prestaremos especial atención al mineral yodo y a los medicamentos específicos para la tiroides que pueden afectar esta glándula. Otras secciones se centran en los beneficios de hacer ejercicio o alguna forma de actividad física con regularidad, así como en explicar por qué el alcohol y la nicotina son especialmente dañinos para la tiroides.

El último capítulo le ofrece ocho maneras de educar a los doctores y al público en general acerca de los vínculos cruciales que existen entre la tiroides, la mente y el estado de ánimo para beneficiar la salud pública general de nuestro país. Los pacientes necesitan empezar a pedir análisis de su glándula tiroides. Además, la implementación de análisis públicos, como aquellos que se ofrecen para medir los niveles de colesterol en eventos públicos como ferias de salud, beneficiará inmensamente tanto a individuos como a toda nuestra población.

Un enfoque de mente y cuerpo para abordar la tiroides

En última instancia, este libro les hace saber a los lectores aquello en lo que yo trato de enfatizar con mis pacientes; la enfermedad tiroidea no es una enfermedad puramente fisiológica, sino que es una enfermedad biopsiquiátrica, una afección de cuerpo y mente. Muchos desequilibrios tiroideos pueden controlarse del mismo modo en que actualmente se controlan otros trastornos mentales, es decir, al corregir la química del cerebro (en este caso, ya sea la falta o el exceso de hormona tiroidea) y al restaurar la salud y la calma mental de los pacientes. Además, la hormona tiroidea puede ayudar a pacientes deprimidos y ansiosos a estabilizar su química cerebral en los casos en que los antidepresivos convencionales han fallado.

Si fuera por mí, todas las personas que no se hubieran estado sintiendo lo mejor posible durante algún tiempo tendrían que someterse regularmente a pruebas para detectar algún desequilibrio tiroideo. Aquellos pacientes diagnosticados con un desequilibrio tiroideo que, después de un período razonable de tratamiento con hormonas tiroideas, no se sintieran nuevamente como antes, tendrían que seguir el programa de cuerpo y mente detallado en este libro.

La clave para corregir desequilibrios tiroideos ha cambiado del simple diagnóstico y documentación de los síntomas físicos a un método que se concentra en los aspectos emocionales de la enfermedad. La disfunción tiroidea puede infligir golpes brutales al cerebro y crear cambios que tienen efectos nocivos a largo plazo —y a veces incluso permanentes— en su salud y paz mental. Cuando yo trato los efectos emocionales y mentales a largo plazo de un trastorno tiroideo, empleo tanto medicamentos como terapia personal, es decir, uso lo mejor que ofrecen los laboratorios y también escucho a mis pacientes cuando los estoy atendiendo. Mi intención al escribir *La solución tiroidea* es sacar a la luz información revolucionaria y darles esperanza a todos aquellos pacientes con trastornos tiroideos que siguen sufriendo aquella angustia mental que no ha sido suficientemente explicada ni comprendida por los médicos.

PRIMERA PARTE

LA EMERGENTE CONEXIÓN MENTE-TIROIDES

Las maneras en que esta diminuta glándula endócrina afecta
su estado de ánimo, sus emociones y su comportamiento

1

EL DESEQUILIBRIO TIROIDEO

Una epidemia oculta

¿Podría tener una tiroides hiperfuncionante o hipofuncionante sin siquiera saberlo? Millones de estadounidenses —y un alto porcentaje de mujeres menopáusicas y perimenopáusicas (más o menos la década anterior a la menopausia durante la cual empiezan a presentarse cambios hormonales, emocionales y físicos)— la tienen. Los desequilibrios tiroideos no siempre son fáciles de detectar. Los médicos siguen discutiendo si, en efecto, un desequilibrio tiroideo mínimo afecta la salud mental y física. Pero la verdad es que sí la afecta y de manera contundente.

¿Tiene cualquiera de los síntomas siguientes?

- Siempre se siente fatigado o exhausto
- Se siente irritable e impaciente
- Se siente muy acalorado o con mucho frío
- Está deprimido, ansioso o con pánico
- Ha presentado cambios molestos en la piel o el cabello
- Está a la merced de sus estados de ánimo
- Aumenta o baja de peso inexplicablemente
- Está perdiendo su entusiasmo por vivir
- Duerme mal o tiene insomnio

¿Se está sintiendo agotado por haber aprovechado un exceso de energía durante varios meses? ¿Se siente letárgico, olvidadizo y desconectado de sus familiares y amistades? ¿La gente le ha estado diciendo que ha cambiado? ¿Está tomando *Prozac* o algún fármaco similar para la depresión leve pero sigue sintiendo que su mente y su estado de ánimo siguen sin volver a la normalidad? ¿O ha sido tratado por depresión severa en los últimos cinco años?

Si presenta más de uno de estos síntomas o respondió que sí a una o más de estas preguntas, usted podría ser una de las muchas personas con una afección tiroidea no diagnosticada. Aunque algunos de estos síntomas podrían parecer contradictorios, todos pueden ser indicativos de un desequilibrio tiroideo.

También podría ser una de las muchas personas que han recibido tratamiento para un desequilibrio tiroideo pero que siguen sufriendo sus efectos persistentes, a menudo pasados por alto, que pueden seguirlo acosando incluso después de que los tratamientos presuntamente hayan restaurado sus niveles tiroideos a la normalidad. Si alguna vez ha sido tratado por un desequilibrio tiroideo, conteste las siguientes preguntas:

- ¿Sigue sufriendo de fatiga?
- ¿Se siente mejor pero todavía no como antes?
- ¿Tiene estallidos de enojo inusuales?
- ¿Es socialmente menos extrovertido de lo que solía ser?
- ¿Tiene menos tolerancia de los defectos de sus familiares y amistades?
- ¿Sufre de episodios ocasionales de depresión leve?
- ¿Tiene lapsos de memoria frecuentes?
- ¿A menudo se siente incapaz de concentrarse en lo que está haciendo?
- ¿Se siente más viejo de lo que es?

Si ha tenido un problema tiroideo en el pasado pero sigue contestando que sí a una o más de estas preguntas, es muy probable que sus síntomas estén relacionados con su tiroides. Ya no tiene que seguir sufriendo. *La solución tiroidea* le mostrará cómo puede colaborar con su médico para curar estos síntomas persistentes.

La tiroides y la mente

En cualquier momento dado en los Estados Unidos, más de 30 millones de personas sufren de algún trastorno tiroideo, más de 10 millones de mujeres tienen algún desequilibrio tiroideo subclínico y casi 10 millones de personas con algún desequilibrio tiroideo siguen sin ser diagnosticadas. Cada año se diagnostican alrededor de 500.000 casos nuevos de desequilibrio tiroideo.[1] Todas estas personas son vulnerables a los efectos mentales y emocionales durante mucho tiempo, incluso después de haber sido diagnosticadas. Su tratamiento incorrecto o inadecuado conduce a un sufrimiento innecesario para millones de estas personas. Pero estas son sólo cifras. Detrás de las mismas, están los síntomas y los devastadores efectos mentales vividos por seres humanos de carne y hueso.

Durante las últimas dos décadas, hemos sido testigos de un aumento importante en el reconocimiento y detección de enfermedades tiroideas. Esto se debe, en parte, a una mejor tecnología médica, que ha llevado al desarrollo de métodos más sensibles para el análisis y diagnóstico de trastornos tiroideos. También se debe a una mayor consciencia por parte del público de que las enfermedades tiroideas pueden permanecer sin ser diagnosticadas durante mucho tiempo y que incluso una disfunción tiroidea leve puede afectar la salud.[2] También es probable que los desequilibrios tiroideos se hayan vuelto más comunes como resultado de los efectos nocivos del medio ambiente. A fechas recientes, algunas asociaciones médicas, como la Asociación de Endocrinólogos Clínicos de los Estados Unidos, han comenzado a realizar análisis públicos para detectar enfermedades tiroideas, de manera muy similar a los análisis de colesterol que ahora están disponibles en los centros comerciales y en otros lugares públicos. En cualquier momento dado, más de la mitad de los pacientes que sufren de hipotiroidismo subclínico no han sido diagnosticados. En un programa que yo dirigí para hacerles análisis tiroideos a casi 2.000 personas en el área de Houston,[3] el 8 por ciento de las personas analizadas tenían una tiroides hipofuncionante. Muchas de estas personas nunca habían oído hablar de la glándula tiroides pero se apresuraron a hacerse los análisis cuando reconocieron que estaban presentando muchos de los síntomas listados en el anuncio del programa. En una feria estatal de salud que se realizó en Colorado en 1995, se descubrió que el 9,5 por ciento de los 25.862 participantes que se sometieron a análisis para detectar algún desequilibrio tiroideo tenían una tiroides hipofuncionante y que el 2,2 por ciento de los mismos tenían un exceso de hormona tiroidea.[4] La concientización del público en general acerca de las enfermedades tiroideas se vio impulsada por los artículos noticiosos acerca del ex presidente George Bush y su esposa, Barbara, el presidente ruso Boris Yeltsin y la campeona olímpica de atletismo Gail Devers, cuando a todos ellos se les diagnosticó una enfermedad tiroidea. Gracias a estos factores, las personas que presentaban síntomas que no podían explicar empezaron a preguntarles a sus médicos si estos síntomas podrían guardar relación con algún trastorno tiroideo no diagnosticado.

Como un endocrinólogo que ha centrado su investigación, su cátedra y la atención de pacientes en las afecciones tiroideas, yo me percaté al inicio de mi carrera que atender a pacientes tiroideos no era tan fácil como yo había pensado. Tratar y corregir una afección tiroidea con medicamentos no siempre hace que el paciente se sienta completamente sanado. Yo descubrí que para darles una atención cabal a mis pacientes, para ayudarlos a sanar completamente, tenía que tratar tanto sus emociones como su cuerpo. Si todavía no se sentían mejor aunque sus análisis indicaran que estaban curados, aprendí a escucharlos, a creerles y a trabajar junto con ellos para ayudarlos a curarse por completo. Al atender a pacientes tiroideos, el papel del médico no se limita a atender el malestar físico, hacer análisis tiroideos y asegurar que los resultados de los análisis de sangre sean normales (lo que indica que hay cantidades normales de las diversas hormonas tiroideas en el torrente sanguíneo). Es igualmente importante atender los efectos que los trastornos tiroideos causan en la mente, ayudar a los pacientes a lidiar con su afección y asesorarlos con empatía.

Muchos médicos tratan la disfunción tiroidea, pero pocos de ellos escuchan a la persona que sufre de esta afección. Ellos se concentran en los análisis de sangre y una vez que los resultados de estos vuelven a la normalidad, para estos médicos, el caso está cerrado. Sin embargo, el paciente puede seguir sufriendo toda una diversidad de síntomas físicos y mentales durante años que quedan como secuelas del desequilibrio tiroideo. De hecho, los estudios de investigación han demostrado que los pacientes que sufren de algún desequilibrio tiroideo siguen presentando síntomas incluso después de que sus niveles de hormona tiroidea en sangre han vuelto a la normalidad con tratamiento.[5] Los médicos deben seguir tratando de manera más completa a los pacientes que siguen sufriendo durante el tiempo que sea necesario para que los efectos mentales desaparezcan. Sin embargo, la realidad hoy en día es que millones de pacientes sufren innecesariamente mientras sus doctores siguen tratando la disfunción tiroidea como un simple trastorno físico en lugar de tratarlo como lo que es: un embate complejo al cuerpo y al cerebro.

En general, los doctores de atención primaria no han sido adecuadamente preparados para detectar y manejar las enfermedades tiroideas y pueden carecer de la experiencia necesaria para diagnosticar y tratar una amplia gama de trastornos tiroideos.[6] Además, se les enseña muy poco acerca de los efectos de las enfermedades tiroideas en la salud mental o de la interacción que existe entre la mente y la tiroides.

La mayoría de los médicos internistas y médicos familiares completan su residencia sin haber recibido ningún tipo de instrucción en endocrinología (el campo de las hormonas). Cuando dejan sus programas de instrucción, tienen un conocimiento inadecuado de los trastornos tiroideos y una experiencia inadecuada para diagnosticar y tratar los mismos. Como consecuencia, rara vez están pendientes de los indicios sutiles de una enfermedad tiroidea.

Frecuentemente, un médico de atención primaria ignora la glándula tiroides en un chequeo rutinario y tampoco hace una exploración física de la misma. Sin embargo, la simple exploración física o palpación de la glándula tiroides es muy importante para encontrar pistas que indiquen la presencia de una enfermedad tiroidea. A los médicos generalmente no se les enseña cómo palpar la glándula tiroides cuando están estudiando la carrera. Muchos doctores admitirían que nunca les enseñaron la manera correcta de examinar la glándula tiroides y que no la examinan rutinariamente en su consulta.

Dado que los síntomas tanto físicos como mentales de las enfermedades tiroideas se pueden parecer a las señales de muchas otras enfermedades, a veces puede pasar mucho tiempo antes de que una persona reciba el diagnóstico correcto. A menudo, estos síntomas se diagnostican y tratan incorrectamente. Hasta que los pacientes encuentran al doctor indicado, tienen que lidiar solos con sus efectos devastadores, que pueden incluir depresión o incluso cambios importantes en el comportamiento. El desequilibrio tiroideo puede escalar rápidamente hasta convertirse en un destructivo trastorno de la química cerebral, tan potente y dominante como una depresión severa, un trastorno de ansiedad o un trastorno maníaco-depresivo.

Una vez que el cerebro ha sido privado de hormona tiroidea o que ha recibido un exceso de la misma a causa de una enfermedad tiroidea, tarda mucho tiempo en recuperarse. Si se ignoran los síntomas, pueden intensificarse. Se crea un círculo vicioso en el que el paciente se deprime, la enfermedad tiroidea empeora, los efectos físicos y emocionales se multiplican y la salud mental se ve aún más afectada. Este círculo no es bien comprendido ni reconocido y muchos doctores no saben lo importante que es detenerlo, ni cómo lograrlo.

Para comprender cómo llegamos a estar en esta lamentable situación, será útil ver cómo han evolucionado la percepción de la tiroides y el conocimiento de su funcionamiento a lo largo del último siglo.

Percepciones cambiantes de la tiroides

El artista suizo Arnold Böcklin (1827–1901) pintó un retrato de una mujer que parecía estar bastante deprimida. Su rostro sin sonrisa estaba triste y sin vida y su mirada parecía estar perdida. Sin embargo, lo que más llamaba la atención de su apariencia era que la parte frontal de su cuello estaba hinchada. La hinchazón era tan evidente que Böcklin la resaltó con el uso de color e iluminación. Como un hombre común, él reconoció que ella tenía una enfermedad física y que estaba deprimida, pero dudo mucho que haya relacionado su tiroides con su estado depresivo. De hecho, esta conexión no se empezó a entender sino hasta finales del siglo XIX.

Incluso antes que se demostrara que la glándula tiroides desempeñaba un papel en la regulación del metabolismo, ya se había reconocido como "la glándula de las emociones". De hecho, durante años se pensó que la relación entre la glándula tiroides y la mente tenía una base meramente anatómica, dado que la tiroides se encuentra físicamente cerca del cerebro. Se creía que la tiroides protegía al cerebro del sobrecalentamiento que podría resultar de un mayor flujo sanguíneo hacia el mismo cuando una persona estaba alterada. El Dr. Robert Graves fue el primero en brindar la descripción clásica de lo que ahora se conoce como la enfermedad de Graves. En su descripción de esta "afección recién observada de la glándula tiroides en mujeres",[7] él resaltó los síntomas del sistema nervioso y empleó el término *globus hystericus* debido a las diversas manifestaciones psiquiátricas exhibidas por sus pacientes. El Dr. Caleb Parry, quién había reconocido esta afección antes que Graves pero quién falleció antes que sus observaciones fueran publicadas, escribió: "En más de uno de estos [pacientes], la aflicción de la cabeza a llegado a ser casi locura".[8]

De hecho, durante décadas, la enfermedad de Graves fue considerada como una enfermedad mental más que como un verdadero trastorno tiroideo. Su primera etiqueta de "miedo cristalizado" ilustra que esta afección se consideraba como un tipo de enfermedad mental posterior a un trauma psicológico. Uno de los primeros médicos que se centró en los síntomas físicos de esta afección fue el Barón Carl Adolph von Basedow. En 1840, él describió a cuatro pacientes con los ojos saltones, bocio y frecuencia cardíaca acelerada. También fue el primero en describir el mixedema pretibial, que es una hinchazón de color café en las piernas que ocurre en un pequeño número de pacientes con la enfermedad de Graves. Si bien el término "enfermedad de Graves" ha prevalecido en el mundo angloparlante, el término que se emplea en Alemania y algunos otros países de Europa y África es "la enfermedad de von Basedow".

Casi medio siglo después de las observaciones de Graves, un médico británico, el Dr. William Gull,[9] describió por primera vez las consecuencias físicas y mentales de una tiroides hipofuncionante. Sus publicaciones sugerían que algunos de los efectos del hipotiroidismo eran cambios mentales significativos que conducían a que se volviera más lenta la mente de forma dramática. Desde entonces, ha quedado claro que la función principal de la glándula tiroides es producir hormona tiroidea, la cual regula el funcionamiento de nuestro cuerpo y al mismo tiempo es una genuina sustancia química del cerebro que regula el estado de ánimo, las emociones y muchas otras funciones cerebrales. Los doctores ahora han llegado a comprender que la base de la conexión mente-tiroides, que durante mucho tiempo fue un misterio, está relacionada, al menos en parte, con una cantidad insuficiente o excesiva de hormona tiroidea circulando en el cuerpo. Un paciente con un desequilibrio tiroideo puede experimentar efectos físicos como problemas de la piel, latidos irregulares del corazón, insuficiencia cardíaca por congestión venosa, presión arterial alta, disfunción muscular y malestares gastrointestinales. Las hormonas tiroideas regulan el ritmo metabólico, un concepto tan popularizado que la mayoría de las personas ahora relacionan el desequilibrio tiroideo con problemas de metabolismo y peso. Y sin embargo, para muchas personas, las consecuencias emocionales y relativas al estado de ánimo de un desequilibrio tiroideo son mucho más drásticas que las físicas.

Paradójicamente, mientras que los médicos del siglo XIX describieron y demostraron la importancia de tales síntomas mentales, muchos físicos de la actualidad que tratan pacientes tiroideos tienden a considerar la enfermedad tiroidea como un simple trastorno glandular con síntomas físicos.

Las razones por las cuales a menudo no se sospecha que se trata de un desequilibrio tiroideo

Veamos las razones principales por las que los doctores no diagnostican o diagnostican equivocadamente los desequilibrios tiroideos.

El estrés, la depresión, la ansiedad, el cansancio y otros estados emocionales o mentales pueden enmascarar un desequilibrio tiroideo. Su doctor puede percibir los síntomas causados por un desequilibrio tiroideo como triviales, principalmente porque muchos de nosotros nos quejamos de diversos grados de cansancio,[10] falta de interés por vivir y problemas de peso. Muy a menudo, un desequilibrio tiroideo le hará presentar síntomas de depresión, pero su médico no atiende sus síntomas ni aquello que los está causando. La depresión es la afección más común vista en la consulta médica general y el efecto mental más común del desequilibrio tiroideo. Los investigadores calculan que, en cualquier momento dado, el 10 por ciento de la población sufre de depresión; a lo largo de una vida entera, la prevalencia puede ser hasta del 17 por ciento.[11] La mayoría de los pacientes con problemas mentales buscan la ayuda de médicos de atención primaria en lugar de consultar a un psiquiatra.[12] Frecuentemente, estos médicos no han aprendido o han aprendido de forma inadecuada a evaluar, detectar y manejar trastornos mentales sutiles. Los doctores que trabajan en las organizaciones de mantenimiento de la salud diagnostican con precisión a menos del 50 por ciento de los pacientes con depresión inequívoca.[13] Incluso entre aquellos que sí reciben un diagnóstico correcto de depresión, sólo una pequeña parte de los mismos recibe un tratamiento adecuado durante un tiempo suficiente.[14] Las presiones financieras a las que someten a los doctores y las burocracias del actual sistema de salud han hecho que los doctores no puedan pasar más tiempo hablando con pacientes que pudieran estar deprimidos. No tienen el tiempo, o bien, no les pagan por ese tiempo. Adentrarse en los aspectos emocionales de la vida de alguien puede agotar la energía del médico, de modo que muchos en realidad tratan de evitar comprender la raíz de la ansiedad o de la depresión de un paciente. Los médicos internistas y familiares pueden sentirse incómodos con tener que lidiar con la angustia mental de los pacientes y preferir mejor limitarse al territorio familiar de la exploración física, los análisis y la prescripción de medicamentos.

Cuando hay factores de estrés evidentes, como un divorcio difícil, un empleo estresante u otros problemas personales, es poco probable que su doctor considere una disfunción tiroidea como una causa posible de sus síntomas o un motivo que esté contribuyendo a los mismos. Si usted se queja de cansancio, tristeza, ansiedad y aumento de peso, puede que su médico le diga, "¡Usted está haciendo demasiado, su problema se debe al estrés!" Sus familiares y su médico se convencen de que el estrés agobiante y las situaciones por las que está atravesando en su vida son los responsables de sus síntomas. Sin embargo, como veremos en el Capítulo 2, el estrés en sí puede provocar un desequilibrio tiroideo y contribuir a la depresión. El estrés generado por los efectos de un desequilibrio en la hormona tiroidea puede conducir a un ciclo de estrés-enfermedad-estrés que sólo irá en aumento. Entonces, pueden culpar a los eventos estresantes de la vida por lo que en realidad son síntomas relacionados con la tiroides, permitiendo que dichos síntomas persistan y que se intensifiquen. Yo recomiendo que cualquiera que haya pasado por una situación muy estresante, como un divorcio difícil o la muerte de un ser querido y que tenga síntomas persistentes, se haga análisis de funcionamiento tiroideo.

Quizá haya escuchado o leído algo acerca de los síntomas del desequilibrio tiroideo y ha llegado a la conclusión de que sus síntomas probablemente se deben a una afección tiroidea. Si usted le pide a su médico que le haga análisis de la tiroides, puede que él se resista a hacérselos. Molly, quien había aumentado mucho de peso y estaba exhausta a causa de su hipotiroidismo, me comentó:

"Antes de que me diagnosticaran hipotiroidismo por primera vez, había leído acerca de esta afección en una revista. Le dije varias veces a mi médico familiar que yo tenía muchos de esos síntomas. Nunca me revisó la tiroides. Me dijo, 'Usted sólo quiere hormona tiroidea porque cree que la hará bajar de peso'. Eso no era lo que yo buscaba en lo absoluto. Sólo quería saber por qué todo esto le estaba pasando a mi cuerpo. Finalmente accedió a hacerme los análisis y, por supuesto, tenía hipotiroidismo".

Usted tiene que ser persistente y hacer que su doctor mande a hacerle los análisis necesarios para descubrir el origen de sus síntomas.

Es aún más probable que un doctor pase por alto un problema tiroideo y dé un diagnóstico equivocado si el paciente ha sufrido anteriormente de depresión, ataques de pánico o cualquier otro trastorno del estado de ánimo. En estos casos, es probable que los síntomas de un desequilibrio tiroideo se atribuyan al trastorno del estado de ánimo y que el médico deje de buscar otras causas. Un paciente me dijo, "Después de haber estado internado en un hospital psiquiátrico, yo aprendí rápidamente lo que no debía decirles a los doctores, porque una vez que escuchan que he padecido una afección mental, hacen caso omiso de cualquier otra cosa que les diga".

Es probable que los pacientes con un desequilibrio tiroideo consulten a un psiquiatra en vez de consultar a un profesional médico para tratar su depresión y ansiedad. Debido a que la depresión y los trastornos de ansiedad pueden causar los mismos síntomas físicos que el desequilibrio tiroideo, es muy probable que los psiquiatras les den un diagnóstico psiquiátrico a los pacientes tiroideos. Un estudio de investigación demostró que cuando los psiquiatras emplean los criterios psiquiátricos convencionales para evaluar a pacientes hipertiroideos, les diagnostican depresión o algún trastorno de ansiedad a casi la mitad de estos pacientes.[15] Por desgracia, algunos psiquiatras no siempre investigan una afección tiroidea como una causa posible de la fatiga, la falta de interés por vivir y la incapacidad de funcionar como antes de sus pacientes.

El vínculo aparentemente estrecho entre la depresión y el desequilibrio tiroideo tiene consecuencias de diversas índoles. Para una persona como Rachel, una mujer joven, casada y que se dedicaba a la venta de bienes raíces, a quien atendí recientemente, el descubrimiento de dicho vínculo fue crucial para su salud y felicidad generales. Antes de que su verdadera afección tiroidea fuera identificada y tratada, Rachel presentaba muchos de los indicios de una depresión clínica. "Siempre estaba cansada", comentaba.

> "Ya no podía hacer ejercicio y eso era muy frustrante para mí. Llegaba a casa y me quedaba dormida. Si no estaba dormida, no hacía más que ver la televisión. No cocinaba. No limpiaba. Ni siquiera sacaba al perro. Además, aumenté 20 libras (8,9 kg) en un mes y perdí mucho cabello, lo cual fue terrible para mi apariencia y también para mi autoestima. Simplemente no tenía fuerza de voluntad. Tuve que tomar un examen para obtener mi licencia para trabajar como agente de bienes raíces, lo que le costó $2.000 dólares a mi empresa, pero ni siquiera podía encontrar la motivación para estudiar para el examen. Lo único que quería hacer era llegar a casa, ponerme mi camisón y quedarme sentada en el sofá. Perdí el interés por tener una vida social con mi esposo. No quería ver a nadie. Dejamos de salir. Nuestra vida sexual también se redujo a cero".

Dados los síntomas de Rachel, no es sorprendente que durante mucho tiempo le hayan dado un diagnóstico de depresión. Sin embargo, muchos de estos mismos síntomas están relacionados con una tiroides hipofuncionante y cuando le dieron tratamiento para su desequilibrio tiroideo, Rachel empezó a mejorar. "Gradualmente fui despertando y empecé a sentirme bien —dijo—. Ya no me sentía aturdida o apresurada. Empecé a alimentarme bien. Estaba más activa y haciendo ejercicio moderado y perdí 30 libras (13,4 kg). Mi esposo y yo empezamos a salir a bailar y me reuní nuevamente con mis amistades. Todos me preguntaron, '¿Dónde habías estado?'" Para que Rachel pudiera dar una respuesta completa a esa pregunta, tendría que tener un entendimiento más cabal de la interacción que existe entre la tiroides, la mente y el estado de ánimo. Claramente, una tiroides hipofuncionante con frecuencia causa depresión y una tiroides hiperfuncionante tiende a dar como resultado un trastorno de ansiedad. No obstante, la ansiedad también es común en pacientes hipotiroideos y algunos pacientes con una tiroides hiperfuncionante sufren de depresión.[16]

Los pacientes no están totalmente conscientes del rango completo de sus síntomas o no se los comunican a su médico. Usted puede, sin intención, impedir un diagnóstico apropiado al no decirle todas sus quejas a su médico. La frase: "me siento cansado y exhausto" generalmente refleja sólo los síntomas superficiales. El síntoma de fatiga puede ocultar una multitud de sentimientos y problemas emocionales que los pacientes pueden estar renuentes a revelar. La mayoría de las personas tienen dificultades para analizar y expresar claramente cómo se sienten o cómo se ha visto afectada su mente. A menudo no nos enseñan a reconocer cómo se siente nuestro corazón y a muchos de nosotros nos enseñan a ignorar o desdeñar nuestras emociones. Frecuentemente resumimos todos nuestros malestares y sufrimiento mental sólo al decir: "Estoy cansado, exhausto y no puedo funcionar como solía hacerlo". Además, tendemos a descartar cualquier disfunción mental o física como algo temporal.

Muchas personas que están sintiendo fatiga, una falta de interés por vivir y una incapacidad de funcionar como lo hacían antes, sufren durante años. Se adaptan a estos sentimientos y son capaces de trabajar y de cumplir con sus responsabilidades en casa. Pero por dentro están sufriendo. Tienen que batallar para parecer normales ante quienes los rodean. Viven en un estado de negación o se olvidan de ellos mismos y puede que no busquen ayuda o tratamiento para aliviar sus síntomas.

Esta negación surge del estigma que nuestra cultura le ha impuesto a todas y cada una de las afecciones mentales. La creencia prevalente de que el sufrimiento mental es menos grave que el sufrimiento físico puede hacer que algunas personas con un desequilibrio tiroideo oculten su ansiedad, su depresión o su dolor y que no busquen la ayuda de un médico. Otros quizá le tengan miedo a ser ridiculizados por sus familiares y amistades si en efecto buscan tratamiento.

Una paciente que estaba padeciendo una depresión persistente debida al hipotiroidismo me comentó, "Yo sabía que estaba deprimida y que algo no estaba bien adentro de mí. No quería que mi familia lo supiera. No quería que se enteraran de esto en mi empresa. Mi seguro médico no cubría el tratamiento para la depresión, de modo que no podía costear el tipo de ayuda que yo necesitaba". De hecho, muchos pacientes tienen miedo de consultar a un psiquiatra porque después pueden tener serias dificultades para obtener ciertos tipos de seguros.

Un estudiante que estaba cursando el segundo año de la carrera de Derecho, a quién evalué por un posible trastorno tiroideo, había estado padeciendo un trastorno severo de ansiedad desde hace dos años. Él se había diagnosticado correctamente su trastorno de ansiedad un año antes pero no había buscado ayuda. "No podía ir a consultar a un psiquiatra porque más adelante, cuando tomara los exámenes para ejercer como abogado, el simple hecho de que en mi historial apareciera que había consultado a un psiquiatra hubiera afectado todo mi desarrollo profesional". Este paciente resultó tener una tiroides hiperfuncionante debido a que padecía la enfermedad de Graves.

No puedo hacer suficiente hincapié en lo importante que es que busque ayuda lo antes posible desde que empiece a presentar síntomas, en vez de aceptarlos y no hacer nada al respecto.

La amplia gama de síntomas físicos puede enmascarar un desequilibrio tiroideo. Si sus síntomas son predominantemente físicos, es posible que su médico se centre sólo en el órgano u órganos involucrados en vez de buscar un desequilibrio corporal general o una afección subyacente. Puede terminar por darle tratamiento para aliviar sus síntomas específicos y no diagnosticar la afección tiroidea que los está causando. Por ejemplo, la frecuencia cardíaca acelerada es un síntoma común de una tiroides hiperfuncionante que a menudo lleva a los médicos a considerar la presencia de alguna enfermedad cardíaca. Pero si las pruebas cardíacas son normales, los doctores a menudo le dicen al paciente que simplemente está ansioso.

Judy, una mujer divorciada de 41 años de edad, cuya madre había fallecido tres años antes, estaba presentando muchos síntomas de ansiedad y depresión. Lo que la inquietaba aún más era que tenía palpitaciones frecuentes y sentía debilidad en los brazos y piernas. Una tiroides hiperfuncionante puede causar debilidad muscular, que no debe confundirse con la debilidad generalizada intermitente que acompaña a la ansiedad aguda. En las palabras de Judy:

"Había estado presentando palpitaciones durante alrededor de tres años. Me sentía nerviosa e impaciente. Mis manos temblaban. Mi doctor me dijo que probablemente eran nervios. Me prescribió un ansiolítico llamado *Xanax*. Una vez que me levanté en la noche para ir al baño, empecé a caminar y sentí que me iba a caer. Sentí como que estaba perdiendo el control. Tenía náusea y mi corazón estaba latiendo muy aprisa. Le llamé a un amigo y le pedí que viniera a recogerme. Cuando ingresé al hospital por primera vez, el doctor de la sala de urgencias me dijo que estaba bajo tensión.

Seguí presentando los mismos síntomas. Fui al hospital varias veces y los doctores me dieron un betabloqueador para que mi corazón latiera menos aprisa, pero este medicamento no fue suficiente. Me seguí despertando en las noches con palpitaciones".

Los doctores terminaron por ordenar una prueba de monitoreo cardíaco de 24 horas de duración.

Pasó mucho tiempo antes de que a Judy le diagnosticaran la enfermedad de Graves. Los médicos que la atendieron en varias ocasiones se estaban centrando en su corazón. Después de que recibió tratamiento para su tiroides hiperfuncionante, todos sus síntomas, incluida la frecuencia cardíaca acelerada, se resolvieron.

El desequilibrio de la hormona tiroidea afecta al funcionamiento de la mayoría de los órganos del cuerpo. Sin embargo, la severidad con la que los órganos se ven afectados varía de una persona a otra. Imagine a dos personas con el mismo nivel de hipotiroidismo. Pueden presentar algunos síntomas en común, como piel seca, estreñimiento y aumento de peso. Sin embargo, una de ellas también puede presentar dolores de cabeza severos, que entonces se convierten en el centro de atención tanto del paciente como del médico. El dolor articular y muscular es otro síntoma que a menudo conduce a la realización de análisis innecesarios y a un diagnóstico incorrecto. Los doctores frecuentemente sospechan que estos pacientes padecen afecciones neurológicas o reumatológicas en lugar de considerar la posibilidad de que esté padeciendo algún trastorno tiroideo.

Los pacientes que se someten a pruebas repetidas para la detección de afecciones reumatológicas o neurológicas y son derivados a distintos especialistas a menudo terminan muy frustrados porque las pruebas no sirven para darles un diagnóstico certero. Mientras tanto, pueden ir aumentando sus síntomas de depresión y su sensación de no tener control. Los pacientes tiroideos que no se diagnostican típicamente van de médico en médico, buscando el por qué de sus síntomas.

Los síntomas ginecológicos y hormonales también pueden enmascarar un desequilibrio tiroideo. Las mujeres que padecen algún desequilibrio tiroideo a menudo consultan a sus ginecólogos porque sus síntomas, tanto físicos como mentales, han evolucionado de manera concurrente con la aparición de menstruaciones abundantes o irregulares o la pérdida de las mismas. Sus síntomas, incluidos los problemas menstruales, a menudo se atribuyen a cambios ginecológicos u hormonales. Frecuentemente les dicen que se están volviendo menopáusicas o perimenopáusicas.

Janet había estado padeciendo hipotiroidismo durante más de dos años, pero su ginecólogo se centró en el flujo abundante de sangre durante sus menstruaciones. Janet terminó por hacerse una histerectomía después de haber probado varios tratamientos hormonales sin éxito. Según Janet:

"El ginecólogo me dio muestras de hormonas para que las probara durante tres meses. Seguí teniendo flujos abundantes y nada parecía mejorar, entonces regresé con él. Me dio otro tipo de hormonas durante otros tres meses. Fui cuatro veces y probé diferentes hormonas. Luego me hizo una histerectomía. Seguí aumentando de peso. Se me estaba cayendo el cabello. Me sentía fuera de control. Me dije, 'Algo no está bien aquí'. Finalmente, después de la histerectomía, un doctor me diagnosticó hipotiroidismo".

Angela, una mujer de 35 años de edad que trabajaba como gerente de ventas de una tienda departamental, me dijo que llevaba mucho tiempo padeciendo numerosos síntomas que no parecían tener explicación alguna:

"Después de que tuve a mi segundo bebé, me quedé en casa durante su primer año de vida y luego regresé a trabajar. Había veces en que tenía una sensación de malestar, como si me estuviera hundiendo. Si no me acostaba y me dormía, sentía como si me fuera a caer y a quedarme dormida en ese lugar. Empecé a presentar otros síntomas, como migrañas. Mi médico internista me recetó *Valium*, que dejé de tomar porque me hacía sentir somnolienta, pero luego empecé a tomar *Xanax* dos veces al día y otro fármaco para la ansiedad".

Angela también estaba presentando fallas en la memoria de corto plazo, cambios repentinos de humor, enojo y frustración, en parte debidos a un desequilibrio en la hormona tiroidea y en parte como resultado de la ansiedad que le provocaba no saber qué le estaba ocurriendo. Cuando empezó a tener flujos más abundantes durante sus menstruaciones y las mismas empezaron a durar de siete a ocho días, le empezó a preocupar que todos sus síntomas fueran ginecológicos.

Dijo, "Mi mamá me dijo, 'Con esos síntomas, quizás te está dando una menopausia temprana. ¡Ve a consultar a tu ginecóloga!' Yo le dije a mi ginecóloga que mis menstruaciones ahora estaban durando más. Ella me sugirió que tomara hormonas para corregir los problemas, pero mis síntomas empeoraron".

La experiencia de Angela comprueba que el sufrimiento mental debido al hipotiroidismo puede ser incorrectamente atribuido a problemas en los niveles de las hormonas reproductoras. Cuando los tratamientos con estrógeno o progesterona no ayudan a aliviar sus síntomas, es muy importante que se realicen análisis para detectar algún desequilibrio tiroideo.

Los síntomas tiroideos a menudo son descartados al considerarse como "achaques femeninos" sin importancia. En años recientes, ha surgido la duda de que si los médicos internistas y familiares están adecuadamente capacitados para brindar atención médica a las mujeres y comprender totalmente sus necesidades de salud. Las consideraciones de salud de las mujeres difieren de las de los hombres debido a diferencias tanto en la reproducción como en factores hormonales, psicosociales y socioeconómicos.

Un estudio de investigación publicado en la revista médica *Journal of Women's Health* en 1993 sugiere que la detección de anormalidades tiroideas en mujeres de 50 a 64 años de edad a menudo depende de la competencia de los médicos familiares y generales y de los ginecólogos. Este estudio de investigación demostró que las mujeres en general reciben la mayor parte de su atención médica de médicos familiares o generales (54,9 por ciento), mientras que los médicos internistas representan tan sólo el 21,5 por ciento y los ginecólogos el 23,6 por ciento del total de consultas.[17] Sin embargo, los chequeos físicos generales de las mujeres fueron realizados en su mayoría por ginecólogos (57,3 por ciento).

Un comité del Colegio de Médicos de los Estados Unidos ha definido las competencias mínimas para médicos que atienden a mujeres y ha recomendado mejorar las competencias pertenecientes a las mujeres en el campo de la medicina interna. No se ha hecho suficiente hincapié en la competencia en el campo de las enfermedades tiroideas, pese al hecho de que los trastornos tiroideos afectan predominantemente a las mujeres. Las mujeres presentan una mayor probabilidad que los hombres de recibir un diagnóstico equivocado, quizá porque muchos doctores a menudo atribuyen los achaques de las mujeres a la ansiedad. Debido a restricciones de tiempo, algunos doctores pueden ignorar a las mujeres que hablan de "demasiados síntomas" cuando detallan su relato. Pueden percibir los efectos emocionales de un desequilibrio tiroideo como "típicos problemas femeninos". O creen que los síntomas son hipocondríacos. Tales prejuicios pueden llevar a que el médico no diagnostique un desequilibrio tiroideo.

En el libro *Outrageous Practices: The Alarming Truth about How Medicine Mistreats Women*, las autoras Leslie Laurence y Beth Weinhouse cuentan la historia de una mujer que tenía una tiroides hiperfuncionante causada por la enfermedad de Graves. Tardó 20 años en que un médico finalmente le diera un diagnóstico correcto.[18] Según la paciente, "No buscaron con la suficiente minuciosidad porque soy mujer".

Aunque los prejuicios contra las mujeres en el cuidado de la salud no sólo tienen que ver con los trastornos tiroideos, las consecuencias de ignorar los síntomas de un desequilibrio tiroideo en las mujeres son probablemente más severas que en el caso de cualquier otra afección común con la que lidian los doctores. En lo que se refiere al cuidado de la salud de las mujeres, no se le ha dado la debida importancia a la compleja interacción que tiene lugar entre los cambios hormonales premenstruales, la menopausia, el período posparto, la reproducción y el desequilibrio tiroideo. Necesitamos estar más conscientes de las deficiencias que hay en la provisión de atención médica óptima para las mujeres que padecen una enfermedad tiroidea.

Puede que su doctor no ordene el análisis indicado o que pase por alto resultados anormales o limítrofes

La búsqueda de un diagnóstico correcto es un proceso tardado para muchos pacientes. Para determinar si tiene un desequilibrio tiroideo, le deben hacer un análisis que mida el nivel de hormona estimulante de la tiroides (HET o *TSH* por sus siglas en inglés), que es la hormona pituitaria que regula el funcionamiento de la glándula tiroides. El análisis de TSH es mucho más confiable para detectar una tiroides hipofuncionante que la medición de los niveles de hormona tiroidea en sangre. Si su doctor sólo le pide que se haga análisis para medir sus niveles de T4 y T3 y no le indica el análisis apropiado (TSH), es posible que no le diagnostiquen hipotiroidismo cuando en efecto, usted esté padeciendo esta afección. Jane, una enfermera de 28 años de edad inscrita en un plan de una organización de mantenimiento de la salud (*HMO* por sus siglas en inglés), le comentó a su médico de atención primaria acerca de los síntomas que estaba presentando, que son característicos de un desequilibrio tiroideo: menor deseo sexual, caída del cabello, problemas de visión, piel seca y falta de concentración. Por insistencia suya, el médico le ordenó un análisis de T4 (que mide el nivel de T4, una de las dos hormonas tiroideas producidas por la glándula tiroides). Sus resultados estaban dentro del rango normal del laboratorio, después de lo cual el médico declaró que Jane no podía tener una enfermedad tiroidea. Sin embargo, él no había revisado su nivel de TSH.

Ella comenta, "Después de que me dijeron que todo estaba bien, empecé a pensar que tal vez estaba enloqueciendo. A lo largo de mi vida, me he topado con personas que han negado lo que yo siento, tratando de decirme que lo que está sucediendo en mi cuerpo no es real". Más adelante, cuando un endocrinólogo le midió su nivel de TSH, le diagnosticaron hipotiroidismo.

Incluso aunque ya le hayan medido su nivel de TSH, su médico puede interpretar resultados ligeramente anormales o limítrofes como triviales y no significativos. Es posible que le nieguen tratamiento incluso a pesar de que un desequilibrio tiroideo subclínico podría estar promoviendo muchos de sus síntomas. En el Capítulo 15, hablaré de la importancia de los análisis tiroideos limítrofes y marginalmente anormales, así como de la controversia acerca de lo que debe considerarse como un rango verdaderamente normal para la TSH. Si usted presenta síntomas de desequilibrio tiroideo y los resultados de sus análisis están en una zona ambigua de la normalidad, necesita seguir insistiendo en que sus síntomas podrían tener algo que ver con su tiroides, especialmente si a alguno de sus familiares le han diagnosticado una afección tiroidea o algún otro trastorno inmunitario.

Como podrá imaginar, cuando un médico considera que sus síntomas son poco importantes, transitorios o irrelevantes, esto puede llegar a generarle mucha ansiedad. No sólo empezaría usted a cuestionar su propia experiencia y juicio, ¡sino que seguiría padeciendo los mismos problemas reales que, para empezar, le llevaron a consultar a un médico! Quizá sienta que lo perciben como una persona hipocondríaca o incluso puede llegar a pensar que se está imaginando cosas. Sin embargo, a cierto nivel, usted sabe que su cuerpo no está actuando como debiera. Cuando los pacientes tiroideos a fin de cuentas reciben un diagnóstico correcto que confirma que algo está médicamente mal, casi todos ellos se sienten automáticamente aliviados al saber que sus síntomas no sólo eran "producto de su imaginación" y que no estaban "enloqueciendo".

La conexión entre el sistema inmunitario y la tiroides: la raíz de la epidemia

El desequilibrio tiroideo puede ser causado por una amplia diversidad de afecciones tiroideas. Sin embargo, las más comunes son trastornos del sistema inmunitario:

1. La tiroiditis de Hashimoto, que es el trastorno más prevalente y que resulta de una deficiencia de hormona tiroidea
2. La enfermedad de Graves, que es la afección más común y que causa una producción excesiva de hormona tiroidea

Ambos padecimientos tiroideos se han reconocido como afecciones autoinmunitarias porque reflejan un patrón en el que el cuerpo se ataca a sí mismo. En todo momento, el sistema inmunitario está tratando de determinar lo que es "propio" y lo que es "no propio". Idealmente, el sistema inmunitario ataca y destruya sólo a las estructuras y los organismos extraños ("no propios") y no produce reacción adversa alguna en sus propios órganos y tejidos. La tiroiditis de Hashimoto o la enfermedad de Graves ocurren cuando el sistema inmunitario pierde la capacidad de diferenciar entre lo "propio" y lo "no propio" y empieza a producir anticuerpos y otras sustancias químicas que atacan a la glándula tiroides. La tiroiditis de Hashimoto causa la destrucción gradual de la glándula tiroides y hace que se vuelva hipofuncionante o incluso moribunda. La gemela fraternal de esta afección, la enfermedad de Graves, ocurre cuando el sistema inmunitario produce anticuerpos que estimulan a la glándula, provocando que produzca un exceso de hormona tiroidea. Los estudios de investigación extensos en poblaciones grandes, así como de familias y gemelos, han demostrado que nuestros genes intervienen en la ocurrencia de afecciones tiroideas autoinmunitarias. Aunque la tiroiditis de Hashimoto y la enfermedad de Graves causan reacciones opuestas en la glándula, las personas afectadas por cualquiera de estas dos afecciones presentan una vulnerabilidad genética común. Una de cada tres familias en las que dos o más pacientes sufren de afecciones tiroideas autoinmunitarias incluyen casos tanto de enfermedad de Graves como de tiroiditis de Hashimoto.[19] Algunos de los genes de susceptibilidad son únicos a la enfermedad de Graves, algunos de los genes son únicos a la tiroiditis de Hashimoto y algunos otros están presentes en ambas afecciones.[20] Esto explica por qué los miembros de una misma familia pueden tener ya sea la enfermedad de Graves, o bien, la tiroiditis de Hashi-moto. La predisposición genética a una enfermedad tiroidea autoinmunitaria es un factor importante, pero no el único, para determinar quién es vulnerable a un desequilibrio tiroideo. De hecho, la importancia de la genética es peque-ña en comparación con otros factores. El Estudio de Gemelos de California recientemente demostró que si uno de dos gemelos idénticos tiene la enfer-medad de Graves, el otro gemelo sólo tiene una probabilidad del 17 por ciento de tener dicha enfermedad.[21] El otro gemelo también tiene una predis-posición a contraer la tiroiditis de Hashimoto u otras afecciones autoinmuni-tarias, pero su riesgo es de menos del 20 por ciento.

Los factores genéticos aunados a los efectos de las hormonas sexuales podrían darnos una pista para explicar por qué las enfermedades tiroideas autoinmunitarias ocurren con una frecuencia de siete a diez veces mayor en las mujeres que en los hombres. La fluctuación en los niveles de hormonas como el estrógeno y la progesterona interviene en la aparición de estos trastornos. Esto se ilustra mediante el hecho de que antes de la pubertad, ambos sexos son igualmente susceptibles a desarrollar una enfermedad au-toinmunitaria, mientras que después de la pubertad, las mujeres se vuelven mucho más vulnerables a tales afecciones. El embarazo hace que una mujer sea más vulnerable a la enfermedad de Graves que una mujer que nunca ha estado embarazada. Los investigadores creen que esto tiene que ver con el estrógeno y las fluctuaciones en los niveles de hormonas sexuales. Ciertas pruebas indican que el estrógeno agrava la tiroiditis autoinmunitaria,[22] mientras que la testosterona suprime el ataque inmunitario. Con la edad, el equilibrio vital que hace que el sistema inmunitario sea inofensivo para sus órganos se vuelve precario y esto también puede hacer que usted se vuelva susceptible a enfermedades tiroideas autoinmunitarias a medida que va en-vejeciendo.

En años recientes, ha habido un aumento notorio en la frecuencia de trastornos tiroideos autoinmunitarios. En la actualidad, las personas están más estresadas y es probable que el estrés sea parcialmente responsable de este incremento. En el siguiente capítulo, le explicaré la manera en que el estrés puede actuar en el sistema inmunitario para provocar y perpetuar un desequilibrio tiroideo.

Además del estrés, sin lugar a dudas nuestro medio ambiente y lo que comemos —y lo que no comemos— son factores que contribuyen al pro-blema.[23] Las infecciones se encuentran dentro de los factores ambientales más importantes que se han vinculado con las enfermedades tiroideas autoin-munitarias. Entre los agentes infecciosos que se han visto implicados en esto están el virus Coxsackie B, la *Yersinia enterocolitica* y la *Escherichia coli*. Asimismo, se han encontrado infecciones causadas por *Helicobacter pylori* (la bacteria que causa gastritis y úlceras) en un alto porcentaje de personas con enfermedades tiroideas autoinmunitarias.[24] La probabilidad de que su sistema inmunitario se altere y empiece a atacar a su tiroides también aumenta por el tabaquismo, el consumo de alcohol y la falta de ejercicio. El tipo de alimentos que ingiere puede también puede afectar a su sistema inmunitario y hacer que usted se vuelva más susceptible a las reacciones autoinmunitarias contra su tiroides. Una deficiencia de nutrientes importantes, por ejemplo, aminoácidos esenciales y ciertas vitaminas y antioxidantes, como la vitamina A, el ácido fólico, la vitamina B_6, la vitamina C, la vitamina E, la vitamina D, el zinc, el cobre, el selenio y los ácidos grasos omega-3, por mencionar sólo unos cuantos, puede hacer que el sistema inmunitario sea más propenso a atacar su glándula tiroides.[25] Una persona que tiene una vulnerabilidad genética fácilmente puede desarrollar una enfermedad tiroidea autoinmunitaria si consume cantidades excesivas de yodo.[26] El exceso de yodo se ha convertido en un importante factor ambiental causante de trastornos tiroideos autoinmunitarios. Los estudios de investigación también han demostrado que la exposición a la radiación puede provocar la aparición de enfermedades tiroideas autoinmunitarias.[27]

Es claro ver que se han ido expandiendo nuestros conocimientos acerca de lo que puede causar y provocar afecciones tiroideas autoinmunitarias. La genética, la nutrición y el estrés son los tres factores más importantes. Los factores ambientales, la contaminación y quizá hasta los implantes mamarios de silicona, también desempeñan un papel en la epidemia de trastornos tiroideos autoinmunitarios y desequilibrios tiroideos.

Puntos importantes a recordar

- Los desequilibrios tiroideos producen un rango tan amplio de efectos en el cuerpo y en la mente que las afecciones tiroideas pueden parecerse a muchos trastornos físicos y emocionales.
- En cualquier momento dado, más de la mitad de las personas que padecen algún desequilibrio tiroideo no han sido diagnosticadas o han sido incorrectamente diagnosticadas.
- No necesariamente debe depender de su médico de atención primaria para que detecte y trate su trastorno tiroideo. Muchos médicos de atención primaria no están adecuadamente capacitados en el tema o carecen de la experiencia para tratar casos complicados. Sea persistente en pedir que le hagan los análisis correctos y en que le den el seguimiento adecuado.
- Si está teniendo problemas emocionales, hable abiertamente de ellos con su doctor. Coméntele todos sus síntomas. Mucho del sufrimiento generado por los desequilibrios tiroideos puede corregirse fácilmente.

- Recuerde, aunque los desequilibrios tiroideos pueden causar depresión, ansiedad y cambios repentinos de humor, es posible que no necesite consultar a un psiquiatra.
- La tiroiditis de Hashimoto y la enfermedad de Graves son las principales causas de desequilibrios tiroideos. Ambas afecciones provocan reacciones del sistema inmunitario en contra de la glándula tiroides. La genética es responsable de cierta parte de su predisposición a desarrollar estas afecciones. El efecto del estrés y del medio ambiente, lo cual incluye la deficiencia de vitamina D y de otras vitaminas y antioxidantes, así como del tabaquismo y las infecciones, tampoco es insignificante.

2

EL ESTRÉS Y
EL DESEQUILIBRIO TIROIDEO

¿Cuál viene primero?

Al final de una conferencia que impartí a un grupo de estudiantes que estaban cursando el tercer año de medicina, un alumno llamado John se me acercó y me dijo que su esposa de 23 años de edad, Christy, había estado presentando "síntomas raros" durante un año y que su médico primario no había podido encontrar la causa. "Me pregunto si podría tener una afección tiroidea, porque ella tiene muchos de los síntomas que usted describió", comentó. La primera vez que atendí a Christy, me dijo lo que le había estado ocurriendo. Su relato era lo típico que les sucede a muchos pacientes con problemas tiroideos.

Christy me comentó que sus síntomas empezaron un año antes de que ella y John se casaran y ella empezara a estudiar Derecho. Alrededor de esa época, empezó a aumentar de peso y a sentirse extremadamente fatigada. A veces, sentía que su corazón latía muy aprisa; tenía cambios repentinos de humor y lloraba sin motivo. A Christy le estaba costando trabajo funcionar y a menudo se sentía como "una extraña" en su propio cuerpo, lo que a menudo es característico de las personas que tienen ataques de pánico. Ella atribuía sus síntomas al estrés de ser una mujer recién casada y de sentirse dividida entre su esposo y sus estudios. Su madre frecuentemente la culpaba de haberse provocado los síntomas ella misma, diciendo que no se debió haber casado e iniciado sus estudios al mismo tiempo.

Su médico de atención primaria inicialmente pensaba que las palpitaciones de Christy indicaban un problema cardíaco, pero sus exámenes del corazón resultaron ser normales. Una vez que supo más acerca del horario de Christy, el médico, al igual que su madre, sugirió que sus síntomas se debían al estrés. Cuando Christy finalmente me consultó, pude determinar mediante análisis de sangre que tenía una tiroides hipofuncionante.

Christy me dijo:

"Antes de esta época, yo era una persona relajada. Pero de repente, cualquier cosa me provocaba. Incluso las pequeñas molestias o problemas sin importancia me parecían como el fin del mundo y tenía que resolverlos en el acto. Aunque no soy una cocinera dedicada, si John no se terminaba lo que le servía de comer, yo enfurecía. Reaccionaba exageradamente ante todo y John no sabía de un minuto al siguiente qué podría provocarme. Esto no paró durante un año entero".

Claramente, el estrés que Christy estaba sintiendo en realidad le estaba generando más estrés. Su desequilibrio tiroideo la hacía incapaz de lidiar con los factores estresantes menores que nunca antes le habían afectado.

Christy había estado sufriendo innecesariamente durante un año. Una vez que sus niveles tiroideos se equilibraron con el tratamiento, Christy pudo lidiar de mejor manera con su estrés.

"Ya no me molesto por cosas sin importancia. Me siento de maravilla, me está yendo bien en la universidad y en mi casa, sin que me sienta estresada. John también está feliz. Hace poco me dijo, 'Ya regresaste; ya volviste a ser agradable'".

El relato de Christy ilustra cuan dramáticamente un desequilibrio tiroideo puede afectar la capacidad de una persona para lidiar con eventos estresantes, incluso los más pequeños que normalmente son incidentes sin importancia de la vida diaria. En efecto, la relación que existe entre el estrés y la enfermedad es más evidente en los trastornos tiroideos que en cualquier otra afección médica. El desequilibrio tiroideo es un ejemplo ideal de la interrelación que existe entre la mente y el cuerpo porque revela lo difícil que es distinguir si la mente o el cuerpo es el origen de la enfermedad.

La manera en que la mente maneja el estrés dicta si una persona va a ser capaz de recuperarse rápidamente o si va a caer en un ciclo de estrés-enfermedad-estrés emocional y físicamente agotador. Es poco probable que las personas tranquilas que manejan las situaciones difíciles con relativa facilidad se vean atrapadas en un ciclo como este. Pero quienes encuentran difícil sobrellevar situaciones estresantes podrían terminar fácilmente con un desequilibrio de hormonas tiroideas una vez que se presenta el estrés y una reacción ante el mismo. *Pero no se debe culpar a estas personas por su enfermedad.* A diferencia de lo que la madre de Christy le dijo, estas personas no se causaron esta enfermedad. Diferentes personas manejan el estrés de manera distinta y el estrés no se puede evitar. Es una parte inevitable de la vida.

Imagine que el estrés es una barra larga con muchas muescas. A un extremo de la barra hay muescas pequeñas que representan situaciones que generan un estrés menor, como una discusión con un colega, un niño derramando una gaseosa en el sofá o mucho papeleo por terminar. A la mitad de esta barra hay muescas más largas que representan eventos como la pérdida de empleo, una sensación de inseguridad financiera o problemas maritales. Al extremo opuesto de la barra hay muescas enormes, que representan eventos traumáticos, como ser la víctima de un acto de violencia, de abuso o servir en combate. Sin embargo, la manera en que su mente y su cuerpo responden al factor estresante puede tener más que ver con cómo usted percibió el evento que con la naturaleza precisa del mismo.

Usted siente, integra y reacciona a los eventos estresantes a través de respuestas en su química cerebral. El cuerpo responde a eventos felices o inquietantes en un área del cerebro llamada el sistema límbico, que es la misma área que controla el estado de ánimo y las emociones. Esta también es la parte del cerebro donde se entregan grandes cantidades de hormona tiroidea. Dentro del sistema límbico, la hormona tiroidea es una sustancia química que desempeña un papel protagónico.

El desequilibrio tiroideo, ya sea por una deficiencia o un exceso de hormona tiroidea, genera una miríada de efectos emocionales, en el estado de ánimo y cognitivos y debilita la capacidad de lidiar con el estrés. Las emociones alteradas inevitablemente generan más estrés relacionado con el enojo, la irritabilidad, la depresión y un comportamiento inadaptado. Las situaciones inquietantes que surgen de este estrés regenerado se perciben de manera amplificada, lo que lleva a la persona a sentirse como si estuviera constantemente estresada.

Incluso una persona tranquila puede caer fácilmente en la trampa del estrés si su glándula tiroides se vuelve disfuncional, simplemente porque la hormona tiroidea es una de las sustancias químicas que regulan la manera en que percibimos y respondemos emocionalmente al estrés. Los síntomas del desequilibrio tiroideo a menudo se confunden con los síntomas que se deben al estrés. La similitud entre las reacciones al estrés y los síntomas de un desequilibrio en la hormona tiroidea causa un problema que es común a todos los pacientes tiroideos: su desequilibrio puede pasar desapercibido durante mucho tiempo antes que se considere como una causa posible de su sufrimiento. Tanto pacientes como médicos creen que el estrés es el culpable de los síntomas de un desequilibrio tiroideo en vez de echarle la culpa a un desequilibrio químico que está afectando el cuerpo y la mente del paciente.

La manera en que el estrés puede provocar un desequilibrio tiroideo

Es de vital importancia entender que un estado mental o el estrés pueden provocar y empeorar una enfermedad tiroidea y que puede aprender maneras de ayudarse a sí mismo a recuperarse. Mis pacientes tiroideos a menudo preguntan, "¿Qué fue lo que causó o provocó esta afección?" Aunque el estrés no es el único catalizador posible, sí es un catalizador evidente en muchos pacientes.

Los médicos Deepak Chopra, Andrew Weil y Bernie Siegel han puesto énfasis en la importancia que tiene la actitud y las técnicas relacionadas con la mente (como la meditación y la relajación guiada) para ayudar a evitar o superar enfermedades y han incrementado nuestra comprensión de la relación que existe entre el estrés y la enfermedad. *Anatomy of an Illness*, el relato de Norman Cousins sobre el triunfo de su mente y su espíritu al enfrentarse a la enfermedad, fue de los primeros libros autobiográficos en sacar a la luz pública la incontrovertible conexión entre estar de buen ánimo y tener una buena salud.[1] Desde su publicación a finales de los años 70, una gran cantidad de estudios de investigación ha apoyado esta conexión y profundizado aún más nuestro entendimiento de la manera en que el estrés afecta la mente y el cuerpo. Cuando está bajo estrés, el cerebro emite mensajes químicos que provocan respuestas importantes por parte del sistema endócrino. Una de tales respuestas, quizá la más significativa, es un aumento en la producción de una hormona llamada factor liberador de corticotropina (FLC) por el hipotálamo. Normalmente, el FLC mejora el estado de vigilia y la atención y hace que el cuerpo y la mente se ajusten mejor al estrés y respondan de manera adecuada ante el mismo. El FLC, al actuar a través de la glándula pituitaria, también hace que las glándulas adrenales produzcan cantidades excesivas de la hormona del estrés llamada cortisol. Además, una cantidad excesiva de FLC afectará a los neurotransmisores del cerebro que regulan el estado de ánimo.[2] Mediante este mecanismo, el exceso de FLC en el cerebro hará que tienda a deprimirse y a sentir pánico cuando esté muy estresado. Si usted maneja bien el estrés, la respuesta del sistema endocrino es mínima y de corta duración. Pero si vive estresado durante mucho tiempo; si atraviesa por experiencias perturbadoras, contratiempos o traumas importantes; o si tiene dificultades para lidiar con el estrés, su sistema endocrino crónicamente tiene que enfrentar desafíos y esto le causa problemas de salud.[3] La manera en que reacciona ante el estrés depende en cierta medida de su personalidad, sus genes y también de que haya o no pasado por eventos estresantes a una edad temprana. El estrés durante la infancia y la niñez lo vuelve más frágil para lidiar con el estrés más adelante en la vida y también lo hace más vulnerable a la depresión, la ansiedad, los ataques de pánico y el síndrome de estrés postraumático como resultado del estrés continuo.[4] Una de las consecuencias más importantes de la respuesta del sistema endocrino a un exceso de estrés o a la dificultad para lidiar con el mismo es una alteración del sistema inmunitario.[5] Las respuestas fisiológicas al estrés difieren entre mujeres y hombres. Estas diferencias hacen que las mujeres sean más vulnerables a los trastornos autoinmunitarios.

En estudios realizados sobre el efecto de discutir y exhibir hostilidad, la psicóloga Janice Kiecolt-Glaser demostró que entre más hostiles son las personas durante las discusiones maritales, más suprimido está su sistema inmunitario.[6] Los niveles elevados de estrés —y lo que es más importante, una mala capacidad para lidiar con el mismo— alterará su sistema inmunitario y le hará reaccionar en contra de su glándula tiroides como si fuera una estructura extraña, particularmente si tiene una vulnerabilidad genética a tales reacciones. En esencia, el estrés hará que su sistema inmunitario pierda la capacidad de diferenciar entre lo "propio" y lo "no propio". El estrés también debilitará su sistema inmunitario, lo que hará que su cuerpo sea más vulnerable a la infección.[7] Esto hará que las infecciones virales y bacterianas tarden más en resolverse. El sistema inmunitario atacará al virus invasor, pero si dicho virus tiene una estructura molecular similar a la conformación de la glándula tiroides, cuando el sistema inmunitario produzca anticuerpos para atacar al virus, creerá que la glándula tiroides es el virus. El factor principal en esta situación es el sistema inmunitario.

Dicho lo anterior, es fácil comprender que la diferencia entre una persona que interpreta y lidia exitosamente con el estrés y el resto de nosotros es que una persona más relajada tiene una menor probabilidad de presentar alteraciones en el sistema inmunitario y otras afecciones como resultado de un exceso de cortisol. La cascada bioquímica que vincula al cerebro con el sistema inmunitario es el núcleo de cómo el estrés mental puede provocar un desequilibrio tiroideo.

El creciente ciclo estrés/tiroides

Hay toda una gama de situaciones estresantes que pueden actuar como disparador de un ataque autoinmunitario en contra de su tiroides. Por ejemplo, la primera vez que atendí a mi paciente Ron, él ya había recibido tratamiento para resolver su hipertiroidismo causado por la enfermedad de Graves. Sin embargo, sus síntomas persistieron y sus niveles hormonales no se equilibraban, de modo que le pedí que me describiera las circunstancias que le llevaron a desarrollar este trastorno. En sus propias palabras:

"Yo estaba en las fuerzas armadas y vivía cerca de la base militar con mi esposa. Tenía dos empleos para ayudarla a pagar sus estudios. Un empleo era como maestro, que me mantenía ocupado desde las 6:00 a.m. hasta las 3:00 p.m. Dormía de 4:00 a 7:00 p.m. y luego salía corriendo a la comisaría, donde abastecía repisas hasta alrededor de la 1:00 a.m. Le habíamos pedido un préstamo a la familia de mi esposa para dar el enganche (entrega inicial) de una casa y nos estaban presionando para que les pagáramos el préstamo. La presión era insoportable. Mi jefe en mi empleo como maestro era verbalmente agresivo y abiertamente me hacía sentir como si fuera un cero a la izquierda. Era una situación completamente estresante".

Ron recordó cuándo empezaron a aparecer sus primeros síntomas. "No podía tolerar el calor. Sudaba todo el tiempo y mi corazón constantemente latía muy fuerte. Tenía contracciones musculares y dolores en el pecho. En la noche, cuando estaba durmiendo, saltaba de la cama. Fui a consultar a un médico en la base militar. Él siempre me decía que todo era por estrés y que quizá sería una buena idea que consultara a un psicólogo".

Como sucede en muchos casos, Ron se empezó a convertir en una persona impaciente y comenzó a tener dificultades para controlar su genio cuando estaba con sus hijos. Renunció a su segundo empleo, lo cual hizo que tuviera más dificultades para pagar el préstamo que le habían hecho. Esa situación, a su vez, lo presionó aún más. Sus síntomas persistieron. Cada vez que regresaba con el médico, le decían que su malestar tenía que ver con el estrés. Incapaz de lidiar con esto ya más, se salió de las fuerzas armadas.

Un ciclo que va escalando

En muchos pacientes como Ron, los relatos detallados que se obtienen cuando finalmente los diagnostican revelan que su afección probablemente fue disparada por eventos estresantes importantes, a veces bastante remotos. Los doctores pueden decir que dichos eventos son los culpables de los síntomas del paciente. Este diagnóstico equivocado o falta del mismo puede conducir a la presencia de síntomas persistentes y por último, a que el estrés vaya escalando y se perpetúe. A menudo los médicos se tienen que enfrentar con un nudo gordiano: sólo pueden adivinar si los síntomas se deben principalmente a un desequilibrio tiroideo. Sin embargo, si el tratamiento no llega a la raíz del problema o encuentra una manera de romper el ciclo, los síntomas no desaparecerán nunca.

Gran parte del ciclo de síntomas echa raíz durante el período anterior al momento en que el paciente es diagnosticado. Una disfunción leve disparada por un evento estresante se vuelve una disfunción más severa cuando hay más estrés. El estrés adicional da como resultado la enfermedad, lo que conduce a todavía más estrés. La aparición de una enfermedad que da lugar a otra y que posteriormente afecta a la primera es un patrón que tienen que enfrentar los médicos en el diagnóstico y tratamiento de los desequilibrios tiroideos. Sin embargo, este ciclo que va escalando podría ser fácilmente detenido en sus etapas tempranas si tanto los médicos como los pacientes estuvieran más conscientes del mismo. Al interrumpirlo mediante el diagnóstico temprano de un desequilibrio tiroideo y al atender los problemas de estrés relacionados con el mismo, se puede prevenir el sufrimiento físico y mental innecesario, los problemas personales y el estrés excesivo, permitiendo que el paciente se sienta mejor más rápido.

La lucha de Kimberly con una afección tiroidea ilustra los peligros que existen para los pacientes que están atrapados en este ciclo. Kimberly, una atractiva mujer de 34 años de edad, fue derivada a mí por su ginecólogo debido a que padecía la enfermedad de Graves. Ella estaba segura que sus síntomas habían comenzado alrededor de dos años antes, aproximadamente cuatro meses después de que iniciara un nuevo empleo. Antes de eso, era una mujer feliz y relajada. Ella dijo:

> "Pensé que el empleo me ayudaría a crecer en mi desarrollo profesional como administradora, pero la presión era demasiada. Después de hacer mi mejor esfuerzo por mantenerme a la par, empecé a darme cuenta que no era el empleo adecuado para mí. Mi autoestima empezó a verse afectada.
>
> Estaba muy estresada y me empecé a sentir ansiosa y deprimida. Parecía estar enferma y agotada todo el tiempo, lo cual pensaba que se debía a que había estado enferma casi todo el invierno. Me volví beligerante y poco cooperadora en el trabajo y siempre estaba enojada y haciendo mil cosas en casa. Mi esposo pensó que estaba a punto de tener una crisis nerviosa. Él insistió que yo consultara a un psiquiatra".

Kimberly lentamente se empezó a enredar en una cadena de eventos que afecta a muchos pacientes tiroideos, a veces durante años, tanto antes como después de su diagnóstico. El psiquiatra la trató con antidepresivos, que hacen que los pacientes con una tiroides hiperfuncionante se sientan peor. Kimberly notó que se le hinchaban los ojos y perdió peso. Pero debido a que estos síntomas eran insignificantes en comparación con los problemas que parecían estar destrozando su mundo, los ignoró. Los antidepresivos no ayudaron, entonces el psiquiatra de Kimberly le recetó ansiolíticos. Mientras tanto, su seguridad en sí misma se estaba deteriorando día a día en el trabajo y la humillación que sentía se permeó hacia todas las demás áreas de su vida. Eventualmente la despidieron de su empleo.

A estas alturas, Kimberly "empezó a volverse un poco loca", para usar sus propias palabras. Fue a muchas entrevistas de trabajo pero daba la impresión de ser una persona insegura y no centrada. Nadie la contrataba. Para llenar el vacío, empezó a hacer cientos de tareas adicionales en casa y las hacía todas mal. Su esposo tuvo que hacerse cargo de las actividades de los niños. Las discusiones con su esposo se convirtieron en parte de la vida diaria de Kimberly. La pérdida de su empleo y el menor ingreso se convirtió en una fuente de tensión marital. En algún punto, empezó a presentar palpitaciones y consultó a cardiólogo. Él le dijo que sus síntomas estaban relacionados con el estrés. Su psiquiatra notó que había empezado a tener temblores y le sugirió que consultara a un neurólogo. Los resultados de las pruebas fueron negativos. Sin embargo, dice Kimberly, "Lloré. No me importaba que todo estuviera bien. Sólo quería que alguien me ayudara".

La enfermedad de Kimberly estaba agravándose a pasos agigantados. Desde el momento en que el estrés de su nuevo empleo le disparó la enfermedad de Graves hasta que presentó el trastorno del estado de ánimo que le siguió y se enfrentó a la confusión de los médicos acerca de su problema de raíz, Kimberly tuvo que recorrer el círculo del trastorno tiroideo muchas veces, en el que cada síntoma inevitablemente la llevaba al siguiente. El estrés la llevaba a la depresión, la alteración de su sistema inmunitario causó que empeorara su tiroides hiperfuncionante, el estrés y los efectos del hipertiroidismo la hacían sentirse exhausta y su comportamiento incontrolable le afectaba el autoestima, lo cual le causaba más estrés. El ciclo se autoalimentaba.

Un ginecólogo astuto fue el primer médico en considerar hacerle análisis tiroideos a Kimberly. Al tratar su afección tiroidea y atender los problemas que le estaban causando estrés, eventualmente pudimos interrumpir este ciclo. Sin embargo, no fue rápido ni fácil. La angustia mental había alterado emocionalmente a Kimberly, afectando su química cerebral. Orgánicamente había sufrido cambios. Sus niveles de hormona tiroidea tardaron semanas en normalizarse. Kimberly gradualmente recobró el equilibrio con un gran apoyo de su familia, una buena terapia y un medicamento antidepresivo. Lamentablemente, sus problemas pudieron haberse detenido en muchos momentos si tanto ella como sus doctores no hubieran estado desconcertados por los confusos síntomas físicos y mentales que produce una enfermedad tiroidea.

Hasta fechas muy recientes, los investigadores habían sido incapaces de determinar de manera concluyente que el estrés es uno de los disparadores principales de la enfermedad de Graves. Esto es irónico porque, en los primeros casos de enfermedad de Graves que se diagnosticaron, se observó que mucho estrés había precipitado el ciclo. El médico irlandés Caleb Parry, quien fue el primero en reconocer la afección, describió a "Elizabeth S., de 21 años de edad", quien "fue lanzada de una silla de ruedas al ir descendiendo aprisa por una colina (. . .) y estaba muy asustada. Desde entonces, ha sufrido palpitaciones del corazón y diversas afecciones nerviosas. Alrededor de dos semanas después, ella empezó a observar que se le estaba hinchando la glándula tiroides".[8]

A menudo es difícil para los investigadores y los médicos determinar si el estrés fue precipitado por el desequilibrio tiroideo o viceversa. No hay manera de identificar exactamente cuándo empezó la afección tiroidea en una persona salvo que se le hubieran medido sus niveles de hormonas tiroideas en sangre antes de que empezara a estar bajo estrés.

Pese a estas dificultades, los investigadores recientemente han podido establecer un vínculo inequívoco entre los eventos estresantes y la aparición de la enfermedad de Graves. Por ejemplo, en un estudio de investigación se concluyó que ciertos factores, como cambios en las condiciones laborales, cambios en el horario de trabajo y hospitalización de un pariente a causa de una enfermedad seria (factores que no podrían haber sido causados por la afección tiroidea) estaban relacionados con la ocurrencia de la enfermedad de Graves.[9] En otro estudio de investigación realizado en la Universidad de Tokio en 228 pacientes recién diagnosticados con la enfermedad de Graves, se concluyó que el estrés aumentaba la ocurrencia de la enfermedad de Graves por 7,7 veces en las mujeres.[10] Este estudio de investigación también demostró que el tabaquismo (quizá como indicativo de estrés) aumentaba también el riesgo de desarrollar la enfermedad de Graves. El divorcio, las dificultades maritales, el fallecimiento de un ser querido y los problemas financieros también son posibles disparadores de la enfermedad de Graves.

Las dificultades que enfrentan los investigadores son aún mayores en el caso de la tiroiditis de Hashimoto, que causa que la tiroides se vuelva hipofuncionante. La tiroiditis de Hashimoto es una enfermedad mucho más común que la enfermedad de Graves, afectando a más del 10 por ciento de todas las mujeres. Muchas personas que padecen tiroiditis de Hashimoto tienen una tiroides crecida o bocio pero ningún otro síntoma. A menudo tienen niveles elevados en sangre del anticuerpo antitiroideo, el cual es producido por el sistema inmunitario. Los doctores usan este anticuerpo como marcador para detectar esta enfermedad. Muchos pacientes con tiroiditis de Hashimoto tienen una glándula mínimamente hipofuncionante, lo que les produce cansancio, piel seca y una sensación de tener más frío de lo normal. Debido a que los síntomas de la tiroiditis de Hashimoto son más insidiosos que aquellos de la enfermedad de Graves, pocos investigadores han intentado seriamente establecer que el estrés podría disparar esta afección o el desequilibrio que resulta de la misma.

No obstante, con regularidad los endocrinólogos atienden a pacientes con hipotiroidismo cuyos síntomas "coincidentemente" empezaron con estrés (o lo que los pacientes describían como estrés) o depresión. Al igual que hacen con la enfermedad de Graves, los médicos deben preguntarse si el estrés o la depresión provocaron la tiroiditis de Hashimoto y el hipofuncionamiento tiroideo resultante o viceversa. ¿El pronunciado aumento en la incidencia de la tiroiditis de Hashimoto durante la menopausia ocurre sólo por cambios hormonales u ocurrirá también porque el estrés y la depresión son más comunes alrededor de esta fase del ciclo reproductor? ¿La alta frecuencia de desequilibrios tiroideos que se presentan después de parir resulta sólo de la vulnerabilidad temporal del sistema inmunitario debida a fluctuaciones hormonales o contribuirán también el estrés de tener que atender a un recién nacido y la depresión concomitante a la aparición del desequilibrio?

Los efectos de la depresión en el sistema inmunitario son similares a aquellos causados por el estrés. Por lo tanto, durante la depresión también es probable que se dé la secuencia de interacciones químicas que conduce a que se dispare un trastorno tiroideo autoinmunitario. Los médicos apenas están empezando a prestar atención a este posible panorama. Un estudio de investigación reciente demostró que las mujeres que sufren de depresión posparto presentan una mayor probabilidad de sufrir tiroiditis de Hashimoto que las mujeres que no padecen este tipo de depresión, incluso cuando los niveles hormonales de las mujeres deprimidas son normales.[11] Además, las mujeres con tiroiditis de Hashimoto, sin importar si son perimenopáusicas o posmenopáusicas, sufren de depresión con una frecuencia tres veces mayor, aunque no tengan un desequilibrio tiroideo.[12] Claro está, la depresión y las reacciones autoinmunitarias contra la tiroides tienen el mismo origen en el sistema inmunoendocrino. La depresión y el estrés que a menudo antecede a la depresión podrían ser los disparadores de un ataque inmunitario en contra de la tiroides, dando como resultado la aparición de la tiroiditis de Hashimoto y una tiroides hipofuncionante.

Otro componente extremadamente importante de la relación que existe entre la tiroiditis de Hashimoto y el estrés mental se describió en un estudio de investigación que reveló que las personas que han sido hospitalizadas por depresión tienen una mayor incidencia de tiroiditis de Hashimoto que la población en general, incluso cuando sus niveles de hormona tiroidea son normales.[13] Otro estudio de investigación confirmó esta relación en una comunidad italiana, al mostrar que las enfermedades tiroideas autoinmunitarias eran de tres a cuatro veces más comunes en pacientes con trastornos del estado de ánimo y de ansiedad.[14] Hasta fechas recientes, los médicos han culpado al hipotiroidismo de causar depresión y han supuesto que al tratar la tiroides hipofuncionante se revertiría la depresión. Pero a veces ocurre lo contrario: en muchos casos, cuando los médicos tratan el desequilibrio tiroideo, la depresión —que pudo haber sido la causa más que la consecuencia del desequilibrio tiroideo— persiste a menos que se trate y se atienda por separado. Los médicos deben empezar a sospechar que la depresión, que es una de las formas más importantes de estrés, podría ser el evento disparador para muchos pacientes con tiroiditis de Hashimoto. Aquellos pacientes exhiben el mismo fenómeno de escalamiento descrito para los pacientes con la enfermedad de Graves. Para quienes padecen cualquiera de ambas afecciones, se deben seguir los mismos pasos para detener el ciclo: corregir el desequilibrio en los niveles de hormona tiroidea y atender los problemas de estrés y depresión.

El diagrama siguiente ilustra el complejo conjunto de interacciones que se dan entre la química cerebral y la tiroides que puede contribuir al escalamiento del ciclo estrés-enfermedad.

LA BASE BIOQUÍMICA DEL ESCALAMIENTO DEL CICLO

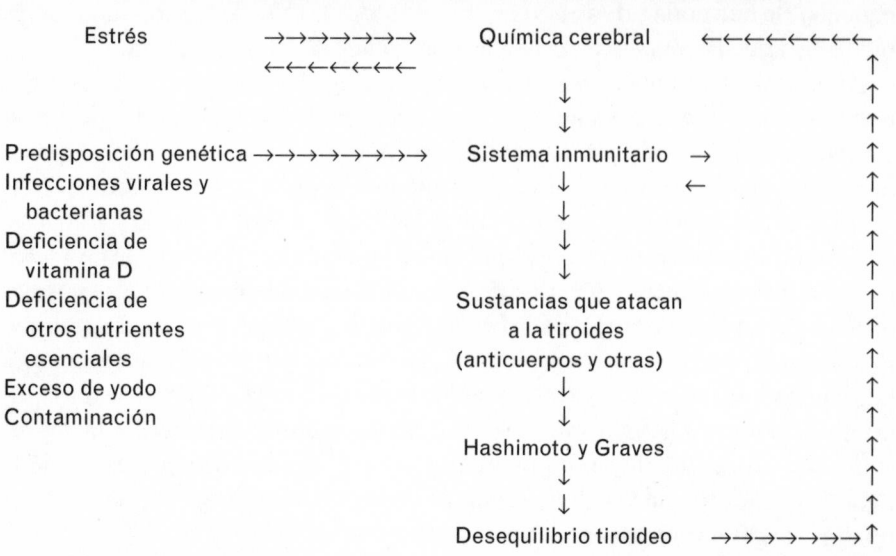

Estrés	→→→→→→→	Química cerebral	←←←←←←←←
	←←←←←←←	↓	↑
		↓	↑
Predisposición genética →→→→→→→→		Sistema inmunitario →	↑
Infecciones virales y		↓ ←	↑
bacterianas		↓	↑
Deficiencia de		↓	↑
vitamina D		↓	↑
Deficiencia de		Sustancias que atacan	↑
otros nutrientes		a la tiroides	↑
esenciales		(anticuerpos y otras)	↑
Exceso de yodo		↓	↑
Contaminación		↓	↑
		Hashimoto y Graves	↑
		↓	↑
		↓	↑
		Desequilibrio tiroideo	→→→→→→→ ↑

El cerebro y el funcionamiento de la tiroides

La cantidad de hormona tiroidea que produce la glándula tiroides compensa la cantidad utilizada por las células. La cantidad de hormona tiroidea sintetizada por la glándula tiroides se encuentra principalmente regulada por la glándula pituitaria, que está situada en la base del cerebro y produce la hormona estimulante de la tiroides (HET o *TSH* por sus siglas en inglés). La cantidad de TSH que llega a la glándula tiroides le indica cuánta hormona tiroidea debe producir.

La glándula pituitaria detecta cualquier aumento o disminución en los niveles de hormona tiroidea en sangre y reacciona al cambio ajustando su producción de TSH. Por lo tanto, la pituitaria se encarga de que los niveles de hormonas tiroideas en el torrente sanguíneo se mantengan normales y constantes y también se encarga de que llegue la cantidad correcta de hormona tiroidea a los órganos y al cerebro. Por ejemplo, si la glándula tiroides se daña y produce menos hormona tiroidea de la normal, la pituitaria detecta un descenso en el nivel de hormona tiroidea y libera más TSH. Esto, a su vez, estimula a la glándula tiroides para que produzca más hormona y se corrija la deficiencia. Por otra parte, si hay un exceso de hormona tiroidea, la pituitaria detecta este cambio y disminuye su secreción de TSH, indicándole a la glándula tiroides que limite su producción de hormona tiroidea. Por este motivo, el análisis para medir el nivel de TSH se ha convertido en el análisis más usado y más confiable para diagnosticar un desequilibrio tiroideo, aunque este sea mínimo. La TSH también se utiliza para darle seguimiento al tratamiento con hormona tiroidea.

Pero el cerebro, cuando es necesario, puede intervenir para determinar la cantidad de hormona tiroidea que se debe producir. Algunas áreas del cerebro, incluidas aquellas que intervienen en la regulación del estado de ánimo y del comportamiento, pueden controlar el funcionamiento de la pituitaria. El intermediario entre estas regiones del cerebro y la pituitaria es el hipotálamo, que se comunica con la pituitaria al emitir una sustancia química llamada hormona liberadora de tirotropina (HLT o *TRH* por sus siglas en inglés). Estas áreas del cerebro envían mensajes a la glándula tiroides al hacer que la pituitaria aumente o disminuya su producción de TSH. Por ejemplo, la percepción de frío se transmite al cerebro mediante sustancias químicas cerebrales que luego se comunican con la pituitaria, diciéndole que aumente el nivel de TSH en reacción a la baja temperatura de modo que la tiroides produzca más hormona tiroidea para que el cuerpo genere más calor. Si usted deja de comer o hace un ayuno prolongado o si su cuerpo se ve sometido a un estrés físico extremo, como una cirugía o una enfermedad importante, su cerebro le dice a la pituitaria que produzca menos TSH para que su tiroides sintetice menos hormona tiroidea. Este mecanismo de defensa hace que su metabolismo y la tasa de destrucción de órganos se vuelvan más lentos. El cerebro, en efecto, está protegiendo a su cuerpo de la inanición al bajar su ritmo metabólico. Esto también explica la manera en que la tiroides desacelera su funcionamiento en personas que están padeciendo algún trastorno alimenticio, como anorexia nervosa. El cerebro percibe dichos trastornos como una amenaza potencial para las reservas de energía del cuerpo y hace que la tiroides desacelere el metabolismo y conserve la mayor cantidad de energía posible para la supervivencia. Después de un evento estresante importante, como una guerra, el cerebro puede empezar a mandar señales a la glándula tiroides para que aumente su producción de hormona tiroidea durante mucho tiempo, lo cual, en teoría, permitirá que la persona esté hipervigilante. (Remítase al diagrama siguiente para ver la manera en que el cerebro regula el sistema tiroideo).

REGULACIÓN DEL SISTEMA TIROIDEO POR PARTE DEL CEREBRO

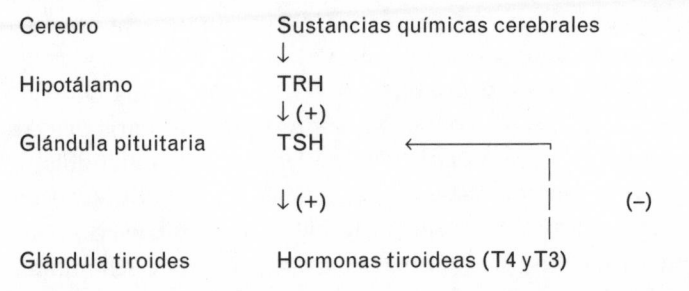

Cerebro	Sustancias químicas cerebrales
	↓
Hipotálamo	TRH
	↓ (+)
Glándula pituitaria	TSH
	↓ (+) (−)
Glándula tiroides	Hormonas tiroideas (T4 y T3)

La tiroides y los síndromes de posguerra

Muchas personas que han estado en combate posteriormente presentan toda una multitud de síntomas mentales y físicos, como falta de aliento, fatiga, dolores de cabeza, dolor en el pecho, frecuencia cardíaca acelerada, diarrea, problemas emocionales y trastornos del sueño. Estos síntomas se han observado en los veteranos de guerra desde la Guerra Civil de los Estados Unidos y después de casi todas las guerras más importantes, entre ellas la de Vietnam y la del Golfo Pérsico.[15]

La psiconeurosis de posguerra o lo que más comúnmente se conoce como el síndrome de estrés postraumático es un trastorno complejo que combina la depresión, la ansiedad y toda una gama de síntomas diversos. Aunque muchos estudios de investigación se han dedicado a encontrar la causa de este síndrome, pocos investigadores han estudiado cuidadosamente el posible vínculo entre el funcionamiento tiroideo, el estrés del tiempo de guerra y una subsecuente enfermedad tiroidea. Sin embargo, los análisis apoyan la noción de que este síndrome es reflejo, en gran medida, de los niveles tanto de hormonas tiroideas como de cortisol que se produjeron en respuesta al estrés de estar en combate.

Cuando una persona pasa por un evento estresante que se interpreta como una amenaza importante, el cerebro envía una cadena de señales al sistema endocrino que puede continuar indefinidamente, provocando una respuesta emocional significativa, alteraciones cognitivas y cambios de humor. Una de las reacciones típicas es la estimulación de la glándula tiroides para que produzca mayores cantidades de hormona tiroidea. Esta estimulación prolongada explica por qué estas personas se mantienen superalertas, asustadas y ansiosas durante mucho tiempo después de un evento como haber participado en combate o haber sido la víctima de abuso físico o sexual. Los efectos de este aumento en el nivel de hormonas tiroideas en relación con los niveles de cortisol explican en gran medida los síntomas presentados por las personas que sufren del síndrome de estrés postraumático por haber participado en combate o vivido una guerra.[16] También ocurren reacciones similares después de un desastre natural, una epidemia, una violación, una enfermedad catastrófica o un accidente.

Los veteranos de guerra que han estado bajo mucho estrés a veces presentan niveles constantemente elevados de hormona tiroidea y como resultado, pueden sentirse ansiosos. Se comportan inusualmente vigilantes o temerosos, enojados e irritables; también pueden tener problemas para dormir o para concentrarse. En esencia, los niveles elevados de hormona tiroidea, que son parte de la respuesta de autoconservación que tiene lugar durante una situación que pone en peligro la vida, producen este estado de extrema alerta.

Las personas que pelean en combate o que viven en áreas devastadas por una guerra no sólo corren el riesgo de desarrollar el síndrome de estrés postraumático. También parecen correr el riesgo de desarrollar la enfermedad de Graves debido a los efectos del estrés en el sistema inmunitario. Por ejemplo, los doctores observaron un incremento significativo en la incidencia de la enfermedad de Graves durante la Guerra Francoprusiana de 1870–1871. Durante y después de la Primera Guerra Mundial, los doctores notaron una mayor incidencia de la enfermedad de Graves. Por ejemplo, en Camp Upton en Nueva York, los doctores notaron que muchas personas a quienes les habían dicho que sufrían de neurosis de guerra claramente tenían los síntomas de la enfermedad de Graves. Los mismos doctores encontraron que una tiroides hiperfuncionante era la responsable de algunos de los casos de "neurosis de guerra" que estaban tratando.[17] Durante la Segunda Guerra Mundial, también se observó un aumento en la incidencia de tiroides hiperfuncionante en los refugiados de los campos de concentración nazis y en la población de la Dinamarca ocupada.[18]

El ex presidente George H. W. Bush podría ser un ejemplo de alguien que estuvo involucrado en una situación de guerra que terminó siendo la víctima de un ciclo de estrés-desequilibrio tiroideo-estrés. ¿Pudiera ser que, de hecho, el estrés provocado por la Guerra del Golfo disparara o revelara su enfermedad de Graves?

Se empezó a especular si el estrés pudo haber provocado que la tiroides del presidente Bush se volviera hiperfuncionante por el hecho de que sus síntomas se volvieron aparentes aproximadamente dos meses después del cese al fuego en la Guerra del Golfo (el 24 de febrero de 1991). Un sábado, 4 de mayo, mientras el presidente estaba corriendo en Camp David, le empezó a faltar el aliento y el corazón le empezó a latir de manera irregular. Por este motivo, los doctores del Hospital Naval de Bethesda le hicieron análisis de tiroides y encontraron que su tiroides era levemente hiperfuncionante. Antes del diagnóstico, el presidente Bush había presentado unos cuantos síntomas, que comenzaron de dos a tres semanas antes de que se internara en el hospital. Hacia finales de marzo, él había decidido perder peso y hacer más ejercicio. Sin embargo, la pérdida de 7 a 8 libras (3,1 a 3,6 kg) de peso que registró Bush a lo largo de un período de dos semanas era desproporcionado a su nuevo régimen alimenticio y de ejercicio. Su secretaria también había notado que le temblaba el pulso de la mano derecha, lo cual le dificultaba un poco escribir. La gente que entonces era más cercana a Bush, incluida su esposa, su asistente de confianza Patty Presock, el General Brent Scowcroft y otros miembros del personal residente de la Casa Blanca, no habían notado que tuviera aflicciones emocionales antes de que le diagnosticaran la enfermedad de Graves.

También se ha especulado que la tiroides del presidente Bush se volvió hiperfuncionante antes de la guerra. Algunos reporteros observaron que el presidente tenía una cantidad increíble de energía inmediatamente después de que Irak invadió a Kuwait el 2 de agosto de 1990.[19] El mayor interés que mostró en aquel entonces por las actividades deportivas, el ritmo acelerado que seguía y su hiperactividad llevaron a algunos a pensar que Bush podría haber estado sufriendo de una tiroides hiperfuncionante incluso desde agosto de 1990, casi seis meses antes de la guerra. Esto significaría que la enfermedad de Graves inició durante los meses de preparación que en última instancia llevaron a la guerra, es decir, durante una de las épocas más intensas de su presidencia.

Cabe notar que se han identificado diversos mecanismos alternos que bien pudieron haber desempeñado un papel más importante en ocasionar la dolencia del presidente Bush. Dos años antes de que se le diagnosticara la enfermedad de Graves al presidente, le habían diagnosticado la misma afección a la Primera Dama Barbara Bush. Los casos en que a ambos miembros de una pareja les diagnostican la enfermedad de Graves se conocen como "enfermedad de Graves conyugal".[20] La enfermedad de Graves conyugal podría deberse a factores ambientales, como toxinas que pudieran estar presentes en el hogar o el lugar de trabajo, o incluso un exceso de yodo y otras sustancias químicas en el agua. La búsqueda por encontrar tales factores en la Casa Blanca fue infructuosa. Las infecciones también se consideran como factores de naturaleza ambiental y podrían estar implicadas si hay una predisposición genética, la cual tanto George como Barbara Bush podrían tener.

(Coincidentemente, el perro de la familia Bush, Millie, padecía lupus. Cuando salió a la luz pública que tanto George y Barbara Bush como su mascota tenían trastornos autoinmunitarios, el médico personal del presidente, el Dr. Burton Lee, recibió muchas cartas que reportaban casos de mascotas que padecían lupus cuyos dueños sufrían de la enfermedad de Graves).

Cada vez hay más pruebas que indican que existe un vínculo entre las infecciones, especialmente aquellas causadas por retrovirus, con la enfermedad de Graves. El posible vínculo entre un retrovirus y la enfermedad de Graves puede medirse a través del nivel de anticuerpos presentes en el organismo del paciente.[21] Resultó que tanto George como Barbara Bush presentaban niveles importantes de anticuerpos contra el virus en su organismo. Sin embargo, estos hallazgos nunca salieron a la luz pública, quizá porque no brindaban pruebas contundentes de que el virus fuera la causa directa de su enfermedad. No obstante, las pruebas médicas sí sugieren que en el caso del presidente Bush y su esposa, la infección viral sí contribuyó a la enfermedad de Graves.

El caso del ex presidente George Bush ilustra lo difícil que es comprobar que el estrés sea un factor que provoque esta afección. ¿La enfermedad de

Graves de Bush fue causada por una infección retroviral o por el estrés generado por la crisis del Golfo? Quizás lo más probable es que haya sido la combinación de ambos.

Manejo del estrés

El manejo del estrés debe ser una parte central de cualquier estrategia para tratar a pacientes tiroideos. Las personas que han padecido desequilibrios tiroideos siempre están al borde de caer en un ciclo vicioso. Algunos necesitan asesoramiento y psicoterapia; otros necesitan medicamentos antidepresivos y ansiolíticos. Pero todos se ven beneficiados de un equilibrio tiroideo perfecto y de las técnicas de relajación, las cuales ayudarán a evitar el estrés agobiante que dispara el ciclo. El cerebro le tiene que demostrar a la tiroides y al sistema inmunitario que él es el que tiene el control.

El efecto del estrés en las enfermedades tiroideas no se limita a disparar la enfermedad y contribuir al ciclo vicioso descrito anteriormente que ocurre con antelación al diagnóstico. El estrés puede afectarle durante todas las fases del tratamiento, incluso cuando los niveles de hormonas tiroideas han vuelto a la normalidad. Por ejemplo, los pacientes con la enfermedad de Graves que han sido exitosamente tratados con un régimen de varios meses de medicamentos antitiroideos (metimazol o propiltiouracilo) pueden entrar en remisión y dejar de requerir medicamentos para mantener sus niveles de hormonas tiroideas dentro del rango normal. Aunque las enfermedades autoinmunitarias pueden entrar en latencia como resultado del tratamiento —con la esperanza por parte tanto del médico como del paciente de que se quede latente indefinidamente— lo cierto es que nunca desaparecen. En tales pacientes, el estrés y las dificultades para lidiar con el mismo pueden hacer que se active el hiperfuncionamiento tiroideo, incluso muchos años después de que han entrado en remisión. Un informe presentado en 1995 en el XI Congreso Internacional de la Tiroides en Toronto demostró que en pacientes con la enfermedad de Graves, el estrés podría promover una recaída de hiperfuncionamiento tiroideo.[22]

El estrés indudablemente aumenta la severidad de un ataque autoinmunitario en la glándula tiroides, incluso cuando el paciente ya ha sido estabilizado mediante un tratamiento adecuado. En un estudio de investigación que incluyó a un gran número de mujeres con enfermedad de Graves latente, los investigadores notaron que muchas de ellas se volvieron hipertiroideas durante períodos de estrés. Una vez que desaparecía el estrés, la glándula volvía a funcionar normalmente.[23]

Estudios de investigación recientes también han demostrado que si usted padece la enfermedad de Graves y recibe tratamiento con medicamentos, presentará una menor probabilidad de responder al tratamiento si está bajo mucho estrés, si tiene antecedentes de depresión o paranoia o si tiene fatiga mental.[24]

Evidentemente, nadie puede evitar los eventos negativos de la vida, pero mientras esté bajo tratamiento para resolver una afección tiroidea, asegúrese de atender su depresión, tener una actitud mental positiva, evitar las situaciones estresantes en la medida de lo posible y practicar técnicas de relajación de manera consistente. (Para mayor información acerca de las técnicas de relajación, vea el Capítulo 16).

Las personas que han padecido algún desequilibrio tiroideo pueden seguir experimentando efectos adversos incluso después de que sus niveles tiroideos hayan vuelto a la normalidad. Los pacientes que no se sienten igual que antes, pese a que sus niveles en sangre son normales, a menudo son aquellos que han pasado por ciclos prolongados de estrés-desequilibrio-estrés. Estos pacientes a menudo describen síntomas similares a los de aquellos que han sufrido un trauma importante, como ser la víctima de un crimen o un combatiente de guerra. Por esta razón, los médicos consideran que la secuela de un desequilibrio tiroideo es una forma de síndrome de estrés postraumático.

Esto suena grave. . . y lo es. Más allá del sufrimiento que sobrelleva el paciente antes de su diagnóstico y a lo largo del ciclo, su curación debe continuar aún después de que se haya corregido el trastorno. Es esencial que las amistades y los seres queridos entiendan que el paciente tiroideo puede seguir siendo vulnerable a los efectos del estrés durante bastante tiempo. En el caso de estas personas que tardan mucho en sanar completamente, uno de los pasos más cruciales para su recuperación es el manejo del estrés. Su química cerebral se ha alterado y su capacidad para lidiar con los eventos estresantes, incluso los de menor importancia, se ha vuelto precaria. Necesitan recobrar el control.

Después de que el paciente ha caído en un ciclo destructivo, es posible interrumpir el descenso en espiral potenciando los efectos de los medicamentos y aliviando los síntomas mentales persistentes que no han disminuido con el tiempo. La combinación de apoyo, tratamiento adecuado, manejo del estrés y cuidados amorosos cortará la angustia del paciente de raíz.

"Estoy estresado". "¡Ya no puedo más!" Aunque estas afirmaciones se toman a la ligera, es importante prestar atención a estos sentimientos, aparte de evitar y manejar el estrés. Es aún más importante para quienes tienen un desequilibrio tiroideo, quienes han tenido una enfermedad autoinmunitaria o quienes tienen una predisposición genética a este tipo de trastornos. Como las especies que necesitan vivir en el agua para poder respirar, estos pacientes conscientemente deben evitar y manejar el estrés, ya que de otro modo terminarán atrapados en el círculo vicioso que es característico de los desequilibrios tiroideos.

Los doctores ahora están diagnosticando enfermedades tiroideas con mayor frecuencia que antes. Muchos atribuyen esto a una disponibilidad más amplia de pruebas o a mejoras tecnológicas, ya que ambas nos han permitido realizar pruebas diagnósticas más sensibles. También se podría deber a que la vida moderna conlleva más estrés y nos exige más. En 1930, el Dr. Eli Moschowitz, al hacer una revisión de las manifestaciones psiquiátricas de la enfermedad de Graves, le advirtió a la comunidad médica que "esas influencias que tienden al conflicto y a la sensibilización del individuo engendrarán la enfermedad de Graves" y sugirió que la enfermedad de Graves era una "enfermedad social y producto de civilizaciones más avanzadas".[25]

Si el mayor estrés que vivimos actualmente es el origen del aumento en la incidencia de las enfermedades tiroideas, entonces las personas con problemas tiroideos deben aprender formas de lidiar mejor con el estrés. Las técnicas de relajación como la meditación, la yoga o el *tai chi* pueden ayudar a prevenir desequilibrios tiroideos, especialmente si hay antecedentes familiares de enfermedades tiroideas u otras afecciones autoinmunitarias. Practicar el manejo del estrés es esencial para las mujeres que han llegado a la menopausia o que acaban de dar a luz, para personas que tienen empleos muy demandantes y para personas que llevan una vida de hogar muy exigente.

No hay una única técnica que sea mejor para manejar el estrés. La elección de la misma depende de si padece o no otras afecciones médicas y si puede o no hacer ejercicio físico. Podría hacer ejercicios de respiración profunda con meditación, sentarse tranquilamente y escuchar música calmante o algún tipo de ejercicio consciente como yoga o *tai chi*. La antigua práctica del *tai chi* ha demostrado mejorar el estado de ánimo y las emociones[26] y podría ser una de las maneras más eficientes de conservar la salud mental, del sistema inmunitario y de la tiroides. Para las personas que no tienen impedimento físico alguno, lo que con mayor frecuencia recomiendo es el *tai chi*. Relajar su mente mientras hace ejercicio producirá mejoras en su química cerebral y le hará sentirse nuevamente en control.

La mayoría de nosotros estamos bajo estrés en el trabajo. El estrés continuo en el trabajo lo pondrá en riesgo de convertirse en un paciente tiroideo. También elevará su probabilidad de que sufra de síntomas persistentes, aunque su afección tiroidea ya haya sido adecuadamente tratada. Los programas de manejo de estrés que se imparten en los lugares de trabajo le ayudarán a lidiar con el estrés y los síntomas de depresión y ansiedad. Practique alguna técnica cognitiva conductual en el trabajo para prevenir los síntomas depresivos y los trastornos de pánico.

En el caso de las afecciones tiroideas, la conexión cuerpo-mente no sólo es parte del trastorno, sino que también es parte del tratamiento. La tiroides es un anexo del cerebro; es la glándula con la cual y a través de la cual se comunica el cerebro. Por esta razón, responde muy bien a las técnicas que trabajan con el cuerpo a través de la mente. Tan pronto como reciba su diagnóstico, debe comenzar a trabajar por su propia cuenta para romper con su ciclo de síntomas. Su médico se tendrá que encargar de controlar adecuadamente el desequilibrio tiroideo, pero usted, como paciente, deberá atender sus propios problemas de estrés. Debe hacerse responsable de su propio régimen de curación e involucrarse activamente en su recuperación.

Puntos importantes a recordar

- El estrés y la incapacidad de manejar el mismo pueden precipitar la aparición de un desequilibrio tiroideo.
- El desequilibrio tiroideo, a su vez, merma su capacidad de lidiar con el estrés y le hace percibir asuntos triviales o molestos como problemas más grandes.
- El creciente ciclo estrés-enfermedad-estrés es un patrón que comúnmente exhiben los pacientes tiroideos. La clave es reconocer el ciclo y detenerlo consiguiendo un diagnóstico y un tratamiento lo más pronto posible.
- Si le han diagnosticado un desequilibrio tiroideo, las técnicas de manejo de estrés deben formar parte de su programa de tratamiento para mantener una salud física y emocional óptimas. Si usted tiene una predisposición genética al desequilibrio tiroideo, las técnicas de manejo de estrés pueden prevenir la aparición de un desequilibrio.

3

HIPOTIROIDISMO
Cuando la tiroides trabaja menos

Un enemigo interno pudo haber sido el que, en última instancia, haya derrotado a Napoleón, uno de los líderes militares más importantes de la historia. Según los historiadores, a partir de 1804, cuando se le coronó emperador de Francia, hasta su abdicación en 1814, Napoleón fue presentando un deterioro mental constante, transformándose de un tomador de decisiones decidido e incisivo en un hombre vacilante y letárgico. Se volvió incapaz de controlar su temperamento y perdió ciertas cualidades como la autodisciplina, el sentido común y la capacidad de trabajar durante largas horas. Su ministro de la marina, Denis Decrès, declaró, "El Emperador ha enloquecido y nos destruirá a todos".

Lo que llevó a algunos historiadores a concluir que el origen de este deterioro dramático era una tiroides severamente hipofuncionante fueron los muchos cambios en la apariencia física de Napoleón que coincidieron con alteraciones en su personalidad.[1] Napoleón aumentó mucho de peso. Su rostro se hizo más redondo y su cuello se ensanchó. Su cabello largo y desaliñado se volvió ralo y fino. Sus manos se cubrieron de tejido adiposo y las describían como "regordetas". Napoleón también sufría constantemente de estreñimiento y comezón en la piel, los cuales son síntomas de una hipofunción tiroidea. Pasó de ser un líder vital con una condición física impresionante a un hombre que envejeció prematuramente a la edad de 46 años, viéndose completamente desgastado.

Evidentemente, los doctores de la época de Napoleón no reconocían el hipotiroidismo como una afección médica. No fue sino hasta fechas relativamente recientes que era común observar escenarios similares de deterioro gradual hasta llegar a niveles extremos de la enfermedad que, en última instancia, conducían a una incapacidad de funcionar, en pacientes severamente hipotiroideos, simplemente porque los doctores no tenían una manera precisa de diagnosticar el hipotiroidismo. De hecho, antes de los años 70, cuando se desarrollaron análisis sofisticados para diagnosticar los desequilibrios tiroideos, se pensaba que la hipofunción tiroidea era una afección rara. Los médicos a menudo la reconocían sólo después de que los cambios pronunciados en la apariencia física y el comportamiento mental se habían vuelto aparentes en el paciente. El diagnóstico a menudo se pasaba por alto hasta que los pacientes requerían hospitalización debido a los efectos de un hipotiroidismo muy severo, entre ellos caer en coma y la locura.[2] De hecho, en algunos casos, el estado mental de los pacientes hipotiroideos se deterioraba a tal grado que se volvían psicóticos.[3] En 1949, el Dr. R. Asher decía que sus pacientes tenían "locura mixedematosa".[4] Sin embargo, resulta que la hipofunción tiroidea es una de las afecciones médicas más comunes en los seres humanos.

En el Capítulo 2, expliqué que dos de las causas más comunes de desequilibrios tiroideos, la tiroiditis de Hashimoto y la enfermedad de Graves, son trastornos del sistema inmunitario. La tiroiditis de Hashimoto es mucho más prevalente que la enfermedad de Graves. Afecta a más del 10 por ciento de la población y es la causa más común de hipofunción tiroidea. También hay muchas otras afecciones que pueden causar que la tiroides se vuelva hipofuncionante:

- Tratamiento de una tiroides hiperfuncionante con yodo radiactivo o medicamentos
- Remoción quirúrgica de parte o toda la glándula para tratar nódulos, bocio, enfermedad de Graves o cáncer
- Hipotiroidismo transitorio debido a una tiroiditis subaguda, que es una enfermedad viral que causa daños parciales y temporales a la glándula tiroides (vea el Capítulo 4)
- Hipotiroidismo transitorio debido a una tiroiditis silenciosa, que es un ataque del sistema inmunitario en contra de la glándula tiroides que también da como resultado daños temporales a la misma (vea el Capítulo 4)
- Radiación previa en el área de la cabeza o el cuello
- Alteraciones en el flujo de sangre hacia la tiroides después de una cirugía de cuello para corregir un problema no relacionado con la tiroides
- Deficiencia del nutriente llamado yodo (un problema común en diversas partes del mundo, pero raro en los Estados Unidos)
- Interacciones medicamentosas (como las de la amiodarona, el litio, el interferón y la interleucina-2)
- Ausencia o desarrollo defectuoso de la glándula (hipotiroidismo congénito, hipotiroidismo infantil)

- Defectos genéticos de las enzimas que son esenciales para la síntesis de hormonas tiroideas
- Trastornos del hipotálamo o de la glándula pituitaria

Signos de hipotiroidismo

A medida que descienden los niveles de hormonas tiroideas, se ve afectado el funcionamiento de la mayoría de los órganos. La persona puede empezar a presentar una multitud de síntomas físicos, entre ellos:

- Cansancio generalizado
- Aumento de peso
- Achaques y dolores en las articulaciones y los músculos
- Calambres musculares
- Estreñimiento
- Engrosamiento de la piel
- Piel seca y pálida
- Cabello quebradizo
- Caída del cabello, incluida la caída del vello de las cejas
- Sensación de frío incluso en climas cálidos
- Secreción lechosa de los senos (galactorrea)

Entre más severa sea la deficiencia de hormona tiroidea, peores se van volviendo los síntomas y además, pueden ir apareciendo otros. La voz se puede volver más gruesa, ronca, áspera y lenta; puede haber problemas para hablar, como si se tuviera la lengua enredada; el rostro se puede hinchar e incluso puede disminuir la capacidad auditiva. La piel, especialmente la de las palmas de las manos, se puede volver amarillenta debido a una acumulación del nutriente llamado caroteno en la sangre. (El proceso que normalmente convierte el caroteno en vitamina A en el cuerpo se vuelve más lento en presencia del hipotiroidismo. De hecho, si está tomando suplementos vitamínicos que contengan betacaroteno, las palmas de las manos amarillas podrían ser un indicio temprano de hipofunción tiroidea). Además, se pueden hinchar los pies y puede haber falta de aliento al hacer un mínimo de ejercicio. La frecuencia cardíaca disminuye y la presión arterial se puede elevar como resultado de la pérdida de plasticidad de los vasos sanguíneos. Se calcula que hasta el 21 por ciento de las personas que tienen una tiroides hipofuncionante presentan presión arterial alta.[5]

Otros efectos importantes de la hipofunción tiroidea en la salud son aquellos causados por el colesterol alto. Una tiroides hipofuncionante provoca o hace que empeore la hipercolesterolemia. Los estudios de investigación han demostrado que el 20 por ciento de las mujeres de más de 40 años de edad con niveles elevados de colesterol tienen una tiroides hipofuncionante.[6] Además de elevar el colesterol, la hipofunción tiroidea causa niveles elevados de homocisteína. La Tercera Encuesta Nacional de Salud y Nutrición mostró que los niveles elevados de colesterol y homocisteína son las causas principales del mayor riesgo de sufrir enfermedades cardiovasculares que presentan los pacientes que tienen una tiroides hipofuncionante.[7] Por estas razones, los pacientes hipotiroideos deben recibir ácido fólico para bajar el nivel de homocisteína, además de un tratamiento adecuado con hormona tiroidea. La hipofunción tiroidea también provoca cambios en los factores de coagulación y produce inflamación en los vasos sanguíneos que contribuye al empeoramiento de las enfermedades vasculares periféricas.[8] El hipotiroidismo también puede causar anemia debido a la deficiencia de hierro, ácido fólico o vitamina B_{12}. Una tiroides hipofuncionante disminuye la capacidad de defenderse de las infecciones. A menudo, a medida que una persona se vaya volviendo hipotiroidea, también se va volviendo más vulnerable a las infecciones por hongos y virus, además de que se ve afectado el funcionamiento de su aparato reproductor. Los flujos menstruales abundantes e incluso la cesación de la menstruación no son poco comunes en mujeres severamente hipotiroideas.

Muchas personas con hipotiroidismo severo se quejan de entumecimiento y sensación de hormigueo y cosquilleo en las manos o los pies. Estos síntomas podrían ser indicativos de una neuropatía inducida por hipotiroidismo, que es una afección degenerativa de los nervios. Algunos estudios de investigación han demostrado que más del 50 por ciento de los pacientes severamente hipotiroideos tienen daños en los nervios periféricos y algunos sufren de dicha sensación de hormigueo y cosquilleo.[9] Otra afección de los nervios que puede presentarse en casos de hipotiroidismo severo es el síndrome de túnel carpiano, que se debe a la compresión del nervio mediano de la muñeca. Causa hormigueo en los dedos y a menudo se resuelve tras el tratamiento con hormona tiroidea.[10] Entre los otros problemas neurológicos y musculares que pueden ocurrir como resultado del hipotiroidismo severo están los siguientes:

- Miopatía, que es un trastorno del tejido muscular que puede causar debilidad muscular y da como resultado unos niveles elevados de creatina fosfoquinasa, un marcador en sangre para detectar enfermedades musculares
- Un retraso en la relajación del músculo después de la contracción
- Un aumento excesivo en la masa de los músculos (en niños)
- Convulsiones

En casos de hipotiroidismo severo, también pueden presentarse problemas de coordinación muscular que pueden impedir que el paciente lleve a cabo sus actividades diarias usuales. Como resultado de no poder coordinar los movimientos musculares voluntarios (ataxia), puede haber pérdida del equilibrio, inestabilidad al estar de pie, falta de coordinación de manos y pies y temblores. También puede presentarse la contractura de Dupuytren y una disminución en la movilidad de las articulaciones.

Asimismo, el hipotiroidismo puede causar apnea del sueño, una afección en la que la persona deja de respirar temporalmente mientras duerme. Esta afección es causada por el colapso de las vías respiratorias superiores durante el sueño. La apnea del sueño hace que disminuya el nivel de oxígeno en la sangre y esto conduce a la alteración del patrón de sueño. Asimismo, perpetúa el aumento de peso y causa fatiga, somnolencia diurna y alteraciones cognitivas. Las personas de mayor edad, las mujeres menopáusicas y quienes fuman tabaco o ingieren bebidas alcohólicas son más propensos a sufrir de apnea del sueño. El sobrepeso también incrementa 10 veces el riesgo de padecer esta afección. La apnea del sueño fomenta la resistencia a la insulina y la presión arterial alta, además de que eleva el riesgo de desarrollar enfermedades cardiovasculares.[11]

Entre los otros síntomas físicos que pueden ser indicativos de hipotiroidismo severo —y que pueden conducir a un diagnóstico equivocado— están los síntomas gastrointestinales y respiratorios, como los siguientes:

- Menor movimiento del tracto gastrointestinal, causando estreñimiento severo
- Obstrucción intestinal y en raras ocasiones, perforación del intestino (sólo en hipotiroidismo muy severo)
- Efusión pleural, que es una acumulación de líquido entre las capas de membrana que revisten los pulmones y la cavidad torácica

Los efectos físicos del hipotiroidismo varían de una persona a otra. De hecho, uno podría presentar síntomas relacionados con un solo órgano. Mientras que un paciente puede presentar problemas cardíacos, otro puede presentar dolores articulares y musculares. Una persona con hipotiroidismo severo que no está tomando medicamento puede caer en un estado de coma mixedematoso, a menudo provocado por la exposición al frío, medicamentos que causan sedación del cerebro o enfermedades como infecciones severas o derrames cerebrales. Una persona que está en coma mixedematoso tiene una temperatura muy baja (hipotermia), puede desarrollar niveles bajos de azúcar en sangre (hipoglucemia) y a menudo necesita estar conectada a un respirador. Esta afección es peligrosa y puede conducir a la muerte.

Efectos mentales de la hipofunción tiroidea

Al igual que en el caso anterior, los efectos mentales del hipotiroidismo también varían de una persona a otra, incluso entre aquellas con la misma severidad de hipotiroidismo. Alex puede desarrollar una depresión severa como resultado del hipotiroidismo, mientras que Julia puede tener tan sólo una depresión leve, apenas perceptible y Guillermo puede exhibir un número importante de síntomas de ansiedad. Tales diferencias se deben al hecho de que cada persona puede estar predispuesta a un tipo distinto de respuesta, dependiendo de su personalidad y de la presencia de algún síntoma mental limítrofe o enmascarado. Una tiroides hipofuncionante puede causar cualquiera de los síntomas mentales siguientes:

- Depresión
- Torpeza mental
- Mayor somnolencia
- Olvido
- Inestabilidad emocional
- Pérdida de la ambición
- Menor capacidad para prestar atención y concentrarse
- Menor interés
- Pensamiento y habla más lentos
- Irritabilidad
- Miedo a los espacios abiertos o públicos (agorafobia)
- Alucinaciones audiovisuales y delirios paranoicos (raros, sólo en casos de hipotiroidismo muy severos)
- Demencia (generalmente en hipotiroidismo severo muy prolongado)
- Comportamiento maníaco

Al contrario de lo que comúnmente se cree, el hipotiroidismo no necesariamente significa que la glándula tiroides ha dejado de funcionar por completo. La deficiencia en realidad podría ir desde una deficiencia mínima hasta una pérdida más significativa, dependiendo del daño que haya sufrido la glándula. Aunque los síntomas físicos se vuelven más pronunciados en casos severos de hipofunción tiroidea, es probable que ocurran alteraciones en el estado de ánimo y las emociones incluso cuando el déficit de hormona tiroidea se considere mínimo.

En la actualidad, contamos con herramientas para detectar y tratar hasta los casos más leves de hipotiroidismo. Los avances tecnológicos nos han permitido darnos cuenta que el hipotiroidismo es una afección común. Mientras que el hipotiroidismo severo, que representa el extremo final del espectro, afecta del 1,5 al 2 por ciento de la población general, el hipotiroidismo subclínico afecta al 8 por ciento de la población.[12] También hay personas con resultados aparentemente normales en los análisis de sangre cuya tiroides en realidad es deficiente (vea el Capítulo 14). Si también incluimos a los pacientes con resultados limítrofes en los análisis de sangre, la frecuencia de hipotiroidismo subclínico podría ser hasta del 10 por ciento de la población.

Aunque muchas personas pueden tener un hipotiroidismo leve que permanece estable a lo largo de su vida, en algunos pacientes pueden empeorar el déficit de hormona tiroidea con el tiempo. Casi del 2 al 3 por ciento de las personas con hipotiroidismo subclínico avanzan hacia un hipotiroidismo más severo cada año.[13]

Pese a la mayor consciencia por parte de los médicos de lo común que es el hipotiroidismo en la población en general y a pesar de la existencia de pruebas precisas para medir los niveles de hormonas tiroideas, muchas personas siguen cayendo en el hoyo oscuro del hipotiroidismo. Si usted padece cualquiera de los síntomas físicos o mentales descritos anteriormente en este capítulo, pídale a su doctor que le ordene un análisis de la hormona estimulante de la tiroides (HET o *TSH*), que es el análisis más sensible para detectar un desequilibrio tiroideo debido a una glándula disfuncional.

Veamos más de cerca la manera en que los principales síntomas mentales y emocionales de la hipofunción tiroidea afectan la vida de estos pacientes.

"EXHAUSTO Y AGOBIADO"

Independientemente de que el hipotiroidismo sea leve, moderado o severo, el síntoma más común y más notorio de la hipofunción tiroidea es la fatiga. Este cansancio típicamente tiene un componente físico (porque el metabolismo se vuelve más lento) y un componente mental (vinculado con la depresión). La depresión y la pérdida de agudeza mental son los efectos mentales más comunes de la tiroides hipofuncionante. En el Capítulo 5, detallaré la manera en que el hipotiroidismo puede causar o contribuir de manera importante a varios tipos de depresión, entre ellos la depresión subclínica, la depresión leve crónica o, en casos extremos, la depresión severa. Sin duda, la fatiga es un síntoma universal de depresión. El hipotiroidismo también le hará dormir más que antes.

Los individuos hipotiroideos que duermen más de lo que solían dormir a menudo atribuyen esta mayor somnolencia simplemente a que se sienten cansados cuando, de hecho, podría estar relacionada con la depresión. En muchos pacientes hipotiroideos, el cansancio y dormir más de lo usual son expresiones de la falta de entusiasmo y la pérdida de interés en hacer cosas, incluso actividades que normalmente les serían placenteras. Cuando la deficiencia de hormona tiroidea empeora, el aletargamiento mental y la depresión se agravan porque el cuerpo también se vuelve más lento. Esto puede hacerles sentir como si se estuvieran ahogando en un vaso de agua. Los pacientes que sufren de hipofunción tiroidea también pueden presentar síntomas importantes de ansiedad y una gran diversidad de alteraciones cognitivas.

ANSIEDAD INCAPACITANTE

En mi experiencia clínica, la ansiedad es un síntoma de hipotiroidismo mucho más común de lo que los médicos generalmente admiten. Debido a que los ataques de ansiedad y pánico son síntomas típicos de hipertiroidismo, algunos pacientes con hipofunción tiroidea pueden confundirse cuando presentan estos síntomas y no obstante, les dicen que son hipotiroideos. La ansiedad puede tener un efecto incapacitante en una persona que tiene una tiroides hipofuncionante acompañada de cansancio y depresión.

Aunque en el caso de muchas personas, la ansiedad guarda relación con la depresión en sí, para otras, los síntomas de ansiedad son prominentes y presentan pocos o ningún síntoma de depresión. Sin embargo, aun en esos casos, el déficit de hormona tiroidea y su efecto en los transmisores químicos del cerebro dan como resultado la ansiedad. El hecho de que una tiroides hipofuncionante altere los mecanismos de una persona para lidiar con el estrés y baje el autoestima puede servir para explicar la prominencia de la ansiedad como síntoma. Además, los miedos y las dudas de uno mismo a menudo se ven agravadas cuando el paciente se da cuenta que le está fallando la memoria y la concentración.

Las personas hipotiroideas, especialmente las mujeres, a menudo empiezan a sentir que "no se ven bien" y pueden empezar a preocuparse de ser vistas en público. Su ansiedad puede empeorar con el advenimiento de otros síntomas físicos como dolores de cabeza, calambres musculares, dolores, achaques y caída del cabello. Y luego, su preocupación aumenta porque desconocen la causa de estos síntomas.

Marie, una enfermera de 29 años de edad, había batallado a lo largo de la universidad con muchos de los efectos de un hipotiroidismo no diagnosticado. Debido a que padecía muchos síntomas de ansiedad, un psiquiatra probablemente le hubiera diagnosticado un síndrome de ansiedad generalizada. Estuvo sintiéndose extremadamente cansada y deprimida durante casi dos años antes que su problema tiroideo fuera diagnosticado. Sufrió de ansiedad por haber tratado de superar sus síntomas físicos, así como de dificultades de memoria y concentración, los cuales afectaron su rendimiento académico en un ambiente escolar muy competitivo.

Ella explicó:

"Empecé a sentirme muy cansada durante mi primer año en la universidad. El agotamiento y mi necesidad de dormir muchas horas tras lo que otras personas considerarían un día normal, realmente estaban afectando mi vida. No sentía deseos de salir a divertirme porque siempre estaba exhausta. Como tenía que manejar varias horas al hospital para cumplir con las prácticas clínicas, pensaba que mi fatiga se debía a todas esas horas que pasaba conduciendo y al estrés de trabajar y estudiar al mismo tiempo. Mi cabello se estaba cayendo. Mi piel y mis ojos estaban secos todo el tiempo. Tenía muchos achaques y dolores generalizados que no podía explicar".

"Tenía mucho miedo de no aprobar mis exámenes, de ser una fracasada. Estaba tan alterada y ansiosa que una de mis profesoras de la universidad me llamó y me dijo, '¿Qué está pasando? Ya no eres igual'. Le dije que estaba bien, pero que me sentía muy nerviosa. Ella contestó, 'No, no eres igual. Normalmente eres una mujer muy tranquila. Ahora pareces estar funcionando a base de adrenalina'. Le dije que tal vez era por la ansiedad de tomar los exámenes".

El deterioro de la memoria y una menor capacidad para concentrarse agravaron la batalla de Marie. Le preocupaba que no fuera a ser capaz de completar ciertas tareas y esta preocupación le generaba más ansiedad y miedos irreales, lo que eventualmente la llevó a sufrir ataques de pánico incapacitantes. Cuatro a seis semanas después de que empezó a tomar la hormona tiroidea para tratar su tiroides hipofuncionante, se empezó a sentir mucho mejor. Cuatro meses más tarde, cuando los resultados de sus análisis tiroideos fueron normales y estables, su depresión y sus síntomas de ansiedad ya habían mejorado de manera importante. Su memoria y su concentración volvieron a la normalidad. Todos sus síntomas físicos se resolvieron salvo la caída del cabello, que persistió durante más de seis meses después de que se corrigió la hipofunción tiroidea.

Despeje la bruma mental

Aunque quizá sea fácil describir síntomas físicos como dolor en las articulaciones o calambres musculares de manera relativamente directa, cuando se trata de expresar a detalle un déficit sutil en las capacidades cognitivas, se reconoce de inmediato lo difícil que esto puede resultar. Hace unos cuantos años, un paciente me describió los efectos mentales del hipotiroidismo como una especie de "neblina mental". Una tiroides hipofuncionante puede hacer que no pueda recordar detalles, nombres o incluso eventos. Como resultado de niveles tiroideos bajos, el cerebro pierde parte de la capacidad que normalmente tiene para adquirir y procesar un pensamiento. Por ejemplo, puede que comprenda un concepto mientras lee un libro o escucha a alguien hablar; inmediatamente después, le costará trabajo describirlo bien. El concepto se vuelve borroso en su mente. A menudo, cuando trata de expresar un pensamiento, no puede pensar en la palabra correcta, cuando antes, solía revisar rápidamente varias palabras en su mente y elegir fácilmente la más apropiada. Las dificultades para concentrarse son inequívocamente la consecuencia mental más importante e inquietante de la hipofunción tiroidea.

Lisa, una universitaria que estaba considerando entrar a la facultad de Derecho, se convirtió en una persona deprimida y empezó a presentar muchos de los síntomas del hipotiroidismo. "Después de que nació mi bebé —dijo—, me convertí en otra persona. Me sentía agotada y triste. A veces me enojaba con mis dos hijos mayores por ningún motivo y eso no era lo usual en mí".

La primera vez que Lisa me vino a consultar, sus disfunciones mentales ya se habían vuelto más debilitantes y ya había dejado de considerar la posibilidad de entrar a la facultad de Derecho a causa de las alteraciones cognitivas que estaba experimentando. Dijo:

"Ya no puedo concentrarme. Hago una pregunta y olvido la respuesta de inmediato y entonces, tengo que hacerla de nuevo. Es humillante. Pienso en una cosa y luego en otra y no puedo mantenerme concentrada el tiempo suficiente en ninguna de ambas como para llegar a una solución. He tratado de ocultar la pérdida de la memoria para que nadie se dé cuenta de lo grave que es, pero ha llegado al grado en que ya no puedo ocultarla más. Me confundo fácilmente. Ahora hasta me da miedo conducir, porque de repente me desoriento".

Los problemas de memoria y concentración a menudo también son síntomas de depresión y trastornos de ansiedad. Pero cuando el paciente tiene una tiroides hipofuncionante, las alteraciones cognitivas son peores y agravan la ansiedad.

Ana, una secretaria de 24 años de edad con hipotiroidismo moderado, había padecido depresión y síntomas de ansiedad durante tres años. Pero lo que la hizo buscar atención médica fue que cada vez perdía más la memoria. Su esposo había quedado incapacitado cuatro años antes a causa de un accidente automovilístico, lo que contribuyó a su depresión generalizada. En sus propias palabras:

"Antes que me diagnosticaran, definitivamente tenía un mayor nivel de ansiedad que antes. Empezaba a darle vueltas y vueltas a las cosas y no podía soltarlas durante días. Me preocupaba por cosas triviales. Yo sé cuándo estoy ansiosa: mi corazón late más aprisa, mis músculos están más tensos, yo estoy tensa y me enojo fácilmente con las personas. Yo pensaba que mucho de eso tenía que ver con la salud de mi esposo".

"Mis síntomas de ansiedad empeoraron cuando empecé a notar que ya no tenía memoria. Era terrible en el trabajo. Además, no podía concentrarme en nada de lo que estaba haciendo. Me costaba trabajo concentrarme y no podía encontrar las palabras adecuadas para expresarme. Mi jefe por poco me despide. Después de un tiempo, realmente me empezó a dar mucho miedo. Un día había una tostadora encima de la secadora de ropa. Llamé a mi hermana para darle las gracias por haberme comprado la tostadora y ella dijo, 'Yo no la compré'. Yo había comprado la tostadora, pero no tenía recuerdo alguno de haberlo hecho. Mi hija me decía que ya que me había dicho algo y yo no lo recordaba. Ya era casi una broma entre nosotros. Tratábamos de aligerar la situación, pero yo estaba perdiendo la memoria".

El caso de Ana ilustra la manera en que las alteraciones de la memoria y otras funciones cognitivas pueden hacer que los pacientes hipotiroideos se vuelvan aún más ansiosos. El darse cuenta que le estaba fallando la memoria y que no podía desempeñarse bien en su trabajo le generaba más preocupaciones y hacía que empeoraran sus síntomas de ansiedad.

La tiroides hipofuncionante de Boris Yeltsin

En el mes de junio de 1991, después del colapso del comunismo en la Unión Soviética, Boris Yeltsin fue el primer presidente electo de la nueva Rusia. Durante los cinco años siguientes, el mundo vio a Yeltsin transformarse de un líder político esbelto y de mente aguda en un presidente que caminaba y hablaba lento, cuya carrera política se vio afectada por problemas de salud aparentemente serios.[14]

Hacia finales del verano de 1996, la salud de Yeltsin se había deteriorado a tal grado que había reducido sus presentaciones en público. Los críticos y los medios de comunicación decían que Yeltsin ya no tenía el control completo de su propio gobierno. En septiembre de 1996, los doctores Michael DeBakey y George Noon, dos cirujanos cardiovasculares de mi instituto, visitaron a Yeltsin y le recomendaron una cirugía de derivación cardíaca múltiple. Sin embargo, la cirugía se retrasó unas cuantas semanas por varias razones, entre ellas, hemorragia gastrointestinal, mal funcionamiento cardíaco causado por un ataque al corazón a finales de junio o principios de julio y su recién diagnosticado hipotiroidismo, que tenía que ser corregido antes de la operación.[15]

Hasta septiembre de 1996, el hipotiroidismo de Yeltsin, que probablemente había estado afectando su salud durante algún tiempo, no fue diagnosticado. El hipotiroidismo prolongado no tratado aumenta el riesgo de sufrir ataques al corazón porque puede elevar los niveles de colesterol, lo que a su vez, puede conducir a enfermedades de las arterias coronarias (flujo restringido de sangre al corazón).

Antes de ser diagnosticado, también se describió a Yeltsin como un hombre de "gestos lentos y rígidos". Se decía que arrastraba las palabras y que su comportamiento era "peculiar" y a veces dejaba de aparecer en público sin explicación alguna. Circulaban rumores de que tenía problemas graves de alcoholismo.

Yeltsin fue aumentando de peso e hinchándose gradualmente. Las fotografías que le tomaron antes de su operación del corazón confirman que la hinchazón de su rostro empeoró gradualmente. Esto podía ser un indicio de que su hipotiroidismo había empezado mucho tiempo atrás y no había sido diagnosticado.

Era claro que el hipotiroidismo de Yeltsin le había provocado una depresión persistente, que fue notada por los críticos políticos y los medios de comunicación. Tuvo que cancelar varias reuniones (juntas) debido al cansancio y se volvió "propenso a misteriosas ausencias repentinas y episodios de comportamiento inusual".[16] Meses antes de que lo diagnosticaran, se retrajo de la vista del público. Además, empezó a beber más.

Sólo podemos adivinar el grado al que el hipotiroidismo de Yeltsin (y muy probablemente el estado de ánimo deprimido que resultó del mismo) afectó a Rusia durante los años que él fue presidente. También no podemos hacer más que preguntarnos si estos factores contribuyeron a que Yeltsin perdiera el control de su gobierno en el verano de 1996. Sin embargo, es posible que la completa transformación de Yeltsin después de su cirugía de derivación cardíaca no se debiera meramente a la corrección quirúrgica de su problema del corazón. El giro que dio después del tratamiento de su afección tiroidea fue espectacular e ilustra la manera en que un desequilibrio tiroideo puede afectar el curso de la historia.

Los médicos que atienden a líderes políticos, particularmente los de más alto rango, deberían sospechar la posibilidad de que exista un desequilibrio tiroideo siempre que observen un cambio de personalidad, en las emociones o de juicio y cada vez que un líder exhiba síntomas que parezcan no tener explicación.

Hipotiroidismo subclínico

El hipotiroidismo subclínico y sus efectos en la salud física y mental, de los cuales antes no se hablaba ni se sospechaba, se están volviendo cada vez más omnipresentes. Muchos estudios de investigación ahora han concluido que el hipotiroidismo subclínico puede contribuir al colesterol alto, la infertilidad, los abortos espontáneos, el cansancio y la depresión. Los estudios de investigación han demostrado que la corrección del hipotiroidismo subclínico da como resultado un descenso en el nivel tanto de colesterol total como de colesterol "malo" conformado por lipoproteínas de baja densidad (LBD).[17] El hipotiroidismo subclínico también puede causar presión arterial alta y niveles elevados de triglicéridos.[18] Además, esta afección hace que las células que recubren los vasos sanguíneos (células endoteliales) pierdan su capacidad de proteger a los mismos. Esta anormalidad también se revierte con el tratamiento de la tiroides; por otra parte, si no se trata, aumenta el riesgo de enfermedades de las arterias coronarias y de ataques al corazón. En un estudio de investigación reciente publicado en la revista médica *Archives of Internal Medicine*, se demostró que los pacientes con hipotiroidismo subclínico tienen una mayor incidencia de enfermedades de las arterias coronarias y muerte por causas cardiovasculares que las personas con un funcionamiento tiroideo normal.[19] El hipotiroidismo subclínico no tratado también puede hacer que empeoren las enfermedades vasculares periféricas. Estudios de investigación recientes han demostrado que en personas de mayor edad, las enfermedades vasculares periféricas están presentes en el 78 por ciento de los sujetos con hipotiroidismo subclínico y sólo en el 17 por ciento de aquellos con una tiroides normal.[20] Este aumento en el riesgo de desarrollar enfermedades vasculares observado en los pacientes con hipotiroidismo subclínico se debe a la elevación de la presión arterial causada por la hipofunción tiroidea, a niveles más altos de triglicéridos y colesterol y a niveles elevados de homocisteína. Sin embargo, hasta el sol de hoy, muchos médicos siguen creyendo que el hipotiroidismo subclínico no tiene importancia. Algunos les dicen a sus pacientes, "Esta afección no es lo suficientemente seria como para tratarla". Los síntomas físicos más comunes que presentan los pacientes con hipotiroidismo subclínico son fatiga, piel seca, caída del cabello e intolerancia al frío. Algunas mujeres también pueden presentar períodos menstruales más prolongados y con un flujo más abundante (menorragia).

Además de presentar síntomas de depresión o de volverse vulnerables a la depresión (vea el Capítulo 5), los pacientes con hipotiroidismo subclínico pueden presentar histeria, ansiedad más frecuente y malestares físicos. Algunos también pueden exhibir alteraciones en algunas habilidades relacionadas con la memoria.[21] El déficit de memoria y los problemas de concentración mejoran con el tratamiento con hormona tiroidea. En América Latina, se encontró que las personas que carecían de yodo en su alimentación presentaban una mayor probabilidad de tener alteraciones cognitivas.[22] Una deficiencia de yodo en la dieta a menudo compromete la síntesis de cantidades normales de hormona tiroidea. Las alteraciones cognitivas en estas personas mejoraron después de que su alimentación se suplementó con yodo. Otro estudio de investigación realizado en Suecia en mujeres de edad avanzada con hipotiroidismo subclínico mostró que las puntuaciones de memoria mejoraron en el 20 por ciento de ellas después de seis meses de tratamiento con hormona tiroidea.[23] Cuando se emplearon pruebas sensibles de memoria, como la Escala de Memoria de Wechsler, los investigadores demostraron que más del 80 por ciento de las personas con hipotiroidismo subclínico presentaban un deterioro de las funciones de memoria.[24] El hipotiroidismo subclínico altera tanto la memoria de corto plazo como la memoria visual.

Como resultado del hipotiroidismo subclínico, usted podría tener dificultades para recordar algo que acaba de leer. Muchas personas que padecen hipotiroidismo subclínico pueden creer que todo está bien cuando, de hecho, podrían tener déficits sutiles que pueden ser demostrados sólo mediante pruebas neuropsicológicas sofisticadas.[25] Los pacientes con hipotiroidismo subclínico también son más propensos a los ataques de pánico. Si usted padece cualquier de los síntomas de tiroides hipofuncionante que he descrito o si su nivel de colesterol es alto, pídale a su doctor que le haga un análisis de TSH. Si usted es una mujer de 35 años de edad o mayor, haga que su doctor le haga análisis tiroideos cada cinco años. Si le han diagnosticado hipotiroidismo subclínico, probablemente requerirá tratamiento durante el resto de su vida. De hecho, es probable que la dosis de hormona tiroidea que requiera para corregir el desequilibrio aumente con el tiempo.

No saber que el hipotiroidismo subclínico puede causar sufrimiento y déficits puede llevar a los médicos a ignorar las anormalidades sutiles en las pruebas tiroideas que son consistentes con esta afección. Si su doctor le dice que su insuficiencia tiroidea no es lo suficientemente seria como para ameritar tratamiento, no se quede de brazos cruzados. En vez, insista en buscar la ayuda de un especialista que tenga un conocimiento profundo de los trastornos tiroideos. A mí me preocupa que muchas personas que se hacen los análisis no reciban tratamiento pese al hecho de que claramente tengan un hipotiroidismo subclínico que les esté causando síntomas.

Cuestionario: los síntomas físicos del hipotiroidismo

Como hemos visto, el sufrimiento mental que causa el hipotiroidismo no sólo se limita a la depresión. El efecto del déficit de hormona tiroidea en los niveles de ansiedad y los patrones de pensamiento produce cambios neuroconductuales complejos. Los síntomas físicos relacionados con la tiroides también pueden hacer que empeore la depresión, la ansiedad y los sentimientos de insuficiencia. A medida que vaya avanzado el hipotiroidismo, los síntomas mentales se intensifican, el trabajo y las relaciones se ven afectados y la persona se siente como si se estuviera sofocando.

Una manera fácil de determinar si es probable que usted tenga hipotiroidismo es completando el siguiente cuestionario de síntomas físicos.

¿El cabello se le ha resecado o se le está cayendo?	Sí	No_____
¿Han sido abundantes sus períodos menstruales en los últimos meses?	Sí	No_____
¿Ha estado padeciendo achaques y dolores en las articulaciones?	Sí	No_____
¿Tiene las uñas quebradizas?	Sí	No_____
¿Le han estado dando calambres musculares?	Sí	No_____
¿Ha notado una continua debilidad en sus músculos?	Sí	No_____
¿Ha estado seca su piel?	Sí	No_____
¿Han estado hinchados su rostro y sus ojos?	Sí	No_____

¿Ha estado teniendo intolerancia al frío?	Sí	No _____
¿Ha aumentado más de 5 libras (2,2 kg) de peso?	Sí	No _____
¿Se le ha vuelto áspera la piel?	Sí	No _____
¿Ha estado estreñido(a)?	Sí	No _____
¿Ha notado en los últimos meses que le sale una secreción lechosa de los senos?	Sí	No _____
¿Suda menos?	Sí	No _____
¿Se le ha vuelto más ronca la voz?	Sí	No _____
¿Tiene cosquilleo en los dedos?	Sí	No _____
¿Ha empeorado su audición?	Sí	No _____
¿Se ha vuelto más lenta su frecuencia cardíaca?	Sí	No _____
¿Ha sentido rigidez?	Sí	No _____
¿Se ha sentido fatigado(a)?	Sí	No _____
¿Han estado secos sus ojos?	Sí	No _____
¿Le ha estado faltando el aliento cuando hace ejercicio o tiene una menor tolerancia al ejercicio?	Sí	No _____

Si contestó que sí a cuatro o más de las preguntas anteriores, es posible que tenga hipotiroidismo. Si contestó que sí a seis o más de estas preguntas, usted probablemente es hipotiroideo.

En el Capítulo 5, encontrará cuestionarios sobre los síntomas de depresión y ansiedad. Recuerde, aunque sus respuestas al cuestionario anterior sobre síntomas físicos indiquen una baja probabilidad de hipotiroidismo, si sus respuestas a los cuestionarios del Capítulo 5 indican que tiene depresión o un trastorno de ansiedad, será necesario que se haga análisis de funcionamiento tiroideo.

El hipotiroidismo y el envejecimiento

Una de mis pacientes hipotiroideas, quién apenas había entrado en la veintena, comentó que sentía como si hubiera empezado a envejecer a un ritmo acelerado cuando su tiroides se volvió hipofuncionante. Esto nos dice mucho, dado que diversos efectos del déficit de hormona tiroidea son análogos al envejecimiento. A medida que una persona envejezca, se van deteriorando gradualmente la memoria, la concentración y la capacidad de procesar información nueva. El hipotiroidismo también provoca una disminución en el ejercicio físico, tanto por sus efectos directos en la función muscular, como por sus efectos nocivos en el estado de ánimo y en las emociones, de una forma similar a la manera en que las personas a menudo tienden a volverse más sedentarias con el paso de los años.

De hecho, el proceso normal de envejecimiento podría estar relacionado, hasta cierto grado, con el descenso que ocurre naturalmente en la actividad de la hormona tiroidea en el cuerpo. Por ejemplo, el tamaño de la glándula tiroides disminuye con la edad y su estructura y funcionamiento también se van deteriorando gradualmente. También disminuye la cantidad de la forma más activa de hormona tiroidea (T3) en los tejidos. Esto explica por qué el ritmo metabólico basal, el cual es altamente regulado por la hormona tiroidea, también disminuye con la edad. Para cuando una persona cumple los 85 años de edad, su ritmo metabólico basal ya ha disminuido a un 52 por ciento del nivel que tenía a los tres años de edad. Como resultado, las respuestas fisiológicas normales que requieren hormona tiroidea se vuelven menos eficientes. A medida que uno envejece, puede tener más dificultades para regular la temperatura corporal durante climas de extremo calor o frío. Además, el déficit de hormona tiroidea en los órganos también causa que se vuelva más lenta la síntesis de proteínas esenciales en el cuerpo, la cual es una señal característica del proceso de envejecimiento. Este descenso natural en la actividad de la hormona tiroidea que ocurre con la edad posiblemente podría contribuir al proceso normal del envejecimiento.[26]

Dado que los efectos del déficit de hormona tiroidea son similares a los efectos del envejecimiento, los signos y síntomas físicos que se usan para sospechar la presencia de hipotiroidismo en personas más jóvenes son menos útiles en personas de edad avanzada. Tanto el envejecimiento como el hipotiroidismo se relacionan con una menor actividad mental, piel seca, estreñimiento, depresión y una mayor incidencia de arteriosclerosis y colesterol alto. Por lo tanto, a menos que los análisis de tiroides se hagan de manera rutinaria, es posible que nunca se descubra la presencia de hipotiroidismo. Lo que frecuentemente ocurre es que los síntomas de hipotiroidismo se atribuyen al proceso de envejecimiento en sí, o bien, a otros problemas.

Las personas mayores que tienen una tiroides hipofuncionante a menudo presentan sólo un número limitado de síntomas vagos. Estos síntomas pueden ser confusión mental, pérdida de peso, falta de apetito, episodios de caídas, achaques y dolores, debilidad, rigidez muscular (que se pueden confundir con el mal de Parkinson), incontinencia y depresión. Como consecuencia, es posible que no se detecten casos de hipotiroidismo y que los mismos se vuelvan más severos con el tiempo debido a su semejanza superficial con el proceso del envejecimiento en sí.

A medida que una persona envejece, se puede volver más vulnerable a problemas mentales y emocionales serios cuando la glándula se vuelve mínimamente hipofuncionante. Además de la depresión y del deterioro en sus capacidades cognitivas, que son bastante comunes en personas mayores que sufren incluso de un déficit menor de hormona tiroidea, la actividad mental se puede hacer profundamente más lenta si la hipofunción tiroidea es lo suficientemente severa y no se corrige a tiempo. Esta desaceleración en la actividad mental puede volverse extrema y conducir a la demencia. La demencia debida al hipotiroidismo es causada por una alteración en las estructuras del cerebro que soportan la memoria reciente, la concentración y la solución de problemas.[27]

En ocasiones, los familiares de un paciente lo llevan al hospital o al consultorio médico porque se ha vuelto cada vez más retraído y su actividad mental se ha hecho mucho más lenta. Incluso en la actualidad, pese a que se tiene más consciencia de la frecuencia y los efectos de las enfermedades tiroideas, seguimos viendo a pacientes mayores que avanzan hasta llegar a un estado de demencia causado por un hipotiroidismo severo. La mayoría de los pacientes que sufren de demencia no se dan cuenta de lo que les está ocurriendo. Debido a que la enfermedad de Alzheimer es una de las causas más comunes de demencia en personas de edad avanzada, a algunos pacientes diagnosticados con demencia se les dice que tienen esta enfermedad cuando en realidad su demencia ha sido causada por una tiroides hipofuncionante que no ha sido tratada durante un largo tiempo.

Las similitudes entre la demencia causada por la enfermedad de Alzheimer y aquella causada por el hipotiroidismo llevó a unos científicos a investigar si los pacientes con la enfermedad de Alzheimer eran más propensos a tener un desequilibrio tiroideo. Resultó que tanto los pacientes como los parientes no afectados de pacientes con la enfermedad de Alzheimer familiar presentaron una frecuencia elevada de tiroiditis de Hashimoto e hipotiroidismo.[28] Al parecer, la asociación entre la tiroiditis de Hashimoto y la enfermedad de Alzheimer familiar está genéticamente mediada. El hipotiroidismo puede hacer que una persona con la enfermedad de Alzheimer tenga un riesgo elevado de presentar más déficits mentales y cognitivos. Como consecuencia, si a una persona se le diagnostica la enfermedad de Alzheimer, el médico típicamente le hará análisis de funcionamiento tiroideo para que el tratamiento con hormona tiroidea retrase el deterioro cognitivo en caso de que dicha persona resulte ser hipotiroidea.

En la Gran Bretaña y en los Estados Unidos, la incidencia de hipotiroidismo se eleva abruptamente después de la menopausia en mujeres y después de los 60 años de edad en hombres. Aproximadamente del 10 al 15 por ciento de las mujeres posmenopáusicas tienen hipotiroidismo subclínico leve, mientras que en los hombres, la prevalencia es del 6 por ciento.[29] Casi el 45 por ciento de las personas de edad avanzada presentan algún grado de inflamación de la glándula tiroides que es característica de la tiroiditis de Hashimoto. Como se comentó anteriormente, los desequilibrios tiroideos menores a menudo producen mayores efectos en las personas mayores que en los jóvenes y los médicos frecuentemente logran resultados espectaculares al administrarles el tratamiento adecuado. El tratamiento con hormona tiroidea previene el deterioro cognitivo y la incidencia de estados de ánimo depresivos en pacientes mayores con hipotiroidismo subclínico. La frecuencia elevada de hipotiroidismo en personas de edad avanzada y las similitudes que existen entre los síntomas del hipotiroidismo y los cambios característicos del proceso normal del envejecimiento dan fe de lo importante que es realizarles análisis de funcionamiento tiroideo a personas mayores que han exhibido cambios notorios en su estado de ánimo, sus emociones o su comportamiento.

Hipotiroidismo congénito

Casi 20 millones de personas alrededor del mundo sufren de daños cerebrales causados por hipotiroidismo debido a una deficiencia de yodo durante el período crítico de desarrollo del feto y durante la infancia. Cuando la alimentación proporciona una cantidad insuficiente de yodo (el cual es esencial para la síntesis de hormona tiroidea), comúnmente se observa hipotiroidismo y bocio (crecimiento de la tiroides) en los fetos y los recién nacidos. Se ha calculado que, en regiones donde es común la deficiencia nutricional de yodo, el 10 por ciento de los recién nacidos son hipotiroideos. En los Estados Unidos, la deficiencia de yodo no es una causa de hipofunción tiroidea en recién nacidos. No obstante, 1 de cada 4.000 bebés nace con hipotiroidismo congénito, una afección que a menudo se debe a la ausencia o al desarrollo incompleto de la glándula tiroides.[30] En algunos recién nacidos con hipotiroidismo, la glándula no se encuentra en el lugar correcto en el cuello. En vez, está en alguna parte entre su ubicación normal y la base de la lengua, una afección conocida como "tiroides ectópica". El hipotiroidismo congénito que se debe a un defecto de la glándula pituitaria y que causa una deficiencia en la TSH producida por esta glándula es mucho menos común y ocurre en 1 de cada 100.000 recién nacidos. En casos raros, el hipotiroidismo debido a una pituitaria defectuosa o deficiencia de TSH es un trastorno familiar y genéticamente transmisible.

Debido a que la falta de hormona tiroidea durante la etapa fetal y desde el nacimiento hasta la edad de 2 ó 3 tres años da como resultado daño cerebral y retraso mental, en los Estados Unidos y muchos países se han implementado pruebas rutinarias para detectar hipotiroidismo congénito. Idealmente, el diagnóstico se hace durante los primeros días de vida. Entre más pronto se inicie el tratamiento con hormona tiroidea, mejor es el pronóstico para estos bebés en cuanto a sus habilidades mentales. Por ejemplo, el coeficiente intelectual (CI) promedio de los niños diagnosticados con hipotiroidismo cuando tenían entre 3 y 6 meses de edad es de tan sólo 19. Los bebés diagnosticados tardíamente presentan problemas permanentes de aprendizaje, un bajo rendimiento académico y dificultades para integrarse a la sociedad. Sin embargo, los niños con hipotiroidismo congénito a quienes se les administra un tratamiento adecuado de manera oportuna exhiben un CI normal y un rendimiento académico satisfactorio cuando se les evalúa a la edad de 5 a 10 años. En última instancia, las capacidades intelectuales y cognitivas de estos niños también dependen de que tomen los medicamentos necesarios. Si su bebé sufre de hipotiroidismo congénito y está tomando hormona tiroidea diariamente, es importante que sepa que la fórmula a base de soya interfiere con la absorción de hormona tiroidea en los intestinos.[31] La dosis de hormona tiroidea a menudo debe incrementarse para los bebés alimentados con este tipo de fórmulas.

Los factores genéticos parecen desempeñar un papel en la ocurrencia del hipotiroidismo congénito, dado que muchas familias han tenido varios casos. Los bebés afroamericanos presentan una menor incidencia de esta afección en comparación con los bebés blancos. Un estudio poblacional realizado en Atlanta demostró que los bebés con síndrome de Down presentan una probabilidad 35 veces mayor de tener hipotiroidismo congénito que otros bebés.[32] Según un estudio de investigación reciente, el hipotiroidismo congénito permanente también es más común en gemelos, en niñas y en bebés con antecedentes familiares de enfermedad tiroidea o cuya mamá sea diabética.[33] Además, es importante que sepa que los bebés que están grandes para su edad gestacional corren un mayor riesgo de presentar hipotiroidismo congénito permanente. Sin la realización de análisis, el 70 por ciento de los bebés son diagnosticados antes de transcurrido su primer año de vida, pero al precio de daños cerebrales irreversibles. Una de las consecuencias del déficit de hormona tiroidea es la sordera, que también es un síntoma que presentan los pacientes con el síndrome de Pendred. Este síndrome, que se transmite genéticamente y se caracteriza por un defecto genético en la síntesis de hormona tiroidea y sordera, es responsable de casi el 7 por ciento de todos los casos de sordera infantil.

Debido a que los síntomas de hipotiroidismo pueden ser mínimos en un recién nacido y que no necesariamente indican con claridad una disfunción tiroidea, rutinariamente se hacen análisis de funcionamiento tiroideo durante los primeros 6 días de vida. Estos análisis miden la TSH y/o T4 en la sangre recolectada en papel filtro mediante una punción del talón. Aunque idealmente se deberían analizar los niveles tanto de T4 como TSH, por consideraciones de costos, las autoridades médicas desafortunadamente eligen sólo uno de ambos métodos. Si se usa el análisis de TSH, el médico podría no detectar un caso de hipotiroidismo hipotalámico o pituitario (también conocido como hipotiroidismo central) dado que en esta afección, el nivel de TSH puede ser normal. Otra limitación importante del análisis de TSH es que algunos recién nacidos con una glándula tiroides defectuosa presentan una elevación retardada en el nivel de TSH. En estos bebés, los resultados de los análisis son normales al momento en que se las hacen, pero se vuelven anormales unas cuantas semanas después de haber nacido.

Si la prueba de T4 se usa como método primario, entonces se puede detectar fácilmente el hipotiroidismo central, pero el pediatra podría no detectar un caso de hipotiroidismo subclínico debido a una tiroides defectuosa. En estos bebés, la hipofunción tiroidea empeorará con el tiempo y dará como resultado el daño cerebral. El hipotiroidismo subclínico de nacimiento a menudo se debe al posicionamiento anormal de la glándula tiroides, que también es la causa más común de hipotiroidismo congénito.

Debido a que los niveles de T4 de muchos bebés caen dentro de la amplia zona gris entre lo que se considera como bajo y normal, lo que hace necesario repetir el análisis, muchos centros médicos eligen el análisis de TSH en vez de la de T4 como el rutinario. La mayoría de los países utilizan los análisis de TSH para este propósito. Una manera de evitar los diagnósticos equivocados y preocupar a los padres innecesariamente es asegurando que en el análisis inicial, el nivel de TSH sea inferior a 20 miliunidades internacionales por litro. Si es mayor, se deberá hablar con el pediatra acerca de la conveniencia de hacer un análisis para medir el nivel de T4 y de repetir el análisis de TSH más adelante. Entre los síntomas que indicarían que su bebé podría tener hipotiroidismo congénito están la ictericia neonatal persistente, falta de apetito, color azulado de la piel, tono muscular débil, hinchazón de la lengua, letargo, estreñimiento y crecimiento lento. Si a su bebé le midieron el nivel de TSH al nacer pero está exhibiendo cualquier tipo de comportamiento inusual, pídale a su pediatra que le haga un análisis de T4 y que le repita el análisis de TSH.

CAUSAS COMUNES DE HIPOTIROIDISMO CONGÉNITO
- Ubicación anormal de la glándula tiroides (tiroides ectópica)
- Glándula tiroides mal desarrollada o no desarrollada
- Error congénito en la síntesis de la hormona tiroidea
- Deficiencia hipotalámica o pituitaria
- Hipotiroidismo transitorio del recién nacido
- Ingestión por parte de la madre de fármacos que inhiben la producción de hormona tiroidea fetal (fármacos antitiroideos)
- Prematurez
- Deficiencia de yodo
- Exceso de yodo
- Anticuerpos de la madre que cruzan la placenta y afectan la tiroides del feto

Puntos importantes a recordar

- El síntoma más común de la hipofunción tiroidea es la fatiga. Dicha fatiga es tanto física como mental y a menudo precede otros síntomas típicos de depresión y síntomas físicos de déficit de hormona tiroidea.
- Los síntomas de ansiedad —incluidos la preocupación excesiva y los ataques de pánico— son comunes cuando la tiroides es hipofuncionante. Debido a que estos síntomas también son típicos de una tiroides hiperfuncionante, a menudo dan lugar a confusión.
- Sin importar su severidad, el hipotiroidismo frecuentemente causa problemas cognitivos como mala memoria, dificultades para procesar la información y falta de enfoque. Esta bruma mental genera un círculo vicioso de baja autoestima y mayor ansiedad.
- Como lo indican los resultados de los análisis de sangre, alrededor del 8 por ciento de la población padece hipotiroidismo subclínico. Esa cifra podría llegar incluso hasta 10 por ciento si incluyéramos a las personas que presentan resultados normales en sus análisis de sangre pero que aun así padecen una deficiencia tiroidea.
- La hipofunción tiroidea conlleva a una forma de envejecimiento acelerado. También puede causar daño cerebral y provocar que el funcionamiento cerebral se vuelva más lento.
- Si una tiroides severamente hipofuncionante se deja sin tratamiento durante mucho tiempo, los daños pueden ser tan dramáticos que pueden fomentar la aparición de demencia en personas de edad avanzada.
- Si el hipotiroidismo congénito no se detecta y trata en sus etapas tempranas, conducirá a déficits intelectuales irreversibles.

4

HIPERTIROIDISMO

Cuando la tiroides trabaja demasiado

Por sentido común, sería fácil suponer que si la deficiencia de hormona tiroidea puede causar que una persona se hunda en un estado de depresión clínica y pierda su capacidad de funcionar como antes, entonces por ende un exceso de esta hormona la haría sentirse contenta, alegre y fenomenal. Sin embargo, esta suposición sólo es parcialmente correcta. Cuando el cerebro se inunda de hormona tiroidea, algunas personas sí experimentan una euforia duradera. Piensan a mil por hora. Su día está repleto de actividades.

Hace varios años, mi vecina, Nancy, tenía la reputación de ser demasiado amigable. Incesantemente ayudaba a otros con sus quehaceres y conocía a casi todas las personas que vivían en nuestro complejo de condominios. Iniciaba conversaciones con todos y constantemente se le ocurrían ideas y proyectos nuevos. Nunca se le ocurrió a nadie, ni a mí, que lo que le infundía esta energía y entusiasmo increíbles era una tiroides hiperfuncionante.

Mientras hablaba con una mujer retirada un día, Nancy mencionó que la cuenta de luz le había llegado por un monto muy elevado porque siempre se sentía acalorada y tenía que dejar prendido el aire acondicionado casi todo el tiempo. Cuando me acerqué a ella, noté que sus manos temblaban y que tenía la mirada fija, los cuales son síntomas de una tiroides hiperfuncionante.

Resultó ser que el comportamiento levemente maníaco (hipomaníaco) de Nancy no era realmente su manera habitual de comportarse. De hecho, ella había sido una mujer un tanto reservada antes de que decidiera mudarse de Dallas a Houston para dedicarse a la investigación y estar cerca de su novio. Nancy también padecía muchos síntomas físicos. Había bajado de peso a pesar de que comía más, casi no sangraba durante sus períodos menstruales, tenía un poco de acné en su rostro, sus evacuaciones intestinales cada vez eran más frecuentes, estaba perdiendo algo de cabello y tenía la frecuencia cardíaca acelerada, pero para ella, todos estos síntomas eran triviales. Su cerebro y cuerpo tenían una energía y euforia extraordinarias. Nancy ni siquiera consideró que algo pudiera estar mal; simplemente pensó que estaba más contenta por haberse reunido con su novio en Houston.

Los pacientes hipertiroideos pueden tener una energía, optimismo y seguridad en sí mismos que no son característicos de alguien que necesite ayuda médica o psiquiátrica.[1] Incluso cuando estos rasgos de la personalidad aparecen repentina e inesperadamente, normalmente se consideran positivos. La persona ha bajado de peso. Tiene una actitud positiva ante la vida, siempre está activa y puede hacer esfuerzos que van mucho más allá de su fuerza habitual. Por lo tanto, no es sorprendente que puedan pasar años antes de que los pacientes hipertiroideos levemente maníacos sean diagnosticados. Es probable que ni siquiera busquen ayuda médica a menos que los síntomas se vuelvan severos y preocupantes.

Fred, un constructor de 31 años de edad, fue hipomaníaco durante 4 años debido a una tiroides hiperfuncionante. Se le consideraba un superhombre en su trabajo. Él me contó:

> "Una vez, pasaron tres tornados por esta región y se tenían que reparar los techos de 9.000 casas. Sin la ayuda de nadie, yo manejaba mi camión y colocaba 300 tejas cada día. Una teja pesa 220 libras (98,6 kg), de modo que estaba cargando más de 6.000 libras (2.688 kg) al día. Contrataron a varios empleados para que me acompañaran un día, pero renunciaron. Luego, cuando terminaba de reparar techos, me iba a mi otro empleo de medio tiempo.
>
> Después, cuando compramos una granja, coloqué una reja alrededor de un terreno de 10 acres en alrededor de tres días. Nunca le di mucha importancia".

La tremenda energía física que tenía Fred refleja sólo una pequeña parte de la oleada de poder mental. Es casi exclusivamente un caso de la victoria del espíritu sobre la materia. El cerebro se echa a andar a un ritmo muy acelerado, similar a lo que ocurre cuando las personas toman drogas estimulantes. Debido a esta extraordinaria sensación de poder que anima al cerebro, los individuos hipertiroideos pueden tener mucha ansiedad y frustración, principalmente porque no pueden hacer todo lo que habían planeado hacer. Como lo describió Fred:

> "Yo hacía una pregunta y antes de que la persona me terminara de contestar, ya podía decirle de lo que estaba hablando y pasar a otra cosa. La cantidad de cosas que podía hacer al mismo tiempo era fenomenal. Podía ver la televisión, escuchar una conversación, comer y estar haciendo seis otras cosas al mismo tiempo y mantenerme al tanto de cada una como si estuviera involucrado en cada una de ellas por separado".

Al ser hipomaníaco, Fred consideraba que sus síntomas físicos eran insignificantes. Sus evacuaciones intestinales se habían vuelto más frecuentes, pero un médico le dijo que tenía el síndrome del intestino irritable. Casi siempre le temblaban las manos y se sentía acalorado todo el tiempo, pero se acostumbró a eso. Fred padecía la enfermedad de Graves, que es la forma más común de hipertiroidismo causada por un trastorno inmunitario. Después de que sus síntomas habían persistido durante 4 años, Fred finalmente consultó a un médico, pero sólo cuando empezó a presentar debilidad muscular y falta de aliento debida a una insuficiencia cardíaca, causada por su tiroides hiperfuncionante.

Signos de hipertiroidismo

El exceso de hormona tiroidea en el organismo puede causar toda una gama de efectos en el cuerpo. Como la lista completa de los mismos incluiría docenas de síntomas, a continuación se enumeran los más comunes:

GENERALES
Pérdida de peso (o, con menor frecuencia, aumento de peso)
Fatiga
Temblores
Sensación de calor e intolerancia a las temperaturas templadas y calientes
Mayor sed
Caída del cabello
Irritación de los ojos

PIEL
Mayor sudación
Manos calientes y húmedas
Comezón
Urticaria (ronchas)
Uñas quebradizas

CARDIOVASCULARES
Frecuencia cardíaca acelerada, palpitaciones
Falta de aliento
Presión arterial alta

GASTROINTESTINALES
Temblor de la lengua
Mayor hambre y aumento en la ingestión de alimentos
Evacuaciones intestinales más frecuentes

MÚSCULOS
Debilidad
Disminución de la masa muscular

APARATO REPRODUCTOR
Períodos menstruales irregulares
Cesación de los períodos menstruales
Menor fertilidad

Entre las complicaciones de una tiroides hiperfuncionante, las más temidas son sus efectos cardíacos. La hiperfunción tiroidea puede causar latidos irregulares del corazón e incluso dañar el músculo cardíaco, mismo daño que, en algunos pacientes, puede dar como resultado la insuficiencia cardíaca, una afección que puede mejorar después de que se haya diagnosticado y tratado la tiroides hiperfuncionante. A algunos pacientes con la enfermedad de Graves se les detecta un prolapso de la válvula mitral, que es una deformidad leve que causa un soplo característico en el corazón que los médicos pueden escuchar a través de un estetoscopio. La mayoría de las personas con prolapso de la válvula mitral no presentan síntomas, pero en algunas puede causar dolor en el pecho y latidos acelerados o irregulares del corazón.

El exceso de hormona tiroidea, sin importar su causa, hace que el hueso pierda parte de su contenido mineral. Las mujeres, más que los hombres, que han tenido una tiroides hiperfuncionante durante mucho tiempo, incluso pueden desarrollar osteoporosis (una enfermedad en que los huesos se vuelven más finos), que podría predisponerlas a las fracturas de huesos. Las mujeres son más vulnerables a desarrollar esta afección porque naturalmente son más propensas a sufrir de pérdida ósea y osteoporosis que los hombres. La pérdida de hueso afecta principalmente a la columna y típicamente es mayor que la pérdida que ocurre como resultado de la menopausia. Una mujer puede perder hueso a causa de un exceso de hormona tiroidea aunque no sea menopáusica. Sin embargo, los estudios de investigación han demostrado que una vez que se corrige la hiperfunción tiroidea, sí se acumula cierta cantidad de minerales en los huesos durante los dos años siguientes.[2] No obstante, incluso después de que se ha corregido la hiperfunción tiroidea, la persona puede ya haber pérdida una cantidad significativa de densidad ósea. Para determinar si ha perdido densidad ósea como resultado de un exceso de hormona tiroidea, sería una buena idea pedirle a su doctor que le haga una prueba de densidad ósea uno o dos años después de que se le haya corregido la hiperfunción tiroidea.

Si una persona tiene demasiada hormona tiroidea en el organismo, también podría estar expuesta a problemas de coagulación, dado que este desequilibrio hace que se eleven los niveles del factor de von Willebrand y fibrinógeno, que son sustancias químicas que promueven la coagulación.[3] Las células endoteliales (células que cubren el interior de los vasos sanguíneos) también se alteran, fomentando más problemas de coagulación.

El agrandamiento de las mamas es un síntoma que ocurre en casi una tercera parte de los hombres que padecen hiperfunción tiroidea. Este agrandamiento, que los doctores llaman ginecomastia, puede ser menor o lo suficientemente importante como para causar problemas. Resulta de un exceso de estrógeno, que también es una consecuencia de la hiperfunción tiroidea en hombres. Si usted es un hombre que ha presentado pérdida de peso, ansiedad, temblores, intolerancia al calor u otros síntomas de una tiroides hiperfuncionante y empieza a notar crecimiento y mayor sensibilidad en el área de los senos, necesita mencionárselo a su doctor para que le haga análisis de funcionamiento tiroideo.

Al igual que en el caso del hipotiroidismo, la severidad de los síntomas físicos y emocionales de los pacientes hipertiroideos no siempre corresponde a qué tan elevados estén sus niveles de hormona tiroidea. En un estudio de investigación que midió cuidadosamente la severidad de los síntomas en pacientes con la enfermedad de Graves usando un sistema de escala de calificaciones, se encontró que los síntomas pueden ser leves en personas con niveles elevados de hormona tiroidea.[4] En el mismo estudio de investigación, se encontró que la severidad de la depresión y la ansiedad tampoco corresponde al grado de elevación en el nivel de hormona tiroidea.

Si una tiroides hiperfuncionante se queda sin tratar, la progresión hacia una enfermedad más grave puede hacer que la persona caiga en lo que se conoce como una tormenta tiroidea o crisis tirotóxica, que es una afección terrible caracterizada por deterioro mental, fiebre elevada, agitación extrema y, a veces, insuficiencia cardíaca e ictericia.

Efectos mentales del hipertiroidismo

Los efectos mentales del exceso de hormona tiroidea a menudo se describen meramente como nerviosismo e hiperactividad, que son términos que ocultan una capa más profunda de inestabilidad mental y conductual. De hecho, en la mente de muchos médicos, el término nerviosismo connota un efecto físico (inquietud motriz y la necesidad de estarse moviendo constantemente), más que un efecto mental.

Los doctores a menudo no hacen suficiente hincapié en la amplia diversidad de efectos mentales probables que pueden presentar los pacientes hipertiroideos. Los síntomas mentales del hipertiroidismo pueden preceder o incluso ser más prominentes que los síntomas físicos. De hecho, el hipertiroidismo puede precipitar o causar virtualmente cualquier forma de afección psiquiátrica,[5] aunque cabe admitir que la psicosis provocada por la enfermedad de Graves es un suceso excepcional hoy en día. La ansiedad y la sensación de pánico podrían ser los síntomas más tempranos y más notorios del hipertiroidismo. A medida que pasa el tiempo, la expresión de estos síntomas cambia junto con la aparición de otros. Los efectos mentales más comunes que vemos en pacientes hipertiroideos son:

- Trastorno de ansiedad social
- Ansiedad
- Inquietud
- Ataques de pánico
- Depresión
- Preocupación excesiva por los síntomas físicos, reales o imaginarios
- Pensamiento desorganizado
- Sentimientos de culpa
- Pérdida de control emocional
- Irritabilidad
- Cambios repentinos de humor
- Episodios de comportamiento errático
- Trastorno bipolar, manía, hipomanía
- Paranoia
- Agresión

DE LA EUFORIA A LA PÉRDIDA DE CONTACTO CON LA REALIDAD

La euforia experimentada por Nancy y Fred rara vez es un estado estable caracterizado por seguridad en uno mismo y una sensación de felicidad que no disminuye. Aunque he visto algunos pacientes con hiperfunción tiroidea que se han mantenido en un estado estable de euforia durante meses o incluso años sin vivir el lado negativo de la depresión, la mayoría sí pasan por períodos breves de depresión, como los que se observan en el trastorno maníaco-depresivo. Desde un estado de euforia leve o hipomanía, los pacientes fácilmente pueden caer en una forma exagerada de euforia (es decir, en la manía) en la que pierden el contacto con la realidad y empiezan a exhibir un comportamiento anormal.

Varios de mis pacientes han dicho que la euforia del hipertiroidismo es análoga a estar tomando fármacos psicotrópicos potentes. Aunque el cerebro está más alerta y animado por pensar en exceso, los procesos de pensamiento se ven alterados por una incapacidad de concentrarse en los mismos. Estos pacientes empiezan a tener dificultades para pensar en algo de principio a fin de manera que, como resultado, tuviera algún sentido. Los ojos se vuelven vidriosos y la mente se desconcentra, lo que impide que estas personas sostengan conversaciones sensatas. La gente puede llegar a pensar que una persona hipertiroidea está inhalando cocaína. Su mente acelerada también se ve afectada por la pérdida de la memoria. El deterioro cognitivo sumido al pensamiento acelerado puede dar como resultado un flujo exagerado de afirmaciones y decisiones inconsistentes e irracionales.

El paso de un estado de ánimo eufórico a la euforia severa que es característica de la manía trae consigo confusión, mal juicio, deterioro cognitivo y comportamiento anormal. En casos severos, también se pueden llegar a presentar alucinaciones. Ahí es donde el paciente se empieza a ver "anormal". La transición del comportamiento hipomaníaco al maníaco puede ser gradual o abrupta; puede iniciar pronto después de que haya comenzado el hipertiroidismo, o bien, puede aparecer hasta mucho tiempo después.

En la literatura médica se ha descrito un sinfín de casos de confusión aguda, psicosis "esquizofrénica" y paranoia en individuos que padecen la enfermedad de Graves. Tales descripciones recuerdan a los casos severos de manía o maníaco-depresión. En algunas personas, la manía avanzada que fomenta ideas criminales o paranoicas, pensamientos distorsionados e incluso alucinaciones y delirios auditivos. Durante el período que comprendió la época inmediatamente anterior a la Segunda Guerra Mundial hasta el fin de la misma, muchas personas con hiperfunción tiroidea exhibían alteraciones conductuales tan profundas que se consideraba que sufrían de enfermedades psiquiátricas severas.

Según algunos informes, hasta el 20 por ciento de los pacientes con hiperfunción tiroidea presentaban síntomas psicóticos.[6] En la actualidad, la mayor consciencia acerca de las enfermedades tiroideas y los análisis tiroideos más sensibles han permitido un diagnóstico más temprano de las mismas. Por lo tanto, ha disminuido significativamente el número de pacientes que llegan a estados avanzados de psicosis debidos al hipertiroidismo. Ahora, rara vez vemos que alguien se vuelva delirante o llegue a un estado donde empiece a escuchar sonidos imaginarios, a tener visiones delirantes o a exhibir un comportamiento extraño. La psicosis causada por el hipertiroidismo no tiene características únicas que harán que un médico pueda sospechar que la tiroides sea la causa de la afección mental.[7] Puede tomar la forma de un trastorno afectivo agudo (por ejemplo, depresión o manía) o, con menor frecuencia, de paranoia esquizofreniforme o delirio.

La hipomanía causada por una tiroides hiperfuncionante puede evolucionar hasta llegar a la manía y al comportamiento anormal. Consideremos el caso de Connie, una ama de casa de 34 años de edad que empezó a exhibir señales de una manía leve tres meses después de haber dado a luz. Durante los primeros ocho meses, ella se sentía en completo control. De hecho, al igual que Fred, sus capacidades mentales habían mejorado a tal grado que ella sentía que nadie le podría haber dicho que su comportamiento era anormal.

"Mi mente estaba muy ocupada y llena de cosas todo el tiempo —dijo—. Literalmente podía estar activa las 24 horas, incluso mientras dormía. Podía hacer mis cuentas dormida y al día siguiente, cuando despertaba, me percataba que en efecto cuadraban. Me ofrecí como voluntaria para todo tipo de trabajos: secretaria para la Organización de Padres y Maestros, mamá vocal en la escuela de mis hijos, asistente en la iglesia".

Sin embargo, varios meses después de que había empezado el brote hipomaníaco de Connie, se empezaron a deteriorar sus capacidades cognitivas. Le empezó a costar trabajo concentrarse en cualquier pensamiento dado. Su memoria ya sólo funcionaba "a medias". La evidente confusión que se adueñó de ella la transformó de una mujer segura de sí misma en una persona desorganizada y ansiosa. Sus amistades la empezaron a ver como ineficiente, desorganizada, quizá incluso "anormal". Ella comentó:

"Al cabo de unos meses, las cosas ya no eran claras. Ya no podía armar esas listas desglosadas y precisas en mi mente. Ahora todo se estaba mezclando y yo no podía mantenerme a la par. Llegó a tal grado que ni siquiera quería revisar mis cuentas. Simplemente evitaba cualquier cosa que requiriera concentración. Sentía que estaba perdiendo contacto con la realidad. Me sentía como un globo a punto de explotar".

"Era peor cuando trataba de dormir. Mi mente estaba tan llena de cosas que tenía muchos problemas para dormir. Veía la televisión hasta que se acababa la programación y luego trataba de irme a la cama, pero no conciliaba el sueño sino hasta la hora en que mi esposo salía a trabajar, como a las 5:00 a.m. Y luego sí dormía, pero nunca cómodamente: siempre estaba agobiada con mil pensamientos. Mi mente era como una computadora sin más capacidad de almacenaje. Había tantas cosas ahí arriba que no podía descifrar un solo pensamiento".

"La ansiedad estaba empeorando porque yo quería aferrarme a la realidad. No quería perder nada. De modo que trataba de mantener todo en mi cabeza, pero simplemente no podía".

"Llegó a tal punto en que me preocupaba por mis hijos, por mi matrimonio, por el dinero. Pero mi preocupación era abstracta porque, al mismo tiempo, no podía concentrarme en las cosas que realmente me preocupaban".

A medida que fueron avanzando sus síntomas, se empezó a volver olvidadiza, a sentirse confundida y a perder el sentido de la realidad, lo cual condujo a comportamientos irracionales. Connie se volvió incapaz de manejar tareas básicas, como el cuidado de sus hijos.

Un año después de que empezó su hipomanía, Connie se deterioró a tal grado que su esposo se llegó a convencer de que ella necesitaba ayuda psiquiátrica. En las palabras de Connie:

"Él me decía constantemente, 'Si no consigues ayuda y averiguas lo que está pasando, vas a tener que internarte en un hospital. Algo está mal. Esto no es normal'. Me repitió la palabra 'normal' varias veces. Recuerdo que me molestaba mucho que la dijera. Luego, las cosas llegaron a tal grado que pensé que internarme en un hospital tal vez sería una buena idea. Mi ansiedad y frustración y la manera en que mi esposo me veía tan confundida, sin saber si iba o venía, olvidando recoger a los niños, le hizo pensar que realmente estaba enloqueciendo".

La autoestima de Connie fue disminuyendo gradualmente. Ella pasó de tener una cantidad normal de seguridad en sí misma y autoestima y de ser capaz de realizar cualquier actividad a ser incapaz de hacer cualquier cosa correctamente. Sorprendentemente, tardó un año y medio en ir a consultar al doctor de su esposo, quién le diagnosticó la enfermedad de Graves. Al igual que en la mayoría de los pacientes con esta enfermedad, la naturaleza y el patrón de los síntomas de Connie fueron cambiando. Ella presentó una clara hipomanía durante los primeros meses, en los que tenía una mente creativa, rápida y organizada. Luego, llegó al borde de volverse una mujer realmente psicótica. Si no la hubieran diagnosticado a tiempo, pudo haber llegado a un estado de confusión, con delirios y alucinaciones. El esposo de Connie se sorprendió cuando observó a su esposa recuperar su sanidad mental tras recibir tratamiento para su tiroides hiperfuncionante. En la mayoría de los pacientes, el comportamiento maníaco o anormal mejora o incluso se resuelve cuando se corrige el desequilibrio.[8]

ENOJO INCONTROLABLE
Las respuestas emocionales a lo que vemos o experimentamos tienen lugar en el sistema límbico del cerebro, donde la hormona tiroidea desempeña un papel importante al regular la percepción del medio ambiente y la manera en que respondemos emocionalmente ante el mismo. Independientemente de que las personas exhiban una manía leve, depresión o ansiedad, cuando llega un exceso de hormona tiroidea al cerebro, típicamente causa respuestas emocionales exageradas a lo que estas personas ven y experimentan. Estas respuestas se expresan como retraimiento emocional (que a menudo es un componente del estado depresivo) o, por el contrario, como una pérdida de control emocional. Se vuelven impacientes y pueden romper a reír o llorar inapropiadamente por situaciones que apenas les afectarían bajo circunstancias normales. Frecuentemente se irritan fácilmente por asuntos triviales, lo cual puede provocar enojo o incluso agresión y violencia.

Esta inestabilidad emocional hace que estas personas se sientan como si estuvieran sentadas en una mecedora al borde de un precipicio, meciéndose hacia adelante y hacia atrás entre el control y la falta absoluta del mismo. La mayoría de los individuos con hiperfunción tiroidea sienten cómo se va acumulando su enojo y luego estallan con cualquier persona que se les cruza en el camino. Realmente es una situación muy triste para ellos, porque no entienden lo que les está haciendo reaccionar de esta forma y si esta nueva manera de comportarse no les agrada, pueden llegar a pensar que se han convertido en malas personas.

Mary Lou, una maestra de escuela de 35 años de edad, me fue derivada por su ginecólogo, quién le había diagnosticado la enfermedad de Graves. Mary Lou ya había dejado de menstruar y sufría de intolerancia al calor y frecuencia cardíaca acelerada, síntomas que se le habían atribuido a una menopausia temprana. Durante la primera consulta con Mary Lou, ella describió los síntomas familiares de impaciencia e intolerancia. Después, me dijo:

"Todas las personas y todas las situaciones me molestaban. Perdía la paciencia con mucha facilidad. Siempre había sido buena para lidiar con la gente y calmarlas, pero después de un tiempo, eso se volvió en, 'Mary Lou, tienes que calmarte. No estás manejando esto bien'. Las cosas que me frustraban me hacían reaccionar de inmediato. En algunos casos, inicialmente les tenía mucha paciencia a las personas y luego, cuando seguían dándole vueltas a lo mismo, las interrumpía y les pedía que fueran al grano".

"Tenía muy poca paciencia con mis hijos, lo cual era raro en mí. Casi toda la gente que me conocía me consideraba como una mujer muy paciente. Yo doy clases de catecismo y tuve que dejar de hacerlo. Ni siquiera tenía la suficiente paciencia para leer la lección y enseñarla. Mi asistente me dijo que yo necesitaba ayuda. Me dijo que ya había estado dando clases de catecismo demasiado tiempo y que necesitaba un descanso. Esas fueron sus palabras".

"Lo que peor me hacía sentir era mi relación con mi hijo mayor. Como ya era adolescente, nada de lo que él hacía me satisfacía. Si yo decía, 'Saca la basura', no la sacaba lo suficientemente aprisa. Si yo decía, 'Guarda tu ropa', no la doblaba lo suficientemente aprisa. Todo lo que le pedía que hiciera lo tenía que hacer aprisa. Era como si mi mente ya no controlara mis emociones. Mis emociones tenían el control total de mi mente".

Algunos de mis pacientes han descrito esta pérdida de control y comportamiento alterado relativos al hipertiroidismo como la "locura de Graves" porque sentían que sus actos y sus conductas eran típicos de la locura. Estas personas se pueden volver agresivos y dominantes o pueden tener episodios de enojo e irritabilidad alternados con ansiedad flotante e intermitente, que las lleva a exhibir comportamientos irracionales y a tomar decisiones inapropiadas.

OLEADAS DE ANSIEDAD

Sin duda, el efecto mental más común de una tiroides hiperfuncionante es la ansiedad. Sin embargo, la ansiedad debida al hipertiroidismo rara vez es un trastorno de ansiedad en su forma pura. Es una forma exagerada en que la mayor preocupación y la sensación generalizada de inseguridad e inestabilidad empeoran por cambios repentinos de humor, enojo, incapacidad para enfocarse y memoria borrosa. Frecuentemente, estos efectos mentales se exacerban entre sí, dando como resultado un estado mental tumultuoso. Junto con la insidiosa intrusión de la ansiedad, los ataques de pánico son otra forma de ansiedad que a menudo se presenta.

La oleada creciente de hormona tiroidea en la sangre que inunda a las células del cerebro a menudo produce sentimientos inusuales. Usted puede sentir como si se fuera a sofocar o como si su alma se le fuera a salir del cuerpo. El corazón le empieza a latir muy aprisa. Las palmas de las manos le empiezan a sudar, aunque también puede empezar a sudarle todo el cuerpo. Se apodera de usted una incapacidad de controlar su cuerpo. No se desmaya, pero siente como si estuviera a punto de desmayarse. También puede marearse. El mundo a su alrededor se ve raro, casi irreconocible.

También siente miedo, un sentimiento que en realidad empieza en el punto más alto de la desesperanza. Después de que la sensación de desesperanza se estabiliza y empieza a desvanecerse gradualmente, queda sintiéndose agotado; no sólo cansado, sino literalmente exhausto. Entonces trata de racionalizar y comprender lo que acaba de sucederle a su cuerpo, a su mente, a usted mismo. La primera vez que le da esta sensación, podría reconocerla como un ataque de pánico. Quiere levantar el teléfono y llamarle a un amigo, a su cónyuge o a un pariente para hablarle de lo que está sintiendo. Ahora que el ataque de ansiedad ha pasado, queda exhausto, con ganas sólo de descansar y comprender qué fue lo que le acaba de suceder.

Unos cuantos días más tarde, del mismo modo impredecible como la vez anterior, le pega otra oleada de ansiedad. Usted entra en pánico y trata de combatirla. En el proceso, sus síntomas empeoran y empeoran. Desesperadamente trata de entender lo que está pasando, sintiendo que su vida está fuera de control y que ya no es suya, hasta que finalmente lo único que siente es agotamiento. Esto dura sólo un par de horas y luego la vida retoma su curso.

Con mucha frecuencia, se siente avergonzado por estos sentimientos o incluso temeroso de hablar de ellos con las personas más cercanas a usted. Tener ataques de pánico induce un miedo constante. Debido a que estos episodios van y vienen de manera impredecible, se preocupa de que le vaya a dar el siguiente cuando esté cerrando un negocio o hablando con gente en una reunión. Entre cada ataque, puede que le sobrecoja una ansiedad crónica y constante. Tiende a preocuparse hasta por las cosas más triviales, incluso cosas que antes no le molestaban. Mientras debiera estarse concentrando en lo que está haciendo, su cerebro empieza a funcionar en piloto automático. Su mente se desvía de lo que está haciendo y gradualmente la preocupación y la ansiedad empeoran hasta que se apoderan de la misma, de modo que su concentración es esporádica y no puede recordar lo que debería estar haciendo. Esto le irrita y molesta. No entiende por qué está reaccionando de esta manera. A medida que va creciendo la ansiedad, usted, su amigo más cercano o su cónyuge, notan que se está convirtiendo en una persona distinta.

Su humor cambia repentinamente y ya no es una persona estable. En la mañana, puede sentirse contento y entusiasmado, haciendo planes y sintiendo emoción por comenzar algún proyecto nuevo. Dos horas después, se enoja, se irrita o incluso, se entristece. Puede estar en el trabajo y esta oleada de tristeza le agota la energía y el deseo de funcionar normalmente y ser productivo. Quiere estar solo. Tiene dificultades para controlar su enojo y puede responderle agresivamente a alguien. Las oleadas de ansiedad, las preocupaciones constantes y los cambios repentinos de humor se van acumulando, afectando y reforzándose entre sí, transformando lentamente su personalidad.

Yo empecé a atender a Linda cuando me fue a pedir una segunda opinión dos años después de que le hubieran diagnosticado la enfermedad de Graves. Ella sentía una enorme desesperanza y casi había descartado la posibilidad de volver a tener una vida normal. Aproximadamente dos años antes de que le dieran el diagnóstico, ella tenía 36 años de edad y mantenía un empleo estable como secretaria. Sin embargo, como resultado de recortes de personal en su compañía, su carga de trabajo se había duplicado. Siempre sentía que iba atrasada y que no era capaz de terminar las tareas que le asignaban. Su nivel de estrés aumentó y empezó a preocuparse de las repercusiones financieras que tendría que sufrir si llegara a perder su empleo. Fue entonces que empezó a notar cambios en su salud.

"Empecé a presentar síntomas de nerviosismo, irritabilidad y mayor enojo —dijo—. Estaba bajando de peso pero realmente no le presté atención a eso. Los síntomas avanzaron y se volvieron más intensos conforme pasaban los meses. Yo se lo atribuía a los nervios, el estrés y las reacciones emocionales a lo que estaba sucediendo en mi vida, especialmente en lo que se refiere a mi situación laboral".

Durante los primeros tres o cuatro meses, los síntomas predominantes giraron alrededor de la ansiedad:

"Era una ansiedad incapacitante. Sentía como que no podía respirar y luego me mareaba mucho y me desorientaba. El mundo ya no me parecía real. Era una sensación de desorientación. Tenía palpitaciones y me faltaba el aliento. Me avergonzaba estar en lugar públicos, entonces me ocultaba en algún lugar para tratar de detener esa sensación. La ansiedad se presentaba al azar. Pronto me empezó a dar miedo de que me ocurriera en supermercados, la oficina de correos, mi trabajo, casi en cualquier lugar. No tenía ningún control. No sabía cuándo iba a ocurrir. No había conexión alguna ni forma alguna lógica que pudiera yo vincularlo. La oleada intensa me venía quizás tres o cuatro veces al día, durando no más de 10 a 15 minutos y luego se desvanecía gradualmente en el lapso de una hora. Luego quedaba agotada y exhausta. Yo sabía que no era una reacción realista, que no tenía nada qué temer. Pero es difícil correlacionar tu mente con tu cuerpo".

Linda empezó a tener miedo de los lugares confinados o donde había mucha gente (agorafobia), aunque esto nunca antes la había atemorizado. Las personas que padecen agorafobia tienen dificultades para salir de su casa porque los lugares que les resultan poco familiares, mismo que perciben como inseguros, les provocan ataques de pánico.

De cuatro a cinco meses después, Linda empezó a presentar otros síntomas además de sus ataques de pánico recurrentes:

"Sentía como si trajera un calefactor prendido adentro de mi cuerpo y no podía ajustarle la temperatura. Sin importar cuánto frío hiciera en el ambiente, adentro sentía que me quemaba de calor. Había días en que abría la puerta del congelador y metía la cabeza para aliviar mi intolerancia al calor".

"Estaba presentando muchos síntomas que estaba pasando por alto y tratando de ignorar. Comía muchas veces al día y después de que terminaba de comer, tenía evacuaciones intestinales frecuentes, casi de inmediato. Luego empecé a tener náusea y mareos. Se me cayó el cabello en toda la cabeza. Sudaba muchísimo en las noches. Mis ojos se empezaron a abultar. Al principio, sólo parecían estar más grandes. La gente que me rodeaba sí lo noto. Tenía la sensación de que mis ojos estaban secos y que se les había metido arena. Nadie podía explicarlo. Consulte a un oftalmólogo, pero no supo a qué se debía y lo atribuyó a alguna alergia".

"Los temblores empezaron más o menos al mismo tiempo. Yo sentía que me temblaba todo el cuerpo, pero más mis manos. Incluso me costaba trabajo apretar el tubo de pasta dental para ponerle pasta dental a mi cepillo de dientes. Tenía que sostenerme los brazos para que me dejaran de temblar. Se me caían las cosas. No me podía limar las uñas. No podía leer mi propia letra. Se me negaba cualquier cosa que requiriera destreza. Siempre me faltaba el aliento, incluso cuando subía un par de escalones. Tenía mucha de debilidad muscular en mis brazos y piernas. Si me acuclillaba, luego ya no me podía volver a poner de pie. Mis piernas estaban tan débiles que me costaba trabajo subir escaleras".

"Cuando finalmente decidí que tenía que hacer algo al respecto, tenía temor que me fueran a decir que sufría de distrofia muscular. La debilidad muscular fue lo que me hizo consultar al médico".

Los efectos musculares del hipertiroidismo pueden causar una debilidad tan severa que los pacientes tienen dificultades para caminar, lo que a menudo hace que los doctores sospechen que la persona padece una afección neurológica. Algunos pacientes con debilidad muscular debida al hipertiroidismo pueden quedar confinados a una silla de ruedas hasta que el hipertiroidismo se diagnostica y se trata. Linda estaba tan preocupada por su debilidad muscular que se apresuró a consultar al médico, quién la derivó a un neurólogo. Aunque le hicieron pruebas neurológicas extensas, los resultados de las mismas fueron normales y siguieron sin diagnosticarle la enfermedad de Graves.

Además de su ansiedad, que aumentó cuando se volvió más pronunciada su debilidad muscular, Linda tenía cambios frecuentes de humor. A veces se sentía emocionada; otras veces exhibía síntomas de depresión.

Finalmente, un encuentro casual le dio a Linda la pista que tan desesperadamente necesitaba:

"Después de un año entero de vivir con estos síntomas, fui a una fiesta. Una completa extraña notó que mis ojos estaban vidriosos y que yo estaba nerviosa. Me preguntó si padecía alguna afección tiroidea. Eso fue lo que aclaró la cosa. Me dijo que ella había padecido la enfermedad de Graves y que yo parecía tener lo mismo. Yo me sentí perpleja y aliviada. Ya sabía algo acerca de la enfermedad porque recientemente se la habían diagnosticado al Presidente Bush y a su esposa. Dos días más tarde, consulté a un endocrinólogo, quién confirmó el diagnóstico y me empezó a administrar el tratamiento".

DEPRESIÓN

La ocurrencia de depresión en el hipertiroidismo podría parecer paradójica porque este es un síntoma que se ha vinculado principalmente con la hipofunción tiroidea. Sin embargo, es raro que el hipertiroidismo cause una depresión clínica que requiera internamiento del paciente un hospital psiquiátrico.[9] En algunos casos, los antidepresivos pueden agravar la situación y sólo el uso de fármacos antitiroideos que normalicen el funcionamiento de la glándula pueden resolver la depresión. Aún no se comprende bien si estos individuos se deprimen por una predisposición a la depresión o por el estrés agobiante preexistente generado por el hipertiroidismo. Un doctor describió a un paciente que desarrolló depresión tanto durante el hipertiroidismo como durante el hipotiroidismo,[10] lo que lo llevó a concluir que la conformación subyacente de la persona es importante para determinar el efecto. Los pacientes hipertiroideos deprimidos tienden a presentar más problemas de insomnio, pérdida de peso, agitación, ansiedad, dolores musculares y fatiga que los pacientes deprimidos que tienen niveles tiroideos normales.[11]

Alicia sufría de depresión como resultado del hipertiroidismo. Ella se volvió hipertiroidea seis meses después de dar a luz. Como su esposo aún estudiaba, Alicia tenía que hacer horas extra para mantener a su familia. Ella y su médico inicialmente atribuyeron su depresión y ansiedad al exceso de trabajo. Ella dijo:

"Al principio, tenía dolores de cabeza tan fuertes que la parte superior izquierda de mi rostro se entumía. Mi médico me dijo que eran migrañas. Me convertí en una persona retraída. Me sentía cansada, perdí el interés en todo y empecé a considerar la posibilidad de suicidarme. Sentía que hacía demasiado. Me metía a la cama y dormía de 6:00 a 10:00 p.m., me levantaba una hora, cenaba, y me volvía a dormir hasta la mañana siguiente y seguía sintiéndome agotada".

"Sentía mucha culpa y no tenía interés en realizar mis actividades cotidianas. No podía lidiar con los problemas. Si tenía un problema con mi esposo o con mi bebé, reaccionaba exageradamente. Rompía en llanto. Estaba muy irritable y me volví intolerante con mi bebé".

Muchos de los síntomas de Alicia cumplían con los criterios para diagnosticarle la depresión. Aunque la depresión puede ser leve, como en el caso de Alicia, en ocasiones, una persona hipertiroidea puede caer en una depresión severa. De hecho, los trastornos depresivos importantes acompañados de trastornos generalizados de ansiedad son mucho más comunes en pacientes con hipertiroidismo que en la población en general.

AGOTAMIENTO FÍSICO Y MENTAL

Los médicos y los pacientes a menudo relacionan el cansancio con el hipotiroidismo y la hiperactividad con el hipertiroidismo. No obstante, en un número significativo de pacientes hipertiroideos, el cansancio y el agotamiento pueden ser los síntomas iniciales y más prominentes. Al igual que en el hipotiroidismo, el cansancio en el hipertiroidismo es tanto físico como mental.

En algunos pacientes, el cansancio puede ser extremo. Una mujer de edad madura que padecía hipertiroidismo dijo, "Sientes como si te estuvieras arrastrando todo el día. Recuerdo un día que estaba parada en el supermercado esperando mi turno para pagar. Una amiga me abordó por detrás y me dio un ligero golpecito en el hombro para llamar mi atención. Yo estaba tan agotada que ni siquiera reaccioné. Me volteé y simplemente la miré".

Suzanne, una vendedora de una tienda de ropa de 24 años de edad que siempre había sido una persona llena de energía y entusiasmo, empezó a quejarse de cansancio tres meses antes de la fecha de su boda. Ella pensaba que se debía a que estaba haciendo demasiadas cosas, así como al estrés que le generaban los preparativos de la boda. Sin embargo, sus síntomas en efecto se debían al hipertiroidismo. Le diagnosticaron la enfermedad de Graves un año después de casarse.

Así es como ella describió el inicio de sus síntomas:

"Me sentía realmente cansada. Dormía 10 horas cada noche y seguía sintiéndome cansada en el trabajo. En mis días de descanso, me quedaba acostada en el sofá. No era por falta de ejercicio, porque en mi trabajo tenía que caminar todo el tiempo. Eso era lo más molesto. No era como una buena fatiga sino más bien una molestia constante. No como se siente uno después de un día pesado de trabajo. Cuando me despertaba, me sentía mejor en la mañana pero 3 horas después me volvía a sentir cansada. Mi frecuencia cardíaca se estaba acelerando y eso me daba algo de miedo. Le subía al aire acondicionado y mi prometido se empezaba a congelar. Yo tenía mucho calor. Siempre estaba sudando y sólo me tapaba con la sábana. Tenía bochornos (sofocos, calentones) y luego episodios de frío. Hiciera lo que hiciera, nada parecía darme alivio".

"Cuando me daban dolores de cabeza, no podía pensar con claridad. Ni siquiera podía hablar con claridad. Sentía que cambiaba mi visión. Simplemente pensé que estaba envejeciendo y que por eso, ya no tenía tanto entusiasmo ni energía. Empecé a caminar, pero no me ayudó a elevar mi nivel de energía. Me hacía sentirme aún más cansada y no podía entender por qué. Era entonces cuando me daban las palpitaciones, porque me esforzaba demasiado".

"Me retraje de la gente. Estaba demasiado cansada como para hablar y gastar mi aliento conversando con ellos".

Como lo ilustran los casos antes descritos, cada persona puede presentar un patrón distinto de efectos mentales, aunque la mayoría de los pacientes exhiben ansiedad y déficit intelectual. Estas diferencias en el sufrimiento mental se deben no sólo al amplio rango de severidad del hipertiroidismo, sino también a las diferencias en la personalidad de cada cual. Algunas personas con niveles de hormona tiroidea considerablemente elevados presentan pocos o ningún efecto mental. Por contraste, algunas personas con un hipertiroidismo marginal o subclínico (del cual hablaremos en la siguiente sección) sufren mucho de ansiedad, cansancio, depresión y cambios repentinos de humor.

Hipertiroidismo subclínico

A fechas recientes, los médicos se han ido percatando cada vez más de la amplia gama de efectos físicos y mentales del hipertiroidismo subclínico. Esta afección se define como un exceso de hormona tiroidea que aún no ha dado como resultado niveles anormalmente elevados de hormona tiroidea pero que sí ha causado un descenso en los niveles de TSH. El hipertiroidismo subclínico a menudo es el resultado de una glándula tiroides hiperfuncionante debida a la enfermedad de Graves o nódulos en la tiroides que producen cantidades excesivas de hormona tiroidea. También puede resultar de una ingestión excesiva de hormona tiroidea. El hipertiroidismo subclínico debido a la enfermedad de Graves a menudo se resuelve espontáneamente. Pero aunque se resuelva, puede recurrir más adelante. El hipertiroidismo subclínico puede avanzar hasta convertirse en hipertiroidismo más severo y puede exacerbar las anormalidades cardíacas en pacientes con enfermedades cardíacas subyacentes preexistentes.

El hipertiroidismo subclínico puede causar síntomas de depresión, frecuencia cardíaca acelerada, pérdida de peso, intolerancia al calor, mayor apetito, mayor sudación y temblor de los dedos. También puede hacer que una persona se sienta más irritable y ansiosa.[12] Este ligero exceso de hormona tiroidea también puede conducir a la pérdida ósea con el tiempo, particularmente en mujeres posmenopáusicas.[13] Aunque un exceso mínimo de hormona tiroidea también puede afectar la densidad ósea de las mujeres premenopáusicas, este efecto negativo en los huesos se ve contrarrestado por el estrógeno. El hipertiroidismo subclínico puede provocar problemas en el ritmo cardíaco en pacientes mayores. Además, puede alterar el funcionamiento del corazón[14] y deteriorar la salud cardiovascular.

Las personas hipertiroideas en el trabajo

El desempeño laboral a menudo se ve afectado por la hiperfunción tiroidea. En casos extremos, los pacientes se convierten en personas mental y emocionalmente discapacitadas. Frecuentemente renuncian a su empleo o son despedidas de su trabajo porque no pueden cumplir con las exigencias del mismo. Cuando buscan otro empleo, generalmente no tienen éxito debido a su apariencia, sus problemas cognitivos o su incapacidad de manejarse bien durante las entrevistas (por ejemplo, al exhibir un comportamiento errático o mal genio). Veamos la manera en que los efectos mentales del hipertiroidismo pueden interferir con el trabajo.

A los 29 años de edad, Amy llevaba ya cinco años trabajando para una compañía de papel. Aunque su desempeño laboral había sido excelente, cuando Amy se volvió hipertiroidea, se convirtió en una persona irritable y no podía mantener una buena relación de trabajo con los demás empleados. "Todo me molestaba en el trabajo. Yo trabajaba en la oficina de ventas, pero manejé mal una situación que se presentó en el área de ventas y el dueño de la compañía escuchó parte de la historia. Él regresó y me gritó delante de un grupo de personas. No lo pude tolerar. No podía borrarlo de mi mente. No me pagaban lo suficiente como para aguantar ese tipo de humillación pública. Se volvió tan estresante para mí que decidí renunciar".

Otra paciente, Sabrina, que trabajaba como subgerente en una tienda departamental, fue despedida de su empleo porque no podía cumplir con las demandas de su trabajo. En sus palabras:

"Mi jefe me preguntaba todo el tiempo que por qué no estaba trabajando. Yo le trataba de explicar lo enferma que me sentía. Finalmente, me pidió que me fuera. Pasé varios meses buscando otro empleo, sin éxito".

"Temblaba y tenía la mirada atolondrada. Había bajado 16 libras (7,2 kg) de peso y probablemente me veía demacrada. La gente probablemente pensaba que era adicta a las drogas o alcohólica porque siempre estaba inquieta y nerviosa. Cada vez que no me contrataban o no me devolvían las llamadas, sentía como que le estaban echando sal a la herida. Yo me daba cuenta de mi nerviosismo y mis ademanes. Sabía que hablaba demasiado aprisa. Tenía que tener mucho cuidado y hacía un gran esfuerzo por hablar lento. Sin embargo, no me daba cuenta de lo rápido que hablaba. Las personas ni siquiera podían entender lo que yo decía".

"El hecho de que nadie me contratara sólo empeoró la situación. Cuando me diagnosticaron, pensé que al fin iba a poder empezar a salir de este círculo vicioso. Pero después de que nivelaron mi tiroides, tardé algún tiempo en encontrar un empleo adecuado".

Cuestionario: los síntomas físicos del hipertiroidismo

Una manera fácil de determinar la probabilidad de que esté padeciendo hipertiroidismo es respondiendo el siguiente cuestionario.

¿Sus uñas han estado quebradizas o se le han estado separando desde la matriz de la uña?	Sí	No_____
¿Su piel ha estado inusualmente caliente?	Sí	No_____
¿Ha estado sudando más de lo habitual?	Sí	No_____
¿Se le ha estado cayendo el cabello?	Sí	No_____
¿Se ha vuelto intolerante al calor?	Sí	No_____
¿Se ha vuelto poco abundante el flujo durante sus períodos menstruales?	Sí	No_____
¿Se ha sentido inusualmente hambriento?	Sí	No_____
¿Ha estado teniendo diarrea o evacuaciones intestinales cada vez más frecuentes?	Sí	No_____
¿Sus dedos le tiemblan constantemente?	Sí	No_____
¿Ha tenido una frecuencia cardíaca acelerada durante el reposo?	Sí	No_____
¿Ha perdido más de 5 libras (2,2 kg) de peso sin cambiar sus hábitos alimenticios y de ejercicio?	Sí	No_____
¿Le falta el aliento cuando hace un esfuerzo o ha disminuido su tolerancia al ejercicio?	Sí	No_____
¿Ha presentado debilidad muscular generalizada?	Sí	No_____
¿Le sudan las palmas de las manos?	Sí	No_____

Si respondió que sí a cuatro o más de las preguntas anteriores, es posible que tenga hipertiroidismo. Si contestó que sí a seis o más de estas preguntas, usted probablemente es hipertiroideo.

Otras afecciones hipertiroideas

Aunque la enfermedad de Graves es la responsable del 70 por ciento de los casos de tiroides hiperfuncionante que rutinariamente se diagnostican, necesita asegurarse que su tiroides hiperfuncionante no sea el resultado de algún otro trastorno tiroideo que pueda confundirse fácilmente con la enfermedad de Graves. Por ejemplo, algunos pacientes tienen una tiroides hiperfuncionante porque uno o más nódulos de la glándula tiroides se vuelven autónomos. Estos nódulos autónomos se hacen cargo del funcionamiento de toda la glándula pero producen más hormona tiroidea de la que el cuerpo normalmente requiere. Esta afección, que es común en personas de mayor edad, se conoce como nódulo tóxico simple o bocio tóxico multinodular, dependiendo de si la glándula tiene un solo nódulo o varios, o si varios de los nódulos hiperfuncionantes empiezan a crecer de manera independiente del resto de la glándula.

Para confirmar estos trastornos, su médico le pedirá que se haga una resonancia magnética nuclear de recaptación de la tiroides (*nuclear thyroid scan and update*). El doctor en medicina nuclear le pedirá que ingiera una pequeña cantidad de yodo radioactivo, que será captado rápidamente por la glándula tiroides y luego detectado al escanearla. De 6 a 24 horas después de que haya ingerido el yodo radioactivo, una sonda de conteo colocada sobre su cuello detectará la radioactividad presente en su tiroides. Una puntuación elevada en esta prueba de recaptación de yodo radioactivo le indicará a su médico que su tiroides está trabajando de más y produciendo niveles excesivos de hormona tiroidea. Las imágenes tomadas de su tiroides (escaneo) revelarán el —o los— nódulos.

Los doctores pueden tratar los nódulos tóxicos simples y el bocio multinodular mediante la administración de yodo radioactivo para destruir las áreas hiperfuncionantes, o bien, mediante la remoción quirúrgica de la parte de la glándula que contenga los nódulos tóxicos. El tratamiento con medicamentos no es una opción, como en el caso de los pacientes que padecen la enfermedad de Graves.

El exceso de hormona tiroidea también puede ser el resultado de una tiroiditis silenciosa y de una tiroiditis subaguda, que son dos afecciones que ocasionan la destrucción temporal de células tiroideas que dejan escapar una cantidad excesiva de hormona tiroidea preformada hacia el torrente sanguíneo mientras las células se están destruyendo. Estas afecciones a menudo se confunden con la enfermedad de Graves.

La tiroiditis silenciosa es el resultado de lo que se cree que es un ataque inmunitario transitorio en contra de la glándula tiroides, mismo que produce hipertiroidismo. El hipertiroidismo a menudo es leve y dura tan sólo unas cuantas semanas, aunque en algunos casos puede durar hasta tres meses.

Cuando se resuelve la inflamación y la destrucción (temporal) de la glándula tiroides, la persona puede pasar a ser hipotiroidea durante unas cuantas semanas, debido a que los daños que ha sufrido la tiroides, la dejan incapaz de cumplir con las demandas usuales del organismo. Al cabo de unas cuantas semanas de hipotiroidismo, la tiroides se repara a sí misma, recobrando entonces su funcionamiento normal. Sin embargo, puede que la glándula no se recupere por completo y que la persona quede padeciendo un hipotiroidismo residual permanente. Si el paciente consulta al médico durante el período inicial, cuando los niveles de hormona tiroidea siguen estando elevados, a veces es difícil determinar si tiene tiroiditis silenciosa o la enfermedad de Graves. Sin embargo, se puede hacer la distinción mediante una prueba de recaptación de yodo radioactivo. Típicamente, un conteo elevado indica la hiperfunción característica de la enfermedad de Graves y una recaptación baja indica la destrucción temporal característica de la tiroiditis silenciosa.

Un panorama parecido se presenta cuando la causa del hipertiroidismo es la tiroiditis subaguda. Esta afección es una infección viral de la glándula que da como resultado su destrucción temporal, seguida de hipotiroidismo transitorio y luego recuperación. Esta afección a menudo se diagnostica con mayor facilidad porque es probable que haya presencia de fiebre y dolor en el área del cuello que puede radiarse hacia uno o ambos oídos. Muchos virus pueden causar tiroiditis subaguda, entre ellos los que se han vinculado con enfermedades como el resfriado (catarro) común, las paperas y el sarampión. La prueba clave para confirmar si un caso de hipertiroidismo ha sido causado por tiroiditis subaguda es la prueba de recaptación de yodo radioactivo, cuyo resultado será bajo en el caso de tiroiditis subaguda y alto en el caso de la enfermedad de Graves.

Antes de que se infecte la glándula, el paciente puede presentar dolor de garganta, dolores, achaques, dolores de cabeza, fiebre y tos. Durante la fase caliente, la mayoría de los médicos recetan fármacos antiinflamatorios no esteroideos y un betabloqueador. Uno de cada tres pacientes con tiroiditis subaguda puede llegar a necesitar tratamiento con cortisona a causa de una inflamación severa y dolor inaguantable. En ocasiones, la glándula puede quedar inflamada durante varios meses, incluso después de que los niveles de hormona tiroidea han vuelto a la normalidad. En esos casos, el tratamiento con cortisona puede ser la solución. Aunque la mayoría de las personas que padecen una tiroiditis subaguda recuperan un funcionamiento normal de la tiroides con el tiempo, algunos pacientes se vuelven permanentemente hipotiroideos. En un estudio de investigación se demostró que 28 años después de un episodio de tiroiditis subaguda, el 15 por ciento de los pacientes requieren tratamiento con hormona tiroidea para el hipotiroidismo residual.[15] Aunque los esteroides ayudan a aliviar los síntomas, no previenen la ocurrencia del hipotiroidismo permanente. El mensaje aquí es que el paciente tendrá que volver a hacerse análisis de funcionamiento tiroideo en el futuro para asegurarse que no se haya vuelto hipotiroideo.

La siguiente tabla resume las características diagnósticas de las causas más comunes de hipertiroidismo.

CAUSAS DE HIPERTIROIDISMO

	TSH	Nivel de hormona tiroidea	Recaptación de yodo radiactivo
Enfermedad de Graves	Baja	Alto	Alta
Nódulo simple tóxico	Baja	Alto	Alta
Bocio tóxico multinodular	Baja	Alto	Alta
Tiroiditis silenciosa	Baja	Alto	Baja
Tiroiditis subaguda (viral)	Baja	Alto	Baja
Exceso de TSH*	Normal/alta	Alto	Alta

*Esto puede ser causado por un tumor en la glándula pituitaria o una desregulación de las células pituitarias que sintetizan la TSH.

Hipertiroidismo en personas de edad avanzada

El hipertiroidismo es bastante común en personas mayores, afectando aproximadamente al 1,5 por ciento de los hombres y al 1,9 por ciento de las mujeres mayores de 60 años de edad.[16] Los efectos del hipertiroidismo en las personas mayores son distintos a aquellos que se observan en personas más jóvenes. Con respecto a los síntomas físicos, el agrandamiento de la tiroides, la intolerancia al calor, la mayor sudación y el mayor apetito no son tan comunes en personas mayores. Sin embargo, la frecuencia de problemas cardíacos, como la fibrilación auricular, así como la pérdida de peso y una disminución en el apetito, aumentan con el envejecimiento.[17] Además, el estreñimiento (que es un síntoma típico del hipotiroidismo), la depresión y la disminución en masa muscular que conduce a la debilidad muscular son síntomas bastante comunes. La debilidad muscular debida al hipertiroidismo puede predisponer a los pacientes mayores a caídas y lesiones posteriores. Las caídas frecuentemente se atribuyen a otras enfermedades antes que se haga el diagnóstico correcto.

Debido a que las consecuencias del hipertiroidismo en las personas mayores son generales y muy similares a los síntomas causados por muchos otros problemas de salud, incluso los médicos de hospital frecuentemente diagnostican mal esta afección. En un estudio de investigación de pacientes hipertiroideos hospitalizados, el diagnóstico correcto se sospechó en tan sólo un tercio de los pacientes.[18] Para aquellos que requieren hospitalización, el diagnóstico psiquiátrico es la causa más común de ingreso, aunque la debilidad y la insuficiencia cardíaca con fibrilación auricular también son responsables por un gran número de ingresos.

Pero las diferencias no sólo se presentan con relación a los síntomas físicos. El primer efecto adverso del hipertiroidismo en personas de edad avanzada puede ser cambios mentales, que a menudo se pasan por alto o se atribuyen al envejecimiento. En vez de ser hiperfuncionantes, hiperdinámicos, estar agobiados por la ansiedad y la irritabilidad o exhibir un comportamiento maníaco, las personas mayores a menudo se retraen y se deprimen. El efecto de un exceso de hormona tiroidea en la mente de personas de edad avanzada puede ser considerable y frecuentemente se manifiesta como demencia, confusión y apatía. Incluso pueden llegar a tener delirios. El mayor nerviosismo, que es un síntoma que frecuentemente se ve en personas más jóvenes, no es tan común en pacientes mayores.

Las personas de edad avanzada a menudo padecen lo que los doctores llaman "hipertiroidismo apático", caracterizado por depresión, apatía y estupor intelectual. Los pacientes que sufren de esta afección exhiben agotamiento, actividad física y mental más lenta y un rostro sin expresión. Debido a que esta apariencia y cambio en la personalidad a menudo se adscriben al envejecimiento, la enfermedad frecuentemente permanece sin ser diagnosticada durante mucho tiempo.

Ciertos procedimientos hospitalarios que emplean rayos X, como la cateterización cardíaca y el pielograma intravenoso, para visualizar el corazón, las vías urinarias u otros órganos del cuerpo, pueden provocar hipertiroidismo por el yodo que se administra para lograr un contraste suficiente. Una persona mayor ingresada en un hospital para que se le evalúe una afección cardíaca o renal, al regresar a casa puede empezar a mostrar un estado mental alterado o incluso delirante al cabo de unos cuantos días. A menudo, la familia se alarma por la aparición de síntomas nuevos que no tienen explicación alguna.

La manera en que el exceso de hormona tiroidea afecta al cerebro depende de la edad y quizá también de la personalidad de la persona. La hiperfunción tiroidea tiene muchas caras. Puede afectar la mente de maneras diferentes. El resultado final frecuentemente es una mezcla de ansiedad, cambios emocionales y conductuales, cambios repentinos de humor, enojo, mecanismos inadecuados para lidiar con el estrés, deterioro en las capacidades cognitivas, incapacidad para cumplir con las demandas del trabajo y problemas familiares. Un paciente describió todos estos efectos combinados como "el monstruo que vive adentro de mí". Por fortuna, ahora contamos con muchas opciones para ayudarnos a domar a este monstruo.

Puntos importantes a recordar

- Si ha estado presentando pérdida de peso, nerviosismo, temblores, mayor sudoración o palpitaciones, podría estar sufriendo de hiperfunción tiroidea. Pero estos son síntomas físicos. Cuando una persona es hipertiroidea, no es inusual que se vuelva hipomaníaca y parlanchina y que se sienta como si se pudiera comer el mundo a puños.
- La depresión, las oleadas de enojo, la ansiedad y el letargo podrían ser síntomas de una tiroides hiperfuncionante; los cambios repentinos de humor y la pérdida de contacto con la realidad también son síntomas típicos.
- Si le están dando ataques de pánico episódicos, caracterizados por una sensación de estar fuera de control y una frecuencia cardíaca acelerada, es posible que tenga una tiroides hiperfuncionante. Descríbale detalladamente estos síntomas a su médico.
- Aunque la enfermedad de Graves es la responsable del 70 por ciento de casos de hipertiroidismo, esta afección también tiene otras causas, entre ellas el hipertiroidismo transitorio debido a la destrucción temporal de células tiroideas.
- En personas mayores, los síntomas de una tiroides hiperfuncionante no necesariamente son iguales a los de personas más jóvenes. A mayor edad, una tiroides hiperfuncionante tiende a producir más depresión, letargo, debilidad muscular y síntomas cardíacos.

5

EL DESEQUILIBRIO TIROIDEO, LA DEPRESIÓN, LA ANSIEDAD Y LOS CAMBIOS DE HUMOR

Su cerebro es único. Crea sus propios talentos, percepciones y estados de ánimo individuales. No obstante, esta individualidad les plantea un reto a los médicos e investigadores cuando tratan de descifrar cómo colaboran el cerebro, el cuerpo y la mente para generar estados mentales específicos. Por ejemplo, los científicos siguen sin poder hacer mediciones exactas o siquiera dar una definición precisa de lo que constituye un estado normal de salud mental. En el pasado reciente, algunos doctores han definido la salud mental normal meramente como la ausencia de enfermedades mentales evidentes, como el trastorno maníaco-depresivo o la esquizofrenia. En la actualidad, la mayoría de los doctores han reconocido que millones de personas sufren de diversas formas más sutiles de depresión y ansiedad.

Los desequilibrios tiroideos frecuentemente dan lugar a síntomas mentales y emocionales de depresión leve, trastorno explosivo intermitente, trastorno leve de déficit de atención y otros "síndromes menores", los cuales son afecciones que causan sufrimiento pero no son lo suficientemente pronunciados como para cumplir con los criterios psiquiátricos de una enfermedad mental. Las personas que padecen estas afecciones descubrirán que sus síntomas se magnifican en presencia de un desequilibrio tiroideo. Para una minoría de pacientes, tales síntomas magnificados pueden hacer que caigan en una enfermedad mental más pronunciada, pero para la mayoría de ellos, los efectos mentales de una enfermedad tiroidea —como fatiga, estado de ánimo deprimido, cambios repentinos de humor y falta de claridad mental— les causan un gran sufrimiento, aunque no se les podría calificar como "psiquiátricos".

Del mismo modo en que el hipotiroidismo severo es mucho menos común que el hipotiroidismo subclínico, la depresión subclínica y la depresión limítrofe también son mucho más comunes que la depresión clínica, la cual es fácil de diagnosticar.

Depresión subclínica: el síndrome de la sombra tiroidea

Un concepto erróneo común es que una depresión significa una mera tristeza. Sentir tristeza es una respuesta normal a la ocurrencia de un evento perturbador o de una decepción en la vida. Aunque una persona pueda sentirse abatida y triste cuando está deprimida, la tristeza no siempre es un síntoma de la depresión. En la depresión, los sentimientos de una persona están desconectados de todo lo que la rodea, de modo que puede no estar triste ni contenta. Esta desconexión hace que no sienta emoción alguna por la vida en general. Aunque cuando a una persona se le pregunta si está deprimida, la respuesta típica es, "No, no me siento deprimida. No estoy triste", esta persona puede, en efecto, estar padeciendo los síntomas característicos de la depresión.

Una manera fácil de determinar si es probable que esté sufriendo de depresión es contestando el cuestionario siguiente. Si responde no a una pregunta, pase a la siguiente; si responde sí, califique la severidad del síntoma (1 = leve, 2 = moderado, 3 = severo) antes de pasar a la pregunta siguiente.

¿Se siente cansado todo el tiempo?	Sí	No _____
¿Ha perdido el interés en las actividades que solía disfrutar?	Sí	No _____
¿Se siente triste de manera más o menos constante?	Sí	No _____
¿A menudo se siente irritable y se enoja por asuntos triviales?	Sí	No _____
¿Tiene episodios de llanto incontrolable?	Sí	No _____
¿Siente que no vale nada?	Sí	No _____
¿A menudo siente culpa por cosas o se ha vuelto demasiado autocrítico?	Sí	No _____
¿Ha aumentado su apetito y/o ha aumentado de peso?	Sí	No _____
¿Ha disminuido su apetito y/o ha perdido peso?	Sí	No _____
¿Tiene dificultades para recordar cosas y/o para concentrarse en sus actividades normales?	Sí	No _____
¿Le cuesta trabajo tomar decisiones o se siente ineficiente?	Sí	No _____
¿Tiene problemas para dormir de corrido en la noche?	Sí	No _____
¿Duerme más de ocho horas (independientemente de que se vaya a la cama muy temprano o se levante muy tarde)?	Sí	No _____

¿Desearía estar muerto?	Sí	No_____
¿Se ha vuelto muy sensible a la crítica o al rechazo?	Sí	No_____
PUNTUACIÓN TOTAL DE SEVERIDAD		_____

Si respondió sí a tres o más de las preguntas anteriores, quizás usted esté deprimido; si contestó sí a cinco o más de estas preguntas, es probable que usted esté deprimido.

Ahora sume las puntuaciones para cada síntoma para obtener su puntuación total de severidad, el significado de la cual se explica en la tabla siguiente. La puntuación total de severidad será útil más adelante para evaluar su respuesta al tratamiento.

SEVERIDAD DE DEPRESIÓN/ANSIEDAD

Puntuación total de severidad	Severidad de los síntomas
15 o menos	Leve
15–24	Moderada
25 o más	Severa

Además de sentirse desconectado y fatigado, los síntomas principales de la depresión son cambios en el apetito, alteraciones en el patrón de sueño, falta de interés en actividades placenteras y problemas de memoria y concentración.

En general, a medida que empieza a descender el nivel de hormona tiroidea, apenas pueden detectarse los cambios en la energía mental de una persona. Gradualmente van ocurriendo cambios sutiles y la persona se empieza a volver más lenta y a menudo "pierde vapor" en las tardes. La fatiga en sí precipita una preocupación creciente de que algo podría estar terriblemente mal en el cuerpo. La falta de energía puede conducir a una enorme frustración, a la sensación de ya no ser capaz de funcionar como en el pasado. Esto, a su vez, produce sentimientos de culpa, insuficiencia y baja autoestima. Incluso aunque los síntomas de una persona hipotiroidea no satisfagan completamente los criterios de la depresión, dicha persona puede estar padeciendo una depresión subclínica (una forma crónica y aún más leve de depresión que la distimia) que se manifiesta principalmente como fatiga y falta de entusiasmo.

Dawn, una consultora en educación que imparte seminarios en los

Estados Unidos, comenzó a notar una falta de energía unos años antes de buscar atención médica. Ella dijo:

"Daban las 3:00 p.m. y yo ya estaba lista para irme a la cama. Eso era terriblemente frustrante, dado que anteriormente había tenido un nivel muy alto de energía. Creía que las personas iban a pensar que yo era inepta, que me estaba dando por vencida, cuando no era yo quien se estaba dando por vencida, sino mi cuerpo. Tenía que librar una batalla constante conmigo misma para cumplir con mi trabajo y tratar de llevar una vida normal. Sentía que estaba caminando lo más aprisa que podía pero que no estaba yendo hacia ningún lado. A la hora del almuerzo y durante mis descansos de la tarde, buscaba un lugar silencioso y dormía una siesta breve para tratar de recuperarme. Comía un trozo de chocolate para subirme la energía, pero nada funcionaba".

Yo le diagnostiqué una tiroides moderadamente hipofuncionante a Dawn. Aunque cuando le hice preguntas, sí mencionó otros síntomas de hipotiroidismo diversos, lo que más le estaba afectando era la deficiencia de energía. Ella atribuía casi todos sus demás síntomas al cansancio, aunque en efecto tenía una depresión limítrofe como resultado de su hipofunción tiroidea. En ocasiones, sentía un enojo inexplicable, además de que tenía más apetito y antojos. También le afectaba profundamente que alguien la criticara y percibir que alguien la estaba rechazando.

Nina, una mujer de 39 años de edad, esposa de un cirujano, repetidamente le decía a su esposo ocupado, "Estoy cansada. Siento que algo anda mal en mi cuerpo". Su respuesta siempre era la misma: "Estás tratando de hacer demasiadas cosas con todas esas actividades sociales. Sólo llévate las cosas con más calma".

Nina no creía que fuera por estrés o un exceso de actividades, sino que estaba convencida de que algo estaba físicamente mal. Su nivel de energía era bajo. Tenía más sueño del que pensaba que debería tener y no podía controlar su aumento de peso. En sus palabras:

"Siempre me quería ir a dormir a las 7:00 p.m. Me sentía apachurrada. Yo no solía ser así. No podía concentrarme ni trabajar. Me sentía ansiosa. A menudo, cuando estaba sola, lloraba sin razón. Muchas veces no me sentía contenta aunque sentía que debería estar feliz. Me volví olvidadiza, lo cual me molestaba mucho. También me costaba trabajo concentrarme y me volví muy mala para recordar nombres. No tenía ganas de hacer gran cosa y me retraje".

"Me pregunté qué podría estar mal. Sabía que los problemas de peso podrían tener relación con algún trastorno tiroideo, de modo que fui a ver a un endocrinólogo con mucha experiencia. Él me dijo, "No se preocupe. No es nada. No quiero darle medicamentos".

Un año después, Nina me vino a consultar porque sus síntomas habían persistido. Después de que me relató su sufrimiento, dijo, "Yo sé que hay un problema y tiene que haber una razón". Yo le pregunté a Nina si le había dicho al primer endocrinólogo todos los problemas que había estado teniendo aparte del cansancio. "Creo que no, porque no me preguntó. Me decepcioné cuando me dijo que mis niveles estaban en el límite del rango normal. No le creí. Por eso pensé que tenía que consultar a alguien más".

Los análisis de sangre de Nina indicaron un hipotiroidismo subclínico. También estaba padeciendo una depresión subclínica. Le empecé a dar tratamiento con hormona tiroidea y ella mejoró dramáticamente. Su cansancio y la tristeza y enojo intermitentes desaparecieron. Nina estaba sufriendo de un "síndrome de sombra" causado por un déficit minúsculo de hormona tiroidea en su organismo y en su cerebro. Al tomar el medicamento, Nina recuperó su energía y desaparecieron sus demás síntomas. Sin prisa pero sin pausa, su cuerpo empezó a cooperar con ella otra vez, en lugar de actuar como su enemigo.

Muchas personas como Dawn y Nina sufren innecesariamente a causa del hipotiroidismo subclínico. Los estudios de investigación realizados en mujeres han demostrado que incluso las personas que tienen hipotiroidismo subclínico pero *ningún síntoma de algún trastorno anímico* muestran mejoría en puntuaciones objetivas que miden los niveles de depresión, histeria y comportamiento obsesivo-compulsivo cuando son tratadas con hormona tiroidea.[1] Esto ilustra que incluso quienes sufren de hipotiroidismo subclínico no necesariamente detectan el efecto del déficit de hormona tiroidea. De hecho, quizás atribuyan lo que sienten a su propio caracter.

Debido a que la mayoría de los pacientes con depresión subclínica no buscan la ayuda de un psiquiatra, establecer la frecuencia de hipotiroidismo en personas que sufren de depresión subclínica es un gran reto para los investigadores. Sin embargo, yo pienso que un porcentaje significativo de personas que sufren de depresión subclínica tienen algún desequilibrio tiroideo menor. En un estudio de investigación reciente realizado en el estado alemán de Bavaria, los exámenes por ultrasonido mostraron una glándula tiroides agrandada en el 86 por ciento de los pacientes que sufrían de depresión crónica, pero sólo en el 25 por ciento de las personas que no tenían depresión.[2]

Veamos a continuación cómo hasta un desequilibrio tiroideo minúsculo podría ser responsable de un estado de ánimo bajo.

La hormona tiroidea: la prima de la serotonina

Los enormes avances que se han logrado en el conocimiento de la química cerebral y sus efectos en el estado de ánimo empezaron a principios de los años 60. En años recientes, los médicos han reconocido que un desequilibrio en el nivel de serotonina es una causa importante de la depresión. La aceptación de la idea que la mayoría de las afecciones psiquiátricas pueden atribuirse a un desequilibrio en las sustancias químicas del cerebro abrió la puerta a cambios drásticos en la manera en que los doctores explican y tratan los trastornos mentales. Esta nueva era de psiquiatría biológica o biopsiquiatría, ha sido testigo de la convergencia de la psiquiatría y la medicina, dos campos que antes estaban separados por fronteras rígidas. Ahora los médicos tienden a considerar las enfermedades psiquiátricas de manera muy similar a como consideran las enfermedades físicas.

En las etapas tempranas de la biopsiquiatría, los neurocientíficos creían que cada trastorno mental estaba relacionado con un desequilibrio químico en el cerebro correspondiente. Este supuesto llevó a los psiquiatras a tener la esperanza de que podrían diagnosticar una afección psiquiátrica al medir los niveles de sustancias químicas específicas o sus productos derivados en la sangre u orina. Pero la química del cerebro no es tan sencilla. Lo que ocurre con mayor frecuencia es que los síntomas mentales son causados por múltiples desequilibrios químicos, como de serotonina, noradrenalina y otros, entre ellos las hormonas tiroideas, tema del presente libro.

Los científicos ahora consideran que la hormona tiroidea es uno de los principales protagonistas de los trastornos de la química cerebral. Y al igual que en el caso de cualquier otro trastorno de la química cerebral, un desequilibrio de la hormona tiroidea tiene efectos serios en las emociones y el comportamiento del paciente hasta que se le da el tratamiento adecuado.

Una vez que las hormonas tiroideas más importantes, la T3 y la T4, se liberan al torrente sanguíneo, entran a las células de los órganos y desempeñan un papel importante en la regulación de funciones vitales del cuerpo. También se requieren cantidades adecuadas de hormona tiroidea a lo largo de la vida para el funcionamiento normal del cerebro. La mayoría de las capacidades cognitivas, como la concentración, la memoria y la atención, así como el estado de ánimo y las emociones, dependen de un nivel normal de hormona tiroidea. Cada vez hay más pruebas que sugieren que la T3, que es la forma más potente de hormona tiroidea, es una genuina sustancia química del cerebro. Se encuentra en las uniones de las células nerviosas (sinapsis) que permiten que dichas células se comuniquen entre sí.[3] Esta hormona tiroidea también regula los niveles y las acciones de la serotonina, la noradrenalina y el ácido gamma-aminobutírico, ahora aceptados como los principales transmisores químicos implicados tanto en la depresión como en algunos trastornos de ansiedad. El mantenimiento de niveles normales de serotonina y noradrenalina en el cerebro depende en gran medida de que esté disponible la cantidad correcta de T3. Estudios de investigación extensos en animales y humanos han llevado a los científicos a concluir que el nivel de serotonina en el cerebro desciende si no llega la cantidad correcta de T3.[4] Además, un déficit de T3 en el cerebro puede dar como resultado que la noradrenalina funcione de manera ineficiente como transmisor químico,[5] y la deficiencia o ineficiencia de la noradrenalina es, en algunas personas, la razón química de la depresión.[6] La hormona tiroidea también regula el tetrapéptido de colecistoquinina en el cerebro. Un nivel bajo de esta sustancia química causado por una tiroides hipofuncionante promueve la tensión interna, que es un síntoma bastante común del hipotiroidismo.[7]

Los hallazgos que indican que la T3 se encuentra altamente concentrada cerca de las uniones de las células del cerebro, apoyan fuertemente el concepto de que la T3 es un neurotransmisor químico esencial para mantener un estado de ánimo y comportamiento normales. Esta es la ubicación donde se liberan los transmisores químicos como la noradrenalina para transmitir mensajes de una neurona a otra. La potente hormona tiroidea T3 se encuentra en mayores cantidades en el sistema límbico, que es una región del cerebro que regula el estado de ánimo, las emociones y la percepción de eventos alegres y tristes. También destaca la similitud que existe entre la hormona tiroidea y otras sustancias químicas importantes del cerebro: el aminoácido tirosina es un componente esencial tanto de la hormona tiroidea como de las sustancias químicas del cerebro conocidas como noradrenalina y dopamina.

Derrotar la depre

Mi esposa y yo una vez fuimos a un concierto sinfónico con un colega, Jim, y su esposa, Lorraine, a quien no había visto en varios años. Al volver a verla, me sorprendió notar que ahora tenía bocio, es decir, una glándula tiroides ligeramente agrandada. Aunque siempre había sido una ávida fanática de los conciertos sinfónicos, esa noche claramente no la estaba pasando bien. Le estaba costando trabajo sonreír y parecía aislada, desconectada de sus amistades, apenas prestando atención a nuestras conversaciones o a la música. Durante el intermedio, cuando mi esposa y Lorraine se fueron por su parte, le mencioné a Jim la sorpresa que me había causado ver a Lorraine tan cambiada. También le comenté que parecía tener una enfermedad tiroidea.

Jim pareció sentirse aliviado por la oportunidad de hablar con alguien y me confesó que su esposa había cambiado totalmente hace tres o cuatro años. Aumentó de peso, a menudo se sentía cansada y soñolienta y se volvió exageradamente sensible a la crítica. Lorraine ya no parecía disfrutar muchas cosas que antes le causaban un gran placer, como cocinar e ir a conciertos de música clásica. Su relación con Jim y sus hijos se había deteriorado mucho. Había ido a terapia durante seis u ocho meses, pensando que sus problemas eran psicológicos, pero no logró ningún cambio real. Varios médicos le dijeron que simplemente estaba muy "estresada" y le dijeron que tenía que aprender a relajarse. Un doctor holístico le administró hierbas, las cuales, como todo lo demás, no parecieron ayudarle. Obviamente, estos médicos no notaron la tiroides agrandada de Lorraine. Ella se desalentó después de consultar a tantos doctores y parecía haberse resignado con su nueva forma de vida.

Una semana más tarde, Jim convenció a Lorraine de que intentara una vez más. Me vino a consultar y sus análisis resultaron ser positivas para hipotiroidismo. Después de tres meses de tratamiento, Lorraine mejoró drásticamente. Empezó a disfrutar la vida nuevamente y recuperó el control de su peso. En retrospectiva, Lorraine estaba sufriendo de un caso de hipotiroidismo con síntomas de depresión atípica que se resolvieron mediante el tratamiento con hormona tiroidea.

La depresión atípica es una forma común de depresión crónica que presentan las personas que tienen una tiroides hipofuncionante. En tales pacientes, los eventos positivos pueden subirles el ánimo temporalmente, pero esta recuperación tiende a ser breve. A menudo vuelven a caer en un estado depresivo unas horas o unos días más tarde. Los síntomas pueden ser de leves a severos. En este tipo de depresión, los pacientes se vuelven sensibles al rechazo y a la crítica y desarrollan una tendencia a comer en exceso, especialmente alimentos ricos en carbohidratos, así como a dormir más de lo necesario. Comer en exceso y dormir más de lo necesario son rasgos importantes de la depresión atípica. Son dos factores que ayudan a los psiquiatras a hacer la distinción entre este tipo bastante común de depresión y la depresión mayor, que ocasiona insomnio y pérdida del apetito.[8] Algunos pacientes con depresión atípica presentan ataques de ansiedad y un letargo severo, lo cual puede impedir que funcionen normalmente. La depresión y la fatiga frecuentemente empeoran en la noche. Estos pacientes pueden aparentar ser introvertidos y sombríos.

Las personas que sufren de depresión atípica a menudo pasan mucho tiempo sin recibir un diagnóstico porque su sufrimiento rara vez alcanza la severidad de una depresión mayor y es fácil de ocultar. Quizá no consideren que están deprimidas; a veces no se dan cuenta que algo está mal y es poco común que piensen en suicidarse.

El hipotiroidismo también puede causar que una persona sufra de depresión distímica o "tristeza crónica", que es otra forma común de depresión crónica. Tal vez también es el tipo más común de depresión experimentado por personas con una funcionamiento tiroideo normal. Afecta cuando menos al 6 por ciento de la población en general durante el transcurso de su vida. Los pacientes con distimia pasan más tiempo deprimidos que no. Traen el ánimo bajo pero son capaces de funcionar. Las personas que padecen esta forma de depresión crónica también tienden a dormir de más; sin embargo, pueden tener más o menos apetito. Frecuentemente se acostumbran a esta nueva forma de sentirse y puede que ni siquiera reconozcan que tienen un problema. Las personas distímicas no atraviesan períodos bien definidos de depresión sino que permanecen deprimidas de manera más o menos constante: es un tipo de depresión persistente.

Los criterios aceptados para el diagnóstico de distimia requieren que estén presentes al menos dos síntomas —cambios en el apetito, insomnio, fatiga, baja autoestima, mala concentración, indecisión y sentimientos de desesperanza— junto con un estado de ánimo deprimido la mayor parte del tiempo durante al menos dos años.[9] Aunque dos años de sufrimiento puede ser un criterio psiquiátrico aceptable, eso no significa que usted tenga que sufrir innecesariamente durante dos años antes de que le den un diagnóstico y un tratamiento. Esto es especialmente cierto si la causa de su depresión es un desequilibrio tiroideo.

Como podrá ver, la depresión atípica y la distimia comparten muchos rasgos en común. Son formas crónicas y persistentes de depresión que no conducen a pensamientos suicidas. Sin embargo, la fatiga en la depresión atípica es, en general, mucho más severa. Además, mientras que comer en exceso es una característica de la depresión atípica, muchos pacientes que padecen distimia pierden el apetito.

Erica, una maestra de 40 años de edad, padeció distimia junto con otros síntomas físicos de hipotiroidismo durante dos años. Ella comentó:

> "Me sentía muy cansada. Solía acostarme y dormir durante horas sólo para recuperar mi energía. Tomaba siestas en la tarde después de llegar a casa de la escuela. Me iba a la cama temprano. Era como una manera de aliviar mi estrés. Por más que dormía, nunca era suficiente".

> "No consideraba la posibilidad de suicidarme, pero sí estaba muy deprimida. Lo tomaba un día a la vez. No hablaba con nadie. Todo me lo guardaba. Rara vez visitaba a mi familia. Cuando llegaba a casa del trabajo, inmediatamente me iba a dormir. Perdí el apetito y bajé mucho de peso. Me preocupaba por pagar las cuentas. Siempre tenía que anotar todo porque de otro modo, se me olvidaba".

> "Me preguntaba hacía dónde estaba yendo mi vida. Me daba miedo el futuro. Mi hermana me convenció que fuera a ver a una psicóloga, pero no me estaba ayudando".

Un día, Erica consultó a su médico general porque le dolía la garganta. El doctor notó que tenía bocio y sospechó que tal vez Erica podría padecer hipotiroidismo. Los resultados de sus análisis fueron positivos para hipotiroidismo y su depresión se resolvió por completo después de recibir tratamiento con hormona tiroidea. Unos cuantos meses después, Erica dijo, "El tratamiento con hormona tiroidea me ha ayudado a lidiar con la depresión y el estrés. Estoy más alerta. Ya no estoy tan deprimida. Ahora

realmente puedo hablar con franqueza con mi terapeuta y seguir sus recomendaciones".

La distimia de Erica era causada en gran medida por una tiroides hipofuncionante. Las personas que tienen un desequilibrio tiroideo y que sufren
de distimia a menudo tratan de seguir funcionando a pesar de su cansancio y
demás síntomas y atribuyen dicho cansancio al estrés, al trabajo o a un exceso
de actividades. Gradualmente, se van sintiendo cada vez más agobiadas y empiezan a percibir que están haciendo más cosas de las que pueden manejar.
No obstante, esto puede ser corregido y pueden volver a sentirse como antes
si reciben un tratamiento apropiado y oportuno. La clave es sospechar de un
desequilibrio tiroideo y pedirle a su médico que mande hacerle los análisis de
funcionamiento tiroideo indicados.

La depresión mayor y el desequilibrio tiroideo

El hipotiroidismo también hace que los pacientes corran un mayor riesgo de
caer en una depresión mayor, que es la forma más extrema y más temida de
esta afección. Estudios de investigación recientes han demostrado que los
pacientes ingresados en un hospital con hipotiroidismo presentan un riesgo
mucho más alto de volver a ser ingresados por depresión.[10] Un desequilibrio
tiroideo mínimo es suficiente para echar a andar un círculo vicioso que a fin
de cuentas conduce a una depresión mayor. Cuando el hipotiroidismo no se
atiende de inmediato y permanece sin tratarse durante años, una depresión
menor puede evolucionar hasta convertirse en una depresión mayor, la cual
puede conducir a un sentimiento severo de desconexión e incluso a pensamientos suicidas. En tales pacientes, el cansancio extremo que se relaciona
con el hipotiroidismo y la depresión forma parte del interminable círculo
vicioso que los agota y que eventualmente los lleva a caer en una depresión
aún más profunda.

Cristina, una recepcionista de 34 años de edad, padeció una depresión
que gradualmente iba empeorando. Así es como ella describe sus dos años de
sufrimiento antes de que los médicos le diagnosticaran hipotiroidismo: "Llegaba del trabajo muy, muy cansada. No quería hacer nada. No tenía motivación alguna para salir y pasar un rato con mis amistades. Era muy pesado
trabajar en el jardín y hacer todas las tareas cotidianas como cocinar y servirles de chofer a mis hijos. Durante los últimos dos años, me he estado yendo a
dormir alrededor de las 9:00 o 9:30 p.m. En mi familia ya hasta me hacen
bromas porque me voy a dormir más temprano que mis hijos".

A medida que fueron transcurriendo los meses, Cristina se fue sintiendo
como si se hubiera desconectado del mundo y ya no podía dormir. Renunció
a su empleo y un día trató de quitarse la vida tomando una sobredosis de
analgésicos. "Sólo quería escaparme y morir", dijo.

Antes de que cayera en una depresión severa, Cristina había estado padeciendo una depresión menor pero persistente. Sin embargo, debido a que los doctores no diagnosticaron ni trataron su hipotiroidismo, su depresión menor avanzó hasta convertirse en un caso de depresión mayor. Su batalla con el cansancio extrema era la señal de que su estado estaba evolucionando hacia una depresión más seria.

En la depresión mayor, el paciente se desconecta de su entorno y se enfrenta a cualquier cosa que suceda con una indiferencia extrema. Los sentimientos de desconexión y cansancio son peores en la mañana. La persona típicamente sufre de insomnio y puede despertar varias horas más temprano de lo que debe y tener dificultades para volver a conciliar el sueño. Otras características de la depresión mayor son pérdida del apetito, desinterés por comer, pérdida de peso y dificultades para concentrarse. Las personas que padecen una depresión mayor a menudo tienen la sensación de que no vale la pena vivir. Se culpan y sienten que no merecen recibir ayuda. A menudo empiezan a pensar en la muerte y el suicidio. La depresión mayor puede presentarse inesperadamente a cualquier edad y empeora gradualmente a lo largo de un período de meses. En algunos casos, pueden perder el contacto con la realidad y empezar a tener alucinaciones (depresión mayor con rasgos psicóticos).

Unos investigadores que les hicieron análisis a pacientes severamente deprimidos para detectar enfermedades tiroideas encontraron que hasta un 15 por ciento de los mismos tienen una tiroides hipofuncionante.[11] Pero el hallazgo más sorprendente fue que su hiperfunción tiroidea frecuentemente era subclínica en lugar de severa.

Otro estudio de investigación también demostró que casi el 20 por ciento de pacientes hospitalizados a causa de una depresión severa padecían la tiroiditis de Hashimoto.[12] El hecho de que un número significativo de personas, particularmente mujeres, que están recibiendo tratamiento para una depresión mayor, también tienen hipotiroidismo subclínico, se explica por el hecho de una que una deficiencia menor de hormona tiroidea en el cerebro hace que una persona sea más vulnerable a caer en una depresión mayor. De hecho, las mujeres con hipotiroidismo subclínico que actualmente no padecen una depresión mayor a menudo pasaron por uno o más episodios de depresión en los años anteriores.

Un estudio de investigación comparó el historial psiquiátrico de 16 mujeres que tuvieron hipotiroidismo subclínico con el de 15 mujeres con un funcionamiento tiroideo normal, y ninguna de las mujeres en ninguno de ambos grupos estaba padeciendo una depresión mayor a la fecha del estudio.[13] Sin embargo, los investigadores encontraron que el 56 por ciento de las mujeres con hipotiroidismo subclínico habían tenido un episodio de depresión mayor al menos una vez en su vida, en comparación con tan sólo el

20 por ciento de las mujeres con un funcionamiento tiroideo normal. Este estudio de investigación también demostró que la mayoría de los episodios de depresión habían ocurrido en los cinco años anteriores en las pacientes con hipotiroidismo subclínico. Esto ilustra que el hipotiroidismo subclínico puede hacer que una mujer sea más vulnerable a la depresión mayor cuando se presentan eventos estresantes en su vida. La corrección del hipotiroidismo subclínico en tales mujeres debe considerarse como una forma de prevenir la incidencia de depresiones mayores.

A los científicos les ha intrigado durante años cómo un minúsculo déficit de hormona tiroidea en el cerebro (como el que resulta de una falla mínima en la glándula tiroides) puede precipitar una depresión mayor. El estrés, los eventos deprimentes y las situaciones que ponen en peligro la vida se perciben e integran en el cerebro, e inmediatamente se transmiten mensajes a la glándula tiroides para que pueda ajustar su funcionamiento y aumentar la producción de hormona tiroidea.[14] Esta mayor producción de hormona tiroidea provocada por dichos eventos amenazantes ayudará a mantener una química cerebral adecuada que permita que la persona lidie mejor con el estrés, el evento deprimente o la situación que esté poniendo su vida en peligro.

Incluso en la depresión subclínica, tiende a disminuir el nivel de serotonina en el cerebro. Sin embargo, el cerebro transmite esta disminución en el nivel de serotonina a la glándula pituitaria. El mensaje provoca que la pituitaria produzca más TSH, de modo que la glándula tiroides sintetice y libere más hormona tiroidea. Este ajuste tiroideo funciona para que los niveles de serotonina regresen a la normalidad, de tal modo que el estado de ánimo no se deteriore aún más. La hormona tiroidea en el cerebro tiene la capacidad de aumentar la producción de serotonina en las células del cerebro (vea el diagrama en la página siguiente, el cual ilustra el papel que desempeñan las hormonas tiroideas en la prevención de la depresión). Pero si la tiroides está fallando y no es capaz de rescatar la química cerebral o brindar la hormona tiroidea adicional que se requiere, el nivel de serotonina seguirá descendiendo y la depresión irá escalando. Esto explica la manera en que una glándula disfuncional puede privar a una persona de un mecanismo primario de defensa contra la depresión mayor. La mayor vulnerabilidad a la depresión mayor de los pacientes con antecedentes de esta afección fue elegantemente ilustrada en un estudio de investigación que evaluó la severidad de los trastornos del estado de ánimo presentados por personas que se volvieron hipotiroideas tras la remoción quirúrgica de su glándula tiroides. Este estudio de investigación demostró que los pacientes que habían sufrido anteriormente de depresión mayor presentaron síntomas más severos cuando se volvieron hipotiroideos.[15]

EL PAPEL QUE DESEMPEÑAN LAS HORMONAS TIROIDEAS EN LA PREVENCIÓN DE LA DEPRESIÓN

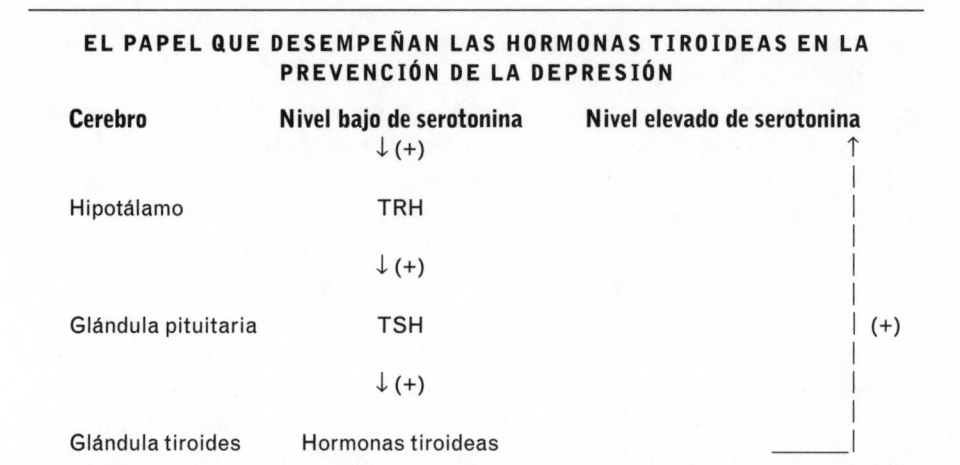

Cerebro	Nivel bajo de serotonina	Nivel elevado de serotonina
	↓ (+)	↑
Hipotálamo	TRH	
	↓ (+)	
Glándula pituitaria	TSH	(+)
	↓ (+)	
Glándula tiroides	Hormonas tiroideas	

Consideremos el caso de Sara, una mujer de 29 años de edad. Ella se había comprometido hace seis meses, estaba muy contenta y emocionada y apenas había empezado a planear su boda. Trabajaba como gerente de ventas en una tienda departamental importante y las demandas de su trabajo eran enormes dado que se estaba acercando la temporada navideña. Empezó a sentirse cansada en las tardes. Cuando llegaba a casa, lo único que quería hacer era sentarse, ver la televisión e irse a la cama.

Sara también empezó a perder el interés en salir con su prometido. A medida que fueron creciendo el estrés de los preparativos de la boda y las demandas de su empleo, empezó a irritarse con facilidad, estallaba en llanto sin poder controlarse y se enojaba por cosas triviales. Gradualmente, su relación se empezó a deteriorar y eventualmente, terminó por cancelar la boda. Para entonces, Sara no hablaba con nadie de sus sentimientos. Le atribuía todo esto al estrés, a las demandas de su trabajo y a su incapacidad de lidiar con todas estas cosas al mismo tiempo.

En el lapso de unas cuantas semanas, Sara fue cayendo en un estado de depresión mayor. Cuando su hermana la fue a visitar en Navidad, le insistió que consultara a un psiquiatra. Sara estuvo de acuerdo, en parte porque había pasado por una depresión severa cuatro años antes y tenía antecedentes familiares importantes de depresión.

Sara probó varios antidepresivos, pero ninguno pareció funcionar. Dejó de ser funcional, dejó de comer, bajó mucho de peso y casi la despiden de su trabajo.

"Tenía problemas de memoria —dijo—. No podía recordar los pedidos o dónde había puesto ciertos papeles. No les devolvía las llamadas a los clientes". Esto hacía que se sintiera aún peor y empezó a tener pensamientos suicidas. Cuando finalmente otro psiquiatra le hizo análisis de la tiroides, descubrieron que tenía hipotiroidismo subclínico. Como resultado del tratamiento con hormona tiroidea además de los antidepresivos, su memoria mejoró y empezó a comer de nuevo. Volvió a emerger su personalidad original alegre y jovial. Su nivel de energía aumentó, su desempeño en el trabajo mejoró y sus cambios repentinos de humor y su enojo desaparecieron.

En el caso de Sara, su depresión originalmente pudo haber sido provocada por el estrés de su trabajo y de su boda y por su predisposición genética a la depresión. Pero el hipotiroidismo la hizo más vulnerable a caer en un estado de depresión mayor. Cuando su cerebro necesitó un poco de T3 adicional para evitar que la serotonina descendiera más durante una época estresante en su vida por la cercanía de la temporada navideña y su boda, su glándula tiroides no fue capaz de cumplir con su función y una compleja secuencia de desequilibrios en su química cerebral la llevó a una depresión mayor.

El diagnóstico y tratamiento de un desequilibrio tiroideo puede ayudar a evitar que caiga en una depresión mayor. Pero si ya está sufriendo de depresión, como en el caso de Sara, es esencial que le diagnostiquen y traten el desequilibrio tiroideo. Si no se corrige, la depresión no responderá al tratamiento con antidepresivos convencionales. Los estudios de investigación han demostrado que el 52 por ciento de los pacientes que sufren de depresión mayor y no responden a los antidepresivos tienen hipotiroidismo.[16] Una vez que el médico le agregue hormona tiroidea a su tratamiento con antidepresivos, la depresión a menudo se resolverá. El hipotiroidismo también es el responsable de la falta de respuesta a los antidepresivos en un porcentaje significativo de personas que sufren de depresión menor crónica. Si usted tiene depresión o ha pasado recientemente por un episodio de depresión, es importante que le realicen análisis para detectar un desequilibrio tiroideo.

Despeje la depresión

Si sufre de depresión y los resultados de sus análisis son positivos para hipotiroidismo, en general puede esperar que la depresión se resuelva una vez que se haya corregido el desequilibrio tiroideo. En algunos casos, es posible que la depresión no responda completamente al tratamiento con hormona tiroidea por sí sola. La depresión puede haber tomado vida propia y requerir tratamiento adicional, particularmente si la tiroides hipofuncionante permaneció sin ser diagnosticada durante mucho tiempo.

En términos generales, si tiene distimia, una depresión atípica o depresión subclínica persistente y su doctor le diagnostica hipofunción tiroidea, su médico deberá tratar la tiroides hipofuncionante primero durante al menos tres meses. Si la depresión no se resuelve por completo pese a que esté recibiendo un tratamiento adecuado con hormona tiroidea, su médico le agregará algún antidepresivo, como algún inhibidor selectivo de la recaptación selectiva de serotonina (ISRS), durante 6 a 12 meses. Otra opción será usar el tratamiento con una combinación de T4/T3 (que se detalla en el Capítulo 18). Sin embargo, si ya tiene una depresión mayor e hipotiroidismo, debe empezar a tratarse de inmediato tanto con hormona tiroidea como con antidepresivos. Si los síntomas de la depresión persisten después de tres meses de tratamiento con hormona tiroidea y antidepresivos, entonces el tratamiento con una combinación de T4/T3 podría ser la solución.

Cuando su tiroides ya esté bien regulada y la depresión se haya resuelto, su doctor probablemente considerará suspenderle los antidepresivos convencionales al cabo de 12 meses. Si sus niveles tiroideos han regresado a la normalidad pero la depresión recurre al suspender los antidepresivos, entonces deberá reanudar el tratamiento con estos medicamentos. (Para mayor información sobre los antidepresivos, vea el Capítulo 17).

Los trastornos de ansiedad y el desequilibrio tiroideo

Al igual que en el caso de la depresión, el desequilibrio tiroideo puede provocar o empeorar un trastorno de ansiedad. Según una encuesta realizada por el Instituto Nacional de Salud Mental, el 10 por ciento de la población adulta estadounidense sufrió de algún trastorno de ansiedad en los seis meses anteriores.[17] Se calcula que el 27 por ciento de los adultos sufren de algún trastorno de ansiedad durante el transcurso de su vida. En cualquier momento dado, casi 15 millones de estadounidenses padecen un trastorno de ansiedad. Sin duda alguna, los desequilibrios tiroideos son los responsables de parte de esta angustia. Un estudio de investigación incluso demostró que los trastornos tiroideos son muy comunes entre los familiares de pacientes que padecen un trastorno de ansiedad.[18] Además, en algunas personas, la ansiedad parece predisponerlas a la ocurrencia de hiperfunción tiroidea.[19]

A menudo son dos los tipos de trastornos de ansiedad que ocurren como resultado de un desequilibrio tiroideo:

1. Trastorno de ansiedad generalizada, que se define por una preocupación excesiva, exagerada y poco realista acerca de asuntos triviales durante al menos seis meses
2. Trastornos de pánico, que se caracterizan por ataques de respuestas fisiológicas anormales acompañados por miedo extremo, causando síntomas físicos

Entre otros trastornos de ansiedad menos comunes que se han visto ocurrir como resultado de un desequilibrio tiroideo encontramos los siguientes:

- Fobias sociales
- Fobias específicas
- Trastorno obsesivo-compulsivo
- Síndrome de estrés postraumático (vea el Capítulo 2)

Además de la preocupación excesiva y poco realista, los síntomas más típicos de un trastorno de ansiedad generalizado son inquietud, una sensación de estar superalerta y con los nervios de punta, fatiga, dificultades para concentrarse (que se pueden expresar, en casos extremos, como una incapacidad para pensar o procesar información), irritabilidad, tensión muscular y dificultades para conciliar el sueño o para seguir durmiendo una vez que se ha conciliado.

Al igual que en la depresión, la severidad de los trastornos de ansiedad varía. Muchas personas con trastornos de ansiedad generalizados leves se acostumbran a su nueva manera de sentirse: las batallas mentales y emocionales se convierten en su modo de vida y puede que ni siquiera sospechen que algo ande mal. Por el contrario, otras personas se sienten muy agobiadas por los síntomas. Muchas buscan la ayuda de un médico y pueden ir de doctor en doctor tratando de encontrar la razón de su sufrimiento.

Como se mencionó anteriormente, aunque comúnmente se presupone que la ansiedad siempre acompaña a una tiroides hiperfuncionante y que la depresión acompaña a una tiroides hipofuncionante, la verdad es que el hipotiroidismo frecuentemente causa un nivel importante de ansiedad e incluso ataques de pánico. Los niveles anormales de noradrenalina en el cerebro pueden ser la base no sólo de la depresión sino también de los trastornos de ansiedad como los ataques de pánico. La disminución de serotonina y el aumento de actividad de la noradrenalina en ciertas partes del cerebro, sumadas a un aumento en la actividad o la sensibilidad del centro respiratorio del cuerpo, son los que causan los síntomas mentales y físicos de los trastornos de pánico.[20] El bombardeo de noradrenalina en el cerebro medio es la causa principal de los efectos físicos que se observan en el corazón y el sistema respiratorio durante un ataque de pánico. Las respuestas fisiológicas que acompañan a los ataques de pánico son reales y son generadas por el sistema nervioso autónomo. Una tiroides hiperfuncionante hace que aumente la actividad de la noradrenalina, lo que da como resultado síntomas de ansiedad y los ataques de pánico. Es probable que una tiroides hipofuncionante cause que disminuyan los niveles de ácido gamma-aminobutírico, la sustancia química antiansiedad del cerebro. Esto también contribuye a la aparición de ansiedad durante la depresión causada por el hipotiroidismo.

Ataques de pánico

Como se explicó en el Capítulo 1, los síntomas físicos del desequilibrio tiroideo son similares a los que se viven durante un ataque de ansiedad. Por lo tanto, un médico que está evaluando a un paciente que padece un trastorno tiroideo puede llegar a creer que lo que está presentando el paciente es el resultado de un trastorno de ansiedad más que de un desequilibrio tiroideo.

Entre los síntomas más comunes de los ataques de pánico, encontramos los siguientes:

- Latidos muy fuertes del corazón
- Frecuencia cardíaca acelerada
- Sudación
- Temblores o agitación
- Sensación de falta de aliento
- Sensación de atragantamiento
- Dolor o malestar en el pecho
- Náusea
- Sensación de mareo, inestabilidad o desmayo
- Sensación de irrealidad o sensación de estar desconectado de uno mismo
- Miedo de perder el control
- Miedo de morir
- Entumecimiento o sensación de cosquilleo
- Escalofríos o sofocos (bochornos, calentones)

Cuando a un paciente le da su primer ataque de pánico, a menudo sale corriendo a la sala de urgencias del hospital. Debido a que la frecuencia cardíaca acelerada, la dificultad para respirar, el mareo y otros síntomas se asemejan a los de un ataque al corazón u otros problemas cardíacos, las personas que sufren ataques de pánico, incluidas aquellas que también tienen un desequilibrio tiroideo, pueden ser sometidas a evaluaciones cardíacas y neurológicas repetidas y costosas. Aún está en debate si una persona necesita tener más de un ataque de pánico para cumplir con los criterios que definen un trastorno de pánico. Una persona que ha tenido un solo ataque de pánico sentirá miedo de tener otro. Se ha calculado que casi el 30 por ciento de la población estadounidense tendrá al menos un ataque de pánico en el transcurso de su vida.[21] Algo que ocurre con demasiada frecuencia es que los doctores sugieran que los síntomas del paciente no son reales o son "producto de su imaginación". Esto no ayuda a alguien que acaba de pasar por un episodio de frecuencia cardíaca acelerada, cosquilleo en las manos y los pies, y mareo o náusea.

Cuando los ataques de pánico recurren, las personas entran en un círculo vicioso de ansiedad anticipatoria, que es una preocupación excesiva sobre cuándo ocurrirá el siguiente ataque. También pueden temer estar en un lugar o situación de los que no puedan salir rápidamente por miedo a que les suceda una catástrofe médica, o bien, a que mueran en cualquier momento. El círculo vicioso de ataques y miedo a los mismos se vuelve debilitante y lleva a estas personas a ir saltando de médico en médico y de especialista en especialista. Pero siguen recibiendo la misma respuesta: "¡Físicamente está completamente sano!", lo que confunde aún más a estos pacientes, porque saben que sus síntomas son reales.

Una manera fácil de determinar si es probable que esté sufriendo de algún trastorno de ansiedad es contestando el cuestionario siguiente. Si responde no a una pregunta, pase a la siguiente; si responde sí, califique la severidad del síntoma (1 = leve, 2 = moderado, 3 = severo) antes de pasar a la pregunta siguiente.

¿Ha tenido dificultades intermitentemente para respirar tranquilamente?	Sí	No_____
¿A veces tiene la sensación de que algo malo va a ocurrir?	Sí	No_____
¿Se siente tenso todo el tiempo?	Sí	No_____
¿A veces siente que sus brazos y piernas tiemblan por ninguna razón aparente?	Sí	No_____
¿A menudo se siente inquieto e incapaz de quedarse quieto?	Sí	No_____
¿Tiene dificultades para conciliar el sueño o se despierta sintiéndose inquieto por la noche?	Sí	No_____
¿Se ha estado preocupando excesivamente por asuntos triviales?	Sí	No_____
¿Frecuentemente siente que tiene que hacer las cosas ahora mismo?	Sí	No_____
¿Ha pasado por episodios en que le late muy fuerte el corazón, tiene la frecuencia cardíaca acelerada y suda mucho?	Sí	No_____
¿Ha tenido episodios de temblores, falta de aliento y sensación de atragantamiento?	Sí	No_____
¿Ha tenido episodios de dolor en el pecho, náusea, mareo e inestabilidad?	Sí	No_____

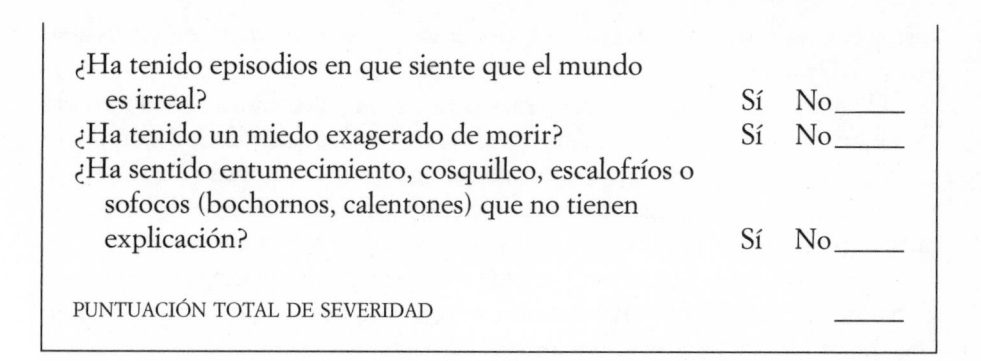

¿Ha tenido episodios en que siente que el mundo es irreal?	Sí	No _____
¿Ha tenido un miedo exagerado de morir?	Sí	No _____
¿Ha sentido entumecimiento, cosquilleo, escalofríos o sofocos (bochornos, calentones) que no tienen explicación?	Sí	No _____
PUNTUACIÓN TOTAL DE SEVERIDAD		_____

Si respondió sí a tres o más de las preguntas anteriores, es posible que usted esté padeciendo algún trastorno de ansiedad; si contestó sí a cinco o más de estas preguntas, es probable que usted esté padeciendo algún trastorno de ansiedad.

Ahora sume las puntuaciones para cada síntoma para obtener su puntuación total de severidad, el significado de la cual se explicó anteriormente en este mismo capítulo en la tabla de "Severidad de la depresión/ansiedad" que se encuentra en la página 87. La puntuación total de severidad será útil más adelante para evaluar su respuesta al tratamiento.

Los trastornos de cambios repentinos de humor y el desequilibrio tiroideo

Desde que nacemos, todos los seres humanos tenemos cambios repentinos de humor que ocurren durante el día, así como a lo largo de períodos que pueden durar semanas o meses. Sin embargo, estos cambios están confinados a un rango normal y nos ajustamos a ellos. Cuando tenemos el ánimo normalmente elevado, las noticias o eventos triviales nos hacen sentir inusualmente contentos. Pero si el mismo evento o noticia sucede cuando tenemos el ánimo bajo, no nos sentimos tan contentos. De manera similar, las malas noticias o una decepción, por mínima que sea, nos hace sentirnos muy tristes cuando ocurren mientras estamos con el ánimo bajo, pero no tienen mucho efecto cuando lo tenemos alto. Estos son cambios de humor saludables.

Pero en el caso del estado de ánimo, al igual que con la mayoría de las variables biológicas, hay una zona gris entre lo normal y lo anormal. Los biopsiquiatras consideran que los cambios repentinos de humor anormales se deben a defectos en los mecanismos bioquímicos de regulación que normalmente mantienen estos cambios repentinos de humor dentro de un rango aceptable. El confinamiento de un estado de ánimo dentro de lo que se considera como un rango normal está estrictamente regulado por diversas sustancias químicas del cerebro, entre ellas la serotonina y la noradrenalina. Sin embargo, si una persona sufre de síntomas claros de depresión cuando trae el ánimo bajo o presenta síntomas de hipomanía o manía cuando lo trae elevado (incluso aunque sus síntomas sean leves), se considerará que dicha persona padece un trastorno de cambios repentinos de humor.

Para muchas personas con formas menores de dichos trastornos de cambios repentinos de humor, los síntomas no son lo suficientemente inquietantes como para ser notados. Los familiares y amistades de estas personas las consideran algo diferentes, sensibles o emocionales, o bien, simplemente consideran que tienen una "personalidad inestable".

Debido a que la severidad de estos cambios repentinos de humor varía de una persona a otra, a menudo sólo saltan a la vista los cambios severamente inquietantes, ya sea hacia un estado de ánimo más elevado o más bajo, y estos cambios son los que conducen a la evaluación psiquiátrica del paciente. Con base en los criterios rígidos que emplean los psiquiatras, casi el 1 por ciento de la población padece el trastorno bipolar en su forma más severa (depresión bipolar). Sin embargo, del 5 al 8 por ciento de la población sufre de formas menores de cambios repentinos de humor, que no se diagnostican durante mucho tiempo, o bien, no se diagnostican correctamente.[22] De hecho, el trastorno bipolar a menudo se confunde con la depresión, debido a que los pacientes maníaco-depresivos frecuentemente sufren principalmente de episodios depresivos recurrentes.[23] Algunos pacientes presentan muy pocos episodios intermitentes de manía o hipomanía. El diagnóstico equivocado es más común en mujeres, principalmente porque tienden a presentar más síntomas depresivos pero también porque su estado de ánimo elevado a menudo se presenta en la forma de hipomanía.

Cuando las personas maníaco-depresivas atraviesan por un período de hipomanía leve, son encantadoras y exitosas en los negocios o cualquier otra cosa que emprendan. Aparentan ser muy organizadas, eficientes y capaces de lograr más cosas que las personas normales. Las personas hipomaníacas tienen mucha más energía de lo usual y son muy creativas. Pueden exhibir conductas impulsivas, ingerir cantidades inusuales de bebidas alcohólicas (dipsomanía) y comprar impulsivamente o apostar compulsivamente. De hecho, todo esto típicamente se pasa por alto y la familia nota que algo está mal sólo cuando entran al período depresivo. Cuando están deprimidas, tienden a volverse personas letárgicas y a dormir todo el tiempo.

Esto explica por qué muchos pacientes a los que se les diagnostica "depresión," incluso una forma leve de la misma, en realidad están padeciendo un trastorno bipolar no diagnosticado y por lo tanto, no reciben el tratamiento adecuado. Cuando les recetan algún antidepresivo, como algún inhibidor selectivo de la recaptación de serotonina (ISRS), pueden entrar repentinamente en la manía.[24]

El estrés tiene un efecto importante en los síntomas y en determinar si el paciente experimenta euforia o depresión. Los eventos tristes de la vida tenderán a provocar depresión, mientras que esforzarse por alcanzar una meta específica a menudo disparará la euforia o incluso un episodio maníaco. La maníaco-depresión puede tener ciclos breves, en los que los cambios repentinos de humor pueden durar horas o días, o bien, puede seguir el patrón típico del trastorno bipolar de no más de tres o cuatro ciclos al año.

Para muchos pacientes que padecen un trastorno bipolar típico, los períodos de estados de ánimo anormales alternan con períodos de estados de ánimo normales que duran meses o años. Los trastornos de cambios repentinos de humor a menudo comienzan a una edad más temprana (típicamente a principios de la veintena) que la depresión mayor. Si le han diagnosticado "depresión", su médico deberá reconsiderar el diagnóstico si su primer episodio de depresión ocurrió a una edad temprana (adolescencia o adultez temprana), si tiene antecedentes familiares de trastorno bipolar o si ha tenido un episodio de manía en el pasado.

Los pacientes bipolares frecuentemente sufren de un trastorno de ansiedad coexistente. Los estudios de investigación han demostrado que los pacientes que presentan el síndrome de ansiedad generalizado tienen una mayor predisposición genética a padecer el trastorno bipolar. Un estudio de investigación reportó que el 24 por ciento de los pacientes con trastorno bipolar presentan un trastorno de ansiedad y que el 16 por ciento de los mismos padecen un trastorno de pánico.[25] La ansiedad puede hacer que el trastorno bipolar sea peor y también ocasiona que los cambios repentinos de humor sean más frecuentes. En muchas de estas personas, la ansiedad se presenta antes del inicio del trastorno bipolar y también puede contribuir a errores en su diagnóstico.

El equilibrio de hormona tiroidea en el cerebro es crucial para mantener un estado de ánimo estable. Si usted sufre de un déficit o exceso de hormona tiroidea como resultado de una glándula disfuncional, puede llegar a presentar un claro trastorno de cambios repentinos de humor. Incluso se ha dicho que el hipotiroidismo severo puede causar la maníaco-depresión, acompañada de mal juicio y alucinaciones. Sin embargo, los doctores siempre se han preguntado si dichos pacientes no podrían tener formas menores de maníaco-depresión preexistentes, que se volvieron más severas como resultado del desequilibrio tiroideo.

El hipertiroidismo también puede causar cambios repentinos de humor en una persona que no tiene un trastorno del estado de ánimo preexistente. En algunas personas, la hiperfunción tiroidea puede conducir a un estado de ánimo eufórico llamado "hipomanía" o "manía", dependiendo de si dicha euforia es moderada (en la hipomanía, no intervienen alteraciones conductuales importantes) o severa (la manía se relaciona con comportamientos irracionales). En algunos pacientes, la afección tiroidea puede no ser diagnosticada sino hasta varios años después de que haya iniciado el trastorno de cambios repentinos de humor que causó.

Por mucho, si una persona padece maníaco-depresión, presenta una probabilidad mucho más alta de tener algún trastorno tiroideo. Los psiquiatras han reconocido durante ya varios años que el hipotiroidismo es mucho más común en pacientes con maníaco-depresión que en la población en general.[26] Aunque el motivo de esta mayor incidencia no es del todo claro, un factor es que los pacientes que padecen maníaco-depresión a menudo se tratan con una sustancia química llamada litio. De entonces para acá, se ha demostrado que el litio, que es una de las primeras sustancias reconocidas como estabilizadora del estado de ánimo, disminuye la actividad tiroidea. El hipotiroidismo es 10 veces más común en pacientes bipolares tratados con litio que en pacientes que no reciben esta sustancia. De hecho, estudios de investigación recientes han demostrado que el 30 por ciento de los pacientes bipolares tratados con litio tienen una tiroides hipofuncionante, en comparación con el 6 al 11 por ciento de los pacientes a quienes no se les ha administrado litio.[27]

Un estudio de investigación realizado en Holanda que incluyó a un gran número de pacientes psiquiátricos demostró una clara relación entre el trastorno bipolar (de cambios repentinos de humor) de ciclos rápidos y las enfermedades tiroideas autoinmunitarias.[28] Las mujeres parecen tener una predisposición a los trastornos de cambios de humor y la depresión cuando su glándula tiroides está siendo atacada por su sistema inmunitario, incluso cuando no están siendo tratadas con litio. ¿Será que el sistema inmunitario de estas pacientes está produciendo sustancias que afectan al sistema límbico y alteran el estado de ánimo y las emociones, o será que algunos anticuerpos tiroideos estén cruzando la barrera entre la sangre y el cerebro, afectando al sistema límbico? Quizá no sea tan sólo el desequilibrio tiroideo sino otros factores inmunitarios también los que contribuyan a la maníaco-depresión.

Los médicos diagnostican trastornos de cambios de humor en muchos pacientes sólo después de que han detectado una afección tiroidea, debido a la manera en que el desequilibrio tiroideo superpuesto afecta los cambios repentinos de humor. El hipotiroidismo promueve una mayor duración del trastorno bipolar, causa cambios más frecuentes en el estado de ánimo y hace que los episodios maníacos sean más severos. Los psiquiatras y los especialistas en tiroides que no consideran estos efectos pueden llegar a tener dificultades para obtener resultados óptimos al tratar a sus pacientes.

Los efectos más comunes que causa el hipotiroidismo en una persona que padece un trastorno de cambios de humor son la precipitación de una depresión severa y la terminación de los episodios durante los cuales tiene un estado de ánimo elevado. Cuando el hipotiroidismo se superpone a un trastorno de cambios de humor, la depresión se puede volver más pronunciada y la persona simultáneamente puede perder el contacto con la realidad. Este frecuentemente es el punto en el que el individuo o su familia busca la ayuda de un psiquiatra.

Los desequilibrios tiroideos producen otro efecto importante en el tipo de cambios repentinos de humor que llega a presentar un paciente. Aproximadamente del 10 a 15 por ciento de las personas maníaco-depresivas presentan ciclos breves, en los que los episodios de depresión alternan con episodios de manía con relativa frecuencia, es decir, más de cuatro ciclos al año. Los pacientes maníaco-depresivos con cambios poco frecuentes pueden empezar a presentar un patrón de ciclos de menor duración cuando se vuelven hipotiroideos. Aunque los trastornos de cambios de humor ocurren con igual frecuencia en hombres y mujeres, la presencia de ciclos más breves es más común en mujeres. Esto se relaciona, hasta cierto grado, con la coexistencia de hipotiroidismo. De hecho, alrededor de la mitad de los pacientes que presentan ciclos más breves y que no responden al tratamiento convencional para el trastorno bipolar son hipotiroideos. Algunos pacientes con trastornos leves de cambios de humor, en quienes la euforia y la depresión no son lo suficientemente drásticas como para ser notadas cuando su funcionamiento tiroideo es normal, se vuelven más maníaco-depresivos (presentando un cuadro claro y directo de trastorno bipolar) cuando desarrollan un desequilibrio tiroideo severo.

CUIDADO CON LA CONDUCTA ADOLESCENTE

Frecuentemente, la maníaco-depresión empieza a una edad temprana, al igual que la tiroiditis de Hashimoto y el hipotiroidismo. Es común que se piense que un adolescente que ha empezado a mostrar una inestabilidad anímica que conduce a cambios en su conducta esté teniendo "problemas propios de su edad" o problema con el abuso de sustancias. Leslie, la hija de una mujer maníaco-depresiva e hipotiroidea, empezó a mostrar cambios drásticos en su comportamiento. Su madre explicó:

"Cuando todo esto empezó, inició con problemas de actitud. Hasta que se volvió más severo, lo explicaban diciendo que tenía 12 años, que había empezado a menstruar y que estaba entrando a la adolescencia. Los adolescentes maníaco-depresivos duermen mucho, pero esto también es característico de muchos adolescentes. Se estaba metiendo en problemas en la escuela. Sus maestros enviaban notas a casa diciendo que tenía estallidos y esto no era típico en ella".

"Era como si un extraterrestre se hubiera apoderado de su cuerpo. Lloraba todos los días. Empezó a hacer cosas irracionales que nunca antes había hecho. De continuar así, yo creía que llegaría a suicidarse antes de que pudiera sanar".

Al recibir tratamiento con hormona tiroidea y litio, Leslie presentó una mejoría considerable en su nivel de energía, actitud y concentración. Su estado de ánimo se estabilizó. Desde entonces, su madre se ha asegurado que tome su medicamento para la tiroides todos los días y ha insistido que le hagan análisis de funcionamiento tiroideo a Leslie con mucha frecuencia (quizá demasiada), dado que temía que un desequilibrio tiroideo provocara estos ciclos breves otra vez.

EL DESEQUILIBRIO TIROIDEO Y LOS CAMBIOS LEVES
DE HUMOR DE LA CICLOTIMIA

La ciclotimia, una afección duradera caracterizada por períodos de depresión leve que alternan con períodos de un estado de ánimo ligeramente eufórico, a menudo empieza en la adolescencia tardía. Los cambios en el estado de ánimo pueden ser bastante rápidos, con ciclos que duran tan sólo unos cuantos días. A veces, un tipo de estado de ánimo dura más que el otro. Frecuentemente, los cambios más notorios son cuando la persona se deprime, lo que a veces se describe como un humor intermitentemente depresivo. Si una persona padece ciclotimia, la hipofunción tiroidea puede impedir que su humor cambie hacia un estado de ánimo ligeramente más elevado, dando como resultado una depresión subclínica crónica, o bien, puede hacer que cambie continuamente de un estado de ánimo alegre a uno deprimido.

La hiperfunción tiroidea también puede hacer que los cambios en el estado de ánimo sean más aparentes y más severos. Incluso aunque una persona nunca haya padecido ciclotimia, un desequilibrio tiroideo puede causar patrones de cambios repentinos de humor similares a los de esta afección.

A Evelyn, una mujer de 37 años de edad, le habían diagnosticado hipotiroidismo quince años atrás. Se había estado sintiendo bien con una dosis estable de hormona tiroidea y nunca había tenido problemas con su estado de ánimo en el pasado. Luego, hace dos años, su médico general inadvertidamente le redujo la dosis de hormona tiroidea a la mitad. Como resultado, se volvió hipotiroidea. También empezó a presentar cambios importantes en su humor, similares al patrón de la ciclotimia. Evelyn lo describió así:

"Durante tres o cuatro días, podía tomar decisiones con rapidez. Tenía seguridad en mí misma. No permitía que nadie me dijera que yo no era capaz de hacer algo. Me sentía capaz de comerme el mundo a puños. Realizaba diversas actividades y proyectos creativos".

"Después de estar así durante tres días, luego no tenía ganas de hacer nada. Me costaba trabajo hasta decidir qué hacer de cenar. Cuando jugaba naipes, no me podía concentrar y por tanto no jugaba bien".

Tres meses después de que se volvió a ajustar el tratamiento con hormona tiroidea de Evelyn, desaparecieron estos cambios repentinos de humor.

Para la mayoría de los pacientes que padecen trastornos de cambios de humor, los tratamientos que estabilizan el estado de ánimo no funcionan bien cuando el cerebro no está recibiendo una cantidad adecuada de hormonas tiroideas. Por lo tanto, puede que sea más difícil tratar a un paciente que sufre de este tipo de trastornos y de hipotiroidismo al mismo tiempo. Esto podría deberse a que, por estar deprimido, el paciente podría olvidar tomar sus medicamentos. Los familiares de los pacientes que padecen algún trastorno de cambios de humor deben asegurar que se tome sus medicamentos para la tiroides con regularidad para evitar que el paciente tenga que atravesar por ciclos difíciles. Durante la depresión, el abuso de bebidas alcohólicas puede hacer que el patrón de autodescuido empeore. Por si esto fuera poco, el alcohol tiene un mayor efecto sobre un cerebro hipotiroideo.

Póngale fin al sufrimiento innecesario

En este capítulo, hemos visto cómo los nuevos hallazgos nos han ayudado a comprender mejor las enfermedades tiroideas y especialmente la manera en que el equilibrio tiroideo afecta al cerebro. Como resultado de estos avances, los endocrinólogos y los neurocientíficos se están centrando más en las hormonas tiroideas porque son un componente muy importante de la química cerebral. Por desgracia, debido a que los médicos pueden tardar un largo tiempo en detectar un desequilibrio tiroideo, las personas que padecen problemas psiquiátricos pueden no estar recibiendo el tratamiento apropiado.

Los médicos están al borde de lograr un avance hacia una comprensión más cabal de los procesos que las hormonas tiroideas echan a andar. La psicofarmacología y la endocrinología se están acercando entre sí como disciplinas y esto es especialmente importante para el tratamiento de la tiroides, nuestro anexo al cerebro. La hormona tiroidea incluso podría ser la serotonina del nuevo milenio.

Puntos importantes a recordar

- Las consecuencias mentales y emocionales de un desequilibrio tiroideo pueden incluir afecciones serias como la maníaco-depresión. Sin embargo, lo que ocurre con mayor frecuencia es que los síntomas son más sutiles y típicos de síndromes de sombra o limítrofes, como la depresión leve.
- Un desequilibrio tiroideo, a su vez, magnifica los síntomas de las personas que sufren de trastornos del estado de ánimo y problemas emocionales leves.

- Aunque los síntomas de una persona hipotiroidea no satisfagan todos los criterios que definen a una depresión, dicha persona podría estar sufriendo una depresión limítrofe, que se manifiesta principalmente como fatiga.
- Las mujeres que tienen hipotiroidismo subclínico, incluso sin los síntomas evidentes de una depresión, pueden presentar una mejoría en su estado de ánimo al tomar hormona tiroidea.
- Los científicos ahora reconocen a la hormona tiroidea como una de las principales sustancias bioquímicas del cerebro que, al igual que la serotonina, tiene efectos prominentes en el estado de ánimo, las emociones y el comportamiento.
- Si usted sufre de depresión o ha estado deprimido en el pasado reciente, debe hacerse análisis de funcionamiento tiroideo, especialmente si actualmente está presentando otros síntomas de desequilibrio tiroideo.

6

LA MEDICINA DEL CUERPO

La hormona tiroidea como antidepresivo

Los biopsiquiatras a menudo dicen que los primeros fármacos que demostraron ser eficaces para aliviar la depresión al alterar la química cerebral fueron el litio y la imipramina, que fue el primer antidepresivo tricíclico. (Los antidepresivos tricíclicos, que fueron desarrollados a mediados de los años 50, fueron aclamados por ser capaces de "normalizar" el estado de ánimo sin causar euforia). Sin embargo, de cierta forma, las pastillas de hormona tiroidea son unos de los medicamentos más antiguos conocidos por su capacidad de tratar la depresión.

En 1890, unos doctores españoles implantaron la glándula tiroides de un borrego debajo de la piel de una mujer de 36 años de edad que padecía hipotiroidismo severo. Notaron una mejoría inmediata tanto en sus síntomas como en su apariencia. Al año siguiente, este experimento inspiró al Dr. George Murray a extraer un líquido de las glándulas tiroides de borregos. Él logró resultados espectaculares al inyectarle este líquido a un paciente severamente hipotiroideo.[1]

El descubrimiento de que los extractos de tiroides de animales podían revertir los efectos físicos y mentales de una tiroides hipofuncionante fue el primer avance importante en la historia de las enfermedades tiroideas. Los pacientes que habían sido internados en un instituto psiquiátrico debido a que presentaban síntomas extremos, como una forma de locura causada por el hipotiroidismo severo, recobraron la sanidad mental al tomar los extractos. Repentinamente, la hipofunción tiroidea —que en el pasado había sido una afección mortal— se volvió controlable, permitiendo que las personas afligidas llevaran una vida normal.

Más adelante, la producción de extracto desecado (deshidratado) de tiroides en forma de tabletas brindó una forma más estandarizada de terapia de reemplazo de hormona tiroidea para los pacientes hipotiroideos. La tiroides desecada, que se vende bajo el nombre *Armour Thyroid*, se obtiene de glándulas tiroides de animales. Contiene tanto tiroxina (T4) como su derivado, triyodotironina (T3). Hasta principios de los años 70, *Armour Thyroid* fue la pastilla de hormona tiroidea de mayor uso.

Aunque los médicos siguen recetando la *Armour Thyroid* natural (esencialmente porque contiene las dos formas principales de la hormona), la mayoría de los doctores ahora prefieren tratar la hipofunción tiroidea con una forma sintética de T4 (tiroxina).[2] Esta forma de la hormona permanece activa durante más tiempo en el cuerpo, convirtiendo una porción de T4 en su forma más potente de T3. Aunque la forma sintética de T3 empezó a estar disponible en los años 50, los doctores no obtuvieron buenos resultados con la misma para el tratamiento del hipotiroidismo debido a que la T3 ocasionaba que los niveles en sangre de hormona tiroidea fluctuaran demasiado, además de que permanecía activa en el organismo durante un período mucho más breve que las pastillas de tiroxina sintética.

Sin embargo, a través de los años, muchos psiquiatras han usado la T3 en combinación con antidepresivos convencionales para tratar pacientes con depresión severa que no respondieron bien al tratamiento solamente con antidepresivos.[3] Incluso los pacientes deprimidos tratados con terapia de electrochoques reportan beneficios al tomar T3. Cuando se les administra T3, estos pacientes necesitan menos sesiones de electrochoques, lo que ayuda a evitar el deterioro cognitivo que puede resultar de este tratamiento.

Norma fue una de mis primeras pacientes en encontrar que la T3 era la solución para su depresión. Norma es una abogada de 45 años de edad, divorciada, con custodia compartida de dos varones adolescentes. Según ella, cuando se enfermó inicialmente, sus hijos eran la única razón por la que se levantaba de la cama en las mañanas. Ella se había transformado de una mujer expansiva y vigorosa con un intelecto vibrante en una persona apática y algo desesperada. Tres años antes de conocerla, Norma había caído en una depresión clínica severa sin que mediara ningún incidente precipitante aparente. Aunque su psiquiatra la había tratado con antidepresivos convencionales, seguía sintiéndose agotada y continuaba sufriendo de angustia mental.

Su búsqueda incansable por encontrar una manera de volver a la normalidad la llevó a insistir que le hicieran análisis de funcionamiento tiroideo. Ella estaba convencida de que su tiroides era la clave de su enfermedad. Dado que era una mujer culta y bien informada, estaba familiarizada con las similitudes que existen entre el desequilibrio tiroideo y los síntomas de fatiga y la falta de alegría que la agobiaban. Pero sus análisis hormonales mostraron que su glándula tiroides estaba funcionando bien y que no era la raíz de sus síntomas persistentes.

Pese a que los resultados de sus análisis fueron normales, yo le receté T3 sintética (*Cytomel*) además del *Prozac* que había estado tomando durante los últimos seis meses. Por primera vez en tres años, Norma volvió a sentirse como ella misma. Se resolvieron las sensaciones de impotencia, agotamiento y aislamiento.

El sistema endocrino de Norma funcionaba a la perfección. Sus síntomas se debían a una confusión en la manera en que su cerebro usaba ciertas sustancias bioquímicas como la serotonina, la noradrenalina y también la hormona tiroidea. Aunque tenía una tiroides sana, había una deficiencia en el mecanismo que distribuye la hormona a través de su cerebro y la transporta a los lugares donde se necesita. Por eso necesitaba la ayuda de un tratamiento con hormona tiroidea.

El papel que desempeña la hormona tiroidea en el trastorno de déficit de atención e hiperactividad y la depresión

La tiroxina (T4), que es la principal hormona tiroidea que produce la tiroides, es una molécula pequeña que contiene cuatro átomos de yodo. Al interior de las células de muchos órganos (entre ellos, el cerebro), un proceso bien regulado provoca que la tiroxina pierda un átomo de yodo, dando lugar a la hormona tiroidea conocida como T3, que es mucho más potente. En el cerebro, probablemente en mayor grado que en cualquier otro órgano, la T3, más que la T4, parece ser la forma crucial de la hormona que regula las funciones celulares. Debido a que la cantidad de T3 presente en el cerebro debe permanecer dentro de un rango óptimo para que la mente siga funcionando correctamente, las fluctuaciones en el proceso crucial de conversión de T4 a T3 inevitablemente afectarán a la mente.

El sistema tiroideo es uno de los sistemas más estrecha y precisamente regulados del cuerpo. Los cambios minúsculos en la forma en que la hormona tiroidea llega al cerebro o se dispersa en el mismo pueden tener efectos drásticos en el estado de ánimo, las emociones, la atención y el pensamiento. Un problema con la entrega de T3 puede causar trastornos que van desde la depresión hasta el déficit de atención en personas con un funcionamiento tiroideo normal. Los neurocientíficos nos están enseñando la amplia diversidad de formas en que la T3 regula el funcionamiento cerebral y los síndromes de química cerebral que probablemente pueden resultar de una alteración en los niveles de hormona tiroidea en el cerebro de personas con un funcionamiento tiroideo normal.

Por ejemplo, unos investigadores recientemente descubrieron que existía una conexión entre la adicción al alcohol y el desequilibrio tiroideo en el cerebro. El investigador Andreas Baumgartner de la Universidad Libre de Berlín realizó un experimento con ratas y alcohol.[4] Él encontró que los animales que mostraban una inactivación más lenta de la T3 en la amígdala

—que es un área del cerebro que desempeña un papel importantísimo en las emociones, las percepciones sensoriales y la "memoria de recompensa"— exhibían una mayor dependencia conductual del alcohol. En esencia, es posible que, al igual que las ratas, los humanos sean más propensos al alcoholismo si esta región del cerebro produce más T3 a partir de T4. Los niveles elevados de T3 en algunas regiones del cerebro, inducidos por el alcoholismo crónico, podrían ser parte de la razón que yace detrás de los síntomas psicológicos y físicos que frecuentemente presentan los alcohólicos crónicos, como irritabilidad, agresión, sudación y temblores. Otro avance que se ha hecho en el campo de la psicotiroidología es el descubrimiento de que el trastorno de déficit de atención e hiperactividad (TSAH) podría ser causado por un desequilibrio de hormona tiroidea en el cerebro.

Cynthia, una mujer de 25 años de edad, me fue derivada por un médico familiar debido a sus niveles elevados de hormona tiroidea y un nivel ligeramente alto de TSH. Ella había estado saltando de un empleo a otro porque no era capaz de concentrarse lo suficiente ni de quedarse quieta mientras trabajaba.

Cynthia había padecido el trastorno de déficit de atención e hiperactividad desde su infancia, pero los doctores nunca habían hecho la conexión entre su déficit de atención y su tiroides. Ella me dijo:

"Cuando era más joven, la maestra empezaba a hablar y yo miraba el techo y me perdía por completo. Luego regresaba y todos los demás ya estaban dando la vuelta a la página del libro y trataba de ponerme a la par. En clase, trataba de escuchar a la maestra, pero no podía comprender por qué no entendía nada. Entendía lo que estaba diciendo, pero no lo comprendía. Una vez que tomé un examen de comprensión de lectura, obtuve una calificación muy baja a pesar de que podía leer bastante bien".

"Incluso ahora, leo dos párrafos y no recuerdo lo que leí porque estoy pensando en otra cosa al mismo tiempo. No me puedo concentrar en lo que ocurre en el trabajo ni en lo que voy a preparar para la cena. Cuando voy manejando, llego a un lugar y no recuerdo haber conducido mi automóvil hasta ahí. Sí me percato de los autos que van a mi alrededor, pero realmente no estoy pensando en mi entorno. Al mismo tiempo, me siento hiperactiva. No puedo mantener quietos mis pies. Tengo mucha energía. Siempre ando corriendo y haciendo cosas".

Su enfermedad resultó ser un desequilibrio familiar, genéticamente mediado, de hormona tiroidea en el cerebro llamado "síndrome de resistencia a la hormona tiroidea". En estos pacientes, un defecto genético hace que la hormona tiroidea trabaje con menor eficiencia en el cerebro, la glándula pituitaria y otros órganos.[5] Por lo tanto, pese a la presencia de niveles elevados de hormona tiroidea en la sangre, el cerebro en efecto puede presentar una deficiencia de dicha hormona, dando como resultado un déficit de atención.

Asimismo, los parientes de niños con TSAH parecen correr un riesgo mucho mayor de tener este trastorno. Se ha observado que algunos parientes de estos niños son personas antisociales o deprimidas, quizá como resultado de la ineficiencia con la que funciona la T3 en su cerebro. Los adultos que padecen esta afección tienden a tener un nivel muy alto de ansiedad y a menudo se vuelven drogadictos.

Como la pituitaria se vuelve menos sensible a la hormona tiroidea (es decir, no detecta correctamente la cantidad de hormona tiroidea que está presente en el torrente sanguíneo), se elevan los niveles de TSH, causando que la glándula tiroides produzca más hormona tiroidea. Paradójicamente, pese a los altos niveles de hormona tiroidea, muchos de estos pacientes exhiben los síntomas de hipofunción tiroidea y frecuentemente también presentan hiperactividad.

En los pacientes que sufren de una resistencia generalizada a la hormona tiroidea, los niveles de esta hormona podrían afectar a otros transmisores químicos como la noradrenalina, que se considera una de las sustancias culpables del TSAH. En dichos pacientes, los síntomas conductuales, por ejemplo, que se distraen fácilmente y siempre están muy inquietos, pueden mejorar con el tratamiento con T3. El tratamiento con hormona tiroidea puede emplearse por si sólo o en combinación con otros medicamentos para regular los niveles de noradrenalina en el cerebro.

En el Capítulo 5, vimos que la hormona tiroidea es esencial para que la noradrenalina funcione como transmisor y realice su función en el cerebro. De hecho, los niveles más altos de T3 producidos en el cerebro están presentes en aquellas áreas que también presentan los niveles más elevados de noradrenalina.[6] Esta coincidencia sorprendente entre la noradrenalina y la hormona tiroidea que se observa en ciertas regiones del cerebro explica por qué una persona requiere suplementos de T3 para que la noradrenalina funcione con eficacia cuando el cuerpo no está produciendo suficiente T3 o cuando no le está llegando una cantidad suficiente de esta hormona al cerebro.

En el caso de muchos pacientes que sufren de depresión, la raíz del problema podría ser un nivel bajo o una distribución anormal de T3 en el cerebro, incluso a pesar de que la glándula tiroides esté produciendo niveles adecuados de hormona tiroidea. Esto, a su vez, podría deberse a una menor conversión de T4 a T3 o a la incapacidad de la T3 de producir sus efectos en las funciones del cerebro de manera eficiente. Los estudios de investigación también han concluido que algunos pacientes deprimidos tienen niveles reducidos de una proteína llamada transtiretina, que normalmente se encarga de transportar la T4 desde el torrente sanguíneo hacia el cerebro.[7] La transtiretina regula la noradrenalina en el cerebro y desempeña un papel importante en el comportamiento. También transporta la vitamina A en el cerebro y por lo tanto, tiene un efecto protector contra enfermedades degenerativas del cerebro.[8] Los pacientes deprimidos cuya depresión es causada por un nivel bajo de transtiretina presentan una menor probabilidad de mejorar con antidepresivos convencionales.[9] El tratamiento con T3, además de antidepresivos, puede sortear estos problemas de entrega y conversión para mejorar el contenido de T3 del cerebro y así resolver la depresión.

Esto fue probablemente lo que le ocurrió a Anita. Ella es una de muchos pacientes que he atendido que no respondieron a los antidepresivos convencionales al principio, pero que luego mostraron una respuesta casi milagrosa al agregar T3 a su tratamiento. Unos cuantos meses después, cuando ya se había resuelto su depresión, le suspendí el *Zoloft* pero la seguí tratando con T3. Su depresión no volvió mientras sólo estuvo tomando T3 sintética. En su caso, que no necesariamente es el caso de todas las personas que sufren de depresión, la fuente primaria de la misma probablemente era una incapacidad de generar cantidades suficientes de T3. Por este motivo, la T3 por sí sola eventualmente le permitió tener un estado de ánimo estable a largo plazo.

Incluso cuando el principal problema en la química cerebral es un nivel reducido de noradrenalina o serotonina en vez de T3, el nivel de T3 en el cerebro también desciende, debido a interacciones químicas complejas que ocurren el cerebro. Por lo tanto, las personas deprimidas con niveles bajos de noradrenalina o serotonina también tienen un nivel bajo de T3 en ciertas regiones del cerebro. En esencia, los pacientes que sufren de depresión a causa de un nivel bajo ya sea de noradrenalina o de serotonina en las células del cerebro padecen hipotiroidismo cerebral aunque sus niveles de hormona tiroidea en sangre sean normales. Hasta cierto grado, la depresión causada por niveles bajos de serotonina o adrenalina podría ser parcialmente el resultado de niveles bajos de T3 en las células del cerebro. De hecho, los antidepresivos funcionan, a cierto grado, al restaurar los niveles normales de T3 en el cerebro.[10]

Por ejemplo, el fármaco inhibidor selectivo de la recaptación de serotonina (ISRS) conocido como fluoxetina (*Prozac*) aumenta la conversión de T4 a T3 en las células del cerebro y por lo tanto, asegura la disponibilidad de T3 en el cerebro. Esto, a su vez, provoca un aumento en el nivel de serotonina. Otros tratamientos farmacológicos para la depresión (litio, carbamazepina y desipramina), e incluso algunos otros tratamientos no farmacológicos, como la privación de sueño, parecen producir algunos de sus efectos al aumentar los niveles de T3 en el cerebro y restaurar los niveles normales de serotonina.

El diagrama en la página siguiente ilustra el papel que desempeña la T3 en el mantenimiento de una química cerebral normal y muestra la manera en que el tratamiento con T3 puede ayudar a que los antidepresivos se vuelvan totalmente eficaces.

LA HORMONA TIROIDEA Y LA REGULACIÓN DE LA QUÍMICA CEREBRAL

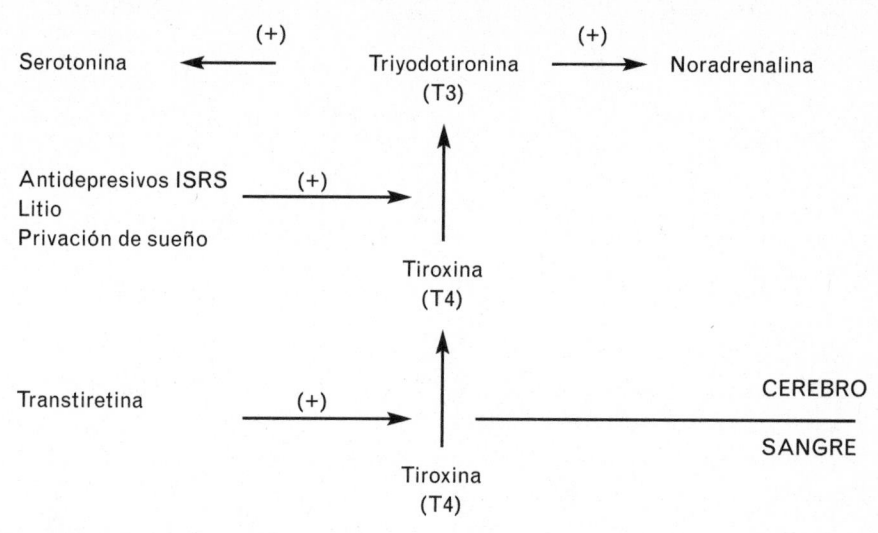

Algunos estudios de investigación recientes sugieren que los pacientes con niveles ligeramente elevados de T4 y niveles bajos de TSH presentan una mayor probabilidad de responder a la adición de T3 a su tratamiento con antidepresivos.[11] Estos cambios son consistentes con cierto déficit de T3 en el cerebro. En el Capítulo 5, vimos cómo la depresión, ya sea debida a un nivel bajo de serotonina o a una menor síntesis de T3, provoca que el hipotálamo y la pituitaria estimulen a la tiroides para que produzca más hormona. La menor disponibilidad de T3 en el cerebro provoca una activación del sistema tiroideo, que está diseñado para corregir cualquier déficit de T3. Sin embargo, esta activación a menudo no es suficiente y los niveles de T3 en el cerebro siguen sin ser óptimos. Una vez que el paciente recibe T3, se resuelven los síntomas de depresión, la T4 vuelve a disminuir y la TSH vuelve a aumentar hasta llegar a su nivel normal.

Consideremos el caso de Melissa. Ella probó varios antidepresivos, pero ninguno curó su depresión. No fue sino hasta que le agregamos T3 a su tratamiento que se resolvió su depresión. Lo más probable es que esta resistencia a los medicamentos antidepresivos haya sido causada por una persistencia de niveles bajos de T3 en el cerebro. Después de que se divorció, Melissa dijo:

"Mi mente estaba apagada. Realmente no vivía la vida. Estaba lidiando con los niños y con una gran cantidad de preocupaciones financieras. Caí en una depresión. A veces no podía levantarme de la cama. Fui a terapia, pero gradualmente me fui volviendo incapaz de lidiar con más y más cosas. Traté de suicidarme".

"Primero me dieron *Prozac*, que sí me produjo alivio durante unas cuantas semanas. Me quitó muchas inhibiciones. El segundo mes, empecé a notar que estaba regresando mi depresión. Entonces el psiquiatra pensó que me iría mejor con el antidepresivo tricíclico llamado *Anafranil*, y en ciertos aspectos, este fármaco sí me produjo resultados muy placenteros. Las cosas ya no me parecían tan estresantes. Había recuperado mi vida sexual. Comía más despacio. Pero luego, me volví a deprimir".

La depresión de Melissa mejoró y se resolvió temporalmente durante los primeros meses de su tratamiento con *Anafranil*. Pero los síntomas regresaron, posiblemente debido a la persistencia de niveles bajos de T3. Cuando se agregó T3 sintética a su tratamiento, en una dosis de 5 microgramos, tres veces al día, la depresión de Melissa desapareció.

"La pastilla de hormona tiroidea fue un milagro para mí —dijo—. Ahora soy como una persona nueva. Cuando empecé a tomar la hormona tiroidea, empecé a tener energía. En las mañanas, me sentía bien cuando despertaba. Volví a tener autoestima. Empecé a dormir mejor. Mi ansiedad disminuyó. También mejoraron mis cambios repentinos de humor".

La mejor manera de usar T3 para tratar la depresión

Norma y Melissa están entre los millones de pacientes que sufren de depresión clínica o trastornos de cambios de humor que pueden beneficiarse del tratamiento con hormona tiroidea. Los estudios de investigación han demostrado que los antidepresivos no funcionan en el 40 por ciento de los pacientes diagnosticados con depresión, incluso cuando se emplean dosis elevadas de los mismos.[12] Por ejemplo, la mitad de los pacientes que no responden a los antidepresivos tricíclicos, mejoran cuando se agrega la potente hormona tiroidea T3 a su tratamiento con antidepresivos.

Pero aumentar o potenciar la acción de los antidepresivos no es la única manera en que la T3 puede ser útil. El tratamiento con hormona tiroidea también acelera la acción de los antidepresivos. En la mayoría de los pacientes, los antidepresivos tardan varias semanas en empezar a mostrar sus efectos contra la depresión. Cuando se agrega T3 al tratamiento con antidepresivos desde el inicio, los antidepresivos pueden empezar a aliviar los síntomas más pronto. Recientemente, un análisis de los estudios de investigación publicados en la revista médica *American Journal of Psychiatry* demostró que en cinco de seis estudios, la T3 demostró ser mucho más eficaz que un placebo en acelerar la respuesta a los antidepresivos.[13] Este efecto de aceleración es más evidente en mujeres que en hombres. Sin embargo, se desconoce la razón por la cual este efecto acelerador de la T3 se observa principalmente en mujeres.

La efectividad de la T3 para acelerar la eficacia de los antidepresivos en el control de la depresión es similar a la del litio.[14] Los síntomas del paciente a menudo responden a la adición de T3 al cabo de unas cuantas semanas. Por lo tanto, si no se ha observado un efecto benéfico en un lapso de tres a cuatro semanas, se deberá suspender el tratamiento con T3.

La administración de T3 junto con los fármacos antidepresivos más modernos —por ejemplo, los inhibidores de la recaptación selectiva de serotonina como la fluoxetina, la sertralina, la paroxetina y el citalopram— parece beneficiar a pacientes que no han respondido al tratamiento con estos medicamentos por sí solos. En un estudio de investigación reciente publicado en la revista médica *Journal of Affective Disorders* se demostró que la adición de T3 al tratamiento con un antidepresivo del tipo de los ISRS provoca una mejoría significativa en los síntomas depresivos e incluso la remisión de la depresión en un 42 por ciento de los pacientes que no respondieron al tratamiento con un ISRS por sí solo.[15] Otro estudio de investigación mostró que la adición de T3 a la fluoxetina fue eficaz en el 62,5 por ciento de los pacientes.[16]

Sin embargo, tomar T3 junto con un antidepresivo no les funciona a todos los pacientes. Una de las razones podría ser la manera en que los psiquiatras administran el tratamiento con T3, tanto en su consulta clínica como en las investigaciones que hacen en este campo.

Por contraste con la T4, la T3 (*Cytomel*) se queda en el organismo durante un período mucho más breve. El *Cytomel* viene en tabletas de 5, 25 y 50 microgramos. Por ejemplo, una dosis única de 25 microgramos de T3 tomada en la mañana hace que los niveles de T3 se eleven por encima del rango normal durante unas cuantas horas. Una cantidad elevada de T3 no sólo no ayuda, sino que también puede causar efectos adversos, tanto físicos como mentales.

A media tarde, se presenta un descenso marcado, dando como resultado fluctuaciones muy pronunciadas en el nivel de T3 en el organismo. Dado que las fluctuaciones en el nivel de T3 pueden disminuir la eficacia de este medicamento, yo he encontrado que es más seguro y eficaz dividir la dosis total en dos o tres dosis más pequeñas. El régimen que yo frecuentemente receto es de 5 microgramos, tres veces al día, tomados a intervalos de cinco horas (7:00 a.m., 12:00 p.m. y 5:00 p.m.). Esto es lo que yo llamo "la regla de cinco". En casos de depresión severa, indico una dosis mayor, por ejemplo, de 10 microgramos, tres veces al día. Unas semanas más tarde, ya que se haya observado una mejoría en los síntomas, se puede reducir la dosis a 5 microgramos, tres veces al día. Al emplear el tratamiento con T3 de esta manera, he observado efectos benéficos importantes en muchos pacientes que no habían respondido o que sólo habían respondido marginalmente a los antidepresivos. Quizá el secreto esté en procurar mantener un nivel estable de T3 sin las fluctuaciones pronunciadas que inevitablemente resultan de las dosis elevadas una vez al día que convencionalmente indican los psiquiatras.

La dosis que le funciona a una persona puede no servirle a otra. Por esta razón, también uso T3 compuesta junto con los antidepresivos. De esta forma, se puede ajustar la dosis según las necesidades del paciente. Por ejemplo, un paciente puede tomar tan sólo 3 microgramos de T3 para aliviar su depresión. La T3 compuesta da más flexibilidad con respecto a la dosis, pero también se queda en el organismo más tiempo que el *Cytomel* sintético. Los pacientes que presentan un nivel considerable de ansiedad a menudo prefieren la T3 compuesta en lugar del T3 sintético (*Cytomel*).

La T3 por sí sola, recetada de la manera antes descrita, podría tener un gran potencial como medicamento eficaz para tratar la depresión, pero por el momento, no se han realizado suficientes pruebas de laboratorio para poder recomendar su uso como tratamiento único. Teóricamente debería funcionar como único medicamento en algunos pacientes deprimidos cuyo principal desequilibrio químico sea un bajo nivel de T3 en el cerebro. Pero aún se necesitan realizar más estudios de investigación en este campo. Me sorprendió ver que en uno de los primeros dos estudios que examinaron el uso de T3 sintética como antidepresivo, se evaluaron pacientes que no estaban tomando antidepresivos.[17] En esos estudios, la T3 por sí sola mostró ser eficaz para tratar la depresión.

Otro hecho sorprendente es que varios pacientes sólo requirieron una dosis de 15 a 20 microgramos al día en dosis divididas, que es un régimen bastante similar al que yo les receto a mis pacientes deprimidos.

Cabe notar que no se han realizado muchos estudios de investigación acerca del uso de la T3 en combinación con antidepresivos atípicos, es decir, los nuevos inhibidores de la recaptación de serotonina-norepinefrina y los inhibidores de la recaptación de noradrenalina. Sin embargo, yo he encontrado que la T3, en la dosis correcta, sí funciona con todos los antidepresivos más nuevos.

Tratamiento de la maníaco-depresión con hormona tiroidea

El descubrimiento que se hizo en los años 40 de que el litio podía controlar la maníaco-depresión marcó un hito en la historia de la psiquiatría. Hasta entonces, los doctores creían que lo único que podía ayudar a los pacientes maníaco-depresivos era la psicoterapia. Ahora, las opciones que están disponibles para tratar los trastornos de cambios de humor se han ampliado para incluir el tratamiento con hormona tiroidea.

El tratamiento del trastorno bipolar puede ser todo un reto para un médico. En casos severos, los cambios repentinos de humor y la depresión recurrente pueden afectar a la persona a todos niveles y pueden conducir a una amplia gama de problemas de salud y sociales.

Los pacientes bipolares presentan una mayor probabilidad de sufrir de abuso de alcohol y drogas, trastornos alimenticios, obesidad, resistencia a la insulina, síndrome de ovarios poliquísticos y diabetes mellitus no insulinodependiente.[18] El estigma social de ser bipolar y el sufrimiento físico y mental que esto les ocasiona deteriora el funcionamiento social y el desempeño laboral de estos pacientes. Por este motivo, necesitan mucha ayuda no sólo de su médico, sino también de sus familiares. Es importante que se aprendan a reconocer los síntomas tempranos de la recurrencia y que se busque ayude de inmediato. También es importante que se aprenda a cumplir cabalmente con el tratamiento, a aceptar la enfermedad, a manejar la vida social de mejor forma tanto a nivel profesional como emocional y a lidiar con el estrés que podría provocar un episodio depresivo.

En años recientes, se han lanzado al mercado diversos medicamentos nuevos que son bastante eficaces para estabilizar el estado de ánimo y prevenir la recurrencia de cambios repentinos de humor. Un tratamiento bien equilibrado puede lograr que el estado de ánimo sea más estable y le permitirá al paciente prevenir la ocurrencia de problemas de salud relacionados con el trastorno bipolar. Sin embargo, es necesario que se tenga presente que la tiroides podría ser tanto el problema como la solución de esta afección. En el Capítulo 5, ya detallé la manera en que un desequilibrio tiroideo puede promover un genuino trastorno de cambios de humor, o bien, dar nueva forma y exacerbar un trastorno del estado de ánimo preexistente.

Incluso si su glándula tiroides esta funcionando perfectamente bien, un desequilibrio tiroideo en el cerebro podría estar contribuyendo a su trastorno de cambios de humor y el tratamiento con hormona tiroidea podría mejorar enormemente la eficacia del medicamento que esté tomando para su afección.

Ahora, cada vez se tienen más pruebas de que, en algunas personas, un desequilibrio en la hormona tiroidea localizado en el cerebro, o bien, la incapacidad de la hormona tiroidea de funcionar eficientemente en ciertas regiones del mismo, podrían contribuir a este trastorno. En tales pacientes, la glándula tiroides funciona correctamente y produce cantidades adecuadas de hormona tiroidea, pero existe una anormalidad en el cerebro. La corrección de dicha anormalidad mediante el tratamiento con hormona tiroidea puede conducir a la resolución de los cambios repentinos de humor.

A medida que el estado de ánimo va variando durante el día, también va cambiando la cantidad de T3 que se produce en el cerebro mediante la conversión de T4. El Dr. Ángel Campos-Barros, un investigador de la Universidad Libre de Berlín, ha demostrado que la actividad de la enzima cerebral que convierte la T4 en T3 está sujeta a variaciones durante el día.[19] Esto lleva a fluctuaciones en los niveles de T3 niveles en ciertas regiones del cerebro. En animales, el aumento en la conversión de T4 a T3 en las células del cerebro corresponde a períodos de mayor actividad. Las variaciones en los niveles de T3 en el cerebro durante el día y la noche podrían estar desempeñando un papel importante en los cambios normales de humor. La temperatura corporal también fluctúa durante el día. Las mismas variaciones en los niveles de T3 podrían estar relacionadas con dichas fluctuaciones en la temperatura. Las personas que sufren del trastorno bipolar tienden a tener una menor temperatura durante el día y lecturas más elevadas durante la noche,[20] posiblemente como resultado de cambios más amplios en sus niveles de T3 en el cerebro.

Si usted sufre de un trastorno de cambios de humor conocido como trastorno afectivo estacional (TAE), puede que también esté teniendo un problema con la entrega de cantidades adecuadas de hormona tiroidea al cerebro. Al igual que las enfermedades tiroideas, el TAE afecta más a las mujeres que a los hombres. Se calcula que el 80 por ciento de los pacientes con TAE son mujeres.[21] En el caso de algunos pacientes, el TAE de tipo depresivo ocurre anualmente, usualmente en el invierno o a principios de la primavera. Los estudios de investigación sugieren que las personas con TAE no tienen una reserva tiroidea,[22] y que este faltante se vuelve más pronunciado en el invierno y la primavera. La variación estacional en los niveles de hormona tiroidea (más elevados en el invierno que en el verano) sugiere que el cuerpo necesita más de esta hormona en el invierno, cuando tiende a generar más calor. Las personas que no pueden cumplir con esta mayor demanda pueden llegar a tener un déficit estacional de hormona tiroidea en el cerebro que podría ser responsable de anormalidades estacionales en su estado de ánimo. Dicho lo anterior y a la luz del hecho de que los pacientes con trastornos de cambios de humor pueden tener una anormalidad de hormona tiroidea en el cerebro, no es sorprendente que el tratamiento con hormona tiroidea sea eficaz para tratar los trastornos de cambios de humor.

Los investigadores han podido tratar exitosamente a pacientes maníaco-depresivos con dosis elevadas de hormonas tiroideas. Este tratamiento en combinación con el litio, por ejemplo, elimina los cambios pronunciados y repentinos de humor. El litio puede no ser eficaz cuando se usa como el único tratamiento.[23]

La hormona tiroidea también aumenta los beneficios de otros estabilizadores del estado de ánimo que típicamente se usan para tratar el trastorno bipolar. Un estabilizador del estado de ánimo es un medicamento que es eficaz para tratar los síntomas maníacos y depresivos agudos y que al mismo tiempo es útil para prevenir la incidencia de episodios maníacos o depresivos futuros. Si toma un antidepresivo sin un estabilizador del estado de ánimo, fácilmente puede caer en un estado de manía.

A menudo se usan los medicamentos más nuevos en lugar de o en combinación con el litio para tratar y prevenir estos episodios. De hecho, la tendencia actual es usar una combinación de al menos dos medicamentos para lograr una estabilización óptima del estado de ánimo y prevenir cambios pronunciados de humor, simplemente porque no hay un medicamento que por sí solo pueda brindar una estabilización perfecta del estado de ánimo. Cuando se usa de manera concomitante con medicamentos anticonvulsivos y antipsicóticos atípicos (vea la tabla en la página 124), la hormona tiroidea mejorará la eficacia de los mismos en pacientes bipolares.

Los antipsicóticos atípicos son medicamentos que estabilizan el estado de ánimo y previenen los síntomas de depresión y ansiedad. Actúan a través de la dopamina y otros transmisores del cerebro. Los antipsicóticos atípicos más usados son la olanzapina, la risperidona, la quetiapina, la ziprasidona y el aripiprazol. La combinación de un antipsicótico atípico y litio es bien tolerada y debe ser la primera opción de tratamiento para pacientes con manía severa.

Los anticonvulsivos y otros tratamientos novedosos tienen efectos antimaníacos más pronunciados en comparación con sus efectos antidepresivos. La lamotrigina funciona muy bien para tratar la manía aguda, dado que previene la depresión bipolar y la recurrencia de la manía. Los estudios de investigación publicados en la revista médica *Journal of Affective Disorders* demostró que la lamotrigina también es eficaz en pacientes con un temperamento ciclotímico-distímico mixto.[24] De hecho, es eficaz para tratar todas las formas de trastornos de cambios de humor y puede usarse en combinación con la hormona tiroidea. Los otros medicamentos anticonvulsivos (por ejemplo, el valproato y el divalproex) también son eficaces para prevenir los episodios maníacos o depresivos y pueden emplearse en lugar del litio. Si usted también sufre de ansiedad, será menos probable que responda a los medicamentos anticonvulsivos. Las dosis bajas de risperidona serán más eficaces para aliviar sus síntomas de ansiedad.[25]

Es importante que sepa que el valproato puede causar anormalidades menstruales y un exceso de hormonas masculinas. También puede promover la resistencia a la insulina, problemas metabólicos e incluso el síndrome de ovarios poliquísticos.

ESTABILIZADORES DEL ESTADO DE ÁNIMO QUE SE EMPLEAN PARA EL TRATAMIENTO DEL TRASTORNO BIPOLAR

Fármaco	Nombre comercial	Efectos secundarios comunes
ANTIPSICÓTICOS ATÍPICOS		
Aripiprazol	*Abilify*	Ansiedad, dispepsia, gas, estreñimiento, boca reseca, dolor de cabeza, latidos irregulares del corazón, irritabilidad, debilidad, mareo, náusea, nerviosismo, sarpullido, inquietud, somnolencia, dificultades para dormir, vómito, aumento de peso
Quetiapina	*Seroquel*	Somnolencia, mareo, estreñimiento, boca reseca
Risperidona	*Risperdal*	Somnolencia, mareo, fatiga, náusea, estreñimiento, aumento de peso, nerviosismo, dificultad para concentrarse, dificultades para dormir, goteo nasal
Ziprasidona	*Geodon*	Somnolencia, sarpullido, menor apetito, tos, goteo nasal, boca reseca
Olanzapina	*Zyprexa*	Somnolencia, mareo, boca reseca, estreñimiento, mayor apetito, aumento de peso, dispepsia, debilidad muscular
ANTICONVULSIVOS		
Carbamazepina	*Tegretol*	Somnolencia, mareo, visión borrosa, torpeza, náusea, vómito
Divalproex, ácido valproico, valproato	*Depakote*	Somnolencia, caída del cabello, náusea, dispepsia
Lamotrigina	*Lamictal*	Somnolencia, mareo, dificultades para dormir, náusea/vómito, menor apetito, dolores musculares, visión borrosa o doble, dolor de cabeza, sarpullido en la piel, torpeza/temblores
Topiramato	*Topamax*	Somnolencia, estreñimiento, torpeza, parestesias, temblores, arrastrar las palabras, menor sudación, menor concentración
Gabapentina	*Neurontin*	Somnolencia, mareo, temblores, dolor de espalda, boca reseca, estreñimiento, mayor apetito, dispepsia
EL ESTABILIZADOR DEL ESTADO DE ÁNIMO MÁS ANTIGUO		
Litio	*Eskalith, Lithane, Lithobid, Cibalith-S*	Somnolencia, mayor sed, temblores, náusea, aumento de peso, mala memoria, confusión

Para prevenir los episodios depresivos, a menudo se agrega un antidepresivo, por ejemplo, algún inhibidor selectivo de la recaptación de serotonina (ISRS), al tratamiento con un estabilizador del estado de ánimo. Sin embargo, el tiempo que un paciente necesite tomar el antidepresivo dependerá de su situación clínica. Es probable que la hormona tiroidea tenga efectos similares a los de un ISRS cuando se usa en combinación con un estabilizador del estado de ánimo. La hormona tiroidea no sólo es eficaz en el tratamiento de la forma más usual del trastorno bipolar. También funciona en pacientes con trastorno bipolar de ciclos rápidos.

En el trastorno bipolar de ciclos rápidos, el tratamiento adjunto con T4 (hasta 500 microgramos) reduce los síntomas maníacos y depresivos. La hormona tiroidea también puede disminuir el número de episodios maníacos o depresivos que presentan estos pacientes. Esto sugiere que los trastornos de cambios de humor pueden ser causados, al menos en parte, por un nivel bajo de hormona en el cerebro, o bien, por la incapacidad de la hormona tiroidea de funcionar eficientemente en ciertas partes del cerebro.

Investigaciones recientes realizadas en la Universidad de California en Los Ángeles también han demostrado que la adición de hormona tiroidea al tratamiento de pacientes que no mejoraron con medicamentos da como resultado una respuesta total o parcial en todos ellos. Los investigadores también midieron la actividad cerebral mediante una tomografía de emisión de positrones (*PET scan*) antes y durante el tratamiento y encontraron que la mejoría en la afección bipolar estaba correlacionada con un aumento en la actividad en ciertas regiones del cerebro (las regiones prefrontal y límbica) que están implicadas en los trastornos del estado de ánimo.[26]

Como expliqué en el Capítulo 5, el desequilibrio de hormona tiroidea desempeña un papel tan importante en el cerebro de los pacientes maníaco-depresivos que cuando su glándula tiroides empieza a fallar, conduciendo a un faltante mínimo de hormona tiroidea, las altas y bajas maníaco-depresivas de estos pacientes empiezan a empeorar.

Sin embargo, muchos médicos y pacientes se han preguntado si las dosis elevadas de hormona tiroidea podrían tener efectos dañinos en otros órganos, particularmente en el corazón y los huesos. Un estudio de investigación evaluó la densidad ósea en 10 mujeres premenopáusicas que estaban recibiendo dosis elevadas de levotiroxina como tratamiento para la maníaco-depresión.[27] Estas pacientes no exhibieron una pérdida ósea significativa en comparación con los sujetos de control y parecieron no presentar efectos adversos al recibir dosis elevadas de hormona tiroidea.

Estudios de investigación más recientes han demostrado que los pacientes con trastornos del estado de ánimo no presentan efectos secundarios al recibir una dosis elevada de hormona tiroidea al compararlos con personas saludables.[28] Esto implica que los pacientes con trastornos de cambios de humor son relativamente resistentes a la hormona tiroidea. Dicho lo anterior, yo no soy partidario de administrar dosis elevadas de hormona tiroidea. Si le han recetado dosis altas de hormona tiroidea, su médico deberá vigilarlo de cerca para detectar efectos secundarios potenciales.

Por lo pronto, yo usualmente recomiendo T3 en vez de levotiroxina para pacientes que necesitan un tratamiento concomitante para la maníaco-depresión. Es claro que no se deben administrar dosis de T3 mayores que 25 a 30 microgramos al día, porque si combinamos la producción diaria total de hormona tiroidea (incluidas la T4 y la T3), esta cantidad es equivalente a 25 a 30 microgramos de T3 al día en una persona común. Si se administran dosis más elevadas, existe el riesgo de que haya un exceso de hormona tiroidea en el organismo.

Déjeme darle un ejemplo rápido de la manera en que la T3 puede ayudar a un paciente maníaco-depresivo. A Priscilla, una mujer de 48 años de edad, le habían diagnosticado maníaco-depresión cinco años antes. Ella había probado varios medicamentos pero en los últimos meses había estado tomando ácido valproico, un anticonvulsivo que también es eficaz para tratar la maníaco-depresión. Sin embargo, a pesar de que estaba tomando la dosis máxima de este fármaco, había seguido recayendo frecuentemente en la depresión.

La afección de Priscilla había sido notoria desde su adolescencia. Tenía muchísimo dinamismo y enormes deseos de hacer cosas maravillosas. Su creatividad fluía constantemente. Tenía muy buenas ideas y le gustaba lograr cosas. Pero su incapacidad de concretar algunas de esas ideas se debía al hecho de que intermitentemente caía en un estado depresivo que le imposibilitaba llevar al cabo sus planes. Priscilla, al igual que muchos pacientes bipolares, batallaba con esta discontinuidad, en la que los períodos de creatividad y sensibilidad artística a menudo se ven interrumpidos por episodios depresivos.

Priscilla describió la batalla que había estado librando durante gran parte de su vida:

> "Durante el período depresivo, me volvía una persona más retraída y agitada al mismo tiempo. La depresión me llegaba de manera insidiosa. A menos que sepas que sufres del trastorno bipolar, lo cual no supe durante gran parte de mi vida, no tienes idea de lo que está ocurriendo. Es lento y furtivo y antes de que te des cuenta, ya te ha invadido la ansiedad, la depresión y una desesperanza total".

Su hermana dijo, "Era absolutamente trágico ver lo que le ocurría Priscilla. Llegó a un punto en el que simplemente le dije a mi familia que no podía quedarme cruzada de brazos mientras veía a Priscilla vivir de esa forma. Se estaba deteriorando ante nuestros propios ojos y si no interveníamos y hacíamos algo para ayudarla, la íbamos a perder".

El tratamiento de Priscilla con ácido valproico ayudó en algo, pero los terribles períodos depresivos, aunque eran más breves, seguían asediándola. No fue sino hasta que empezó a tomar T3 en la cantidad apropiada que su estado de ánimo se estabilizó y que empezó a sentirse mejor que nunca. Priscilla lleva ya tres años tomando hormona tiroidea y durante este tiempo no ha tenido una sola recaída de depresión severa.

Si usted ha sufrido de maníaco-depresión de ciclos rápidos y no ha mejorado con los medicamentos convencionales como litio, anticonvulsivos y antidepresivos atípicos, hable con su psiquiatra acerca de la posibilidad de agregar hormona tiroidea a su tratamiento. Puede que disminuya la frecuencia de sus ciclos y estabilice su estado de ánimo durante un largo período.

Es crucial que se vigile el tratamiento con T3

La dosis de T3 que se emplea para tratar la depresión varía considerablemente de un psiquiatra a otro. Independientemente de la dosis que se emplee, es importante que se siga de cerca a los pacientes y que se les hagan análisis de funcionamiento tiroideo con regularidad para evitar algunos efectos físicos y mentales serios del exceso de hormona tiroidea. Sin embargo, esto no siempre se hace.

Cuando un paciente psiquiátrico recibe dosis elevadas de hormona tiroidea, puede volverse hipertiroideo. Esto no sólo impide que mejore su estado depresivo, sino que también es probable que le cause efectos mentales aún más severos. El ejemplo siguiente cuenta de una paciente maníaco-depresiva que fue atendida regularmente por su psiquiatra durante dos años, período durante el cual experimentó un gran sufrimiento mental como resultado de un exceso de hormona tiroidea que su psiquiatra virtualmente ignoró.

Natalie tenía 37 años de edad la primera vez que me consultó por su afección tiroidea. Le habían diagnosticado maníaco-depresión tres años antes, la estaban tratando con litio y también le habían recetado T3 (*Cytomel*) a una dosis de 50 microgramos al día. Sin embargo, su psiquiatra no le dio el seguimiento adecuado a su caso. El exceso de hormona tiroidea que resultó de la administración de *Cytomel* la volvió hipertiroidea, lo que, a su vez, provocó que la maníaco-depresión de Natalie empeorara significativamente.

Durante su primer consulta conmigo, Natalie me dijo, "Al principio, noté un aumento en mi nivel de energía, pero sólo durante un período breve. Luego me estanqué. Más tarde, el *Cytomel* me hizo irme sintiendo cada vez más enferma. Pero esto se ocultaba detrás de los síntomas exagerados que a veces presentan las personas que están tomando litio, de modo que era decepcionante e insidioso. Realmente me sentía muy desesperanzada".

Cuando le hice análisis a Natalie, encontré que sus niveles tiroideos estaban muy altos. Después de que suspendió el *Cytomel*, sus niveles regresaron a la normalidad. Ella dijo, "Me tardé dieciséis semanas en llegar a un punto en el que pude volver a hilar mis pensamientos, es decir, en que pude evaluar mi situación racional y razonablemente. Por primera vez, pensaba en lo que tenía que hacer para mejorar. Eso fue un avance monumental".

Los avances impresionantes que se han logrado en el campo de la endocrinología en cuanto a encontrar remedios para el sufrimiento mental quedan ensombrecidos por el uso, quizá excesivo, de los antidepresivos como soluciones primarias a los desequilibrios químicos del cerebro. No obstante, la ciencia de la endocrinología está llegando a una nueva y prometedora frontera, una que empieza en el límite en el podemos resolver la angustia mental mediante el tratamiento con hormona tiroidea. En este capítulo, mostré cómo puede usarse la hormona tiroidea como parte del tratamiento para la depresión como y los trastornos de cambios de humor en pacientes con una tiroides normal.

Puntos importantes a recordar

- Si usted sufre de depresión, trastornos de cambios de humor, alcoholismo o trastorno de déficit de atención, el origen de su problema podría ser un desequilibrio de la hormona tiroidea o una alteración en la manera en que la hormona tiroidea funciona en algunas partes de su cerebro.
- Cada vez hay más análisis que indican que la T3, la forma más activa de hormona tiroidea, es un antidepresivo eficaz cuando se usa en combinación con un antidepresivo convencional.
- Si ha estado sufriendo de depresión pero los antidepresivos no le han funcionado bien, la adición de 5 microgramos de T3 sintética, tres veces al día, podría resolver su depresión.
- Si está a punto de empezar a tomar un antidepresivo, quizá quiera considerar agregar T3 a su tratamiento, en dosis de 5 ó 10 microgramos, tres veces al día. Es probable que esto haga que el antidepresivo surta efecto más pronto. Recuerde que un antidepresivo generalmente tarda de dos a tres semanas en empezar a aliviar los síntomas de la depresión.
- Si ha estado combinando un antidepresivo con T3 y le ha ido bien, hable con su psiquiatra acerca de la posibilidad de disminuir la dosis del antidepresivo.
- Si padece algún trastorno de cambios de humor como el trastorno bipolar, la hormona tiroidea puede ayudarle si la combina con un estabilizador del estado de ánimo, incluso aunque su glándula tiroides esté perfectamente normal.

SEGUNDA PARTE

NO ES IDEA SUYA

Interacciones emocionales y físicas comunes

7

PESO, APETITO Y METABOLISMO

Las acciones de la tiroides

Julie, una estudiante de posgrado de 24 años de edad, normalmente había sido una persona alegre y extrovertida. Sin embargo, cuando su tiroides se volvió hipofuncionante, empezó a aumentar de peso, lo que le provocó una depresión leve. Su problema de peso le afectaba la autoestima a tal grado que empezó a volverse tímida y retraída. Ella me contó:

"Siempre tenía que cuidar lo que comía, porque me daba miedo subir más de peso. Pero me daba mucha hambre y comía de todos modos. Eso me hacía sentir culpable. No salía a comer con nadie salvo con una amiga muy querida. No comía en la cafetería porque no quería que nadie, especialmente mis amigos, me vieran comiendo".

"No tenía la energía ni el bienestar suficientes como para ir a fiestas. Sentía que no me lo merecía. Antes me gustaba ir a bailar, pero cuando me llamaba un hombre para invitarme a salir, le inventaba que no podía porque ya tenía otro compromiso".

La experiencia de Julie era típica del círculo vicioso que se da entre un desequilibrio tiroideo, los problemas de peso y los conflictos emocionales y sirve para demostrar de nuevo los detalles de la relación intrincada que existe entre el cerebro y la tiroides. El aumento de peso de Julie se debió a tres factores:

1. La desaceleración del metabolismo debida a la hipofunción tiroidea
2. La disminución en el gasto calórico por hacer menos ejercicio, a su vez debido a que Julie siempre estaba cansada y a que tenía menos tolerancia para el ejercicio

3. La depresión y la ansiedad, como resultado de comer en exceso y una menor autoestima, que le impedía salir con sus amistades, disminuyendo aún más su gasto calórico

Estos tres factores interrelacionados la llevaron a aumentar considerablemente de peso. Julie pensaba que su problema de peso era el culpable de la depresión y su menor autoestima, cuando en efecto, el origen de su problema era un desequilibrio tiroideo. Cuando Julie empezó a recibir tratamiento para resolver su hipotiroidismo, los tres factores —el metabolismo, la menor quema de calorías y el comer en exceso por depresión y por una menor autoestima— se resolvieron. Ella comenzó a bajar de peso, recuperó la seguridad en sí misma, empezó a tener una perspectiva más optimista y nuevamente empezó a estar más físicamente activa.

Aunque, como veremos más adelante, no todos los problemas de peso son a causa de afecciones relacionadas con la tiroides, la batalla de Julie con el peso es una que enfrentan muchas personas, las mujeres en particular. La obesidad se está convirtiendo en una epidemia a nivel mundial y particularmente en las sociedades occidentalizadas. En un estudio de investigación publicado en 1994 en la revista médica *Journal of the American Medical Association*, se descubrió que las mujeres de cada una de las razas y etnias estudiadas —que incluyeron blancas no hispanas, afroamericanas no hispanas y mexicanoamericanas— tenían una mayor probabilidad de sufrir de sobrepeso que los hombres. Este estudio de investigación también demostró que la mitad de las mujeres afroamericanas no hispanas y mexicanoamericanas tenían sobrepeso y que las mujeres presentaban una mayor incidencia de sobrepeso en comparación con 20 años atrás.[1] En los Estados Unidos, de 1960 a 1994, casi se ha duplicado la prevalencia de obesidad en personas mayores de 20 años.[2] En la actualidad, dos terceras partes de los adultos estadounidenses tienen algún problema de peso. La obesidad es una de las causas de una amplia gama de afecciones de salud debilitantes como diabetes, presión arterial alta, enfermedades cardíacas, apnea del sueño, cáncer y osteoartritis.

Los retos sociales y culturales que enfrentan las mujeres con sobrepeso pueden llegar a ser tremendos, debido a la presión de ser delgadas. Muchas mujeres dicen comer casi nada, pero aun así tienen problemas de peso. La razón por la cual muchas de ellas tienen dificultades para bajar de peso, pese a que hacen ejercicio y dietas, probablemente sea que tienen un metabolismo lento. La creciente consciencia de que una tiroides hipofuncionante puede dar como resultado el aumento de peso al hacer que el metabolismo se vuelva más lento, combinado con la desesperanza de no poder encontrar la razón por la cual están aumentando de peso, ha llevado a cada vez más personas a buscar la ayuda de un médico e insistir que les hagan análisis de funcionamiento tiroideo.

Los médicos, en general, y los especialistas en tiroides, en particular, a menudo lidian con mujeres que se sienten frustradas por sus problemas de peso y que creen que alguna afección tiroidea los está causando. Lo que es más frustrante todavía para estas mujeres es que muchas de ellas no sufren de ninguna afección tiroidea. No obstante, no hay duda de que las enfermedades tiroideas podrían ser responsables de los problemas de peso que, para muchas mujeres, no pueden corregirse sin el tratamiento apropiado. Sin embargo, otro punto igualmente importante es la necesidad de atender tanto la mente como el cuerpo, antes e incluso después de que se haya corregido el desequilibrio.

Sus patrones alimenticios y su metabolismo

Para entender los problemas de peso que los pacientes tiroideos a menudo enfrentan, primero necesitamos tener una comprensión básica de la manera en que un desequilibrio tiroideo afecta el complejo sistema hormonal y químico que regula el peso. Aunque la cantidad de alimento que comemos difiere de un día al otro, bajo circunstancias normales, nos mantenemos en un peso relativamente estable simplemente porque en todo momento, nuestra ingestión de alimentos es equivalente a las calorías que quemamos. Esta regulación viene de la interacción que se da entre varias señales químicas y hormonas que trabajan conjuntamente para asegurar que las reservas de energía se mantengan estables.[3] La hormona principal que desempeña un papel crucial en este sistema complejo es la leptina. Su nombre proviene de la palabra griega *lepto*, que significa "delgado". La leptina es una hormona que disminuye el apetito y acelera el metabolismo. Cuando bajamos de peso como resultado de una menor ingesta de alimentos, el nivel de leptina desciende y esto le indica al cerebro que necesitamos comer. Cuando la leptina baja, nuestro metabolismo también se vuelve más lento para que podamos conservar nuestras reservas de energía.[4] Cuando aumentamos de peso por comer en exceso, el nivel de leptina aumenta y esto le envía una señal al cerebro que nos hará querer comer menos y hará también que nuestro metabolismo se acelere para minimizar cualquier aumento de peso posterior.

Para cumplir con su función, la leptina necesita actuar de manera eficiente sobre una amplia diversidad de sustancias químicas que están en el hipotálamo y que regulan la saciedad, es decir, la sensación de estar satisfecho, como el neuropéptido Y. Estas sustancias químicas hipotalámicas interpretan y procesan toda la información que tiene que ver con la situación energética del cuerpo y la leptina es una de las hormonas que brinda dicha información. Si la leptina que produce su tejido adiposo no funciona eficientemente, lo más probable es que aumente de peso. Aunque esté comiendo la misma cantidad y el mismo tipo de alimentos que cualquier otra persona, su composición corporal y su peso pueden ser bastante diferentes. Esto tiene que ver con una diferencia genética en la regulación de la eficiencia de la leptina. Si sus genes hacen que la leptina no sea tan eficiente, cualquier desviación menor de una alimentación sana le hará subir de peso.

La obesidad se debe, en parte, a que la leptina no es capaz de cumplir con su función en el cerebro y como regulador del metabolismo. De hecho, el conocimiento cada vez más profundo que se está adquiriendo acerca de las formas intrincadas en que funciona la leptina está conduciendo al desarrollo de medicamentos más nuevos que podrían ser muy eficaces para tratar el exceso de peso y la diabetes.[5] Los estudios de investigación han demostrado que el ejercicio hace que la leptina funcione de manera más eficiente.[6] Cuando una persona hace ejercicio, la leptina promueve un aumento en los niveles de neurotransmisores, lo que también produce un efecto benéfico en la depresión.[7] La sibutramina, que es un medicamento aprobado por la Dirección de Alimentación y Fármacos para el control del peso, también hace que la leptina funcione con mayor eficiencia.

La eficiencia de la leptina para acelerar el metabolismo va de la mano con la eficiencia de la insulina para regular el metabolismo de azúcares y grasas.[8] La insulina es una hormona producida por el páncreas en respuesta al consumo de azúcares simples. La insulina y la leptina le dicen al cerebro cuántas reservas de grasa hay todavía en el cuerpo. Entre más grasa tenga, mayores serán los niveles de leptina e insulina en la sangre. Si la leptina no funciona con eficiencia, la persona aumentará de peso y se volverá resistente a la insulina, lo que significará, a su vez, que la insulina no estará cumpliendo adecuadamente con su función. La ineficiencia de la insulina también tiene algo que ver con la inflamación del tejido adiposo. Entre más grasa tenga, mayor será la cantidad que produzca de sustancias químicas que causan inflamación en su torrente sanguíneo. Entre mayor sea su resistencia a la insulina y la inflamación que tenga, mayor será la probabilidad de que desarrolle un síndrome metabólico. El síndrome metabólico se define como tener demasiada grasa abdominal (cuerpo en forma de "manzana"), un nivel elevado de colesterol y triglicéridos que llevan al estrechamiento de las arterias y a enfermedades cardíacas potenciales, presión arterial alta y la ineficiencia insulínica que precede la aparición de la diabetes no insulinodependiente.

La leptina, entre otras, funciona en un sistema químico llamado el sistema endocanabinoide CB1, localizado en el hipotálamo. Cuando este sistema se estimula, el hambre aumenta y el metabolismo se vuelve más lento. Este sistema también hace que la persona sea más resistente a la insulina. Mediante este mecanismo, el sistema endocanabinoide desempeña un papel importante en regular la cantidad de grasa que se acumula, el nivel de saciedad y el metabolismo. Uno de los medicamentos que se ha desarrollado y que pronto será aprobado en los Estados Unidos es el rimonabant, un bloqueador selectivo de receptores canabinoides 1. El rimonabant disminuye el apetito y acelera el metabolismo. Este medicamento se ha probado en muchos países y ha demostrado promover una pérdida de peso sostenida, así como disminuir el riesgo de enfermedades cardiovasculares.[9]

Los patrones alimenticios y la saciedad también son regulados por señales químicas producidas por el tracto gastrointestinal. El sistema gastrointestinal y el cerebro están en constante comunicación para regular la cantidad y el tipo de alimentos que se ingieren.[10] La cantidad y el tipo de señales químicas enviadas al comer dependen, en gran medida, de la cantidad y el tipo de alimentos que se ingieran. Una de las señales producidas por el tracto gastrointestinal que regula el nivel de saciedad es la hormona grelina. Cuando no se ingieren alimentos durante unas cuantas horas, el nivel de grelina se eleva. Esta hormona cumple con la función opuesta a la de la leptina. En vez de suprimir el apetito, hace que la persona quiera comer más.

La grelina también produce el efecto opuesto al de la leptina en el metabolismo, haciéndolo más lento y haciendo que la persona queme menos grasa. En las personas con sobrepeso, los niveles de grelina pueden ser más elevados de lo normal, haciéndolas tener más hambre. Los estudios de investigación han demostrado que al consumir grasa, el nivel de grelina permanece elevado, lo que hará que una persona siga sintiendo hambre aunque haya acabado de consumir un gran número de calorías. Al comer comida alta en proteínas, el nivel de grelina desciende, haciendo que la persona quiera comer menos.[11] Si una persona logra bajar de peso con éxito, su nivel de grelina mejorará y esto hará que disminuya su hambre. Al perder peso, será menos probable que sienta más hambre que antes. En esencia, el peso excedente conduce al hambre y el hambre conduce al peso excedente.

La manera en que la hormona tiroidea afecta los patrones alimenticios y el metabolismo

La hormona tiroidea es una de las hormonas principales que regulan la cantidad de leptina que se produce y la eficiencia de la misma. También interactúa con sustancias químicas hipotalámicas que intervienen en la regulación del nivel de saciedad y con las hormonas químicas que libera el tracto gastrointestinal y que permiten que este último se comunique con el cerebro. Un exceso de hormona tiroidea en el organismo hará que descienda el nivel de leptina, lo que a su vez contribuirá al hambre excesiva que los pacientes hipertiroideos sienten constantemente. El exceso de hormona tiroidea también hará que el nivel de grelina disminuya, causando que el metabolismo se acelere y que la persona baje de peso aunque coma más.

Los niveles bajos de hormona tiroidea también afectan a la leptina y su eficiencia. El hipotiroidismo a menudo se relaciona con el aumento de peso y la inhabilidad de perderlo mediante una dieta. Este aumento de peso se debe a una desaceleración del metabolismo corporal; de tal modo, la descomposición de grasa y la producción de energía son mucho más bajas de lo normal.[12] Cuando la potente hormona tiroidea T3 no se entrega en cantidades suficientes, la leptina deja de cumplir con eficiencia su función de acelerar el metabolismo.[13] Esta ineficiencia también hace que aumenten los antojos. Y si el metabolismo es lento a causa de una ineficiencia de la leptina, esta, a su vez, hará que la hormona tiroidea que hay en el cuerpo queme calorías con menor eficacia.

La hormona tiroidea también afectará su peso al afectar los transmisores químicos. Algunos de los transmisores químicos del cerebro que regulan las emociones, el estado de ánimo y la percepción de estrés, como la serotonina, la noradrenalina, el ácido gamma-aminobutírico y la beta-endorfina, son las mismas sustancias químicas que intervienen en las complejas interacciones que regulan la saciedad, la elección de alimentos e incluso el gusto.[14]

El sistema corporal que emplea la noradrenalina estimula la ingestión de carbohidratos y afecta la cantidad de alimentos que comemos. Mientras una persona está comiendo, el nivel de serotonina se eleva en el cerebro hasta llegar a un punto en el que el hipotálamo detecta una sensación de saciedad, haciendo que la persona coma menos o deje de comer por completo. Mientras que la noradrenalina aumenta el deseo de consumir grasa y carbohidratos, la serotonina disminuye el deseo de ingerir ambos. Un exceso o una deficiencia de hormona tiroidea alterará los niveles de esas sustancias químicas y cambiará sus patrones alimenticios.[15] La hormona tiroidea también tiene efectos directos en los centros del apetito del cerebro.

Un desequilibrio tiroideo puede disminuir su nivel de serotonina y bajar su estado de ánimo. Como resultado, se le antojará ingerir grasas y carbohidratos y consumirá grandes porciones de alimentos. Un exceso de hormona tiroidea en el cerebro hace que una persona coma con más frecuencia y que seleccione carbohidratos en lugar de otros tipos de alimentos.[16] Puede que un paciente con un desequilibrio tiroideo que esté deprimido no admita que esté comiendo en exceso. Esto se debe a que comer en exceso a menudo es el resultado de un impulso provocado por un nivel bajo de serotonina en un intento por aliviar la tristeza y la ansiedad. La comida se considera como un medio para sentirse mejor. Típicamente, las personas que sufren de una deficiencia de serotonina reportan una mejoría en su estado de ánimo después de consumir carbohidratos.

El antojo por ingerir carbohidratos e incluso los episodios de comer sin control que pueden presentar algunos pacientes tiroideos explican por qué a algunos de estos pacientes temporalmente se les da un diagnóstico equivocado de hipoglucemia reactiva, que es una afección que se caracteriza por un nivel bajo de glucosa (azúcar) en la sangre. (Para mayor información acerca de la hipoglucemia, vea el Capítulo 10).

Frecuentemente, las personas hipotiroideas pierden el control sobre sus patrones alimenticios y no pueden seguir las pautas nutricionales y de estilo de vida que son necesarias para alterar su consumo de calorías y elevar su estado de ánimo. Es posible que dejen de ser capaces de seguir un horario definido para hacer sus comidas y meriendas (refrigerios, tentempiés) o de elegir alimentos que mejoren su estado de ánimo. El mayor consumo de calorías, sumado a un metabolismo más lento, puede dar como resultado un aumento de peso considerable. Las mujeres hipotiroideas que aumentan de peso a menudo están más conscientes de ello que las mujeres no hipotiroideas, simplemente debido a su ansiedad, depresión e inseguridad, todas las cuales son potenciadas por el sobrepeso.

En muchas ocasiones, el hipotiroidismo hace que una persona que solía hacer ejercicio con regularidad deje de hacerlo debido al cansancio, la debilidad muscular, la falta de aliento y la depresión. La falta de ejercicio aunada a un mayor apetito, también debido a la afección tiroidea, puede dar como resultado un aumento de peso acelerado y significativo, lo cual puede causar una depresión profunda.

Candace es una mujer joven y atractiva que llevaba dos años de casada cuando la atendí. Como solía ser una persona muy consciente de su salud y de su condición física, su rutina diaria incluía ir al gimnasio y hacer ejercicio. Su estilo de vida gradualmente comenzó a cambiar cuando empezó a sentirse cansada, a dormir más de lo necesario y a presentar otros síntomas de hipotiroidismo. Cuando se volvió hipotiroidea, era toda una batalla no subir de peso. Ella me dijo:

> "Cuando empecé a aumentar de peso, no quería estar con ninguna de mis amistades. No quería salir a bailar ni a tomar una copa. No quería hacer nada, principalmente porque no me gustaba como lucía por haber aumentado tanto de peso. Pero también me estaba volviendo más inactiva porque siempre estaba cansada. Consulté a mi médico de atención primaria dos veces por el aumento de peso y la fatiga. Suponía que algo debía andar mal".

> "Estaba comiendo mucho más, picando constantemente. No sé si eso me hacía sentirme más fuerte físicamente o mejor mentalmente. Todos los días me proponía empezar a cuidar lo que comía y desayunaba una toronja (pomelo), pero para la tarde, me entraba el cansancio y hacía trampa con la dieta. Me daba antojo por comer, a menudo algo dulce. Si me lo comía, parecía disfrutarlo más que antes".

> "Normalmente, cuando hago ejercicio, encuentro que ayuda a suprimir mi apetito. Casi de la noche a la mañana, pasé de correr de 3 a 6 millas (4,8 a 9,6 km) diarias a no hacer absolutamente nada de ejercicio. Empecé a comer más,

pero no tanto como para aumentar 30 libras (13,4 kg). A medida que fui subiendo de peso, empecé a estar irritable. Como resultado de esa irritabilidad, comí más y aumenté más de peso. Me quedaba sentada durante horas en lugares oscuros y silenciosos".

"Perdí el control de todo. Cuando me levantaba en la mañana, me decía, 'Hoy voy a cuidar lo que como'. Pero para cuando llegaba el final del día, no me importaba más. Mientras iba de regreso a casa, no podía desviarme ni veinte pasos para parar en el supermercado y comprar alimentos decentes. En vez, me detenía en un restaurante para comprar una hamburguesa, me iba a casa a comerla y luego me iba a dormir. Ese ciclo tomó el control de mi vida por completo".

Los sermones sobre la fuerza de voluntad no tienen efecto alguno en las personas que sufre como lo hacía Candace. Simplemente no pueden seguir alimentándose sanamente y haciendo ejercicio como solían hacerlo. La madre de Candace dijo, "Empezamos a hacer la dieta de Jenny Craig juntas. La dieta me funcionó perfectamente, pero no a ella. Candace rompía la dieta a cada rato y no tenía la fuerza de voluntad para seguirla. Se sentía muy deprimida y lloraba mucho".

El caso de Candace ilustra el círculo vicioso que a menudo desarrollan las personas hipotiroideas, un círculo en el que el hipotiroidismo lleva a la depresión y a una baja autoestima, que luego se combinan con cambios en el metabolismo. La depresión contribuye sustancialmente al aumento de peso y el aumento de peso exacerba la depresión. Aunque estas personas sienten que su mayor consumo de alimentos no podría estar causando un aumento de peso tan acelerado, la verdad es que no toman en cuenta que casi siempre, también se vuelven menos activas físicamente. En este caso, cuando un médico les diagnostica hipotiroidismo y les administra los tratamientos apropiados, estas personas bajarán de peso y se sentirán menos deprimidas. De tal modo, el círculo vicioso se puede romper a dos niveles: primero al mejorar el metabolismo y segundo al aliviar la depresión.

Cuando la glándula trabaja de más

Muchas mujeres que tienen una tiroides hiperfuncionante se sienten complacidas con la pérdida de peso que resulta de su afección. El aumento de peso que presentan cuando empiezan a tomar medicamentos para corregir la hiperfunción tiroidea puede ser una decepción para ellas. Yo he visto a mujeres que han suspendido su tratamiento para la tiroides a propósito; si sus demás síntomas de hipertiroidismo no son tan severos, prefieren seguir soportándolos que recuperar el peso que habían perdido. Esto es algo que yo trato de desalentar. Si no se trata, el exceso de hormona tiroidea en el organismo eventualmente puede conducir a problemas cardíacos, pérdida ósea y osteoporosis, así como muchas otras afecciones debilitantes.

Este deseo de bajar de peso a cualquier precio es algo que podemos ver claramente en el caso de Audrey, una mujer de 32 años de edad que había tenía algunos problemas de peso durante la mayor parte de su vida, pero que adelgazó cuando se volvió hipertiroidea. Yo le empecé a recetar un medicamento antitiroideo y le pedí que regresara para darle seguimiento y hacerle nuevamente análisis de la tiroides. Como no le agradó el aumento de peso que observó al cabo de tan sólo tres semanas de tratamiento, Audrey dejó de tomar el medicamento y cuando me fue a ver ocho meses después, seguía siendo hipertiroidea.

Cuando le pregunté por qué no había seguido con el tratamiento, Audrey me contestó sinceramente:

"Primero, pasé por una etapa de negación. Me empecé a sentir bien, un poco normal. Pero el hecho era que yo sabía que la pérdida de peso había sido artificial. Nunca hice nada para bajar de peso. Sabía que empezaría a recuperar todo el peso que había perdido. Me hice a la idea de que no estaba tan mal después de todo. Me dije, 'No me siento tan mal, entonces simplemente voy a dejar de tomar el medicamento'. El medicamento me estaba haciendo aumentar de peso nuevamente".

"Nos fuimos de vacaciones y a propósito dejé el medicamento en casa. Mi esposo se enteró y me hizo ir a una farmacia que pudiera vendérmelo. No obstante, tampoco me lo tomé durante esas dos semanas. Por fin había logrado ponerme algo distinto al traje de baño entero que siempre había usado. Tenía un bikini y recuerdo haber pensado, 'No hay forma que me tome este medicamento y que empiece a aumentar de peso mientras esté aquí'. Cuando regresé a casa de mis vacaciones, yo tenía una cita con usted al poco tiempo. Pensé, 'Caray, si me hace análisis, se va a dar cuenta que no he tomado el medicamento durante un buen rato'. Negué que hubiera algo mal con mi salud y me convencí de que mi enfermedad realmente no era tan grave porque mi apariencia estaba mejorando".

El tratamiento oportuno de la hiperfunción tiroidea es extremadamente importante para detener los efectos nocivos que puede provocar el exceso de hormona tiroidea en el cuerpo y la mente. Mientras le estén regulando la tiroides, deberá adherirse a los principios que le dicte el sentido común para lograr un control óptimo de su peso.

Al igual que es un error creer que el hipotiroidismo siempre provoca aumento de peso, la hiperfunción tiroidea no necesariamente lleva a la pérdida de peso en todos los casos. De hecho, algunas mujeres hipertiroideas aumentan de peso en lugar de perderlo.[17] Lo que ocurre en estas pacientes es que su metabolismo corporal más acelerado, que tiende a disminuir el almacenamiento de grasa, se aúna a un mayor consumo de calorías. Los pacientes hipertiroideos a menudo tienen antojos incontrolables por comer ciertos alimentos y comen en grandes cantidades, mucho mayores de las que solían ingerir, debido al efecto directo de la hormona tiroidea en el mecanismo que regula el apetito, el cual se ubica en el cerebro. Este aumento en el consumo calórico probablemente es un mecanismo de defensa diseñado para conservar la energía del cuerpo cuando este se inunda de hormona tiroidea.

Un buen ejemplo de esto es el caso de Jessica, quien desarrolló la enfermedad de Graves a los 30 años de edad. Antes del inicio de su afección tiroidea, ella siempre había sido delgada y una mujer con una buena condición física. Cuando su tiroides se volvió hiperfuncionante, además de los síntomas típicos del hipertiroidismo, aumentó considerablemente de peso, llevándola a sentirse bastante deprimida e irritable. Ella comentó:

> "Me sentía exhausta y cansada. Estaba deprimida y tenía períodos en que no podía hacer más que llorar. Definitivamente tenía más apetito cuando empecé a aumentar de peso. No sé si era por mi apetito o porque estaba tan agotada, pero comía más para satisfacerme. Pasó un buen tiempo antes de que encontrara la dosis correcta de medicamento para sentirme mejor de nuevo. Mientras estaba tomando el medicamento, bajé de peso porque mi tiroides se estaba componiendo y porque hice un gran esfuerzo. Cuidaba mucho lo que comía y logré perder todo el peso que había aumentado. Tuve que ser muy estricta".

Muy a menudo, la mayor descomposición de grasa y pérdida de energía generadas por el exceso de hormona tiroidea sobrepasan por mucho el consumo calórico del paciente hipertiroideo y este equilibrio negativo conducirá a la pérdida de peso. Sin embargo, en algunas personas, el efecto que produce la hormona tiroidea en el centro del apetito y el mayor consumo calórico que resulta de la ansiedad severa causada por el hipertiroidismo o la depresión, se combinan para hacer que estas personas ingieran más calorías de las que está quemando su metabolismo acelerado. Así pues, el equilibrio positivo resultante provocará un aumento de peso que puede ser tan significativo como el que pueden llegar a reportar los pacientes hipotiroideos.

Dado que el aumento de peso que resulta de una tiroides hiperfuncionante puede ser tan deprimente para una persona hipertiroidea como para una hipotiroidea, es importante que el tratamiento preste atención tanto al cuerpo como a la mente para que se controle el estrés y la ansiedad.

Por qué pueden persistir los problemas de peso incluso después de que se haya corregido el desequilibrio tiroideo

Muchas mujeres que aumentan de peso cuando son hipotiroideas no regresan a su peso original incluso después de que su afección tiroidea ha sido corregido mediante un tratamiento con hormona tiroidea. Los médicos y otros a menudo atribuyen esto a la falta de esfuerzo por parte del paciente para revertir el aumento de peso.

Este es un túnel sin salida que típicamente tienen que enfrentar muchos pacientes tiroideos, quienes podrían seguir pensando que su tiroides aún no ha sido regulada y que sigue siendo la responsable de su problema de peso. Debido a esta creencia, los médicos que atienden estos casos se enfrentan a pacientes insatisfechos, frustrados e infelices que sienten que no están recibiendo las respuestas, la guía o las explicaciones indicadas. Sin embargo, muchos médicos no aprecian o simpatizan con los cambios corporales y mentales por los que apenas acaban de pasar sus pacientes, ni con la confusión que pueden llegar a sentir al haber tenido que redefinir quiénes son en realidad.

Parte del problema es que las alteraciones que afectan la eficiencia de la leptina y otras sustancias químicas y hormonas involucradas en la regulación del peso pueden no revertirse por completo con la corrección del desequilibrio tiroideo. Para algunos pacientes, la raíz del problema podría ser una continua ineficiencia de la leptina para regular la saciedad y el metabolismo. Parte de esta ineficiencia podría deberse al déficit de T3 que resulta cuando la hipofunción tiroidea se corrige mediante un tratamiento en el que sólo se administra T4. Los estudios de investigación en animales han demostrado que en las ratas con glándulas tiroides normales, los niveles de T3 aumentan en respuesta a la ingestión de una alimentación alta en grasas, impidiendo que se vuelvan obesas.[18] Es posible que un déficit diminuto de T3 en pacientes tratados con tiroxina haga que la leptina sea menos eficiente en acelerar el metabolismo.

Los problemas en el estado de ánimo podrían ser otra razón por la cual algunos pacientes mantienen el sobrepeso después de recibir tratamiento con hormona tiroidea. Si su estado de ánimo sigue siendo bajo o si sigue sufriendo de ansiedad a pesar de que ya ha estado siendo tratado con hormona tiroidea, es más probable que siga teniendo antojos por ciertos alimentos y que siga comiendo más, y que su problema de peso perpetúe su estado de ánimo deprimido.

Además, diversos antidepresivos y estabilizadores del estado de ánimo pueden agravar su problema de peso (para más detalles, vea el Capítulo 17). Si este es su caso, quizá sea una buena idea que considere cambiar su tratamiento.

Si está recibiendo el tratamiento adecuado con hormona tiroidea pero sigue teniendo sobrepeso, tendrá que seguir una dieta estricta y un programa de ejercicio para regresar a su peso ideal. El programa de ejercicio deberá estar diseñado no sólo para ayudarle a quemar las calorías adicionales sino también para incrementar la masa muscular que perdió a causa del desequilibrio tiroideo. Al menos ahora, el medicamento habrá eliminado sus antojos y su fatiga, dos barreras importantes que le estaban impidiendo bajar de peso antes de que le diagnosticaran una tiroides hipofuncionante.

Como se mencionó en secciones anteriores, los pacientes hipertiroideos

también tienden a subir considerablemente de peso cuando se les da el tratamiento adecuado y se corrige su afección tiroidea. Después de corregido el
hipertiroidismo, su peso puede llegar a ser aún mayor de lo que era antes de
que se volvieran hipertiroideos. Un estudio de investigación demostró que casi
la mitad de las mujeres que recibieron tratamiento para corregir su hipertiroidismo reportaron un aumento de peso significativo después de que su funcionamiento tiroideo regresó a la normalidad.[19] Otras investigaciones recientes
han demostrado que el aumento de peso reportado por pacientes que recibieron tratamiento para la enfermedad de Graves fue el mismo independientemente de que hubieran sido tratados con yodo radiactivo o cirugía.[20] Aunque
muchos pacientes pueden creer que su tiroides se ha vuelto hipofuncionante y
que, por lo tanto, es la responsable de su aumento de peso, el mecanismo que
provoca dicho aumento de peso en este caso, es completamente diferente.

Existen cuatro razones principales por las cuales puede darse un aumento
de peso de rebote después de recibir tratamiento para el hipertiroidismo:

1. Cuando el cuerpo se expone a un exceso de hormona tiroidea, el metabolismo se acelera. Después de que se ha restaurado un funcionamiento
   tiroideo normal, el metabolismo se vuelve más lento de lo normal durante algún tiempo. Esto se debe a que el organismo considera el exceso
   de hormona tiroidea como una amenaza que le hará perder sus reservas
   de energía. Como resultado, el organismo necesitará acumular la mayor
   cantidad de energía posible para estar listo para enfrentar cualquier
   amenaza en el futuro. Esto lo hace al afectar el nivel y la eficiencia de
   la leptina y otras sustancias químicas que regulan el metabolismo. Los
   estudios de investigación han demostrado que después del tratamiento
   para corregir una tiroides hiperfuncionante, los niveles de leptina
   pueden permanecer bajos durante algún tiempo.[21] El tratamiento de la
   hiperfunción tiroidea a menudo lleva a cambios en la composición del
   cuerpo que tienen que ver con cambios en la insulina y una baja secreción de la hormona del crecimiento. El aumento de peso y los síntomas
   que reportan los pacientes después de recibir tratamiento para la hiperfunción tiroidea son, de hecho, síntomas de una deficiencia de la hormona del crecimiento.[22]

2. Si el exceso de hormona tiroidea ha provocado alteraciones en el centro del apetito, dichas alteraciones pueden persistir incluso después de
   que se haya corregido el funcionamiento tiroideo. Esto podría dar
   como resultado unos efectos residuales, entre ellos un mayor apetito y
   un mayor consumo de calorías.

3. El hipertiroidismo también provoca la descomposición del músculo.
   Muchos pacientes hipertiroideos pueden presentar cierta pérdida de
   masa muscular como resultado de su enfermedad. La pérdida de mús-

culo más significativa tiende a ocurrir en músculos como los cuadrí-
ceps y los bíceps. Una vez que los niveles tiroideos han vuelto a la normalidad, la acumulación compensatoria de rebote de las reservas de
energía estará dirigida a la acumulación de grasa más que de músculo.
Un estudio de investigación demostró que después de la corrección del
hipertiroidismo, la fuerza muscular queda más baja de lo normal.[23] Por
esta razón, el ejercicio y la actividad física dirigidos a volver a formar la
masa muscular que se perdió durante el hipertiroidismo mejorará el
metabolismo y ayudará a prevenir el aumento de peso después de que
se haya corregido la hiperfunción tiroidea.

4. El exceso de hormona tiroidea también provoca que se acaben los antioxidantes que hay en el cuerpo, lo cual, a su vez, permitirá que los radicales libres se vayan acumulando, causando una mayor inflamación del
   tejido adiposo. Esto hará que el metabolismo se vuelva más lento y que
   empeore la resistencia a la insulina del paciente.

Si usted ha sufrido de hipertiroidismo, tendrá que ser proactivo e implementar un programa de manejo del peso tan pronto como sus niveles
tiroideos hayan vuelto a la normalidad mediante el tratamiento. Tendrá que
ser paciente y perseverante, dado que será probable que se frustre en su
batalla contra el aumento de peso. Sin embargo, conforme vaya pasando el
tiempo, se le hará más fácil librar esta batalla siempre y cuando mantenga
bien regulada su tiroides y se adhiera a los lineamientos que detallo a continuación para controlar su peso.

Controle su peso

Con el apoyo de su médico, sus familiares y sus seres queridos, usted puede
tomar medidas para contrarrestar el efecto de una afección tiroidea en su
peso, una vez que se haya corregido su desequilibrio tiroideo. Para no
aumentar de peso, tendrá que comer menos, hacer más ejercicio, tomar cantidades adecuadas de antioxidantes, seguir un programa de modificación del
comportamiento que le permita mantener los resultados que haya logrado y
quizá tomar algunos medicamentos supresores del apetito, en caso necesario.
Como primer paso para bajar de peso, tendrá que hacer algunos cambios en
su estilo de vida, aunque será necesario que siga el programa de manejo del
peso a largo plazo. Las personas que no lo hacen, probablemente recupera-
rán el peso que hayan logrado perder. Esto se conoce como el síndrome del
yo-yo. Los estadounidenses gastan más de $33 mil millones de dólares al año
en productos y servicios para bajar de peso. No obstante, sólo una tercera
parte de las personas que están tratando de bajar de peso ingieren menos
calorías y hacen más ejercicio.[24]

Para la mayoría de las personas, hacer ejercicio al menos cuatro o cinco días a la semana, adquirir hábitos alimenticios saludables y consumir productos altos en fibra es un método más eficaz para promover la pérdida de peso que tomar supresores del apetito durante mucho tiempo. (Las recomendaciones de ejercicio se detallan en el Capítulo 19). Sea proactivo y hable con su médico acerca de todas las facetas de su programa para bajar de peso. Pídale consejos acerca de la dieta y recomendaciones específicas y precisas acerca de su programa de ejercicio y fíjese metas realistas con la ayuda de su doctor.

Si está tomando un tratamiento de hormona tiroidea para una tiroides hipofuncionante y sigue batallando con el aumento de peso a pesar de que los resultados de sus análisis de sangre ya sean normales, esto podría indicar que el tratamiento que está recibiendo no es el adecuado.[25] Cambiar el tratamiento de L-tiroxina a una combinación de T4 y T3 podría brindarle los ingredientes adecuados para lograr bajar de peso. El tratamiento con tiroxina sintética por sí sola puede no proporcionarle toda la T3 que necesita para que su metabolismo vuelva a funcionar normalmente. La cantidad completa de hormona tiroidea que se requiere para mantener un funcionamiento tiroideo normal puede administrarse principalmente en la forma de tiroxina sintética, junto con una pequeña cantidad de T3. El tratamiento con T3 afecta a las sustancias químicas del cerebro que controlan los patrones alimenticios. La administración de esta cantidad adicional de T3 puede ayudar a la leptina a acelerar el metabolismo. La falta de T3 en los tejidos del cuerpo disminuye la eficiencia del proceso de descomposición de la grasa, lo cual da como resultado que la misma se almacene como peso excedente.

No se apresure a seguir una dieta baja en calorías (800–1.200 calorías al día), como la que recomiendan Slim-Fast, Jenny Craig o NutriSystem, ni una dieta muy baja en calorías (menos de 800 calorías al día), como las dietas Optifast y Medifast. Cuando mis pacientes sólo siguen una dieta baja en calorías para resolver rápidamente sus problemas de peso, a menudo lo recuperan porque es difícil seguir estas dietas indefinidamente. En vez, siga una "dieta de déficit equilibrado", la cual considera la cantidad de calorías que usted quema al día. Una dieta de déficit equilibrado le brinda menos calorías de las que requeriría para mantener su peso actual. También puede seguir una dieta de déficit equilibrado tan sólo cambiando el tipo de alimentos que come en lugar de tener que comer menos y que contar constantemente las calorías. En la sección siguiente le proporciono un plan alimenticio para lograr una salud tiroidea óptima.

Un plan alimenticio para la tiroides

El mejor plan alimenticio para alguien que padece un trastorno tiroideo, uno que produce efectos benéficos únicos en el peso y en la salud en general, es una dieta de baja carga glucémica, rica en carbohidratos complejos y baja en grasa saturada. Esta dieta es segura y hará que la leptina y la insulina funcionen de manera más eficiente. Le hará perder peso y mantenerse en su nuevo peso. Promoverá la saciedad, haciéndolo sentirse satisfecho y esto disminuirá su ingesta calórica total, lo cual es un factor clave para el éxito. También le brindará cantidades adecuadas de vitaminas, minerales, oligoelementos y fibra.

Yo me convertí en un partidario de la dieta de baja carga glucémica cuando me di cuenta que muchos de mis pacientes no podía bajar de peso a menos que redujeran su consumo de azúcares simples. Los azúcares refinados y los azúcares simples en general hacen que el azúcar entre al torrente sanguíneo más rápidamente y produzca una elevación más pronunciada en el nivel de azúcar en sangre (glucosa en sangre) que cualquier otro alimento. Entre mayor sea el nivel de glucosa en sangre después de comer, mayor será el nivel resultante de insulina.

El índice glucémico es una escala que indica qué tan alto se elevará el nivel de azúcar en sangre en respuesta a la ingestión de un alimento en particular. A mayor elevación del nivel de glucosa en sangre después de comer un alimento en particular, mayor será el valor de dicho alimento en el índice glucémico.

No sólo necesita disminuir la cantidad de azúcares simples que consume al día, sino que también necesita reducir la carga glucémica en cada comida. La carga glucémica es la cantidad de azúcares simples que uno consume. Una manera de disminuir su consumo de azúcares simples es sustituyendo el pan blanco por pan integral, el cual tiene un valor más bajo en el índice glucémico. Los cereales se deben consumir en su forma menos refinada para producir una baja carga glucémica. También deberá aumentar su consumo de avena y cebada. Esto bajará la carga glucémica de su comida, simplemente por la gran cantidad de fibra soluble que contienen estos granos. La avena también le ayudará a proteger su cerebro de los daños oxidativos.

En general, los carbohidratos complejos, como los granos integrales, la cebada, los frutos secos, el pan integral de centeno y las legumbres deshidratadas, tienen valores menores en el índice glucémico que los alimentos ricos en azúcares simples, como el pan blanco, las papas, las papitas fritas y los cereales endulzados para desayunar. Asimismo, evite comer batatas dulces (camotes), maíz (elote, choclo) dulce, arroz blanco, galletitas, panecillos y alforjón (trigo sarraceno), todos los cuales tienen valores medianos en el índice glucémico. En vez, tenga una dieta rica en carbohidratos complejos saludables que ayudan a mejorar los niveles de serotonina, como verduras verdes, galletas saladas sin azúcar, pan integral y *muffins* sin endulzar.

El valor en el índice glucémico de un alimento no está determinado exclusivamente por su contenido de azúcares simples. Entre otros factores encontramos la cantidad de grasa, proteína y fibra que contiene, así como los métodos empleados para su procesamiento y cocción. Por ejemplo, una cantidad elevada de grasa aumenta el valor en el índice glucémico de un alimento dado, mientras que una cantidad elevada de proteína y fibra puede disminuirlo. Por este motivo, evite comer galletitas, helado, *donuts*, pasteles (bizcochos, tortas, *cakes*) y postres, que normalmente contienen tanto azúcares refinados como grandes cantidades de grasa.

Las comidas ricas en proteínas retardarán la elevación del nivel de azúcar en sangre y causarán menos síntomas. Si usted tiene muchos síntomas relacionados con su nivel de azúcar en la sangre, no cueza las verduras demasiado. Por ejemplo, los estudios de investigación han demostrado que comer maicena cruda baja la respuesta de elevación en el nivel de azúcar en la sangre porque su absorción desde el tracto gastrointestinal es lenta, mientras que la maicena cocida da como resultado una elevación más rápida en el nivel de azúcar en la sangre en comparación con la maicena no cocida.[26]

Para reducir el valor en el índice glucémico de sus comidas, aumente su consumo de fibra. Esto aumentará la eficiencia de la insulina y le dará una sensación de saciedad que, en última instancia, le ayudará a disminuir su consumo de calorías. Aumentar su consumo de cereales integrales listos para comerse le ayudará a mantener la pérdida de peso que ya haya logrado. El consumo de cereales también le proporcionará más calcio, fibra, hierro, ácido fólico, vitamina C y zinc, y le hará consumir menos grasa y colesterol. Estos alimentos deberán formar una parte rutinaria de su alimentación. De hecho, el cereal se puede usar para promover la pérdida de peso cuando se ingiere como un sustituto controlado de la comida.[27] Cuando inicie su plan para bajar de peso, coma un tazón (recipiente) de cereal integral en vez del almuerzo o la cena. Esto le ayudará a lograr la pérdida de peso inicial que desea.

Los frutos secos son un buen alimento porque contienen grandes cantidades de grasas insaturadas, poliinsaturadas y monoinsaturadas y además, reducen el efecto glucémico de la comida. Coma frutos secos y mantequilla de estos en vez de una comida entera o úselos para sustituir cereales refinados o carnes. De esta manera, no terminará ingiriendo demasiadas calorías.

Aunque las frutas son ricas en fibra, vitaminas y antioxidantes y típicamente se incluyen como parte de una alimentación sana, es importante que sepa que también son ricas en azúcares simples (fructosa). Por esta razón, no coma cantidades excesivas de fruta. Elija las que le den la menor carga glucémica, como manzanas y bayas. Yo recomiendo que use el popular libro titulado *Sugar Busters*, dado que le servirá de guía para elegir los alimentos que tienen valores bajos en el índice glucémico.

Las cantidades y los tipos de grasas que come también desempeñan un papel crucial en el manejo del peso. Los tipos de grasa que necesita evitar son las grasas saturadas (es decir, las grasas que provienen principalmente de la carne roja, los productos lácteos y otros alimentos de origen animal y que se solidifican a temperatura ambiente) y las grasas hidrogenadas. Este último tipo de grasa es un invento moderno que permite que los aceites insaturados, por ejemplo, se modifiquen de tal manera que se alargue la vida útil de los productos que las emplean como ingredientes. Por lo tanto, los aceites vegetales hidrogenados se han vuelto ubicuos, ya que están contenidos en todo desde la margarina hasta las galletitas. Por desgracia, las grasas hidrogenadas no cumplen con ninguna función benéfica en el cuerpo y tener una dieta rica en grasas hidrogenadas y saturadas acorta la vida humana, en lugar de alargarla. El consumo de cantidades mayores de grasa saturada probablemente le hará aumentar de peso, incluso aunque no aumente su consumo calórico total. Si consume demasiada grasa, seguirá sintiendo hambre y como resultado, consumirá cantidades excesivas de calorías. De hecho, la epidemia de obesidad que se está observando en los países occidentalizados ha surgido, en gran medida, a raíz de este mayor consumo de grasa. Las investigaciones recientes han demostrado que las dietas ricas en grasa están contribuyendo a la alta tasa de obesidad en hombres estadounidenses.[28] Otro estudio de investigación realizado en Austria demostró que tres de cada cuatro adultos consumen más del 30 por ciento de su ingesta calórica total en la forma de grasa de origen animal.[29]

Su cuerpo puede ajustar su metabolismo cuando consume proteínas y carbohidratos. Sin embargo, no puede hacer lo mismo cuando consume grasa. Cuando usted aumenta su consumo calórico de carbohidratos o proteínas, sus células pueden acelerar el metabolismo y quemar más de las calorías excedentes, pero el cuerpo tiene una mala capacidad para regular el equilibrio de las grasas.[30] Investigaciones recientes que han estudiado la energía y el equilibrio de grasas en animales hipotiroideos alimentados con una dieta rica o baja en grasas han indicado que la ingestión de una mayor cantidad de grasa dio como resultado un aumento de peso desproporcionado incluso si el número total de calorías fuera el mismo.[31]

La grasa se absorbe fácilmente desde el intestino y gran parte de la misma se va directamente al tejido adiposo para su almacenamiento. Si usted disminuye la cantidad de grasa que consume, bajará de peso aunque siga consumiendo la misma cantidad de calorías. De hecho, los estudios de investigación han demostrado que si una persona disminuye su consumo de grasa en un 10 por ciento, perderá aproximadamente 10 libras (4,5 kg).[32] Esto se debe, en parte, a que cuando una persona sustituye la grasa con carbohidratos complejos, desecha una mayor cantidad de grasa en las heces fecales. Si usted se adhiere a una dieta muy baja en grasa de origen animal, aunque coma todo lo que quiera, perderá del 5 al 10 por ciento de su peso corporal inicial.

Restringir su consumo de grasa definitivamente es un hábito que puede adquirir. Una estrategia eficaz puede ser la de no comprar alimentos ricos en grasa, especialmente grasa de origen animal, para que no los tenga a la mano para comérselos como merienda o para cocinar con ellos.

Gradualmente incremente su consumo de proteínas provenientes de fuentes sanas. Los alimentos ricos en proteína aceleran su metabolismo después de comer y le darán una mayor sensación de saciedad. Si sigue una alimentación rica en proteínas, tendrá una mayor probabilidad de seguir su nuevo plan para bajar de peso a largo plazo. Los estudios de investigación han demostrado que una alimentación rica en proteínas, sin que se cambie el consumo de carbohidratos, producirá una disminución sostenida en el consumo calórico.[33] Una alimentación rica en proteínas también tendrá un efecto anoréxico, haciendo que se sienta menos hambriento y le ayudará a perder peso si también mantiene un consumo reducido de azúcares simples.

Siempre incluya grasas monoinsaturadas en su dieta. El uso de grasas monoinsaturadas, como el aceite de oliva, en lugar de grasas saturadas, le hará perder peso aunque siga consumiendo la misma cantidad de calorías. El ácido linoleico conjugado también le ayudará a no recuperar el peso perdido con el tiempo.[34] El ácido linoleico conjugado es un grupo de distintas formas químicas de ácido linoleico que puede obtener al comer más carne de animales rumiantes, como carne de res, búfalo y venado. La carne de aves, los huevos y los productos lácteos también son ricos en ácido linoleico conjugado.

En esencia, una dieta mediterránea modificada que incluya verduras verdes, frutos secos, pescado, carne, granos y aceite de oliva le protegerá de muchas enfermedades crónicas, le ayudará a bajar de peso y prevendrá el aumento de peso.

Sugerencias para manejar su peso con éxito

1. Aumente la frecuencia de sus comidas. Este concepto ya ha sido adoptado en Francia, donde las personas hacen una pequeña comida a media tarde conocida como *goûter*. Los estudios de investigación han demostrado que las personas que dejaron de hacer esta comida reportaron un aumento significativo de peso. Hacer comidas más frecuentes promoverá un nivel más bajo de insulina, mejorará la eficiencia de la insulina y disminuirá el nivel de colesterol y triglicéridos.[35] Trate de dividir su consumo de alimentos en tantas comidas como se lo permita su vida social.

2. Preste atención al desayuno. Los estudios de investigación han demostrado que si una persona desayuna un cereal listo para comer, cereal cocido, pan o frutas y verduras, tendrá una menor probabilidad de tener problemas de peso que si se salta el desayuno o si desayuna carne y huevos.[36] Si desayuna carne y huevos, probablemente consumirá un número elevado de calorías durante el día. Además, saltarse el

desayuno no es una manera eficaz de controlar su peso, dado que todo el día tendrá hambre y terminará por ingerir más calorías diariamente.

3. Cuidado con las bebidas. Beber líquidos ricos en carbohidratos promueve un equilibrio positivo de energía, simplemente porque la energía que obtiene de las bebidas puede escaparse del proceso de envío de señales al cerebro.[37] La leche siempre se ha publicitado como una bebida saludable; sin embargo, puede contener una gran cantidad de hormonas y otras proteínas que pueden llevar al aumento de peso. Necesita tener cuidado con la cantidad de leche que consuma. Las bebidas alcohólicas también promueven un equilibrio positivo de energía. Evite consumir sirope de maíz alto en fructosa, el cual se emplea en muchas gaseosas, ya que este también puede causar aumento de peso.[38]

4. Trate de controlar el tamaño de sus porciones. Para lograr esto, puede probar comer los platillos empacados de porción controlada. Esto le llevará a perder más peso, reduciendo también su riesgo de desarrollar enfermedades cardiovasculares.

5. Preste atención a lo que coma en los restaurantes. Una encuesta reciente realizada en los Estados Unidos demostró que ahora tendemos a comer más cuando salimos a un restaurante que en el pasado anteriores.[39] Salir a comer a restaurantes fomenta el aumento de peso por el tipo de alimentos que termina comiendo, dado que en los restaurantes, es más probable que consuma grandes cantidades de grasa de origen animal y azúcares simples, y también porque las porciones que sirven en los restaurantes tienden a ser grandes.

6. Aumente su consumo de calcio. Las investigaciones en animales han demostrado que el calcio afecta el metabolismo de las células adiposas. Una cantidad elevada de calcio en la alimentación disminuye el nivel de la hormona paratiroidea, que a su vez disminuirá los niveles de calcio al interior de las células. Los bajos niveles de calcio en las células hacen que sea menos probable que acumulen grasa y que aumenten la descomposición de la misma. El consumo elevado de calcio puede acelerar su metabolismo y hacerle perder peso cuando también consume grandes cantidades de aminoácidos de cadena ramificada.[40] Puede obtener este tipo de aminoácidos al comer más pescado, granos, hongos, carnes, verduras, arroz integral, frijoles (habichuelas), frutos secos, trigo integral, carne de ave, semillas de sésamo (ajonjolí), lentejas secas enteras, hígado y garbanzos.

7. Aumente su consumo de ácidos grasos omega-3. Los estudios de investigación han demostrado que los ácidos grasos omega-3 aceleran el metabolismo y brindan un efecto protector contra las enfermedades cardiovasculares.[41] (Vea el Capítulo 18 para más información acerca de los ácidos grasos omega-3).

8. Tenga cuidado con el saborizante llamado glutamato monosódico (conocido por las siglas *MSG* en inglés). Este aditivo contiene cantidades muy altas de glutamato y se agrega a toda una gama de alimentos en la actualidad. Se ha demostrado que esta sustancia puede producir un efecto potencialmente nocivo en la regulación del apetito al nivel del hipotálamo[42] y probablemente es uno de los factores que están contribuyendo a la epidemia de obesidad en muchos países.

9. Mejore su manejo del estrés. El estrés tiene un efecto doble: produce un impacto considerable en el nivel de leptina y en la eficiencia de la misma y también puede hacer que una persona coma impulsivamente. Para ayudarle a superar estos efectos, pruebe algún programa de manejo del estrés, como el yoga. Esto le ayudará a perder peso y a mantenerse en su nuevo peso.[43] En el trabajo, que a menudo es una fuente de estrés, trate de reunirse con sus colegas para que todos sigan un programa para bajar de peso al mismo tiempo; por ejemplo, todos podrían comerse un tazón de cereal saludable en el almuerzo.

10. Pruebe un método cognitivo conductual. Cada vez con mayor frecuencia, los centros para el manejo del peso utilizan este enfoque, concentrándose más en el costo psicológico y el impacto fisiológico que producen los problemas de peso en la salud, en lugar de concentrarse en la pérdida de peso en sí. La noción de que el peso excedente tendrá un efecto perjudicial en la salud le motivará a seguir con su programa para bajar de peso. Los estudios de investigación han demostrado que dichos programas cognitivos conductuales promueven la pérdida de peso, mejoran el bienestar emocional y disminuyen la angustia asociada con seguir una dieta. También alientan la actividad y el acondicionamiento físico y mejoran la calidad de su alimentación.[44]

11. Consuma cantidades adecuadas de vitaminas y antioxidantes. Diversos antioxidantes están siendo promovidos por su capacidad de acelerar el metabolismo y ayudar a las personas a bajar de peso. Sin embargo, no hay estudios de investigación que claramente demuestren que los antioxidantes hagan que una persona pierda peso si no hace ejercicio y tiene una alimentación bien equilibrada al mismo tiempo. Sin embargo, sí se sabe que los antioxidantes previenen la acumulación de radicales libres que podrían hacer que su metabolismo se vuelva más lento. Se ha encontrado que las personas obesas tienen niveles bajos de zinc, por lo que algunos médicos han sugerido el uso de zinc para tratar la obesidad.[45]

El cromo, un nutriente esencial, hace que la insulina funcione de manera más eficiente y le ayudará a bajar de peso y no volver a recuperarlo. Los estudios de investigación han demostrado que en los programas de manejo del peso, los hombres obesos que tomaron cromo perdieron 11,7 libras (5,2 kg), mientras que aquellos que no lo tomaron perdieron tan sólo 6,1 libras (2,7 kg) a lo largo de un período de 10 años.[46]

El nivel de vitamina C guarda una relación inversa con la masa corporal. Las personas que consumen una cantidad adecuada de vitamina C queman un 30 por ciento más de grasa durante el ejercicio moderado que los individuos que tienen un nivel bajo de vitamina C.[47] Por lo tanto, las personas que presentan una deficiencia de vitamina C pueden tener más dificultades para perder grasa, aunque estén haciendo una dieta.

Por último, asegúrese de ingerir cantidades adecuadas de vitamina B_6, vanadio, vitamina E, ácido alfa-lipoico y coenzima Q_{10}. Estos le ayudarán a deshacerse de los radicales libres, a disminuir la inflamación del tejido adiposo y, en última instancia, a perder peso al mejorar la eficiencia de la insulina y la leptina. (Vea el Capítulo 19, donde se dan las cantidades recomendadas diarias de vitaminas y antioxidantes).

Suplementos, hierbas y medicamentos para bajar de peso

Los profesionales en medicina alternativa comúnmente recomiendan diversas hierbas que podrían ayudarle a bajar de peso. Aunque no hay investigaciones científicas formales que comprueben que estas hierbas sean eficaces para bajar de peso, muchos profesionales de la salud sí creen que funcionan. No se ha estandarizado las dosis que dicen ser eficaces para la pérdida de peso simplemente porque no se han realizado estudios que evalúen la eficacia de las mismas. Además, cabe hacer notar que algunas de estas hierbas pueden ser bastante tóxicas si se toman en exceso de una cierta cantidad. La lista siguiente incluye las mejores de las hierbas más populares.

NOMBRE COMÚN	NOMBRE CIENTÍFICO
Corazoncillo (hipérico, *St. John's wort*)	*Hypericum perforatum*
Citrina (*Gambooge*)	*Garcinia gummi-gutta*
Yerba mate (*Yerba maté*)	*Ilex paraguariensis*
Ispágula (hierba del pastor, zaragatona, *sand plantain*)	*Plantago psyllium*
Ginseng asiático (*Asian ginseng*)	*Panax ginseng*
Áloe vera (sábila, acíbar, *aloe vera*)	*Aloe vera*
Calabaza de hiedra (pepino cimarrón, *ivy gourd*)	*Coccinia grandis*
Ginkgo	*Ginkgo biloba*
Ginseng americano (*American ginseng*)	*Panax quinquefolium*

Hay otros suplementos que se han estudiado más a fondo. El piruvato (*pyruvate*), por ejemplo, produce un efecto positivo considerable en la pérdida de peso. Aparte del ácido linoleico conjugado, el piruvato es el suplemento que cuenta con más pruebas de su eficacia.[48] El té verde acelera el metabolismo, disminuye la formación y la absorción de grasa y reduce los niveles de triglicéridos. Los estudios de investigación han demostrado que el consumo elevado de cafeína también promueve la pérdida de peso, dado que la cafeína aumenta la descomposición y oxidación de la grasa. La combinación de té verde y cafeína aumenta la pérdida de peso.[49] El glucomanano, que es un suplemento de fibra dietética, puede ayudarle a bajar de peso al provocarle una sensación de saciedad y haciéndole sentir menos hambre. La dosis usual recomendada es de 600 miligramos a 1 gramo, tomados con 8 onzas (240 ml) de agua antes de comer, tres veces al día.

Las especias como el achiote, el comino, el orégano, el pimentón dulce y picante, el romero y el azafrán tienen algunas propiedades antioxidantes. Algunos de estos compuestos pueden acelerar el metabolismo.[50] Puede tomar algunas de estas hierbas y sustancias naturales como suplementos individuales o en la forma de una fórmula combinada bien equilibrada, como *ThyroLife BodySlim*. (Para mayor información, consulte la página de internet thyrolife.com).

Las mujeres a menudo batallan con un aumento de peso progresivo en la edad madura porque su metabolismo se va volviendo más lento.[51] Si han padecido un desequilibrio tiroideo, esta desaceleración del metabolismo se hace aún más pronunciada. Si este es su caso, es posible que no pueda perder una cantidad adecuada de peso, incluso aunque sea diligente en su esfuerzo por cambiar sus hábitos alimenticios. En este caso, tal vez podría lograr bajar de peso y mantenerse en su nuevo peso tomando un fármaco llamado metformina (*metformin*) después de comer. Los estudios de investigación han demostrado que tomar metformina al mismo tiempo que se sigue una dieta dará como resultado una pérdida de peso duradera.[52]

Los doctores típicamente recetan supresores del apetito sólo si el índice de masa corporal (IMC) de un paciente es mayor que 30. El IMC, que les sirve a los doctores como una medida de la severidad del problema de peso, se calcula mediante una fórmula que considera tanto el peso como la talla del individuo. Un IMC de 20 a 26 se considera saludable. Los medicamentos para la obesidad y los problemas de peso han sido aprobados, en su mayoría, para la pérdida de peso a corto plazo. Sin embargo, la sibutramina y el orlistat ya han sido aprobados para el manejo del peso a largo plazo. La sibutramina mejora la saciedad, disminuye el consumo de grasas y facilita la quema de calorías por los efectos que produce en el tejido adiposo "café", que es el tipo de tejido adiposo diseñado para generar calor y regular la temperatura corporal, en comparación con el tejido adiposo blanco, el cual sirve —por contraste— para almacenar calorías. La sibutramina es un inhibidor de la recaptación de norepinefrina y serotonina. Las investigaciones clínicas han demostrado que dos de cada tres pacientes que toman sibutramina pierden más del 5 por ciento de su peso corporal inicial.[53] Quienes bajan de peso desde el inicio del tratamiento son los que presentan una mayor probabilidad de no recuperarlo si continúan con el tratamiento. Si usted toma sibutramina, tendrá que vigilar su presión arterial, dado que puede elevarse con este medicamento. Su frecuencia cardíaca también puede acelerarse. No debe tomar sibutramina si tiene arritmias cardíacas. Entre sus otros efectos secundarios están la boca reseca, la falta de apetito y el insomnio.

El otro medicamento que puede ayudarle a bajar de peso es el orlistat. Este fármaco inhibe la acción de las enzimas que descomponen la grasa en el tracto gastrointestinal, de modo que una mayor cantidad de la grasa que consuma será excretada sin ser absorbida. Si usted tiene un riesgo elevado de desarrollar enfermedades cardiovasculares, el orlistat podría ser su medicamento de elección para la pérdida de peso. Sin embargo, el orlistat puede disminuir la absorción de su medicamento para la tiroides desde el tracto gastrointestinal, y puede causarle algunos efectos secundarios gastrointestinales como diarrea.

Para manejar los antojos, quizá le ayude tomar 5-hidroxitriptofano (5-HTP), que es un aminoácido que se empezó a vender como suplemento nutricional hace algunos años. Asimismo, se ha visto que los fármacos que afectan al 5-HTP en el cuerpo disminuyen el peso corporal al suprimir el apetito; actualmente se están realizando ensayos clínicos para estudiar una nueva generación de agonistas selectivos del 5-hidroxitriptofano 2C.[54] A medida que se vaya expandiendo nuestro conocimiento de los mecanismos intrincados que regulan el apetito y el metabolismo, irán saliendo al mercado medicamentos más nuevos para tratar los problemas de peso.

Los problemas de peso relacionados con los desequilibrios tiroideos no son un mito. Aunque la mayoría de las personas que tienen problemas de peso no tienen una enfermedad tiroidea, algunas personas sí tienen un desequilibrio tiroideo que podría estar desempeñando un papel importante o simplemente contribuyendo a su problema. Para ganar la batalla contra el peso, es necesario que se regule adecuadamente el desequilibrio tiroideo, pero también es necesario que atienda su estado de ánimo decaído y que se adhiera al programa de cuerpo y mente que acabo de detallar.

El peso, el síndrome de ovarios poliquísticos y el desequilibrio tiroideo

Las mujeres que tienen una afección tiroidea autoinmunitaria y que están batallando con su peso podrían tener el síndrome de ovarios poliquísticos (SOP). El SOP es una afección hormonal bastante común, que se presenta con una frecuencia de tres a seis veces mayor en pacientes con tiroiditis de

Hashimoto; asimismo, el hipotiroidismo subclínico es cinco veces más común en pacientes con SOP.[55] El SOP afecta del 5 al 10 por ciento de las mujeres. (Un síndrome equivalente ocurre en los hombres,[56] provocándoles la caída del cabello antes de los 30 años de edad, resistencia a la insulina y mayor propensión a volverse diabéticos a la larga).

Esta afección a menudo inicia alrededor de la pubertad y continúa hasta después de la menopausia. En el SOP, un exceso de hormonas masculinas alteran la ovulación, causando infertilidad y dando como resultado un crecimiento excesivo de cabello y períodos menstruales irregulares o ausentes. Sin embargo, los ciclos menstruales de las mujeres con SOP tienden a regularizarse con la edad. Esto ocurre debido a que el nivel de hormonas masculinas disminuye con la edad.[57] Sin embargo, incluso después de la menopausia, el nivel de testosterona puede permanecer elevado, lo que puede conducir a toda una gama de problemas de salud, entre ellos las enfermedades cardiovasculares y el cáncer endometrial.

Además, las pacientes con SOP presentan resistencia a la insulina. Si usted padece el SOP, entre más sobrepeso tenga, mayor será su resistencia a la insulina. Los estudios de investigación han demostrado que el aumento de peso en el SOP se debe fundamentalmente a una ineficiencia de la leptina para regular la saciedad y acelerar el metabolismo, de modo que estas pacientes comen más pero queman menos calorías. Si también sufre de hipofunción tiroidea, el problema de peso se agrava. La ineficiencia de la insulina hará que se eleven sus niveles de insulina y esto aumentará su riesgo de desarrollar diabetes. Se ha calculado que el 45 por ciento de las mujeres que padecen el SOP tienen una intolerancia a la glucosa y que el 10 por ciento de ellas padecen diabetes del tipo II.[58]

Aún no se conoce claramente la causa del SOP, pero parece estar relacionada con una alteración en la regulación de sustancias químicas en el hipotálamo que afectan la saciedad y el metabolismo y con el funcionamiento de las señales que regulan a los ovarios. Los genes tienen algo que ver con estas alteraciones; de hecho, los estudios de investigación han demostrado que las hermanas de las pacientes que padecen SOP presentan niveles más elevados de hormona masculina, sin que necesariamente también estén padeciendo este síndrome.[59] Otros factores que contribuyen a la incidencia de SOP son los factores ambientales, particularmente la nutrición. Si usted tiene sobrepeso u obesidad, se volverá resistente a la insulina y esto puede producir cambios metabólicos y hormonales que elevarán la probabilidad de que desarrolle el SOP.

Si ya sufre del SOP, no sólo es propensa a tener un desequilibrio tiroideo sino que también está genéticamente predispuesta a sufrir de depresión o del trastorno bipolar. Algunos estudios de investigación recientes han demostrado que el 28 por ciento de las pacientes con SOP también sufren del trastorno bipolar.[60] Como se explicó en el Capítulo 6, si usted padece un trastorno bipolar, es posible que ya esté batallando con su peso como resultado de cuánto y qué come. Los medicamentos que quizás esté tomando para su trastorno del estado de ánimo también pueden fomentar el aumento de peso. Ya se podrá imaginar las consecuencias en cuanto a su peso que podría tener si está enfrentando la triple amenaza de un desequilibrio tiroideo, el SOP y un trastorno bipolar.

Bajar de peso es la medida más importante en el tratamiento del síndrome de ovarios poliquísticos. Cuando baja de peso, sus períodos menstruales se regularizan y pueden desaparecer tanto el vello excedente como los problemas de infertilidad. Pero necesitará adherirse al programa de manejo del peso que recomiendo para mis pacientes tiroideos. La dieta de baja carga glucémica le ayudará tanto a bajar de peso como a tratar todos los síntomas del SOP enumerados anteriormente.[61] Una de las maneras más importantes de lidiar con el síndrome de ovarios poliquísticos es disminuir su consumo de azúcares simples. Este programa también le ayudará a prevenir la diabetes tipo II a la larga.

Asimismo, será necesario que tome un suplemento de cromo en una dosis de 200 microgramos al día para mejorar la resistencia a la insulina y que tome cantidades adecuadas de vitaminas y antioxidantes para acelerar la pérdida de peso y no recuperarlo. Las pastillas anticonceptivas le ayudarán a regular su ciclo menstrual. *Yasmin*, que es una marca de pastilla anticonceptiva con una dosis baja de estrógeno, se ha vuelto bastante popular en el tratamiento del SOP. Esta pastilla ayudará a resolver su problema de acné y también ayudará a disminuir su nivel de hormona masculina.

La metformina (*metformin*), que es un medicamento para la diabetes, mejora la eficiencia de la insulina y hará que desciendan los niveles de leptina, indicando así que esta sustancia se ha vuelto más eficiente. También normalizará las irregularidades menstruales y promoverá la ovulación normal, posiblemente restaurando la fertilidad.[62] Otros fármacos que mejoran la eficiencia de la insulina, como la rosiglitazona y la tioglitazona, también son útiles para regular los ciclos menstruales y la ovulación pero producen un efecto menos benéfico en los niveles de hormona masculina. La metformina, a una dosis de 500 miligramos, tres veces al día, también mejora la secreción de hormona del crecimiento, la cual puede estar alterada en las pacientes con SOP (posiblemente como resultado del peso excedente).

Se ha demostrado que el orlistat también puede ayudar a mejorar algunos rasgos del SOP, dado que disminuye el nivel de testosterona. El supresor del apetito llamado sibutramina mejora la sensibilidad a la insulina y le ayudará a bajar de peso y no recuperarlo. Le hará comer menos y quemar más calorías. Esto disminuirá el excedente de hormona masculina, aminorando así los cambios clínicos y metabólicos relacionados con este síndrome. La sibutramina también puede disminuir el riesgo de sufrir enfermedades cardiovasculares en personas con sobrepeso. Sin embargo, no crea que va a perder peso y tener períodos menstruales regulares simplemente al tomar metformina o sibutramina. Será necesario que se adhiera a una dieta compuesta principalmente por alimentos con valores bajos en el índice glucémico que también sean bajos en grasa y altos en proteínas.

El clomifeno se usa para inducir la ovulación en pacientes con SOP pero a menudo no es suficiente cuando se emplea como tratamiento único; la metformina mejora el efecto del clomifeno. Puede que su doctor también le recete antiandrógenos, como la flutamida, que es un medicamento que bloquea el efecto de las hormonas masculinas y es bastante eficaz para tratar el crecimiento excesivo del vello. También puede mejorar o normalizar la ovulación.

Si usted padece el síndrome de ovarios poliquísticos, podría tener un nivel elevado de prolactina, que es una hormona producida por la glándula pituitaria. Un nivel elevado de prolactina no sólo puede causar una secreción lechosa de los senos sino que también puede alterar la ovulación y causar infertilidad. Si su nivel de prolactina es más alto de lo normal, quizá le ayude tomar bromocriptina o cabergolina, que son medicamentos que se emplean como reductores de prolactina. Esto aumentará su probabilidad de embarazarse.

Puntos importantes a recordar

- Los desequilibrios tiroideos pueden causar aumento o pérdida de peso al cambiar el metabolismo del cuerpo, alterar ciertos factores dietéticos y de estilo de vida, fomentar la depresión y bajar la autoestima.
- La hormona tiroidea interactúa en el cerebro y el cuerpo con algunas de las mismas sustancias bioquímicas que desempeñan papeles clave en los patrones alimenticios, como la beta-endorfina, el ácido gamma-aminobutírico, la noradrenalina, la leptina y la serotonina.
- Algunos de los efectos físicos del hipotiroidismo —como el cansancio, la debilidad muscular, la falta de aliento y la depresión— pueden hacer que una persona no cumpla con su programa de ejercicio y contribuir así a un aumento de peso acelerado y significativo.
- Después de que se ha corregido un desequilibrio tiroideo, es posible que una persona siga batallando con problemas de peso. Es importante que siga una dieta saludable, de baja carga glucémica, baja en grasas saturadas y alta en carbohidratos complejos. También es importante que haga ejercicio y que consiga el apoyo de su médico y familiares para poder mantenerse en un peso adecuado.
- Es importante asegurarse de tomar las cantidades correctas de vitaminas y antioxidantes que le ayuden con su peso.

8

HORMONAS DEL DESEO

La tiroides y su vida sexual

Cuando inicié mi carrera en el campo de la tiroides, nunca me pasó por la mente que tendría que también ejercer la terapia conyugal. Casi siempre, cuando mis pacientes tienen problemas maritales o sexuales como resultado de un desequilibrio tiroideo, yo los derivo a un terapeuta de parejas o un terapeuta sexual. Sin embargo, la terapia sexual o de pareja puede no ser exitosa a menos que yo tome la iniciativa de aconsejar al paciente y explicarle los efectos que tiene un desequilibrio tiroideo en el funcionamiento sexual.

Tanto los pacientes hipotiroideos como los hipertiroideos sufren cambios en su sexualidad. Algunos de los ejemplos que se tratan en este capítulo pueden explicar ciertos aspectos importantes de la manera en que la tiroides afecta el deseo y la actividad sexuales.

Beatrice y Leonard habían estado casados durante casi quince años y tenían una hija. Como director general de una gran empresa, Leonard era un hombre bastante exitoso y la familia era adinerada. Durante la mayor parte de su matrimonio, tuvieron una relación feliz y estable. Todo esto cambió repentinamente.

El ginecólogo de Beatrice me la derivó porque había notado que tenía bocio y temblor en las manos. Durante la primera consulta de Beatrice, establecí que tenía una tiroides hiperfuncionante a causa de la enfermedad de Graves y le empecé a administrar el tratamiento indicado. Unos días después, recibí una llamada de Leonard porque quería hablar de algunos asuntos conmigo. Me relató que su esposa recientemente le había sido infiel y debido a esto, estaba planeando divorciarse de ella. Él quería saber si sería posible que hubiera una conexión entre su afección tiroidea, sus hormonas y los cambios de personalidad y en el deseo sexual que su esposa había presentado durante el último año.

A solicitud de su esposo, Beatrice volvió a consultarme para explicarme la situación desde su propio punto de vista. Ella me dijo:

"Nos casamos cuando yo tenía 25 años de edad. Yo amaba a Leonard y él me parecía muy atractivo, pero desde el principio, yo realmente no tenía mucho interés por el sexo. Incluso antes de casarme, nunca entendí realmente por qué toda la gente parecía darle tanta importancia. De hecho, el problema más grande que tuve con mi esposo fue porque durante años no me interesó el sexo. Estoy segura que después de que nació nuestra hija, lo poco de mí que había estado allí para él ya se había esfumado por completo. Todo el tiempo sentía una gran culpa por no ser una buena esposa en lo que se refiere a nuestra vida sexual".

Beatrice recordó que, el verano anterior, empezó a bajar de peso, se sentía acalorada, sudaba mucho y a veces temblaba. Luego, gradualmente empezó a tener cada vez más interés por tener relaciones sexuales con su esposo. Ella dijo:

"Definitivamente una vez en la mañana, definitivamente en la noche antes de irnos a acostar y casi siempre a media noche también. Al menos tres veces al día y, si se presentaba la oportunidad, hasta cuatro veces al día. Esto era además de lo que yo hacía cuando estaba sola. El sexo ocupaba mi mente las 24 horas al día".

"Empecé a meterme a los *chats* en internet. Al principio no estaba pensando en tener una relación con alguien o en llevar a la práctica mis fantasías sexuales, pero más adelante, no hacía más que pensar en la posibilidad de tener relaciones sexuales. Llegó a tal grado que lo único que deseaba era que mi esposo se saliera de la casa para que yo pudiera conectarme a la computadora. Me irritaba que no se fuera a la hora que debía irse".

"Estaba sexualmente estimulada la mayor parte del tiempo. Esto ocurría cuando estaba en línea prácticamente a lo largo del día. Definitivamente ocurría cuando estaba con mi esposo. Me masturbaba cuando chateaba con personas. A su vez, ellos se masturbaban cuando yo chateaba con ellos. Toda esta situación enfermiza duró unos cuantos meses".

"Durante la misma época en que todo esto estaba pasando, mi esposo y yo salíamos a fiestas, a beber y a bailar todo el tiempo. Simplemente tenía energía constantemente. Empecé a estar más consciente de mí misma, de todos los que me rodeaban y quería salir y hacer cosas. Le estaba prestando menos atención a mi hija".

Las obsesiones sexuales constantes y el comportamiento maníaco de Beatrice la llevó a tener una relación extramarital que casi destruyó su familia. Uno de los hombres con quien había estado chateando decidió conocerla en persona. Ella describió aquel encuentro a continuación:

"Había estado chateando con él durante varios meses a través de la computadora y también por teléfono. Le dije a Leonard que iba a pasar la noche con mi prima. La relación duró una noche, pero Leonard se enteró casi de inmediato. ¿Por qué otras personas pueden tener un amante durante toda su vida sin que nadie se entere y a mí, quien fui buena durante quince años, me cacharon después de una sola noche de infidelidad? Leonard probablemente ya sospechaba algo por cómo me había estado comportando durante algún tiempo. Él me confrontó y no pude mentirle. Le dije que sí y todo fue en picada desde ahí".

Leonard se deprimió mucho y se volvió un hombre inseguro. Nuestra relación se convirtió en una montaña rusa. Estábamos bien uno o dos días y luego él me hacía un comentario hiriente y empezábamos a discutir. Empezamos a consultar a un terapeuta, pero eso no pareció ayudar en nada".

Después de mi consulta con Beatrice, Leonard me llamó por teléfono. Él confirmó que la infidelidad de su esposa le había afectado tremendamente y que estaba teniendo dificultades para manejar la situación. Le expliqué a Leonard que lo que habían vivido él y su esposa podría ser el resultado del efecto del hipertiroidismo en el funcionamiento del cerebro. La transformación total de la personalidad de Beatrice —que pasó de ser una madre y esposa relativamente asexuada, estable, apoyadora y cariñosa, a una persona egocéntrica obsesionada con pensamientos sexuales— se debía a cambios químicos en el cerebro que la estaban convirtiendo en una persona diferente.

Aunque sí encontró cierto consuelo en mis explicaciones, Leonard siguió sintiéndose algo escéptico. Sus dudas persistieron a pesar de que Beatrice volvió a ser la de antes dos o tres meses después, cuando el medicamento ayudó a corregir su hipertiroidismo. Dejó de tener fantasías sexuales y de chatear con extraños en la computadora. Beatrice misma no podía creer que ella realmente hubiera estado haciendo esas cosas. En una conversación posterior con Leonard, logré que dejara de pensar que el hipertiroidismo había desenmascarado la "verdadera" personalidad de Beatrice. El hipertiroidismo no desenmascaró deseos ocultos ni una personalidad escondida. Más bien provocó y cambió sus sentimientos, impulsos y percepciones. La disfunción tiroidea alteró los aspectos más íntimos de la vida de Beatrice, al igual que lo ha hecho con muchas otras personas.

Las enfermedades tiroideas pueden precipitar o contribuir a problemas sexuales importantes, que a menudo son una fuente de frustración en las parejas y pueden conducir al deterioro de su relación. Tales problemas agravan el caos emocional que uno o ambos sienten cuando uno de ellos sufre de una afección tiroidea.

La mayoría de los pacientes que padecen una enfermedad tiroidea no hablan de sus actos más íntimos con sus médicos y rara vez mencionan alteraciones sexuales, salvo los que a veces hacen referencia vaga a "ciertos cambios en su vida sexual". Los problemas sexuales permanecen ocultos y sin explicación, aunque pueden ser los responsables del distanciamiento de una pareja y de problemas maritales serios. Los doctores casi nunca hacen preguntas acerca de las dificultades sexuales que podrían estar presentando los pacientes tiroideos ni les ofrecen explicaciones o consejos. Las personas que tienen dificultades sexuales a menudo las ocultan y no las atribuyen a su enfermedad tiroidea. En casos extremos, cuando la disfunción sexual empieza a afectar la relación y se vuelve una fuente de conflicto en la pareja, la pareja puede llegar a buscar ayuda psicológica. Algunas personas incluso pueden llegar a buscar la ayuda de un terapeuta sexual. No obstante, para la mayoría de los pacientes tiroideos que presentan alguna disfunción sexual, ni la psicoterapia ni la terapia sexual les serán de utilidad a menos que se corrija el desequilibrio tiroideo y que tanto el terapeuta como su pareja tengan una comprensión clara del trastorno tiroideo y sus efectos.

La manera en que el funcionamiento de la tiroides gobierna la sexualidad

En el acto sexual, hay cuatro pasos o etapas que normalmente conducen a la satisfacción sexual u orgasmo, cada uno de los cuales se ve afectado por el funcionamiento de la tiroides. Un pensamiento sexual, una caricia o una señal que nuestro cerebro interpreta como erótico hace que ciertas partes del cerebro emitan transmisores químicos. Estos transmisores generan una oleada de interés y fantasías sexuales, haciéndonos estar dispuestos a entrar a la intimidad. La química del cerebro estimula al sistema nervioso autónomo, que nos hará presentar toda una gama de respuestas físicas: la piel se vuelve más sensible, la respiración y la frecuencia cardíaca se aceleran, la sangre fluye hacia los órganos genitales y así sucesivamente. Esta fase de excitación (o preparación) varía en duración de una persona a otra. A medida que continúa la estimulación, las respuestas físicas generadas por el sistema nervioso autónomo se van intensificando, causando la lubricación y congestión de los órganos genitales externos de las mujeres. La abertura vaginal se estrecha, los labios se hinchan y el clítoris se retrae y se acerca al hueso del pubis. En los hombres, las respuestas del sistema nervioso autónomo causan una erección cuando el pene se congestiona de sangre.

La química cerebral que interviene en la excitación sexual se ve afectada por el nivel de hormonas tiroideas. Estas promueven una respuesta cuerpomente placentera que culmina en el orgasmo. Al momento del clímax, el cerebro libera una mayor cantidad de la hormona oxitocina hacia el torrente sanguíneo, lo que causa la contracción rítmica e involuntaria de los músculos de los genitales, el ano y el útero. Estas contracciones orgásmicas dependen de un nivel normal de hormona tiroidea. Después de que llegamos al orgasmo, pasamos por un período de relajación. En las mujeres, la resolución de la lubricación y la congestión de los genitales puede tardar varias horas, mientras que en los hombres, la resolución de la congestión del pene y el regreso a la flacidez ocurren casi de inmediato después de la eyaculación.

Las mujeres tienden a sufrir de disfunción sexual con mayor frecuencia que los hombres. Los estudios de investigación han demostrado que el 40–45 por ciento de las mujeres y el 20–30 por ciento de los hombres sufren de disfunción sexual.[1] Una libido baja (falta de deseo y pérdida de fantasías sexuales), que se conoce como el síndrome del deseo sexual hipoactivo, es la forma más común de disfunción sexual en mujeres. Según un estudio de investigación realizado en Suiza, una de cada dos mujeres que padecen alguna disfunción sexual tiene una falta o pérdida de deseo sexual y una de cada diez tiene problemas para llegar al orgasmo.[2] La disfunción sexual causa una aflicción personal importante y fomenta problemas interpersonales considerables. Cualquier tipo de disfunción sexual en las mujeres tiene diversas raíces y se debe a razones tanto fisiológicas como psicológicas.[3] Una persona presenta una mayor probabilidad de padecer el síndrome del deseo sexual hipoactivo si no está satisfecha con su trabajo, si tiene problemas en su relación de pareja, si sufre de alguna afección médica o si siente que su pareja tiene una libido baja y no llega al clímax. También puede padecer el síndrome del deseo sexual hipoactivo debido a niveles hormonales anormales o como efecto secundario de ciertos medicamentos.[4]

Los problemas sexuales de las mujeres a menudo surgen de las diferencias que existen entre los hombres y las mujeres en cuanto a cómo piensan y sienten.[5] En términos generales, los hombres se centran en el acto sexual, mientras que las mujeres pueden quedar satisfechas con tan sólo el afecto y el vínculo emocional que se asocia con las relaciones sexuales. Típicamente, cuando una mujer pierde el interés y el deseo por el sexo, la pareja a menudo deja de tener relaciones sexuales. Una mujer también deja de querer tener relaciones sexuales si el coito le produce dolor. En el caso de las mujeres, el deseo de tener relaciones sexuales está más vinculado con el afecto que siente por su pareja y con la satisfacción física —e igualmente importante— la satisfacción mental y emocional que anticipa lograr a través del sexo. En esencia, los hombres y las mujeres consideran el sexo de forma distinta.

Debido a esta alta vulnerabilidad a la disfunción sexual, la sexualidad de las mujeres se puede ver fácilmente afectada a todos niveles cuando padecen algún desequilibrio tiroideo. En pacientes con esta afección, la depresión hace que la disfunción sexual sea aún peor. Esto a menudo explica por qué las mujeres que tienen un desequilibrio tiroideo pueden seguir teniendo dificultades en su vida sexual incluso después de que se haya corregido el desequilibrio mediante el tratamiento adecuado. Otra razón por la cual una mujer podría seguir teniendo una libido baja es la hiperprolactinemia, que es un exceso de prolactina, una hormona pituitaria que regula la lactancia. Las causas de una elevación en el nivel de prolactina pueden ser una tiroides hipofuncionante, ciertos medicamentos o una disfunción pituitaria. Algunos estudios de investigación recientes han demostrado que el 88 por ciento de las pacientes con hiperprolactinemia tienen una disfunción sexual. Un nivel elevado de prolactina en las mujeres altera todas las fases del funcionamiento sexual femenino, incluidos la libido y el orgasmo.[6] Las mujeres con niveles elevados de prolactina también tienen problemas con la excitación, la lubricación y la satisfacción durante las relaciones sexuales. Entre más elevado sea el nivel de prolactina, más severa será la disfunción.

La hormona tiroidea no sólo tiene un efecto directo sobre las interacciones de la química cerebral que conducen a las respuestas del sistema nervioso autónomo de excitación y satisfacción sexuales; también tiene un efecto sobre el nivel de hormonas sexuales. En las mujeres, el hipotiroidismo disminuye los niveles de estrógeno y progesterona y puede contribuir a la cesación de la ovulación.[7] La falta de estrógeno tiene efectos periféricos importantes, no sólo en el cerebro sino también en la lubricación de los órganos genitales.[8] Un nivel bajo de hormona tiroidea también hace que los ovarios produzcan menos testosterona. En una mujer hipertiroidea, los niveles de testosterona son más altos y los niveles de estrógeno pueden permanecer normales o disminuir.[9] El exceso de hormona tiroidea puede mejorar la libido en algunas mujeres debido a un aumento en el nivel de andrógenos combinado con los efectos directos en la química cerebral. De hecho, este mismo aumento en el nivel de andrógenos puede causar acné, crecimiento del vello facial y caída de cabello debido a que se acorta la vida del folículo piloso.[10] En los hombres, el hipotiroidismo a menudo provoca una disminución en el nivel de testosterona.[11] También en los hombres, el nivel de testosterona puede disminuir por el tratamiento con yodo radioactivo. Un nivel bajo de testosterona en los hombres provoca que los niveles de algunas formas de hormonas femeninas se vuelvan más altos de lo normal.[12]

Las múltiples alteraciones sexuales que los pacientes tiroideos frecuentemente experimentan se deben a los diversos efectos que tiene la hormona tiroidea en el cerebro, en el sistema nervioso autónomo y en los niveles de las hormonas sexuales. Dado que los desequilibrios tiroideos son mucho más comunes en las mujeres que en los hombres —y que sus efectos en el funcionamiento sexual frecuentemente son más complejos— en este capítulo me centraré principalmente en los problemas sexuales de las mujeres.

El hipotiroidismo y la baja energía sexual

Cuando una mujer se vuelve hipotiroidea, la disminución en el nivel de estrógeno y el efecto de un bajo nivel de hormona tiroidea en el cerebro a menudo conducen a una falta de interés en el sexo. El deseo disminuye gradualmente, pudiendo llegar incluso a desaparecer por completo. Las fantasías saludables que existían antes de la presencia del hipotiroidismo ocurren cada vez con menor frecuencia. La mayoría de las mujeres que padecen hipotiroidismo tienen una tendencia a masturbarse menos que antes, de nuevo reflejando la vaporización del impulso sexual. Una mujer puede no querer estar en la intimidad con su pareja o con ninguna otra persona.

Las frustraciones relacionadas con una disfunción sexual que pueden experimentar las mujeres hipotiroideas surgen de una incapacidad para lidiar con los cambios. El efecto que esto tiene en su autoestima y el hecho de que quizá no entiendan la razón de estos cambios tienden a exacerbar sus frustraciones. Una frustración más, que bien puede preocuparlas más que la disfunción en sí, es la necesidad de lidiar con una pareja insatisfecha. Mientras que un hombre puede sentirse rechazado y no deseado, otro puede ser comprensivo (o al menos dar esa impresión). La mujer le asegura a su pareja que su problema "no tiene nada que ver con él" y que ella está tratando de "solucionarlo". Si una mujer hipotiroidea le describe esta situación a su ginecólogo, es probable que le dé estrógeno para corregir la disfunción sexual, pero con frecuencia esto no resuelve nada. Una amiga podría aconsejarle que para no tener conflictos con su pareja, simplemente debería tener relaciones sexuales con él cada vez que él lo desee, sin importar que ella tenga ganas o no. Sin embargo, lo que ocurre con mayor frecuencia es que si una mujer no está excitada, simplemente no quiere saber nada del sexo.

Un buen ejemplo de este problema es Olivia, quien padeció hipotiroidismo durante al menos un par de años. Ella me relató, "Cuando era hipotiroidea, no quería que nadie se me acercara". Otra mujer hipotiroidea dijo, "Necesitas dormir más, se te está cayendo el cabello y no tienes impulso sexual, lo cual es anormal para una mujer joven casada. Mirar algo erótico en la televisión no te produce efecto alguno. Entonces sabes que algo anda mal. No quieres que te toquen ni que te molesten. Quizá te digas a ti misma, 'Yo sé que es mi problema. No quiero decirle que no. Eso no es lo que él se merece'".

Otro factor que contribuye a los problemas sexuales es que una mujer hipotiroidea frecuentemente se siente agotada. Tan pronto como llega a casa del trabajo, lo único que quiere hacer es descansar y dormir. "Me siento malísimo —comentó Anne, a quién recientemente le habían diagnosticado hipotiroidismo—. Estoy cansada. No me siento bien. Siento el cuerpo adolorido. Tener relaciones es lo último que quiero en el mundo. Quiero que alguien me dé un masaje y me deje dormir".

El aumento de peso puede bajar la autoestima y provocar una percepción distorsionada de la imagen corporal, contribuyendo también a una disminución marcada en la actividad sexual. Melanie había estado casada durante tan sólo dos años cuando, como resultado del hipotiroidismo, llegó al grado de tener que empezar a inventar excusas para no tener relaciones sexuales con su esposo. Al igual que muchos pacientes hipotiroideos, ella estaba muy afectada por su apariencia física. Ella dijo, "Es difícil sentirte sexy cuando luces como un sapo, has aumentado mucho de peso y estás toda abotagada. El aspecto físico de esto es muy dañino para la psique. Te impide disfrutar e incluso hace que evites colocarte en esa situación".

Cuando una mujer hipotiroidea tiene relaciones sexuales sólo para complacer a su pareja, sí puede llegar a haber cierta excitación, pero es posible que tenga dificultades para llegar a un estado normal de excitación sexual. Una mujer que, durante el juego erótico, normalmente llega a un cierto nivel de excitación en 10 a 20 minutos, puede no llegar a ese nivel incluso después de una hora de juego erótico cuando es hipotiroidea. Muchas mujeres que padecen hipotiroidismo seguirán haciendo un esfuerzo, pero debido a que están extenuadas y no han llegado a un nivel adecuado de excitación después de un período tan largo de juego erótico, a menudo se darán por vencidas e interrumpirán el acto sexual.

Nicole, quien estaba presentando síntomas de hipotiroidismo cuando vino por vez primera a mi consultorio, me describió este problema de la manera siguiente:

"Nunca he sido una persona con una gran actividad sexual: tener relaciones sexuales una o dos veces por semana me parecía perfecto. Durante los primeros años de mi matrimonio, teníamos relaciones con mayor frecuencia. Luego tuvimos hijos y nos fuimos calmando un poco, entonces probablemente teníamos relaciones una vez a la semana. Pero en el último año, yo no he tenido interés alguno. Realmente no lo extraño ni lo necesito. Probablemente teníamos relaciones sexuales quizá una vez cada dos meses. Ahora tardo más en estimularme. A veces incluso pienso, '¿Realmente tienes ganas de hacer todo esto?' Tardo más y me cuesta más trabajo".

Como las hormonas tiroideas son cruciales para la respuesta que necesitan tener las mujeres para lograr que se congestione el clítoris y se lubrique la vagina, es posible que no logren este estado a través de un acto sexual normal. La resequedad vaginal en particular puede hacer que tengan dolor durante el coito. Entonces, aparte de la falta de deseo, el dolor se vuelve otra razón para evitar el sexo. El temor a sentir dolor también puede convertirse en una fuente de ansiedad, impidiendo que la mujer se relaje lo suficiente como para disfrutar el sexo. El dolor y la falta de placer durante el coito se vuelven una carga significativa en la mente de una mujer hipotiroidea y ella a menudo preferirá evitar el contacto sexual. Las mujeres que siguen siendo sexualmente activas por insistencia de su pareja a menudo no logran llegar al orgasmo, y si lo logran, durará muy poco. Es poco probable que tengan orgasmos múltiples, aunque esto haya sido una ocurrencia común antes del hipotiroidismo.

Según una mujer joven que estaba recibiendo tratamiento para corregir su hipofunción tiroidea:

"El sexo ya no me es placentero. La resequedad vaginal y el dolor severo que me produce el coito hacen que se convierta en una experiencia horrible. Cuando mi tiroides ha estado bajo control, me he sentido más sexy. Hasta he llegado a desear tener relaciones sexuales. El dolor durante el coito desaparece. Pero cuando mi tiroides no está controlada, cuando mis niveles son bajos, el sexo es lo último en lo que pienso. Entonces, se convierte en un esfuerzo y me causa muchas molestias".

Muchas parejas tienen problemas similares. El coito doloroso puede ser una barrera frustrante para una vida sexual gratificante. Las encuestas han demostrado que del 15 al 30 por ciento de todas las mujeres experimentan alguna molestia o dolor físico cuando tienen relaciones sexuales.[13] Entre las causas podemos encontrar los tampones superabsorbentes, las reacciones alérgicas a las espumas o cremas anticonceptivas y las infecciones vaginales. Cuando un ginecólogo no puede encontrar una anormalidad vaginal o abdominal evidente, frecuentemente le sugerirá a la paciente que reciba psicoterapia. No obstante, el problema puede tener varias causas posibles, entre ellas un desequilibrio tiroideo que esté conduciendo a problemas en la excitación sexual y la lubricación vaginal.

Las molestias o el dolor durante el coito también pueden deberse a una afección llamada líquen escleroatrófico, que es una inflamación de la piel de los genitales que puede causar mucha comezón. Un doctor reportó que casi el 50 por ciento de las mujeres que padecen esta afección tienen también un trastorno tiroideo.[14] El líquen escleroatrófico se trata con un ungüento de hidrocortisona o un ungüento con un 2 por ciento de testosterona, dos veces al día durante dos a tres meses.

El líquen escleroatrófico se presenta como parches de lesiones blancas en la piel de los labios vaginales. Estas lesiones a veces se extienden hacia el área que está entre las piernas y hacia el ano. Si usted sigue teniendo molestias o dolor durante el coito después de que se haya corregido su desequilibrio tiroideo con tratamiento, pídale a su ginecólogo que la revise para verificar si tiene líquen escleroatrófico. Otra causa de resequedad vaginal que a menudo se pasa por alto es el síndrome de Sjögren, que es una afección autoinmunitaria que ocurre en un alto porcentaje de pacientes tiroideas que causa resequedad de los ojos, de la boca y de la vagina (vea el Capítulo 14).

Cuando la depresión agrava el problema

Cuando las mujeres tienen hipotiroidismo y están deprimidas, pierden todo interés en el sexo e incluso pueden llegar a desarrollar una aversión por el mismo. Aunque estas mujeres sí pueden presentar una mejoría en muchos de sus síntomas a través del tratamiento con hormona tiroidea, puede llegar a persistir la falta de deseo sexual. Una paciente que siguió teniendo depresión residual después de que se corrigió su hipotiroidismo me dijo, "Desde que aumenté la dosis, no creo que me haya sentido más excitada. Sí tengo más energía y me siento menos cansada. Duermo menos. Se han aliviado los síntomas del síndrome premenstrual. Me siento menos impaciente. Pero en lo que se refiere a desear tener relaciones sexuales, nada ha cambiado. Sigue sin interesarme el sexo". Cuando la falta de deseo sexual persiste, puede deberse a la depresión o al distanciamiento que ha ocurrido en la pareja a lo largo del tiempo.

Dana, una mujer de 28 años de edad que ha padecido los efectos persistentes de su desequilibrio tiroideo, me comentó, "Antes de todo esto, recuerdo haber tenido deseo sexual y éramos sexualmente muy activos. Ahora, el deseo prácticamente se ha esfumado, incluso cuando estoy tomando el medicamento para la tiroides. Sí tengo deseo, pero con muy poca frecuencia y no con la intensidad que solía tenerlo. Me agrada estar con mi esposo y conversar con él. En general, sólo quiero estar cerca de él pero sin tener relaciones sexuales".

Esta lucha por mantener una relación amorosa y afectuosa es común en las pacientes que padecen hipotiroidismo. El esposo puede no entender que aunque su esposa ya no tenga deseos de tener relaciones sexuales, ella lo sigue amando. Si el esposo es un hombre que apoya a su pareja, la mujer podría intentar complacerlo, pero a menudo sin éxito. Las relaciones se pueden ver seriamente afectadas por la disfunción sexual que resulta de una depresión persistente relacionada con un desequilibrio tiroideo.

La libido desmesurada y otros problemas sexuales de las mujeres hipertiroideas

Los efectos del hipertiroidismo en la vida sexual son más complejos y diversos. Muchas mujeres hipertiroideas responden de la misma manera que las hipotiroideas: van perdiendo gradualmente el interés en el sexo, tanto porque están agobiadas con pensamientos caóticos como por la indiferencia al placer que es característica de la depresión. Algunas mujeres hipertiroideas pueden presentar una depresión mayor y el agotamiento y cansancio físicos que la acompañan pueden hacer que pierdan el interés por tener relaciones sexuales.

Yo atendí a Robin por primera vez cuando me la derivaron por hipertiroidismo. Ella había estado casada durante tres años y recientemente se había separado de su esposo, quien le había pedido el divorcio. Ella me relató:

"Yo había notado que estaba perdiendo mi impulso sexual. Eso fue lo primero que me pasó. Habíamos estado casados seis meses y había sido maravilloso. Teníamos una vida sexual fabulosa. Luego, repentinamente dejé de tener interés. Me tardaba una eternidad en excitarme. Sí podía llegar a excitarme cuando me permitía relajarme por completo. ¡Mi esposo pensó que ya no lo amaba! Le traté de explicar que ese no era el problema. Le dije que no estaba interesada en nadie más. Simplemente había perdido el deseo. Él no podía entender por qué y yo no se lo pude explicar".

Su esposo contrató a un investigador privado para que siguiera a Robin durante un mes. Cuando el investigador no encontró nada, el esposo de Robin se dio por vencido. Luego conoció a una mujer que le pudo dar lo que él quería. Durante meses, Robin siguió sintiéndose culpable por no haber podido controlar lo que le estaba ocurriendo sexualmente. Más adelante, cuando se corrigió su hiperfunción tiroidea, tuvo que pasar muchos meses en psicoterapia antes de que pudiera recobrar una vida sexual normal.

Julia, otra mujer joven que se volvió hipertiroidea durante su primer año de matrimonio, dijo:

"Creo que mi falta de interés en el sexo tenía que ver con mi agotamiento. Mi interés sexual empezó a esfumarse cuando comencé a tener muchos otros síntomas de hipertiroidismo. Me hubiera gustado tener alguien con quién hablar, especialmente alguna otra persona que hubiera pasado por lo mismo. Cuando me diagnosticaron, mi doctor fue muy abierto conmigo y me dijo todo lo que posiblemente podría verse afectado, pero no me habló de los efectos sexuales".

La mayor ansiedad y los cambios repentinos de humor de una mujer hipertiroidea a menudo crean un distanciamiento en la pareja y esto puede hacer que ella evite estar en la intimidad. Sus cambios de humor y sus problemas de autoestima hacen que le sea difícil comunicarse y centrarse. Tal vez piense en el sexo y tenga interés en las relaciones sexuales y quizás tenga estallidos de fantasías y deseos sexuales, pero estos sentimientos pueden disiparse con rapidez en una oleada de ansiedad.

Sin embargo, muchas mujeres hipertiroideas no pierden su impulso sexual. El tiempo que tardan en excitarse no se ve afectado o incluso puede llegar a hacerse más corto. Tardan menos en lograr un estado de lubricación vaginal y congestión del clítoris, pero durante el coito, pueden llegar a sentir un dolor tremendo, de manera similar a lo que les ocurre a las mujeres que padecen hipotiroidismo. A veces, el dolor es causado por una contractura involuntaria de la parte externa de la vagina (vaginismo). El miedo a sentir dolor durante el coito puede generar una ansiedad considerable en las mujeres hipertiroideas, quienes pueden llegar a evitar el coito por completo.

Algunas mujeres con hiperfunción tiroidea presentan una lubricación excesiva, incluso antes de que empiecen a mostrar síntomas de hipomanía y una líbido desmesurada. Esto le ocurrió a Alexandra, que no podía entender por qué tenía una lubricación excesiva, incluso durante el día, y que inicialmente pensó que tenía una infección vaginal. Ella dijo:

"Le llamé a mi ginecólogo y le dije que tenía una cantidad excesiva de flujo, incluso durante el día, y que no podía entender por qué. Él me hizo la prueba de Papanicolau y me dijo que todo estaba bien. Yo tenía miedo de que fuera una infección, pero me dijo que no porque el flujo era transparente. En aquél entonces, me lubricaba muy rápido. Sin embargo, me tardaba más en llegar al orgasmo. Para mí no había problema, pero era muy estresante para mi esposo".

El exceso de hormona tiroidea puede tener un efecto directo en las sustancias químicas del cerebro que regulan el interés sexual. Como ilustré al inicio del capítulo, el hipertiroidismo puede causar un estado hipomaníaco y una mayor sexualidad en las mujeres. Karen, una ama de casa de 38 años de edad que repentinamente experimentó un aumento considerable en su interés y fantasías sexuales después de varios años de matrimonio, me comentó:

"Me empezó a importar mucho mi apariencia. En aquel entonces, yo tenía sobrepeso. Empecé a tener fantasías sexuales. Empecé a leer libros más eróticos. Esto pareció ocurrir repentinamente. Pasaba horas leyendo libros eróticos y fantaseando. Mis fantasías no incluían a mi esposo y ni siquiera a ninguno de los hombres que conocía, sino que eran personas de fantasía, extraños".
"En aquel entonces, yo me quedaba en casa y no trabajaba. Me masturbaba varias veces al día. Empecé a tener sueños en los que tenía relaciones con los hombres que veía en los programas de televisión. También estaba presentando otros síntomas de hipertiroidismo. Me latía muy aprisa el corazón, me sentía acalorada y a veces temblaba. Empecé a hablar más aprisa y definitivamente a hablar a un mayor volumen".

Este estado hipomaníaco inducido por un exceso de hormona tiroidea es similar a lo que puede observarse en personas con un trastorno maníaco-depresivo durante la fase eufórica, cuando una mujer típicamente puede empezar a buscar tener más relaciones sexuales y obsesionarse con pensamientos sexuales. Un aumento en la sexualidad rara vez ocurre en ausencia de otras manifestaciones de euforia. Las mujeres adquieren un mayor interés por su cuerpo y su apariencia. Pueden empezar a gastar cantidades inusuales de dinero en ropa nueva y extravagante, o bien, planear o someterse a procedimientos de cirugía estética.

Problemas sexuales en los hombres

Como mencioné al inicio de este capítulo, los desequilibrios tiroideos son mucho más comunes en las mujeres que en los hombres y su efecto en el funcionamiento sexual de las mujeres a menudo es mucho más complejo. No obstante, los hombres que padecen un desequilibrio tiroideo también pueden experimentar cambios drásticos en su actividad sexual. Los hombres hipotiroideos a menudo presentan una falta de deseo y la desaparición de fantasías sexuales. Incluso aunque estén excitados o sean estimulados, pueden no llegar a tener una erección. Si su hipotiroidismo es severo, la erección puede ser transitoria, causando la interrupción del acto sexual. Al igual que en las mujeres, el cansancio y la depresión pueden hacer que los hombres pierdan el interés por el sexo y sean incapaces de satisfacer las necesidades sexuales de su pareja.

Un hombre hipertiroideo ya no tiene paciencia para el juego erótico que sirve para excitar a su pareja. Puede llegar a obsesionarse con el acto físico y no permitir que su pareja llegue a un nivel adecuado de excitación antes del coito. La esposa de un hombre hipertiroideo se quejaba de lo siguiente:

"Era uno, dos, tres y ya. Antes, pasábamos un largo rato disfrutando de juegos eróticos y después, nos quedábamos en la cama y conversábamos durante horas. Luego, durante varios meses cuando John era hipertiroideo, quería tener relaciones sexuales casi todos los días. Quizá después de uno o dos minutos de besarnos, ya quería pasar directamente al coito. Yo no estaba lista. Era frustrante pero no me podía rehusar. Yo me enojaba con mucha rapidez".

Los hombres hipertiroideos también pueden llegar a perder el aspecto emocional del acto de hacer el amor. El sexo se convierte simplemente en una actividad física. Tanto Richard como su esposa notaron un cambio en su sexualidad. Richard comentó:

"Al principio, el sexo era algo muy importante y no era sólo sexo, sino que era hacer el amor, ¡y sí hay una diferencia! Más adelante, el sexo se volvió sólo sexo. Hubo una época en que simplemente dejamos de tener relaciones. Antes, teníamos relaciones dos o tres veces a la semana, y disminuyó a quizás una vez cada tres semanas. Más tarde, el deseo simplemente se esfumó. Lo sorprendente de la enfermedad de Graves es que hace que te sientas emocionalmente entumido con respecto a todo lo que te rodea. Tienes tanta energía que sientes que necesitas estar haciendo algo físico todo el tiempo".

Otros hombres se sienten interesados por el sexo en la mañana, pero en la noche están físicamente exhaustos y no tienen ni el deseo ni la fuerza física para tener relaciones sexuales. En las palabras de un hombre, "En la mañana, yo era Superman. ¡Pero para cuando era hora de irme a la cama, estaba exhausto!"

Los hombres hipertiroideos también pierden sus orgasmos normales. Un hombre hipertiroideo dijo:

"Antes, las relaciones sexuales duraban mucho más e incluso podía tener más de una relación. Ahora sólo puedo con una y a veces ni eso. Cuando padeces la enfermedad de Graves, estás al 100 por ciento de lo que deberías estar y de repente, estás en menos 20 por ciento. Te sientes agotado. Más o menos entre las 8:00 y las 10:00 p.m., caes rendido. Es como si hubieras gastado toda la energía que tenías para luego quedarte con nada".

Hacia una mejor vida sexual

Teóricamente, una vez que se ha corregido el desequilibrio tiroideo de una mujer, su falta de interés por el sexo y su deseo de evitarlo deben mejorar y también debe recobrar su impulso y sus fantasías sexuales usuales. Por desgracia, este no siempre es el caso. Las pacientes pueden llegar a creer que los cambios que han sufrido en su vida sexual se deben a otras razones que no tienen que ver con su tiroides. Algunas los atribuyen a la edad y otras se quedan sin entender por qué han perdido el interés por el sexo. Como mencioné en el Capítulo 2, un desequilibrio tiroideo puede generar un estrés importante. Algunas mujeres pueden seguir sufriendo de depresión o del síndrome de estrés postraumático después de que se ha corregido el desequilibrio. La depresión y el síndrome de estrés postraumático en sí podrían causar una falta de interés sexual. Una vez que la pareja se ha distanciado, pueden tener dificultades para reanudar su vida como si nada hubiera pasado. La continua falta de interés también se puede convertir en una barrera para la intimidad.

Una de las maneras más simples de mejorar su relación sexual con su pareja y volver a encender la chispa después de haber tenido problemas sexuales relacionados con una disfunción tiroidea es pasando más tiempo teniendo conversaciones casuales con él o ella. Esto aumentará el afecto que sienten el uno por el otro. También iniciará más contacto físico sin estar pensando realmente en el sexo. Usted y su pareja deben empezar a aprender a disfrutar de hacer el amor más lento, por ejemplo, sosteniendo una conversación en la cama.

Necesitan practicar en sesiones de estimulación y caricias, al principio sin llegar al coito. Algunas de estas técnicas se describen en libros como *The Gift of Sex: A Guide to Sexual Fulfillment*.[15] Pídale a su pareja que vuelva a descubrir sus zonas erógenas. Necesita entrenar a su cerebro a que responda a la estimulación que lleva a la excitación.

Si los problemas sexuales y los síntomas de depresión persisten después de que se ha corregido su hipotiroidismo, considere cambiar su tratamiento con tiroxina por uno que emplee una combinación de T4 y T3 (vea el Capítulo 17). Esto ha ayudado a muchas mujeres con depresión y falta de interés sexual persistentes. Si también está tomando un antidepresivo, pregúntele a su doctor si el medicamento podría ser la causa de sus dificultades sexuales.

La disfunción sexual causada por los antidepresivos a menudo altera la autoestima, el estado de ánimo y su relación con su pareja sexual. La disfunción sexual ocurre en un 30–50 por ciento o más de las personas que toman inhibidores selectivos de la recaptación de serotonina (ISRS) para la depresión.[16] Lo que causa la disfunción sexual es la baja en el nivel de dopamina que está relacionado con el aumento en el nivel de serotonina, la inhibición del óxido nítrico y a veces, el nivel elevado de prolactina. Si usted tiene una disfunción sexual causada por un antidepresivo, quizá necesite que le disminuyan la dosis del medicamento. También puede funcionar dejar de tomar el antidepresivo durante un período breve. Hable con su médico acerca de la posibilidad de probar otro antidepresivo, como nefazodona o bupropión. Estos dos antidepresivos no causan una pérdida de libido; de hecho, el bupropión puede mejorar su deseo de tener relaciones sexuales. Asimismo, la adición de bupropión al tratamiento con algún otro antidepresivo puede ser el antídoto para resolver los efectos sexuales adversos relacionados con el primer antidepresivo.[17]

Los hombres que tienen dificultades sexuales causadas por un antidepresivo pueden mejorar tomando yohimbina (*Yocon*). Este medicamento funciona en el sistema nervioso del pene para inducir y mantener una erección.

La menopausia hace que las mujeres presenten una mayor probabilidad de padecer el síndrome de deseo sexual hipoactivo. La falta de estrógeno altera el proceso de pensamiento sexual. El tratamiento con estrógeno/progestina puede aumentar el deseo sexual en mujeres premenopáusicas o posmenopáusicas al darles una mayor sensación de bienestar. El tratamiento con testosterona, incluso en dosis muy pequeñas, tiene un efecto más directo. Mejora el deseo sexual, la excitación y la satisfacción sexual en mujeres tanto premenopáusicas como posmenopáusicas. También ayuda a aliviar la depresión, los dolores de cabeza y la pérdida de energía.[18] Asimismo, disminuye el nivel de angustia en las mujeres menopáusicas. Sin embargo, el tratamiento con testosterona puede inducir el crecimiento de vello en algunas mujeres. El *Estratest*, que es un preparado hormonal que combina estrógeno y una pequeña cantidad de testosterona, es un tratamiento popular para mujeres menopáusicas con dificultades sexuales persistentes. Para muchas mujeres, el parche de testosterona puede ser una mejor opción.[19] Sin embargo, la testosterona puede no ayudar a resolver el síndrome de deseo sexual hipoactivo si la persona sigue sufriendo de depresión o sigue teniendo problemas en su relación de pareja. Aún no se ha estudiado extensamente si el uso de testosterona durante períodos prolongados puede tener efectos adversos. Si usted tiene problemas de excitación pero tiene un deseo sexual normal, puede serle útil tomar sildenafil.[20] También puede beneficiarse del tratamiento con dihidroepiandrosterona (DHEA), la cual puede mejorar su estado de ánimo y su sexualidad.

Si tiene resequedad vaginal debida a una falta de estrógeno, quizá quiera considerar usar algún preparado estrogénico intravaginal en la forma de crema, óvulos, tabletas (como las de la marca *Vagifem*) y anillos vaginales que liberan estradiol. En comparación con los geles no hormonales, las cremas, los anillos y las tabletas brindan mejores resultados en lo que se refiere a la sequedad vaginal.[21] Yo no recomiendo el uso de cremas hechas con estrógenos equinos conjugados, dado que pueden ocasionar hemorragia uterina, sensibilidad en los senos y dolor pélvico. Por el contrario, el anillo vaginal no sólo es fácil de usar sino que le dará excelentes resultados sin causarle molestias.

Algunas parejas que se han distanciado y siguen teniendo problemas sexuales después de que se ha corregido el desequilibrio tiroideo pueden beneficiarse de consultar a un psicoterapeuta o terapeuta sexual. Para consultar una lista de terapeutas sexuales, póngase en contacto con la Asociación de Educadores, Asesores y Terapeutas Sexuales de los Estados Unidos:

American Association of Sexuality Educators,
Counselors, and Therapists (AASECT)
P.O. Box 1960
Ashland, Virginia 23005-1960
Teléfono: 804-752-0026
Dirección de internet: www.aasect.org

Los efectos sexuales de un desequilibrio tiroideo que se han descrito en este capítulo son muy comunes. En muchas parejas, son la causa principal de dificultades en su relación. Para otras parejas, actúan como catalizadores de otros problemas de pareja que son provocados por cambios en el comportamiento y la personalidad del paciente tiroideo. Esta es una de las muchas facetas de la gran pregunta, "¿Es mi cerebro o es mi tiroides?" Los pacientes tiroideos y sus parejas deben resolver este problema por ellos mismos o buscar la ayuda de un terapeuta sexual si el problema persiste después de que se ha corregido el desequilibrio tiroideo.

Puntos importantes a recordar

• Un nivel óptimo de hormona tiroidea es crucial para tener una libido normal y respuestas físicas normales que conduzcan a la satisfacción sexual.

- Una tiroides hiperfuncionante puede causar dolor durante el coito y una pérdida de interés por el sexo, o bien, puede dar como resultado una libido desmesurada y un comportamiento descuidado.
- La hipofunción tiroidea a menudo conduce a una falta de apetito sexual, falta de lubricación y relaciones sexuales dolorosas.
- Los problemas sexuales pueden continuar después de que se ha corregido el desequilibrio tiroideo. Si persisten los problemas psicológicos y el distanciamiento, usted y su pareja necesitan informarse acerca de estos efectos, hablar de ellos abiertamente y buscar la ayuda de un terapeuta sexual.

9

"HAS CAMBIADO"

Cuando la tiroides y las relaciones personales entran en conflicto

Las mujeres y los hombres son fundamentalmente distintos en su manera de comunicar e interpretar el lenguaje, el comportamiento y las emociones del otro.[1] Muchas parejas aprenden a reconocer sus diferencias reales, a aceptarlas y eventualmente, a manejarlas.

La intrusión de un desequilibrio tiroideo en la relación de una pareja a menudo empeora estas diferencias. Los cambios sutiles en la manera de hablar y actuar de la persona afligida alteran la dinámica de la relación. Los pacientes tiroideos, particularmente los que sufren de hiperfunción tiroidea, frecuentemente presentan cambios repentinos de humor, ansiedad, enojo e irritabilidad.[2] Y muchos empiezan a tener una percepción distorsionada del comportamiento de su pareja. Por desgracia, la pareja puede no entender lo que está causando estos cambios. La incapacidad de lidiar con las demandas cambiantes y la dificultad para comunicarse entre sí puede llevar al caos, con malentendidos, falsas expectativas y discusiones por asuntos triviales. Para muchas personas, la relación se convierte en una carga.

Las personas que padecen una afección tiroidea están teniendo muchos problemas para comprenderse a sí mismas y sus nuevos sentimientos confusos, de tal modo que es poco probable que entiendan a su pareja. En efecto, los pacientes tiroideos se sienten tan agobiados por sus nuevos problemas emocionales que no pueden manejar adecuadamente el estrés de la relación, la cual se convierte en un ciclo de reacciones y contrarreacciones. Ambos miembros de la pareja entonces comparten el estrés mental provocado por la afección tiroidea.

Típicamente, cuando un miembro de la pareja tiene una enfermedad tiroidea, la relación atraviesa por dos fases distintas, cada una caracterizada por su propia dinámica y sus propios efectos relacionados con la enfermedad. La primera fase inicia con la intrusión de la afección tiroidea y termina cuando dicha afección se diagnostica. Durante esta fase, la relación frecuentemente se deteriora e incluso puede llegar a terminar debido a que no se entiende qué fue lo que precipitó o causó los problemas. La segunda fase viene después del diagnóstico.

En la primera fase, la intrusión es, en la mayoría de los casos, insidiosa. Frecuentemente, la personalidad de la persona afligida cambia drásticamente. Aunque las personas que tienen una afección tiroidea son capaces de ocultar su sufrimiento hasta cierto grado, la enfermedad rápidamente altera su comportamiento y lenguaje tan significativamente que otras personas ven el cambio con facilidad. Mientras que la causa del cambio siga sin determinarse (es decir, mientras la afección tiroidea no se haya diagnosticado), la pareja será incapaz de identificar el origen de sus problemas. La relación se verá afectada en proporción a la duración de este período, el cual podría durar meses o incluso años.

Durante esta fase, la paradoja es que las personas que tienen una afección tiroidea sí se dan cuenta que están pasando cosas fuera de lo normal en su cuerpo y en su mente, pero no pueden entenderlas, calificarlas ni describirlas con precisión. Al mismo tiempo, su percepción distorsionada de sí mismos y del mundo que los rodea hace que vean el comportamiento de su pareja como inapropiado. Quienes sufren de una afección tiroidea en verdad llegan a creer que su pareja es la que ha cambiado y que es el o la responsable de su perturbación emocional. A su vez, los cónyuges y seres queridos de la persona afligida a menudo culpan al paciente. Por lo tanto, los pacientes tiroideos pueden sentirse culpables por los desacuerdos que sólo empeoran la ansiedad, el estrés, el coraje y la depresión que ya están padeciendo.

El distanciamiento es inevitable porque el paciente se vuelve incapaz de manejar el estrés que le provocan las discusiones. Aunque tanto el hipotiroidismo como el hipertiroidismo pueden conducir a cambios conductuales similares, ciertos cambios pueden ser más característicos de una afección que de la otra. A continuación trataremos algunos de los cambios que pueden provocar pleitos, discusiones y distanciamiento en la pareja.

Diez maneras en que las afecciones tiroideas pueden cambiar su personalidad y sus relaciones

Tras muchos años de observar y trabajar con personas que sufren de afecciones tiroideas, he podido identificar los siguientes diez cambios relacionados con la tiroides que causan problemas en muchas parejas.

Los pacientes tiroideos a menudo se vuelven impacientes y irritables y pueden exhibir un enojo exagerado e irracional. Un desequilibrio tiroideo puede hacer que una persona sea excesivamente crítica y que busque pleitos con todos los que la rodean y que tenga mal genio. La ansiedad y las preocupaciones a menudo son la causa subyacente de la crítica y el enojo que las personas con desequilibrios tiroideos dirigen hacia los demás. Sin embargo, las personas con afecciones tiroideas irónicamente no manejan bien la crítica. Veamos el caso de Janice, por ejemplo. Ella había estado felizmente casada durante cuatro años cuando empezó a sentir cansancio y ansiedad y empezó también a aumentar de peso. Ella pasó dos años sufriendo antes de que le diagnosticaran hipotiroidismo a los 27 años de edad. Janice creía que los problemas en su relación de pareja eran a causa de las actitudes de su esposo. Ella comentó:

"Por ejemplo, si yo no quería gastar dinero en algo y él sí, yo me enojaba muchísimo y decía cosas inapropiadas. Le decía que era egoísta y que no estaba caminando junto conmigo hacia una meta común. Yo percibía cualquier decisión que él tomaba o cualquier cosa que hacía o decía como inapropiadas. Es un milagro que sigamos juntos después de lo que pasamos durante esos dos años".

La situación que enfrentó Janice es muy real para las personas con afecciones tiroideas. Se sienten casi forzados a dirigir su enojo hacia las mismas personas que podrían apoyarlos durante sus momentos de ansiedad. En esencia, su comportamiento está siendo controlado por su aflicción.

Otra mujer hipotiroidea me dijo, "Gritábamos y discutíamos mucho en casa. Yo me sentía muy enojada gran parte del tiempo. Le faltaba al respeto a mi esposo y le contestaba mal cuando me hacía preguntas porque yo estaba molesta por nuestra situación financiera y las cuentas teníamos que pagar. Sin importar lo que él hiciera, yo no hubiera estado satisfecha". Este relato ilustra claramente el increíble conflicto que viven estos pacientes en su interior. Para la persona que está padeciendo la enfermedad, no hay una respuesta correcta y la ansiedad genera discordia.

De forma similar, Camille, una ama de casa de 32 años de edad que sufrió de hiperfunción tiroidea debida a la enfermedad de Graves, me habló de una vida familiar repleta de pleitos, gritos y discusiones constantes. Ella me dijo, "Antes de que me diagnosticaran, no me estaba llevando bien con mis padres, lo que me molestaba mucho. Me enojaba a la menor provocación. En casa, siempre estaba enojada y era muy sarcástica con mis hijos. Si uno de mis hijos dejaba un zapato tirado a la mitad del cuarto, me molestaba mucho, levantaba el zapato y lo lanzaba al otro lado del cuarto. Luego, no podía creer que hubiera hecho eso. Esa no era la forma en la que yo normalmente reaccionaba". Esto ilustra la tendencia común de estos pacientes a tener una sensación de incredulidad con respecto a su comportamiento inexplicable. Saben que se desvía de los que es "normal" para ellos, pero no tienen idea por qué.

Otro ejemplo revela el tema común de la discordia que los pacientes tiroideos experimentan en sus relaciones. Darlene empezó a notar síntomas de hipertiroidismo tres meses después de su boda. Ella y su esposo empezaron a discutir por asuntos triviales y terminaron buscando la ayuda de un terapeuta. Ella confesó:

"Hay ciertas cosas en las que debí haber cedido. Si mi estado de ánimo hubiera sido más tranquilo, yo hubiera podido manejarlo. No tenía paciencia con mi esposo. Antes de que empezara a tener síntomas de hipertiroidismo, yo tendía a ser menos emocional. Mi esposo es judío y yo soy católica. Él no quería ir a casa de mis padres a pasar la Navidad. Tuvimos un gran pleito por eso. Terminó yendo a casa de sus padres él solo. Si yo hubiera sido más paciente, nos hubiéramos podido sentar a hablar para encontrarle una solución a este problema".

Darlene trabajaba en el departamento de atención a clientes de una tienda. Ella mostraba la misma impaciencia en su trabajo que en su casa y empezó a tener problemas con sus compañeros de trabajo. Así es como ella explicó la situación: "A cada rato perdía la paciencia con los clientes. Muchas veces empezaba a llorar por asuntos triviales. Tuve una gran discusión con mi supervisora. ¡Me irritaba tanto! La gente me decía que yo hablaba demasiado aprisa. Sabía que algo andaba mal, pero no sabía qué. No sabía nada acerca del hipertiroidismo, que hace que todo se mueva más rápido".

La experiencia de Darlene es típica de la manera en que las personas con hiperfunción tiroidea son incapaces de explicar adecuadamente los cambios en su conducta. Sienten que todos los demás tienen la culpa y su comportamiento es provocado por emociones acompañadas de enojo. El ritmo acelerado al que funciona el cerebro de las personas hipertiroideas hace que consideren a todos los demás como lentos y que los lleva a racionalizar su irritabilidad y enojo.

Las personas que sufren de afecciones tiroideas pueden hacerles exigencias poco realistas a sus parejas, cónyuges o familiares. Frecuentemente piden a otros que hagan cosas por ellos y también les dicen cómo hacer las cosas. Una mujer hipertiroidea que tuvo problemas serios en su matrimonio a causa de la enfermedad de Graves me dijo, "Yo me quejaba con mi esposo porque nunca estaba en casa y le decía que yo lo necesitaba en casa. Él sigue estudiando, pero no es un estudiante de tiempo completo, entonces a mí me molestaba que nunca estuviera en casa para ayudarme con los quehaceres. La verdad es que él estaba haciendo su mejor esfuerzo pero yo seguía inconforme". Este ejemplo demuestra cómo estos pacientes son incapaces de ver racionalmente sus relaciones. No pueden ver las situaciones con claridad e incluso pueden llegar a provocar a su pareja con sus expectativas poco realistas.

Los pacientes tiroideos, particularmente los que tienen hipotiroidismo, quieren paz y tranquilidad. Sienten la necesidad de retraerse de la actividad y el bullicio. Tienen una baja tolerancia al ruido. En esencia, quisieran aislarse en un mundo surreal de tranquilidad. Una paciente hipotiroidea me comentó, "Sólo quería paz y tranquilidad en la casa. Si no era así, empezaba a gritarles a mis hijos y a mi esposo. Cualquier cosa que hiciera mucho ruido o movimiento me irritaba. La televisión me molestaba mucho. No podía sentarme a mirarla. Me frustraba que los niños hicieran mucho ruido".

Estos pacientes pueden retraerse de sus amistades y dejar de querer hablar o salir con otras personas. Pueden llegar a perder todo interés por hacer cosas con su pareja. Un buen ejemplo es Angel, una mujer de 25 años de edad que sufría de hipofunción tiroidea. Ella me relató:

"Lo único que quería hacer era dormir. Por más que descansaba, nunca me parecía suficiente. Nada me hacía feliz. Ted quería sacarme a un restaurante y yo no quería ir. Él quería ir al cine y yo decía que no. Si él rentaba una película, yo me quedaba dormida. No quería estar en la intimidad con él. No quería cocinar ni limpiar la casa. Entonces, él se frustraba y yo me enojaba y me volvía muy emocional. Él no entendía que yo estaba más cansada que él".

"Él trataba de hablar conmigo y me costaba mucho trabajo decirle, 'Ted, ¿por qué no te callas?' Él sólo quería contarme acerca de cómo le había en su día y saber cómo me había ido a mí. Preguntas, preguntas, preguntas, hablar, hablar, hablar. . . y yo estaba tan irritable. Al principio, creo que yo sólo quería que él se callara y luego, realmente no quería que lo hiciera".

"Sólo quiero sentirme mejor y tener más energía. Hace un año, era la mujer más feliz del mundo. Me sentía bien, lucía bien y salíamos a divertirnos constantemente".

Los pacientes hipotiroideos quieren que los dejen en paz. Sólo quieren dormir y retraerse de quienes los rodean. En algunos casos, se dan cuenta que las personas que los rodean están haciendo lo mejor que pueden, pero aun así, siguen queriendo mantenerse aislados.

Las personas que sufren de una afección tiroidea también pueden requerir más atención de su pareja y frecuentemente sienten que no están recibiendo suficiente atención. Sienten que a pesar de cualquier cosa que su pareja haga por consolarlos, nunca es suficiente. Irónicamente, las personas que tienen desequilibrios tiroideos tienen sentimientos encontrados acerca de sus seres queridos. Quieren apoyarlos pero sólo bajo sus condiciones. En otras palabras, si sus seres queridos no siguen las "reglas" que ellos les han impuesto, no dudarán en darles la espalda. Muchos pacientes tiroideos me han dicho algo como lo siguiente: "Prefería que sólo estuviera ahí, agarrándome la mano y escuchándome, pero sin decir nada. Si decía algo, yo me irritaba y me enojaba".

Mona, mientras sufrió de hipotiroidismo posparto, peleó con su marido más que nunca antes. Ella sentía que no le estaba dando la atención que necesitaba. "Lo único en lo que pensaba durante esta época era que mi esposo no me estaba ayudando con las cosas que yo necesitaba. Llegué a tal grado que lo golpeaba en la cara en público. Yo quería sentirme querida. Me sentía poco atractiva, como se sienten muchas mujeres después de dar a luz. Me sentía muy agobiada y excesivamente cansada".

Las personas que tienen un padecimiento tiroideo pueden mostrar una falta de compromiso con hacer cosas en su casa o por su familia. Es posible que no les agrade que les pidan hacer cosas o que se enojen si se los piden. Una fuente común de desacuerdos en las relaciones con personas hipotiroideas es su menor interés por hacer cosas en la casa. Como están agotados, tienen dificultades para manejar incluso las tareas más insignificantes. Tan sólo ir al supermercado puede convertirse en una tarea monumental.

Una paciente lo resumió así:

"Mientras él no me pidiera nada, como que preparara la cena cuando no sentía ganas de hacerlo, entonces me sentía cómoda. Hubiera deseado que él hubiera comprendido mis emociones, mis sentimientos y mis síntomas, pero al principio no los entendió. Me seguí forzando a hacer las cosas. Yo creo que él pensaba que simplemente se trataba de vagancia de mi parte. Yo sentía que algo andaba muy mal. Yo no quería que él me pidiera que me levantara de la cama, pero a veces lo hacía. Él sentía que todo era producto de mi imaginación. No se mostraba empático conmigo y eso me enojaba".

Los pacientes tiroideos pueden exhibir un odio inexplicable hacia su pareja, cónyuge, familiares o amistades, o bien, sentimientos contradictorios y rápidamente cambiantes. El caso de Jackie, quien desarrolló hipotiroidismo posparto, es un excelente ejemplo de esto. Ella describió la situación como sigue:

"Yo había tenido una muy buena relación con mis padres. Cuando mi bebé cumplió dos meses de edad, empecé a irritarme y enojarme mucho con mi madre, quién solía ser mi mejor amiga. Mi madre se enojó porque yo me retraje de ella y empecé a faltarle al respeto. Le decía cosas muy hirientes, pero yo estaba enferma y no podía lidiar con ella. No me sentía conectada con ella en lo absoluto. No quería que viniera a mi casa. No quería que me ayudara en nada".

El caso de Jackie es típico en cuanto a que ella se daba cuenta que sus relaciones habían cambiado, pero sentía que no había nada que ella pudiera hacer al respecto. Ella sabía que las cosas no eran como antes, pero no podía verlas desde el punto de vista correcto. Para ella, sus sentimientos de odio eran inevitables e inalterables.

Otro caso similar es el de Sylvia, una mujer que siempre había estado muy enamorada de su esposo y que había tenido lo que ella llamaba una relación serena y tranquila con él. Ella me contó, "Lo que sentía por mi esposo iba y venía. A veces me gustaba estar con él y a veces no". Estos sentimientos cambiantes son muy comunes en pacientes que padecen algún desequilibrio tiroideo. Cuando se combinan con los cambios en el interés sexual descritos en el Capítulo 8, se vuelven una fuente seria de distanciamiento y conflicto.

Los pacientes tiroideos pueden sentirse exageradamente ansiosos por la manera en que sus cambios emocionales y en su salud están afectando su capacidad de hacer su trabajo y ganarse el sustento. Cuando la ansiedad relacionada con el empleo se lleva a casa, a menudo conduce a discusiones, estallidos de enojo y mayor irritabilidad. Un mal desempeño laboral o incluso la pérdida del empleo debido a los efectos adversos del hipotiroidismo o del hipertiroidismo en el pensamiento y el razonamiento provocan una caída aún más pronunciada en la autoestima. A menudo surgen problemas relacionados con la seguridad y las responsabilidades financieras, colocando una carga aún más pesada sobre la relación. En otros casos, las personas que padecen una afección tiroidea se quedan atrapadas en su trabajo. Muchos pacientes, en un intento por conservar su empleo, dedican casi toda su atención y la energía que les queda a mantener su desempeño laboral. Esta enorme carga en el cerebro a menudo saldrá en la forma de estallidos con su familia, a medida que las frustraciones y la incapacidad de cumplir con sus responsabilidades emocionales y físicas en su vida privada van afectando a su pareja o familia.

Amanda, una maestra que padecía hipotiroidismo, me describió el siguiente conflicto. "Me volví irritable con mis alumnos —dijo—. Tenía que hacer un gran esfuerzo por controlarme para que no me volara la barda. Esto me dejaba tan fatigada que cuando llegaba a casa, ya no podía atender a mi esposo. Me sentía culpable, como si realmente no lo estuviera apoyando para hacer todas las cosas que queríamos hacer. Salíamos a bailar y yo no podía acordarme de mover el pie para dar un paso. Era muy notorio". Cuando los pacientes se centran en hacer su mejor esfuerzo en el trabajo, su vida familiar inevitablemente se ve afectada porque ya no tienen energía para sus responsabilidades y obligaciones hogareñas.

De manera similar, una persona hipertiroidea puede obsesionarse con el trabajo, lo que puede llevarle a alejar a su pareja. Este fue el caso de Kenneth, un vendedor de 32 años de edad que aceptó otro empleo de medio tiempo cuando pasó por el período maníaco del hipertiroidismo. Su esposa, frustrada por su comportamiento, comentó:

"Durante los dos años que mantuvo su empleo de medio tiempo, nos distanciamos. Lo único que hacía era trabajar. Ni siquiera podía comunicarme con él. Luego, dormía todo el fin de semana. Durante esa época, no hacía cosas con nosotros porque tenía que trabajar. Yo sentía como si Kenneth tuviera su propia vida y yo y los niños tuviéramos nuestra propia vida aparte".

"La gente me decía, '¿Cómo lo soportas?' 'Está loco'. '¿Cómo le hace para trabajar tanto?' 'No tienes vida propia'. Luego, empiezas a examinar tu vida y a preguntarte qué es lo que realmente tienes. Yo sentía que él realmente no me amaba y que yo no le importaba. También vi cómo se distanció de sus hijos y de sus padres. Yo constantemente le decía que nos estábamos distanciando. Le dije, 'Un día te vas a despertar y te vas a dar cuenta que ya estamos a kilómetros de distancia'. Pero le dijera lo que le dijera, él no lo registraba".

El enojo y la irritabilidad extremos pueden llevar a la violencia. Whitney, una mujer de 31 años de edad, estaba viviendo sola y había estado saliendo con un hombre durante un par de años cuando se volvió hipertiroidea. Ella solía amarlo e incluso ya habían comenzado a planear su boda cuando las cosas gradualmente empezaron a cambiar. En sus propias palabras:

"Yo llevaba una vida relativamente normal. A medida que fueron avanzando mis síntomas, parecía estar en conflicto con todo el mundo. Yo no estaba de acuerdo con nada. Las personas me lastimaban con facilidad. Mi novio se negó a comprender lo que me estaba pasando. Me tiraba a loca y decía que era por estrés o por inmadurez mía. Me hacía sentir poco valiosa. Me decía que era una vaga. Yo me sentía fatigada por mi afección tiroidea, pero no lo sabía. ¡No soy una vaga!"

"Recuerdo el intenso coraje que sentía. Un día empecé a tener fantasías de destruir su garaje con mi auto. Me parecía una cosa maravillosa. Pero no lo hice. Hoy ni siquiera se me ocurriría hacer algo así. Me volví más conflictiva. Teníamos muchas discusiones y yo siempre terminaba llorando y saliéndome de la casa; mis emociones se apoderaban de mí por completo. Mis emociones continuamente me hacían luchar batallas internas. No tenía tolerancia ni paciencia. Cuando por naturaleza eres una persona generosa, dadivosa, amable, tolerante y esencialmente tranquila, y luego eres una persona completamente opuesta a eso, es difícil lidiar con eso. Me volví mala e hiriente y no sabía por qué me sentía tan infeliz. Me daban berrinches (rabietas) y tenía estallidos de violencia. En realidad creo que pude haber llegado a matar a alguien".

Las acciones y los pensamientos violentos plagan a muchos pacientes tiroideos. Debido a esto, dichos pacientes se convierten en un peligro para ellos mismos y para otras personas y pueden llegar a tener problemas con la ley, además de los problemas relacionados con la enfermedad en sí. Los pacientes tiroideos a veces expresan su enojo verbalmente o incluso a través de actos de violencia física, como en el caso de Ryan, un ingeniero de edad madura.

Jeannine, la esposa de Ryan, me dijo, "No era fácil hablar con él. Era como si estuviera tomando drogas. Todo el tiempo era verbalmente agresivo. Era como un volcán: cualquier cosita lo hacía estallar".

Ryan relató un episodio que ilustra cómo los asuntos triviales y sin importancia pueden provocar estallidos de enojo y violencia:

"Un día, la hermana de Jeannine se quedó con nosotros. Yo no le agradaba a ella y ella también me irritaba mucho. Me senté y escuché lo que mi esposa tenía que decir y luego cuando yo decidí decir algo, su hermana se encerró en el baño porque no estaba dispuesta a escucharme. Eso me enfureció. Empecé a golpear la puerta del baño y le dije que abriera la puerta para dejarme entrar. Cuando me dijo que no, yo le dije, '¡Abre la maldita puerta!' Cuando volvió a decir que no, sin darme cuenta, ya había atravesado la puerta con mi puño. Ni siquiera recuerdo haber golpeado la puerta, pero mi brazo ya la había atravesado y ella estaba parada en la regadera gritando. No la golpeé, pero sentí ganas de hacerlo. Ella regresó al estudio y yo le dije lo que le tenía que decir y luego terminé diciéndole, 'Si ahora quieres ir a encerrarte al baño, puedes hacerlo'".

Jeannine era una mujer pasiva y sumisa. Ella no dejó a su marido a pesar de la falta de comunicación, el enojo y la distancia que se había creado entre ellos.

El hipertiroidismo puede hacer que una persona actúe de maneras que otros pueden percibir como inconsistentes e irracionales. Paul y su padre eran socios de una gasolinería. Cuando Paul se volvió hipertiroideo, el negocio empezó a fallar debido a su conducta irracional y agresividad con los clientes. Como resultado, Paul y su padre eventualmente dejaron de dirigirse la palabra.

Sus amistades le preguntaban a la esposa de Paul, "¿Por qué está tan nervioso y por qué conduce tan rápido si no lleva prisa?" Ella decía, "Salíamos volando de la cochera como si fuera una emergencia. Actúa como si estuviera loco. Todo tiene que ser rápido".

Según Paul, "Mi personalidad realmente cambió de manera drástica. Llegué a tal grado que no podía relajarme en lo absoluto e incluso cuando estaba en casa, no aguantaba quedarme sentado en el sofá. Siempre tenía que estar haciendo algo o mi humor cambiaba repentinamente y me agitaba por cualquier cosa sin importancia". El caso de Paul es típico en cuanto al alejamiento y el cambio extremo en la personalidad.

Las cuatro reacciones más comunes de la pareja

Al no saber que existe una razón física o química que explica el cambio de personalidad, la pareja de una persona que tiene un desequilibrio tiroideo a menudo se confunde. La manera de reaccionar ante esta situación nueva varía de una persona a otra. El cónyuge ha estado acostumbrado a vivir con una persona y ahora debe vivir con una persona enteramente distinta que tiene percepciones, sentimientos y emociones diferentes. Las diferencias en percepción y lenguaje que existen entre los hombres y las mujeres se vuelven un verdadero problema para la mayoría de las parejas porque, durante algún tiempo, se han adaptado y han lidiado con ciertas diferencias. . . y ahora esas diferencias han cambiado. La falta de comprensión puede generar reacciones inapropiadas que pueden contribuir a más discusiones.

A continuación están algunas de las reacciones comunes que pueden presentar las parejas.

La pareja de una persona que padece un desequilibrio tiroideo puede retraerse y alejarse. Este distanciamiento, que es la respuesta típica de la pareja, inicialmente refleja un intento por evitar problemas. El paciente percibe este distanciamiento como una falta de cariño, comprensión y empatía, es decir, lo toma como una muestra de la indiferencia de su pareja. Debido a la baja autoestima que genera un desequilibrio tiroideo, el paciente tiende a sentir más coraje y a atribuir algunos de sus problemas a este distanciamiento.

Esto se observa claramente en el caso de Sondra, quién estaba padeciendo hipotiroidismo y se sentía tan confundida como su esposo acerca de lo que había ocurrido en su relación. "Solíamos llevarnos muy bien —comentó—. Yo me volví irritable. Sentía que él realmente no estaba mostrando empatía conmigo por alguna razón. Ya no hablaba mucho conmigo". Sondra se centró en la distancia como una causa más que como un efecto de su comportamiento. Las líneas divisorias se vuelven borrosas para estos pacientes cuando tratan de dilucidar las causas de tales cambios en su relación de pareja.

Las parejas pueden negarse a aceptar los cambios de personalidad relacionados con las afecciones tiroideas y reaccionar con enojo y crítica. Esto típicamente ocasiona que la pareja cada vez tenga más pleitos. La pareja del paciente puede llegar a ser demasiado crítico, lo cual exacerba la baja autoestima del paciente. También puede llegar a echarle la culpa al paciente por generar discusiones deliberadamente. "Me despojó de mi motivación y mi autoestima —dijo una mujer hipertiroidea—. Me hace sentir rara por estar enferma. Incluso me preguntó si lo estaba haciendo para llamar la atención. Él no tiene idea que realmente es vergonzoso. Nunca sentí que él realmente comprendiera por lo que yo estaba pasando. Nos peleábamos por cosas estúpidas, como la marca de champú que debíamos comprar". Después de que esta pareja estuvo yendo a consultar a un terapeuta durante varios meses sin mejoría alguna en su relación, a ella le diagnosticaron hiperfunción tiroidea. Cuando el esposo supo que las emociones cambiantes de su esposa se debían a su afección tiroidea, dejaron de ir con el psicólogo y él se volvió comprensivo, flexible y compasivo.

Las parejas pueden volverse incapaces de lidiar con la situación y empezar ellos mismos a sufrir de depresión y ansiedad. Cuando la esposa tiene una afección tiroidea, el esposo se puede volver ansioso, darse cuenta de la severidad de sus problemas y hacer un esfuerzo por comprenderla o hablar las cosas. Incluso puede llegar a sugerir que vayan a una terapia. Durante su hipertiroidismo, Ashley tuvo mucha ansiedad y muchos cambios repentinos de humor. Su esposo, que es un tanto dependiente, se empezó a sentir ansioso y eso lo llevó a una depresión. Ashley dijo, "Al principio, yo era la que tenía mucha ansiedad y coraje, pero al poco tiempo, él también empezó a sentirse nervioso, empezó a tener estallidos de enojo y se deprimió".

Algunas personas pueden reconocer que su pareja definitivamente ha cambiado y harán un esfuerzo por encontrar una razón médica que explique dichos cambios. Lynette, quien había estado casada durante 15 años, había tenido una relación muy cercana con su esposo desde que eran niños y ella lo había apoyado mucho cuando él estuvo estudiando Derecho. Ellos habían aprendido a vivir juntos y tenían una relación muy íntima. Al principio, cuando Lynette empezó a presentar síntomas de hipotiroidismo, como estallidos de enojo, irritabilidad y aumento de peso, él le brindó un gran apoyo. Sin embargo, él no sabía que su problema era físico. Aunque Lynette se empezó a enojar más y se volvió más irritable, tenían una relación tan cercana que su esposo rápidamente aprendió a adaptarse a la situación y concluyó que el comportamiento de Lynette se debía a su aumento de peso. Con un tono de voz tranquilizador, le decía repetidamente que lo que le estaba molestando realmente era su peso. "Debes hacer ejercicio y tratar de seguir una dieta", le dijo una y otra vez. Ella siguió el consejo de su esposo y empezó a hacer ejercicio en un gimnasio, pero siguió sintiéndose igual. Después de que los médicos dijeron que Lynette no tenía un problema médico, su esposo siguió apoyándola y empezó a leer libros de autoayuda, los cuales lo llevaron a sospechar que quizá ella tenía una afección tiroidea.

Un paciente tiroideo que está teniendo un cambio de personalidad no necesariamente se da cuenta que él o ella es la fuente del problema, aunque generalmente sí reconoce que hay un problema. Sin embargo, a estas alturas, la mayoría de las personas cercanas a quién está padeciendo el desequilibrio tiroideo no hacen un esfuerzo por entender a la persona. Su pareja, al ver que la relación se está deteriorando rápidamente, a menudo sugiere consultar a un terapeuta conyugal. Bajo estas circunstancias, la terapia puede o no ser útil porque el origen del problema, es decir, la afección tiroidea, no sea ha identificado y porque el comportamiento irracional, el enojo incontrolable y la irritabilidad continúan, perpetuando las discusiones y los pleitos. Lo que frecuentemente ocurre, pese a la terapia, es que la pareja se distancia aún más y esto puede terminar en divorcio, particularmente si la afección tiroidea no se diagnostica y si el papel que esta desempeña en los problemas de la pareja no se reconoce oportunamente.

A veces, hasta la comunicación más básica se puede convertir en un problema. Gene, el esposo de una mujer hipertiroidea, dijo, "A veces repite varias veces lo que está pensado. Me puede decir algo tres veces antes de que yo me enoje o puede pensar que ya me dijo algo cuando en realidad nunca lo mencionó y entonces ella se enfurece".

Cuando la pareja ya había estado teniendo problemas, estos se pueden empeorar con la aparición de un desequilibrio tiroideo y las discusiones pueden llegar a niveles increíbles. Si no buscan la ayuda de un terapeuta, la relación inevitablemente se irá a pique.

Las relaciones después del diagnóstico

Una vez que la afección ha sido diagnosticada, la pareja a menudo siente alivio porque han encontrado la explicación de sus problemas. El tratamiento del desequilibrio tiroideo generalmente conduce a la resolución gradual del estrés emocional, los sentimientos de culpa y los efectos mentales. No obstante, esto frecuentemente significa que estos factores pueden persistir durante varios meses o incluso años, dependiendo de la complejidad de la afección tiroidea y su tratamiento.

Tras haber recibido el diagnóstico de hipotiroidismo, Jamie empezó a recibir tratamiento con hormona tiroidea. Aún no se ha recuperado por completo y se siente culpable por no poder mantenerse a la par de su esposo o brindarle la atención que él necesita. En sus palabras:

"Estoy deprimida porque siento que no puedo darle a mi esposo lo que quisiera darle. Aún no estoy lista para apoyarlo y para hacer cosas con él. Quiero tener una relación íntima como la que teníamos durante nuestro primer año de matrimonio. Yo disfrutaba tener relaciones sexuales con él, salir a divertirnos y hacer cosas con nuestras amistades. Luego, después de que cambié, ya no quería estar en la intimidad con él. Las mismas caricias hacían que se me pararan los pelos de punta. Era como si tuviera una aversión a él. Tenía ganas de decirle, 'Sólo déjame en paz'. Luego, empecé a sentirme culpable".

Sin embargo, al cabo de unos meses, la personalidad de Jamie volvió a ser normal. Su esposo, Andy, sabía que ella tenía un desequilibrio tiroideo y el doctor de Jamie le había explicado que su tiroides tardaría unas semanas en regularse. Andy dijo, "Me acostumbré a que ella pasara de ser una persona feliz a una persona de mal genio. Nunca me gritó, pero siempre me respondía diciendo, '¡Déjame en paz!' Yo sabía que no estaba siendo ella misma". En este tipo de situación, una o ambas personas se sienten culpables, pero el paciente siente una culpabilidad aún mayor porque se siente responsable por haber traído la enfermedad a la relación.

Mónica, una contadora de 33 años de edad, pasó por una situación similar. Ella había sufrido de la enfermedad de Graves durante más de un año. La intrusión de su afección tiroidea en su relación de pareja con Jack condujo a discusiones, peleas y distanciamiento. Mónica reconoció que su comportamiento era la causa de algunos de estos problemas y se sentía culpable porque se daba cuenta que no era fácil convivir con ella.

"He de admitir que probablemente también me hierve la sangre con facilidad —dijo—. Soy así con todo: los niños, el dinero, el trabajo. Estoy segura que ha de ser difícil para Jack. Puedo imaginar que él la ha pasado mal tratando de adivinar cómo me iba a sentir hoy o quizá cómo me iba a sentir en treinta minutos. Probablemente era yo una persona muy difícil de complacer".

Por citar otro ejemplo, un día llegó a mi consultorio una paciente que había estado padeciendo la enfermedad de Graves durante los últimos tres años. Por primera vez, su tiroides parecía estar bien regulada, entonces me sorprendió cuando me dijo que se iba a divorciar. Me dijo que no se había sentido así de bien durante mucho tiempo. Sus cambios repentinos de humor, su irritabilidad y su ansiedad se habían resuelto. Había empezado a hacer ejercicio y se había estado sintiendo bien consigo misma. Yo le dije que usualmente, las personas se divorcian antes de recibir un diagnóstico acertado, cuando su afección tiroidea es lo que más las está afectando. Ella dijo:

"¡He estado teniendo problemas en mi matrimonio durante mucho tiempo! Ya llevaba mucho tiempo siendo una relación poco sana y, de hecho, siento que el estrés de mi matrimonio fue lo que pudo haber ocasionado mi enfermedad de Graves. Sentía que había perdido tantas cosas. No tenía un empleo, no tenía dinero ni tenía el control de mi vida ni de mi salud. Aunque él no era la persona indicada para mí, no tenía el valor ni la fuerza para divorciarme de él cuando estaba enferma. Pero ahora he recuperado mi autoestima y puedo ver las cosas con más claridad. Tengo más seguridad en mí misma. Tuve que esperar a sentirme así para tener el valor de divorciarme".

Lo que la pareja necesita saber

Muchas personas con enfermedades tiroideas han hablado de la importancia de contar con el apoyo y la comprensión de su pareja o cónyuge después de que han sido diagnosticadas y han empezado a recibir tratamiento. Una mujer hipotiroidea me dijo: "Cuando finalmente consulté a un médico y me diagnosticó, mi esposo empezó a mostrar empatía y a brindarme su apoyo. Me dejaba dormir y entretenía a nuestro hijo para que yo pudiera descansar, pero esto no sucedió sino hasta después de mi diagnóstico. Esto me ayudó mucho y me ayudó a recuperarme más rápido. Dejamos de tener discusiones".

El apoyo y la comprensión de la pareja son cruciales para la recuperación porque los pacientes no han vuelto a ser completamente ellos mismos. Siguen sin poder controlar adecuadamente la ansiedad, los cambios repentinos de humor, el enojo y la irritabilidad.

Los cónyuges de los pacientes tiroideos también deben involucrarse en el manejo de la afección tiroidea. Un cónyuge bien informado tendrá un impacto benéfico significativo en la recuperación del paciente de los efectos emocionales y el sufrimiento de una afección tiroidea. A veces, el apoyo del cónyuge puede ser tan importante como el tratamiento brindado por el médico.

Peter, un esposo comprensivo, me contó acerca de su esposa, quien todavía estaba recibiendo tratamiento para resolver su afección tiroidea. "Cuando veo que está recayendo —dijo—, ahora sé de qué se trata y no significa que necesite otra pastilla. El proceso de recuperación es lento y gradual. Yo creo que los pacientes tiroideos necesitan mucho reposo y yo la aliento a que descanse. Ahora no me molesto con ella cuando lo único que quiere hacer es dormir".

Muchos esposos, porque no entienden el impacto de un desequilibrio tiroideo, pueden rehusarse a aguantar a su esposa. Algunos culpan a las mujeres por usar a las hormonas de excusa por su mal comportamiento. Es igualmente importante que los hombres se informen acerca de la manera en que las hormonas afectan el estado de ánimo y que las mujeres que padecen desequilibrios tiroideos se informen de su propia afección. El desequilibrio que ocurre en el cerebro tarda tiempo en normalizarse. Las parejas que no están conscientes de estos efectos a menudo creen que las reacciones del paciente tiroideo son psicológicas.

Algunos hombres enfrentan el reto. Cuando Loretta se casó por segunda vez, su esposo ya sabía que ella tenía una afección tiroidea. Él era un hombre inteligente y se empezó a educar leyendo acerca de las enfermedades tiroideas y sus efectos. Rápidamente se percató de que necesitaba ser uno de los apoyos primarios para la recuperación de Loretta y ayudarla con su sufrimiento. Él estaba muy enamorado de ella y se interesó por su afección al grado que quizá sabía más acerca de la misma que la propia Loretta. Él la acompañó a todas las consultas y era él quien hacía preguntas acerca de la terapia, los análisis de laboratorio y los efectos de un desequilibrio tiroideo en el cuerpo.

Por otra parte, hay otros cónyuges que prefieren quedarse en la ignorancia en lo que concierne a la enfermedad y sus síntomas. Cuando una pareja elige lidiar con la situación de este modo, el paciente se siente ignorado e incluso más culpable. Esto sólo empeorará la situación y hará que el sufrimiento del paciente persista indefinidamente.

Los ejemplos dados en este capítulo ilustran la manera en que la intrusión de una afección tiroidea fácilmente puede alterar la armonía de la vida familiar. La comprensión de los aspectos emocionales de un desequilibrio tiroideo no sólo ayudará tanto a pacientes como a sus familiares a mantener una relación sana, sino que también ayudará a disminuir el estrés que puede afectar el curso de la afección tiroidea.

10

SÍNTOMAS CON VARIAS CAUSAS POSIBLES

Fatiga, fatiga crónica, hipoglucemia y fibromialgia

"Estoy cansado. Estoy agotado. ¡No puedo funcionar como solía hacerlo!" Estas son las quejas que escucho de mis pacientes todo el tiempo. Muchos de ellos me vienen a consultar porque ya llevan algún tiempo no pudiendo funcionar como lo hacían antes. El cansancio y el agotamiento los han despojado de cualquier sensación de alegría en su vida cotidiana y han interferido con su vida a todos niveles. Obviamente, cuando alguien que sufre de fatiga consulta a un especialista en enfermedades tiroideas, la persona cansada a menudo tiene idea de que uno de los factores que están contribuyendo a su estado podría ser un desequilibrio tiroideo. Frecuentemente veo en la expresión de estos pacientes que yo soy su última esperanza.

Típicamente, estos pacientes ya han consultado a varios doctores por lo mismo y a menudo me traen copias de los registros y de los análisis que les han sido indicadas por otros médicos. Los análisis y sus causas consideradas inevitablemente varían de un médico a otro. La interpretación de la fatiga tiende a diferir dependiendo de la formación profesional, la experiencia y el interés que un médico pueda tener en una área de la medicina en particular. La mayoría de los doctores, cuando se les presenta un paciente que exhibe el síntoma de fatiga severa, buscan primero identificar la afección física principal que la esté causando. Las enfermedades más comunes que consideran son hepatitis (ya sea alcohólica o viral), una infección aguda o crónica como tuberculosis o VIH, la enfermedad de Lyme, diabetes o problemas renales, anemia, cáncer, esclerosis múltiple o alguna afección cardíaca. En el sentido más general, la lista de causas potenciales de la fatiga es casi interminable.

Sin embargo, lo cierto es que sólo un pequeño porcentaje de las personas que batallan con la fatiga padecen una afección médica seria. Cada año, los médicos registran casi 500 millones de consultas de pacientes que los van a ver a causa de la fatiga.

Las personas dicen que están cansadas con tanta frecuencia que este síntoma a menudo se ignora: sentirse cansado ha pasado a formar parte de nuestra vida cotidiana. Si una persona está padeciendo otros síntomas diversos, inicialmente podría sólo mencionar el cansancio y el agotamiento porque percibe que todos sus demás síntomas forman parte del cansancio o son causados por el mismo. Muchas personas concluyen que, "Esto sólo es estrés. Todo estará bien". Y muchos doctores también ignoran las quejas de cansancio con la recomendación de que el paciente haga más ejercicio, se alimente mejor o baje de peso. Frecuentemente, esto permite que continúen los síntomas de una afección importante no explicada.

Sentirse cansado es, en efecto, una queja común y sólo si usted insiste que se siente más que fatigado será probable que sus amistades, familiares o médico tomen este síntoma en serio. Los estudios de investigación acerca de la fatiga han sugerido que existe un continuo que va desde la fatiga "normal saludable" hasta la fatiga severa y debilitante. Las encuestas realizadas en comunidades europeas y estadounidenses han demostrado que la fatiga es un síntoma común y que ocurre en un 6,9 a un 33 por ciento de los hombres y en un 10,9 a un 42 por ciento de las mujeres.[1] Un estudio de investigación realizado en una institución de atención médica primaria demostró que la fatiga de un mes o más de duración fue reportada como un problema principal en el 19 por ciento de los hombres y en el 28 por ciento de las mujeres.[2]

Sin embargo, en la mayoría de las personas, la fatiga es el resultado de más de un factor. Para poder ir eliminando las causas potenciales de la fatiga, uno tiene que cotejar los síntomas contra una lista de verificación. A veces, este proceso se parece más al trabajo que haría un detective (vea la lista de "Causas potenciales de la fatiga" al final del capítulo en la página 208) que al que tendría que tendría que hacer un médico.

Los doctores consideran que la fatiga es uno de los principales rasgos distintivos de la depresión. Si su sistema endocrino está funcionando bien, el síntoma de fatiga a menudo hace que un médico busque otros indicios que indiquen la presencia de una depresión oculta. Si un doctor emplea los criterios médicos convencionales, puede llegar a concluir que el diagnóstico es que la persona está deprimida. Con frecuencia, cuando también hay presencia de alteraciones en el patrón de sueño, menor interés en actividades placenteras y cambios en el apetito, los médicos pueden pensar que el paciente cumple con todos los criterios de la depresión. Pero sin importar si el cansancio ha sido generado por una infección, una afección física, una mala nutrición o toxinas, a menudo terminará en frustración y sentimientos de culpa porque no se pudo lograr lo que se necesitaba lograr. El cansancio causa mayores problemas de sueño; el sueño se ve interrumpido por preocupaciones y oleadas de ansiedad; cuando una persona se siente agotada, tiende a comer más para tener más energía. Los efectos del cansancio en el sueño, la autoestima y el peso inevitablemente conducirán a confusión con respecto a la verdadera afección que está padeciendo el paciente.

Esta misma confusión puede existir si la razón principal de la fatiga es la depresión o algún trastorno de ansiedad. Estos trastornos pueden causar síntomas físicos como dolor y síntomas gastrointestinales. La ocurrencia de estos síntomas físicos puede hacer que su doctor busque algún trastorno físico.

El trípode del bienestar

Nuestro bienestar está continuamente bajo la supervisión de tres sistemas principales: el cerebro, el sistema endocrino y el sistema inmunitario. Yo llamo a esta tercia el "trípode del bienestar". Estos tres sistemas, que interactúan constantemente, nos permiten reaccionar y combatir apropiadamente cualquier cosa en el medio ambiente que nos esté amenazando y que interfiera con nuestra salud mental y física. Las interacciones que se dan entre estos tres sistemas son tan estrechas que, en algunos casos, una alteración en uno de ellos en última instancia llevará a una alteración en el funcionamiento de los otros dos.

Una vez que ocurre alguna disfunción del sistema endocrino, por ejemplo, un desequilibrio tiroideo, casi inevitablemente se ven afectados los otros dos componentes del trípode de la salud (el cerebro y el sistema inmunitario). Una persona que padece un desequilibrio tiroideo puede deprimirse y sentirse agobiada por el estrés. La depresión hace que el sistema inmunitario se debilite, lo que da como resultado la aparición de una infección y más fatiga.

Un sistema inmunitario alterado que está causando un ataque autoinmunitario puede, por sí mismo, inducir una depresión. Durante el proceso autoinmunitario, el sistema inmunitario produce sustancias químicas como las citoquinas, que a su vez pueden afectar los neurotransmisores del cerebro que regulan el estado de ánimo y el comportamiento. La enfermedad celiaca es un ejemplo de un trastorno autoinmunitario en que el sistema inmunitario afecta al estado de ánimo. Los pacientes que sufren de esta enfermedad presentan una incidencia mucho mayor de depresión y ataques de pánico, debidos principalmente a los efectos del sistema inmunitario en las sustancias químicas del cerebro que intervienen en el estado de ánimo y las emociones.[3]

En casos muy raros, los efectos inmunitarios en el cerebro son tan severos que el paciente puede terminar padeciendo una afección neurológica llamada encefalopatía de Hashimoto.[4] Los pacientes que tienen encefalopatía de Hashimoto sufren de letargo, movimientos musculares involuntarios, debilidad muscular, convulsiones, deterioro cognitivo, comportamiento anormal y depresión. Esta afección se trata con dosis elevadas de glucocorticoides para retardar los efectos del sistema inmunitario. El tratamiento a menudo conduce a una mejoría dramática de los síntomas al cabo de unas cuantas semanas.

Esta manera en que un sistema afecta a otro en cascada, empeorando así la fatiga, tiene una amplia gama de implicaciones. La primera es que disminuye la probabilidad de que un doctor considere un problema endocrino como el origen del sufrimiento, porque ahora también están involucrados otros sistemas del cuerpo. La segunda implicación es que si la persona tiene más de una afección que le esté provocando fatiga, los síntomas de ambas afecciones podrían escalar, haciendo que sea más probable que una de las afecciones se pase por alto. Por último, el escalamiento de los síntomas puede volverse extremo en algunos pacientes, quienes pueden terminar sufriendo una depresión crónica, fibromialgia y el síndrome de fatiga crónica.

Muchos pacientes diagnosticados con fibromialgia o síndrome de fatiga crónica (SFC) y más adelante identificados como hipotiroideos me preguntan si la presencia de ambas afecciones es tan sólo una coincidencia o si su trastorno tiroideo provocó la fibromialgia o el síndrome de fatiga crónica. La respuesta a esta pregunta no siempre es clara y directa. ¿Será que el estrés o la depresión generados por el desequilibrio tiroideo debilitaron al sistema inmunitario, haciendo que el paciente fuera más vulnerable a la fibromialgia o al síndrome de fatiga crónica? ¿O será que el estrés agobiante y la depresión causados por la fatiga y los síntomas físicos de la fibromialgia o del síndrome de fatiga crónica afectaron al sistema inmunitario, dando como resultado un desequilibrio tiroideo? O bien, ¿será que el sistema inmunitario afectó a los transmisores del cerebro e indujo la fatiga y la depresión? La relación que existe entre el estrés, la depresión y los trastornos como la fibromialgia y el síndrome de fatiga crónica es compleja pero refleja las interacciones que tienen lugar entre el cerebro, el sistema endocrino y el sistema inmunitario.

Las infecciones virales causadas por un virus como el retrovirus parecen desempeñar un papel protagónico en la aparición del SFC. Las personas expuestas a altos niveles de estrés pueden no recuperarse con tanta rapidez de una enfermedad viral como otras con niveles menores de estrés (o con mejores mecanismos para lidiar con el mismo). Ahora entendemos que la vulnerabilidad psicológica de algunas personas hace que su sistema inmunitario sea más débil y esto hace que la infección viral les dure más tiempo.[5] Para la mayoría de las personas que sufren del síndrome de fatiga crónica, es prácticamente imposible determinar cuál fue el problema que inició la cascada de eventos: el estrés, la depresión, la infección viral, una alteración del sistema inmunitario o una alteración del sistema endocrino.[6]

En una serie de estudios de investigación también se ha establecido que el sistema endocrino a menudo se encuentra alterado en los pacientes que padecen el SFC. Muchos, por ejemplo, tienen un nivel bajo de cortisol, lo que indica que las glándulas suprarrenales están funcionando con mayor lentitud. Pero de nuevo, no queda claro si dichas alteraciones son la causa del trastorno o la consecuencia de la depresión y el estrés relacionados con el mismo.

Fatiga endocrina

Como endocrinólogo, yo me siento privilegiado de haberme especializado en uno de los principales sistemas del cuerpo que regula los componentes principales y más importantes de la fisiología humana. El sistema endocrino afecta casi todas las facetas de nuestro bienestar, minuto a minuto.

Aunque los desequilibrios de la hormona tiroidea son indudablemente una de las principales causas de la fatiga asociada con problemas de las glándulas endocrinas, las deficiencias de la glándula pituitaria y las glándulas suprarrenales bien podrían ser causas ocultas de la fatiga. Incontables pacientes que han sufrido de fatiga como resultado de una disfunción del sistema endocrino han pasado de un médico a otro en busca de ayuda, cuando todo lo que se hubiera necesitado para descubrir el origen de su sufrimiento hubiera sido un análisis de sangre. De una forma o de otra, la mayoría de las hormonas regulan el nivel de energía en el cuerpo. Literalmente, cualquier deficiencia de una hormona producida por el sistema endocrino pueden fomentar la fatiga. Las hormonas son sustancias químicas que se dispersan a los órganos y que supervisan las funciones básicas de las células del cuerpo. Un ejemplo típico de una disfunción endocrina que da como resultado cansancio y agotamiento extremos es la insuficiencia adrenal, que se conoce como la enfermedad de Addison. En este caso, el nivel bajo de cortisol es lo que promueve la fatiga. En casi el 70 por ciento de los casos, esta afección se debe a un ataque autoinmunitario en contra de las glándulas suprarrenales. El ataque y el proceso destructivo que tiene lugar en estas glándulas se parecen a lo que ocurre en la tiroiditis de Hashimoto. De hecho, los pacientes que padecen trastornos autoinmunitarios, incluidos la tiroiditis de Hashimoto y la enfermedad de Graves, son más propensos a desarrollar la enfermedad de Addison y viceversa.

Los médicos a menudo diagnostican la enfermedad de Addison sólo cuando dicha enfermedad y la deficiencia de cortisol han avanzado a niveles críticos. Frecuentemente, los pacientes sufren de fatiga durante un período prolongado antes de que se les diagnostique. Un ejemplo de esto es el caso de Betty, una mujer de 42 años de edad que había perdido casi 20 libras (8,9 kg) durante el transcurso de dos años. Su fatiga y su agotamiento se volvieron debilitantes. Su debilidad muscular y su pérdida del apetito eran tan severas que ya había consultado a 10 médicos distintos. Algunos le diagnosticaron depresión, otros el síndrome de fatiga crónica o alergias alimentarias. Su sufrimiento resultó ser a causa de una deficiencia de las glándulas suprarrenales, la cual también le provocó una depresión. Yo le di un tratamiento con hidrocortisona y su fatiga y sus demás síntomas se resolvieron al cabo de un mes.

Otra causa de la fatiga persistente que a menudo se pasa por alto es la fatiga pituitaria. Un estudio de investigación publicado por unos investigadores australianos demostró que la deficiencia de hormona del crecimiento y la deficiencia de cortisol debidas a una disfunción pituitaria son bastante comunes en pacientes que sufren de fatiga.[7]

La glándula pituitaria, es decir, la glándula maestra que controla a la mayoría de las glándulas endocrinas —entre ellas, la tiroides, las glándulas suprarrenales y las glándulas sexuales— recibe mensajes tanto del cerebro como de las glándulas que regula. La glándula pituitaria, aunque es muy pequeña y está oculta en una pequeña fosa de hueso que se encuentra en la base del cráneo (llamada la silla turca), tiene efectos tremendos en diversos aspectos del funcionamiento del cuerpo. Las personas en quienes se ha destruido esta glándula —por ejemplo, a causa de un tumor o por una disminución abrupta en el flujo de sangre hacia la misma, como podría ocurrir en casos de hemorragia severa— empiezan a sufrir de hipopituitarismo, que es una deficiencia de las hormonas producidas por esta glándula. Entre la amplia gama de efectos que pueden resultar del hipopituitarismo encontramos la hipofunción tiroidea, la hipofunción de las glándulas suprarrenales, una deficiencia de hormonas sexuales y una deficiencia de hormona del crecimiento. El resultado final es la ocurrencia de una amplia gama de síntomas, entre ellos fatiga, depresión y presión arterial baja. Entre otros efectos, el hipopituitarismo puede hacer que una persona sea propensa a tener enfermedades cardiovasculares y esto tiene que ver con un nivel bajo de hormona del crecimiento y niveles inadecuados de otras hormonas.[8] Los pacientes que padecen hipopituitarismo también pueden presentar otros síntomas como hipoglucemia, dolores y achaques en las articulaciones, dolores musculares y mareo.

Si usted tiene una enfermedad tiroidea autoinmunitaria u otra afección autoinmunitaria, se vuelve vulnerable a sufrir un ataque autoinmunitario en contra de su glándula pituitaria, lo que, a su vez, pueden causar una disfunción pituitaria. Cuando esto ocurre, su sistema inmunitario produce niveles elevados de anticuerpos que atacan a la pituitaria. Estos anticuerpos se dirigen a las células que secretan prolactina u otras células, incluidas las que producen la hormona del crecimiento. En un estudio de investigación, se encontraron anticuerpos antipituitarios en el 22,2 por ciento de los pacientes con diversas afecciones autoinmunitarias.[9]

Otros estudios de investigación han demostrado que aproximadamente uno de cada cinco pacientes con la enfermedad de Graves o la tiroiditis de Hashimoto tienen anticuerpos que atacan a la pituitaria.[10] En presencia de estos anticuerpos en el organismo, una persona puede sufrir de una deficiencia severa de hormona del crecimiento e incluso de una deficiencia de cortisol,[11] que son dos causas importantes de fatiga y agotamiento físico y mental. Si usted tiene una fatiga continua, es necesario que le hagan pruebas para verificar el funcionamiento de su glándula pituitaria, especialmente si también padece algún trastorno autoinmunitario. Asimismo, si su desequilibrio tiroideo ya ha sido corregido mediante tratamiento y sigue teniendo fatiga y depresión persistentes, sus síntomas residuales podrían deberse a un ataque autoinmunitario en contra de su pituitaria.

En años recientes, un número extenso de estudios de investigación ha demostrado que un traumatismo en la cabeza puede causar ciertos daños a la glándula pituitaria y provocar una deficiencia de hormona del crecimiento, de hormona tiroidea e incluso de hormonas sexuales.[12] El hipopituitarismo puede ocurrir incluso décadas después de un traumatismo en la cabeza, a menudo relacionado con accidentes vehiculares.[13] Los pacientes que han sufrido un traumatismo en la cabeza (lesión traumática en el cerebro) presentan una fatiga importante y un deterioro significativo en la atención, la concentración, las capacidades de aprendizaje, la memoria, la resolución de problemas e incluso el lenguaje. Muchos de estos síntomas tienen que ver con una deficiencia de hormona del crecimiento, que es la anormalidad más común en personas con lesiones traumáticas en el cerebro.[14]

La deficiencia de hormona pituitaria también pueden ocurrir como resultado de una "silla vacía", que es una herniación del espacio subaracnoideo dentro de la silla turca.[15] Esto puede ser causado por una presión excesiva en el cerebro o por un tumor en la pituitaria. Los traumatismos en la cabeza, la radiación y la cirugía también pueden producir una silla vacía. Hasta uno de cada cinco pacientes que tienen una silla vacía sufren de una o más deficiencias de hormonas pituitarias.

Aunque la hormona del crecimiento promueve el crecimiento en niños (una deficiencia de la misma en la infancia o niñez resultará en enanismo), no fue sino hasta fechas recientes que se creía que la deficiencia de hormona del crecimiento en adultos no afectaba la salud. Sin embargo, se ha demostrado en un número creciente de estudios de investigación que una deficiencia de hormona del crecimiento en adultos a menudo da como resultado fatiga, una menor capacidad para hacer ejercicio, debilidad muscular, alteraciones cognitivas y menor masa muscular.[16] Un estudio de investigación demostró que el 61 por ciento de los pacientes con una deficiencia de hormona del crecimiento que haya aparecido en la edad adulta sufren de depresión atípica.[17] Esto se debe simplemente a que la hormona del crecimiento, al igual que la hormona tiroidea, regula los transmisores químicos del cerebro. La deficiencia de hormona del crecimiento puede inducir una angustia mental importante, conducir al aislamiento social y a la ansiedad, así como causar fibromialgia.[18] La deficiencia de hormona del crecimiento podría ser responsable de hasta una tercera parte de todos los casos de fibromialgia. Asimismo, la deficiencia de esta hormona puede hacer que una persona aumente de peso y tenga una composición corporal anormal. Además de perder músculo, aumentará la cantidad de grasa alrededor del abdomen. Esto, a su vez, promueve la ineficiencia de la insulina y altos niveles de inflamación en el tejido adiposo. La deficiencia

de hormona del crecimiento también aumenta el riesgo de sufrir enfermedades cardiovasculares y diminuye el desempeño cardíaco.

El tratamiento con inyecciones diarias de hormona del crecimiento mejorará la energía, el sueño, las emociones y la cognición. También fortalecerá los
músculos, le hará deshacerse de la grasa y mejorará los niveles de colesterol y
triglicéridos. Además, mejorará la densidad ósea. Después de dos meses de
tratamiento, la depresión cederá. El tratamiento con hormona del crecimiento ayuda a que la hormona tiroidea funcione de manera eficiente y fomenta la buena salud de la piel. Sin embargo, puede causar el síndrome de
túnel carpiano, hinchazón periférica, dolor e hinchazón en las articulaciones,
ginecomastia y un nivel elevado de azúcar en la sangre. Si usted está siendo
tratado con hormona del crecimiento, evite tomar estrógenos orales, dado
que pueden disminuir los beneficios que este tratamiento produce en la composición corporal.

Generalmente basta un tratamiento de tres meses con dosis bajas de hormona del crecimiento para predecir si a una persona le va a beneficiar esta
terapia. En caso afirmativo, es posible que necesite continuar con el tratamiento durante mucho tiempo. Según un estudio de investigación, el
tratamiento con hormona del crecimiento a lo largo de un período de diez
años parece ser seguro.

El desequilibrio tiroideo y la fibromialgia

Durante años, la falta de una base identificable de la fibromialgia llevó a muchos médicos a negar que existiera esta afección. En 1990, el Colegio de
Reumatología de los Estados Unidos emitió criterios para la clasificación y el
diagnóstico de la fibromialgia.[19] Dichos criterios incluyen un historial clínico
de dolor musculoesquelético en diversas áreas del cuerpo durante al menos
tres meses y dolor y sensibilidad en al menos once de los dieciocho puntos
sensibles a la presión al hacer un examen con los dedos. Los dolores y
achaques a menudo van y vienen y el paciente se vuelve sensible a la apli-
cación de presión en puntos dolorosos o incluso a la presión ejercida por la
ropa. También puede sufrir de dolores de cabeza y rigidez matutina. La fatiga
en pacientes con fibromialgia frecuentemente mejora a lo largo del día, pero
recurre en la tarde y noche. La fibromialgia típicamente provocará un sueño
ligero e inquieto y hará que la persona se levante no sintiéndose descansada.
El esfuerzo físico mínimo produce más cansancio y esto afecta la vida del
paciente tanto en casa como en el trabajo. Asimismo, se pueden presentar
otros síntomas como síndrome del intestino irritable, micción frecuente por
cistitis (inflamación de la vejiga), angustia emocional, ansiedad e irritabilidad.
Además, las personas que sufren de fibromialgia pueden alterarse fácilmente por eventos triviales de la vida cotidiana y pueden volverse personas

discapacitadas y enfermas. Pueden llegar a frustrarse porque quienes los rodean, incluidos sus familiares, los ven como personas saludables, pero ellos no se sienten así.

La fibromialgia afecta al 5 por ciento de la población. Más del 80 por ciento de quienes sufren de fibromialgia son mujeres y esta afección usualmente aparece entre los 20 y 50 años de edad. No se saben las causas de la fibromialgia con exactitud, pero los estudios de investigación han sugerido que los radicales libres y el óxido nítrico en los músculos desempeñan un papel importante.[20] Por esta razón, los pacientes con fibromialgia necesitan tomar antioxidantes, ácidos grasos omega-3 y omega-6 y vitaminas.[21] También se cree que la deficiencia de vitamina D y una reserva baja de hierro intervienen en la inducción de los síntomas de la fibromialgia. Si bien hasta ahora no se ha identificado un mecanismo preciso que pueda explicar todos los casos de fibromialgia, el sistema tiroideo claramente desempeña un papel protagónico en la aparición de esta afección.

En los pacientes con fibromialgia, existe una activación constante de bajo grado del sistema de coagulación.[22] Esta anormalidad en la coagulación no produce un coágulo sanguíneo, pero sí genera un monómero de fibrina soluble (MFS), que recubre el interior de los vasos capilares, limitando así el flujo de oxígeno y nutrientes hacia el interior de las células. El menor flujo de oxígeno a las células conduce a fatiga, dolores musculares, neblina mental y alteraciones del sueño. Los genes podrían hacer que una persona produzca demasiado MFS. Los factores ambientales, como los traumatismos, la exposición a metales pesados y las toxinas que provienen de los virus, las levaduras y las bacterias, también pueden fomentar una producción excesiva de MFS. El MFS que recubre los vasos capilares favorece el crecimiento de levaduras, bacterias y micoplasmas, que pueden ocultarse en este recubrimiento y así evitar ser destruidos por el sistema inmunitario. La anormalidad en la coagulación y la infección oculta hacen que la hormona tiroidea funcione con menor eficiencia.[23] Por este motivo, algunos doctores están a favor del tratamiento con la forma activa de la hormona tiroidea, T3, para superar esta resistencia y tratar los síntomas de la fibromialgia. Las personas que padecen fibromialgia pueden mejorar o incluso curarse cuando se tratan con dosis elevadas de T3, acompañadas de suplementos nutricionales, una alimentación sana y ejercicio.[24] En un reporte, el 75 por ciento de los pacientes mejoraron cuando siguieron este programa de tratamiento y casi el 40 por ciento se curaron.[25] Sin embargo, la dosis que se empleó casi inevitablemente hará que los pacientes se vuelvan hipertiroideos. En mi opinión, estos pacientes pueden obtener beneficios similares tomando una dosis más baja de T3.

En los pacientes con fibromialgia, también es común que el sistema inmunitario ataque a la tiroides. Uno de cada tres de estos pacientes tiene una enfermedad tiroidea autoinmunitaria.[26] Además, estos pacientes presentan una probabilidad cuatro veces mayor de tener una enfermedad tiroidea autoinmunitaria que las personas que no padecen fibromialgia.[27] Los pacientes que tienen fibromialgia además de una enfermedad tiroidea autoinmunitaria a menudo han sufrido de depresión u otra afección mental.

Para referirse a la fibromialgia causada por el hipotiroidismo, los doctores emplean el término "fibromialgia hipotiroidea" en vez de "fibromialgia eutiroidea" (que significa fibromialgia no causada por una disfunción tiroidea). Casi el 12 por ciento de todos los casos de fibromialgia son causados por una tiroides hipofuncionante.[28] Si le han diagnosticado fibromialgia, es necesario que le hagan análisis de funcionamiento tiroideo. Los médicos típicamente diagnostican la fibromialgia meses o incluso años después de que a una persona se le ha diagnosticado hipotiroidismo. A menudo, el paciente se ha quejado de fatiga, achaques y dolores antes de recibir la terapia, pero estos síntomas se atribuyen inicialmente al hipotiroidismo. Sin embargo, después de que la tiroides ya se ha regulado adecuadamente, el paciente sigue quejándose de estos y otros síntomas que, considerados en su conjunto, son consistentes con un cuadro de fibromialgia.

Melinda, una mujer de 42 años de edad, estaba presentando muchos síntomas típicos de la fibromialgia con un componente significativo de depresión. Cuando se le diagnosticó hipotiroidismo después de tres años de ir de doctor en doctor buscando una solución a su problema, ella se sintió contenta y aliviada, dado que pensó que todos sus problemas se debían a su tiroides. Pero a pesar de que la corrección de su desequilibrio tiroideo sí dio como resultado cierta mejoría, no resolvió su sufrimiento por completo.

La primera vez que Melinda me consultó, antes de que empezara a tomar el medicamento para la tiroides, su esposo dijo:

> "Cada 60 ó 120 días, ella se sienta y escribe una lista de cómo se está sintiendo para llevársela a un nuevo doctor. Estos síntomas van desde mareo hasta el entumecimiento de una de sus mejillas, espasmos incontrolables en los músculos, debilidad en las rodillas, depresión, sequedad de los ojos, dolores y achaques en sus articulaciones, rigidez, problemas para dormir, dolores musculares y cosquilleo en las piernas y en los dedos de los pies. Es raro que estas listas lleguen a parar en manos del doctor, porque aunque le es fácil hacerla, ella tiene miedo de dárselas. El médico podría leer esta larga lista de los síntomas que está padeciendo todo el tiempo Melinda y concluir, 'Esta mujer está física y mentalmente muy enferma y va más allá de mis capacidades', o bien, 'No es posible que esto esté pasando'".

Mis hallazgos indicaron que Melinda estaba padeciendo dos afecciones distintas: fibromialgia e hipotiroidismo. La tiroides hipofuncionante pudo haber promovido la fibromialgia y estaba empeorando sus síntomas. Como se mencionó anteriormente, después del tratamiento de su desequilibrio tiroideo, muchos de los síntomas de Melinda sí mejoraron, pero los muchos otros que tenían que ver con la fibromialgia persistieron.

El hecho de que los médicos frecuentemente ignoren a pacientes como Melinda y su falta de apoyo, educación y capacidad para reconocer este síndrome a menudo lleva a los pacientes a consultar a un médico tras otro, e incluso a veces a decidir dejar de recurrir a ellos. Así pues, empiezan a buscar la ayuda de sanadores poco confiables, sometiéndose a charlatanerías e incluso aceptando tratamientos peligrosos que no han demostrado ser eficaces.

La fibromialgia también puede aparecer después de un tratamiento para corregir la hipofunción tiroidea. La mala corrección de una tiroides hiperfuncionante o las fluctuaciones pronunciadas en los niveles de hormona tiroidea durante el tratamiento (causadas por cambios abruptos del hipertiroidismo al hipotiroidismo severo) pueden provocar la aparición de la fibromialgia (vea el Capítulo 16).

La fibromialgia puede iniciar después de un evento emocionalmente estresante, como un accidente vehicular o laboral. Algunos pacientes son personas emocionalmente inestables o han sufrido de depresión en el pasado. El estrés podría disparar la fibromialgia al hacer que la glándula pituitaria retrase la síntesis de la hormona del crecimiento.

La activación del sistema suprarrenal, el exceso de cortisol y la producción excesiva de la sustancia P y la liberación de sustancias químicas inflamatorias pueden ser el origen del problema en algunos casos de fibromialgia. Muchas personas que sufren de esta afección pueden mejorar al tomar el antagonista de los receptores de serotonina-3 llamado tropisetrón. Además, el flavonoide llamado quercetina, que retarda la inflamación y disminuye la activación de los mastocitos, ayuda a aliviar los síntomas.[29] La melatonina, en dosis de 3 miligramos a la hora de irse a acostar, puede mejorar el sueño y aliviar los dolores y achaques. Las alteraciones del sueño también se pueden aliviar tomando un secretagogo de la hormona del crecimiento.[30] Si usted es una mujer premenopáusica, sus síntomas tenderán a empeorar durante sus períodos menstruales. Las mujeres tienden a tener dolor más severo después de la menopausia. El 25 por ciento de las mujeres posmenopáusicas que sufren de fibromialgia reportan que sus síntomas iniciaron al momento de la menopausia.[31]

Antes de aceptar el diagnóstico de fibromialgia, hable con su médico acerca de otros trastornos. Algunos de los síntomas de la fibromialgia también están presentes en algunos trastornos del tejido conectivo, como la artritis reumatoidea, el síndrome de Sjögren, la polimialgia reumática, la polimiositis y el lupus. Estas afecciones pueden causar un síndrome de dolor generalizado, al igual que la enfermedad paratiroidea y la osteoartritis. Además, muchos pacientes que padecen fibromialgia también presentan simultáneamente un trastorno del tejido conectivo como el fenómeno de Raynaud o el síndrome de Sjögren.

La fibromialgia, ya sea causada por la hipofunción tiroidea o concomitante con la misma, no es necesariamente una enfermedad discapacitante. Hay maneras de controlar sus síntomas. El entrenamiento con pesas puede mejorar significativamente la fuerza muscular y el funcionamiento de las articulaciones en las mujeres que tienen fibromialgia.

Las dosis bajas de antidepresivos tricíclicos como la amitriptilina mejoran el sueño y el dolor causado por la fibromialgia, pero no funcionan en todos los casos. Otros agentes más nuevos como el inhibidor de la recaptación de serotonina y norepinefrina llamado duloxetina y el nuevo fármaco anticonvulsivo conocido como pregabalina son bastante eficaces y a menudo brindan mejores resultados que los antidepresivos tricíclicos.[32] Los estudios de investigación han demostrado que la pregabalina en dosis de 450 miligramos al día mejora los síntomas de la fibromialgia, entre ellos, el sueño y la fatiga.[33] Es un tratamiento bien tolerado y mejora la calidad de vida del paciente. Correr en agua profunda parece ser un tipo de ejercicio seguro que ayuda a aliviar el dolor. Además, también ayuda enormemente con los aspectos emocionales de esta afección.

Tomar un relajante muscular en la noche puede ser útil para disminuir los achaques y dolores y los problemas para dormir de los pacientes con fibromialgia. Asimismo, la buena condición física aeróbica y evitar un estilo de vida sedentario ayudarán a mejorar gradualmente los síntomas. Por contraste, el ejercicio excesivo puede empeorar los síntomas. El masaje también ha ayudado a muchos pacientes. Los suplementos de antioxidantes ayudan a aliviar el dolor y los achaques. Yo también he observado que evitar la cafeína en la tarde y noche mejora la calidad del sueño. Asimismo, los pacientes deben evitar el ruido en la noche. Se ha demostrado que una alimentación 'vegana' baja en sal y rica en lactobacterias y que consista principalmente en alimentos crudos mejora los síntomas de la fibromialgia.[34]

La hipnoterapia parece ser más eficaz que la terapia física en casos de fibromialgia persistente. El asesoramiento y la biorretroalimentación también han ayudado a muchos pacientes. La terapia conductual cognitiva y las técnicas curativas espirituales como la oración también pueden producir enormes beneficios.

Los estudios de investigación han demostrado que el *tai chi*, que combina el ejercicio físico con la terapia de mente y cuerpo, mejora los síntomas de la fibromialgia.[35] La terapia meditativa y vivir centrando la mente en el presente también son de utilidad. La meditación ayuda a aliviar la ansiedad, el dolor y la depresión, mejora el estado de ánimo y la autoestima y disminuye la percepción de estrés.[36]

Los tratamientos de acupuntura también parecen ser bastante eficaces para los pacientes que padecen fibromialgia. Un estudio de investigación publicado por unos investigadores de la Universidad de Ciencias de la Salud de California del Sur demostró que la acupuntura es eficaz para aliviar el dolor y la depresión en pacientes con fibromialgia.[37]

En un ensayo se demostró que la administración subcutánea diaria de hormona del crecimiento era eficaz para aliviar los síntomas de la fibromialgia, particularmente los achaques y dolores, la fatiga y la menor capacidad para hacer ejercicio, en aquellos pacientes con niveles bajos de factor de crecimiento insulínico tipo 1 (FCI-1 o *IGF-1* por sus siglas en inglés).[38] Otra modalidad de tratamiento de la fibromialgia es la terapia con oxígeno hiperbárico. Este tratamiento ayuda a aliviar de manera importante los síntomas de estos pacientes.

El desequilibrio tiroideo y el síndrome de fatiga crónica

Los Centros para el Control de las Enfermedades definen el síndrome de fatiga crónica (SFC) como la aparición nueva de una fatiga debilitante persistente o recurrente o una fatigabilidad fácil que no se resuelve con el reposo en cama y que empeora con el ejercicio. En general, se considera este diagnóstico si la fatiga ha durado al menos seis meses.[39] Otros síntomas que pueden presentarse en casos de síndrome de fatiga crónica son escalofríos, dolor de garganta, regiones dolorosas, debilidad muscular generalizada, dolor muscular, fatiga prolongada después del ejercicio, dolores de cabeza, dolores en las articulaciones, síntomas neuropsicológicos y alteraciones del sueño.

Los estudios epidemiológicos realizados en diversos países han demostrado que la frecuencia del síndrome de fatiga crónica en la población en general es del 0,3 al 1 por ciento.[40] Los síntomas neuropsicológicos tanto de la depresión como del síndrome de fatiga crónica son bastante similares. Sin embargo, ciertos efectos físicos (febrícula, sudación nocturna, ganglios linfáticos hinchados y faringitis) indicarán la presencia de SFC más que de depresión. Las alteraciones psicológicas pueden conducir a presiones sociales y aislamiento. A veces, otras personas describen a estos pacientes como "locos" o "vagos".

Los pacientes que sufren de este síndrome tienen una imagen negativa de ellos mismos y la forma que perciben y describen su enfermedad puede perpetuar sus síntomas. Por esta razón, es crucial que reciban apoyo social. Los estudios de investigación han demostrado que la falta de apoyo social perpetúa la fatiga y la capacidad de estas personas de funcionar normalmente.

Otros factores que contribuyen a este trastorno son la intervención del sistema nervioso central y la deficiencia del sistema hipotalámico-pituitario-adrenal. Asimismo, un nivel bajo de sulfato de dihidroepiandrosterona y la inflamación pueden contribuir al funcionamiento alterado del sistema inmunitario. La inflamación y los niveles elevados de estrés oxidativo, y quizá la falta de defensas antioxidantes, también son responsables de la ocurrencia del síndrome de fatiga crónica. La suplementación con lactobacterias, que son antioxidantes fuertes, mejora el funcionamiento del sistema inmunitario y disminuye los síntomas del síndrome de fatiga crónica.[41]

Estudios de investigación recientes han demostrado que los pacientes con SFC tienen un nivel bastante bajo de zinc, y entre menor sea este nivel, mayor será la severidad de los síntomas. La deficiencia de zinc promueve más inflamación y más alteraciones en los linfocitos T.[42] Por lo tanto, el programa de tratamiento debe incluir suplementos de zinc. Entre otras causas del SFC, se ha nombrado la deficiencia de otras vitaminas y micronutrientes, entre ellos de vitaminas del complejo B, vitamina C, magnesio, sodio, L-triptofano, L-carnitina, coenzima Q_{10} y ácidos grasos esenciales.[43] Por este motivo, a menudo se indica un suplemento multivitamínico y de minerales de alta potencia a los pacientes con síndrome de fatiga crónica.

Algunos estudios han demostrado que una deficiencia leve de cortisol relacionada con un defecto hipotalámico-pituitario puede contribuir al SFC. Si los análisis muestran una deficiencia de cortisol, el tratamiento con hidrocortisona puede ayudar a aliviar los síntomas.[44]

Aunque no hay una cura para el SFC, se ha demostrado que otros tratamientos diversos pueden ser de utilidad para algunos pacientes, entre ellos la terapia de ejercicio graduado y la terapia conductual cognitiva. Algunos medicamentos potencialmente útiles incluyen los antidepresivos, las inyecciones con dosis elevadas de inmunoglobulina, las inyecciones intramusculares de sulfato de magnesio y el consumo de dosis elevadas de ácidos grasos esenciales. Debido a que los pacientes con SFC presentan niveles anormales de serotonina, el precursor de serotonina llamado 5-hidroxitriptofano (5-HTP) puede ser útil para algunas personas. La medicina homeopática también puede ayudar a disminuir la fatiga.

Debido a que los síntomas del hipotiroidismo y del SFC son bastante similares, algunos pacientes con hipofunción tiroidea pueden recibir un diagnóstico equivocado de SFC. En tales pacientes, el tratamiento indicado consiste en lograr y mantener un equilibrio tiroideo perfecto mediante la terapia con hormona tiroidea. Además, si un paciente sufre tanto de SFC como de un desequilibrio tiroideo, no obtendrá los beneficios completos de los tratamientos para el SFC que actualmente están disponibles, a menos que el desequilibrio tiroideo se haya corregido y se esté vigilando adecuadamente.

Hipoglucemia: los misterios del azúcar en la sangre

Otra causa de fatiga y de cambios en el estado de ánimo que pueden llevar a confusiones y diagnósticos erróneos es la hipoglucemia. La hipoglucemia (un nivel de azúcar en la sangre más bajo de lo normal) puede causar fatiga, dolores de cabeza y frecuencia cardíaca acelerada. Otros síntomas comunes de la hipoglucemia son incapacidad para concentrarse, confusión, irritabilidad, comportamiento extraño, temblores, ansiedad, sudación y hambre. Estos síntomas se presentan porque el cerebro no está recibiendo suficiente azúcar y generalmente se resolverán con bastante rapidez tras la ingestión de carbohidratos.

Muchos de los síntomas de la hipoglucemia resultan de la activación del sistema nervioso autónomo, que es el mismo sistema que causa algunos de los síntomas físicos de un trastorno de ansiedad. A menudo se ha citado a la hipoglucemia, altamente publicitada en revistas y libros populares, como una causa común de cansancio, mal desempeño laboral y académico y disfunción sexual. Como resultado, muchas personas que sufren de síntomas de depresión o de un trastorno de ansiedad a menudo reciben un diagnóstico equivocado de hipoglucemia.

La prueba estándar para detectar hipoglucemia es una prueba de tolerancia a la glucosa oral, que consiste en medir el nivel de azúcar en la sangre antes y varias veces después de la ingestión de glucosa. En personas sanas no hipoglucémicas, el nivel de azúcar en la sangre se eleva tras la ingestión de glucosa y luego disminuye gradualmente a niveles bajos de dos a tres horas después de la ingestión de azúcares. Después del descenso en el nivel de azúcar en la sangre, los niveles típicamente volverán a la normalidad. Se ha calculado que el 20 por ciento de las personas sanas normales tienen niveles bajos reactivos de azúcar en la sangre dos a tres horas después de comer pero no presentan síntomas.[45] Los doctores darán un diagnóstico de hipoglucemia reactiva verdadera sólo si la persona presenta síntomas cuando el nivel de azúcar en la sangre es bajo durante la prueba de glucosa.

Yo he atendido a bastantes personas que durante mucho tiempo fueron etiquetadas como hipoglucémicas, pero en las que el origen de sus síntomas resultó ser depresión o hipofunción tiroidea. Aunque la epidemia explosiva de diagnósticos de hipoglucemia que ocurrió en los años 70 y 80[46] lentamente ha ido cediendo, este problema ha seguido afectando a un número considerable de personas. Si a usted le diagnosticaron hipoglucemia solamente con base en sus síntomas o si su prueba de glucosa no se interpretó correctamente, es posible que usted se haya debilitado por el diagnóstico mismo. Muchas personas supuestamente hipoglucémicas se rehusan a comer en restaurantes, no conducen un automóvil o se vuelven personas "alimentariamente discapacitadas" que tienen miedo de comer ciertos alimentos.

Si una hipoglucemia verdadera no es la causa de los síntomas de fatiga y ansiedad después de comer, ¿a qué se debe, entonces, que algunas personas sientan fatiga y tengan dificultades para dormir, dificultades para concentrarse e incluso frecuencia cardíaca acelerada y sudación después de comer?

Si el azúcar se absorbe con mayor rapidez de lo normal, el nivel de insulina en general es más elevado en respuesta a la subida pronunciada en el nivel de azúcar. Esto ocurre a menudo cuando hay demasiada hormona tiroidea en el organismo. Este aumento pronunciado en el nivel de insulina en el torrente sanguíneo típicamente ocasiona que el nivel de azúcar en la sangre descienda rápidamente después de haberse elevado abruptamente. Incluso aunque el nivel de azúcar en la sangre no llegue a ser claramente bajo, este descenso rápido en su nivel podría provocar una respuesta exagerada por parte del sistema nervioso que es activado por la adrenalina, provocando síntomas. En esencia, una persona puede presentar síntomas de hipoglucemia sin que realmente sea hipoglucémica.

El momento en que se presentan los síntomas es importante para distinguir la hipoglucemia verdadera de lo que yo llamo "el síndrome del descenso rápido en el nivel de azúcar en la sangre". Cuando hay una hipoglucemia reactiva verdadera, los síntomas típicamente empiezan tres horas después de comer. También coinciden con lecturas de niveles bajos de azúcar en la sangre. Por contraste, los síntomas relacionados con "el síndrome del descenso rápido en el nivel de azúcar en la sangre" generalmente ocurren antes, es decir, una hora después de comer.

El tipo de alimentos que se han ingerido determina la magnitud de la elevación en el nivel de azúcar en la sangre. Los investigadores han desarrollado una escala llamada el índice glucémico, el cual les asigna valores individuales a los alimentos según el grado de elevación en el nivel de azúcar en la sangre que ocurre después de comerlos. Entre mayor sea el valor en el índice glucémico de un alimento dado, mayor será la respuesta insulínica y más rápido será el descenso subsiguiente en el nivel de azúcar en la sangre. Los alimentos compuestos de azúcares simples tienen valores en el índice glucémico más altos que los alimentos compuestos de los carbohidratos complejos. Ahora bien, los valores de los alimentos en el índice glucémico se determinan no sólo por el tipo de carbohidratos que contienen (simples o complejos) sino también por la cantidad de grasa, proteína y fibra que contienen dichos alimentos. También figuran los métodos de procesamiento y cocción empleados con estos. Por lo tanto, para evitar un descenso rápido en el nivel de azúcar en la sangre, elija alimentos que tengan valores más bajos en el índice glucémico. (Vea el Capítulo 7, donde se hay una discusión más detallada sobre los efectos que tienen distintos alimentos en el nivel de azúcar en la sangre).

Otro hecho igualmente inquietante es que se ha sugerido vagamente que existe una conexión entre la hipoglucemia y el hipotiroidismo,[47] insinuando que la hipoglucemia es una ocurrencia común en el hipotiroidismo. Esto ha llevado a algunas personas a concluir que una persona que padece síntomas de hipoglucemia podría ser tratada con hormona tiroidea. Los especialistas en tiroides a menudo atienden a pacientes que fueron diagnosticados como hipoglucémicos debido a que presentaban síntomas de fatiga, dolores de cabeza y alteraciones del sueño y que equivocadamente recibieron tratamiento con hormona tiroidea para tratar de resolver su afección.

Para hacer un diagnóstico acertado

Para determinar si es probable que esté sufriendo de síndrome de fatiga crónica, fibromialgia, hipotiroidismo o una combinación de estas afecciones, conteste los cuestionarios siguientes y asígnele una puntuación a cada uno de los síntomas que esté padeciendo.

CUESTIONARIO A: SÍNTOMAS COMUNES DE LA FIBROMIALGIA, EL SÍNDROME DE FATIGA CRÓNICA Y EL HIPOTIROIDISMO

Indique si ha estado presentando cada uno de los síntomas siguientes. Si la respuesta es no, pase al síntoma siguiente; si la respuesta es sí, califique la severidad del síntoma (1 = leve, 2 = moderada, 3 = severa) antes de pasar al siguiente.

Fatiga	Sí	No_____
Falta de resistencia	Sí	No_____
Mareo	Sí	No_____
Rigidez de las articulaciones	Sí	No_____
Depresión	Sí	No_____
Ansiedad	Sí	No_____
Dificultades para concentrarse	Sí	No_____
Debilidad muscular	Sí	No_____
Dolores de cabeza	Sí	No_____
Síndrome premenstrual que va empeorando	Sí	No_____
Cambios repentinos de humor	Sí	No_____
Irritabilidad	Sí	No_____
Confusión de palabras	Sí	No_____
Dolores y achaques en las articulaciones	Sí	No_____
Dedos hinchados	Sí	No_____
Neblina mental	Sí	No_____
Ataques de pánico	Sí	No_____
Lapsos de memoria	Sí	No_____
PUNTUACIÓN TOTAL		_____

Calcule su puntuación total. Si es mayor que 15, es posible que esté padeciendo fibromialgia, síndrome de fatiga crónica o hipofunción tiroidea y entonces deberá pasar a los cuestionarios B, C, D y E.

CUESTIONARIO B: SÍNDROME DE FATIGA CRÓNICA / FIBROMIALGIA

¿Durante seis meses ha estado sintiendo fatiga, incluso
durante el reposo y que no se alivia mediante el reposo,
de tal modo que ha afectado su capacidad de participar en sus actividades laborales, sociales o personales
usuales? (Si su respuesta es sí, anótese 10 puntos).   Sí   No _____

¿Se siente agotado, mareado y a punto de desmayarse
después de ducharse con agua caliente? (Si su
respuesta es sí, anótese 5 puntos).   Sí   No _____

¿Se siente agotado durante más de 24 horas después
de hacer ejercicio? (Si su respuesta es sí, anótese
5 puntos).   Sí   No _____

¿Sus síntomas comenzaron de manera abrupta? (Si su
respuesta es sí, anótese 5 puntos).   Sí   No _____

¿Desde que le empezó la fatiga (pero no antes), ha
presentado cualquiera de los síntomas siguientes de
manera persistente o recurrente? En caso afirmativo,
califique la severidad de cada síntoma como sigue:
1 = leve, 2 = moderada, 3 = severa.

Dolores cambiantes en las articulaciones	Sí	No _____
Días buenos, días malos	Sí	No _____
Dificultades para dormir a media noche	Sí	No _____
Mayor sed	Sí	No _____
Ojos secos, boca reseca	Sí	No _____
Visión borrosa	Sí	No _____
Frecuencia cardíaca acelerada	Sí	No _____
Pérdida de apetito	Sí	No _____
Náusea	Sí	No _____
Malestar severo	Sí	No _____

PUNTUACIÓN TOTAL   _____

Si su puntuación es de 25 o mayor, es posible que esté padeciendo fibromialgia o síndrome de fatiga crónica y deberá pasar al cuestionario C.

CUESTIONARIO C: FIBROMIALGIA

¿Durante al menos los últimos tres meses ha tenido
    dolor o se ha sentido adolorido en muchas partes de
    su cuerpo, afectando ambos lados del cuerpo (dere-
    cho e izquierdo), arriba y abajo de la cintura y en la
    parte media del cuerpo (es decir, cualquier parte de
    la columna)? (Si su respuesta es sí, anótese 5 puntos). Sí   No_____

¿Su doctor ha podido provocar dolor en al menos once
    lugares al presionar los dieciocho puntos de su cuerpo
    llamados "puntos dolorosos a la presión"? (Si su res-
    puesta es sí, anótese 10 puntos).   Sí   No_____

¿Ha presentado cualquiera de los síntomas siguientes?
    En caso afirmativo, califique la severidad de cada sín-
    toma como sigue: 1 = leve, 2 = moderada, 3 = severa.

Espasmos musculares	Sí	No_____
Entumecimiento y cosquilleo	Sí	No_____
Sensibilidad de los ojos a la luz	Sí	No_____
Amoratamiento	Sí	No_____
Vejiga irritable	Sí	No_____
Intestino irritable	Sí	No_____
Dolores en los ojos	Sí	No_____

PUNTUACIÓN TOTAL   _____

Si su puntuación es de 25 o mayor, es posible que esté padeciendo
fibromialgia. Independientemente de la puntuación que haya obtenido
en este cuestionario, proceda a los cuestionarios D y E.

CUESTIONARIO D: EL SÍNDROME DE FATIGA CRÓNICA

¿Presenta fiebres recurrentes o persistentes?
    (Si su respuesta es sí, anótese 10 puntos).   Sí   No_____

¿Ha tenido sensibilidad en los ganglios linfáticos que
    le dure varias semanas? (Si su respuesta es sí, anótese
    10 puntos).   Sí   No_____

CUESTIONARIO D: EL SÍNDROME DE FATIGA CRÓNICA (CONTINUACIÓN)

¿Ha presentado cualquiera de los síntomas siguientes?

En caso afirmativo, califique la severidad de cada síntoma como sigue: 1 = leve, 2 = moderada, 3 = severa.

Sudación nocturna	Sí	No _____
Dolor de garganta	Sí	No _____
Mayor sed	Sí	No _____
Infecciones frecuentes	Sí	No _____

PUNTUACIÓN TOTAL _____

Si su puntuación es de 25 puntos o mayor en el cuestionario D, es posible que padezca el síndrome de fatiga crónica. Ahora, sin importar las puntuaciones que haya obtenido en los cuestionarios B, C o D, proceda al cuestionario E.

CUESTIONARIO E: HIPOTIROIDISMO

¿Ha presentado cualquiera de los síntomas siguientes durante al menos un mes? Si la respuesta es no, proceda al síntoma siguiente; si la respuesta es sí, califique la severidad del síntoma (1 = leve, 2 = moderada, 3 = severa) antes de pasar al siguiente.

Caída del cabello	Sí	No _____
Piel seca	Sí	No _____
Estreñimiento	Sí	No _____
Pulso lento	Sí	No _____
Mayor apetito	Sí	No _____
Aumento de peso	Sí	No _____
Apnea del sueño (ronquidos fuertes y cesación breve e intermitente de la respiración durante el sueño)	Sí	No _____
Palmas de las manos amarillas	Sí	No _____
Calambres musculares	Sí	No _____
Dormir más	Sí	No _____

PUNTUACIÓN TOTAL _____

Si su puntuación fue de 10 o más en el cuestionario E, es posible que padezca hipofunción tiroidea. Si también tuvo una puntuación de 25 o más en los cuestionarios C o D, es posible que tenga tanto hipotiroidismo como síndrome de fatiga crónica o fibromialgia.

Causas potenciales de la fatiga

TRASTORNOS DEL SISTEMA ENDOCRINO
- Hipotiroidismo
- Hipertiroidismo
- Insuficiencia suprarrenal (como la enfermedad de Addison)
- Deficiencia pituitaria (como falta de hormona del crecimiento)
- Deficiencias múltiples del funcionamiento pituitario
- Enfermedad de Cushing
- Diabetes

TRASTORNOS DEL SISTEMA INMUNITARIO E INFECCIONES
- Lupus
- Polimiositis (una enfermedad rara de los músculos); dermatomiositis (una enfermedad rara que causa debilidad muscular y sarpullido en la piel)
- Síndrome de Sjögren
- Polimialgia reumática
- Anemia perniciosa
- Artritis reumatoidea
- Infección por el virus Epstein-Barr
- Infección por VIH; SIDA
- Otras enfermedades virales
- Tuberculosis
- Enfermedad de Lyme
- Infección por hongos

TRASTORNOS DE LA QUÍMICA CEREBRAL
- Todos los trastornos depresivos
- Trastornos de cambios de humor

OTRAS AFECCIONES
- Fibromialgia
- Síndrome de fatiga crónica
- Anemia
- Cáncer
- Alcoholismo
- Intoxicación con metales pesados
- Medicamentos (beta-bloqueadores; antidepresivos)
- Abuso de drogas
- Enfermedades hepáticas
- Insuficiencia cardíaca

- Problemas pulmonares crónicos
- Apnea del sueño
- Mal de Parkinson
- Esclerosis múltiple
- Linfoma

Puntos importantes a recordar

- Si está sufriendo de fatiga, no dé por hecho que sus demás síntomas están siendo causados por la misma. Para ayudar a su médico a descubrir la o las fuentes de su fatiga, descríbale todos sus síntomas con la mayor precisión posible.
- Para averiguar qué está causando su fatiga, puede que usted y su médico tengan que hacer labor de detectives para revisar los muchos sistemas de órganos que pueden producir fatiga.
- Si no se encuentra ningún trastorno obvio que esté causando su fatiga, se deberán considerar los trastornos del sistema endocrino, como las deficiencias de las glándulas pituitaria y suprarrenales.
- Recuerde, una persona puede tener más de un trastorno que le esté causando fatiga. El desequilibrio tiroideo puede coexistir con otras afecciones que típicamente causan fatiga, entre ellas la fibromialgia y el síndrome de fatiga crónica.
- Tenga presente el trípode de la salud (el sistema endocrino, el sistema inmunitario y el cerebro) cuando esté tratando de averiguar qué es lo que está causando su fatiga.
- Si tiene fibromialgia, esta podría ser causada por un desequilibrio tiroideo.
- No acepte fácilmente un diagnóstico de hipoglucemia a menos que sus síntomas coincidan con niveles bajos de azúcar en la sangre.
- Para evitar que le den un diagnóstico equivocado, use los cuestionarios de síntomas anteriores, que le ayudarán a determinar cuál de los tres síndromes que comparten rasgos comunes (fibromialgia, síndrome de fatiga crónica y desequilibrio tiroideo) está causando su o sus síntomas.

TERCERA PARTE

LOS PROBLEMAS TIROIDEOS DE LAS MUJERES

Sus síntomas no son producto de su imaginación

11

EL SÍNDROME PREMENSTRUAL Y LA MENOPAUSIA

Sintonice sus ciclos

Desde la pubertad hasta la menopausia, el cuerpo y el cerebro de una mujer se ve influenciado por ciclos hormonales continuos. Estas hormonas son cruciales no sólo para la reproducción, sino también para la naturaleza de la identidad femenina de una mujer. Las hormonas sexuales, las cuales incluyen el estrógeno, la progesterona, la testosterona y la dihidroepiandrosterona (DHEA), también desempeñan un papel importante en el pensamiento y la memoria. Además, interactúan con sustancias químicas del cerebro que regulan el estado de ánimo, las emociones y el impulso sexual.

El patrón bien definido del ciclo mensual de las mujeres está estrechamente regulado por mensajes del hipotálamo y de la glándula pituitaria. Aunque el sistema tiroideo y el sistema de hormonas sexuales son dos sistemas independientes regidos por la misma "glándula maestra", es decir, la pituitaria, se dan relaciones importantes entre los dos.

En primer lugar, la hormona tiroidea afecta los niveles de hormonas sexuales y la manera en que funcionan en el cuerpo. Un desequilibrio en la hormona tiroidea frecuentemente causa menstruaciones abundantes y prolongadas (especialmente en casos de hipotiroidismo), o bien, menstruaciones breves y escasas o incluso la cesación de las mismas (en casos de hipertiroidismo y también de hipotiroidismo severo).[1] La hormona tiroidea también es crucial para la concepción y para el embarazo saludable y exitoso.

En segundo lugar, las hormonas sexuales parecen intervenir en la ocurrencia de las enfermedades tiroideas. En las mujeres, los trastornos tiroideos autoinmunitarios se vuelven más comunes durante la pubertad. A medida que una mujer va entrando a sus años fértiles, aumenta de manera pronunciada la frecuencia tanto de la tiroiditis de Hashimoto como de la enfermedad de Graves. Durante la menopausia, también aumenta la frecuencia de la tiroiditis de Hashimoto y del hipotiroidismo subclínico, de tal manera que del 13 al 15 por ciento de las mujeres posmenopáusicas tienen algún déficit de hormona tiroidea.[2] Un estudio de investigación demostró que la tiroiditis de Hashimoto ocurría con mayor frecuencia en aquellas mujeres que tenían un período fértil más prolongado (es decir, más años entre la pubertad y la menopausia).[3]

Otros datos indican claramente que las hormonas sexuales tienen un efecto crucial en la actividad de la glándula tiroides y que incluso pueden afectar la provocación de una reacción autoinmunitaria en la tiroides. Por ejemplo, muchas mujeres que tienen la enfermedad de Graves latente pueden presentar un episodio de síntomas durante el primer trimestre de embarazo o después de dar a luz. Los cambios hormonales importantes que tienen lugar después del alumbramiento también parecen ser los responsables de la alta frecuencia de enfermedades tiroideas posparto. El hecho de que las afecciones tiroideas inicien o empeoren durante estos períodos de cambios hormonales probablemente tenga que ver con los efectos de las hormonas sexuales en el sistema inmunitario.

Las hormonas sexuales también tienen un efecto significativo en la manera en que se manifiesta física y mentalmente un desequilibrio tiroideo. La química tanto del cerebro como del cuerpo se ve influenciada bajo condiciones normales y anormales por la tiroides y las hormonas sexuales. Un desequilibrio en la hormona tiroidea empeorará los síntomas provocados por los cambios hormonales, de modo que una mujer que normalmente ha tenido pocos o ningunos síntomas relacionados con cambios hormonales empezará a presentar más síntomas en presencia de un desequilibrio tiroideo.

Las formas complejas en que los problemas de la tiroides hacen que vayan escalando los síntomas son más aparentes durante tres períodos importantes del ciclo hormonal: la fase lútea del ciclo menstrual (después de la ovulación, cuando se libera el óvulo, que corresponde al período en que la mayoría de las mujeres presentan los síntomas del síndrome premenstrual), el posparto y la menopausia. Este capítulo se centra en la relación que existe entre la tiroides, el síndrome de la fase lútea (síndrome premenstrual) y la menopausia. (En el Capítulo 13 hablaremos de la depresión posparto).

El síndrome premenstrual:
¿desequilibrio químico o cambios hormonales?

Durante la última parte del ciclo menstrual (es decir, de cinco a siete días antes de la menstruación), muchas mujeres sufren cambios repentinos de humor, irritabilidad, enojo, falta de energía, dificultades para concentrarse, cambios en el apetito (particularmente antojos por comer ciertos alimentos), ansiedad, depresión, falta de interés en sus actividades ordinarias, agotamiento y cambios en el patrón de sueño, incluido el insomnio. Esta mezcla de síntomas, coloquialmente llamada el síndrome premenstrual, se asemeja a un tipo depresivo de trastorno cíclico del estado de ánimo. A lo largo de los años fértiles, este cambio cíclico en las emociones y el estado de ánimo a menudo inicia de manera insidiosa. Gradualmente, las mujeres que padecen el síndrome premenstrual aprender a lidiar con este sufrimiento episódico y recurrente.

Debido a que los síntomas del síndrome premenstrual son similares a los de la depresión cíclica, a menudo se ha creído que los efectos en el estado de ánimo se deben a un desequilibrio químico sutil. El síndrome premenstrual tiende a volverse más aparente para la mujer durante los últimos días de su ciclo menstrual, cuando los niveles de estrógeno, tras haberse elevado después de la ovulación, tienden a declinar. Al mismo tiempo, los niveles de progesterona, que se había producido en grandes cantidades durante la segunda parte del ciclo menstrual, también tienden a bajar. Se ha pensado que estos cambios hormonales son la base del síndrome premenstrual. Los cambios hormonales también explican el malestar físico —lo cual incluye síntomas como retención de líquidos, dolores y achaques, sensibilidad en los senos, dolores de cabeza, migrañas y síntomas gastrointestinales— que puede presentarse durante el síndrome premenstrual.

El síndrome premenstrual es uno de los síndromes menos comprendidos en la medicina. Los endocrinólogos, los endocrinólogos de la reproducción, los psiquiatras y los ginecólogos han tratado de entender la base de este síndrome, pero nadie ha podido declarar de manera contundente qué es lo que lo causa. En gran medida, los diversos especialistas han prestado atención sólo a aquellas facetas del síndrome que son pertinentes a su campo. Los endocrinólogos han encontrado múltiples anormalidades que podrían ser las responsables de la retención de líquidos y sal que ocurre durante el período premenstrual. Los endocrinólogos de la reproducción y los ginecólogos han explicado los cambios en los niveles hormonales que ocurren durante la última parte del ciclo menstrual. Los psiquiatras se han centrado en los aspectos emocionales del síndrome premenstrual y han establecido ciertos criterios para su correcto diagnóstico.[4]

Muchos investigadores de diversos campos han propuesto que la causa del síndrome premenstrual podría ser la mayor sensibilidad de algunas mujeres a los cambios hormonales del ciclo menstrual. Los estudios de investigación han demostrado que el funcionamiento del sistema serotoninérgico del cerebro cambia a lo largo del ciclo menstrual y esto tiene que ver con los cambios en los niveles hormonales. El estrógeno mejora la actividad de la serotonina en ciertas regiones del cerebro y regula el estado de ánimo, las emociones y la cognición.[5] También regula las interacciones entre el cerebro y el sistema endocrino. Algunas mujeres son más sensibles a los cambios en la serotonina causados por las hormonas, haciéndolas más propensas a padecer el síndrome premenstrual. En esencia, algunas mujeres pueden tener un desequilibrio químico sutil subyacente que las predisponga a padecer este síndrome. La hormona tiroidea, el cortisol y las hormonas sexuales (es decir, el estrógeno, la progesterona y los andrógenos) regulan hasta cierto grado la cantidad de sustancias químicas que hay en el cerebro y sus efectos en el cuerpo y la mente.

A medida que va descendiendo el nivel de estrógeno durante el período premenstrual, la actividad de la serotonina también disminuye, lo que explica los cambios en el estado de ánimo y el comportamiento. La elevación en el nivel de progesterona que ocurre después de la ovulación también contribuye al descenso en la actividad de la serotonina y afecta al neurotransmisor llamado ácido gamma-aminobutírico que a su vez interviene en la regulación del estado de ánimo, las emociones y la conducta alimentaria. De hecho, la progesterona causa los mismos efectos negativos en el estado de ánimo que las benzodiazepinas, los barbitúricos y el alcohol.[6]

Investigaciones recientes han demostrado que la hormona leptina, que regula el apetito y el metabolismo, también contribuye a la incidencia del síndrome premenstrual. Esta hormona también regula la reproducción y las emociones. Las pacientes que padecen el síndrome premenstrual tienen niveles más elevados de leptina durante la segunda parte del ciclo menstrual.[7] Tienden a consumir más grasa, más azúcares simples y menos proteínas y a comer con mayor frecuencia antes de sus períodos menstruales, lo que les dificulta seguir un programa de manejo del peso.

El hecho de que el sobrepeso haga que una mujer tenga una mayor predisposición al síndrome premenstrual destaca la importancia de los cambios en los neurotransmisores y de sus interacciones con las hormonas. Investigaciones recientes han demostrado que el síndrome premenstrual es tres veces más común en mujeres obesas que en mujeres no obesas.[8] Las fumadoras también son más propensas a padecer el síndrome premenstrual que las mujeres que no fuman. Una mujer que padece este síndrome también tiene una probabilidad más alta de beber alcohol en grandes cantidades.[9]

Casi el 50 por ciento de todas las mujeres sienten algún tipo de molestia durante el período premenstrual,[10] pero la mayoría presentan cambios leves que perciben como normales y similares a lo que experimentan otras mujeres. Cuando se les pregunta si presentan algunos de los síntomas del síndrome premenstrual, estas mujeres típicamente contestan, "Ah, sí, sí los tengo". Pero en algunos casos, los síntomas son mucho más severos.

Una mujer menopáusica que padeció el síndrome premenstrual durante años me dijo alguna vez:

"Me alegro de ya no menstruar porque mi síndrome premenstrual era muy severo. ¡Yo lo describía como algo vicioso, una irritabilidad envilecida causada por el síndrome premenstrual! Por poco tuve que decirles a mis amistades y familiares, 'Anoten mis fechas en su calendario y no se me acerquen'. No quería salir de casa durante esas épocas porque temía que tendría un altercado. Yo contestaba de mal modo a cualquiera que se atreviera incluso a mirarme feo".

No obstante, esta mujer mantuvo su sufrimiento en secreto. Nunca buscó la ayuda de un médico.

Al igual que con muchas otras afecciones mentales, los psiquiatras han propuesto criterios rígidos para determinar si una mujer padece el síndrome premenstrual. Según ellos, se considera que una mujer padece este síndrome sólo si presenta varios síntomas severos y sólo si recibe un diagnóstico de "trastorno disfórico de la fase lútea tardía." Sólo el 3 al 8 por ciento de las mujeres cumplen con esos criterios. Sin embargo, según los criterios muchos menos estrictos que emplea el Colegio de Obstetras y Ginecólogos de los Estados Unidos, se considera que una mujer padece el síndrome premenstrual si tiene sólo un síntoma relacionado con el estado de ánimo y un síntoma físico. Como habrá notado, usted podría estar padeciendo el síndrome premenstrual —y sin embargo no recibir el diagnóstico apropiado— si la evalúa un médico que emplea los criterios psiquiátricos. Los estudios de investigación han sugerido que del 13 al 18 por ciento de las mujeres tienen síntomas premenstruales lo suficientemente severos como para causarles angustia y sufrimiento.[11] No obstante, muchas de ellas se consideran normales. Para conseguir la ayuda que requiere, es necesario que anote sus síntomas y cómo se siente en un diario y emplear los criterios menos rígidos para el diagnóstico.

Los síntomas premenstruales tienden a empeorar con la edad e incluso más durante la época en que una mujer está por entrar a la menopausia, de tal modo que los síntomas del síndrome premenstrual y de la perimenopausia pueden entremezclarse.[12] Durante esta etapa de su vida fértil, las mujeres a menudo se sorprenden al escuchar que los síntomas del síndrome premenstrual podrían estar causando su malestar. Los síntomas pueden volverse continuos conforme la ovulación se va volviendo irregular y sus períodos menstruales se van haciendo más abundantes e irregulares.

De hecho, existe un vínculo estrecho entre la presencia del síndrome premenstrual y la probabilidad de presentar síntomas menopáusicos, entre ellos sofocos (bochornos, calentones), falta de sueño, menor libido e incluso depresión menopáusica. Los estudios de investigación han demostrado que una de cada cuatro mujeres que sufren de depresión perimenopáusica habían padecido previamente el síndrome premenstrual, pero que menos de una de cada diez mujeres menopáusicas que no habían sufrido de depresión habían presentado síntomas del síndrome premenstrual.[13] Esto nos dice que si una mujer ha padecido el síndrome premenstrual, independientemente de que el origen de su problema sea o no un desequilibrio tiroideo, se vuelve más vulnerable a la depresión perimenopáusica.

Las mujeres que padecen trastornos del estado de ánimo o de ansiedad crónicos y no diagnosticados además del síndrome premenstrual pueden tener muchas dificultades para recibir un diagnóstico correcto. Si usted ya padece depresión o algún trastorno de ansiedad, tiene una probabilidad mayor de padecer el síndrome premenstrual. Se ha observado una exacerbación clara de los síntomas depresivos en el 80 por ciento de las pacientes que sufren de depresión.[14] En estas mujeres, el sufrimiento emocional relacionado con su trastorno del estado de ánimo empeora durante este período vulnerable del ciclo menstrual. Durante varios días antes de la menstruación, experimentan una mezcla de malestar y sufrimiento relacionados tanto con el síndrome premenstrual como con el trastorno del estado de ánimo, con síntomas que a veces se vuelven severos e incapacitantes. Esta intensificación de los síntomas es un argumento sólido a favor de la noción de que el síndrome premenstrual es causado por un desequilibrio químico sutil en el cerebro.

El desequilibrio tiroideo: el vínculo con el síndrome premenstrual

Los endocrinólogos han estudiados diversas facetas de los sistemas hormonales del cuerpo para explicar algunos de los síntomas del síndrome premenstrual. Han encontrado ciertas anormalidades en muchos sistemas hormonales, entre ellos el sistema tiroideo. Debido a que la hormona tiroidea afecta el nivel de aquellas sustancias químicas del cerebro que afectan las emociones y el estado de ánimo, diversos investigadores han tratado de determinar si el síndrome premenstrual podría ser causado por un desequilibrio tiroideo.

El Dr. Peter Schmidt y sus colegas de los Institutos Nacionales de Salud demostraron en un estudio de un gran número de mujeres que cumplían con los criterios clínicos del síndrome premenstrual[15] que el 10,5 por ciento de ellas tenían un desequilibrio tiroideo. Con frecuencia se trataba de hipotiroidismo subclínico. Al emplear el análisis de estimulación de la hormona liberadora de tirotropina (*TRH test*) —el análisis más sensible que actualmente está disponible para detectar un déficit mínimo de hormona tiroidea— descubrieron que el 30 por ciento de las mujeres con síndrome premenstrual que tenían un nivel basal normal de hormona estimulante de la tiroides (HET o *TSH* por sus siglas en inglés) también tenían un desequilibrio tiroideo menor. La frecuencia de hipotiroidismo subclínico determinada mediante la medición de la TSH en muestras numerosas de mujeres en edad fértil generalmente ha sido de 3,6 a 7,5 por ciento, de modo que la tasa que se descubrió en este estudio de investigación fue más alta de la esperada.

Un ensayo abierto realizado por la Dra. Nora Brayshaw demostró que una dosis elevada de hormona tiroidea aliviaba los síntomas en las mujeres con síndrome premenstrual. La mayoría de las mujeres que participaron en este estudio tenían hipotiroidismo subclínico.[16]

Estos resultados sugieren que el desequilibrio tiroideo, incluido el hipotiroidismo subclínico, puede tener algo que ver en la ocurrencia o empeoramiento del síndrome premenstrual en algunas pero no todas las mujeres. Es posible que un déficit de hormona tiroidea en el cerebro sea la base del síndrome premenstrual en algunas mujeres. Las similitudes entre los síntomas del hipotiroidismo y los del síndrome premenstrual hacen que esta hipótesis sea plausible. Entre los síntomas comunes están el aumento de peso, la mala regulación de la temperatura, el letargo, la irritabilidad, los cambios repentinos de humor y la ansiedad. La eficacia del tratamiento con hormona tiroidea en algunas mujeres que padecen el síndrome premenstrual pero tienen una glándula tiroides normal es similar a la eficacia observada en mujeres que sufren de depresión.

Martha, una gerente de 32 años de edad, nunca había presentado los síntomas de síndrome premenstrual sino hasta dos años antes de que su ginecólogo le diagnosticara hipotiroidismo. Ella dijo:

"Al inicio, yo era una persona feliz la mayor parte del tiempo. Luego, desde hace dos años, empecé a sentirme cansada y deprimida y a tener dolores de cabeza antes de mi período. Poco a poco, me convertí en una persona muy emotiva y no podía salirme de la cama. Me levantaba, me duchaba, me vestía y me quedaba ahí sentada".

Durante varios meses, mis períodos duraban dos semanas, entonces era como si tuviera el síndrome premenstrual casi todo el mes. Me sentía irritable todo el tiempo. Cuando me diagnosticaron hipotiroidismo y empecé a tomar el tratamiento con hormona tiroidea, mis síntomas empezaron a disminuir. Mis dolores de cabeza empezaron a bajar y luego desaparecieron mis síntomas".

El caso de Martha no es único. Las mujeres que van a consultar al doctor por síntomas del síndrome premenstrual a veces resultan tener un trastorno tiroideo.

Muchas mujeres a quienes les han diagnosticado la enfermedad de Graves que han tenido cierta experiencia con el síndrome premenstrual dicen que la enfermedad de Graves se podría describir como el síndrome premenstrual multiplicado muchas veces. Los síntomas del hipertiroidismo y del síndrome premenstrual pueden ser tan similares que una persona puede atribuir los síntomas del hipertiroidismo a un empeoramiento del síndrome premenstrual. Algunas mujeres con una tiroides levemente hiperfuncionante notarán síntomas relacionados con la tiroides sólo durante el período premenstrual.

La manera en que la disfunción tiroidea puede empeorar el síndrome premenstrual

Para las mujeres que sufren de un síndrome premenstrual leve, la aparición de un desequilibrio tiroideo (ya sea hipotiroidismo o hipertiroidismo) puede agravar sus síndrome premenstruales.

Billie tenía 32 años cuando su ginecólogo le diagnosticó bocio. Los análisis de la tiroides indicaron que padecía hipotiroidismo. Billie había empezado a padecer el síndrome premenstrual a los 20 años de edad pero podía lidiar bastante bien con los síntomas. Sin embargo, a lo largo de los tres últimos años, sus síntomas habían ido empeorando gradualmente. Consultó a muchos médicos, quienes le recomendaron diferentes tratamientos sin éxito. El empeoramiento del síndrome premenstrual se resolvió cuando se corrigió su hipotiroidismo.

Antes del tratamiento, Billie describía sus síntomas como sigue:

"Había estado padeciendo esos síntomas durante algún tiempo. Quería terminar la relación con mi novio. Luego empecé a notar que incluso cuando él no estaba, me seguía sintiendo igual. Mis síntomas empeoraron en los últimos tres años. Era como reloj. Los mismos sentimientos, la misma ansiedad. Un médico me diagnosticó el síndrome premenstrual y me recetó *Prozac*. El *Prozac* me ayudó un poco, pero empecé a tener efectos secundarios. Dejé de tomarlo".

"Ya más o menos había aprendido a lidiar con este problema. Veinte días del mes estaba bien. Luego, sabía que se estaba acercando el día en que me llegara de nuevo. De repente, sentía que algo entraba en mi cuerpo y se apoderaba de mí".

"Mi mente cambiaba de repente. Mi apetito se salía de control. Nada me satisfacía. El desequilibrio casi me enloquecía. Mis emociones eran agobiantes".

"Iba y venía en oleadas. Lloraba y no sabía por qué. Un minuto me sentía la mujer más feliz del mundo y estaba haciendo cosas con mi familia y luego, cinco minutos después, algo me enojaba y empezaba a gritarles a mis amistades o a mi esposo. Dejaba de ser la misma persona. Era como si tuviera una doble personalidad".

"Fui a consultar a un especialista en síndrome premenstrual. Él me dio un folletito y me dijo, 'Esto es lo que es el síndrome premenstrual y lo siento, pero no tengo nada qué decirle. Tome estas pastillas anticonceptivas a ver si le ayudan'. Pero las pastillas hacían que me sintiera cansada y también me hicieron aumentar de peso. Otro doctor leyó mi historial clínico y me dijo que tal vez podría tener un trastorno bipolar. Otro doctor me dijo que tenía ciclotimia".

El síndrome premenstrual de Billie se volvió mucho más severo al principio de su hipotiroidismo. Cuando empezó a tomar el tratamiento con hormona tiroidea, su mente se sentía más clara todo el tiempo y sus síntomas mejoraron. Ella dijo:

"Me mantenía más estable. Mi apetito era más regular. Mi nivel de energía era más consistente. No hacía muchas cosas a la vez. Me volví más metódica. Generalmente trato de hacer muchas cosas al mismo tiempo: hornear, cocinar, lavar la ropa. Ya no me canso como antes. Me siento más tranquila. Mis respuestas son más pensadas. No logré esta mejoría con ningún otro medicamento".

El exceso o la deficiencia de hormona tiroidea le da una forma distinta al síndrome premenstrual. No sólo amplifica los síntomas premenstruales existentes, sino que también agrega síntomas nuevos. El sufrimiento adicional difiere dependiendo del tipo y la severidad del desequilibrio tiroideo.

Mientras que el hipotiroidismo combinado con el síndrome premenstrual significa más estados de ánimo deprimidos, episodios de llanto, sentimientos de desesperanza y pérdida de control, somnolencia, sentimientos de culpa y enojo repentinos, la combinación de hipertiroidismo y síndrome premenstrual da como resultado más síntomas de ansiedad, inquietud y alteraciones en los patrones de sueño. En las mujeres hipertiroideas que tienen ataques de pánico, a veces aumenta tanto la frecuencia como la severidad de los ataques durante la última parte del ciclo menstrual. En general, los cambios repentinos de humor, la irritabilidad y el enojo se mezclan con un grado más elevado de ansiedad y agitación durante el período premenstrual.

Cómo curar el síndrome premenstrual

Si usted padece un desequilibrio tiroideo y ha sufrido del síndrome premenstrual, obviamente el primer paso para mejorar o curar su síndrome premenstrual es atender y corregir adecuadamente el desequilibrio tiroideo. Si tiene una tiroides hipofuncionante, es más probable que se vea beneficiada de una combinación de combinación de T4 y T3. La forma activa de la hormona tiroidea, T3, mejora la actividad de la serotonina en el cerebro y ayuda a aliviar los síntomas relacionados con el estado de ánimo. Sin embargo, incluso con el tratamiento apropiado para la tiroides, es posible que siga padeciendo síntomas premenstruales residuales. Para curarlos, puede que necesite tomar una pastilla anticonceptiva que contenga una dosis baja de estrógeno para prevenir las fluctuaciones hormonales que se relacionan con la ovulación. Este se ha convertido en el tratamiento más ampliamente aceptado para el síndrome premenstrual. Los anticonceptivos orales que sólo contienen progestina no mejoran los síntomas premenstruales e incluso pueden llegar a empeorar las cosas. Las formulaciones más nuevas como *Yasmin*, que contienen una dosis baja de estrógeno además de la progestina llamada drospirenona, son las que más ayudan.[17] Este tipo de anticonceptivo oral también disminuye la retención de líquidos que es tan común en el síndrome premenstrual.

Los antidepresivos inhibidores selectivos de la recaptación de serotonina (ISRS) son bastante eficaces para tratar tanto los síntomas relacionados con el estado de ánimo del síndrome premenstrual como los síntomas físicos del mismo, por ejemplo, la retención de líquidos y los dolores de cabeza. Los estudios de investigación han demostrado que más del 60 por ciento de las pacientes que padecen el síndrome premenstrual responden a estos medicamentos.[18] La sertralina, la fluoxetina y la paroxetina de liberación prolongada han sido aprobadas por la Dirección de Alimentación y Fármacos de los Estados Unidos para tratar el síndrome premenstrual. Un estudio de investigación demostró que el citalopram es eficaz en pacientes que no respondieron a otros ISRS. Estos fármacos pueden ser eficaces cuando se toman de manera intermitente durante la segunda fase del ciclo menstrual. Sin embargo, a algunas mujeres les va mejor cuando toman el ISRS de manera continua.[19] Los antidepresivos tricíclicos se pueden usar como alternativa, pero yo no recomiendo los medicamentos ansiolíticos como la buspirona o el alprazolam, ya que rara vez son eficaces.

Ciertos cambios en la alimentación también pueden ser útiles para aliviar el síndrome premenstrual. Aumente su consumo de alimentos de soya, los cuales son ricos en unas proteínas llamadas isoflavonas. Estas mejoran la actividad de la serotonina en el cerebro y pueden disminuir los síntomas premenstruales.[20] También aumente su consumo de calcio y vitamina D. Según investigaciones recientes publicadas en la revista médica *Archives of Internal Medicine*, el consumo bajo de calcio y la deficiencia de vitamina D pueden contribuir a la incidencia del síndrome premenstrual.[21] Las mujeres que padecen el síndrome premenstrual generalmente consumen mucho menos calcio que las demás mujeres. Se ha demostrado que tomar un suplemento de 1.200 a 1.600 miligramos de calcio al día ayuda a aliviar los síntomas premenstruales. También es necesario que tome cantidades adecuadas de cromo, cobre y manganeso, ya que se ha encontrado que el nivel en sangre de estos minerales es bajo en las pacientes que padecen el síndrome premenstrual.[22] En pacientes con síndrome premenstrual, las fluctuaciones hormonales hacen que se liberen grandes cantidades de óxido nítrico,[23] lo cual podría contribuir a la presencia de síntomas premenstruales.

Si usted padece el síndrome del intestino irritable, es más probable que presente depresión, enojo y deterioro cognitivo durante la etapa premenstrual.[24] Entonces necesitará un tratamiento más agresivo que incluya prácticas de relajación y una dieta estricta. También es necesario que deje de fumar y que siga algún programa para manejar su peso. La pérdida de peso le ayudará a aliviar sus síntomas premenstruales tremendamente. También es bastante útil tomar suplementos de 50 a 100 miligramos de vitamina B_6 junto con 200 miligramos de magnesio.[25] Estos suplementos mejoran los síntomas de ansiedad relacionados con el síndrome premenstrual.

Los estudios de investigación han demostrado que la terapia quiropráctica puede ser altamente eficaz para disminuir los síntomas premenstruales.[26] Se ha demostrado que la acupuntura, que funciona en los sistemas de neurotransmisores serotoninérgicos y opioides, mejora significativamente los síntomas en el 77,8 por ciento de las pacientes, en comparación con el 5,9 por ciento de las mujeres que recibieron un placebo.[27] Otros medicamentos también pueden brindar ciertos beneficios. La espironolactona, que es un diurético ahorrador de potasio, ayuda a algunas pacientes, pero brinda menos beneficios que un ISRS. En algunos casos severos, se ha demostrado que el tratamiento con hormona del crecimiento mejora significativamente el síndrome premenstrual. La terapia de relajación, la terapia conductual cognitiva, el ejercicio aeróbico, el L-triptofano y las bebidas de carbohidratos complejos también pueden ser útiles.

La tiroides y la perimenopausia

Los endocrinólogos han notado que la incidencia de hipotiroidismo puede ser un factor estresante más importante durante el período perimenopáusico (el período de alrededor de cinco a diez años antes del inicio de la menopausia) que cuando ocurre en otras épocas. Además, los síntomas del hipotiroidismo pueden intensificarse como resultado de cambios hormonales que preceden a la menopausia. A medida que vaya descendiendo el nivel de estrógeno antes de la menopausia, la menor actividad serotoninérgica en el cerebro causada por una menor cantidad de estrógeno hará que esté más sensible al efecto de un nivel bajo de hormona tiroidea en el estado de ánimo y las emociones. Durante el período perimenopáusico, la presencia de una afección tiroidea prolongada y no tratada puede causar más depresión, irritabilidad y enojo y puede ocasionar problemas personales y más síntomas menopáusicos.

Como los síntomas de la menopausia y del hipotiroidismo son asombrosamente similares, a muchas pacientes que sufren de hipotiroidismo leve sólo las catalogan como perimenopáusicas. Si una mujer está en el período perimenopáusico o posmenopáusico, lo primero que tiende a pensar el ginecólogo es que sus síntomas de cambios repentinos de humor o fatiga se deben a un desequilibrio hormonal. Incluso hay mujeres que le sugieren esta posibilidad a su médico. Si los síntomas persisten pese a que la paciente haya recibido una terapia de reemplazo hormonal adecuada, sólo un ginecólogo astuto y cabal podría eventualmente hacer análisis de funcionamiento tiroideo para verificar si la tiroides podría ser una causa posible de los síntomas.

Los efectos de la tiroides en la menopausia

Durante las próximas dos décadas, casi 40 millones de mujeres estadounidenses se enfrentarán a la menopausia. En el caso de la mayoría de las mujeres, la transición de la menopausia es una realidad fisiológica. No sólo
marca el final de sus años fértiles sino que también es un período crítico durante el cual las influencias hormonales y socioculturales le dan nueva forma
a la manera en que la mujer se percibe a sí misma. Las grandes fluctuaciones
en los niveles hormonales afectan a los neurotransmisores y pueden hacer
que se vuelva más susceptible a la depresión y la ansiedad. La inestabilidad
vasomotora puede provocar sofocos (bochornos, calentones) y sudación nocturna. El sueño puede alterarse y la sexualidad puede cambiar. Se eleva el
riesgo de pérdida ósea, deterioro cognitivo y enfermedades cardiovasculares.
El metabolismo se vuelve más lento y puede haber aumento de peso.

A lo largo de esta transición, también se eleva el riesgo de desarrollar un
desequilibrio tiroideo. Debido a los cambios hormonales y a otras razones
que aún no se comprenden claramente, las mujeres se vuelven más vulnerables a los ataques inmunitarios sobre la tiroides cuando entran a la menopausia. La frecuencia del hipotiroidismo subclínico aumenta de manera
pronunciada en la menopausia, afectando a cuando menos una de cada ocho
mujeres.[28]

El desequilibrio tiroideo a menudo hace que los síntomas de la menopausia sean peores, dado que sus efectos pueden impedir que las mujeres sean capaces de lidiar con la amplia gama de estresores físicos y mentales que
ocurren durante esta transición. La enfermedad tiroidea durante la
menopausia puede tener un efecto significativo en la manera en que una
mujer percibe sus síntomas menopáusicos e incluso en la naturaleza de dichos síntomas. Incluso el hipotiroidismo subclínico puede provocar sofocos,
problemas de sueño, depresión y ansiedad cada vez más severos.

Nora, una mujer de 49 años de edad, me describió la combinación de síntomas que presentó cuando entró a la menopausia hace un año:

"Mi ciclo menstrual se alargaba cada vez más y coincidía con un aumento en
mis síntomas de fatiga. No era una fatiga como, 'Ay, simplemente no puedo
hacer nada hoy', sino era una somnolencia y un cansancio con respecto a los
cuales tenía que hacer algo. A veces, me despertaba en la mañana, me tomaba
mi taza de café, hacía cualquier cosa y ya no tenía energía para vestirme. Me
volvía a acostar otra hora. Quizá a medio día ya finalmente me sentía descansada. Supongo que me tardaba mucho en recuperarme. Iba al centro comer-
cial un par de horas y luego, cuando volvía a casa, ¡estaba completamente
agotada!"

"Mis sofocos han sido el blanco de muchas bromas. Creo que los tuve durante alrededor de seis meses. Iban subiendo de intensidad y me di cuenta que

no era una broma. Sentía ganas de llorar cuando me empezaban a dar, porque sabía que durante los próximos 20 minutos, más o menos, no iba a poder pensar en otra cosa más que en refrescarme. Siempre llevaba conmigo un abanico y la gente se reía de mí y yo me reía con ellos. Esto era aparte del letargo y de las siestas de tres horas, ¡a veces dos por día! Si no hubiera sido por la menopausia, las cosas no se hubieran acentuado lo suficiente como para hacerme tomar cartas en el asunto y pedir que examinaran mi tiroides".

"Hasta donde yo supe, nunca había estado deprimida. Pero luego cuando entré en la menopausia, sentí que me estaba deprimiendo mucho. Eso me molestaba y me preocupaba y me preguntaba si algún día cambiaría".

Para Nora, la terapia de reemplazo hormonal fue de poca ayuda. Durante la transición, su glándula tiroides se volvió hipofuncionante e hizo que escalaran sus síntomas. No fue sino hasta que atendió y trató ambos componentes que volvió a sentirse normal. Ella dijo, "Simplemente me sentí más completa, más equilibrada, más optimista". Su fatiga, su depresión y sus sofocos desaparecieron.

Hoy en día, muchas mujeres viven una tercera parte de su vida o más después de la menopausia. Pese a que se ha reconocido la necesidad de brindarles una atención cabal a las mujeres y la importancia de la medicina preventiva y la educación para asegurar la buena salud de las mujeres, los sistemas de salud no han hecho hincapié en la importancia de la detección temprana y el tratamiento adecuado de los desequilibrios tiroideos. La educación en enfermedades tiroideas debe formar parte del programa de salud de todas las mujeres.

Pacientes tiroideas en la transición hormonal

Si usted padeció un desequilibrio tiroideo durante sus años fértiles, es más probable que presente síntomas menopáusicos como dolores de cabeza, depresión y estreñimiento cuando llegue a la transición y después de la misma.[29] Incluso si sus niveles de hormona tiroidea han estado estables mediante el tratamiento antes de la menopausia, la actividad del sistema inmunitario puede cambiar durante la transición, desestabilizando sus niveles tiroideos y haciendo que sus síntomas menopáusicos empeoren.

Se ha aceptado generalmente que los síntomas físicos y emocionales de la menopausia se deben a un descenso en el nivel de estrógeno. Sin embargo, para la mayoría de las mujeres, los cambios hormonales probablemente no son los responsables de todos los cambios en su bienestar o en los síntomas físicos de la menopausia. Si lo fueran, todas las mujeres presentarían síntomas menopáusicos al llegar a la transición. De hecho, sólo del 50 al 60 por ciento de las mujeres padecen sofocos. No todas las mujeres se deprimen o se vuelven emocionalmente inestables. Lo que sí parece tener un gran efecto en la ocurrencia de síntomas menopáusicos es la cantidad de estrés experimentada antes de la menopausia. Algunos estudios de investigación realizados en Japón y en los Estados Unidos han demostrado que la expresión de los síntomas de la menopausia y la frecuencia de los síntomas difieren significativamente entre las mujeres japonesas y las estadounidenses.[30] Por ejemplo, aproximadamente el 38 por ciento de las mujeres estadounidenses reportaron una falta de energía, en comparación con tan sólo 6 por ciento de las mujeres japonesas. Alrededor del 30 por ciento de las mujeres estadounidenses presentaron irritabilidad, mientras que este síntoma sólo fue reportado por el 12 por ciento de mujeres japonesas. Muchos otros síntomas de la menopausia, como depresión y dificultades para dormir, fueron, en promedio, tres veces más comunes en las mujeres estadounidenses que en las japonesas. Las mujeres estadounidenses también se quejaron más de sofocos y sudación nocturna que sus homólogas japonesas. Las diferencias son tan impactantes que sólo pueden ser explicadas por factores socioculturales.

Un estudio de investigación descubrió que el estrés causado por el duelo, un divorcio o que una amistad se mude lejos de uno está estrechamente relacionado con los síntomas psicológicos y físicos de la menopausia.[31] Otros factores, como niveles educativos y socioeconómicos bajos, también se relacionan con más síntomas de depresión que los que generalmente se encuentran en mujeres de clase media. Se descubrió también que las mujeres con un ingreso mensual más bajo tenían una mayor incidencia de quejas de tipo nervioso durante la menopausia.[32]

Las personas que tienen una tendencia a presentar cambios repentinos de humor pueden sentirse incapaces de anticipar y lidiar con los cambios importantes de la vida. Como consecuencia, si su afección tiroidea la ha vuelto más propensa a deprimirse, puede que se sienta incapaz de controlar los cambios que ocurren durante la menopausia. También es probable que perciba dichos cambios de manera más negativa. La depresión empeora y el estrés se percibe como algo inmanejable. Es probable que las mujeres que se ven más afectadas por los síntomas menopáusicos son las que están bajo mucho estrés y/o que tienen creencias especialmente negativas acerca de la menopausia. Christiane Northrup, una doctora y especialista en la salud de las mujeres, señaló que "la expectativa de tener problemas durante la menopausia lleva a tener problemas".[33]

Consiga la ayuda que necesita para hacer la transición

Como se explicó anteriormente, si usted ha padecido un desequilibrio tiroideo y ya está en la etapa de la perimenopausia o la posmenopausia, es más probable que sus síntomas vayan escalando a causa tanto de la falta de estrógeno como de los síntomas asociados con la tiroides. Incluso aunque sus niveles tiroideos vuelvan a ser normales con el tratamiento, tendrá una mayor probabilidad de experimentar sofocos, sudación nocturna, alteraciones del sueño, estado de ánimo bajo e irritabilidad. Usted probablemente intuye que los estrógenos podrían mejorar muchos de sus síntomas pero se pregunta si la terapia de reemplazo hormonal es la elección correcta para usted. Investigaciones recientes han demostrado que el estrógeno puede elevar su riesgo de desarrollar cáncer de mama y puede estar relacionado con enfermedades cardiovasculares. Necesita informarse bien acerca de los beneficios y los efectos adversos potenciales antes de tomar una decisión acerca de la terapia de estrógeno.

El estudio de investigación llamado La Iniciativa de Salud de las Mujeres (*The Women's Health Initiative* o WHI por sus siglas en inglés) publicado en julio de 2002, reportó que las mujeres que recibían estrógeno combinado con progesterona (0,625 miligramos de estrógeno equino conjugado y 2,5 miligramos de medroxiprogesterona) presentaban un menor riesgo de sufrir cáncer colorrectal y fracturas de cadera osteoporótica. Sin embargo, también presentaban un mayor riesgo de sufrir cáncer de mama, enfermedades de las arterias coronarias, derrame cerebral y coágulos sanguíneos en las venas. Según este y otros estudios de investigación, los ataques al corazón y otros problemas vasculares tienden a ocurrir durante el primer año de tratamiento.[34]

Lo cierto es que los problemas de salud potenciales que se han observado en algunas de las mujeres que han recibido un tratamiento con estrógeno equino conjugado/medroxiprogesterona pueden no presentarse en mujeres que reciben otras dosis de hormonas u otras formas o tipos de terapia de reposición hormonal. Por ejemplo, es posible que los tratamientos hormonales transdérmicos y para otras vías de administración sean bastante seguros y no promuevan los mismos efectos secundarios reportados en el estudio WHI. También es posible que el empleo de tratamientos hormonales de dosis baja sea útil sin causar problemas importantes de salud. Pese a lo anterior, se ha generado mucho miedo en el público y en la comunidad médica, lo que ha ocasionado que para los médicos sea difícil brindar los mejores consejos a las mujeres acerca del uso de hormonas.

Un problema serio que tiene el estudio WHI es que las mujeres que participaron en el mismo tenían de 50 a 79 años de edad y muchas ya tenían una predisposición a las enfermedades de las arterias coronarias y a las enfermedades cerebrovasculares. Las mujeres que presentaron problemas cardiovasculares eran las mujeres mayores que ya tenían un riesgo elevado de presentar este tipo de problemas. También es posible que la culpable de la ocurrencia de estos efectos adversos sea la progesterona. Cuando se toma de manera continua, puede eliminar los beneficios del estrógeno en el corazón y el cerebro. De hecho, las mujeres tratadas sólo con estrógeno en el estudio WHI no han presentado una incidencia más alta de enfermedades cardiovasculares. Por contraste con el estudio WHI, un número extenso de estudios de investigación ha demostrado que el estrógeno brinda protección en contra de las enfermedades cardiovasculares. Antes de la menopausia, las mujeres tienen una menor probabilidad de sufrir un ataque al corazón que los hombres simplemente por el efecto cardioprotector del estrógeno.[35]

Los estudios de investigación han demostrado que cuando el tratamiento con estrógeno se empieza temprano, ayuda a disminuir el riesgo cardiovascular.[36] Después de la menopausia, es más probable que las mujeres tengan niveles elevados de colesterol, presión arterial alta y endurecimiento de las arterias como resultado de un nivel bajo de estrógeno. El estrógeno, por sí solo o en combinación con la progesterona, disminuye el colesterol malo (lipoproteínas de baja densidad o LBD) y aumenta el colesterol bueno (lipoproteínas de alta densidad o LAD).[37] Debido a que el riesgo de presentar problemas cardiovasculares después de iniciar la terapia de reemplazo hormonal probablemente aplica sólo a aquellas mujeres que ya de por sí tienen un riesgo elevado, es importante que, antes de iniciar el tratamiento hormonal, evalúe sus factores de riesgo, le hagan un buen examen del corazón y empiece a hacer cambios en su estilo de vida como seguir una alimentación sana, bajar de peso, hacer ejercicio con regularidad, dejar de fumar y controlar adecuadamente los problemas de presión arterial alta, diabetes y colesterol.[38]

Como se mencionó anteriormente, la dosis y el tipo de hormona y la vía de administración de la misma también pueden tener un efecto en el riesgo que corre una mujer de tener problemas cardiovasculares. En la actualidad, tenemos poca información con respecto al riesgo real de usar el parche transdérmico o gel como vías de administración para la terapia de reemplazo hormonal. Es importante que se emplee la dosis más baja de estrógeno que alivie los síntomas, dado que la terapia de reemplazo con dosis bajas de estrógeno puede resultar ser segura y brindar lo que una mujer necesita para prevenir la pérdida ósea y curar sus síntomas. Asimismo, si es necesario el tratamiento con progesterona, es importante que se tome la dosis más baja de manera cíclica. También se puede usar el tratamiento hormonal durante sólo un período limitado.

Si está recibiendo tratamiento con hormona tiroidea para la hipofunción tiroidea, el estrógeno transdérmico también es el método preferido porque no afecta la dosis de hormona tiroidea que necesitará. Por contraste, el estrógeno oral hará que se eleve su requerimiento de hormona tiroidea. Aproximadamente el 5 por ciento de todas las mujeres posmenopáusicas reciben estrógenos junto con hormona tiroidea.

La información negativa exagerada y distorsionada que han dado los medios de comunicación después de que se publicaron los resultados del estudio WHI hizo que casi dos de cada tres mujeres que estaban tomando una terapia de reemplazo hormonal la suspendieran. Sin embargo, la mitad de estas mujeres reiniciaron el tratamiento unos meses después.[39] En vez de suspender la terapia de reemplazo hormonal por miedo a las enfermedades cardíacas y luego reiniciar el tratamiento, quizá sea una mejor idea disminuir la dosis.

Otro problema relacionado con la terapia de reemplazo hormonal es el riesgo de desarrollar cáncer de mama. El riesgo de cáncer de mama empieza a elevarse significativamente después de cinco años de tratamiento, pero puede no elevarse en lo absoluto si no se administra progesterona. Si existe un riesgo, podría estar relacionado con la dosis y la duración del tratamiento.[40] Cinco años después de suspender la terapia de reemplazo hormonal, el riesgo de cáncer de mama será igual que para las mujeres que nunca recibieron dicha terapia.[41] Quizá se pregunte si la presencia de una afección tiroidea eleva su riesgo de cáncer de mama. Unos estudios de investigación realizados en Holanda demostraron que no había ninguna relación directa entre el cáncer de mama y los marcadores en sangre de enfermedades tiroideas autoinmunitarias. Sin embargo, las mujeres posmenopáusicas que padecen hipotiroidismo parecen correr un riesgo ligeramente mayor de sufrir cáncer de mama.[42] Si es que existe un vínculo entre las enfermedades tiroideas autoinmunitarias y el cáncer de mama, este es mínimo, y no deberá afectar la decisión que tome en cuanto a la terapia hormonal.

Es necesario que se haga una mamografía antes de iniciar la terapia de reemplazo hormonal. Si no presenta ninguno de los factores de riesgo de cáncer de mama, deberá repetir la mamografía cada dos años. Cuando se detecte una mayor densidad de senos como resultado del tratamiento con estrógeno, el ultrasonido le será útil simplemente porque la mastografía se vuelve un método menos confiable para la detección del cáncer de mama.

Si le han hecho una histerectomía y quiere tomar estrógeno, debe tomarlo solo, sin progesterona. Sin embargo, si tiene el útero intacto, tomar estrógeno por sí solo puede elevar su riesgo de sufrir cáncer uterino. Esto se debe a que el estrógeno hace que se engrose y prolifere el revestimiento interno del útero (endometrio), lo cual puede causar una predisposición al cáncer con el tiempo. Esto se previene tomando progesterona, de preferencia en forma cíclica, lo cual hace que se desprenda esta acumulación.

La desventaja del tratamiento con progesterona es que interfiere con la química del cerebro.[43] La progesterona disminuye el nivel de serotonina en el cerebro, dando como resultado más síntomas de depresión. Las mujeres que toman estrógenos y progesterona pueden presentar más síntomas de depresión que las mujeres que sólo toman estrógeno. Asimismo, entre más elevada sea la dosis de progesterona, mayor será la probabilidad de que una mujer presente un estado de ánimo deprimido. Por otra parte, la progesterona puede ayudar a aliviar los sofocos. Hay distintos medicamentos con progesterona y sus efectos en los síntomas relativos al estado de ánimo y de ansiedad difieren de un preparado a otro.[44] El tipo de progesterona que deberá tomar dependerá de sus síntomas y de cómo reaccione al medicamento.

Si usted presenta síntomas depresivos leves, a menudo la terapia de reemplazo hormonal será suficiente para tratar la depresión. El estradiol transdérmico y la progesterona vaginal son la mejor combinación porque la progesterona vaginal presenta una menor probabilidad de aumentar los síntomas depresivos o de contrarrestar los beneficios que produce el estrógeno en personas con un estado de ánimo depresivo.

El régimen hormonal que yo recomiendo a mis pacientes tiroideas depende de la severidad de sus sofocos, si tienen problemas de estado de ánimo y si se vuelven más emotivas, ansiosas o fatigadas cuando toman progesterona. Un régimen hormonal en particular puede funcionarle a una paciente pero no a otra. Sin embargo, siempre tiendo a recomendar un régimen de dosis baja junto con un tratamiento cíclico con progesterona para las mujeres que lo necesitan.

La administración cíclica de dosis bajas de hormonas sí disminuye los sofocos, la sudación nocturna y otros síntomas menopáusicos. También mejora la elasticidad de la piel, disminuye las arrugas y hace que la piel esté menos seca. Los estudios de investigación han demostrado que la terapia de reemplazo de estrógeno retarda el envejecimiento de la piel.[45]

La terapia de reemplazo hormonal mejora el síntoma de interrupción del sueño en las mujeres menopáusicas. Una combinación de una dosis baja de estrógeno y 100 miligramos de progesterona natural micronizada parece brindar un mayor beneficio a las mujeres que tienen alteraciones del sueño que la combinación más convencional, la cual consiste en estrógeno equino y medroxiprogesterona.

Un medicamento nuevo llamado *Angeliq*, el cual combina una dosis baja de estrógeno (1 miligramo de estradiol) y drospirenona (2 miligramos), que es una nueva progestina que presenta una menor probabilidad de causar coágulos sanguíneos, parece ser una nueva forma prometedora de terapia de reemplazo hormonal con menos efectos adversos.[46] La progestina nueva que contiene este medicamento también causa menos retención de líquidos que otras formas sintéticas de progesterona.

Una razón por la cual las mujeres menopáusicas notan una disminución en la masa corporal magra y un aumento en la grasa es la caída en sus niveles hormonales. El tratamiento con estrógeno durante la menopausia temprana puede ayudar a minimizar estos cambios en el cuerpo. Algunas mujeres piensan que el tratamiento con estrógeno las hará aumentar de peso, pero las investigaciones no han confirmado que el tratamiento con estrógeno/progesterona produzca ese efecto. De hecho, si usted toma estrógenos junto con testosterona, aumentará su masa corporal magra y disminuirá la grasas en todas las partes de su cuerpo.[47] Su sexualidad y su calidad de vida también mejoraran más que si sólo toma estrógeno.

Con la edad, va disminuyendo el nivel de dihidroepiandrosterona (DHEA). Un nivel bajo de DHEA promueve el envejecimiento del cuerpo y fomenta muchos de los trastornos relacionados con la edad que lo acompañan. Un estudio de investigación demostró que la administración diaria de 25 miligramos de dihidroepiandrosterona disminuirá el deterioro del sistema endocrino relacionado con la edad y mejorará las funciones fisiológicas.[48] Los estudios de investigación en animales también han demostrado que la DHEA disminuye la acumulación de grasa en ciertas partes del cuerpo y mejora la eficiencia de la insulina. Los beneficios de esta hormona son similares a los del estrógeno.

La terapia hormonal "natural" o bioidéntica se refiere al tratamiento hormonal con recetas individualmente preparadas de algunos esteroides en diversas formas de dosificación. Estas incluyen la dihidroepiandrosterona, la pregnenolona, la testosterona, la progesterona, la estrona, el estradiol y el estriol. Las hormonas bioidénticas se han vuelto crecientemente populares porque se toleran mejor y también porque se cree que son más eficaces que las formas farmacéuticas de la terapia de reemplazo hormonal. Aunque hay poco estudios de investigación en los que se hayan comparado estas dos formas, el uso de hormonas bioidénticas puede brindarle una mayor flexibilidad con respecto a la dosis y al tipo de hormonas que necesita. Otra de sus ventajas es que le da las mismas hormonas que su cuerpo normalmente produce. Un preparado de estrógeno que se ha vuelto cada vez más popular es el *Biest*, que es una combinación de estriol y estradiol, las dos formas naturales de estrógeno.

Si usted padece sofocos severos y elige no tomar hormonas, o bien, si el tratamiento hormonal no ha sido eficaz, quizá pueda serle útil tomar un inhibidor selectivo de la recaptación de serotonina (ISRS) o un inhibidor de la recaptación de serotonina-norepinefrina (IRSN). Los estudios de investigación han demostrado que estos antidepresivos tienen un efecto benéfico en los sofocos.[49] Otra opción es aumentar su consumo de fitoestrógenos. Los fitoestrógenos son compuestos polifenólicos de origen vegetal que tienen una estructura molecular similar a la del 17 beta-estradiol. Los extractos de isoflavonas de soya también pueden ayudar a aliviar los sofocos, pero no son tan eficaces como el estrógeno o los antidepresivos.[50] Yo la aliento a que tome ácidos grasos omega-3 para aliviar sus síntomas menopáusicos, independientemente de que haya elegido tomar o no una terapia de reemplazo hormonal.

Tras la publicación de los resultados del estudio WHI, se han propuesto numerosos suplementos dietéticos para las mujeres menopáusicas. Los estudios de investigación han demostrado que el extracto de cimifuga negra (cohosh negro, *black cohosh*, *Cimicifuga racemosa* L.) mejora los síntomas relacionados con la menopausia; sin embargo, también puede causar daños hepáticos.[51] Tal vez su doctor le recomiende tomar angélica china (*dong quai*, *Angelica sinensis*), *ginseng*, ajo, *Rhodiola rosea* o aceite de prímula nocturna (aceite de primavera nocturna, *evening primrose oil*). Sin embargo, estas hierbas se han investigado poco y es posible que algunas eleven su riesgo de desarrollar cáncer de mama. El extracto semipurificado de isoflavonas de la hoja del trébol rojo brinda pocos beneficios. Otra alternativa es el *Femal*, que es un compuesto herbario hecho de extractos de polen. Puede ayudar a mejorar sus sofocos y otros síntomas de la menopausia.[52]

La tibolona es otra opción que se usa para tratar los sofocos y la resequedad vaginal. La tibolona regula los efectos del estrógeno. También mejora la libido y el nivel de energía. Sin embargo, este fármaco no afecta el tejido mamario.[53] Los moduladores selectivos de los receptores de estrógeno (MSRE o *SERM* por sus siglas en inglés), como el raloxifeno, también son útiles para aliviar los problemas de la menopausia. El suplemento que se vende sin receta llamado 5-hidroxitriptofano (5-HTP) también puede ayudar a aliviar los sofocos y otros síntomas menopáusicos.[54]

En las mujeres menopáusicas y quienes están a punto de entrar a la menopausia, las técnicas de relajación, la corrección adecuada de un desequilibrio tiroideo y los cambios en el estilo de vida son cruciales para prevenir o tratar los efectos persistentes de un desequilibrio tiroideo (vea el Capítulo 17). Las hormonas sexuales, las hormonas tiroideas y el estrés influencian la mente y el cuerpo. La manera en que estos efectos se manifiestan en el estado de ánimo o en malestares físicos varía de una mujer a otra y la forma en que un médico diagnostica el sufrimiento de su paciente depende del médico y de lo que parece ser la fuente de los síntomas más prominentes. Un médico puede echarles la culpa a las hormonas, otro puede decir que es por estrés, un tercero puede pensar que se debe a depresión o ansiedad. Independientemente del tipo y severidad de los síntomas, es necesario que se dé atención a todos los componentes que puedan estar involucrados en la creación de los síntomas. También es necesario que el componente tiroideo se detecte y corrija lo antes posible.

Puntos importantes a recordar

- Si usted apenas ha empezado a padecer el síndrome premenstrual, es posible que la causa de sus síntomas sea una hipofunción o hiperfunción tiroidea.
- Si ya ha padecido el síndrome premenstrual pero sus síntomas se han agravado y sus períodos menstruales han cambiado recientemente, pídale a su doctor que considere la posibilidad de que también esté padeciendo un desequilibrio tiroideo.

- El síndrome premenstrual es, en esencia, un trastorno de la química cerebral y los cambios en las hormonas que regulan la química cerebral parecen ser un factor importante que contribuye al mismo. Tenga presente que la hormona tiroidea es uno de los participantes principales de la química de su cerebro.
- Si padeció un desequilibrio tiroideo severo durante sus años fértiles, es probable que pase por tiempos difíciles durante la menopausia. El tratamiento tiroideo adecuado y las técnicas de relajación podrían ser la solución.
- La menopausia es una época vulnerable en la vida de las mujeres. La incidencia de la tiroiditis de Hashimoto y de hipotiroidismo aumenta de manera pronunciada durante este período.
- Los síntomas de la menopausia y del desequilibrio tiroideo son bastante similares. Si usted empieza a presentar síntomas como depresión, fatiga y cambios repentinos de humor, no necesariamente le atribuya los mismos a la menopausia. Pídale a su médico que le haga análisis de funcionamiento tiroideo.
- El desequilibrio tiroideo empeora los síntomas de la menopausia y viceversa. A menos que se atiendan todos los efectos de la menopausia y del desequilibrio tiroideo, es posible que sus síntomas continúen y vayan en aumento con el tiempo.

12

INFERTILIDAD Y ABORTO
ESPONTÁNEO

¿Qué tiene que ver su tiroides?

Incluso antes de la era de los análisis tiroideos sofisticados y precisos, los doctores ya estaban conscientes de los efectos que tiene el desequilibrio tiroideo en la reproducción. A fines del siglo XX, los médicos les daban hormona tiroidea a las mujeres para mejorar su fertilidad y tratar la menopausia. Los doctores de hoy reconocen que un nivel adecuado de hormona tiroidea es esencial para ayudar a regular la producción de hormonas sexuales (es decir, estrógeno y progesterona) y el ciclo hormonal responsable de la ovulación. Tanto el exceso de hormona tiroidea como, más comúnmente, la deficiencia de la misma, alteran el funcionamiento armónico del sistema reproductor y a veces impiden que haya ovulación. Incluso aunque sí haya ovulación y concepción, un desequilibrio tiroideo puede conducir a un déficit de progesterona, lo cual puede hacer que el útero sea inadecuado para que se implante el embrión. Esto, a su vez, impide que se dé un embarazo normal.

En las últimas dos décadas, se han logrado diversos avances importantes en el campo de la medicina de la infertilidad. Sin embargo, los hallazgos que vinculan el desequilibrio tiroideo con las alteraciones en la reproducción, la infertilidad y el aborto espontáneo no han recibido tanta publicidad.

Tanto la hipofunción como la hiperfunción tiroideas pueden causar problemas de infertilidad y afectar el resultado de un embarazo. No obstante, debido a que el hipotiroidismo es mucho más común que el hipertiroidismo, los problemas de infertilidad y aborto espontáneo relacionados con la tiroides son causados con mayor frecuencia por la hipofunción tiroidea. Por este motivo, en este capítulo nos centraremos en el hipotiroidismo como la causa de estas dificultades.

La infertilidad es una afección común. Los doctores calculan que una de cada seis parejas en edad fértil tiene algún problema de fertilidad.[1] Con los protocolos modernos para tratar la infertilidad, los cuales a menudo son costosos y llevan mucho tiempo, aproximadamente dos tercios de todas las parejas pueden ser tratadas y llegan a concebir con éxito.

La infertilidad se puede considerar como un tipo de enfermedad crónica. La persona afligida vive con la esperanza constante pero tambaleante de que "eso" mágicamente desaparecerá o se curará. La incapacidad de concebir puede generar una sensación profunda de fracaso, lo que puede conducir a un estado que el psicólogo Erik Erikson describió como "estancamiento y empobrecimiento personal".[2] Muchas parejas infértiles se llegan a obsesionar con su incapacidad de tener un hijo y se sienten inferiores cuando ven a otras parejas con bebés. Las incontables citas con los médicos, los gastos, las repercusiones en el empleo y la esperanza y la expectativa mensual puede llegar a agobiar a la pareja y hacerlos sentir que no tienen control alguno de su vida, llevándolos a la depresión y a los problemas maritales.

Algo que ocurre con mucha frecuencia es que las mujeres que están siendo tratadas por un desequilibrio tiroideo ingresan a programas de infertilidad sin la menor idea de que su afección tiroidea podría estar impidiendo la concepción y el embarazo normal. Pero lo que es aún más alarmante es que un número considerable de endocrinólogos y ginecólogos de la reproducción que tratan a parejas infértiles no saben que un desequilibrio tiroideo mínimo puede agravar o incluso causar infertilidad. Y muchos de estos doctores tampoco saben la importancia de detectar anormalidades tiroideas sutiles.

Aunque no conocemos la frecuencia con la que el hipotiroidismo mínimo contribuye a la infertilidad, investigaciones recientes han demostrado claramente que sí es uno de los factores importantes que contribuyen a la misma. Un estudio de investigación demostró que aproximadamente el 25 por ciento de las mujeres derivadas a una clínica de infertilidad padecían hipotiroidismo subclínico.[3]

Cuando una pareja busca ayuda por un problema de infertilidad, el 45 por ciento de las veces se identifica un problema en la mujer. Los problemas femeninos identificables más comunes son disfunción ovárica, enfermedades de las trompas de Falopio y endometriosis. Un estudio de investigación demostró que cuando una mujer presenta una causa identificable de infertilidad, es más probable que tenga una afección tiroidea autoinmunitaria y también una disfunción tiroidea que una mujer que no tiene un problema de infertilidad, dado que los anticuerpos antitiroideos estuvieron elevados en el 18 por ciento de las mujeres infértiles, en comparación con el 8 por ciento de las mujeres saludables.[4] El problema femenino que con mayor frecuencia se relaciona con las enfermedades tiroideas autoinmunitarias y el desequilibrio tiroideo es la endometriosis. Como se puede ver, la tiroides puede ser un factor más que contribuye a la infertilidad, incluso aunque existan otros problemas que también la expliquen.

Si usted está teniendo problemas de fertilidad, hable con su ginecólogo acerca de la posibilidad de que exista un desequilibrio tiroideo antes de que pase dos años sometiéndose a un protocolo de infertilidad. Pídale que le haga análisis de funcionamiento tiroideo. Frecuentemente, un desequilibrio será detectado sólo si le hacen el análisis de estimulación de la hormona liberadora de tirotropina (*TRH test*).[5] En pacientes con hipotiroidismo subclínico, la infertilidad se puede revertir mediante el tratamiento con hormona tiroidea.

Debido a que cuando las pacientes ingresan a las clínicas de fertilidad rutinariamente no se les hacen análisis de funcionamiento tiroideo, muchas mujeres con hipotiroidismo mínimo batallan mucho tiempo tratando de concebir. María, una mujer de 33 años de edad, se había sometido a protocolos de infertilidad durante casi dos años. Ella enfureció cuando se enteró que aunque había tenido síntomas de hipotiroidismo durante algún tiempo, su ginecólogo no le había revisado la tiroides al inicio de su tratamiento. Ella me dijo, "Había estado teniendo dificultades para mantenerme en mi peso y presentando otros indicios de desequilibrio tiroideo que yo creo que un doctor que sí supiera del tema hubiera sido capaz de identificar". María se embarazó dos meses después de iniciar su tratamiento con hormona tiroidea.

Yo he atendido a varias mujeres con hipotiroidismo mínimo cuyos problemas de infertilidad se revirtieron en un lapso de dos a tres meses después de que comenzaron su tratamiento con hormona tiroidea. Antes de que se identificara el problema tiroideo, todas habían tenido que soportar cargas emocionales y financieras considerables, así como problemas en la relación con su esposo. Muchas de ellas hasta se preguntaban si su matrimonio sobreviviría. Aunque la infertilidad generalmente afecta a ambos, la persona que sufre de infertilidad generalmente tiene más sentimientos de culpa, incapacidad, fracaso y baja autoestima. Los problemas de infertilidad son más comunes en las mujeres que en los hombres. Además, dada la tendencia de nuestra cultura a culpar a las mujeres, las mujeres infértiles a menudo se culpan y sufren más que los hombres y su sentimiento de insuficiencia puede magnificarse.

La carga del estrés y de la ansiedad

Algo que ocurre con frecuencia es que cuando una mujer es infértil, su esposo le hace sentir que es su responsabilidad embarazarse. Una paciente describió su situación así:

"Mi esposo me dijo que era mi 'trabajo' embarazarme. Recuerdo que mi terapeuta me dijo, 'Yo creo que parte de la razón por la que te sientes tan mal cada mes cuando te enteras que no te has embarazado es porque tu esposo te ha dicho que es tu trabajo, entonces estás fracasando en tu trabajo'.

Mi esposo consideraba que esa era mi única meta. Empecé a medir mi autovalía en términos de que saliera positiva o negativa mi prueba de embarazo. Entonces, cada vez que me salía un resultado negativo, me sentía como un completo y total fracaso. Esto me hacía sentirme aún más deprimida. Como tenía que sufrir en silencio, me costaba mucho trabajo lidiar con todas estas emociones. Me sentía realmente triste".

En general, las parejas infértiles se sienten tan mal, tristes o avergonzadas de su problema que no se lo cuentan a otras personas. Al no contar con el apoyo de sus amistades, la persona o la pareja infértil a menudo se siente aislada y batalla aún más con el caos emocional que provoca este problema. Es muy importante que las mujeres busquen apoyo durante esta época. RESOLVE, un grupo de apoyo a nivel nacional para mujeres con problemas de infertilidad, tiene grupos que se reúnen con regularidad en todas las ciudades principales de los Estados Unidos. Los miembros de RESOLVE se ayudan entre sí compartiendo información médica y dándose apoyo emocional.

Los efectos de la infertilidad en una mujer que padece una disfunción tiroidea se exageran cuando ella no está consciente de su desequilibrio tiroideo. Los múltiples efectos del desequilibrio tiroideo en las emociones de una mujer pueden hacer que su sufrimiento sea insoportable y que se exacerben los conflictos con su cónyuge. Típicamente, si ella no fuera hipotiroidea, podría ocultar su tristeza de sus amistades o familiares, porque estaría relacionada con su infertilidad. Pero cuando tiene una hipofunción tiroidea, por mínima que sea, los efectos de su desequilibrio tiroideo pueden empeorar la depresión y hacer que se vuelva incapaz de lidiar con el estrés de la infertilidad. Tome medidas para evitar que las cosas lleguen a este grado. Si cada vez se siente más deprimida por su problema de infertilidad, pídale a su médico que le realice el análisis de hormona estimulante de la tiroides (*TSH test*).

La ansiedad que generalmente se presenta durante los meses en los que una mujer está tomando medicamentos para la fertilidad típicamente intensifica cualquier ansiedad causada por problemas tiroideos. Ella se pregunta si se va a embarazar este mes y cómo esto cambiará su vida. Debido a la increíble ansiedad que siente, puede magnificarse la decepción que siente al recibir un resultado negativo en su prueba de embarazo. Como consecuencia, algunas mujeres empiezan a presentar síntomas cada vez más intensos del síndrome premenstrual, así como más enojo, cambios repentinos de humor, irritabilidad y discusiones con su esposo.

Una mujer hipotiroidea que se ve obligada a tener relaciones sexuales incluso en los días en que puede sentir una aversión a las mismas, a menudo se siente aún más culpable e insuficiente. Si su esposo no es comprensivo o no la apoya, o bien, si malentiende su falta de interés en el sexo, pueden llegar a crecer las discusiones y el distanciamiento entre ellos. Roselyn, una secretaria de 33 años de edad, ha estado casada durante cinco años. Ella trató de concebir durante tres años y se sometió a protocolos de infertilidad sin éxito alguno. Sin embargo, la causa de su infertilidad era un hipotiroidismo subclínico que descubrieron sólo cuando ella y su esposo estaban a punto de darse por vencidos. Roselyn dijo:

"No podía creer lo mucho que me estresaba tratar de embarazarme. Mes tras mes, gastábamos miles y miles de dólares. Tenía que hacer un viaje de dos horas al consultorio de mi doctor de 10 a 12 días al mes. No había una razón aparente por la cual los protocolos de fertilidad no me estuvieran dando resultado. Era realmente increíble. Lo peor es que no sentía que contara con el apoyo de otras personas. Cuando yo le contaba a alguien que estábamos tratando, sólo me decía, 'Ah, lo único que tienes que hacer es relajarte. '¡Mi mejor amiga y su esposo se fueron a una segunda luna de miel y ella se embarazó!' Yo sabía que en mi caso, la relajación no tenía nada que ver con que yo me pudiera embarazar. En última instancia, simplemente dejé de hablar del tema, incluso con mis amigas más cercanas".

"Mi infertilidad afectaba todos los aspectos de mi vida. Mi esposo es extremadamente introvertido y no le gusta hablar de cosas más que conmigo. Entonces eso lo hizo mucho más difícil. Mi síndrome premenstrual ha empeorado y a menudo me encuentro llorando y triste. Estaba sintiendo mucha ansiedad y no podía dormir en la noche".

"Casi llegué a tenerle terror a la época del mes en que teníamos que tener relaciones sexuales. Empecé a resentir incluso que mi esposo me tocara. Los aspectos importantes de la sexualidad, como intimidad y espontaneidad, se pierden cuando estás pasando por un problema de infertilidad porque los doctores te dicen cuándo debes tener relaciones sexuales, cómo tenerlas, quién debe hacer qué, dónde se debe hacer y durante cuánto tiempo. Así no es como debe ser. Para mí, sólo me hizo sentirme mucho más estresada".

"No podía entender lo que estaba ocurriendo. ¡Nada tenía sentido! Las peleas y las discusiones con mi esposo siguieron creciendo mes tras mes. Empezamos a ir a terapia, a veces hasta cinco o siete días a la semana".

"Me puse histérica. Todo el tiempo estaba enojada. La decepción mensual de no estar embarazada era increíble. Esperaba y esperaba y pensaba, 'Bueno, ahora sí voy a estar embarazada. No, sí, quizá...' Y luego, por supuesto, no lo estaba. Era completamente devastador".

"Todo lo que hacía tenía que planearlo alrededor de mis citas con el doctor y de cuándo tenía que hacer esto o aquello. Hubieron muchas veces en que realmente tenía ganas de darme por vencida. Yo creo que mi esposo también llegó ese mismo punto".

"Todo el tiempo me preguntaba, '¿Realmente valdrá la pena todo esto?' Sin tomar en cuenta mi tiempo y otras molestias, apuesto a que gastamos más de $50.000 dólares. Todo ese dinero salió de nuestro bolsillo".

Debido a sus fracasos repetidos, Roselyn se deprimió mucho. Así lo describió, "Finalmente renuncié a mi trabajo y me quedé en casa. No cocinaba; no hacía nada. Sólo me quedaba sentada en mi casa todo el día".

Muchas mujeres como Roselyn se obsesionan con su afección y emprenden su propia búsqueda decidida para entender la causa de su infertilidad. Roselyn eventualmente encontró la fuerza para ir a una biblioteca y hacer su propia labor de investigación. Ella dijo:

"Miré todos los libros que hablaban de la infertilidad. Un libro mencionaba la tiroides. En este caso, mi doctor se resistió, diciéndome que me costaría $150 dólares hacerme el análisis. Yo me dije, 'Ya estoy gastando $500 dólares cada vez que vengo aquí, entonces realmente no me va a afectar mucho gastar otros $150 dólares más'. Él estuvo de acuerdo en hacerme el análisis y para su sorpresa, salió que yo era hipotiroidea. En aquel entonces, me dio coraje que no me hubieran hecho el análisis hace $50.000 dólares y un año atrás".

"Cuando empecé a tomar hormona tiroidea, empecé a notar una mejoría en ciertos síntomas como el frío, la resequedad y el cabello. Me molestó un poco que tardara unos meses. Yo pensé que si empezaba a tomar hormona tiroidea un lunes, para el martes ya estaría embarazada. Pero no funcionó así. No obstante, era un primer paso para sacarme de la peor situación por la que había atravesado en toda mi vida".

"También me pregunto si alguien hubiera averiguado que yo tenía un problema tiroideo si yo no hubiera investigado el problema de la infertilidad por mi propia cuenta. Incluso me sometí a cirugías por mi infertilidad antes de que me diagnosticaran el hipotiroidismo. Ahora pienso que todo eso fue innecesario".

Para evitar el sufrimiento innecesario por el que pasó Roselyn, pregúntele a su endocrinólogo de la reproducción si los análisis de funcionamiento tiroideo forman parte de su tratamiento para la infertilidad. En caso negativo, pídale a su doctor que le haga los análisis pertinentes.

Cuando un tratamiento hormonal inadecuado conduce a la infertilidad

Si ya le han diagnosticado hipofunción tiroidea y está recibiendo tratamiento para la misma, su infertilidad podría estar siendo causada por un desequilibrio tiroideo mal corregido, ya sea por una falta o un exceso de hormona. Si está tomando hormona tiroidea para tratar el hipotiroidismo, asegúrese que su tratamiento sea adecuado antes de tratar de embarazarse. Una dosis insuficiente también puede causar infertilidad.

Una noche estaba dando una charla sobre los efectos en la salud del hipotiroidismo leve a un grupo de apoyo para pacientes conformado por gente común. Cuando estaba apuntando a una diapositiva que ilustraba que una deficiencia mínima de hormona tiroidea podría ser la responsable tanto de infertilidad como de abortos espontáneos, noté la cara que puso una mujer joven que estaba sentada hasta atrás. Su rostro se iluminó y su expresión cambió de una de frustración a una que parecía ser de alivio y esperanza. Después de la charla, ella me hizo algunas preguntas acerca de la manera en que un pequeño déficit de hormona tiroidea podría afectar la ovulación y luego comentó que ella había tenido una afección tiroidea y que haría una cita para ir a verme. Me dijo que había estado frustrada y que sus niveles de estrés habían aumentado porque no había podido concebir. Una semana más tarde, Felicia llegó a mi consultorio. Ella me dijo:

> "Me diagnosticaron hipotiroidismo a los 19 años de edad. En aquel entonces, mi médico me empezó a dar hormona tiroidea. Mi tiroides ha estado al mismo nivel probablemente durante los últimos ocho años. Había estado yendo con un internista que me hacía el análisis de TSH una vez al año y los resultados habían sido relativamente estables. De vez en cuando me ajustaba la dosis, pero nunca de manera drástica. Me casé hace cuatro años y ya estábamos listos para tener hijos. Al inicio, teníamos la actitud de que si me embarazaba, qué bueno y si no, también. Realmente no teníamos prisa alguna en aquel entonces. Fue quizá un año y medio después de que nos casamos que realmente nos empezamos a concentrar en eso y no pasó nada. Yo había estado consultando a un ginecólogo que casualmente era una especialista en infertilidad".
>
> "Yo había estado tomando ciclos de fármacos para inducir el embarazo, pero sin éxito. Me empecé a preguntar si mi tiroides podría tener algo que ver en todo eso".

Le pregunté a Felicia si tenía otros síntomas. "Sí noté que empecé a sudar mucho en la noche; también se me estaba cayendo el cabello y tenía la piel muy seca y escamosa. Si me pasaba un cepillo por la piel, se desprendían escamas, especialmente en mis piernas", contestó.

Su relación con su esposo se vio muy afectada. Él la culpaba constantemente y la hacía sentir como si algo estuviera mal en ella. Ella explicó:

> "Me hacía sentir menos como mujer. Empecé a envidiar a todas las mujeres que no tienen que pasar por todas las batallas con los medicamentos, las fechas y las pruebas de ovulación".
>
> "Lo peor de todo fue la distancia que se generó entre nosotros dos. El sexo se convirtió en una tarea porque cuando te estás concentrando tanto en embarazarte, ya deja de ser espontáneo y divertido. Luego, llega el fin del mes y sigues sin poder embarazarte y tienes que enfrentarte a otro mes completo de esta rutina que ya se volvió vieja y agotadora".

Al revisar los registros que Felicia había traído, noté que sus niveles de TSH durante los últimos dos años, mientras había estado tomando 0,15 miligramos de L-tiroxina sintética, eran de 6,0 y 4,5 (el nivel normal de TSH es de 0,4 a 4,5 miliunidades internacionales por litro). El hecho de que sus niveles fueran elevados sugerían que no estaba tomando suficiente hormona tiroidea. Si ese era el caso, pensé que la deficiencia leve de hormona tiroidea resultante podría ser la responsable de su infertilidad. Le aumenté la dosis de L-tiroxina a 0,175 miligramos y le pedí que esperara unos meses antes de volver a tomar los medicamentos para la fertilidad.

Dos meses más tarde, Felicia se embarazó de inmediato, sin tener que tomar medicamentos para la fertilidad. "Pensamos que no había manera en que esto hubiera podido funcionar así después de todos los obstáculos que habíamos tenido que enfrentar en el pasado. Es increíble que hayamos tratado con medicamentos durante dos años y que no hayamos tenido éxito, pero que con un aumento pequeño en la dosis, me haya embarazado de inmediato".

Cuando regresó a mi consultorio ya con seis semanas de embarazo, Felicia estaba tanto contenta como enojada. Ella dijo, "Lo que más me enoja es que mi internista sabía que estaba batallando con la infertilidad. Sí siento que gastamos mucho tiempo y mucho dinero porque nadie consideró que mi tiroides me estuviera causando problemas".

Cualquier mujer que tenga un problema de infertilidad debe examinarse la tiroides. Este análisis sencillo puede ayudar a evitar gran parte de la lucha, el estrés mental y la carga financiera que se asocian con la infertilidad. Incluso un desequilibrio tiroideo diminuto puede dar como resultado un problema de infertilidad que sí se puede corregir. En este mismo sentido, cualquier mujer que actualmente esté siendo tratada por un desequilibrio tiroideo o que anteriormente haya sido tratada por una afección tal deberá hacerse análisis completos antes de tratar de concebir.

Más allá de la infertilidad: cuando el embarazo termina en un aborto espontáneo

Pese a lo difícil que puede ser la infertilidad, sus penurias pueden palidecer en comparación con el trauma de un aborto espontáneo. Muchas mujeres, especialmente aquellas que han tenido muchos abortos espontáneos, tienen un nivel muy elevado de estrés y pueden llegar a sufrir de baja autoestima, depresión y conflictos maritales.

Aunque los abortos espontáneos recurrentes pueden deberse a problemas genéticos o a una amplia gama de afecciones médicas, también se ha demostrado que las mujeres que padecen un desequilibrio tiroideo presentan una alta tasa de abortos espontáneos recurrentes. Desde hace algún tiempo se tiene conocimiento de la relación que existe entre el embarazo y los problemas tiroideos. Hace tres o cuatro décadas, los ginecólogos trataban a las mujeres que tenían abortos espontáneos múltiples con hormona tiroidea, dado que se observó que esta hormona ayudaba a prevenir la terminación temprana del embarazo en un número significativo de mujeres. Los estudios de investigación han demostrado que un desequilibrio tiroideo mínimo puede causar abortos espontáneos recurrentes y la incapacidad de llevar un embarazo normal a término.[6] Incluso la tiroiditis de Hashimoto que no es lo suficientemente severa como para hacer que la glándula tiroides se vuelva hipofuncionante puede estar relacionada con el aborto espontáneo.[7] Los estudios de investigación han concluido que del 2 al 3 por ciento de las mujeres embarazadas son hipotiroideas.[8] La hipofunción tiroidea puede causar no sólo abortos espontáneos, sino también defectos congénitos y otros problemas que podrían poner en peligro la salud tanto del feto como de la mujer embarazada.[9]

Emily estaba felizmente casada y a los 35 años de edad, tuvo a su primer bebé. Dos años más tarde, decidió tener otro hijo y dejó de tomar pastillas anticonceptivas durante cinco meses. Poco tiempo después, dijo:

> "Empecé a aumentar de peso como un oso que se está preparando para el invierno. La única diferencia es que casi no comía nada y hacía ejercicio todos los días. Mi problema de peso empezó a apoderarse de mi vida. Me sentía extremadamente cansada y deprimida todo el tiempo y lo único que quería hacer era dormir. Cuando decidí buscar ayuda, fui a una clínica para bajar de peso".
>
> "El médico me informó que tenía bocio y me sugirió que consultara a mi propio médico antes de empezar con el programa para bajar de peso. Cuando mi doctor me informó que estaba embarazada, pensé que el aumento de peso y el cansancio se debían al embarazo. Me dio mucha emoción saber que estaba embarazada, entonces ignoré mi problema tiroideo".

Emily ya estaba pensando en un nombre para ponerle a su bebé, pero hacia el final del primer trimestre, tuvo un aborto espontáneo. No podía entender por qué había pasado eso y sintió que le había fallado a su esposo y a su familia. Su culpa y su depresión eran desproporcionadas en comparación con las que usualmente provoca un aborto espontáneo, probablemente debido a su hipotiroidismo.

Mientras Emily me estaba relatando su historia, me sorprendió bastante que su médico le hubiera encontrado bocio pero que no le hubiera hecho análisis de funcionamiento tiroideo. En retrospectiva, era claro que ella presentaba muchos síntomas de hipotiroidismo. El aborto espontáneo probablemente se debió a su hipotiroidismo porque, dos meses más tarde, se le hicieron los análisis y estas demostraron que en efecto tenía una tiroides hipofuncionante.

El desequilibrio tiroideo de Emily se diagnosticó oportunamente y sólo tuvo un aborto espontáneo. Meses más tarde, sus niveles de hormona tiroidea volvieron a la normalidad con el tratamiento y ya no tuvo dificultades para llevar un embarazo a término. Cualquier mujer que haya tenido varios abortos espontáneos debe hacerse análisis de funcionamiento tiroideo. Incluso un desequilibrio tiroideo leve que nunca haya sido considerado por los médicos puede causar la terminación temprana del embarazo.

Puntos importantes a recordar

- El desequilibrio tiroideo, y el hipotiroidismo subclínico en particular, pueden ser la razón ignorada de sus problemas de infertilidad.
- Antes de que pase dos años sometiéndose a un protocolo de infertilidad, hable con su ginecólogo acerca de la posibilidad de que exista un desequilibrio tiroideo y pídale que le haga análisis de funcionamiento tiroideo. Frecuentemente, el desequilibrio sólo se detectará si le hacen el análisis de estimulación de la TSH.
- La infertilidad puede hacerla sentirse deprimida porque ha fracasado al tratar de cumplir con su "trabajo" de embarazarse. El desequilibrio tiroideo puede empeorar su depresión, dejándola incapaz de lidiar con el estrés de la infertilidad. Si cada vez se siente más deprimida por su problema de infertilidad, considere la posibilidad de que quizá esté padeciendo algún desequilibrio tiroideo.
- Si se encuentra atrapada en el dilema de no tener impulso sexual y sentirse obligada a tener relaciones sexuales, considere la posibilidad de que quizá un desequilibrio tiroideo esté causando tanto su falta de impulso sexual como sus problemas de infertilidad.
- Si está tomando hormona tiroidea para tratar su hipotiroidismo, asegúrese que su tratamiento sea adecuado antes de tratar de embarazarse. Una dosis insuficiente o excesiva puede causar infertilidad.
- Las enfermedades tiroideas a menudo son una causa de abortos espontáneos recurrentes que los médicos pasan por alto. Pídale a su médico que le revise la tiroides si repetidamente no ha podido llevar un embarazo a término.

13

DEPRESIÓN POSPARTO

El vínculo hormonal

Traer a un bebé al mundo típicamente nos trae felicidad, alegría y alivio. Pero también trae preocupaciones, responsabilidad, noches sin dormir y con mucha frecuencia, muchísimo estrés. Durante el período que sigue al alumbramiento, una mujer puede pasar por una fase temporal de tensión, ansiedad, cambios repentinos de humor, enojo, dificultades para dormir y episodios de llanto. Para la mayoría de las mujeres, estos cambios emocionales duran tan sólo unos cuantos días y luego se resuelven. Sin embargo, algunas recién paridas siguen sufriendo alteraciones leves a moderadas en el estado de ánimo durante varias semanas.[1] Y otras mujeres que dan a luz pasan por una genuina depresión posparto más prolongada.

A lo largo de las últimas dos décadas, los investigadores de la tiroides han descubierto que durante el posparto, son bastante comunes diversas formas de trastornos tiroideos autoinmunitarios.[2] Sin lugar a dudas, en un número importante de mujeres que sufren de depresión posparto, el desequilibrio tiroideo es, ya sea una causa, o bien, un factor que contribuye a la depresión.

El sufrimiento oculto de la depresión posparto

Los trastornos mentales posparto han sido reconocidos desde la antigüedad. Desde el reporte escrito por el francés Jean-Etienne-Dominique Esquirol en 1838, han estado disponibles descripciones de los patrones de los trastornos mentales relacionados con el parto.[3] No obstante, no fue sino hasta fechas recientes que se empezó a hablar de las alteraciones mentales del posparto, por lo que las mujeres que padecían depresión posparto ocultaban su sufrimiento por vergüenza. En 1982, cuando un médico inglés organizó una conferencia acerca de las enfermedades psiquiátricas posparto, empezó a haber un interés real por parte de la comunidad médica en las afecciones posparto y se empezó a reconocer tanto la alta frecuencia de estas afecciones como sus efectos en la mujer, el bebé y la familia.[4] Esto llevó a la fundación de una organización internacional dedicada a promover el conocimiento y el tratamiento de las enfermedades psiquiátricas posparto. Los avances científicos logrados en el campo de la psiquiatría, la creación de grupos de apoyo y una mayor consciencia pública gracias a la cobertura de los medios de comunicación han destapado gran parte del sufrimiento oculto relacionado con la depresión posparto.

La depresión posparto es bastante común en nuestra sociedad. Se ha calculado que una de cada cuatro mujeres se siente triste después del parto,[5] y casi el 20 por ciento de las mujeres sufren de depresión durante los primeros tres meses del período posparto.[6] La mayoría de las mujeres se deprimen durante unas cuantas semanas y luego superan la depresión de manera espontánea, mientras que en casos más severos, la depresión puede llegar a durar hasta un año.

En muchos casos, tanto las mujeres mismas como sus ginecólogos atribuyen los problemas emocionales que ocurren durante el período posparto al cuidado que se le debe dar a un recién nacido. Con mucha frecuencia, las mujeres pasan por este estado depresivo sin recibir tratamiento ni apoyo de su esposo o familiares. De hecho, la mayoría de los esposos de las mujeres que están pasando por una depresión posparto tienen dificultades para lidiar con los cambios en el estado de ánimo y el comportamiento de su esposa, lo que tiende a dejar a estas mujeres aún más aisladas, empeorando su depresión. Por lo tanto, lo que ocurre en la mayoría de los casos es que no se diagnostica la depresión posparto y sus síntomas frecuentemente se atribuyen al estrés por el que está atravesando la madre.

Si usted está sufriendo de depresión posparto, es menos probable que pueda proporcionarle el afecto y los cuidados necesarios a su bebé. También es menos probable que lo siga amamantando. La depresión posparto en la madre puede hacer que el bebé sea más vulnerable a tener problemas cognitivos y el trastorno de déficit de atención e hiperactividad. Los estudios de investigación han demostrado que otras consecuencias de la depresión posparto materna para el bebé pueden incluir un comportamiento violento y dificultades para controlar el enojo.[7] Entre más dure la depresión de la madre, mayor será la probabilidad de que se den efectos negativos en el comportamiento del niño. Otros efectos de la depresión posparto en el bebé son problemas en su crecimiento y diarrea.[8]

Por desgracia, los médicos siguen ignorando y siguen sin tomar en serio la depresión posparto. Las mujeres buscan ayuda psiquiátrica sólo en casos extremadamente severos de depresión, cuando ya empiezan a pensar en el suicidio y muchas de las mujeres que sufren de depresión posparto no reciben un diagnóstico ni un tratamiento apropiado.

Se ha creído que, hasta cierto grado, las fluctuaciones en los niveles hormonales son las responsables de la ocurrencia de las afecciones psiquiátricas posparto. Se cree que los síntomas del posparto están relacionados con el descenso pronunciado en los niveles hormonales (es decir, en los niveles de estrógeno y progesterona) desde los niveles elevados del embarazo hasta los niveles muy bajos del posparto.[9]

Si la única causa fueran los cambios hormonales, entonces todas las mujeres sufrirían de depresión posparto, pero este no es el caso. En primer lugar, la genética puede hacer que una mujer sea susceptible a la depresión posparto; los estudios de investigación han sugerido que, en muchos casos, la depresión posparto es familiar. Las mujeres que tienen antecedentes de depresión antes del embarazo y las que sufren de síndrome premenstrual severo tienen una mayor probabilidad de sufrir de depresión en el período posparto.[10] Asimismo, si una mujer tiene depresión, ansiedad o simplemente "tristeza" durante el embarazo, corre un mayor riesgo de sufrir de depresión posparto. Igualmente importante, si una mujer está bajo mucho estrés durante el embarazo o inmediatamente después de dar a luz, si tiene problemas maritales, si no recibe un apoyo familiar o social adecuado, si es víctima de abuso físico, sexual o emocional o si tiene que lidiar con problemas financieros importantes, si el embarazo no fue deseado o si tuvo problemas de salud relacionados con el mismo, entonces será más vulnerable a la depresión posparto.[11] Las mujeres que consultan frecuentemente a su médico durante el embarazo y aquellas que faltan mucho al trabajo durante el embarazo también son más susceptibles a la depresión posparto. Si usted tiene síntomas de depresión durante el tercer trimestre de embarazo o durante las etapas tempranas del período posparto, esto podría ser un indicio de que sufrirá de depresión posparto. Lo que también la puede hacer más vulnerable a la depresión posparto es la fatiga de cuidar al bebé y la falta de sueño. De hecho, según un estudio de investigación, si una mujer se siente muy cansada y agotada al final de la segunda semana del período posparto, corre un alto riesgo de sufrir de depresión posparto.[12] Además, si presentó síntomas leves de euforia al poco tiempo de dar a luz, este podría ser un indicio de que sufrirá de depresión posparto.[13] Asimismo, esto podría indicar que padece algún trastorno del estado de ánimo de tipo bipolar.

La depresión es el único tipo de sufrimiento mental que puede ocurrir durante el período posparto. Durante este período, las mujeres perciben el estrés de forma exagerada y a menudo sienten ansiedad. Según un estudio de investigación, una de cada tres mujeres sufren de algún trastorno de ansiedad generalizado durante el período posparto y un tercio de las mujeres que sienten ansiedad también presentan síntomas de depresión.[14]

Es obvio que la alta vulnerabilidad a presentar alguna afección mental que tienen muchas mujeres durante el período posparto aumenta la probabilidad de que sufran de depresión posparto cuando también tienen un desequilibrio tiroideo concurrente durante el posparto.

¿Qué tan común es el desequilibrio tiroideo posparto?

Hace más de un siglo, un comité de la Sociedad Clínica de Londres observó el papel que desempeña el desequilibrio tiroideo como causa de la angustia mental posparto.[15] En este reporte, se señaló que muchas pacientes con hipofunción tiroidea se sentían severamente enfermas después del parto. De entonces para acá, ha quedado claro que el desequilibrio tiroideo puede causar o empeorar la depresión posparto. De hecho, las mujeres que sufren de depresión posparto tienen una mayor frecuencia de anticuerpos antitiroideos positivos, que son un marcador de las enfermedades tiroideas autoinmunitarias.[16] También se ha hecho evidente que el desequilibrio tiroideo tiende a ocurrir con una frecuencia elevada durante el período posparto.

Los estudios de investigación han demostrado que del 5 al 12 por ciento de todas las mujeres tienen tiroiditis autoinmunitaria en el posparto.[17] De una mitad a un tercio de estas mujeres padecen hipertiroidismo, hipotiroidismo o ambos durante el período posparto.[18] En un estudio de investigación realizado en Wisconsin en el que se evaluó a las mujeres a las seis y a las doce semanas de dar a luz, se descubrió que el 11,3 por ciento de ellas tenían una enfermedad tiroidea y el 6,7 por ciento tenían hipotiroidismo o hipertiroidismo.[19] Las mujeres blancas parecen presentar una mayor probabilidad de padecer tiroiditis autoinmunitaria posparto que las mujeres afroamericanas (8,8 por ciento en comparación con 2,5 por ciento, respectivamente). La alta frecuencia de disfunción tiroidea durante el posparto tiene que ver con la activación y alteración del sistema inmunitario durante este período. Por ejemplo, los estudios de investigación han demostrado que hasta un 45 por ciento de las pacientes que padecen la enfermedad de Graves durante sus años fértiles son diagnosticadas durante el período posparto.[20] Las mujeres que han tenido hijos presentan un mayor riesgo de padecer la enfermedad de Graves más adelante en su vida que las mujeres que nunca han estado embarazadas. La autoinmunidad de rebote que ocurre durante el período posparto se explica en parte por los cambios hormonales. El estrés y la depresión también pueden hacer que el sistema inmunitario se vuelva más autorreactivo.

Sin embargo, el desequilibrio tiroideo en el posparto frecuentemente se presenta en aquellas mujeres que ya padecían una enfermedad tiroidea autoinmunitaria antes de dar a luz. Los estudios de investigación han demostrado que más de la mitad de las mujeres que tienen anticuerpos antitiroideos (un indicio de la tiroiditis de Hashimoto) durante el embarazo sufren de disfunción tiroidea durante el período posparto.[21] Si usted tiene anticuerpos antitiroideos positivos durante el embarazo, su riesgo de sufrir de depresión posparto también se eleva considerablemente.[22] También estará en riesgo de padecer tiroiditis posparto si consume cantidades elevadas de yodo.[23]

Las muchas caras del desequilibrio tiroideo posparto

El desequilibrio tiroideo puede presentarse incluso uno o dos meses después del alumbramiento y también puede se puede presentar en patrones distintos. El patrón más común tiene tres fases distintas: una fase de hipertiroidismo transitorio o temporal que dura de dos a tres meses, seguida de un período de hipotiroidismo y luego el regreso espontáneo a niveles tiroideos normales. Este patrón ocurre en el 25 a 30 por ciento de las mujeres con tiroiditis posparto. En un número significativo de mujeres, el funcionamiento de la glándula tiroides vuelve a la normalidad a los siete u ocho meses del período posparto. En esencia, muchos casos de desequilibrio tiroideo que ocurren durante el período posparto son temporales. Sin embargo, algunas mujeres presentarán un desequilibrio persistente o incluso permanente.

Este patrón se debe a un ataque autoinmunitario rápido en contra de las células de la tiroides, de forma similar a lo que ocurre en la tiroiditis silenciosa (vea el Capítulo 4), que tiende a presentarse en las personas que padecen la tiroiditis de Hashimoto. Durante la primera fase, la destrucción de las células tiroideas provoca la liberación de hormona tiroidea al torrente sanguíneo, causando hipertiroidismo. A medida que va menguando esta destrucción, también va disminuyendo el nivel de hormona tiroidea. Esto frecuentemente conduce al hipotiroidismo porque las células que estaban sanas y que anteriormente estaban sintetizando cantidades adecuadas de hormona tiroidea ya no están presentes para mantener un nivel normal de la hormona. Una vez que la paciente se vuelve hipotiroidea, las células tiroideas empiezan a regenerarse. La tiroides tarda unas semanas en recuperarse por completo, momento en el que el nivel de hormona tiroidea vuelve a la normalidad.

Kathy, una mujer de 26 años de edad, tenía varios síntomas de disfunción tiroidea posparto. La diagnosticaron sólo después de que su funcionamiento tiroideo ya estaba volviendo a la normalidad. Sus síntomas eran indicativos de hipertiroidismo, que le duró dos meses, seguidos de tres meses de hipotiroidismo. Pero ella y su esposo, un anestesiólogo que trabajaba en un hospital universitario, habían atribuido sus síntomas al estrés de haber tenido un bebé y haberse mudado a otra ciudad. Kathy describió sus síntomas así:

"Después de tener a mi bebé, me sentía hiperactiva. Hacía tantas cosas después de que nació que volví a tener hemorragia uterina. La estaba amamantando, pero siempre andaba corriendo de un lado al otro tratando de hacer mil cosas a la vez".

"Para cuando mi hija cumplió cuatro meses de edad, yo ya había bajado 26 libras (11,6 kg) de peso. Me sentía acalorada, sudorosa y temblaba todo el tiempo. Recuerdo haberme quedado sentada en el vestidor y haberme puesto a llorar porque me sentía muy mal. También me latía muy aprisa el corazón. Nosotros pensamos que sólo era por el estrés".

"Dos meses más tarde, me empecé a sentir muy deprimida y repentinamente muy cansada y agotada. Recuperé todo el peso que había perdido y 15 libras (6,7 kg) más. Mi piel estaba seca. Tenía tanto sueño que cuando mi bebita dormía la siesta, yo también me quedaba dormida. Fui a consultar a mi doctor y me dijo que mi tiroides estaba grande".

Lo que Kathy describió fue un período de hiperactividad e hipomanía causado por el hipertiroidismo, seguido de un período de depresión causado por el hipotiroidismo.

En general, el hipertiroidismo tiende a ocurrir antes de los dos a tres primeros meses después del alumbramiento, mientras que el hipotiroidismo usualmente se presenta más adelante, más a menos cuatro meses después de haber dado a luz. El hipotiroidismo ocasionalmente puede aparecer hasta ocho meses después del parto.

En algunas mujeres, la destrucción de las células tiroideas y el hipertiroidismo resultante no son lo suficientemente severos como para precipitar una fase de hipotiroidismo. En tales mujeres, el hipertiroidismo dura varias semanas y luego el funcionamiento tiroideo vuelve a la normalidad. Muchas de ellas no reciben un diagnóstico a menos que se les hagan análisis sistemáticos.

Otro patrón común es una fase de hipotiroidismo transitorio que dura de dos a tres meses. Este período puede ir seguido de la recuperación de un funcionamiento tiroideo normal o del desarrollo de un hipotiroidismo permanente, que después requerirá de tratamiento con hormona tiroidea durante toda la vida de la paciente. Las mujeres que avanzan hasta llegar al hipotiroidismo permanente pueden tener una tiroiditis de Hashimoto más destructiva que las mujeres que se recuperan de este desequilibrio. Incluso las mujeres que presentan un hipotiroidismo subclínico transitorio corren un alto riesgo de volverse permanentemente hipotiroideas años más tarde. La enfermedad de Graves también ocurre con frecuencia durante el período posparto. En algunas mujeres, una enfermedad de Graves latente puede activarse durante el período posparto inmediato, causando la enfermedad de Graves posparto. El riesgo de padecer la enfermedad de Graves durante el período posparto es mayor en mujeres de más de 35 años de edad.

Si una mujer ya ha presentado disfunción tiroidea posparto alguna vez en su vida, tendrá un mayor riesgo de volver a presentar la misma disfunción en sus embarazos posteriores. Asimismo, muchas mujeres que desarrollan una disfunción tiroidea posparto tendrán algún tipo de anormalidad tiroidea más adelante. Por ejemplo, en un estudio de investigación se descubrió que el 23 por ciento de las mujeres que tuvieron una disfunción tiroidea posparto eran hipotiroideas de 24 a 48 meses después.[24] El hallazgo sorprendente fue que la mitad de las mujeres que sólo tuvieron hipotiroidismo, en lugar de hipertiroidismo seguido de hipotiroidismo, durante el período posparto, siguieron sufriendo de hipofunción tiroidea. Entre mayor sea una mujer cuando desarrolle una disfunción tiroidea posparto, mayor será su riesgo de tener hipotiroidismo permanente después. Además, por razones que aún no quedan claras, las mujeres que han tenido múltiples embarazos y abortos espontáneos previos corren un mayor riesgo de tener hipotiroidismo permanente.

Efectos del desequilibrio tiroideo posparto en la mente y en el estado de ánimo

Durante el período posparto, es probable que un desequilibrio tiroideo induzca, agrave e incluso perpetúe el sufrimiento mental, simplemente porque la mujer ya se encuentra vulnerable. El Dr. Clifford C. Hayslip y sus colegas del Centro Médico Militar Walter Reed[25] han demostrado que las mujeres que sufrieron de hipotiroidismo posparto estaban deprimidas y tenían problemas de concentración y memoria, así como otras quejas, con más frecuencia que las mujeres que no tuvieron una disfunción tiroidea posparto. Es probable que una mujer hipotiroidea se vuelva menos cuidadosa y cometa más errores durante el período posparto. También tiende a quejarse de fatiga, aumento de peso, intolerancia al frío y nerviosismo. El hipertiroidismo causa fatiga, dolores y achaques, deterioro de la memoria e irritabilidad. Además, puede provocar una depresión en el período posparto. Casi la mitad de las mujeres que tienen hipotiroidismo posparto tienen pesadillas, en comparación con el 5,5 por ciento de las mujeres que tienen un funcionamiento tiroideo normal.

La afección psiquiátrica más rara que puede ocurrir después de dar a luz es la psicosis posparto, que se caracteriza por alucinaciones, delirio y agitación. Después de que pasa la psicosis o de que se resuelve con medicamentos, puede ir seguida de depresión. Aunque la mayoría de los casos de psicosis posparto no son causados por un desequilibrio tiroideo, sí se ha observado la presencia de un desequilibrio tal en casos raros.[26]

Debido a que los efectos de un desequilibrio tiroideo en el estado de ánimo y las emociones durante el período posparto no han sido ampliamente difundidos, muchas recién paridas están en riesgo de sufrir de manera importante justo en aquella época de su vida en la que ellas —y sus familiares—

esperarían sentirse más contentas que nunca. Típicamente, la depresión que se debe a una enfermedad tiroidea posparto no puede distinguirse de una depresión posparto, aunque en muchas ocasiones, la aparición de una depresión debida a una enfermedad tiroidea posparto ocurre más tarde. Y en muchas mujeres que tienen una depresión posparto no relacionada con una enfermedad tiroidea empeora la depresión como resultado del desequilibrio tiroideo posparto. La disfunción tiroidea durante el período posparto puede intensificar la percepción de estrés de una mujer y provocar que tenga aún más dificultades para lidiar con las demandas de cuidar a un recién nacido. Ella puede llegar a sentir una gran culpa por su incapacidad de brindarle los cuidados necesarios a su bebé. Sin lugar a dudas, el estrés, el miedo inconsciente de ser madre, los conflictos maritales y una falta real o percibida de apoyo por parte de su esposo y su familia pueden empeorar la depresión posparto.

Grace, una enfermera de 29 años de edad, describió su sufrimiento por una depresión severa debida al hipotiroidismo posparto después del nacimiento de su hija. Ella se estaba sintiendo sola porque su esposo tenía que viajar mucho y su mamá recientemente había sido hospitalizada para recibir tratamiento para el cáncer. Ella dijo:

> "Durante alrededor de cuatro semanas, me levantaba por la mañana y de alguna manera funcionaba de manera normal. Seis semanas después de que tuve a mi bebé, tuve una crisis nerviosa. Me quedaba todo el día en camisón y no recordaba nada de lo que había hecho durante el día. Una noche fui a la tienda y compré un preparado infantil y una mamila (biberón), anoté todas las instrucciones para prepararlo todo y luego me quedé sentada sin poder moverme. Durante una época, sólo quería dejar de existir. Quería criar a mi hija, pero con todo lo que estaba pasando o que yo percibía que estaba pasando, no podía hacerlo. No parecía poder explicarlo, o bien, nadie me escuchaba cuando hablaba del tipo de ayuda que necesitaba. Necesitaba un descanso. Me diagnosticaron una depresión posparto severa. Unos cuantos días después, me dijeron que tenía hipotiroidismo severo".

Grace fue tratada con hormona tiroidea y un antidepresivo, lo que hizo que desapareciera la depresión. La depresión nunca le regresó, incluso meses después de suspender el antidepresivo. Esto subraya nuevamente la importancia de hacer análisis de funcionamiento tiroideo siempre que una madre presenta depresión posparto.

Cuando una paciente con antecedentes de depresión presenta un desequilibrio tiroideo posparto, este frecuentemente hace que recurra la depresión. Una paciente mía había estado batallando con una depresión recurrente durante años y había tomado medicamentos de manera intermitente, pero su peor episodio de depresión ocurrió después de que tuvo a su segundo bebé. Por desgracia, su psiquiatra consideró la posibilidad de que tuviera hipotiroidismo posparto sólo después de que trató de suicidarse por segunda vez.

Cómo curar la depresión posparto

Un prerrequisito para resolver los síntomas de depresión durante el período posparto es corregir el desequilibrio tiroideo. El tratamiento con hormona tiroidea puede mejorar o resolver los síntomas por completo. Si usted tiene una tiroides hipofuncionante, yo recomiendo que tome una combinación de T4 y T3 (vea el Capítulo 18). Pero el tratamiento con hormona tiroidea a menudo puede no ser suficiente y tendrá que tomar un antidepresivo para que la depresión se resuelva por completo. Si no se trata adecuadamente la depresión, puede volverse severa y persistente, afectándola a usted y a su bebé.

La sertralina (*sertraline*) es el antidepresivo más recetado porque se considera seguro para el lactante. El bupropión SR (*bupropion SR*) también es bastante eficaz y seguro. Sin embargo, en general, no se han observado efectos adversos importantes en lactantes expuestos a otros antidepresivos a través de la leche materna.[27] Sin embargo, para minimizar la exposición del lactante al medicamento, es importante que la madre tome la dosis más baja posible que le ayude a aliviar sus síntomas y yo recomiendo que pida que vigilen a su bebé para detectar a tiempo cualquier efecto que pudiera presentar.

Otro tratamiento benéfico es la terapia conductual cognitiva combinada con un antidepresivo. El uso de ambos le ayudará a obtener más beneficios que si sólo toma un antidepresivo. La psicoterapia puede ayudar a resolver cualquier problema subyacente que pudiera estar afectando la relación con su bebé. La terapia interpersonal de grupo también es bastante útil.

Tome cantidades adecuadas de aquellas vitaminas y antioxidantes que han demostrado tener un efecto en el estado de ánimo, como zinc (10 mg/día), selenio (50 a 100 mcg/día), vitamina C (1.000 mg/día), ácido fólico (800 mcg/día) y calcio (1.000 mg/día). Tome al menos 1.000 a 2.000 miligramos de ácidos grasos omega-3, ya sea comiendo pescado o en forma de suplemento. Los estudios de investigación han demostrado que aumentar el consumo de estos ácidos grasos ayudará a resolver la depresión.[28]

Es probable que la caída en el nivel de insulina que ocurre después del alumbramiento contribuya a la ocurrencia de la depresión posparto. Por este motivo, es posible que puedan mejorar sus síntomas al aumentar su consumo de carbohidratos.[29] Esto estimulará la liberación de insulina del páncreas.

Cuando la depresión posparto y la disfunción tiroidea posparto ocurren al mismo tiempo, no se puede afirmar con certeza que la enfermedad tiroidea sea la única causa de la depresión. Aunque los estudios de investigación han demostrado que en efecto existe un vínculo entre la depresión posparto y el desequilibrio tiroideo posparto, nadie puede saber con certeza si la depresión hubiera ocurrido aunque la enfermedad tiroidea no hubiera estado presente. No obstante, es necesario hacerle análisis de funcionamiento tiroideo a cualquier mujer que sufra de depresión posparto. El tratamiento del desequilibrio tiroideo puede hacer que desaparezca la depresión. La mayoría de los médicos no toman en serio los síntomas posparto porque, culturalmente, se espera que las mujeres pasen por ciertos cambios en su estado de ánimo e inestabilidad emocional durante el período posparto. Nuestra sociedad injustamente espera que estas nuevas mamás "lo aguanten" y luchen contra la corriente para superar los efectos emocionales y físicos, que a veces son agobiantes, de la depresión posparto. Sus médicos, cónyuges y familiares a menudo les dicen que ignoren sus propios síntomas y "que piensen en el bebé" y en la alegría que "deberían" estar sintiendo. Pese a la frecuencia de la depresión posparto y la disfunción tiroidea posparto, los médicos a menudo ignoran ambos problemas y omiten hacerles análisis de funcionamiento tiroideo a las mujeres que están deprimidas durante el período posparto. Esta tendencia debe cambiar para prevenir consecuencias serias tanto para la madre como para su bebé.

Puntos importantes a recordar

- En algunas mujeres, un desequilibrio tiroideo puede hacer que la depresión posparto sea peor. Pida que le hagan análisis de funcionamiento tiroideo si llega a sentirse agobiada por la tristeza, los episodios de llanto, el distanciamiento con su esposo o su incapacidad de darle los cuidados necesarios a su bebé.
- El desequilibrio tiroideo durante el período posparto a menudo se presenta en un patrón de hipertiroidismo transitorio seguido de hipotiroidismo y luego la recuperación del funcionamiento tiroideo normal.
- Sin embargo, algunas mujeres sólo presentan hipertiroidismo o hipotiroidismo transitorios. Otras desarrollan una tiroides permanentemente hiperfuncionante debida a la enfermedad de Graves o una tiroides permanentemente hipofuncionante debida a la tiroiditis de Hashimoto.
- Una vez que ha tenido problemas con su tiroides después de dar a luz, aumenta su riesgo de tener problemas tiroideos después de embarazos posteriores. Asimismo, queda en riesgo de padecer hipotiroidismo permanente más adelante en su vida.
- El período posparto es una época vulnerable para las mujeres, en muchas de las cuales aparece por vez primera su desequilibrio tiroideo después de dar a luz.

CUARTA PARTE

DIAGNÓSTICO Y TRATAMIENTO DE LOS TRASTORNOS TIROIDEOS MÁS COMUNES

El camino al bienestar

14

CÓMO OBTENER UN DIAGNÓSTICO ACERTADO

Durante años, el público ha recibido información contradictoria acerca de cómo se diagnostica correctamente un desequilibrio tiroideo. Algunos doctores holísticos y profesionales en terapias alternativas pueden darle un diagnóstico de hipotiroidismo si sufre de cansancio y otros síntomas indicativos de un metabolismo lento. Usarán su temperatura basal (de reposo) cómo índice de hipofunción tiroidea y vigilarán su tratamiento pidiéndole que se tome la temperatura basal de tres a cuatro veces al día. Algunos doctores tratarán sus alergias, asma, caída de cabello, piel seca y malestar gastrointestinal con hormona tiroidea, creyendo que tiene una tiroides hipofuncionante aunque los resultados de sus análisis de sangre sean normales. Puede que le digan que la hormona tiroidea no está funcionando bien en su cuerpo y que necesita tomar un tratamiento con hormona tiroidea porque es hipotiroideo. Por contraste, muchos doctores convencionales se aferran estrictamente a los análisis y sólo consideran que un paciente tiene desequilibrio tiroideo si los resultados de dichos análisis están claramente fuera del rango normal.

Debido a estas diferencias de opinión, algunas personas no han sido diagnosticadas pese a que han buscado la ayuda de un médico, mientras que otras han sido sometidas a tratamientos inapropiados y exagerados que son nocivos para su salud emocional y física en general. Para evitar estas trampas, es necesario que usted esté bien informado acerca de los análisis más confiables para evaluar su tiroides y cómo interpretarlas a la luz de sus síntomas. De esa forma, no será uno más de los que no recibieron la ayuda que necesitaron de su doctor.

Antes de que fuera posible medir los niveles de hormonas tiroideas en sangre, el método de diagnóstico más común era usar pistas indirectas como guía, por ejemplo:

- La temperatura basal (una forma indirecta de medir el metabolismo de una persona), la cual es baja en pacientes hipotiroideos
- Los niveles de colesterol, que son altos en personas hipotiroidismo y bajos en personas con hipertiroidismo
- El nivel de yodo en sangre, que es bajo en el hipotiroidismo y alto en el hipertiroidismo
- El tiempo del reflejo de Aquiles (cuánto tiempo tarda el tendón de Aquiles en relajarse después de contraerse), que es lento en el hipotiroidismo y más rápido en el hipertiroidismo

Durante más de tres décadas, los doctores han sido capaces de medir los niveles de las hormonas T4 y T3 en el torrente sanguíneo, así como de la hormona estimulante de la tiroides (HET o *TSH* por sus siglas en inglés), que es la hormona pituitaria que controla estrictamente el funcionamiento de la glándula tiroides y la síntesis de hormona tiroidea. (*Nota*: dado que la hormona estimulante de la tiroides se conoce más comúnmente por sus siglas inglesas de TSH, usaremos dichas siglas a lo largo de este capítulo).

La pituitaria es como un sensor finamente ajustado que detecta incluso un déficit o exceso sutil de hormona tiroidea. El déficit de hormona tiroidea en la sangre hará que se eleve la TSH, mientras que el exceso de hormona tiroidea hará que descienda.

El análisis de TSH ahora se reconoce como la medición más sensible para detectar desequilibrios tiroideos.[1] Cuando los niveles de hormona tiroidea cambian ligeramente, a menudo permanecerán dentro del rango normal aunque el nivel de TSH se haya vuelto anormal. De hecho, la mayoría de los pacientes con hipotiroidismo subclínico o hipertiroidismo subclínico tienen niveles de T4 y T3 dentro del rango normal de laboratorio. El rango normal de hormona tiroidea es muy amplio y se establece al promediar los niveles obtenidos de una gran cantidad de personas. Debido a que lo que se considera como un nivel "normal" de hormona tiroidea varía de una persona a otra, el rango normal que se emplea en los laboratorios necesita ser lo suficientemente amplio como para incluir a muchas personas. Por ejemplo, en muchos laboratorios, el nivel normal de T4 va de 5 a 12 microgramos por decilitro de suero y el de T3 va de 90 a 220 nanogramos por decilitro.

Los avances tecnológicos actualmente permiten que los doctores midan los niveles de TSH de manera muy sensible, tanto muy por debajo del límite inferior como muy por encima del límite superior del rango normal. En general, un nivel normal de TSH está entre 0,4 y 4,5 miliunidades internacionales por litro. Entre mayor sea el exceso de hormona tiroidea, más estará el nivel de TSH por debajo del rango normal; entre mayor sea el déficit, más estará el nivel de TSH por encima del rango normal. Hoy en día, los doctores pueden detectar cualquier exceso o déficit diminuto de hormona tiroidea causado por una tiroides hiperfuncionante o hipofuncionante o por tomar muy poca o demasiada hormona tiroidea.

Esto parecería ser claro y directo. Si el nivel de TSH cae dentro del rango normal del laboratorio, entonces la glándula tiroides está funcionando correctamente. Si es elevado, su doctor le diagnosticará hipofunción tiroidea; si es bajo, el médico sospechará que tiene hiperfunción tiroidea y medirá sus niveles de hormona tiroidea, los cuales se esperaría que fueran altos. Pero esto no es tan claro y directo como suena. Cada vez más médicos creen que una persona puede ser hipotiroidea aunque sus análisis de sangre, entre ellos el que mide la TSH, estén dentro del rango normal del laboratorio. (Vea el Capítulo 15, donde se habla de personas que padecen hipotiroidismo pese a que los resultados de sus análisis de sangre sean normales).

Problemas con los análisis de funcionamiento tiroideo

Diversos fármacos comunes pueden afectar la medición de TSH. Entre ellos encontramos los medicamentos siguientes, los cuales tienden a elevar el nivel de TSH:

- Amiodarona
- Haloperidol
- Metoclopramida
- Litio
- Morfina
- Aminoglutetimida

Los fármacos siguientes tienden a bajar el nivel de TSH:

- Cortisona y otros glucocorticoides
- Dopamina
- Esteroides anabólicos
- Heparina
- Análogos de la somatostatina

Si una persona sufre de depresión o de algún trastorno de ansiedad, podría tener una medición baja de TSH aunque no padezca un trastorno tiroideo. Los estudios de investigación han demostrado que hasta el 30 por ciento de los pacientes que sufren de depresión severa no debida a una afección tiroidea tienen un nivel de TSH ligeramente bajo.[2] Esto presuntamente es causado por la activación del sistema tiroideo en respuesta a la depresión. Frecuentemente, la lectura de TSH vuelve a ser normal cuando se trata la depresión o el trastorno de ansiedad.

Más allá del análisis de TSH

Una vez que el análisis de TSH ha indicado la presencia de un desequilibrio tiroideo, el paso que sigue es determinar la severidad del desequilibrio. En casos de hipofunción tiroidea, la TSH es un análisis muy confiable que le brinda a su doctor una medida precisa de la severidad del déficit. Entre mayor sea el nivel de TSH, más severo será el hipotiroidismo. Por contraste, en casos de hiperfunción tiroidea, la TSH es de poca utilidad para determinar la severidad del exceso de hormona tiroidea en el organismo.

Existen otras series de análisis que pueden ser especialmente útiles para evaluar la severidad del déficit o exceso de hormona tiroidea. Estas incluyen mediciones de la recaptación de T4 y T3 y los niveles de T4 y T3 libre. Para entender estos análisis, veamos ahora cómo se distribuye la hormona tiroidea en el cuerpo.

En el torrente sanguíneo, la hormona tiroidea se liga a proteínas que la transportan a los órganos. Esta hormona en el torrente sanguíneo representa un tipo de reserva. Una de las principales proteínas transportadoras es la globulina fijadora de tiroxina (GFT), la cual se produce en el hígado y puede verse afectada por ciertas enfermedades, enfermedades hepáticas y medicamentos como los estrógenos. Las proteínas transportadoras están vinculadas con más del 99 por ciento de hormona tiroidea que se encuentra en el torrente sanguíneo. Por lo tanto, los niveles totales de T4 y T3 pueden ser altos o bajos si la cantidad de esta proteína es alta o baja. Por ejemplo, una mujer embarazada o que está tomando estrógeno tendrá un nivel elevado de T4 (a veces muy por encima del límite superior normal) aunque su sistema tiroideo esté funcionando correctamente. Es bastante común ver niveles altos y bajos de T4 y T3 totales, los cuales no necesariamente reflejan un desequilibrio. El sistema funciona de modo que los niveles de hormona tiroidea libre en el torrente sanguíneo y en los órganos permanezcan dentro del rango normal.

Por esta razón, el médico frecuentemente le pedirá al paciente que se haga otro análisis, llamado el análisis de recaptación de T3 (que a menudo se confunde con el análisis para medir el nivel de T3). El análisis de recaptación de T3 proporciona un cálculo aproximado de la cantidad de GFT que hay. Cuando se interpreta junto con los resultados de los análisis de T4 o T3 totales, brinda un cálculo más preciso del nivel de hormona tiroidea biológicamente activa que hay en el organismo. Por ejemplo, una mujer embarazada o una mujer que toma estrógenos tendrá, además de un nivel elevado de T4, una recaptación baja de T3. Esto indica que el nivel elevado de T4 se debe a un nivel elevado de GFT. En realidad, si multiplicamos el nivel de T4 por la recaptación de T3, obtenemos el índice de tiroxina libre (*FTI* por sus siglas en inglés), que es un análisis para evaluar el nivel de hormona tiroidea que el análisis de T4. La forma libre de hormona tiroidea (conocida simplemente como T4 libre y T3 libre) también se puede medir en un laboratorio. La T4 libre a menudo nos da una idea más clara de si lo que hay es un déficit o un exceso de hormona tiroidea en el cuerpo. Los médicos piden un análisis para medir el nivel de T3 libre cuando la glándula es mínimamente hiperfuncionante y en algunos casos de hiperfunción tiroidea durante el embarazo.

Los médicos usan los análisis de T4 libre y de recaptación de T4 y T3 cuando necesitan tener más información acerca de la severidad de un déficit de hormona tiroidea. También usan los niveles de T4, T3, T4 libre y T3 libre para determinar el exceso de hormona tiroidea que está circulando en el organismo. Entre mayores sean estos niveles, más severo será el exceso. Los doctores también miden estos niveles cuando sospechan la presencia de un desequilibrio tiroideo debido a un trastorno de la glándula pituitaria, incluso cuando los niveles de TSH son normales.

Cómo obtener un diagnóstico correcto

Si usted ha decidido hacerse análisis o si su médico le ha pedido que se haga análisis de la tiroides para determinar si tiene un desequilibrio tiroideo, asegúrese de que el análisis que le hayan indicado sea el de la TSH. Como se muestra en la tabla siguiente, este análisis le dirá inmediatamente si tiene hipotiroidismo (si el nivel de TSH está por encima de 4,5 miliunidades internacionales por litro) o si debe hacerse más análisis para medir los niveles de T4 y T3, en caso de que se sospeche que tenga una tiroides hiperfuncionante (TSH por debajo de 0,4).

CÓMO DETERMINAR UN DESEQUILIBRIO TIROIDEO CON BASE EN EL NIVEL DE TSH

Rango del nivel de TSH (miliunidades internacionales/ litro)	Diagnóstico
>20	Hipotiroidismo moderado a severo
4,5 a 20	Hipotiroidismo subclínico
0,4 a 4,4	Normal
0,1 a 0,39	Zona limítrofe que podría indicar un exceso de hormona tiroidea o disfunción pituitaria
<0,1	Hipertiroidismo o problema pituitario

Si el nivel de TSH es normal y no presenta síntomas, no es necesario realizar más análisis. Sin embargo, si el nivel de TSH es alto o bajo, su médico generalmente medirá sus niveles de hormona tiroidea. La T4 frecuentemente permanece dentro del rango normal hasta que el nivel de TSH sobrepasa las 20 miliunidades internacionales por litro. Más allá de ese nivel, la T4 tenderá a caer por debajo del rango normal. Pero esto no está tallado en piedra. La T4 puede ser normal incluso cuando la TSH ha llegado a un nivel de 25 ó 30.

En este mismo sentido, los niveles de hormona tiroidea serán normales en personas con hipertiroidismo subclínico. Cuando la glándula se vuelve claramente hiperfuncionante, tanto la T4 como la T3 sobrepasarán el límite superior del rango normal. Muchas personas con hiperfunción tiroidea tienen un nivel normal de T4, mientras que la T3 es la única hormona tiroidea que se ha elevado por encima del rango normal como resultado de la actividad tiroidea.

Si usted es hipertiroideo, es importante que se asegure que su médico le haya medido el nivel de T3 (no la recaptación de T3). Su doctor podría no detectar un hipertiroidismo severo si sólo le pide que se haga el análisis de T4.

El examen tiroideo del cuello

En enero de 1997, durante el tercer Mes de Consciencia Tiroidea anual, la Asociación de Endocrinólogos Clínicos de los Estados Unidos introdujo el concepto del examen tiroideo del cuello.[3] Esta asociación recomienda que el público aprenda a hacerse este autoexamen sencillo para la detección temprana de enfermedades tiroideas.

Como ya se ha mencionado anteriormente, independientemente de que un desequilibrio tiroideo dé como resultado hipotiroidismo o hipertiroidismo, a menudo es generado por un trastorno autoinmunitario como la tiroiditis de Hashimoto o la enfermedad de Graves. Ambos trastornos típicamente se relacionan con una tiroides agrandada, o lo que también se conoce como bocio. Las bolitas en la tiroides que pueden inducir hipertiroidismo y las bolitas que podrían ser cancerosas también pueden volverse visibles. Es necesario prestar atención a la parte inferior del cuello, donde se ubica la glándula tiroides. Esto es especialmente importante si tiene antecedentes familiares de enfermedades tiroideas o síntomas de desequilibrio tiroideo.

Usted puede detectar una protuberancia o bocio al alargar su cuello frente a un espejo y voltear ligeramente su cabeza hacia la derecha y luego hacia la izquierda. Si ve que la superficie del área de su cuello que queda justo por encima del esternón (que es el hueso que está a la mitad del pecho) no es uniforme o que hay una ligera protuberancia, es posible que tenga una bolita (nódulo) o bocio. El bocio puede significar que usted padece la tiroiditis de Hashimoto o la enfermedad de Graves.

Otra señal física que los médicos revisan y que usted puede aprender a usar para verificar si tiene hipofunción o hiperfunción tiroidea es el pulso. El corazón es sumamente sensible a los cambios en los niveles de hormona tiroidea. El exceso de hormona tiroidea hará que su corazón lata más aprisa, mientras que un nivel bajo de hormona tiroidea hará que el corazón se retrase. Si usted conoce su frecuencia cardíaca de reposo y ha empezado a presentar síntomas de desequilibrio tiroideo, puede detectar si sus niveles se han vuelto anormales al revisar su frecuencia cardíaca en reposo. Una frecuencia cardíaca acelerada en reposo a menudo sugiere que tiene una tiroides hiperfuncionante. Sin embargo, asegúrese de que no tenga fiebre o una infección, que no esté deshidratado y que no haya consumido cafeína, dado que estos pueden elevar su frecuencia cardíaca en reposo. Asimismo, debe revisarse el pulso mientras esté acostado, de preferencia en la mañana. Además, el pulso no es lo suficientemente sensible para detectar desequilibrios subclínicos y es menos confiable si tiene más de 60 años de edad, dado que con el envejecimiento, el exceso de hormona tiroidea pierde su capacidad de acelerar la frecuencia cardíaca.

Cuando se padece bocio: ¿qué significa?

En los Estados Unidos, el tipo más común de bocio aparte del que resulta de la tiroiditis de Hashimoto y la enfermedad de Graves es el bocio no tóxico, que es un agrandamiento difuso que rara vez provoca síntomas. Se debe a una amplia gama de factores de crecimiento. Al igual que en el caso del bocio tóxico, el bocio no tóxico inicialmente puede ser difuso pero luego puede volverse multinodular (que contiene varios nódulos) con el tiempo. Los estudios de investigación han demostrado que el bocio multinodular no tóxico eventualmente puede volverse bocio nodular tóxico que puede conducir a la hiperfunción tiroidea (vea el Capítulo 4).

No hay fármacos que sean capaces de reducir eficazmente el tamaño de un nódulo no tóxico. Sin embargo, si después de que se ha vuelto multinodular, el bocio produce síntomas como ronquera o dificultad para tragar o respirar, los médicos a menudo recomendarán su remoción quirúrgica. Diversos estudios han demostrado que la destrucción del bocio con una dosis elevada de yodo radioactivo es un procedimiento seguro y eficaz que podría ser una alternativa a la cirugía.

Aunque sólo sucede en casos raros, es posible que se forme un bocio debido a la falta de ciertas enzimas que necesita la tiroides para sintetizar hormona tiroidea. En adultos, un déficit leve de estas enzimas puede producir bocio aunque los niveles de hormona tiroidea en sangre sean normales. El bocio es el resultado de la estimulación de la hormona pituitaria TSH por parte de una tiroides mínimamente defectuosa. Si varios miembros de su familia tienen bocio pero no tienen un desequilibrio tiroideo, quizá valdría la pena que su médico lo revisara. La deficiencia de yodo es otra causa de bocio, porque el yodo es uno de los ingredientes principales que utiliza la tiroides para sintetizar hormona tiroidea. En los Estados Unidos, el bocio rara vez se debe a la deficiencia de yodo. Sin embargo, en muchas otras partes del mundo, la deficiencia de yodo es una causa común de bocio (vea el Capítulo 19).

Para determinar la causa del bocio, los médicos pueden indicar una o varias de los análisis siguientes:

- *TSH:* este análisis puede determinar si la actividad tiroidea es normal.
- *Anticuerpos antitiroideos* (antithyroid antibodies)*:* si el nivel de TSH es normal o alto y la glándula está difusamente agrandada (sin nódulos), este análisis puede ser útil para el diagnóstico. Se emplea para determinar si padece la tiroiditis de Hashimoto.
- *Recaptación de yodo radiactivo* (radioactive iodine scan and uptake)*:* los doctores emplean este análisis si sospechan que padece tiroiditis de Hashimoto o un defecto enzimático. También la usan para diferenciar la enfermedad de Graves (recaptación elevada) de la tiroiditis silenciosa (recaptación baja) y si sospechan que tiene bocio multinodular no tóxico o tóxico.
- *Ultrasonido de la tiroides* (thyroid ultrasound)*:* este examen sirve para descartar la presencia de una bolita o confirmar la presencia de uno o varios nódulos (bocio multinodular).

Permítame decir unas palabras acerca de la sensibilidad de la tiroides. La mayoría de los médicos interpretan la sensibilidad en la tiroides como un síntoma de tiroiditis subaguda. Pero la tiroiditis de Hashimoto también puede causar sensibilidad y molestias. Incluso la enfermedad de Graves puede causar sensibilidad y dolor, aunque esto no es tan común. Esto ocurre cuando también está presente un componente de la enfermedad de Hashimoto en la glándula. Si usted padece la enfermedad de Graves y tiene dolor y sensibilidad en la tiroides, esto podría significar que podría desarrollar la tiroiditis de Hashimoto y volverse hipotiroideo en un futuro cercando. En casos raros, la tiroiditis de Hashimoto puede causar dolor severo que requiera la remoción quirúrgica de la glándula tiroides.

Cuándo medir los anticuerpos antitiroideos

Los anticuerpos antitiroideos son marcadores que están en el torrente sanguíneo y que son liberados por el sistema inmunitario cuando se da un ataque inmunitario en contra de la glándula tiroides. Aunque muchas personas sin enfermedades tiroideas podrían tener una cantidad muy baja de estos anticuerpos en el torrente sanguíneo, un valor elevado típicamente indica una enfermedad tiroidea autoinmunitaria. Los anticuerpos que se pueden medir fácilmente en los laboratorios comerciales para diagnosticar la tiroiditis de Hashimoto son:

- Anticuerpos antitiroglobulina
- Anticuerpos antimicrosomales
- Anticuerpos antitiroperoxidasa (*anti-TPO* por sus siglas en inglés)

De los tres análisis, el de anticuerpos anti-TPO es el más sensible. Sin embargo, estos análisis de anticuerpos no son infalibles. Casi del 10 al 20 por ciento de las personas que padecen la tiroiditis de Hashimoto no tienen los anticuerpos elevados. (Si se sospecha la presencia de la tiroiditis de Hashimoto, otra prueba diagnóstica que puede ser útil es el ultrasonido de la tiroides. A menudo muestra una inflamación difusa y una alteración de la arquitectura de la glándula que resulta del ataque autoinmunitario. El ultrasonido también puede ser útil para determinar si la protuberancia en la tiroides representa una área de intensa inflamación debida a la tiroiditis de Hashimoto o una bolita definida, que podría llevar al médico a sospechar un crecimiento maligno). El ultrasonido de la tiroides también muestra alteraciones en la arquitectura de la glándula tiroides en pacientes con la enfermedad de Graves. El ultrasonido Doppler a color también ayuda a evaluar el suministro de sangre a la glándula. Es útil tanto para diagnosticar la enfermedad de Graves como para evaluar si es probable que se dé una remisión mientras el paciente está recibiendo un tratamiento con medicamentos.[4]

Una vez que se ha encontrado una elevación en el nivel de anticuerpos antitiroideos y que se ha confirmado el diagnóstico de tiroiditis de Hashimoto, no espere que su médico le dé seguimiento a sus niveles de anticuerpos. Aunque mis pacientes a veces me lo piden, dicho seguimiento no cumple con propósito alguno y no afecta las decisiones a tomar con respecto a su tratamiento. Muchas personas tienen una reacción inmunitaria en su tiroides y niveles elevados de anticuerpos antitiroideos durante 20 años o más sin problemas de hipofunción o hiperfunción tiroidea. Pueden mantener un funcionamiento normal a lo largo de toda su vida o pueden desarrollar un desequilibrio tiroideo en el futuro. Asimismo, es importante que sepa que uno o varios de estos anticuerpos también pueden estar elevados en presencia de la enfermedad de Graves.

El anticuerpo que más libera el sistema inmunitario en personas con la enfermedad de Graves es el anticuerpo estimulante de la tiroides (*TSAb* por sus siglas en inglés), que puede ser medido en un laboratorio. Al igual que en el caso de los demás anticuerpos, el nivel de TSAb puede no estar elevado en algunos pacientes que padecen la enfermedad de Graves. Aunque a veces es útil medir este anticuerpo en personas en las que se sospecha la posible presencia de la enfermedad de Graves, no sirve para nada darle seguimiento al nivel de este anticuerpo. En general, repetir esta medición no tendrá efecto alguno en el tratamiento de la afección.

Las personas que sufren de una enfermedad tiroidea autoinmunitaria pueden tener niveles elevados de ciertos anticuerpos que emplean los doctores como marcadores para detectar otras enfermedades autoinmunitarias, como lupus y artritis reumatoidea. Algunos de estos anticuerpos son los anticuerpos antinucleares (*ANA* por sus siglas en inglés), los anticuerpos antimúsculo liso y los anticuerpos anti-ADN de cadena simple. Sin embargo, es posible que tales pacientes no tengan una enfermedad autoinmunitaria.[5] Un nivel elevado de estos anticuerpos puede reflejar una mera alteración del sistema inmunitario que hace que equivocadamente produzca algunos de estos anticuerpos. Asimismo, si una persona padece un trastorno autoinmunitario, es probable que tenga niveles elevados de anticuerpos antitiroideos. Esto puede o no indicar la presencia de un desequilibrio tiroideo. Por ejemplo, hasta un 38 por ciento de niños con diabetes tipo I tienen anticuerpos antitiroideos.[6]

Conozca su riesgo

Los antecedentes familiares de enfermedades tiroideas pueden elevar su riesgo de desarrollar una enfermedad tiroidea autoinmunitaria como la tiroiditis de Hashimoto o la enfermedad de Graves. Este mayor riesgo tiene que ver con una predisposición genética.[7] Si usted o algún miembro de su familia padece alguna afección autoinmunitaria como diabetes insulinodependiente, lupus o artritis reumatoidea, también tendrá un riesgo vitalicio mucho mayor de desarrollar un trastorno tiroideo autoinmunitario como la tiroiditis de Hashimoto o la enfermedad de Graves. Un estudio de investigación demostró que el 8,2 por ciento de los pacientes con afecciones autoinmunitarias como lupus eritematoso sistémico, artritis reumatoidea, esclerosis sistémica, enfermedad mixta del tejido conectivo, síndrome de Sjögren y polimiositis/dermatomiositis padecen ya sea la tiroiditis de Hashimoto, o bien, la enfermedad de Graves.[8] Este mismo estudio de investigación demostró que uno de cada cuatro pacientes con la enfermedad mixta del tejido conectivo y uno de cada diez pacientes con el síndrome de Sjögren tienen una afección tiroidea autoinmunitaria. El hallazgo más sorprendente fue que el 51 por ciento de los pacientes que padecían la tiroiditis de

Hashimoto y el 16 por ciento de los pacientes que padecían la enfermedad de Graves tenían uno o más trastornos autoinmunitarios. Debido a que los genes que predisponen a una persona a una afección tiroidea a menudo se traslapan o están vinculados a los genes que la predisponen a otras afecciones no asociadas, es importante que sepa que el riesgo de desarrollar un desequilibrio tiroideo aumenta si a usted o a algún miembro de su familia le han diagnosticado alguna de tales afecciones. Por ejemplo, el ex presidente John F. Kennedy padecía la enfermedad de Addison. Su hijo, John F. Kennedy Jr., también padecía la enfermedad de Addison, además de la enfermedad de Graves.[9] Algunos pacientes tienen dos o más trastornos autoinmunitarios y se considera que padecen el síndrome de insuficiencia poliglandular. Una asociación característica es una enfermedad tiroidea autoinmunitaria, la enfermedad de Addison y la diabetes insulinodependiente.

Otro ejemplo es el aumento definitivo en la incidencia de vitiligo en personas que padecen la enfermedad de Graves o la tiroiditis de Hashimoto. El vitiligo es la presencia de áreas blanquecinas en la piel debido a la pérdida de la pigmentación normal en dichas áreas. La pérdida de pigmento es el resultado de un ataque del sistema inmunitario en contra de ciertas células de la piel llamadas melanocitos, que mantienen su pigmentación normal. Dicha pérdida de pigmentación puede estar limitada a un área pequeña o puede afectar muchas áreas de la piel.

Una de las afecciones autoinmunitarias menos detectadas que puede coexistir con una enfermedad tiroidea autoinmunitaria es el síndrome de Sjögren (también llamado el síndrome sicca). Casi la mitad de los pacientes que padecen la tiroiditis de Hashimoto tienen rasgos sutiles del síndrome de Sjögren, que pueden avanzar hasta causar resequedad de boca, resequedad de ojos y resequedad vaginal. En una tercera parte de los pacientes que padecen una enfermedad tiroidea autoinmunitaria se pueden observar síntomas clínicos claros del síndrome de Sjögren. Esto se debe al hecho de que las enfermedades tiroideas autoinmunitarias y el síndrome de Sjögren tienen un vínculo genético estrecho.[10]

La esclerosis múltiple también es una afección autoinmunitaria que guarda una relación genética estrecha con las enfermedades tiroideas autoinmunitarias. Investigaciones recientes han demostrado que los pacientes que padecen la enfermedad de Graves son altamente susceptibles a desarrollar esclerosis múltiple y viceversa. Sin embargo, el vínculo que existe entre la tiroiditis de Hashimoto y la esclerosis múltiple no es tan fuerte.[11]

La enfermedad celiaca, que es un trastorno del intestino delgado, también puede ocurrir en pacientes que padecen enfermedades tiroideas autoinmunitarias. La enfermedad celiaca es un trastorno autoinmunitario que causa inflamación y daños al revestimiento del intestino delgado.

Aproximadamente 2 millones de estadounidenses padecen la enfermedad celiaca y cada año se diagnostican casi 60.000 casos nuevos en los Estados Unidos.[12] Un estudio de investigación demostró que si una persona padece la enfermedad celiaca, su riesgo de tener una enfermedad tiroidea autoinmunitaria aumenta seis veces. Los estudios de investigación también han descubierto que el 73 por ciento de los pacientes que padecen la enfermedad celiaca tienen una enfermedad tiroidea autoinmunitaria que puede diagnosticarse mediante un ultrasonido,[13] y uno de cada cinco de ellos tiene una tiroides hipofuncionante.[14] Además, los anticuerpos celiacos, que son marcadores de la enfermedad celiaca, han sido detectados en el 14 por ciento de los pacientes que padecen la enfermedad de Graves.[15] Los pacientes que padecen tanto la enfermedad celiaca como una afección tiroidea corren un mayor riesgo de desarrollar diabetes, colitis ulcerante y dermatitis herpetiforme. Asimismo, los niños con el síndrome de Down corren el peligro de desarrollar tanto la enfermedad celiaca como desequilibrios tiroideos. La inflamación ocurre cuando una persona genéticamente vulnerable ingiere gliadina, que es una proteína que se encuentra en los alimentos que contienen gluten, como el trigo, el centeno y la cebada. Dicha inflamación provoca una mala absorción de diversos nutrientes. Por ejemplo, al menos el 20 por ciento de los pacientes que padecen la enfermedad celiaca presentan una deficiencia de vitamina D y esto puede conducir a la pérdida ósea y la osteoporosis.[16] Los síntomas más comunes de la enfermedad celiaca son anemia, dolores y achaques en las articulaciones, fatiga, infertilidad, neuropatía y pérdida de peso. Sin embargo, estos pacientes pueden o no presentar síntomas gastrointestinales, como dolor abdominal, retención de líquidos, estreñimiento y diarrea. Ahora se ha vuelto muy fácil diagnosticar la enfermedad celiaca. Más de la mitad de los pacientes que padecen la enfermedad celiaca pueden ser diagnosticados simplemente con un análisis para medir anticuerpos. Estos análisis son más útiles en aquellos pacientes que no presentan síntomas gastrointestinales relacionados con la enfermedad celiaca.[17] El tratamiento principal de la enfermedad celiaca consiste en seguir estrictamente una dieta libre de gluten.

En la tabla de la página siguiente se muestran las afecciones que, según se ha demostrado en estudios de investigación, aumentan la predisposición de una persona a desarrollar una enfermedad tiroidea autoinmunitaria. Esta tabla también le permitirá saber si tiene predisposición a alguna otra afección si ya le han diagnosticado un trastorno tiroideo autoinmunitario y si ha recibido o está recibiendo tratamiento para el mismo.

El riesgo de desarrollar hipofunción tiroidea es muy elevado en personas que han recibido radiación externa para tratar tumores de cabeza y cuello, linfomas o acné. En un estudio de investigación de 81 pacientes que padecían la enfermedad de Hodgkin y que fueron tratados con

AFECCIONES AUTOINMUNITARIAS A LAS QUE DEBERÁ ESTAR ATENTO

Afección	Causa	Síntomas
Anemia perniciosa	Deficiencia de vitamina B_{12} debida a una falta de un factor estomacal esencial para la absorción de vitamina B_{12}	Entumecimiento, cosquilleo en las manos y pies, pérdida del equilibrio, debilidad en las piernas
Artritis reumatoidea	Inflamación autoinmunitaria de las articulaciones	Rigidez matutina, inflamación y dolor en las articulaciones (nudillos, muñecas, articulaciones, codos y demás)
Diabetes insulino-dependiente	Ataque autoinmunitario en contra de las células del páncreas que producen insulina	Micción más frecuente, sed, pérdida de peso, visión borrosa, cetoacidosis
Enfermedad de Addison	Reacción autoinmunitaria en contra de las glándulas suprarrenales (que normalmente producen cortisol y hormonas mineralo-corticoides)	Pérdida de peso, fatiga, dolor epigástrico, náusea, diarrea, vómito, presión arterial baja, desmayos, deshidratación, hipoglucemia, mayor pigmentación de la piel
Enfermedad de Crohn	Inflamación autoinmunitaria del intestino delgado	Dolor abdominal, diarrea, diarrea con sangre, fiebre
Lupus	Ataque autoinmunitario a la piel y otros tejidos conectivos de diversos órganos, entre ellos los riñones, el corazón y las articulaciones	Dolor en las articulaciones, fiebre y y sarpullido en el rostro u otras áreas, daño renal, problemas de corazón y pulmones
Miastenia grave	Ataque autoinmunitario a los receptores en las células musculares que son esenciales para la contracción muscular (receptores de acetilcolina)	Debilidad muscular, visión doble, dificultad para tragar
Síndrome de Sjögren	Reacción autoinmunitaria a las glándulas salivales, las glándulas lacrimógenas y las glándulas que producen moco de la vagina	Irritación de los ojos, boca reseca y resequedad vaginal

Afección	Causa	Síntomas
Escleroderma	Reacción inmunitaria que causa inflamación y cicatrización de la piel y del tejido conectivo de muchos órganos	Rigidez y dolor de dedos, síndrome de Raynaud (blanqueo y dolor de dedos por exposición al frío)
Cirrosis biliar primaria	Reacción autoinmunitaria en los conductos biliares que causa la obstrucción de los mismos	Ictericia, funcionamiento hepático anormal, comezón
Ooforitis	Reacción autoinmunitaria en los ovarios que da como resultado cicatrización	Menopausia temprana, pérdida de la menstruación

radiación externa, se descubrió que hasta un 58 por ciento de los mismos eran hipotiroideos cuando se les hicieron análisis de 10 a 18 años después de la radioterapia.[18] La radiación externa también puede causar nódulos y cáncer en la glándula tiroides. El mismo riesgo de hipofunción tiroidea y nódulos tiroideos aplica a las personas que han estado expuestas a la lluvia radiactiva.

La radiación proveniente de la lluvia radiactiva y los accidentes en reactores nucleares puede causar tiroiditis de Hashimoto, nódulos tiroideos y cáncer, así como hipotiroidismo. Unos investigadores descubrieron que como consecuencia del accidente ocurrido en Chernobyl en 1986 cerca de Kiev en la Unión Soviética (actualmente Ucrania), que causó la liberación de material radiactivo, incluido yodo radioactivo, la tasa de hipotiroidismo aumentó en las regiones circundantes. Incluso los caballos y el ganado que no fueron evacuados de un área cercana a Chernobyl se volvieron hipotiroideos. Las personas que vivían en ciertas regiones del oeste de los Estados Unidos que estuvieron expuestas a la lluvia radioactiva de pruebas nucleares realizadas en las décadas de los años 1950 y 1960 podrían tener un mayor riesgo de desarrollar hipotiroidismo y nódulos tiroideos.

Además de las enfermedades autoinmunitarias y la radiación, existen ciertas otras afecciones, que se discuten en los párrafos siguientes, que podrían indicar si usted o sus familiares corren un mayor riesgo de desarrollar un desequilibrio tiroideo.

Por razones que aún no se comprenden, la discapacidad para leer que se conoce como dislexia podría ser indicativa de un mayor riesgo de desarrollar un desequilibrio tiroideo. La dislexia se caracteriza por una dificultad para distinguir símbolos escritos y las personas disléxicas a menudo trasponen letras y confunden la izquierda con la derecha. Aunque en general pueden ser muy inteligentes, los niños disléxicos frecuentemente tienen un mal rendimiento académico por la dificultad que tienen con la lectura y la ortografía. Típicamente, la dislexia afecta a los hombres de la familia. El ex presidente George H. W. Bush me comentó que su hijo, Neil, tuvo dislexia durante sus primeros años de escuela. Su problema ya se había resuelto. Sin embargo, Neil no padecía una enfermedad tiroidea. Por otra parte, otro hijo del Presidente Bush, Marvin, sufría de colitis, que también está genéticamente vinculada con los trastornos tiroideos autoinmunitarios. Marvin tampoco ha desarrollado un problema tiroideo.

La aparición prematura de canas antes de los 30 años de edad puede indicar la presencia de genes que predisponen a una persona a desarrollar un trastorno tiroideo. Barbara Bush tuvo canas prematuras, un indicio de que corría el riesgo de desarrollar una enfermedad tiroidea autoinmunitaria. Una pequeña encuesta realizada a pacientes que padecían enfermedades tiroideas autoinmunitarias sugirió que los hombres zurdos o ambidiestros podrían correr un mayor riesgo de padecer la enfermedad de Graves o la tiroiditis de Hashimoto.

Una afección poco común conocida como dermatitis herpetiforme podría estar relacionada con las enfermedades tiroideas autoinmunitarias. Las personas que padecen esta afección tienen ampollas llenas de líquido con comezón y urticaria en su espalda y extremidades inferiores. Si usted o a algún miembro de su familia le han diagnosticado esta afección, es importante que se haga análisis de funcionamiento tiroideo.

Como ya hemos notado, un desequilibrio tiroideo puede afectar a cualquier órgano del cuerpo (vea los Capítulos 3 y 4). No obstante, hay muchos síntomas que los doctores no relacionan con una enfermedad tiroidea. Si usted está presentando cualesquiera de estos síntomas, hable con su médico acerca de la posibilidad de que tenga alguna enfermedad tiroidea y pídale que le haga análisis de funcionamiento tiroideo. Por ejemplo, las personas hipotiroideas o hipertiroideas pueden presentar parches rojos de urticaria con comezón. En muchos pacientes, la urticaria es una manifestación de una enfermedad tiroidea autoinmunitaria. Los pacientes con urticaria tienen una mayor incidencia de tiroiditis de Hashimoto.[19] En algunos casos, esto se resuelve con un tratamiento con hormona tiroidea, incluso cuando los niveles de hormona tiroidea son normales. Si sus niveles son altos o bajos y tiene urticaria, puede que se alivie tomando antihistamínicos y corrigiendo el desequilibrio.

La propensión al amoratamiento también puede ser indicativa de un desequilibrio tiroideo. Puede tener algo que ver con un conteo bajo de plaquetas (células que son esenciales para regular la coagulación) o un mal funcionamiento de las mismas. A veces, varios miembros de una misma familia simultáneamente tienen un conteo bajo de plaquetas y la enfermedad de Graves y pueden presentar pequeñas manchas en la piel por efusión de sangre (petequias).[20] Una causa de dicha propensión al amoratamiento que a menudo se pasa por alto en los pacientes tiroideos también es el uso de fármacos antiinflamatorios no esteroideos, que a menudo recetan los médicos para aliviar el dolor causado por la artritis que pueden presentar estos pacientes.

La caída del cabello ha sido una de las quejas más comunes de mis pacientes tiroideos. Esta ocurre tanto en el hipotiroidismo como en el hipertiroidismo y puede persistir durante meses después de que los niveles en sangre de hormona tiroidea se han restablecido. Este síntoma puede ser muy angustiante y alarmante tanto para hombres como para mujeres, quienes también pueden estar sufriendo problemas de peso, depresión y baja autoestima. El efecto de un desequilibrio tiroideo en la salud de los folículos pilosos puede ser tan drástico que puede empezar a ver montones de cabello en su almohada o cepillo. El cabello puede empezar a quedarse en el cepillo y a tapar el drenaje después de ducharse. Aunque sí es necesario que le reporte este síntoma a su médico, tampoco es motivo para alarmarse. La mayoría de las veces, el cabello volverá a crecer. Si se le sigue cayendo el cabello meses después de que los resultados de sus análisis hayan vuelto a ser normales, esto se debe a que los folículos pilosos no se han recuperado completamente de los efectos del desequilibrio tiroideo. Aunque puede tardar de seis meses a un año en que el cabello nuevo más fuerte reemplace el cabello viejo más frágil que resultó del desequilibrio, sus folículos pilosos volverán a ser saludables cuando logre tener un buen equilibrio tiroideo, una alimentación sana y un buen manejo del estrés.

Si usted o algún miembro de su familia ha padecido alopecia areata (pérdida de cabello en parches de piel), puede que corra un mayor riesgo de padecer un trastorno tiroideo. Esta afección se caracteriza por áreas calvas en cualquier parte del cuerpo donde normalmente crece cabello o vello, entre ellos el cuero cabelludo, la barba y el pubis. Aunque esta afección a menudo causa inquietud y preocupación, en la mayoría de los casos se resuelve espontáneamente al cabo de unos meses. En algunos casos raros, desafortunadamente la pérdida del cabello es permanente.

La debilidad muscular es un síntoma tanto del hipertiroidismo como del hipotiroidismo, pero si usted tiene períodos de parálisis después del ejercicio extenuante o de consumir mucha azúcar, esto podría estar indicando que padece parálisis periódica hipocalémica. La parálisis es causada por un nivel bajo de potasio y es concurrente con la enfermedad de Graves. Tiende a afligir a las personas asiáticas. Frecuentemente, después de lograr un equilibrio tiroideo adecuado, ya no se presentarán descensos en el nivel de potasio en sangre y dejará de tener episodios de parálisis.

La lista siguiente resume las diversas afecciones que podrían indicar la posible presencia de un desequilibrio tiroideo.

AFECCIONES QUE ELEVAN EL RIESGO DE DESARROLLAR UN DESEQUILIBRIO TIROIDEO

- Trastorno autoinmunitario (vea la tabla en la página 269, donde se listan las afecciones autoinmunitarias que ocurren con mayor frecuencia en pacientes con enfermedades tiroideas autoinmunitarias)
- Dislexia
- Canas prematuras
- Historial clínico de depresión
- Maníaco-depresión
- Dermatitis herpetiforme
- Síndrome de Down, síndrome de Turner
- Antecedentes familiares de la enfermedad de Alzheimer
- Historial clínico de cáncer de mama
- Alopecia areata
- Urticaria crónica
- Polimialgia reumática
- Enfermedad celiaca

Como he mencionado a lo largo de este libro, las personas mayores, las mujeres posmenopáusicas y las mujeres que están sufriendo de depresión o que tienen antecedentes de depresión, ansiedad, síndrome premenstrual, infertilidad, aborto espontáneo reciente, depresión posparto o flujo menstrual abundante deben considerar el desequilibrio tiroideo como una posible causa de sus síntomas tiroideos.

Por supuesto, al determinar la condición de su tiroides, usted podrá saber si su afección ha sido causada por un desequilibrio tiroideo. Conocer su riesgo también puede hacer que usted le preste más atención a esta pequeña glándula que afecta de manera tan íntima todos los aspectos de su bienestar, desde su estado de ánimo hasta sus relaciones. Si usted conoce el riesgo que corre de desarrollar un desequilibrio tiroideo y se familiariza con sus síntomas, será más probable que le pida a su médico que considere la posibilidad de que usted tenga un desequilibrio tiroideo desde el principio, antes de que el desequilibrio lo haya despojado de su salud.

El diagnóstico temprano de un desequilibrio tiroideo también le ayudará a prevenir muchos de los efectos ocultos que no causan síntomas de inmediato pero que eventualmente sí podrían acosarlo muchos años después. La tabla siguiente lista algunos de los efectos físicos ocultos a largo plazo del hipotiroidismo y del hipertiroidismo.

EFECTOS OCULTOS A LARGO PLAZO DEL DESEQUILIBRIO TIROIDEO

Hipotiroidismo

Niveles elevados de colesterol total y colesterol tipo LBD

Enfermedades de las arterias coronarias

Daños a las estructuras cerebrales

Presión arterial alta

Intolerancia a la glucosa y diabetes

Aceleración del envejecimiento

Hipertiroidismo

Problemas con el ritmo cardíaco

Cardiomiopatía e insuficiencia cardíaca por congestión venosa

Daños a las estructuras cerebrales

Presión arterial alta

Intolerancia a la glucosa y diabetes

Aceleración del envejecimiento

Pérdida ósea y osteoporosis

Cuando la pituitaria presenta problemas

La deficiencia pituitaria es la responsable de un porcentaje muy pequeño de casos de tiroides hipofuncionante: tan sólo 5 de cada 100.000 personas con hipofunción tiroidea tienen un problema pituitario o hipotalámico.[21] Muchas afecciones pueden causar que la glándula pituitaria se vuelva deficiente. Las más comunes son tumores en la pituitaria o el hipotálamo y la destrucción de la pituitaria como resultado de un mal suministro de sangre o inflamación. La destrucción de la pituitaria relacionada con un mal suministro de sangre, como puede ocurrir después del alumbramiento, puede causar que la persona tenga dolores de cabeza severos y problemas visuales. La hipofunción tiroidea debida a una deficiencia aislada de TSH es extremadamente rara.[22]

En el hipotiroidismo debido a una enfermedad hipotalámica o pituitaria, el nivel de TSH puede ser normal o bajo. El diagnóstico no se puede confirmar a menos que se mida el nivel de hormona tiroidea (particularmente de T4). En el hipotiroidismo debido a un problema pituitario, el nivel de T4 será bajo. Es importante notar que su problema podría pasar desapercibido si usted tiene un problema pituitario que le esté causando hipotiroidismo pero su médico sólo le pide que se haga un análisis de TSH.

Puntos importantes a recordar

- Si usted sospecha que tiene un desequilibrio tiroideo, el primer análisis —y también el más importante que debe hacerse— es el análisis de TSH.
- Si usted descubre que tiene bocio (una glándula tiroides agrandada), asegúrese de que le hagan los análisis apropiados. Si sus niveles tiroideos

son normales o si tiene hipotiroidismo, el análisis de anticuerpos antitiroideos le ayudará a determinar si tiene tiroiditis de Hashimoto.

- Si no le han diagnosticado un trastorno tiroideo, infórmese acerca de las
afecciones que podrían predisponerlo a desarrollar un desequilibrio
tiroideo. Estas incluyen diversas afecciones autoinmunitarias, canas prematuras (antes de los 30 años de edad), dislexia, ser un hombre zurdo y
patrones familiares de enfermedades tiroideas.

15

DESCUBRA EL HIPOTIROIDISMO
ENCUBIERTO

Para las personas que padecen los molestos e inquietantes efectos de un desequilibrio tiroideo, obtener un diagnóstico acertado es, como podrá usted imaginar, un gran alivio. Al fin saben que con el tratamiento adecuado, se volverán a sentir mejor.

Actualmente, los desequilibrios tiroideos se diagnostican basados en los análisis de sangre. Si los resultados de los análisis se encuentran dentro de un cierto rango, el médico le dirá que todo está bien. Si se encuentran fuera de rango, le diagnosticará un desequilibrio tiroideo.

En el Capítulo 14, expliqué que el análisis más sensible para detectar un desequilibrio tiroideo es el que mide los niveles en sangre de la hormona estimulante de la tiroides (HET o *TSH* por sus siglas en inglés), que es la hormona pituitaria que hace que la glándula tiroides produzca la cantidad correcta de hormona tiroidea para que el cuerpo y la mente funcionen de manera óptima. Cuando la glándula tiroides trabaja de menos por cualquier razón, (por ejemplo, si ocurre un ataque inmunitario en contra de la misma), el déficit de hormona tiroidea —ya sea diminuto o considerable— será detectado por la glándula pituitaria. Esta glándula, a su vez, producirá una mayor cantidad de TSH con el fin de lograr que la glándula tiroides ajuste y corrija el déficit.

Según los criterios estándares actuales para el diagnóstico de la hipofunción tiroidea, usted padece esta afección si su lectura de TSH es mayor que 4,5 miliunidades internacionales por litro. Si la lectura se encuentra dentro del rango de 0,4 a 4,5 miliunidades internacionales por litro, entonces se considera que su tiroides funciona normalmente. Sin embargo, la verdad es que usted podría ser una de las millones de personas que se consideran como normales con base en sus niveles de TSH aunque estén experimentando una amplia gama de efectos como resultado de una falta minúscula de hormona tiroidea en su organismo.

De hecho, muchas personas podrían tener un pequeño déficit de hormona tiroidea que aún no haya conducido —y que quizá nunca conduzca— a resultados anormales en los análisis de sangre. Si incluyéramos a las personas hipotiroideas que presentan resultados normales en los análisis de sangre, la incidencia de hipotiroidismo sin duda excedería del 10 por ciento de la población. Sin embargo, lo que es particularmente inquietante es que muchas personas con resultados supuestamente normales pueden seguir presentando los síntomas de la hipofunción tiroidea. Sus estados de ánimo, emociones y bienestar en general se ven afectados por el desequilibrio pero no están recibiendo la atención que necesitan para corregir la causa de sus problemas.

El mejor término que se me ocurrió para hacer referencia a esta fuente común de sufrimiento innecesario es "hipotiroidismo encubierto".

Sufrimiento innecesario

Nada es más irritante para quienes están lidiando con el cansancio, un estado de ánimo bajo, irritabilidad y una incapacidad de controlar su peso que les digan que su nivel de TSH es normal, para luego averiguar unos años más tarde, al repetir los análisis, que son hipotiroideos. Durante el período en cuestión, han seguido sufriendo innecesariamente y su glándula tiroides —que ya era ligeramente deficiente— ha sufrido aún más daños, conduciendo a un déficit tiroideo aún mayor. Mientras tanto, siguieron sin recibir un diagnóstico acertado, con todas las consecuencias directas e indirectas de un desequilibrio tiroideo.

Lisa, una abogada de 34 años de edad, me fue derivada por su ginecólogo porque en un análisis de sangre de rutina, se le diagnosticó hipotiroidismo. Lisa dijo, "Hace 7 años empecé a cansarme y deprimirme fácilmente. Tenía cambios repentinos de humor, mis síntomas del síndrome premenstrual empeoraron y aumenté 22 libras (9,9 kg) de peso a lo largo de los últimos años". Como su hermana había padecido un problema tiroideo desde la adolescencia, Lisa había estado pidiendo a sus doctores que revisaran su tiroides desde que empezó a notar la fatiga y el aumento de peso.

Cuando atendí a Lisa por primera vez, no me sorprendió ver que sus niveles de TSH durante los últimos 7 años fueran normales. Pero consistentemente se encontraban cerca del límite superior del rango "normal", lo que me indicó que Lisa probablemente había tenido una tiroides hipofuncionante durante algún tiempo. Sus análisis de sangre repetidamente se consideraron normales porque se encontraban dentro del rango normal de laboratorio que la medicina convencional ha establecido para la evaluación del funcionamiento tiroideo.

Desde luego, Lisa había estado sufriendo durante años, pero no pudo conseguir la ayuda que necesitaba debido a los criterios rígidos que actualmente se emplean para determinar los valores normales de los análisis de funcionamiento tiroideo. La historia de Lisa ilustra que la hipofunción tiroidea puede seguir siendo mínima durante mucho tiempo y luego presentarse en la forma de resultados anormales en los análisis de sangre sólo después de varios años de haber estado produciendo síntomas que a veces son debilitantes.

Redefinición del rango normal

"¿Cómo puede ser esto posible? —se preguntaba Lisa—. Mi nivel de TSH era 3 hace dos años y ahora se ha incrementado a 12 —señaló—. ¿Era hipotiroidea entonces?" Sí, en efecto, ese pudo haber sido el caso, le respondí. La principal razón por la cual es tan difícil detectar la hipofunción tiroidea cuando los médicos utilizan este análisis de sangre sofisticado y sensible es que, al igual que en el caso de la T4 y la T3, la medicina convencional ha establecido un cierto rango normal de laboratorio para la TSH con base en los niveles medidos en un gran número de personas, bajo la suposición de que todas ellas tienen un funcionamiento tiroideo normal. En realidad, muchas de las personas cuyos resultados se encuentran dentro de lo que es el rango normal para la mayoría de nosotros, no tienen un funcionamiento tiroideo verdaderamente normal. Además, el nivel promedio de TSH en personas verdaderamente normales difiere de una persona a otra. En lo que se refiere al nivel de TSH, lo que es normal para usted podría ser dramáticamente diferente para mí.

Los rangos normales de los análisis diagnósticos de sangre para detectar muchas afecciones médicas han cambiado a lo largo del tiempo y sin duda seguirán cambiando en el futuro. Miremos el ejemplo del análisis para diagnosticar el colesterol alto. Hace 10 ó 15 años, se consideraba que una persona tenía el colesterol alto sólo si su nivel de colesterol total era superior a 250 miligramos por decilitro. Se consideraba que el colesterol conformado por lipoproteínas de baja densidad (LBD) o "colesterol malo" era alto si superaba los 160 miligramos por decilitro. Sin embargo, las pautas han cambiado con los años. Actualmente, si el colesterol total es mayor que 200 miligramos por decilitro y el colesterol tipo LBD excede de 100 miligramos por decilitro, entonces se dará un diagnóstico de colesterol alto.

De forma similar, hace años se consideraba que una persona era diabética sólo si el nivel de azúcar en la sangre en ayunas era superior a 140 miligramos por decilitro. Actualmente, según los nuevos criterios diagnósticos, la diabetes se define como un nivel de azúcar en la sangre en ayunas de más de 125 miligramos por decilitro. Como podrá ver, conforme la comunidad médica ha ido adquiriendo un mayor conocimiento de las consecuencias de diversas enfermedades y padecimientos, los rangos normales se han ido estrechando y a las personas que antes se consideraban normales ahora se les están diagnosticando esas afecciones.

En el Capítulo 14, expliqué que para que se dé un diagnóstico de hipotiroidismo, el nivel de TSH de una persona debe superar las 4,5 miliunidades internacionales por litro. Esto significa que si sus análisis de sangre muestran un nivel de TSH de 2, 3 ó 4, el médico le dirá que sus resultados son normales y que usted no tiene una tiroides hipofuncionante. Sin embargo, es posible que tenga una inflamación leve de la glándula tiroides que le esté produciendo un déficit muy pequeño de hormona tiroidea, no lo suficientemente severo como para causar cambios importantes y aparentes en sus niveles de TSH o de hormona tiroidea. Esta inflamación puede permanecer estable durante años, lo cual, como podrá imaginar, conducirá a una hipoactividad leve que puede continuar durante mucho tiempo antes de que se vuelva detectable en los análisis de sangre.

Suponiendo que su lectura de TSH estuviera cerca del límite superior del rango normal, ¿por qué usted todavía tendría una probabilidad alta de padecer hipotiroidismo? Bueno, supongamos que su nivel de TSH es de 0,6 miliunidades internacionales por litro cuando su tiroides está funcionando bien, pero que ha subido a 3 ó 4, quizá debido a un déficit mínimo de hormona tiroidea causado por la tiroiditis de Hashimoto. Su cuerpo y su glándula pituitaria han detectado el déficit y la pituitaria ha reaccionado al mismo, elevando la TSH a casi seis veces su nivel original. Además, aunque un día su lectura aleatoria de TSH esté cercana al límite superior del rango normal, también es posible que al volverle a hacer el análisis unos días más tarde, usted muestre niveles anormalmente elevados, indicando un caso claro de hipotiroidismo.

El caso de Mónica, una alumna de posgrado de 23 años de edad, ejemplifica cómo los resultados de los análisis de sangre que se encuentran dentro de la zona gris de "normalidad" deben considerarse como una pista de que una persona podría tener una tiroides hipofuncionante. Mónica sufrió de fatiga, aumento de peso y menstruaciones con flujo abundante durante tres años antes de que finalmente consultara a un internista que le hizo análisis de funcionamiento tiroideo. Su nivel de TSH fue de 3,2. El médico le dijo que sus síntomas se debían a un exceso de estrés en la escuela y un estilo de vida descuidado. Una semana más tarde, su mamá, que era mi paciente, insistió que Mónica viniera a consultarme para pedir una segunda opinión. Le repetí el análisis y su nivel de TSH fue de 6, fuera del rango normal y obviamente indicativo de hipotiroidismo.

No es poco común que los niveles de TSH fluctúen, pasando del extremo superior del rango normal a ligeramente por encima del mismo. Pareciera que la pituitaria estuviera tratando de ajustar el funcionamiento normal de un día a otro. Estas fluctuaciones a menudo confunden a los doctores y hacen que sospechen de errores del laboratorio como posible causa. Un lamento que he escuchado muchas veces de los doctores es, "¿Cómo puede una persona ser hipotiroidea un día y normal el siguiente?" De hecho, cuando el déficit de hormona tiroidea es mínimo, el nivel de TSH se eleva ligeramente y puede fluctuar ligeramente por encima y por debajo del límite superior del rango normal, conduciendo a confusiones y diagnósticos equivocados.

Por lo que he dicho hasta ahora, usted no necesita ser un experto en la tiroides para darse cuenta que si su nivel de TSH está cercano al límite superior del rango normal establecido por los laboratorios, tiene un mayor riesgo de ser hipotiroideo. De hecho, los investigadores ahora están empezando a reconocer que el extremo superior del rango normal podría indicar hipotiroidismo. Casi una tercera parte de todos los pacientes que están recibiendo una terapia de reemplazo de hormona tiroidea para el hipotiroidismo o que tienen bocio y cuyos niveles de TSH están en el extremo superior del rango normal resultan ser hipotiroideos cuando se les hace el análisis de reto pituitario-tiroideo, que es un procedimiento que permite detectar déficits menores de hormona tiroidea. Según un estudio de investigación, más del 50 por ciento de las mujeres que tenían un marcador positivo de anticuerpos antitiroideos para la tiroiditis de Hashimoto y un nivel de TSH entre 2 y 4,5 se volvieron claramente hipotiroideas (es decir, mostraron una elevación definitiva en su nivel de TSH) dentro de un lapso de 10 años.[1] Incluso en ausencia de este marcador, el 30 por ciento de las mujeres con un nivel de TSH en el rango normal alto se volvieron hipotiroideas más adelante.

Tras la publicación de la primera edición de *La solución tiroidea*, algunas asociaciones médicas como la Asociación de Endocrinólogos Clínicos de los Estados Unidos comenzaron a debatir si debiera ajustarse el límite superior del rango normal. Algunos expertos en tiroides han recomendado bajar el límite superior del rango de referencia de la TSH de 4,5 a 2,5 miliunidades internacionales por litro.[2] Esto tiene sentido porque la mayoría de las personas verdaderamente normales tienen lecturas de TSH de menos de 2,5.[3] En el 2002, la Asociación de Endocrinólogos Clínicos de los Estados Unidos propuso que los pacientes con niveles de TSH superiores a 3,0 deberían ser considerados para recibir tratamiento.[4]

Pese a esta tendencia de pensamiento, sigue habiendo mucha resistencia por parte de los expertos en el campo de las enfermedades tiroideas, quienes sienten que bajar el límite superior del rango normal a 2,5 ó 3,0 podría crear riesgos de salud y dificultades financieras para nuestra sociedad. Sienten que muchas personas con niveles de TSH entre 3,0 y 4,5 no tienen hipofunción tiroidea y eso es cierto. Sin embargo, muchas personas con un nivel de TSH entre 3,0 y 4,5 sí tienen una tiroides hipofuncionante y sí presentan síntomas. De hecho, una de cada cinco personas con un nivel de TSH entre 3,0 y 5,0 tiene marcadores positivos de anticuerpos antitiroideos indicativos de un ataque autoinmunitario en contra de la tiroides.

Es obvio que bajar el límite superior del rango normal a 2,5 ó 3,0 implicará que cualquier paciente que tenga un nivel de TSH por encima de esos valores será tratado con hormona tiroidea. Con base en un análisis realizado por un grupo de expertos en tiroides, si el límite superior del rango normal se bajara a 3,0, se les diagnosticaría hipotiroidismo a aproximadamente el 6,4 al 7,9 por ciento de la población estadounidense mayor de 12 años de edad, o sea, a 12,8 millones a 16 millones de personas que actualmente se consideran personas —según los estándares actuales— que tienen un funcionamiento tiroideo normal.[5] Y si el límite superior se bajara a 2,5, se les diagnosticaría hipotiroidismo a aproximadamente 22 a 28 millones de personas actualmente consideradas como personas que tienen una tiroides normal.

Este análisis es bastante correcto: bajar el límite superior del rango normal a 2,5 ó 3,0 miliunidades internacionales por litro hará que se empiece a recetar hormona tiroidea cuando tal vez no sea necesaria. Simplemente estamos lidiando con resultados que están en la zona gris que separa lo normal de lo anormal. Si bien no estoy a favor de darle tratamiento con hormona tiroidea automáticamente a cualquiera que tenga un nivel de TSH superior a 2,5 ó 3,0, tampoco soy partidario de que se ignore a los pacientes cuyos niveles de TSH se encuentran dentro de la zona gris y que tienen síntomas o indicios de una afección tiroidea que probablemente pudiera terminar en hipotiroidismo.

Sus análisis salieron bien, pero usted no está bien

Los retos que enfrentan los pacientes para recibir un diagnóstico acertado de hipotiroidismo no sólo son inherentes a lo que debería considerarse como un rango normal. También tienen que ver con la pregunta fundamental de que si los análisis de sangre aleatorios que el médico utiliza para diagnosticar un desequilibrio tiroideo son una herramienta infalible. En efecto, es posible que usted presente resultados perfectamente normales en los análisis de sangre, así como un nivel de TSH en el extremo inferior del rango normal y que aún tenga una tiroides hipofuncionante. Esto obviamente cobra gran importancia si sufre de síntomas que podrían aliviarse fácilmente con el tratamiento adecuado.

El análisis de la TSH, que es considerado por los doctores como la manera más sensible y precisa de determinar si una persona tiene hipofunción tiroidea, en realidad no es tan preciso. Los estudios de investigación han demostrado que el análisis de la TSH realizado a una misma persona con un nivel normal aleatorio de TSH da diferentes lecturas de un día a otro e incluso de una hora a la siguiente.[6] Su lectura de TSH podría ser de 0,8 miliunidades internacionales por litro ahora —lo cual sería interpretado por su doctor como un nivel perfecto y definitivamente no indicativo de hipofunción tiroidea— pero podría ser de 2,2 al repetir el análisis. De forma similar, usted podría tener una lectura de 1,7 hoy y de 5,1 mañana, un nivel claramente indicativo de hipotiroidismo. Estas fluctuaciones reflejan la forma en que funciona la glándula pituitaria. Nadie tiene un nivel perfectamente estable de TSH, sea hipotiroideo o no.

Ahora entiende cómo y por qué su doctor podría pensar que usted es normal y que no padece una afección tiroidea, aunque sí la padezca.

Si usted presenta síntomas de hipofunción tiroidea pero los resultados de sus análisis siguen siendo "normales", el análisis de estimulación de la hormona liberadora de tirotropina (*TRH* por sus siglas en inglés) le ayudará a su doctor a descubrir el hipotiroidismo. El análisis de la TRH detecta cualquier exceso o deficiencia mínimos de hormona tiroidea que no hayan provocado que la TSH se salga del rango normal de laboratorio. En una persona con glándulas tiroides y pituitaria saludables, la inyección de TRH (la hormona producida por el hipotálamo que estimula a la pituitaria) al torrente sanguíneo dará como resultado una elevación de la TSH dentro de los 30 a 45 minutos siguientes a la inyección. La diferencia entre el nivel más alto de TSH y el nivel basal de la misma define lo que es normal y lo que es anormal. En el hipotiroidismo encubierto, la diferencia entre el nivel más alto y el basal es más grande de lo normal. La causa de esta respuesta exagerada de la glándula pituitaria es que cuando la tiroides es mínimamente hipofuncionante, la pituitaria se coloca en estado de alerta. Contiene mayores cantidades de TSH, las cuales libera en respuesta a la administración de TRH. Por otra parte, cuando hay un exceso de hormona tiroidea, la pituitaria se retrae y contiene una cantidad pequeña de TSH. Por lo tanto, el aumento en el nivel de TSH después de una inyección de TRH es pequeño.

Ginger, una agradable ama de casa de 26 años de edad, había batallado con muchos de los efectos del hipotiroidismo e incluso sabía que a algunos de sus parientes les habían diagnosticado trastornos tiroideos. Pero estaba decidida a encontrar una explicación clara y directa de su malestar, porque ella sabía que algo andaba mal. Ella me vino a consultar después de haberse hecho los análisis que le indicaron dos endocrinólogos distintos, quienes le habían dicho que su estado de salud era normal, simplemente porque sus niveles de TSH fueron de 0,9 y 1,3.

"Finalmente llegas al punto en que simplemente te cansas de sentirte cansada o te cansas de sentirte mal". Ginger confesó lo siguiente durante su primera consulta conmigo, "Realmente no hay síntomas específicos que puedas identificar para que puedas decir, 'Debe ser esto o debe ser lo otro'. Simplemente no te sientes bien. Muchas personas consultan a muchos doctores y tan sólo nos dicen 'Lo único que tienes es que estás estresada', 'Simplemente estás agobiada', 'Descansa más', 'Haz ejercicio'. Pero por más que quieras hacer ejercicio o estar más activa, tu cuerpo simplemente no te lo permite. No puedes hacerlo. Puedes tener toda la motivación del mundo, pero tu cuerpo físicamente no puede funcionar. ¡A esta edad deberías estar en tu mejor momento! Deberías poder correr un maratón o cuando menos levantarte en la mañana con energía y con la capacidad de funcionar durante todo el día como una persona normal y de realizar las tareas cotidianas".

"Todos quieren darte una respuesta general: 'Haz ejercicio, toma agua, lleva un estilo de vida saludable y estarás bien', y una trata de explicarles, 'Pero si estoy bien, ¿por qué no me siento bien?' Simplemente no lo entienden. Cada mañana, te despiertas tratando de recordar, ¿cuándo fue la última vez que me sentí normal? ¿Cuándo fue la última vez que me sentí bien? ¿Cuándo fue la última que desperté y pensé, 'Me siento de maravilla y hoy va a ser un día fabuloso'? Ni siquiera podía recordarlo".

El análisis de reto pituitario-tiroideo mostró que Ginger padecía hipotiroidismo encubierto.

Semanas después de haber iniciado su tratamiento, lentamente fue recuperando la vida y el bienestar que tanto había anhelado. "Me siento de maravilla —dice ahora—. El tratamiento con hormona tiroidea realmente me salvó la vida; fue un milagro que no se puede describir con palabras".

Cómo reconocer sus síntomas

Usted quedaría absolutamente sorprendido al comprobar la manera en que un déficit pequeñísimo de hormona tiroidea que no ha sido detectado por los análisis de sangre estándares puede afectarle tanto física como mentalmente. Una suposición común pero falsa es que entre mayor sea el déficit de hormona tiroidea, mayor será el número de síntomas que presentará como resultado del mismo. El cuerpo y el cerebro de las personas responden de manera tan distinta al mismo grado de desequilibrio que no es raro que una persona con hipotiroidismo severo, demostrado mediante análisis de sangre claramente anormales, no presente síntomas, mientras que otra persona con una hipofunción tiroidea mínima y apenas detectable observe consecuencias importantes en su bienestar.

Aunque esto pueda parecer muy extraño, la regulación de la química corporal se ve afectada por la susceptibilidad de cada individuo a los síntomas. Aun dentro de un mismo cuerpo, algunas partes u órganos del mismo pueden verse afectados de manera muy distinta. Esto explica por qué los síntomas que presenta una persona no necesariamente serán los síntomas que presente otra con el mismo déficit de hormona tiroidea. También explica por qué muchas personas que tienen hipotiroidismo encubierto no presentan síntomas, mientras que otras tienen que soportar un sufrimiento considerable.

Los síntomas más comunes del hipotiroidismo encubierto son:

- Fatiga
- Estreñimiento
- Piel seca
- Ansiedad
- Estado de ánimo bajo
- Caída del cabello o cabello ralo
- Cambios repentinos de humor

Por supuesto, si usted padece hipotiroidismo encubierto, también podría estar presentando cualquiera de una amplia gama de síntomas que podrían estar siendo causados por un caso de hipotiroidismo más severo. Lo que más me ha sorprendido a lo largo de todos estos años de tratar a pacientes con hipotiroidismo encubierto es que los síntomas más pronunciados son los mentales, particularmente depresión subclínica, ansiedad e inestabilidad anímica. Esto refleja cuán afectada se puede ver la química cerebral por déficits diminutos de hormona tiroidea.

Los síntomas físicos y mentales no son las únicas consecuencias posibles del hipotiroidismo encubierto. Si usted es una mujer, necesita saber que hay otras maneras diversas en que el hipotiroidismo encubierto podría estar afectando su vida y su bienestar. A menos que obtenga el diagnóstico y tratamiento correctos, algunos de estos efectos tendrán resultados molestos y dañinos. Entre las consecuencias adversas potenciales del hipotiroidismo encubierto encontramos las siguientes:

- Menstruación con flujo abundante que puede causar una deficiencia de hierro
- Abortos espontáneos recurrentes
- Problemas de infertilidad
- Exacerbación del síndrome premenstrual
- Aumento de peso y problemas metabólicos
- Síntomas perimenopáusicos y menopáusicos más severos
- Menor libido

Se han realizado muy pocas investigaciones para determinar si el hipotiroidismo encubierto puede afectar la salud cardiovascular, aunque sí se han observado ciertas señales que indican que este podría ser el caso. Un estudio de investigación demostró que el colesterol tipo LBD, el cual se encuentra elevado en personas con hipotiroidismo, puede disminuir con dosis bastante pequeñas de hormona tiroidea en personas cuyo nivel de TSH se encuentra entre 2,0 y 4,5 miliunidades internacionales por litro.[7] Otro estudio de investigación de pacientes que aparentemente tenían niveles perfectos de TSH pero con análisis de TRH indicativas de hipotiroidismo demostró que el colesterol tipo LBD era más bajo cuando recibían tratamiento con hormona tiroidea.[8] Quizá dentro de algunos años, descubriremos que un déficit pequeño de hormona tiroidea que no haya causado resultados fuera de rango en los análisis de sangre sí puede ser perjudicial para la salud cardiovascular.

CAMBIOS DE HUMOR Y DEPRESIÓN

Uno de los efectos más comunes del hipotiroidismo encubierto es la depresión subclínica y la vulnerabilidad a la tristeza. Los estudios de investigación han demostrado que las personas con un nivel de TSH cercano al extremo superior del rango normal son más propensas a presentar episodios de depresión y un mayor número de episodios de depresión severa. También son más propensos a desarrollar melancolía, a intentar suicidarse y a tomar al menos dos antidepresivos para tratar su depresión en comparación con otras personas que tienen un nivel de TSH normal pero más bajo.[9]

Los medicamentos antidepresivos también parecen ser menos eficaces para tratar la depresión cuando el paciente tiene un nivel de TSH en el extremo superior del rango normal. Esto indica que un déficit diminuto de hormona tiroidea, aunque no haya provocado que los resultados del análisis de sangre estándar se vuelvan anormales o caigan fuera del rango normal, realmente es lo suficientemente importante como para afectar los neurotransmisores del cerebro y hacer que la persona se vuelva vulnerable a la depresión.

La raíz de la depresión puede ser algo distinto de un desequilibrio tiroideo, pero lo que sí es seguro es que la tiroides es un factor que dispara, perpetúa o contribuye a la misma. Aun cuando los resultados del análisis de sangre estándar se encuentran dentro de un rango excelente, una persona puede estar sufriendo de déficits diminutos de hormona tiroidea que pueden afectar su estado de ánimo y sus emociones. Un estudio de investigación demostró que las mujeres con hipotiroidismo encubierto diagnosticado mediante un análisis de TRH habían tenido más episodios de depresión en los años anteriores que las mujeres con una tiroides normal.[10]

Además, puede que una persona no responda al tratamiento con antidepresivos simplemente debido a un déficit minúsculo de hormona tiroidea aunque su nivel de TSH esté en un buen rango pero el análisis de TRH esté indicando cierta hipofunción tiroidea. Un ejemplo de esto es Fern, una empleada de un banco de 29 años de edad. Fern empezó a sufrir de falta de motivación, mayor apetito, fatiga, enojo e irritabilidad unos cuantos meses después de que nació su primer bebé, cuando ella tenía 22 años de edad. Aunque tenía todo para ser feliz, estaba cayendo en una depresión y terminó recibiendo tratamiento con el antidepresivo *Zoloft*. Unos cuantos meses más tarde, al ver que sus síntomas depresivos no se resolvían por completo, su doctor le recetó un segundo antidepresivo, *Wellbutrin*.

Cuando averiguó que a su hermana mayor recién le habían diagnosticado hipotiroidismo severo, Fern me vino a consultar para asegurarse que su tiroides no tuviera nada qué ver con su depresión. Para entonces, ya había empezado a presentar estreñimiento, piel seca y aumento de peso. Aunque los resultados de los análisis de sangre estándares que se había realizado Fern estaban dentro del rango normal, los análisis más precisos de estimulación de la tiroides y un ultrasonido de su glándula tiroides revelaron que sufría de tiroiditis de Hashimoto e hipotiroidismo encubierto. El tratamiento de su afección tiroidea le permitió ir dejando gradualmente de tomar uno de los dos antidepresivos. Desde entonces, se ha estado sintiendo de maravilla. ·

CANSANCIO Y PÁNICO

Ángela, una gerente de oficina de 30 años de edad, me vino a consultar después de que le hubieran dicho que tenía un funcionamiento tiroideo normal tras realizarse un montón de análisis de sangre —entre ellos múltiples análisis de funcionamiento tiroideo— a lo largo de los tres años anteriores. Ella me dijo, "Constantemente he estado sintiendo como si tuviera una bola en la garganta y he estado extremadamente ansiosa. Esto ha estado afectando mi vida diaria de una forma tal que se está volviendo insoportable. Necesito ayuda. Tengo problemas para conciliar el sueño; despierto a media noche sintiéndome ansiosa y sin poder volver a quedarme dormida. Siento que necesito hacer algo, como ver la televisión, limpiar la casa, pero en realidad no sé qué necesito hacer, sólo siento que necesito hacer algo. Para cuando puedo volver a quedarme dormida en la mañana, ya estoy muy cansada, lo cual sólo hace que empeore mi ansiedad. Tengo cambios repentinos de humor y mucha ansiedad durante el día".

"Tratar de hacer lo que tengo qué hacer para mi hijo esté listo para irse a la cama y completar mis labores diarias se está convirtiendo en un verdadero problema. Simplemente no sé cuándo me va a dar un ataque de pánico, entonces ahora salgo de casa con menor frecuencia. No tengo ganas de estar en público porque no me quiero someter a la posibilidad de que me dé un ataque de pánico en público. El no saber cuándo tendré el siguiente me provoca ansiedad de ir a otros lugares. Todo esto y mi bajo impulso sexual está afectando mi relación con mi esposo".

Al hacerle análisis más precisos, encontramos que Angela tenía hipotiroidismo encubierto. Después de unos meses de tratamiento con hormona tiroidea, ella dijo, "Me siento significativamente menos ansiosa que antes y no he tenido ataques de pánico desde que inicié el tratamiento. Ocasionalmente tengo la sensación de que tengo una bola en mi garganta cuando estoy bajo estrés, pero es mucho menos fuerte que antes. Ahora tengo más energía y puedo funcionar en mi vida diaria mucho mejor que antes".

FRUSTRACIONES CON LA MEMORIA

El hipotiroidismo encubierto en algunos pacientes puede afectar no sólo su estado de ánimo sino también su funcionamiento cognitivo. Un desequilibrio diminuto de hormona tiroidea en el cerebro puede hacer que una persona se vuelva susceptible a presentar problemas cognitivos, deterioro de la memoria, problemas de concentración y atención y déficit de atención más severo.

Si usted tiene una hipofunción tiroidea mínima mientras está atravesando por la menopausia, puede presentar problemas cognitivos peores que en otras épocas de su vida, pero yo he visto a pacientes con hipotiroidismo encubierto lidiar con el deterioro de la memoria incluso en la treintena y a principios de la cuarentena. El caso de Jill ilustra la manera en que el hipotiroidismo encubierto puede afectar los neurotransmisores que intervienen en la memoria y la concentración.

Jill, una maestra de 44 años de edad, me vino a consultar después de haber sido evaluada por neurólogos a causa del deterioro de su memoria. Ella temía que le estuviera dando la enfermedad de Alzheimer. Debido a que tanto su madre como su hermana padecían afecciones tiroideas, le realizaron análisis de funcionamiento tiroideo muchas veces a lo largo de los cinco años anteriores. Todos los análisis de sangre, entre ellos los que le hicieron los neurólogos, dieron resultados normales.

Como explicó Jill, "Hace cuatro años, empecé a notar que la memoria me estaba fallando y realmente me empecé a preocupar. Siempre había sido el tipo de persona que nunca tenía que anotar nada ni hacer listas porque siempre me acordaba de todo. Cuando escuché un informe en la Radio Pública Nacional que decía que la premenopausia causaba este síntoma, pensé durante algún tiempo que esto simplemente era parte de la vida y que mi mente ya no estaba funcionando tan bien. Pero mi memoria estaba empeorando y constantemente sentía como si mi mente estuviera en las nubes. Luego empecé a sentirme fatigada y deprimida. Sigo sufriendo de fatiga y falta de motivación, a pesar de que tengo una vida emocionante. Mi memoria se está deteriorando tanto que sé en mi interior que mi tiroides está contribuyendo, pese a que me hicieron los análisis indicados varias veces y todas ellas con resultados normales, según me dijeron".

Yo determiné que Jill estaba padeciendo la tiroiditis de Hashimoto, que es una inflamación que hace que la glándula tiroides funcione más lento. Sus análisis de sangre estándares de funcionamiento tiroideo en efecto fueron normales, pero al realizarle el análisis más preciso de reto pituitario-tiroideo, resultó que padecía hipotiroidismo encubierto. La traté con una cantidad adecuada de hormona tiroidea. Unos meses más tarde, ella reportó, "Mi estado de ánimo ha mejorado mucho, ya no siento la fatiga que solía sentir y mi memoria también ha mejorado, aunque sí sigo teniendo ciertos problemas menores. Quizá haya un momento en que sí tendré que aceptar que mi edad está contribuyendo en algo. Es un alivio sentir que estoy un poco más alerta".

Probablemente sea cierto que el deterioro de memoria que Jill empezó a presentar a los 40 años de edad tenga que ver con la perimenopausia y el envejecimiento. Pero lo que era obvio en su caso es que sus problemas de memoria también tenían que ver con un déficit muy pequeño de hormona tiroidea; un déficit que no era lo suficientemente severo para producir resultados fuera del rango normal en los análisis de sangre, pero sí para afectar su cognición.

SENTIRSE VIEJO

"Me siento vieja —explicó Renae, una paciente mía que me había venido a pedir una segunda opinión con respecto a sus síntomas—. Probablemente son cuatro o cinco síntomas los que me molestan con regularidad, desde la intolerancia al frío hasta los episodios de mareo. Pero el peor problema con el que estoy lidiando es que siento que he envejecido físicamente".

"Tengo 25 años de edad y estoy lidiando con un aumento de peso consistente y gradual, ya que mi metabolismo se ha hecho mucho más lento porque soy hipotiroidea. Siempre me siento exhausta; estoy tan cansada que no puedo pasar un día entero sin sentir que necesito tomar una siesta, aunque haya dormido unas buenas 8 ó 10 horas la noche anterior. Tengo que batallar para quedarme despierta. Una vez me quedé dormida sobre mi escritorio en la oficina. No tengo energía para hacer nada".

"Cuando físicamente te sientes tan agotada, puedes quedar sin motivación para hacer cualquier cosa. Incluso algo que no requiere casi nada de esfuerzo, como mantener un pensamiento en tu mente, es agotador. No me importa el sexo; dada la manera que me siento físicamente, definitivamente no es una prioridad para mí. Realmente no hay forma de explicarlo. Siento como si estuviera atrapada en la mente y el cuerpo de una persona mayor".

Renae resultó tener hipotiroidismo encubierto. Sus análisis de sangre estándares consistentemente daban resultados "normales". Al cabo de unas semanas de haber iniciado el tratamiento con hormona tiroidea, la mayoría de sus síntomas se habían revertido.

La causa podría ser la pista

En el Capítulo 1, expliqué que la causa más común del hipotiroidismo es un ataque inmunitario en contra de la tiroides que causa una inflamación crónica de la glándula. La inflamación crónica de la tiroiditis de Hashimoto es muy prevalente, afectando a las mujeres con mayor frecuencia que a los hombres. La tiroiditis de Hashimoto es, por mucho, la causa más común de hipotiroidismo, ya sea encubierto, subclínico o moderado a severo. Mientras que el hipotiroidismo subclínico es de cinco a seis veces más común que el hipotiroidismo moderado a severo, el hipotiroidismo encubierto probablemente es incluso más común que el hipotiroidismo subclínico.

En esencia, cuando consideramos todo el espectro de severidad del déficit de hormona tiroidea causado por la tiroiditis de Hashimoto en la población en general, sólo una pequeña fracción de los pacientes con tiroiditis de Hashimoto presentan un ataque severo que, en última instancia, conduzca al hipotiroidismo severo. En términos más simples, entre menos severo sea el déficit de hormona, más común es la afección. Si usted está presentando síntomas de hipofunción tiroidea y siente molestias o sensibilidad en el área del cuello, esto podría ser una pista de que padece la tiroiditis de Hashimoto. Otras señales que pueden ser indicativas de la tiroiditis de Hashimoto son otros padecimientos autoinmunitarios o antecedentes familiares de afecciones autoinmunitarias.

Como mencioné en el Capítulo 14, la medición de anticuerpos antitiroideos puede ser útil en el diagnóstico de la tiroiditis de Hashimoto. Pero como podrá imaginar, tener hipotiroidismo encubierto implica que la inflamación es mínima y que está algo controlada. Esto explica por qué tantas personas que padecen hipotiroidismo encubierto a causa de la tiroiditis de Hashimoto tienen anticuerpos antitiroideos negativos e incluso indetectables. En otras palabras, incluso la causa del déficit puede no identificarse porque los análisis de sangre que usamos para hacer el diagnóstico pueden resultar negativos. Este es otro motivo por el cual su médico le puede decir que todo está bien. Yo he encontrado que la exploración física de la tiroides para determinar si está agrandada (es decir, si hay presencia de bocio), junto con un ultrasonido de la tiroides que muestra una alteración de la arquitectura de la glándula en sí, son mucho más indicativos de tiroiditis de Hashimoto que un resultado positivo en el análisis de anticuerpos antitiroideos en sangre.

Muchas personas padecen la tiroiditis de Hashimoto pero no presentan un déficit de hormona tiroidea ni síntomas. Además, pueden o no presentar un desequilibrio tiroideo con el tiempo. Si le diagnostican la tiroiditis de Hashimoto durante un examen médico de rutina (es decir, si le encuentran una tiroides agrandada y/o anticuerpos antitiroideos positivos) pero los resultados de sus análisis de sangre son normales, es poco probable que su doctor le recete un tratamiento con hormona tiroidea simplemente con base en los resultados de sus análisis. Pero no le debe ser negado el tratamiento si tiene síntomas de hipofunción tiroidea. Por desgracia, incluso después de que su médico haya detectado la tiroiditis de Hashimoto, es decir, la misma afección que puede provocar hipofunción tiroidea, usted podría implorarle que le ayude y enumerarle los síntomas típicos de la hipofunción tiroidea, tan sólo para que su médico le responda, "Sí tiene inflamación, pero no tiene hipofunción tiroidea y no necesita tratamiento. Lo único que haremos es repetirle los análisis el próximo año".

Eso es lo que le pasó a Gina, una psicoterapeuta de 41 años de edad, que recientemente me vino a consultar después de haber escuchado que todos los síntomas que ella había estado experimentando durante años sonaban como los síntomas de la hipofunción tiroidea. Irónicamente, le habían diagnosticado la tiroiditis de Hashimoto seis años antes durante el examen físico anual que le hacía su ginecólogo. En aquel entonces, había tenido sensibilidad y molestias en el cuello. Su ginecólogo determinó que su glándula tiroidea estaba ligeramente hinchada y que su nivel de anticuerpos antitiroideos era elevado, dos cosas que le indicaban que Gina tenía la tiroiditis de Hashimoto. Sin embargo, su nivel de TSH era perfectamente normal.

Meses más tarde, Gina empezó a presentar algunos síntomas extraños. Cuando volvió a consultar a su ginecólogo, él no consideró que sus síntomas tuvieran relación alguna con su tiroides. La razón era obvia, el nivel de TSH de Gina era perfecto, en 1,2 miliunidades internacionales por litro.

Durante seis largos años, Gina sabía y sus doctores también sabían que ella tenía la tiroiditis de Hashimoto. Aunque sus múltiples lecturas de TSH se mantuvieron más o menos al mismo nivel durante todos esos años, ella sufrió de fatiga, dificultades para concentrarse y falta de motivación que afectaron su vida a muchos niveles. El ejemplo de Gina ilustra que recibir un diagnóstico de tiroiditis de Hashimoto debería ser una pista, tanto para el paciente como para el doctor, de que la persona puede llegar a desarrollar hipofunción tiroidea con los años, aunque sus análisis de sangre sigan siendo normales. Una vez que traté a Gina con una cantidad apropiada de hormona tiroidea, ella recuperó su energía y la pasión por su trabajo, mejoró su concentración y dejó de quedarse aplastada en el sofá cuando llegaba a casa en la noche.

Si usted presenta síntomas de hipofunción tiroidea pero los resultados de sus análisis son normales y anteriormente ha padecido tiroiditis silenciosa o tiroiditis subaguda, es probable que tenga un déficit residual y diminuto de hormona tiroidea como resultado de los daños que estas afecciones producen a la glándula tiroides. Como se explicó en el Capítulo 4, la tiroiditis silenciosa es un ataque inmunitario de corto plazo en contra de la tiroides que típicamente ocasiona daños temporales a la glándula. Esto causa que haya un exceso de hormona tiroidea en el organismo durante unas cuantas semanas, seguido de hipofunción tiroidea durante otras cuantas semanas, hasta que finalmente se cura la glándula y los niveles hormonales regresan a la normalidad. La tiroiditis subaguda es una enfermedad viral que conduce a un exceso de hormona tiroidea asociado con la destrucción de células tiroideas, seguido de hipotiroidismo y luego el regreso a un funcionamiento tiroideo normal después de un período de curación.

Tanto la tiroiditis silenciosa como la tiroiditis subaguda pueden dejar un pequeño déficit de hormona tiroidea que no es lo suficientemente severo como para provocar que los resultados de los análisis de sangre se salgan del rango normal. No obstante, si le han diagnosticado cualquiera de ambas afecciones y sigue presentando síntomas de hipofunción tiroidea, pero su doctor le dice que los resultados de sus análisis tiroideos son normales, yo le exhorto a que busque la ayuda de un especialista que pueda hacerle una evaluación más completa de su tiroides para determinar si sufre de hipotiroidismo encubierto.

En las mujeres, no es poco común que los síntomas de hipofunción tiroidea coincidentemente empiecen a presentarse durante el período posparto y que continúen durante mucho tiempo más. Si este es su caso, esto podría indicar que usted tuvo tiroiditis posparto que dio como resultado un pequeño déficit de hormona tiroidea, lo cual le puede causar síntomas aunque los resultados de sus análisis de sangre ahora sean normales.

Asimismo, usted puede desarrollar hipotiroidismo encubierto meses o años después de haber recibido tratamiento para la enfermedad de Graves con medicamentos, cirugía o tratamiento radiactivo. Puede que su doctor ahora le esté diciendo que los resultados de sus análisis son normales y que está en remisión o que el tratamiento destruyó la cantidad exacta de tejido tiroideo que necesitaba ser removido o destruido. No obstante, puede que siga experimentando los efectos del hipotiroidismo encubierto.

Si le removieron un lóbulo de la tiroides por la presencia de un nódulo tiroideo, los resultados de los análisis de sangre pueden seguir siendo normales mucho tiempo después de la cirugía. De hecho, es posible que dichos resultados nunca lleguen a ser anormales. No obstante, el lóbulo que queda no está funcionando exactamente de la misma manera en que funcionaba la glándula entera antes de la cirugía. El déficit de hormona tiroidea es mínimo y los resultados de los análisis de sangre son normales, aunque usted esté sufriendo de los efectos de la hipofunción tiroidea. Los daños que la radiación provoca en la tiroides también pueden conducir al hipotiroidismo encubierto.

Si está recibiendo tratamiento con hormona tiroidea para corregir una tiroides hipofuncionante, su doctor determinará si está tomando la cantidad correcta de medicamento vigilando su nivel de TSH. Su nivel de TSH puede encontrarse dentro del rango normal de laboratorio mientras esté tomando una dosis específica de hormona tiroidea y como resultado, le dirán que su tiroides está en perfecto equilibrio. Sin embargo, la realidad es que usted puede seguir padeciendo los síntomas de hipofunción tiroidea porque sigue habiendo un pequeño déficit de hormona que no detectan los análisis de sangre. Un alto porcentaje de pacientes tratados con hormona tiroidea cuyos niveles de TSH se encuentran en el extremo superior del rango normal necesitan una mayor dosis de hormona tiroidea para sentirse mejor.

Como podrá ver por lo que acabo de explicar, si está presentando síntomas de hipofunción tiroidea y sus antecedentes familiares o su propio historial clínico indican que corre riesgo de padecer un trastorno tiroideo, es posible que esté sufriendo de hipotiroidismo encubierto. O bien, podría estar padeciendo hipotiroidismo encubierto y sus efectos adversos, no porque tenga un trastorno tiroideo, sino porque sus células tiroideas no pueden sintetizar la cantidad correcta de hormona tiroidea debido a una falta o un exceso de yodo en su organismo. La deficiencia de yodo no es poco común en los Estados Unidos y es probable que sea una causa oculta de hipotiroidismo encubierto. Un déficit diminuto de hormona tiroidea también puede ser el resultado de un consumo excesivo de alimentos crudos que contengan bociógenos, como nabos, repollo (col) y hojas de mostaza, así como de un consumo inadecuado de selenio y zinc, que puede alterar la síntesis de hormona tiroidea y conducir al hipotiroidismo encubierto.

Ineficiencia de la hormona tiroidea

Usted puede estar padeciendo los síntomas de hipofunción tiroidea, aunque su glándula tiroides esté produciendo cantidades adecuadas de hormonas tiroideas y los resultados de sus análisis de funcionamiento tiroideo sean perfectamente normales, simplemente porque sus hormonas no están trabajando de manera eficiente en su cuerpo. Una vez que la hormona tiroidea T4 llega a las células, estas la convierten en T3, que es la forma más activa de hormona tiroidea. Así, es capaz de interactuar con los genes y ayudar a regular el metabolismo, entre una miríada de efectos biológicos.

Localmente, es decir, en los órganos del cuerpo, la cantidad de la forma activa de hormona tiroidea también se regula finamente. Desde una perspectiva evolutiva, esta es la forma más antigua de regulación, habiéndose desarrollado mucho antes que la glándula pituitaria. En los seres vertebrados primitivos, como las lampreas, el mecanismo principal para regular el equilibrio tiroideo se encuentra en los órganos y el mecanismo central de control hipotalámico/pituitario está ausente.[11] A medida que los animales fueron evolucionando hasta llegar a depender más de la glándula tiroides para la síntesis de hormona tiroidea, el mecanismo hipotalámico/pituitario se fue convirtiendo en el sistema principal de regulación. La regulación local en los órganos (que incluye qué tanta T3 se produce a partir de la conversión de T4 en los órganos) gradualmente se fue transformando en un mecanismo secundario que controla la disponibilidad de la cantidad correcta de hormona tiroidea activa y sus efectos en los órganos.

Es concebible que, en algunas personas, exista una anormalidad en el proceso regulatorio que tiene lugar al interior de los órganos que ha sido diseñado para proporcionar la cantidad correcta de hormona tiroidea a la maquinaria metabólica de las células. Las personas que padecen algún tipo de disfunción regulatoria pueden presentar muchos síntomas de metabolismo lento e hipofunción tiroidea.

Una de mis pacientes, Judith, me vino a consultar por primera vez porque se sentía cansada, tenía la piel seca y estaba teniendo dificultades para bajar de peso a pesar de que estaba siguiendo una dieta y haciendo ejercicio. Como los resultados de sus análisis tiroideos fueron normales, le expliqué que sus síntomas no tenían nada qué ver con su tiroides. Ella me contestó, "No me sirve de nada que mi glándula pituitaria esté bien y esté produciendo cantidades normales de TSH porque yo no me siento feliz". Ella me dijo con vehemencia que si no le recetaba hormona tiroidea, buscaría a otro médico que sí lo hiciera. "Todos los síntomas que tengo son los mismos síntomas de la hipofunción tiroidea", siguió diciendo.

Como sospechaba que, en efecto, tendría la desgracia de encontrar a otro médico que le indicara dosis elevadas de hormona tiroidea, le receté una dosis baja de hormona tiroidea y le insistí que sólo sería durante un período de prueba de tres meses. Para mi gran sorpresa, casi todos sus síntomas desaparecieron y ha seguido sintiéndose bien. Dos semanas más tarde, una mujer de 42 años de edad y sus dos hijas me vinieron a consultar esencialmente por las mismas razones. Los resultados de sus análisis de sangre también eran normales y sus síntomas también mejoraron al empezar a tomar hormona tiroidea. Quizá algún factor genético estaba causando una ineficiencia de la hormona tiroidea en su cuerpo.

Hace unos años, unos investigadores médicos propusieron en la revista médica *British Medical Journal* que se probara el tratamiento con hormona tiroidea durante alrededor de tres meses en personas que estuvieran padeciendo síntomas de hipotiroidismo.[12] Ellos creían que muchas personas podrían ser hipotiroideas pese a que sus análisis de sangre mostraran resultados normales. Es muy posible que esta propuesta tenga su mérito. Sin embargo, será necesario investigar más para asegurar que el tratamiento funcione por motivos que vayan más allá del efecto placebo. (El efecto placebo podría haber sido el responsable del resultado positivo del tratamiento con hormona tiroidea en las pacientes que acabo de describir).

Para que la hormona tiroidea funcione eficientemente en el organismo, las células del mismo y del cerebro deben contener cantidades adecuadas de micronutrientes esenciales como vitaminas y antioxidantes. Como se detalla en el Capítulo 19, los micronutrientes como el zinc, el selenio y la vitamina A son necesarios para la conversión adecuada de T4 a T3 y para que la hormona tiroidea cumpla con su función. Es concebible que una persona pueda presentar síntomas de hipofunción tiroidea no porque su glándula no esté produciendo una cantidad adecuada de hormona tiroidea sino porque la hormona no pueda regular apropiadamente el funcionamiento de las células como resultado de un nivel bajo de estos micronutrientes esenciales. Las vitaminas y los antioxidantes son cruciales para una salud tiroidea óptima.

La ineficiencia de la hormona tiroidea también puede ocurrir como resultado de toxinas y daños a los vasos capilares, como en el caso de la fibromialgia. De hecho, se cree que la fibromialgia no causada por una glándula tiroides disfuncional es causada por una ineficiencia de la hormona tiroidea en ciertas partes del cuerpo. Los doctores usan T3, la forma activa de hormona tiroidea, como parte del tratamiento para la fibromialgia para ayudar a resolver dicha ineficiencia.[13] El tratamiento con T3 funciona aún mejor para resolver los síntomas de la fibromialgia si el paciente también toma cantidades adecuadas de antioxidantes que mejoran la eficiencia de la hormona tiroidea en los órganos.

Los análisis que han empezado a emerger y que indican que una persona puede ser hipotiroidea pese a que los resultados de estos sean normales explica la frustración que comúnmente sienten las personas que no consiguen la ayuda que necesitan pese a que presentan síntomas claramente reconocibles como cansancio, un estado de ánimo deprimido y dificultades para concentrarse. Esta es una de las razones por las cuales muchos pacientes recurren a doctores naturopáticos u otros profesionales en terapias alternativas después de tratar de conseguir alivio con médicos convencionales. Algunos naturópatas recetan hormona tiroidea indiscriminadamente para aliviar los síntomas de la hipofunción tiroidea en personas que presentan resultados normales en los análisis de sangre y a veces en dosis que exceden las necesidades de sus pacientes. Por este motivo, es importante que obtenga un diagnóstico acertado y, si le recetan hormona tiroidea, que preste mucha atención a la dosis que le estén indicando. Asimismo, es importante que insista en que le vigilen de cerca sus niveles de hormona tiroidea y TSH con regularidad durante el tratamiento.

El camino hacia el bienestar

Como verá en el próximo capítulo, para corregir la hipofunción tiroidea, es necesario que tome hormona tiroidea en una cantidad específica que debe ser proporcional al déficit de hormona tiroidea que haya en su organismo. Si bien es cierto que la forma sintética de L-tiroxina por sí sola puede ayudar a aliviar sus síntomas, también es cierto que podría no ser suficiente. Yo he observado que la *Armour Thyroid*, que es una forma natural de medicamento tiroideo derivado de la tiroides porcina y que contiene pequeñas cantidades de las hormonas T4 y T3, brinda beneficios más significativos que la T4 sintética por sí sola cuando se emplea en dosis pequeñas para tratar el hipotiroidismo encubierto. Esto tiene sentido, dado que los efectos adversos más molestos del hipotiroidismo encubierto son los síntomas mentales persistentes, entre ellos, la depresión subclínica, la fatiga y la ansiedad.

Los beneficios de un tratamiento con hormona tiroidea que incluya T4 y T3 como la *Armour Thyroid* u otra mezcla combinada en la cantidad correcta pueden ser considerables en el tratamiento del hipotiroidismo encubierto. En pequeñas cantidades, la *Armour Thyroid* no causa las fluctuaciones pronunciadas en el nivel de T3 que a menudo se observan con las dosis más elevadas que se emplean para tratar el hipotiroidismo moderado a severo (vea el Capítulo 16). Como una alternativa a las dosis bajas de *Armour Thyroid*, yo a menudo receto una combinación de una dosis baja de T4 sintética (L-tiroxina) junto con una cantidad pequeña de T3 compuesta de liberación prolongada.

Sin importar el medicamento tiroideo que se emplee, es necesario que su médico vigile periódicamente sus niveles de hormona tiroidea para asegurar que sus requerimientos no hayan cambiado con el tiempo. Para lograr una salud óptima, también es necesario que tome cantidades adecuadas de vitaminas, antioxidantes y ácidos grasos omega-3. Estos apoyarán a su sistema inmunitario y su glándula tiroides, además de que le brindarán todos los ingredientes necesarios para que la hormona tiroidea funcione de manera eficiente en su cuerpo. Yo a menudo recomiendo una mezcla completa y bien equilibrada de estos micronutrientes, como los que se encuentran en los productos de la marca *ThyroLife*. Estos suplementos libres de gluten y yodo han sido diseñados para pacientes tiroideos, sus parientes o cualquiera que esté buscando una mezcla bien equilibrada de vitaminas y antioxidantes que apoye a la tiroides, ayude a que la hormona tiroidea funcione de manera más eficiente y ayude a mejorar la energía y el metabolismo. (Para más información, consulte la página de internet thyrolife.com).

Puntos importantes a recordar

- Si usted presenta síntomas tiroideos, es posible que esté padeciendo una deficiencia tiroidea mínima, aunque su lectura de TSH sea normal.
- Una lectura de TSH que se encuentra en el extremo superior del rango normal debe mirarse con gran sospecha, dado que podría ser indicativa de que usted podría desarrollar un hipotiroidismo más severo con el tiempo.

- Un diagnóstico de tiroiditis de Hashimoto, un historial clínico personal de algún trastorno tiroideo o antecedentes familiares de enfermedades tiroideas pueden ser pistas que indican que usted padece hipotiroidismo, aunque los resultados de sus análisis de sangre sean normales.
- Sorprendentemente, el hipotiroidismo encubierto puede producir una amplia gama de efectos físicos y mentales, entre ellos depresión subclínica, fatiga, ansiedad y alteraciones cognitivas.
- Para detectar el hipotiroidismo encubierto, es posible que necesite hacerse un análisis de reto pituitario-tiroideo además de los análisis de sangre estándares.

16

TRATAMIENTO DEL
DESEQUILIBRIO

Recibir el diagnóstico de un desequilibrio tiroideo puede ser un alivio para quienes llevan mucho tiempo padeciendo sus síntomas porque piensan que todos sus problemas desaparecerán rápidamente con el tratamiento. Esperan ansiosamente seguir adelante con su vida, sentirse bien y funcionar normalmente de nuevo. Su médico a menudo les asegurará que sus análisis de funcionamiento tiroideo volverán a ser completamente normales al cabo de unas cuantas semanas y que empezarán a sentirse bien nuevamente. Típicamente, cuando estos pacientes inician el tratamiento, irán percibiendo una mejoría gradual. Sin embargo, es posible que sigan sin sentirse completamente bien durante algunas semanas o incluso meses. A muchos les cuesta trabajo admitir, ya sea en casa o en su trabajo, que siguen sin sentirse bien.

De hecho, puede que algunos síntomas sólo se resuelvan después de un período de estabilidad tiroidea. Frecuentemente, después de que una afección tiroidea ha sido corregida, sus efectos emocionales pueden persistir como resultado de lo que yo llamo la "alteración" del cerebro causada por el desequilibrio tiroideo. Para acortar este período de recuperación y evitar que persistan los síntomas, es necesario que trabaje junto con su médico para lograr y mantener niveles normales de hormona tiroidea lo antes posible. También es necesario que evite fluctuaciones pronunciadas en sus niveles tiroideos, que probablemente se darán si su doctor tiene poca experiencia en el tratamiento de trastornos tiroideos.

Este capítulo le enseñará a lograr y mantener un equilibrio adecuado. También trata muchos de los problemas que comúnmente se presentan durante el tratamiento de las afecciones tiroideas. Asimismo, destaca algunos casos del sufrimiento innecesario que resulta de los tratamientos estereotípicos y del conocimiento limitado de los efectos de un desequilibrio tiroideo durante el tratamiento. También le enseña cómo evitar estas trampas para acelerar su recuperación.

Cómo encontrar al doctor indicado

En la fase inicial de tratamiento, muchos pacientes batallan con sus emociones. Por una parte, quieren expresarle su sufrimiento a su médico. Por la otra, pueden sentirse inhibidos al tratar de revelar su angustia. Muchos pacientes llegan a sentirse agobiados por sus síntomas y necesitan que su médico sea compasivo y comprensivo. Si su médico de atención primaria le está dando algún tratamiento para la hipofunción tiroidea, asegúrese que sepa cómo ajustar su medicamento. Si se presentan problemas, insista en que lo derive a un especialista.

Los efectos emocionales de un desequilibrio tiroideo pueden hacer que se sienta solo y desamparado. La actitud de su médico tendrá un efecto importante en su manera de sentir. Usted tiene el derecho de esperar que su doctor le explique la naturaleza y los efectos de su desequilibrio tiroideo. Sin embargo, algunos doctores no están preparados para lidiar con los efectos emocionales y mentales del desequilibrio tiroideo durante su tratamiento, y en vez, se centrarán casi exclusivamente en normalizar sus análisis de sangre. Esto puede ser muy frustrante para aquellos pacientes a quienes no les han sido bien explicados los cambios emocionales y mentales que están experimentando. Algunos pacientes que no han sido informados de los efectos de un desequilibrio tiroideo, pueden empezar a preguntarse si en realidad no estarán "locos" más que enfermos. Usted debe esperar más de su doctor que el simple análisis de sus análisis de sangre y el ajuste de su medicamento tiroideo. Su endocrinólogo debe explicarle la dinámica de la enfermedad y describirle qué es lo que puede ocurrir como resultado de la misma.

Mientras estaba tratando la hiperfunción tiroidea de Cassandra con medicamento, la preocupación principal de su endocrinóloga era ajustar la dosis y tratar de lograr resultados normales en sus análisis de sangre. Mientras tanto, Cassandra estaba presentando problemas emocionales inexplicables. Ella me describió los encuentros con su doctora:

"Charlábamos brevemente y luego me hacía un chequeo. A veces me regañaba por no trabajar. Yo sentía que ella no comprendía lo verdaderamente enferma que yo estaba. Yo le hablaba de la ansiedad y la depresión que sentía y ella me ignoraba. Yo la estuve consultando cada dos semanas durante meses".

"Yo creo que no se estaban tomando medidas lo suficientemente agresivas para aliviar mis síntomas. Estaba muy enojada con la endocrinóloga. Pensaba que tal vez yo no estaba siendo una buena paciente. Pero cumplía con todo lo que me indicaba. Quería sentirme mejor. Era como si estuviera tratando de salirme de un gran hoyo negro pero nadie podía alcanzarme para sacarme de ahí. Me sentía desamparada. Era una situación muy deprimente. Me sentía atrapada. Mi autoestima cayó por los suelos".

Un día, la enfermera le anunció a la doctora que yo estaba en el consultorio lista para que me examinara y escuché que ella dijo, "¿Otra vez?" Casi nunca se comunicaba conmigo fuera de su consultorio. Las empleadas de su consultorio eran las que me llamaban, o bien, me mandaba mensajes por correo diciéndome que ajustara mi dosis.

Yo hubiera esperado que ella comprendiera mejor por lo que yo estaba pasando en cuanto a mis síntomas y mis emociones".

Cassandra tenía una gran fuerza de voluntad. Quería sentirse normal; quería entender. Quería comunicarse con su doctora. Trató de describir su sufrimiento emocional debilitante, pero a su doctora eso no parecía preocuparle. A diferencia de Cassandra, muchas personas no se sienten cómodas hablando de su sufrimiento. Muchas tienen ataques severos de ansiedad o pánico y no le relatan estos síntomas a su médico porque piensan que su médico creerá que están locos. No obstante, es importante que su médico tenga conocimiento de estos síntomas, tanto para asegurar que lo comprenda mejor como para que le pueda indicar el tratamiento óptimo para usted. Para evitar un sufrimiento innecesario debido a una falta de comunicación entre usted y su doctor, elija a un especialista en tiroides que también pueda atender sus emociones.

Los doctores en medicina nuclear a menudo intervienen en el tratamiento de la enfermedad de Graves porque son los que calculan la dosis de yodo radioactivo y administran el tratamiento a la glándula tiroides. Por desgracia, muchos de estos doctores sienten que son capaces de hacerse cargo del tratamiento de los pacientes que padecen esta enfermedad. Sin embargo, rara vez tienen el conocimiento suficiente para evaluar la respuesta a la terapia. También tienen un conocimiento muy limitado de los aspectos clínicos y emocionales del hipertiroidismo durante el tratamiento. Algunos pacientes con hiperfunción tiroidea, ya sea por cuenta propia o por recomendación de sus amistades, buscan la ayuda de doctores en medicina nuclear. Esto puede dar como resultado un control inadecuado del desequilibrio tiroideo, prolongando así el período de sufrimiento y agregando aún más frustraciones y efectos emocionales adversos.

Tratamiento de la hipofunción tiroidea

Como ya he explicado, el hipotiroidismo debido a una glándula tiroides dañada causa niveles elevados de hormona estimulante de la tiroides (HET o *TSH* por sus siglas en inglés). Entre más elevado sea el nivel de TSH, más severo será el hipotiroidismo. La meta del doctor al darle tratamiento debe ser darle la cantidad de hormona tiroidea que necesita para que los niveles de TSH disminuyan hasta llegar a ser normales. En general, entre más alto sea el nivel de TSH, mayor será la dosis de hormona tiroidea que necesitará para lograr y mantener un equilibrio tiroideo normal.[1] Por lo tanto, el nivel de TSH obtenido al momento de hacer el diagnóstico puede permitir que su doctor calcule aproximadamente desde el inicio el rango de dosis que será necesario para lograr un nivel tiroideo cercano al normal. Así pues, no es raro que los doctores aumenten la dosis gradualmente a lo largo de las primeras semanas de tratamiento sin vigilar el nivel de TSH sino hasta que se haya llegado a la dosis calculada y se haya estabilizado la misma durante unas cuantas semanas.[2]

Aunque la levotiroxina sintética, que actualmente es la forma de hormona tiroidea más ampliamente usada para tratar el hipotiroidismo, empezó a estar disponible en los años 50, su uso no se empezó a difundir sino hasta principios de los años 70, cuando unos investigadores descubrieron que los extractos tiroideos de origen animal estaban causando niveles inestables e inconsistentes de hormonas tiroideas en la sangre. La tiroides desecada contiene cantidades variables de T4 y T3, dependiendo del proceso de preparación empleado por el fabricante y del contenido de yodo en la alimentación de los animales de los cuales se extrajeron las glándulas tiroides. Por aquellas épocas los científicos también descubrieron que cuando una persona toma tiroxina sintética (T4), parte de la misma se convierte en T3 en los órganos del cuerpo, brindando así niveles estables tanto de T4 como de T3. La estabilidad en los niveles de hormona tiroidea y de TSH lograda al usar levotiroxina sintética también se debe al hecho de que la T4 tiene una vida muy larga en el cuerpo. Cuando se toma diariamente, la pastilla de tiroxina permite que haya una producción estable y continua de T3 en los órganos del cuerpo.

Las compañías farmacéuticas fabrican tabletas de levotiroxina en diferentes potencias, que van de 25 microgramos (0,025 miligramos) hasta 300 microgramos (0,3 miligramos). La disponibilidad de estas tabletas de distinta potencia facilita el ajuste fino de la dosis de hormona tiroidea de modo que los niveles en sangre puedan mantenerse dentro del rango normal de laboratorio siempre y cuando el paciente siga tomando el medicamento. Los tres preparados sintéticos de levotiroxina más comúnmente usados son *Synthroid*, *Levoxyl* y *Unithroid*. Cuando vaya a la farmacia a comprar su medicamento, asegúrese que no le den un preparado genérico, dado que los medicamentos genéricos pueden no contener la cantidad exacta de hormona tiroidea indicada por el médico.[3]

En junio de 2004, la Dirección de Alimentación y Fármacos (*FDA* por sus siglas en inglés) determinó que muchos medicamentos genéricos de levotiroxina son equivalentes y tan seguros como los medicamentos de marca.[4]

Los métodos y los criterios que empleó la FDA para llegar a esta conclusión pueden haber sido apropiados para muchos medicamentos, pero sin duda no para el tratamiento de reemplazo de hormona tiroidea. Pese a una diferencia en potencia de más del 10 por ciento entre los diversos preparados de levotiroxina, la FDA los sigue considerando equivalentes.[5] Sin embargo, es evidente que tal diferencia puede conducir a diferencias importantes en los análisis de sangre. La decisión de la FDA significa que ahora los farmacéuticos le pueden dar cualquier preparado de levotiroxina, incluido un preparado genérico, en vez del medicamento de marca recetado por el médico. Como podrá imaginar, esta decisión de la FDA ha causado molestias, por no decir otra cosa, entre los endocrinólogos del país. Ciertas asociaciones médicas como la Asociación de Endocrinólogos Clínicos de los Estados Unidos y la Asociación Tiroidea de los Estados Unidos están seriamente preocupadas por los efectos adversos potenciales en la salud que podría tener la sustitución de productos de marca por preparados genéricos de levotiroxina. La razón de esta preocupación es que la dosis que su médico le ha indicado para tratar su hipofunción tiroidea podría ser muy distinta a la que su farmacéutico le ha dispensado. Algunos de los preparados genéricos que podrían darle son levotiroxina sódica, *Levo-T*, *Novothyrox* y *Thyro-Tabs*. Yo le exhorto a que sea proactivo y que exija que su farmacéutico le dé la marca exacta del medicamento que le haya recetado su doctor. De hecho, para evitar cualquier inestabilidad en sus niveles en sangre generados por la sustitución de un medicamento por otro, trate de seguir tomando siempre el mismo preparado a lo largo de su tratamiento. Además, si es necesario que tome un producto genérico por razones financieras o de seguro médico, asegúrese que su farmacéutico le dé siempre el mismo producto genérico; esto minimizará los cambios significativos en sus niveles tiroideos a lo largo de su tratamiento. Se espera que estos problemas se resuelvan una vez que la FDA tome medidas para cambiar los métodos y los criterios que emplea para evaluar la equivalencia de los medicamento tiroideos.

Si su médico no ajusta apropiadamente su dosis, es probable que usted siga presentando síntomas durante mucho tiempo. Tracy, una mujer que recientemente me fue a consultar para pedirme una segunda opinión, tardó un año y medio en lograr tener niveles tiroideos normales después de que le hubieran dado el diagnóstico inicial. Ella dijo, "Mi doctor estaba teniendo muchas dificultades para regularme de modo que mi nivel de TSH volviera a ser normal. Cada cuatro meses, volvía a ir con el médico a quejarme de que no me estaba sintiendo bien y, efectivamente, el análisis de sangre demostraba que yo estaba en lo correcto. Los ajustes que hizo mi doctor nunca fueron suficientes para que yo volviera ser normal".

Para evitar estos problemas, he desarrollado un método de dosificación graduada que le da excelentes resultados a la mayoría de las personas. En la tabla siguiente, podrá identificar la dosis a la que necesitará llegar durante la primera fase de tratamiento según su nivel inicial de TSH.

MÉTODO DE DOSIFICACIÓN GRADUADA DE LEVOTIROXINA

Nivel inicial de TSH (miliunidades internacionales por litro)	Dosis a la que deberá llegar al final de la primera fase (microgramos de levotiroxina)
< 15	25,0
15–25	37,5
25–30	50,0
30–40	75,0
> 40	100,0

En las personas que padecen hipotiroidismo severo, la dosis inicial de hormona tiroidea debe ser baja y debe irse incrementando gradualmente hasta llegar a la dosis requerida. La administración abrupta y rápida de dosis elevadas de hormona tiroidea a pacientes severamente hipotiroideos puede causar problemas de salud, especialmente en personas de edad avanzada. Por ejemplo, cuando una persona padece hipotiroidismo, su corazón funciona con mayor lentitud y se ha adaptado a un metabolismo más lento. La corrección rápida del hipotiroidismo en alguien que tiene una afección cardíaca preexistente, de la cual pueden no tener conocimiento tanto el paciente como el médico, podría acelerar rápidamente la función cardíaca e inducir un ataque al corazón. Desde luego, es mejor y más seguro empezar con una dosis de 25 microgramos al día e incrementarla semanalmente por 25 microgramos hasta que se llegue a la dosis estimada. Para pacientes que tienen menos de 45 años de edad y que por lo demás están sanos, la dosis se puede ir incrementando más rápido. En pacientes mayores y aquellos que tienen enfermedades cardíacas o síntomas de ansiedad, la dosis debe incrementarse cada dos semanas.

Cuando los doctores recetan dosis elevadas de hormona tiroidea al inicio del tratamiento, también pueden ocurrir trastornos severos del estado de ánimo que pueden ser bastante alarmantes. A menudo, tales pacientes tienen antecedentes de problemas emocionales o de ansiedad importantes. Estos síntomas pueden presentarse de cuatro a siete días después de que empiezan a tomar la dosis elevada de hormona tiroidea. Si usted presenta efectos mentales, necesita exigirle a su médico que le disminuya la dosis de hormona tiroidea de inmediato. Los médicos han tenido que hospitalizar a pacientes debido a manía u otras reacciones a un exceso de hormona tiroidea. Los pacientes pueden empezar a sentirse severamente agitados, con pensamientos que pasan por su cabeza a mil por hora y también pueden empezar a exhibir un comportamiento inapropiado. Algunos incluso pueden presentar alucinaciones y delirios.[6]

Una cantidad elevada de hormona tiroidea comúnmente empeora un trastorno de ansiedad existente y esto puede ser motivo de confusión tanto para usted como para su médico. Myra, una mujer de 49 años de edad, había estado bajo mucho estrés en su vida y había estado sufriendo de un trastorno de ansiedad generalizada durante bastantes años. Intermitentemente le habían recetado *Valium* y otros medicamentos que le ayudaron a controlar su ansiedad y a lo largo de los años había aprendido a manejar sus síntomas. Cuando le diagnosticaron hipotiroidismo, su doctor le recetó una dosis elevada de hormona tiroidea desde el inicio en lugar de empezar el tratamiento con una dosis baja e irla incrementando gradualmente. Después de unos días de haber empezado a tomar el medicamento, Myra comenzó a presentar ataques de pánico severos y sus síntomas de ansiedad empezaron a acrecentarse. Despertaba a media noche con taquicardia, sintiéndose acalorada y sudorosa y con una sensación de que se estaba ahogando, "como si alguien me estuviera apretando el cuello".

Ella siguió tomando la pastilla de la tiroides durante un par de semanas, pero sus síntomas siguieron empeorando. Llegó al punto en que tenía de 10 a 15 ataques de pánico al día. Finalmente, concluyó que todo esto podría ser a causa del medicamento tiroideo y lo suspendió por decisión propia, lo cual ayudó a que se redujeran sus síntomas de ansiedad y ataques de pánico. Más adelante, incluso una dosis pequeña de medicamento le provocaba ataques de pánico. Se creó un círculo vicioso en el que Myra asociaba el tratamiento con hormona tiroidea con un agravamiento de sus síntomas. Después de que le hablé de la naturaleza y la causa de sus síntomas, finalmente estuvo de acuerdo en probar el método de dosificación graduada. Eventualmente se le incrementó la dosis, sus niveles tiroideos se normalizaron y sus síntomas exagerados de ansiedad se resolvieron. De hecho, Myra ahora tiene menos ansiedad que antes de que los médicos le diagnosticaran la afección tiroidea. El trastorno de ansiedad de Myra probablemente fue causado en parte por una tiroides hipofuncionante, pero cuando un exceso de hormona tiroidea entró a su organismo repentinamente, su ansiedad empeoró.

Aproximadamente seis semanas después de que se llega a la dosis estimada que en teoría debería llevar a la normalización de los niveles tiroideos, el médico típicamente le pedirá que se haga un análisis de TSH para que la dosis pueda ser ajustada. La magnitud de dicho ajuste debe determinarse con base en el resultado del nuevo análisis de TSH. La rapidez con la que se haga el ajuste también dependerá de la edad del paciente y de la presencia de una afección cardíaca.

Puede que la dosis de hormona tiroidea tenga que ajustarse una o dos veces antes de que se normalice el nivel de TSH. Al principio, hágase el análisis de TSH no más de cada seis a ocho semanas. El criterio para determinar el éxito de la terapia es que finalmente se logre que la TSH caiga dentro del rango normal y se mantenga ahí.

PROBLEMAS DURANTE LA FASE DE MANTENIMIENTO
DEL TRATAMIENTO DEL HIPOTIROIDISMO

Una vez que sus niveles tiroideos se hayan estabilizado, necesitará asegurarse que su médico no le indique muy poca o demasiada hormona tiroidea. En un estudio de investigación, el 14 por ciento de los pacientes hipotiroideos que tomaron hormona tiroidea recibieron un exceso de la misma, mientras que el 18 por ciento recibieron una cantidad demasiado pequeña de la misma.[7]

Las personas que toman demasiada hormona tiroidea tendrán una lectura baja de TSH y pueden llegar a desarrollar problemas cardíacos.[8] Las mujeres posmenopáusicas presentarán una pérdida ósea acelerada, predisponiéndolas a la osteoporosis.[9] Incluso un exceso mínimo de hormona tiroidea puede hacer que una persona se vuelva irritable y empiece a presentar síntomas innecesarios de nerviosismo, ansiedad o comportamiento hipomaníaco.[10]

Consideremos el caso de Catherine, una gerente de ventas de 34 años de edad que fue diagnosticada como hipotiroidea por su médico internista. La dosis de hormona tiroidea que estaba recibiendo excedía sus requerimientos. Empezó a sufrir de temblores, insomnio y palpitaciones; también notó que su mirada parecía mantenerse fija. Ella estaba describiendo los síntomas de la hipomanía. "No podía quedarme quieta ni durante un período breve —dijo—. Tenía muchísima energía y empecé a volverme obsesivo-compulsiva en la limpieza de mi casa y en mi trabajo. A veces me despertaba a media noche para ponerme a limpiar".

Catherine sintió que estaba poseída y que había perdido el control de su cuerpo. En su interior, sabía que se había convertido en una persona distinta. Sentía rabia por ningún motivo aparente y sentía una necesidad de ir a andar en bicicleta por un área remota, pedaleando lo más duro y más aprisa que podía hasta que sentía que la rabia iba disminuyendo.

Estos cambios se habían dado tan aprisa que Catherine no podía entender qué era lo que le estaba ocurriendo. Pensó que estaba perdiendo la razón. Su corazón latía tan aprisa que temía quedarse dormida por miedo a que fuera a tener un ataque al corazón mientras dormía. "Tenía tantas ganas de volver a ser la misma de antes, aquella mujer que yo conocía y amaba. Me daba miedo esta nueva persona y quería sentirme sana otra vez". Catherine en efecto sí se volvió a sentir sana una vez que su dosis de hormona tiroidea se redujo a un nivel más apropiado.

No aumente su dosis por su propia cuenta ni le insista a su médico que se la aumente porque no ha sentido una mejoría y considera que una dosis más elevada le haría sentirse mejor. Incrementar la dosis podría causarle problemas nuevos. Tampoco disminuya ni suspenda su medicamento tiroideo por su propia cuenta ni empiece a tomarlo una o dos veces por semana. Algunos pacientes le llaman por teléfono a su médico y tratan de convencerlo de que alteren su dosis sin análisis y/o seguimiento. Esto puede conducir a un déficit o exceso acumulativo de hormona tiroidea, lo cual puede causar una gran cantidad de problemas.

Sofía había estado recibiendo 150 microgramos de levotiroxina al día durante tres años. Un día, le llamó a su médico y mencionó que había tenido palpitaciones. En efecto, estas habían sido causadas por la ansiedad que le había estado provocando un problema de salud de uno de sus parientes. El médico de Sofía le disminuyó la dosis de 150 microgramos a 75 microgramos y le dijo que lo fuera a ver a su consultorio en tres meses para que le repitiera los análisis de funcionamiento tiroideo. Debido a sus problemas personales, Sofía no se dio el tiempo para hacerse los análisis de seguimiento sino hasta un año más tarde. Durante ese año, tuvo una amplia gama de síntomas que ella le atribuyó al estrés.

Cuando Sofía finalmente fue a la consulta de seguimiento, sus análisis revelaron hipotiroidismo debido a que sólo estaba tomando la mitad de la dosis requerida para mantener un nivel tiroideo normal. Después de que el médico le reajustó la dosis, fueron desapareciendo gradualmente sus síntomas. De hecho, empezó a poder lidiar de mejor manera con sus problemas familiares.

Otro problema infortunado que les sigue ocurriendo a algunos pacientes hipotiroideos que están tomando hormona tiroidea se presenta cuando los médicos generales les indican que suspendan el medicamento. El médico general de Crystal, una mujer hipotiroidea, le suspendió el tratamiento con hormona tiroidea cuando vio que los resultados de sus análisis de funcionamiento tiroideo eran normales mientras estaba tomando el tratamiento. Lo que este médico probablemente no consideró es que los resultados de sus análisis eran normales gracias al tratamiento. Tres o cuatro meses después de que suspendió el medicamento, Crystal empezó a presentar una depresión severa y muchos otros síntomas de hipotiroidismo. Regresó con su médico y él le dijo que estos síntomas se debían al estrés. Cuando yo le realicé los análisis pertinentes a Crystal y estos revelaron que era hipotiroidea, le reanudé el tratamiento con hormona tiroidea y desde entonces, se ha sentido bien.

Si su médico no vigila sus niveles de TSH mientras está tomando hormona tiroidea, existe una probabilidad muy alta de que esté tomando demasiada o muy poca de esta hormona. Por desgracia, muchos médicos siguen realizando análisis de T3 y T4 y a menudo toman decisiones relativas al tratamiento con base en los resultados de estos análisis en vez de basarse en el análisis de TSH. Los resultados de los análisis de T4 y T3 se puede interpretar erróneamente con mucha facilidad cuando los niveles de las proteínas que transportan la hormona tiroidea en la sangre son anormales (vea el Capítulo 14). Además, existen diversos medicamentos que pueden alterar los niveles de hormona tiroidea. Por ejemplo, el *Dilantin* y la aspirina pueden disminuir la lectura de T4 total, aún en presencia de un funcionamiento tiroideo normal.

Para lograr un buen equilibrio, es necesario que su nivel de TSH se mantenga en un rango de 0,5 a 2,0 miliunidades internacionales por litro mientras esté recibiendo tratamiento con hormona tiroidea. Una lectura de TSH entre 2,0 y 4,5 puede indicar cierta deficiencia de hormona tiroidea (vea el Capítulo 14). No obstante, una encuesta reciente en la que se comparó la manera en que los especialistas en tiroides y los médicos de atención primaria administran medicamento tiroideo a pacientes hipotiroideos indicó que los médicos de atención primaria en general quedan satisfechos cuando el nivel de TSH se mantiene entre 0,5 y 5,0 miliunidades internacionales por litro.[11] Frecuentemente, todo lo que se necesita para restaurar un nivel tiroideo normal es un pequeño aumento en la dosis, la cual puede tener efectos importantes en el bienestar del paciente. Si pese a que los resultados del análisis de TSH han sido normales durante al menos tres a cuatro meses, usted sigue sufriendo de depresión o presentando síntomas de hipofunción tiroidea, como falta de energía, cambios cognitivos, estado de ánimo bajo, cansancio, piel seca y dolores y achaques, es posible que observe una mejoría al combinar T4 y T3 en su régimen de tratamiento (vea el Capítulo 18). Es posible que siga faltando un poco de T3 en su organismo aunque los resultados de los análisis de sangre sean normales.

OPTIMICE EL USO DE LAS PASTILLAS DE HORMONA TIROIDEA

Muchos alimentos, nutrientes y fármacos pueden interferir con la absorción de hormona tiroidea. Por ejemplo, si toma hierro (sulfato ferroso) al mismo tiempo que está tomando hormona tiroidea, se ligará con cierta cantidad de la misma y bloqueará su absorción. La fibra y el carbonato de calcio, si se toman de manera concomitante con hormona tiroidea, también pueden interferir con su absorción.

Diversos medicamentos, cuando se toman simultáneamente con hormona tiroidea, pueden disminuir la disponibilidad de la hormona al interferir con su absorción en el tracto gastrointestinal. Por ejemplo, los antiácidos que contienen aluminio (*Maalox*), los fármacos que se emplean para bajar el colesterol (colestiramina, *Questran*, colestid) y el sucralfato (un fármaco para las úlceras que contiene aluminio) causan una menor absorción en el tracto gastrointestinal.

Para evitar este efecto de interferencia, tome la hormona tiroidea al menos tres o cuatro horas antes o después de que haya tomado estos medicamentos. Yo recomiendo que tome su pastilla de hormona tiroidea a la misma hora todos los días, al menos 30 ó 40 minutos antes de desayunar, con el estómago vacío, con dos o tres tazas de agua. Luego, tome sus suplementos nutricionales y demás medicamentos a la hora del almuerzo y de la cena.

Algunos medicamentos aumentan la tasa a la cual el cuerpo elimina la hormona tiroidea. Si está tomando una dosis estable de hormona tiroidea y recientemente le recetaron los fármacos *Dilantin* (fenitoína), *Tegretol* (carbamazepina) o fenobarbital, es posible que tenga que ajustar su dosis. No olvide mencionarle estos medicamentos nuevos al médico que esté tratando su hipotiroidismo para que pueda repetirle los análisis de funcionamiento tiroideo.

En términos generales, las mujeres que padecen un desequilibrio tiroideo pueden tomar anticonceptivos orales con seguridad, incluso mientras están tomando el medicamento tiroideo apropiado. Los anticonceptivos orales que contienen estrógeno y la terapia de reemplazo de estrógeno pueden hacer que se eleve ligeramente el requerimiento de hormona tiroidea, porque los estrógenos causan un aumento en las proteínas que se ligan a la hormona tiroidea en el torrente sanguíneo.[12] Si ha estado recibiendo una dosis estable de hormona tiroidea y ha empezado a tomar un anticonceptivo oral o alguna terapia de reemplazo hormonal, sería una buena idea si le pidiera a su médico que le haga un análisis de TSH tres meses después de que haya empezado a tomar estrógenos. Para entonces, sus niveles en sangre deberán haberse estabilizado de tal modo que el resultado del análisis de TSH sea confiable para fines de ajustes a la dosis. Si ha tomado tamoxifeno, que es un antiestrógeno que se usa para el tratamiento del cáncer de mama, durante más de un año, es posible que requiera una dosis más alta de hormona tiroidea.[13]

¿CON CUÁNTA FRECUENCIA DEBEN REPETIRSE LOS ANÁLISIS?

Algunos doctores recomiendan que una vez que el funcionamiento tiroideo de un paciente ha vuelto a la normalidad con una dosis específica de hormona tiroidea, los análisis de funcionamiento tiroideo deben repetirse una vez al año. Sin embargo, es posible que una persona tenga una afección tiroidea inestable. Los pacientes que padecen la tiroiditis de Hashimoto también pueden padecer de manera concomitante la enfermedad de Graves, la cual puede estar más activa en ciertas épocas que en otras. Si usted sufre de hipotiroidismo a causa de la tiroiditis de Hashimoto y está tomando una dosis estable de hormona tiroidea, la activación de la enfermedad de Graves y la producción de anticuerpos que estimulan a la glándula tiroides puede hacer que requiera de una menor cantidad de hormona tiroidea.[14] En casos raros, incluso puede causar la aparición repentina de hipertiroidismo y requerir la suspensión del tratamiento con hormona tiroidea.[15] Varios de mis pacientes con hipofunción tiroidea sufren de fluctuaciones frecuentes en la actividad de la glándula. Es importante que tenga presente que la actividad residual de una glándula afectada por la tiroiditis de Hashimoto sí cambia y puede fluctuar con el tiempo.[16] Como resultado, los pacientes con hipofunción tiroidea pueden requerir ajustes más frecuentes en su dosis de hormona tiroidea.

Cuando los análisis sólo se repiten una vez al año, es muy probable que se ignoren cambios posiblemente significativos en la actividad tiroidea. Algunos pacientes pueden sufrir los efectos de un exceso o deficiencia de hormona tiroidea sin saberlo. Debido a que es común observar cambios en los niveles tiroideos de los pacientes que están recibiendo una dosis estable de hormona tiroidea, una mejor recomendación es que regularmente se les realicen los análisis de funcionamiento tiroideo cada seis meses y que los resultados de dichos análisis se revisen minuciosamente y que esto se combine con una evaluación cuidadosa de sus síntomas.[17] Por desgracia, los pacientes hipotiroideos en general no se monitorean adecuadamente. Un estudio de investigación reciente demostró que tan sólo el 56 por ciento de los pacientes hipotiroideos tratados con hormona tiroidea fueron monitoreados con la frecuencia mínima recomendada.[18] Si usted es hipotiroideo como resultado de haber recibido tratamiento para la enfermedad de Graves, puede que necesite repetirse los análisis con mayor frecuencia (cada tres a cuatro meses), al menos inicialmente.

Tres años atrás, Wanda fue diagnosticada con hipofunción tiroidea por los médicos que formaban parte de la red establecida por su plan de seguro médico. La hormona tiroidea que estaba tomando hizo que amainaran sus síntomas. Le repitieron los análisis una sola vez y le dijeron que siguiera tomando la misma dosis de medicamento. Unos cuantos meses después, empezó a estar bajo mucho estrés en su casa. Se empezó a quejar de muchos síntomas que su médico de atención primaria nunca le atribuyó a un posible caso de hipotiroidismo. Según Wanda tenía entendido de su médico, con tal que ella tomara su medicamento regularmente, su problema tiroideo estuviera resuelto.

Wanda dijo, "Estaba completamente exhausta. Cuando llegaba a casa, me acostaba y me quedaba dormida a las 6:30 p.m. Estaba muy deprimida. Cuando le dije a mi médico de atención primaria que estaba teniendo mareos, me recetó un fármaco para el mareo causado por movimiento que sólo tomé una vez porque me hizo sentir mal".

Cuando finalmente le volvieron a hacer los análisis a Wanda dos años más tarde, los resultados indicaron un hipotiroidismo bastante severo. El ajuste de su medicamento tiroideo resolvió su cansancio y demás síntomas. Después de aquella experiencia, Wanda decidió cambiar la cobertura de su seguro médico y también decidió cambiar de doctor.

Muchos pacientes creen que tener una tiroides hipofuncionante significa que la glándula ha dejado de funcionar por completo y que lo único que tienen que hacer es tomarse la misma pastilla durante el resto de su vida. Por lo tanto, tratan de conseguir que su médico les vuelva a dar una receta por teléfono para que puedan seguir comprando su medicamento, creyendo que no necesitan volver a hacerse análisis chequeos médicos. Esto es algo que puede llevar a muchas sorpresas poco agradables.

Los métodos de tratamiento de Barnes y Wilson

En los años 50, se reconoció que los síntomas como fatiga, dolores de cabeza, irritabilidad, irregularidades menstruales, dolores y achaques musculares, letargo e inestabilidad emocional en las mujeres podían ser interpretados de diferente manera por diferentes doctores.[19] Con base en estos síntomas, un endocrinólogo podría diagnosticar hipotiroidismo, mientras que un psiquiatra podría diagnosticar depresión o melancolía.

El difunto Broda O. Barnes, en su libro titulado *Hypothyroidism: The Unsuspected Illness*,[20] se mostró a favor del tratamiento con hormona tiroidea para personas que sufrían de diversos síntomas de hipofunción tiroidea como dolores de cabeza, fatiga, infecciones, afecciones de la piel, infertilidad, artritis y problemas de peso. Barnes sugirió que la manera de diagnosticar el hipotiroidismo y de darle seguimiento al tratamiento era tomando la temperatura basal del paciente. Este método se basaba en una investigación que él publicó a principios de los años 40, en la que se demostraba que el hipotiroidismo estaba relacionado con una temperatura basal baja y que muchas personas con una temperatura basal baja y síntomas de hipotiroidismo mejoraban al ser tratadas con hormona tiroidea.[21]

Algunos pacientes tratados conforme al método de Barnes con hormona tiroidea natural en efecto tienen hipotiroidismo y sí responden al tratamiento (vea el Capítulo 14). Por lo tanto, muchos médicos empezaron a administrar hormona tiroidea como tratamiento a pacientes que sufrían de cansancio, depresión u otros síntomas no específicos acompañados de una temperatura basal baja, pero sin hacerles análisis de funcionamiento tiroideo. Ellos creen que una temperatura basal baja siempre es indicativa de hipofunción tiroidea. Sin embargo, una temperatura baja podría meramente ser una señal de que el metabolismo del paciente es más lento de lo normal. También puede presentarse en pacientes que sufren de depresión, síndrome de estrés postraumático, trastornos alimenticios como anorexia nervosa e insuficiencia renal. Si los síntomas mejoran o se resuelven con el tratamiento con hormona tiroidea, en muchos casos podría deberse al efecto antidepresivo del medicamento y no a la corrección del hipotiroidismo. Idealmente, el uso de la temperatura corporal para diagnosticar y vigilar el tratamiento del hipotiroidismo es una práctica que debería abandonarse por completo.

Otros doctores también son partidarios de usar hormona tiroidea para tratar síntomas que se presentan después de una situación muy estresante, atribuyéndolos a un nivel bajo de T3 en el cuerpo. Por ejemplo, el Dr. E. Denis Wilson, en su libro *Wilson's Syndrome: The Miracle of Feeling Well*, describió un síndrome particular como un grupo de síntomas debilitantes provocados especialmente por una situación de estrés físico o emocional importante que pueden persistir incluso después de que hubiera pasado la situación estresante.[22] Wilson atribuyó dicha persistencia a una mala adaptación del metabolismo que causa su desaceleración, caracterizada por una temperatura corporal más baja de lo normal en promedio y análisis tiroideos de sangre que a menudo muestran resultados dentro del rango normal. Curiosamente, muchos de los síntomas que él mencionó —fatiga, depresión, dolores de cabeza, migrañas, síndrome premenstrual, ansiedad, ataques de pánico, irritabilidad, caída del cabello, menor motivación y ambición, aumento de peso inapropiado, problemas de memoria y concentración, insomnio e intolerancia al calor y al frío— son síntomas de depresión. También incluyó el síndrome del intestino irritable, un retraso en la curación después de una cirugía e incluso el asma.

Wilson postuló que este sufrimiento resulta de un déficit en la actividad de la enzima que convierte la T4 en T3, debido al estrés físico o mental. Planteó la hipótesis de que la disminución de T3 en los órganos hace que el metabolismo se vuelva más lento, reflejado en un descenso en la temperatura corporal.

Wilson también postuló que la disminución en la actividad de la enzima responsable de convertir la T4 en T3 y la desaceleración del metabolismo ocurren como resultado del estrés y no vuelven a la normalidad después de que el factor estresante haya desaparecido. Por lo tanto, pese a que los niveles tiroideos en sangre son normales, el hipotiroidismo permanece como efecto residual del síndrome de estrés postraumático. En su libro, Wilson recomienda tratar a los pacientes que presentan estos síntomas con dosis elevadas de T3, vigilando y ajustando la dosis de T3 con base en su temperatura basal, en vez de ajustarla con base en los resultados de los análisis de funcionamiento tiroideo.

Sin embargo, no existe fundamento científico alguno para determinar un hipotiroidismo verdadero en estos pacientes. Incluso aunque algunos de los pacientes a quienes se les hubiera diagnosticado el síndrome de Wilson realmente fueran hipotiroideos, no se les debe tratar con dosis elevadas de hormona tiroidea que pudieran convertirlos en hipertiroideos.

Tratar a pacientes indiscriminadamente con dosis elevadas de T3 sin hacerles análisis tiroideos y ajustar la dosis sólo con base en su temperatura basal corporal son prácticas inaceptables incluso para los especialistas en tiroides que conozcan bien la interacción que se da entre el cerebro y la tiroides.

Kathleen, una enfermera de 37 años de edad, me fue derivada por una amiga suya. Su historial asombroso es un buen ejemplo de cómo la falta de un diagnóstico acertado y el uso inapropiado de hormona tiroidea puede conducir a aún más sufrimiento. Cuando yo atendí a Kathleen por primera vez, ella traía consigo una pila de gráficas de temperatura y una hoja donde se detallaba un protocolo complejo de tratamiento con hormona tiroidea basado en lecturas de temperatura basal que le había dado su médico tres meses antes. El doctor le había diagnosticado el síndrome de Wilson y le había dicho que tomara T3 (*Cytomel*) tres veces al día. Además, ella tenía que ajustar su dosis de *Cytomel* según las lecturas de temperatura que se tomaba tres veces al día. Siempre y cuando su temperatura diaria promedio fuera menor de 97,8 grados Fahrenheit (36,5 grados centígrados), tenía que aumentar su dosis de *Cytomel*. Lo único que usó como guía durante su tratamiento fue un manual para personas con el síndrome de Wilson.

Antes de que empezara a presentar síntomas, Kathleen había estado bajo mucho estrés en su hogar por la enfermedad crónica de su esposo y dificultades financieras serias. Aunque sus síntomas encajaban con la descripción del síndrome de Wilson, todos ellos también eran síntomas de depresión. Cuando empezó a tomar una cantidad demasiado alta de T3, Kathleen se volvió severamente hipertiroidea, lo que la llevó a presentar síntomas severos de ansiedad, comportamiento hipomaníaco y latidos irregulares del corazón.

Yo exhorto a los médicos que tratan a pacientes con hipotiroidismo y depresión a que les den seguimiento con base en análisis tiroideos y que no usen dosis de hormona tiroidea que excedan la cantidad que el organismo y el cerebro necesitan para funcionar adecuadamente.

Corrección de la hiperfunción tiroidea y efectos secundarios

Si le han diagnosticado hiperfunción tiroidea debida a la enfermedad de Graves, es importante que conozca los tratamientos que están disponibles, ya que esto le permitirá colaborar con su doctora para seleccionar la mejor opción para usted.

ALTERNATIVAS DE TRATAMIENTO

Los tres métodos principales que actualmente se usan para tratar la enfermedad de Graves —administración de fármacos antitiroideos, destrucción de una parte significativa de la glándula tiroides con yodo radioactivo y remoción quirúrgica de una parte significativa de la glándula— dan atención a las consecuencias más que a la causa de esta afección.[23] Un tratamiento nuevo potencial para la enfermedad de Graves es un medicamento que podría bloquear los efectos del anticuerpo estimulante de la tiroides (el anticuerpo que causa la hiperfunción tiroidea) en la glándula tiroides.[24]

FÁRMACOS ANTITIROIDEOS

Los doctores pueden recetar fármacos antitiroideos como metimazol o propiltiouracilo (propylthiouracil o *PTU*) durante seis meses a dos años (el período promedio es de un año) para mantener niveles tiroideos normales y quizá lograr la remisión de la enfermedad. (Un paciente ha entrado en remisión si después de varios meses de tratamiento deja de requerir medicamento para mantener niveles normales de hormona tiroidea y TSH). Los medicamentos antitiroideos son captados por la glándula tiroides, donde inhiben la producción de hormona tiroidea. También tienen un efecto en el sistema inmunitario, disminuyendo el ataque autoinmunitario en contra de la tiroides. En general, del 30 al 50 por ciento de los pacientes entran en remisión cuando toman uno de estos medicamentos durante al menos seis meses a un año.[25] (Aunque una persona entre en remisión, siempre estará en riesgo de sufrir una recaída. Según un estudio de investigación, la enfermedad de Graves tiende a recurrir con mayor frecuencia en la primavera y el verano).[26] Las mujeres en edad fértil que sufren de hipertiroidismo leve y un bocio pequeño responden bien a esta forma de tratamiento.

El metimazol dura más tiempo en el cuerpo y puede tomarlo en una sola dosis diaria si requiere 30 miligramos o menos, mientras que el PTU debe tomarse de tres a cuatro veces al día. Con cualquiera de ambos medicamentos, los médicos con experiencia a menudo pueden mantener el funcionamiento tiroideo en el rango normal durante el tiempo que se continúe con el tratamiento.

Pueden presentarse diversos efectos secundarios menores comunes durante el tratamiento, pero estos frecuentemente se resuelven espontáneamente o después de que el paciente se cambia a otro medicamento. En algunos casos, la persistencia de tales síntomas puede requerir la suspensión del medicamento. Entre estos efectos secundarios encontramos:

- Comezón
- Sarpullido en la piel
- Urticaria (ronchas)
- Dolor en las articulaciones
- Fiebre
- Malestar estomacal
- Sabor a metal en la boca

Uno de los efectos adversos de los medicamentos antitiroideos que a menudo preocupa a los pacientes es la agranulocitosis, que es una reacción en la médula ósea que hace que repentinamente deje de fabricar glóbulos blancos. Esta complicación atemorizante, que ocurre con mayor frecuencia durante los tres primeros meses de tratamiento, no debe angustiarlo demasiado, dado que es bastante rara. Un estudio de investigación demostró que esta complicación ocurre en aproximadamente tres a cuatro de cada mil personas tratadas con este medicamento cada año.[27] Aunque los médicos usualmente no vigilan el conteo de glóbulos blancos, es más seguro que le hagan una biometría hemática cada vez que le hagan análisis tiroideos mientras esté recibiendo tratamiento. Si le da dolor de garganta, le sale una úlcera en la boca o le da una infección, es importante que se lo haga saber a su médico y que le mande a hacer un conteo de glóbulos blancos. Si su conteo de glóbulos blancos se reduce significativamente, será necesario que suspenda el medicamento de inmediato. Un conteo bajo de glóbulos blancos también puede ser el resultado de una infección en la sangre. Su doctor a menudo le recomendará que lo aíslen en un cuarto de hospital y que le administren antibióticos y medicamentos que eleven su conteo de glóbulos blancos a un nivel apropiado.

El daño hepático, que es otra complicación poco común de los medicamentos antitiroideos, es un efecto secundario serio y a menudo también se presenta durante los primeros meses de tratamiento. Por esta razón, su doctor generalmente le hará análisis de funcionamiento hepático con regularidad. Si los resultados de dichos análisis se vuelven anormales, deberá suspender el medicamento de inmediato.

Otros efectos secundarios serios, aunque raros, que pueden presentarse al tomar fármacos antitiroideos incluyen los siguientes:

- Supresión de la producción de glóbulos rojos en la médula ósea (anemia aplásica)
- Conteo bajo de plaquetas
- Inflamación de los vasos sanguíneos (vasculitis), que causa síntomas similares a los del lupus; puede conducir a enfermedades renales, artritis y complicaciones pulmonares que ponen en peligro la vida

Si usted ha tolerado bien el medicamento, tendrá que seguirlo tomando durante al menos 8 a 12 meses para que tenga la oportunidad de producir la remisión que usted desea. Durante el tratamiento, es necesario que le repitan los análisis (no sólo de TSH sino también de T4 libre y T3 libre) cada dos meses y que le ajusten la dosis. Típicamente, la dosis se va disminuyendo gradualmente a medida que se va reduciendo su requerimiento del medicamento y conforme la actividad de la enfermedad se va a haciendo más lenta. Al final del período de tratamiento, la mayoría de los doctores tienden a suspender el medicamento abruptamente para ver si el paciente se mantiene en un nivel normal sin el mismo. Cuando yo administro metimazol, generalmente disminuyo la dosis primero por 5 miligramos al día hasta que el paciente haya llegado a una dosis de 5 miligramos al día; si sus niveles tiroideos permanecen normales con esta dosis baja durante unos cuantos meses, disminuyo la dosis a 5 miligramos cada tercer día y luego a 5 miligramos dos veces por semana antes de suspender el medicamento. Sólo si el nivel de TSH permanece normal mientras el paciente está tomando 5 miligramos dos veces por semana durante al menos dos meses, entonces se deberá suspender el medicamento. Estudios de investigación recientes demostraron que pacientes que padecían la enfermedad de Graves tratados durante seis meses con un protocolo similar al que yo uso y análisis de sangre que se mantuvieron a un nivel normal, el 81 por ciento de ellos entraron en remisión.[28] Si el nivel de TSH no es normal, el paciente puede volverse hipertiroideo de nuevo y el círculo vicioso se reanudará. Si el nivel de TSH se vuelve bajo aunque los niveles de hormona tiroidea sean normales, significa que la glándula todavía necesita medicamento. En este caso, se tendrá que aumentar la dosis de medicamento para alcanzar niveles normales otra vez. A estas alturas, quizá el paciente quiera proceder con un tratamiento alternativo o continuar con el mismo medicamento durante otro período de seis meses antes de tratar de suspenderlo nuevamente.

Mientras esté recibiendo tratamiento para el hipertiroidismo, le exhorto a que tome cantidades adecuadas de antioxidantes. Los antioxidantes disminuirán los síntomas y otros efectos del hipertiroidismo en su cuerpo. Los antioxidantes como la melatonina, la quercetina y la N-acetil cisteína previenen los daños al ADN que puede producir el exceso de hormona tiroidea. Por este motivo, es necesario que preste atención a su consumo de antioxidantes sin importar cuál sea el tratamiento que esté recibiendo para corregir su hiperfunción tiroidea.

DESTRUCCIÓN DE UNA PARTE SIGNIFICATIVA DE LA TIROIDES CON YODO RADIOACTIVO

Otro método de tratamiento consiste en destruir una parte significativa de la glándula tiroides con yodo radioactivo (radioyodo). Este método es simple. Se le da una pequeña cantidad de yodo radioactivo a beber. La cantidad puede ser fija (10–20 miliCuries), o bien, puede estar basada en el tamaño de la glándula tiroides y su nivel de actividad después de que le hayan realizado el análisis de recaptación de yodo radioactivo (vea el Capítulo 14). Este método es la forma preferida de tratamiento para los nódulos tóxicos y el bocio tóxico multinodular. Los doctores también han encontrado que este método es eficaz para tratar el bocio no tóxico que haya causado presión en el cuello, incluida la dificultad para tragar.[29] Para pacientes que padecen la enfermedad de Graves, este método debe ser elegido si presentan una baja probabilidad de entrar en remisión con medicamentos o si han presentado efectos secundarios por los medicamentos. Los doctores frecuentemente recomiendan este método para los hombres y las personas de más de 45 años de edad.

Asimismo, su médico a menudo le recetará yodo radioactivo para tratar la enfermedad de Graves si al cabo de uno o dos años de tratarlo con medicamentos, su glándula tiroides sigue siendo hiperfuncionante. En general, este método se emplea si, después de haber entrado en remisión con medicamentos, la tiroides se vuelve hiperfuncionante de nuevo algunos meses o años después de que se ha completado el tratamiento con medicamentos.

Incluso cuando desde el inicio se elige el yodo radioactivo como método de tratamiento, algunos doctores recetan un medicamento antitiroideo durante dos meses antes del tratamiento con radioyodo para que los niveles tiroideos del paciente primero disminuyan al rango normal. A menudo yo elijo este último método para que el paciente mejore, tanto emocional como físicamente, y tenga más tiempo de informarse acerca de su afección y sus alternativas de tratamiento. El uso de medicamentos al inicio del tratamiento también ayudará a determinar si la glándula responde o no al medicamento. A menudo evitará que el paciente pase rápidamente del hipertiroidismo al hipotiroidismo severo. Luego, se le pedirá al paciente que suspenda el medicamento antitiroideo de dos a cinco días antes del tratamiento con yodo radioactivo y que vuelva a iniciar el medicamento a una dosis más baja de tres a cinco días después del tratamiento. Si el medicamento que le han estado administrando es el PTU, deberá asegurarse que su médico se lo cambie por metimazol de tres a cuatro semanas antes del tratamiento con radioyodo. Las investigaciones recientes han concluido que el tratamiento con PTU hace que la glándula se vuelva más resistente al tratamiento con radioyodo.[30] Los estudios de investigación han demostrado que el tratamiento con metimazol antes del tratamiento con yodo radioactivo no afecta la eficacia de este último.[31]

El propósito del tratamiento con radioyodo es destruir suficiente de la glándula tiroides como para que la parte restante no produzca un exceso de hormona tiroidea. La destrucción empieza al cabo de unos días de haber concluido el tratamiento y puede continuar a lo largo de un período de varios años. A muchos pacientes les hacen creer que el yodo radiactivo destruye rápidamente toda la glándula, aunque la mayoría de las veces sólo destruye una parte de la misma. De hecho, la cantidad de la glándula tiroides que queda destruida con el tratamiento varía de una persona a otra porque las glándulas tienen diferentes niveles de sensibilidad a los efectos dañinos del radioyodo. Las personas rara vez se vuelven hipertiroideas de nuevo muchos años después del tratamiento con yodo radioactivo. Un estudio de investigación demostró que el 55,8 por ciento de los pacientes tratados con yodo radioactivo se volvieron hipotiroideos un año después del tratamiento. Pero diez años después del tratamiento, el 86,1 por ciento de los mismos se habían vuelto hipotiroideos.[32]

Muchos doctores en los Estados Unidos prefieren este método porque, en general, es seguro y eficaz. En muchos países europeos y en Japón, los médicos prefieren probar primero con medicamentos. Un tratamiento con radioyodo puede no ser suficiente. Casi el 30 por ciento de los pacientes tratados con yodo radioactivo necesitan que se les repita el tratamiento una o más veces. Es importante seleccionar una dosis de yodo radioactivo que cure el exceso de hormona tiroidea sin tener que administrar una dosis adicional. Los pacientes jóvenes con glándulas tiroides muy grandes, los pacientes que tienen niveles elevados de hormona tiroidea y los pacientes que reciben un tratamiento previo con medicamentos antitiroideos durante más de cuatro meses presentan una menor probabilidad de responder a una dosis baja de yodo radioactivo.[33] En estos casos, las dosis más elevadas de yodo radiactivo serán más eficaces.

Este método no debe emplearse durante el embarazo. Si usted es una mujer de edad fértil, su doctor típicamente mandará hacerle una prueba de embarazo antes de administrarle el tratamiento. Dicho tratamiento también deberá ser evitado en personas con enfermedades oculares moderadas a severas hasta que la afección se haya estabilizado, dado que puede causar o empeorar este tipo de enfermedades en un 15 por ciento de los pacientes. Por este motivo, algunos doctores recetan prednisona (un corticosteroide que retarda la inflamación de los ojos) durante varias semanas después del tratamiento con yodo radioactivo, dado que así se puede disminuir la ocurrencia de enfermedades oculares.

Cuando se les habla acerca de la opción de tratarse con yodo radiactivo, muchas personas temen que este tratamiento les vaya a causar efectos adversos a largo plazo. Sin embargo, el tratamiento con yodo radioactivo se ha empleado durante más de 50 años y hasta ahora no se han encontrado pruebas científicas que indiquen que el tratamiento cause cáncer de la tiroides o leucemia. Sin embargo, se sigue debatiendo el mayor riesgo de contraer cáncer del estómago, hipofaringe y esófago. Por ejemplo, en un estudio de investigación se concluyó que la incidencia de cáncer del estómago puede aumentar años después del tratamiento, particularmente en personas más jóvenes.[34] Debido a que estas inquietudes no se han aclarado del todo, quizá sea más seguro tratar a niños y adolescentes con medicamentos primero y considerar el tratamiento con radioyodo en personas jóvenes sólo como último recurso. Investigaciones recientes han demostrado que la mayoría de los pacientes actualmente están siendo tratados con yodo radiactivo mucho más activo del que realmente necesitan para que se destruya su glándula.[35] Esta dosis mayor de la necesaria causa una exposición innecesaria a la radiación para el paciente, su familia y el público en general. Una elevada actividad de yodo radioactivo también hace necesario que los familiares del paciente se protejan de la radiación durante más tiempo cuando el paciente regresa a casa.

Los bebés cuyas madres han sido previamente tratadas con yodo radioactivo no presentan un riesgo significativamente mayor de nacer con defectos genéticos. No obstante, si usted ha sido tratada con radioyodo, deber evitar quedar embarazada durante seis meses después del tratamiento. Además, no se sabe si el yodo radioactivo recibido durante los años fértiles tendrá efectos genéticos o carcinogénicos en generaciones futuras.

REMOCIÓN QUIRÚRGICA DE UNA PARTE SIGNIFICATIVA DE LA TIROIDES

La remoción quirúrgica de una parte significativa de la glándula tiroides (tiroidectomía subtotal) no es un método que se emplee frecuentemente en los Estados Unidos salvo bajo ciertas circunstancias especiales. Por ejemplo, para los pacientes que eligen no ser tratados con radioyodo y que han presentado reacciones adversas a los medicamentos o que tienen una glándula tiroides muy crecida y que les preocupa contraer alguna enfermedad ocular, la remoción quirúrgica de una parte de la glándula puede ser una opción. La remoción completa de la glándula puede aliviar algunos de los síntomas que presentan las personas que padecen la enfermedad ocular tiroidea. Otra ventaja de la cirugía es que se pueden controlar rápidamente los síntomas. Sin embargo, el paciente se debe tratar con medicamentos (yodo y un betabloqueador) antes de la operación para evitar complicaciones como la tormenta tiroidea que podría desarrollarse como resultado de cirugía.[36]

Yo tiendo a recomendar la cirugía para niños y adolescentes que no han respondido al medicamento o que no hayan podido tolerarlo. La cirugía a menudo cura la afección y previene las fluctuaciones en los niveles tiroideos y sus efectos perjudiciales en el estado de ánimo y el comportamiento. Una mujer embarazada que esté siendo tratada con medicamento y que presente efectos secundarios importantes puede ser tratada con cirugía durante el embarazo.

Si decide someterse a una operación, elija a un cirujano que demuestre tener experiencia continua y comprobada en las cirugías de tiroides. Esto es un factor crucial porque la remoción quirúrgica de la tiroides puede dar como resultado un deterioro de la voz y problemas de niveles demasiado bajos de calcio debidos a daños ocasionados a las glándulas paratiroides (que son las cuatro glándulas pequeñas que están justo detrás de la tiroides y que controlan el metabolismo del calcio). Para asegurar el mejor resultado posible, elija a un cirujano que haya realizado al menos 10 a 15 cirugías de tiroides durante los últimos dos a tres años. Hágale preguntas acerca de su historial. El procedimiento que se realiza en pacientes con la enfermedad de Graves es una tiroidectomía subtotal, aunque algunos cirujanos pueden recomendar una tiroidectomía total a personas con enfermedades oculares para ayudar también a resolver este tipo de problemas. Sin embargo, es más probable que una tiroidectomía total cause complicaciones como niveles bajos de calcio y daños neuronales. También es importante que sepa que en casi el 30 por ciento de las personas a quienes les realizan una tiroidectomía subtotal, la glándula tiroides se volverá hiperfuncionante nuevamente en el futuro. Si esto ocurre, el tratamiento con radioyodo será la mejor opción. Si está planeando quedar embarazada pronto, la cirugía bien podría ser su mejor alternativa.

La remoción quirúrgica de la glándula tiroides también se puede realizar con un endoscopio a través de una pequeña incisión en la areola del seno. Esta técnica también se puede usar en pacientes con tumores tiroideos benignos o bocio nodular e incluso en pacientes con cáncer de tiroides. La tiroidectomía endoscópica es más segura que la cirugía convencional y causa menos complicaciones en el nervio recurrente o en las glándulas paratiroides.[37]

Un nuevo tratamiento que ha demostrado ser eficaz para curar el hipertiroidismo es la embolización arterial tiroidea, que es un método que consiste en bloquear el suministro de sangre a la glándula tiroides. Antes de este tratamiento, es necesario que se realice una arteriografía selectiva para visualizar los vasos sanguíneos que le suministran sangre a la glándula y este estudio conlleva ciertos riesgos. Sin embargo, los estudios de investigación han demostrado que este tratamiento generalmente no produce complicaciones serias. Si los niveles tiroideos permanecen elevados después de la embolización, es posible que el paciente termine requiriendo tratamiento adicional con medicamentos antitiroideos; sin embargo, un estudio de investigación demostró que casi dos terceras partes de los pacientes tratados con una embolización interventiva recuperaron un funcionamiento tiroideo normal después del tratamiento.[38]

A algunos pacientes que padecen la enfermedad de Graves les atemoriza los efectos secundarios potenciales del tratamiento. Por lo tanto, se niegan a someterse a los tratamientos convencionales que actualmente están disponibles y buscan en vez un método holístico o naturopático. Sin embargo, no existe ningún tratamiento no convencional que haya demostrado ser consistentemente eficaz.

GUÍA PARA TOMAR LA DECISIÓN CORRECTA

Si recientemente le han diagnosticado hiperfunción tiroidea debida a la enfermedad de Graves, es importante que hable con su médico acerca de las tres alternativas de tratamiento y que le aconseje cuál método elegir. A algunos pacientes les cuesta menos trabajo tomar la responsabilidad de contribuir a esta decisión. Si usted padece alguna enfermedad ocular importante, no deberá apresurarse a elegir el tratamiento con yodo radioactivo porque este tratamiento podría empeorar sus problemas oculares.

Si padece la enfermedad de Graves, su glándula tiroides podría tener un nódulo que podría ser canceroso. Por este motivo, antes de decidir cuál es el tratamiento más adecuado para su hiperfunción tiroidea, es necesario que le realicen un ultrasonido de su glándula tiroides. Mediante este estudio, el médico podrá determinar si su glándula contiene un nódulo tiroideo o no. En un estudio de investigación se encontró que el 35,1 por ciento de 245 pacientes con la enfermedad de Graves a quienes se les realizó un ultrasonido de la tiroides presentaron un nódulo tiroideo coexistente. El hallazgo más sorprendente de esta investigación es que el 3,3 por ciento de los pacientes estudiados también tuvieron cáncer de la tiroides, que en más de la mitad de los mismos ya se había esparcido a los ganglios linfáticos u otras áreas del cuerpo.[39] Además, los estudios de investigación han demostrado que el cáncer de la tiroides no sólo puede ser más común en pacientes que padecen la enfermedad de Graves sino también más agresivo que en pacientes con una glándula tiroidea normal.[40] Por esta razón, es importante que el cáncer de tiroides se detecte lo antes posible y se trate agresivamente en pacientes que padecen la enfermedad de Graves. Si el ultrasonido en efecto revela una bolita, se deberá realizar una biopsia por aspiración con aguja fina (vea el Capítulo 21) antes que reciba el tratamiento con yodo radioactivo, dado que este último afectará los resultados de cualquier biopsia que se realice después del mismo. Si hay presencia de cáncer, entonces el tratamiento de elección tanto para la hiperfunción tiroidea como para el tumor debe ser la cirugía.

Algunos endocrinólogos recomiendan el mismo tratamiento a todos los pacientes que tienen hiperfunción tiroidea debida a la enfermedad de Graves. Esto explica por qué un mismo paciente atendido por dos o tres endocrinólogos puede recibir opiniones distintas con respecto a su tratamiento. El método que se elija deberá depender de diversos factores, entre ellos su edad, si es una mujer de edad fértil, si la hiperfunción tiroidea es severa y cuánto tiempo ha padecido hipertiroidismo antes de que se lo diagnosticaran. El tamaño de la glándula tiroides y la presencia de enfermedades oculares importantes también son, como ya expliqué, otros factores que deben tomarse en cuenta al tomar la decisión.

Claire, al igual que muchos pacientes que padecen la enfermedad de Graves sin saberlo, quedó muy confundida cuando fue a su primera consulta con un endocrinólogo. Ella comentó:

"Fui a consultar a un doctor, pero no me fue bien en la primera consulta. Entró al consultorio con un mísero informe de laboratorio y me dijo, 'Bueno, usted padece la enfermedad de Graves. Necesitamos que empiece a tomar estas pastillas y las va a tener que tomar diariamente'. Luego dijo, 'Pero eso no le va a servir de nada, entonces mejor lo olvidamos y le administraremos yodo radioactivo. Déjeme hacer los arreglos necesarios para programar su tratamiento y así terminaremos en dos semanas'. Eso no me agradó. Yo seguía sin saber nada de nada. Regresé con el médico de mi esposo y le pedí que me derivara otro doctor".

Claire tenía hipertiroidismo leve y un pequeño bocio. Otro endocrinólogo la trató con metimazol durante un año y logró que entrara en remisión. Ya han pasado casi dos años desde que dejó de tomar el medicamento y su funcionamiento tiroideo ha seguido siendo normal. Si ella hubiera accedido al tratamiento con yodo radioactivo, inmediatamente se hubiera vuelto hipotiroidea. Para evitar recibir el tratamiento equivocado, pídale a su endocrinólogo que le detalle las razones específicas por las cuales le está recomendado una opción en lugar de otra.

Adriana, una contadora de 33 años de edad, sufrió innecesariamente durante más de un año porque no recibió el tratamiento correcto. Para cuando la atendió un endocrinólogo, ya tenía un bocio grande y había sido severamente hipertiroidea durante alrededor de dos años. Así fue cómo describió su primer encuentro con su médico: "Hablamos de los tipos de tratamientos que estaban disponibles. Yo le entendí que tenía que empezar con medicamentos para controlar el hipertiroidismo y que si eso no funcionaba en un período de unos cuantos años, entonces tendría que tratarme con yodo radioactivo para destruir la glándula, y si eso tampoco funcionaba, entonces podríamos recurrir a la cirugía". Ella salió del consultorio del endocrinólogo con una receta para comprar propiltiouracilo (*propylthiouracil* o PTU).

Adriana tomó el medicamento antitiroideo durante año y medio pero no logró entrar en remisión. Muchos pacientes como Adriana que tienen un bocio grande y un hipertiroidismo severo desde el inicio no logran entrar en una remisión permanente con medicamentos y deben ser considerados desde el inicio como candidatos para un tratamiento más radical, como yodo radioactivo. Adriana estuvo tomando cinco a seis pastillas de PTU, de tres a cuatro veces al día y sus niveles tiroideos rara vez llegaron a ser normales, por lo que le pudieron haber ofrecido el tratamiento con radioyodo mucho antes.

"Mi dosis subía y bajaba todo el tiempo —dijo—. Me la ajustaban con tanta frecuencia que sentía que estaba montada en una montaña rusa. Sentía que el médico no me entendía ni comprendía lo verdaderamente enferma que estaba. Sí hubo un poco de mejoría, pero muchos de mis síntomas persistieron. Era como si estuviera tratando de apagar un incendio forestal con un extintor".

Si elige los medicamentos para tratar su afección, es importante que se comprometa a tomarlos diariamente según las indicaciones de su médico. De otro modo, sólo estará prolongando su sufrimiento y tendrá una mayor probabilidad de presentar efectos persistentes más adelante. La agorafobia, en particular, puede hacer que una persona no esté dispuesta a tomar medicamentos.[41] La agorafobia es un tipo de trastorno de ansiedad que puede ser provocado por el hipertiroidismo, en el que la persona afectada se asusta fácilmente y se vuelve renuente a salir de casa y estar frente a personas nuevas. Si usted se ha vuelto agorafóbico o está presentando otros síntomas de algún trastorno de ansiedad, es probable que le vaya mejor con el tratamiento con yodo radioactivo.

Muchos pacientes que padecen hiperfunción tiroidea mejoran con bastante rapidez cuando, desde el inicio, se les receta un betabloqueador como el propranolol (*Inderal*). Yo a menudo receto propranolol a una dosis de 40 a 60 miligramos, cuatro veces al día, durante las tres primeras semanas y luego le pido al paciente que disminuya la dosis a la mitad durante otra semana o dos mientras el tratamiento antitiroideo esté bajando sus niveles de hormona tiroidea. Si usted está recibiendo tratamiento con un régimen prolongado de medicamento antitiroideo, puede que le vaya mucho mejor si también toma algún tranquilizante como el alprazolam (*Xanax*). En el Capítulo 2, expliqué cómo el estrés generado por un desequilibrio tiroideo se puede volver autoperpetuante y cómo el estrés puede afectar la actividad de la enfermedad de Graves. Disminuir el estrés y la ansiedad mediante el uso de técnicas de relajación de cuerpo y mente sin duda es eficaz. Pero puede que también necesite tomar algún medicamento para aliviar sus síntomas de ansiedad. Esto aumentará su probabilidad de lograr entrar en remisión.

Es importante que sepa que cualquiera que sea el método que elija, usted podría quedar decepcionado. Por ejemplo, podría tomar medicamentos durante más de un año y descubrir que no está respondiendo a los mismos, por lo que tendría que probar otro método, o bien, podría someterse a un tratamiento con yodo radioactivo y descubrir seis meses o un año más tarde que necesita repetir el tratamiento. Debe estar preparado para estas decepciones. Algunas veces, el tratamiento elegido inicialmente simplemente no funciona y entonces deberá considerar otras alternativas.

COLABORE CON SU DOCTOR PARA EVITAR LAS FLUCTUACIONES PRONUNCIADAS
Las fluctuaciones en los niveles tiroideos son de esperarse, independientemente de que lo estén tratando con medicamentos o que haya recibido tratamiento con yodo radioactivo. Sin embargo, es necesario que colabore con su médico para minimizar la ocurrencia de fluctuaciones pronunciadas y abruptas. Dichas fluctuaciones pueden causarle un sufrimiento emocional y físico importante, como ansiedad, variaciones en su nivel de energía, enojo y cambios repentinos de humor. La inestabilidad emocional puede alterar la química de su cerebro y hacer que se vuelva más vulnerable a la angustia mental incluso después de que su tiroides ya haya sido regulada. Si estas fluctuaciones en su funcionamiento tiroideo ocurren mientras está siendo tratado con medicamentos debido a que la dosis no ha sido bien ajustada, típicamente se sentirá frustrado y desesperanzado y sus síntomas persistirán. Su esperanza inicial de ponerle fin a su sufrimiento se disipará y será reemplazado por un sentimiento de enojo con su médico y una sensación de que está condenado a sufrir.

Para evitar fluctuaciones importantes en sus niveles tiroideos, asegúrese que le repitan los análisis seis semanas después de haber empezado a tomar el medicamento. Luego, tendrá que repetirse los análisis cada dos meses. Cada

vez que los niveles resultan ser normales durante el transcurso del tratamiento, yo típicamente disminuyo la dosis para evitar que la persona se
vuelva hipotiroidea. Esta es la mejor manera de evitar fluctuaciones pronunciadas en los niveles tiroideos.

Algunos de los primeros estudios de investigación demostraron que la
combinación de una dosis constante de metimazol para bloquear la glándula
tiroides y tiroxina para reemplazar el déficit causado por el metimazol (lo que
se conoce como un régimen de bloqueo-reemplazo) aumentaba la tasa de
remisión. El paciente recibe una dosis elevada de metimazol (de 30 a 40
miligramos al día) junto con tiroxina. La dosis de tiroxina será ajustada para
que los resultados de los análisis tiroideos se mantengan dentro del rango
normal. Sin embargo, los estudios de investigación más recientes no han confirmado que el régimen de bloqueo-reemplazo conduzca a una tasa más alta
de remisión. Aunque este régimen sí permite que el nivel de hormona
tiroidea se mantenga estable durante el transcurso del tratamiento,[42] es probable que cause más efectos secundarios por la dosis elevada de medicamento antitiroideo que estará recibiendo el paciente.

Las personas tratadas con yodo radioactivo también pueden presentar
fluctuaciones pronunciadas que pueden minimizarse o prevenirse. Aunque
muchos pacientes suponen que se beben el cóctel de radioyodo, su glándula se destruye y ese es el fin de la historia, lo cierto es que no es así. El
yodo radiactivo produce un efecto inicial "explosivo" en la glándula, el cual
dura unos cuantos meses, y luego produce un efecto destructivo continuo,
que empieza en el momento en que se realiza el tratamiento y que puede
continuar durante años, a menudo muchos. Pero lo que complica el asunto
aún más es que la sensibilidad y vulnerabilidad al yodo radioactivo difiere
de una persona a otra. Esto explica por qué después del tratamiento con
yodo radioactivo, los niveles de hormona tiroidea pueden seguir elevados a
lo largo de varios meses, o bien, pueden descender a un nivel muy bajo al
cabo de unas cuantas semanas. Aunque el paciente se vuelva hipotiroideo
poco después del tratamiento, la glándula puede recuperarse y puede volverse hipertiroideo nuevamente, o bien, seguir siendo hipotiroideo. Los estudios de investigación han demostrado que casi del 15 al 20 por ciento de
las personas tratadas con yodo radioactivo presentan un hipotiroidismo
temporal dentro de los primeros seis meses, el cual puede durar varias
semanas.[43] Bajo estas condiciones, si su médico inicialmente le indica una
dosis elevada de hormona tiroidea porque considera que se ha vuelto permanentemente hipotiroideo, usted fácilmente podrá volverse hipertiroideo
en unas cuantas semanas cuando su glándula haya recuperado parte de su
funcionamiento.

Esta inestabilidad en los niveles tiroideos que se observa durante unos cuantos meses después del tratamiento puede cobrar un precio en su salud física y emocional. Yo incluso he visto a unos cuantos pacientes presentar casos claros de fibromialgia después de las fluctuaciones brutales en sus niveles tiroideos que resultan de su tratamiento.

Mientras su glándula tiroides está siendo destruida por el radioyodo, necesita recibir tratamiento durante el tiempo necesario para mantener niveles normales o casi normales de hormona tiroidea. El hipertiroidismo podría empeorar durante unos cuantos días después del tratamiento como resultado de haber suspendido el medicamento antitiroideo. Una mujer que recibió tratamiento con yodo radioactivo dijo, "No me explicaron que mi hipertiroidismo sería más severo antes de que me volvería hipotiroidea. Me desperté a media noche con una ansiedad terrible. Si el doctor tan sólo me hubiera explicado lo que me pasaría después del tratamiento con yodo radioactivo, quizá hubiera sentido menos ansiedad y me hubiera sentido más en control de mis emociones. Hubiera sabido por qué me estaba pasando eso".

Evite tomar dosis elevadas de medicamentos antitiroideos después del tratamiento con radioyodo. En pequeñas cantidades, pueden ayudar a bajar los niveles tiroideos mientras el radioyodo esté funcionando, pero en cantidades elevadas pueden sumarse al efecto del radioyodo y hacer que caiga rápidamente en un estado severamente hipotiroideo. Después de que reciba el tratamiento con yodo radioactivo, necesitará repetir los análisis cuatro semanas más tarde para que su doctor pueda ajustar su dosis de medicamento.

Tratamiento de los desequilibrios tiroideos durante el embarazo

Cuando una mujer está embarazada, las demandas con las que tiene que cumplir la glándula tiroides aumentan significativamente. En áreas donde existe una deficiencia moderada de yodo, a menudo se agranda la glándula tiroides de las mujeres embarazadas. Esto se ha sabido desde la antigüedad, como lo muestran los antiguos jeroglíficos egipcios. La glándula de la madre tiene que sintetizar una cantidad adicional de hormona tiroidea para ella misma y quizá para el feto en desarrollo. En las regiones donde existe una deficiencia de yodo, aumenta la frecuencia de bocio durante el embarazo debido a que la glándula trata de compensar la deficiencia del yodo suministrado. Pero incluso cuando el suministro de yodo es adecuado, puede aumentar el tamaño de la glándula tiroides durante el embarazo.

La hipofunción tiroidea es bastante común en mujeres de edad fértil. Se calcula que del 2 al 3 por ciento de las mujeres embarazadas son hipotiroideas cuando se les hace un análisis durante el primer trimestre.[44] Sin embargo, aunque sus análisis de funcionamiento tiroideo sean normales durante el primer trimestre de embarazo, usted podría volverse hipotiroidea en algún momento durante el resto del embarazo. Si usted está embarazada y tiene un nivel elevado de anticuerpos antitiroideos en las etapas tempranas del embarazo, como reflejo de que padece la tiroiditis de Hashimoto, tendrá una mayor probabilidad de volverse levemente hipotiroidea durante el segundo o tercer trimestres. También tendrá una mayor probabilidad de padecer hipotiroidismo al momento del parto. La glándula tiroides simplemente no puede satisfacer la mayor demanda de hormona tiroidea durante el embarazo. Le exhorto a que se haga los análisis de anticuerpos antitiroideos y de TSH en las etapas tempranas de su embarazo para que pueda determinar si corre riesgo de volverse hipotiroidea más adelante, ya sea antes o después del parto. De esta forma, su médico podrá vigilarla y tratarla oportunamente. Las mujeres embarazadas que toman la hormona tiroidea para corregir el hipotiroidismo a menudo presentan un aumento significativo en su requerimiento de la hormona tiroidea y los investigadores calculan que el 80 por ciento de estas mujeres requieren un aumento en la dosis. Esto refleja tanto la mayor necesidad de la hormona tiroidea como los mayores niveles de proteínas que transportan esta hormona en el torrente sanguíneo. Sin un equilibrio tiroideo adecuado, una mujer hipotiroidea embarazada tendrá una mayor probabilidad de tener un aborto espontáneo o de dar a luz a un bebé con malformaciones congénitas.[45] Otra posibilidad es que se vea afectado el desarrollo mental del feto, lo que afectará adversamente el crecimiento intelectual del bebé durante etapas posteriores de su desarrollo.

Cuando una mujer embarazada está tomando hormona tiroidea para corregir la hipofunción tiroidea, no puede confiar en sus síntomas como única señal para saber si su tiroides está bien regulada. Por este motivo, es necesario que se le realicen análisis tiroideos periódicos (cada dos meses) para asegurar que sus niveles tiroideos sean adecuados a lo largo de su embarazo. Hallar que los niveles están alterados mientras está embarazada no significa que no puedan ser rápidamente regulados.

Si usted está embarazada y tiene hiperfunción tiroidea causada por la enfermedad de Graves, deberá ser tratada con medicamentos antitiroideos. Si estaba tomando metimazol antes de quedar embarazada, es posible que su doctor le recete propiltiouracilo (*propylthiouracil* o PTU) en vez porque el metimazol puede causar una anormalidad congénita rara en el cuero cabelludo del feto que se conoce como aplasia cutis.[46] Aún se tienen serias dudas si esta complicación en efecto ocurre a causa de la administración de metimazol, pero muchos doctores consideran que es más seguro usar PTU durante el embarazo. A medida que va avanzando el embarazo, la actividad de la enfermedad de Graves se va haciendo más lenta y la dosis de medicamento antitiroideo se debe ir disminuyendo gradualmente de modo que los niveles de hormona tiroidea permanezcan en el extremo superior del rango normal a lo largo del embarazo. El PTU sí atraviesa la barrera placentaria y puede causar hipotiroidismo en el feto si la dosis es demasiado alta. Es sumamente importante que la mujer embarazada esté bajo supervisión médica constante. Si usted está embarazada y padece hiperfunción tiroidea, yo le recomiendo que se realice los análisis cada mes hasta que dé a luz de modo que sus niveles tiroideos se mantengan en el extremo superior del rango normal con la dosis más baja posible de medicamento. Hacia el final del embarazo, es posible que ya no necesite tomar más medicamento porque el ataque inmunitario en contra de su tiroides habrá disminuido significativamente. Sin embargo, se ha calculado que aproximadamente el 70 por ciento de las pacientes que padecen la enfermedad de Graves y que están en remisión durante el embarazo tienen una recurrencia durante el primer año después de haber dado a luz.[47] Para minimizar la probabilidad de que recurra el hipertiroidismo en el período posparto, es posible que su doctor le aconseje que continúe tomando el medicamento a una dosis baja a lo largo del embarazo.

Si una mujer presenta una recurrencia de hipertiroidismo después del parto, a menudo tendrá que reanudar el tratamiento con medicamento o aumentar la dosis del mismo para evitar que sus niveles de hormona tiroidea se eleven demasiado.

Los medicamentos antitiroideos se excretan en la leche, aunque el PTU aparentemente está presente en la misma en una cantidad menor que el metimazol. No obstante, los estudios de investigación han demostrado que el metimazol a dosis de 20 miligramos o menos al día es seguro para el recién nacido.

Puntos importantes a recordar

- Elija un doctor que tenga un amplio conocimiento del tratamiento de trastornos tiroideos y que también pueda ayudarle a manejar sus emociones.
- Si le diagnostican hipotiroidismo, la dosis de medicamento tiroideo que tendrá que tomar inicialmente dependerá de qué tan alto sea su nivel inicial de TSH.
- Optimice su tratamiento con hormona tiroidea tomando su pastilla antes del desayuno y evitando tomarla junto con algún medicamento que afecte su absorción.
- Si está siendo tratado por hipofunción tiroidea, una vez que los resultados de sus análisis de funcionamiento tiroideo hayan vuelto a ser normales, tendrá que repetirse los análisis aproximadamente cada seis meses.

- Si tiene hiperfunción tiroidea, infórmese acerca de las diversas alternativas de tratamiento y hable acerca de ellas con su doctor antes de tomar una decisión. También infórmese acerca de los efectos secundarios de dichos tratamientos. Ningún tratamiento es perfecto. Pero elija a un doctor que tenga experiencia en el tratamiento de la enfermedad de Graves.
- Colabore con su médico para evitar fluctuaciones importantes en sus niveles de hormona tiroidea durante el tratamiento. Estas fluctuaciones pueden convertirse en una mala experiencia para usted y pueden ocasionar que sufra de síntomas persistentes aún después de que se haya corregido el desequilibrio.

17

CÓMO CURAR LOS EFECTOS PERSISTENTES DE UN DESEQUILIBRIO TIROIDEO

Si usted ha padecido un desequilibrio tiroideo, sus síntomas típicamente se resolverán con el tratamiento adecuado. Sin embargo, en ocasiones, incluso después de que los síntomas físicos y mentales del hipotiroidismo o del hipertiroidismo hayan desaparecido, quizá siga sin sentirse como antes. Además, si su desequilibrio fue severo o muy prolongado, puede seguir teniendo problemas emocionales, ansiedad, síntomas depresivos e incluso algunos déficits cognitivos residuales. Como resultado, puede que no se sienta normal aunque, hablando estrictamente, ya no tenga un desequilibrio tiroideo.

El hipertiroidismo y el hipotiroidismo alteran su cerebro. Aunque puede recuperarse por completo si el desequilibrio es mínimo y de corta duración, un desequilibrio importante y de largo plazo podría afectar su mente durante mucho tiempo, incluso si ha recibido el tratamiento adecuado. ¡Los desequilibrios tiroideos pueden afectar la química cerebral de la misma forma que se ve afectada por el abuso prolongado de alcohol o drogas! Sin embargo, es posible que su médico no tenga conocimiento de estos efectos persistentes porque no han sido ampliamente difundidos, discutidos ni enseñados.

En este sentido, la medicina convencional ha sido injusta con los pacientes tiroideos que presentan síntomas persistentes. Debido a que el médico evalúa si ha recibido el tratamiento adecuado para su afección tiroidea midiendo sus niveles de hormona tiroidea en sangre, él o ella verá los resultados de los análisis de laboratorio y dirá, "Los resultados de sus análisis tiroideos son normales; sus síntomas no se deben a su tiroides". No obstante, usted podría seguir sintiendo en su interior que su sufrimiento persistente sí tiene algo qué ver con su tiroides. Y estaría en lo correcto.

Supongamos que la cuenta del agua se ha duplicado de un mes para otro y usted sospecha que hay una fuga (agujero) en su casa. Llama al plomero, quien revisa las tuberías, los lavabos y los inodoros. Al no encontrar una fuga, el plomero le dice, "No puede hacer nada al respecto". Pero la tubería externa que va del medidor a la casa sí tiene una fuga. El plomero al que llamó no sólo no la vio, sino que quizá hasta haya creído que no le tocaba arreglarla. Esta situación es parecida a lo que sucede con los efectos posteriores de una enfermedad tiroidea. El doctor que trata la afección tiroidea a menudo ignora estos síntomas o deriva al paciente a un psiquiatra debido a la naturaleza de los mismos. Aunque estos síntomas sean crónicos, pueden no cumplir con los criterios rígidos que se emplean para definir los trastornos del estado de ánimo, dejando a algunos pacientes sintiéndose aún más frustrados y sin saber a dónde dirigirse.

Uno de los libros de texto de endocrinología más leídos dice, "Una vez que se haya comenzado la terapia con hormona tiroidea, la recuperación de las alteraciones mentales del hipotiroidismo a menudo presenta un rezago en comparación con la restauración de un metabolismo normal".[1] Sin embargo, los médicos típicamente olvidan mencionar que este rezago puede ser bastante prolongado. La realidad es tormentosa para el paciente, sus familiares y amistades, así como confusa para muchos médicos.

De la depresión a la ansiedad y el estrés persistentes

En pacientes hipotiroideos, el sufrimiento residual más común es la persistencia de la depresión que fue inicialmente provocada por el déficit de hormona tiroidea.[2] Este tipo de depresión puede llegar a tener vida propia, permaneciendo intacta y a la misma intensidad incluso después de que los niveles en sangre hayan vuelto a la normalidad. Una encuesta realizada en mi clínica para pacientes ambulatorios reveló que el 25 por ciento de los pacientes cuyos análisis de sangre han vuelto a mostrar resultados normales gracias al tratamiento con tiroxina han tenido síntomas persistentes de depresión. Muchos siguen sintiéndose cansados o agotados y reportan que no han vuelto a ser "los de antes". El hipotiroidismo prolongado también puede generar una situación similar al síndrome de estrés postraumático, en la que la depresión provocada directa o indirectamente por la afección tiroidea del paciente afecta su vida laboral o personal de maneras estresantes que puede volverse autoperpetuantes e incluso inmanejables.

En algunos casos, la depresión y la ansiedad persistentes pueden pasar desapercibidas excepto cuando emergen de vez en cuando en respuesta a factores estresantes nuevos. Una paciente, Rhonda, dijo, "Después de que empecé a tomar una dosis estable de hormona tiroidea, la depresión mejoró, pero tan pronto como surgía un nuevo factor estresante, ya sea índole financiera o problemas en mi trabajo, la depresión regresaba. Siempre y cuando no estuviera estresada y mis niveles tiroideos se mantuvieran estables, yo estaba bien".

Muchos pacientes que padecen la enfermedad de Graves y que han sufrido de un desequilibrio tiroideo durante mucho tiempo sin tratamiento se vuelven emocionalmente menos tolerantes y resistentes después de que su hiperfunción tiroidea ha sido corregida que antes de que empezara su enfermedad. Pueden seguir sintiéndose enojados e impacientes, así como deprimidos y ansiosos. Los resultados de una encuesta publicada en la revista médica *Journal of Neuropsychiatry and Clinical Neurosciences* demostraron un deterioro importante y persistente de la memoria, la atención, la planeación y la productividad en pacientes con la enfermedad de Graves mucho después de que sus niveles tiroideos se hubieran normalizado.[3]

Estudios de investigación recientemente realizados en Suecia han demostrado que los pacientes que padecen la enfermedad de Graves tienen una menor calidad de vida de 14 a 21 años después de haber sido tratados por hiperfunción tiroidea.[4] Los pacientes tenían una menor vitalidad y un estado de ánimo más bajo. El deterioro de su calidad de vida y las alteraciones en su estado de ánimo ocurrían de la misma forma, independientemente del tratamiento que hubieran recibido para corregir su hiperfunción tiroidea. Otro grupo de investigadores en Alemania demostró que el 35,6 por ciento de los pacientes con la enfermedad de Graves que ya habían tenido resultados normales en los análisis de funcionamiento tiroideo durante más de seis meses después de haber recibido tratamiento para el hipertiroidismo sufrían de angustia psicológica y tenían niveles elevados de ansiedad y que el 95,6 por ciento de ellos claramente presentaban depresión.[5]

La razón por la cual estos síntomas persisten aún no es clara. Es posible que el hipertiroidismo, al ser una forma de estrés mental severo, puede causar anormalidades residuales en el funcionamiento cerebral, como ha sido demostrado en los sobrevivientes de los campos de concentración.[6] También es posible que los síntomas persistentes guarden relación con daños a las células del cerebro causados por un exceso de hormona tiroidea, lo que hace que el paciente sea incapaz de lidiar con el estrés de la forma que lo haría en ausencia de un desequilibrio tiroideo.

Tiffany, una mujer que padeció la enfermedad de Graves durante dos años antes de ser diagnosticada, había tenido resultados estables en los análisis de funcionamiento tiroideo durante al menos un año desde que había empezado a recibir un tratamiento adecuado con hormona tiroidea. En una consulta de seguimiento, se quejó de que no era la misma que había sido antes de su enfermedad y estaba tratando de averiguar por qué se estaba sintiendo así:

"Me acostumbré a sentirme así porque no me sentía tan mal como cuando era hipertiroidea. Ahora soy más tolerante, pero sigo teniendo oleadas de enojo. Siento que estoy viviendo sola. Es muy posible que esté deprimida".

"Tengo dos sobrinos y si los veo una vez al mes, es mucho, y sólo viven a un 6 millas (98,6 km) de distancia. Nunca he sido una persona de muy buen comer, pero ahora me dan antojos, especialmente en la tarde cuando me siento tensa y cansada. Generalmente soy una persona dadivosa y ahora no tengo ganas de darle nada a nadie. La enfermedad de Graves me ha cambiado".

La resistencia y el nivel de energía de Tiffany ya no son los que tenía antes de su enfermedad. Su caso y muchos otros como casos como ella plantean muchas interrogantes: ¿Se está sintiendo diferente y deprimida porque le está faltando un poco de T3 que su glándula tiroides normalmente hubiera producido ahora que está tomando pastillas de T4 para mantener sus niveles en sangre dentro del rango normal? ¿Su nivel de tolerancia, estado de ánimo y enojo se están viendo afectados por un desequilibrio químico persistente? En este caso, ¿dicho desequilibrio químico sutil y residual se deberá a que la células del cerebro se vieron inundadas con hormona tiroidea cuando era hipertiroidea? ¿O será que el efecto irrefrenable del estrés causado por el hipertiroidismo la dejó con alguna forma de síndrome de estrés postraumático?

Cualquiera que sea la causa exacta de la depresión y la inestabilidad emocional que sigan atormentándolo, usted se verá beneficiado al seguir el programa de cuerpo y mente que detallo en este libro, el cual incluye relajación, yoga y ejercicio. Al hacer esto, le será más fácil superar estos cambios y estará ayudando también a que desaparezca su cansancio, su menor capacidad para lidiar con la vida y sus problemas de concentración y memoria. El caso de Tiffany es un caso típico. Después de unos meses de sesiones de relajación y de hacer ejercicio con regularidad, su temperamento y su nivel de tolerancia mejoraron dramáticamente, mientras sus niveles tiroideos permanecieron dentro del rango normal.

Si sus síntomas son severos, es probable que le ayude tomar un antidepresivo, como un inhibidor selectivo de la recaptación de serotonina (ISRS). En el capítulo siguiente, verá que la combinación de T4 y T3 para tratar la hipofunción tiroidea bien puede ser la solución a sus síntomas persistentes (vea el Capítulo 18).

Uso de las técnicas de cuerpo y mente para evitar los efectos persistentes

Ciertas técnicas como la meditación, la musicoterapia, la terapia de danza o movimiento, la yoga o el *tai chi* fortalecen la mente y su capacidad de dominar el funcionamiento del cuerpo. Jon Kabat-Zinn, fundador de la Clínica de Reducción de Estrés del Centro Médico de la Universidad de Massachusetts, ha dicho, "El yoga hace mucho más que relajar y ayudar a que el cuerpo se vuelva más fuerte y flexible. Es otra forma en que una persona puede llegar a conocer más acerca de ella misma y llegar a tener la experiencia de ser un ser completo, sin importar su condición física o nivel de acondicionamiento físico".[7] A través de la mente, usted puede mejorar su salud general. Las intervenciones de cuerpo-mente —entre ellas la relajación, la meditación, la visualización, la biorretroalimentación y la hipnosis— han sido empleadas para aliviar diversas afecciones médicas.[8] Estas prácticas también producen un efecto positivo sustancial en su imagen corporal y su autoestima. También ayudarán a resolver la depresión y pueden incluso ayudarle a mejorar sus habilidades para comunicarse. Las técnicas de cuerpo-mente mejorarán la eficiencia de otros tratamientos y la calidad de vida en pacientes con sufrimiento mental. Estas prácticas producen una respuesta fisiológica de relajación que provoca la liberación de óxido nítrico, el cual disminuye el efecto del estrés en el cuerpo y la mente.[9] El ejercicio consciente (una combinación de movimientos lentos y gráciles y visualizaciones mentales pacíficas) es mucho más eficaz para las mujeres que para los hombres en lo que se refiere a aumentar la sensación de bienestar. Elija la técnica que mejor se adapte a su estilo de vida. Por ejemplo, si tiene el tiempo medido, tal vez sea una buena idea que combine un programa de ejercicio aeróbico con musicoterapia.

El Dr. David Brown comparó el efecto de varios programas de ejercicio que consistían en caminatas de intensidad moderada (65 a 75 por ciento de la reserva de frecuencia cardíaca) tres veces a la semana, caminatas de baja intensidad (45 a 55 por ciento de la reserva de frecuencia cardíaca) tres veces a la semana, caminatas de baja intensidad combinadas con relajación —usando una grabadora portátil y audífonos (auriculares, cascos)— tres veces a la semana y el ejercicio consciente (*tai chi*) durante 45 minutos, tres veces a la semana.[10] Él demostró que el uso de la consciencia junto con el ejercicio produce un mayor efecto en el bienestar que sólo caminar. En la meditación y las técnicas de relajación, los pensamientos se estructuran y centran en un sonido, palabra, rezo o frase. Los pensamientos negativos se desvían al centrar el pensamiento. Tales técnicas son adecuadas para las personas que sufren de depresión y ansiedad persistentes y fatiga crónica y para personas de edad avanzada que no puedan hacer ejercicio vigoroso.

El *tai chi*, un antigua forma china de hacer ejercicio, combina un tipo de ejercicio aeróbico con relajación y ha obrado maravillas por muchos de mis pacientes. El *tai chi* protege contra las enfermedades cardiovasculares y mejora la salud física. Las investigaciones científicas han demostrado que el *tai chi* mejorará la salud mental y el bienestar emocional y disminuirá el estrés.[11]

Si usted sufre de ataques de ansiedad y pánico persistentes, la meditación y la biorretroalimentación podrían ser la solución que busca. En la biorretroalimentación, se colocan sensores en ciertas áreas del cuerpo y se conectan a un dispositivo que detecta y vigila las funciones del cuerpo que se consideran involuntarias pero que la persona puede aprender a controlar con la práctica.

La meditación tiene un efecto benéfico importante en los síntomas físicos y psicológicos. Disminuye la ansiedad, el dolor y la depresión y mejora la autoestima.[12] La meditación consciente, junto con la terapia de movimiento llamada qigong, pueden ser de gran ayuda. También ha demostrado ser bastante eficaz en el tratamiento de la fibromialgia.[13] Vivir conscientemente y practicar la meditación pueden ser componentes importantes del tratamiento de los efectos residuales de una enfermedad tiroidea. Pero independientemente de que elija la biorretroalimentación o la meditación, no se olvide del ejercicio aeróbico.

Para algunas personas que tienen otros problemas de salud que les impidan hacer ejercicio, la visualización guiada y la terapia de arte pueden ser de utilidad. En la visualización guiada, la persona se centra en imágenes o sensaciones que le ayudan a relajarse. Muchas personas creen que también puede fortalecer el sistema inmunitario. Sin lugar a dudas, ayuda a aliviar la ansiedad.

Los grupos de apoyo son un recurso importante de cuerpo y mente que ayudan a las personas con un sufrimiento persistente a lidiar de mejor forma con sus síntomas y a acelerar su recuperación. Reunirse con un grupo, expresar sus opiniones personales e intercambiar experiencias con otros son cosas que han ayudado a muchas personas que sufren de diversas afecciones que van desde la obesidad hasta el alcoholismo, en las cuales la mente, la actitud y el comportamiento desempeñan un papel importante en el proceso de recuperación. Estos grupos le ayudan a sentir y a comprobar que no está solo. Yo he encontrado que es muy útil para los pacientes tiroideos reunirse y hablar de sus síntomas y sus problemas. Quizá también sea una buena idea empezar a practicar alguna técnica de cuerpo-mente con otros pacientes del grupo. Para encontrar grupos de apoyo en su localidad, comuníquese con alguna de las principales organizaciones para pacientes tiroideos (vea la sección de Recursos al final del libro).

Asesoramiento y psicoterapia

Muchos pacientes tiroideos necesitan asesoramiento. El asesoramiento y la psicoterapia son una parte importante de los programas de cuerpo y mente. Las sesiones se pueden diseñar de modo que le ayuden a superar el sufrimiento persistente una vez que sus análisis de funcionamiento tiroideo se hayan normalizado. El asesoramiento también le puede ayudar a resolver muchos de los problemas personales y en sus relaciones que hayan sido generados por el desequilibrio tiroideo. La incapacidad de funcionar como antes y los problemas en sus relaciones generan una sensación de pérdida similar a la que se atraviesa durante un duelo. Quizás sienta que ha perdido el control de su vida y que no es capaz de recuperar la felicidad que sentía antes de padecer el trastorno tiroideo. La terapia le ayudará a aceptar la pérdida y a sentirse esperanzado y optimista con respecto a su vida y su futuro.

Sin embargo, muchos doctores no asesoran a sus pacientes. Incluso en una institución de atención primaria, sólo un tercio de los pacientes que sufren de depresión y que necesitan terapia reciben un máximo de tres minutos de asesoramiento por consulta. La falta de asesoramiento es aún peor en los planes de atención médica prepagados.[14] Muchos pacientes ya han estado bajo mucho estrés para cuando los diagnostican y muchos seguirán lidiando con problemas personales o laborales generados por el desequilibrio. Es importante que se les dé atención a estos problemas psicológicos y un terapeuta puede ayudarle a manejarlos.

Los que más necesitan la psicoterapia de apoyo son los pacientes que presentan síntomas persistentes de depresión y ansiedad. Existen otros métodos prácticos de psicoterapia que también pueden ser útiles. En la psicoterapia conductual, el terapeuta se centra en identificar las situaciones en su vida que probablemente pudieran estar provocando sus síntomas. La meta es ayudarle a entender y cambiar la forma en que reacciona ante dichas situaciones. En al terapia cognitiva, el terapeuta busca patrones de pensamiento que probablemente pudieran estar causando los síntomas. Estos métodos no prestan atención a los conflictos inconscientes, sino que están dirigidos a corregir los síntomas. La terapia le ayudará a recobrar el equilibrio emocional, lidiar mejor con el estrés y fortalecer sus mecanismos de defensa para que recupere el control. La psicoterapia conductual/cognitiva ha demostrado ser tan eficaz como los medicamentos en el tratamiento de trastornos leves de depresión y ansiedad.[15] Yo he encontrado que la terapia conductual/cognitiva es extremadamente útil para pacientes tiroideos con síntomas residuales, incluso cuando su desequilibrio tiroideo ya haya sido adecuadamente tratado.

Tal vez también necesite algún tipo de terapia conyugal o de pareja. Pídale a su médico de atención primaria o endocrinólogo que lo derive a algún terapeuta competente que tenga mucha experiencia en tratar a parejas con problemas maritales. El terapeuta de pareja puede ser un psiquiatra, un psicólogo o un trabajador social psiquiátrico. Consiga dos o tres recomendaciones y reúnase con los terapeutas para hablar con él o ella de su formación, experiencia y títulos antes de decidirse por uno e iniciar las sesiones.

Por último, la psicoterapia sicodinámica, que se centra en tratar los conflictos inconscientes y resolver la raíz de los conflictos psicológicos, podría ser necesaria para pacientes cuyo desequilibrio tiroideo haya desenmascarado problemas psicológicos arraigados o que tengan problemas psicológicos independientes del desequilibrio tiroideo. La psicoterapia sicodinámica puede ser un tratamiento costoso y prolongado, pero es la única manera de atender problemas psicológicos profundamente arraigados.

Cómo seleccionar el antidepresivo indicado

Si sus síntomas emocionales residuales son agobiantes y no ha podido romper el círculo vicioso de depresión, estrés y ansiedad mientras está tomando la cantidad correcta de L-tiroxina, es probable que mejore si cambia su tratamiento por uno que combine T4 y T3 (para más detalles, vea el Capítulo 18). Sin embargo, quizá no sea suficiente y le ayude tomar un antidepresivo. Cuando vaya a tomar antidepresivos, es necesario que se informe acerca de sus efectos secundarios más comunes y la frecuencia con la que ocurren los mismos. También es importante que sepa que los antidepresivos tardan algún tiempo en empezar a funcionar. Muchas personas necesitan tomarlos durante al menos seis a ocho semanas para que les mejore el estado de ánimo.

Los antidepresivos que actualmente están disponibles son los inhibidores selectivos de la recaptación de serotonina (ISRS), los inhibidores selectivos de la recaptación de noradrenalina (IRNA), los antidepresivos atípicos, los antidepresivos tricíclicos y los inhibidores de la monoaminooxidasa (IMAO). En términos generales, los antidepresivos que más se recetan actualmente son los ISRS, los IRNA y los antidepresivos atípicos debido a su eficacia y también por su mejor perfil de efectos secundarios. La tabla en la página siguiente muestra los antidepresivos más comúnmente recetados.

Aún no se han realizado estudios científicos que comparen la eficacia de diversos antidepresivos después de que los niveles en sangre de hormonas tiroideas se han normalizado con tratamiento. Sin embargo, yo típicamente empleo primero un ISRS porque los efectos secundarios son menos comunes con este tipo de antidepresivos. Los ISRS se han convertido en el medicamento de elección para tratar muchas formas de depresión. Estos medicamentos no sólo ayudan a resolver la depresión sino que también pueden ser eficaces en el tratamiento de trastornos obsesivo-compulsivos. Incluso si usted no está deprimido pero sufre de inestabilidad emocional persistente después de que se le ha corregido un desequilibrio tiroideo, se verá beneficiado de tomar una dosis baja de algún ISRS. Los efectos secundarios más problemáticos de la terapia con ISRS son disfunción sexual, aumento de peso y alteraciones del sueño. Otros efectos secundarios que amainarán al cabo de dos semanas son náusea y dolores de cabeza. La náusea puede evitarse tomando el medicamento junto con alimentos. Los ISRS más comúnmente usados son la fluoxetina (*Prozac*), la sertralina (*Zoloft*) y la paroxetina (*Paxil*). Sin embargo, un ISRS más nuevo llamado escitalopram (*Lexapro*) se ha vuelto bastante popular en años recientes. El escitalopram es el más selectivo de los inhibidores de la recaptación selectiva de serotonina. Es más eficaz que otros ISRS y sus efectos adversos son menos comunes.[16] El escitalopram también empieza a funcionar con mayor rapidez que otros antidepresivos.[17] Si sus síntomas depresivos se han resuelto por completo y sigue

ANTIDEPRESIVOS COMÚNMENTE RECETADOS

Fármaco	Nombre comercial	Efectos secundarios comunes

INHIBIDORES SELECTIVOS DE LA RECAPTACIÓN DE SEROTONINA (ISRS)

Fluoxetina	*Prozac, Sarafem*	Somnolencia, dolores de cabeza, nervio-
Sertralina	*Zoloft*	sismo insomnio, fatiga, problemas
Citalopram	*Celexa*	sexuales, sudación, aumento o pérdida
Escitalopram	*Lexapro*	de peso, náusea, diarrea
Fluvoxamina	*Luvox*	
Paroxetina	*Paxil*	

INHIBIDORES SELECTIVOS DE LA RECAPTACIÓN DE LA NORADRENALINA (IRNA)

Reboxetina	*Edronax*	Boca reseca, estreñimiento, insomnio, sudación, taquicardia, retención urinaria, mareo
Atomoxetina	*Strattera*	Mareo, dispepsia, náusea, vómito, menor apetito

INHIBIDORES SELECTIVOS DE LA RECAPTACIÓN DE SEROTONINA E INHIBIDORES SELECTIVOS DE LA RECAPTACIÓN DE NORADRENALINA (ISRS + IRNA)

Venlafaxina	*Effexor*	Somnolencia, mareo, náusea, cambios en el apetito, estreñimiento, boca reseca, insomnio, nerviosismo, sudación, cambios en la presión arterial, debilidad muscular
Duloxetina	*Cymbalta*	

INHIBIDOR DE LA RECAPTACIÓN DE LA NORADRENALINA-DOPAMINA

Bupropión	*Wellbutrin*	Agitación, ansiedad, insomnio, pérdida de peso, náusea, boca reseca, sudación, convulsiones

ANTIDEPRESIVOS TRICÍCLICOS

Amitriptilina	*Elavil, Endep*	Somnolencia, mareo, boca reseca, visión
Doxepina	*Sinequan, Adapin*	borrosa, estreñimiento, retención
Imipramina	*Tofranil*	urinaria, cambios en el funcionamiento
Nortriptilina	*Pamelor, Aventyl*	sexual, frecuencia cardíaca acelerada,
Desipramina	*Norpramin*	dolor de cabeza, presión arterial baja,
Clomipramina	*Anafranil*	sensibilidad a la luz solar, mayor apetito,
Protriptilina	*Vivactil, Triptil*	aumento de peso, náusea, debilidad
Trimipramina	*Surmontil, Rhotrimine*	
Amoxapina	*Asendin*	

Fármaco	Nombre comercial	Efectos secundarios comunes

INHIBIDORES DE LA MONOAMINOOXIDASA (IMAO)

Fármaco	Nombre comercial	Efectos secundarios comunes
Fenelzina	*Nardil*	Somnolencia, mareo, fatiga, náusea, cambios en los hábitos intestinales, boca reseca, mareo, presión arterial baja, cambios en el funcionamiento sexual, alteraciones del sueño, temblores, menor producción de orina, aumento de peso, visión borrosa, dolor de cabeza, mayor apetito, sudación
Tranilcipromina	*Parnate*	
Selegine	*Emsam*	
Isocarboxazid	*Marplan*	

ANTIDEPRESIVOS ATÍPICOS

Fármaco	Nombre comercial	Efectos secundarios comunes
Maprotilina	*Ludiomil*	Somnolencia, náusea, letargo, ansiedad, insomnio, pesadillas, boca reseca, sensibilidad en la piel, cambios en el peso y/o apetito
Trazodona	*Desyrel*	Somnolencia, mareo, boca reseca, visión borrosa, dolor de cabeza, náusea/vómito
Mirtazapina	*Remeron*	Somnolencia, mareo, convulsiones, úlceras (aftas, boqueras, fuegos) en la boca, boca reseca, dolor de garganta, escalofríos, fiebre, estreñimiento, mayor apetito, aumento de peso
Nefazodona		Somnolencia, mareo, cambios en la visión, torpeza, comezón, pesadillas, agitación, confusión, estreñimiento, diarrea, boca reseca, ruborización, dolor de cabeza, mayor apetito, náusea, vómito, edema, temblor, insomnio

tomándolo, le ayudará a prevenir que recurra la depresión. El escitalopram también es eficaz en el tratamiento de trastornos de ansiedad generalizados. Una de las ventajas del escitalopram es que causa menos efectos secundarios sexuales que otros ISRS. Los estudios de investigación han demostrado que el 68,1 por ciento de los pacientes que sufren de disfunción sexual cuando reciben tratamiento con un ISRS observan una mejoría en su funcionamiento sexual cuando se cambian a escitalopram.[18]

La paroxetina es única entre los ISRS porque también tiene efecto en la noradrenalina. Es bastante eficaz para tratar ataques de pánico, pero sus resultados a largo plazo son mejores si el tratamiento se continúa durante al menos un año. La desventaja de la paroxetina es que causa aumento de peso, disfunción sexual y dificultad para llegar al orgasmo en las mujeres. La paroxetina también puede causar efectos secundarios gastrointestinales, irritabilidad, dolores de cabeza y problemas alimentarios y para dormir.

Cada vez más se eligen los inhibidores de la recaptación de la serotonina-noradrenalina en lugar de los ISRS para tratar una amplia gama de síntomas. De hecho, la tendencia actual es emplear un IRNA como tratamiento de primera línea para la depresión, simplemente porque los IRNA son más eficaces para tratar tanto los síntomas mentales como los físicos de la depresión, entre ellos el dolor. La categoría de inhibidores de la recaptación de serotonina-noradrenalina incluye la venlafaxina y la duloxetina. Estos medicamentos bloquean la recaptación tanto de la serotonina como de la noradrenalina. Los estudios de investigación han demostrado que los IRNA son tan eficaces como los ISRS para tratar trastornos de ansiedad.[19]

La venlafaxina puede funcionar si uno de los ISRS no ha podido producir el resultado esperado. También puede funcionar más rápido que los otros antidepresivos. La venlafaxina sin duda no es uno de mis antidepresivos favoritos, dado que causa efectos adversos como náusea, presión arterial alta, disfunción sexual y problemas de retraimiento con mayor frecuencia que la duloxetina. El paciente puede experimentar síntomas de abstinencia al cabo de horas de haber suspendido o reducido la dosis de usual de venlafaxina. El problema está en que esto puede afectar las habilidades motrices y de coordinación y provocar accidentes serios. Si toma venlafaxina, es necesario que se adhiera a una rutina medicamentosa estricta o que no conduzca un automóvil.

La nueva forma de venlafaxina de liberación prolongada (*Effexor XR*), que apenas se lanzó al mercado, es más eficaz y segura que la forma estándar de este fármaco. Es bastante eficaz para el tratamiento de trastornos de ansiedad, entre ellos el trastorno de ansiedad social, el trastorno de ansiedad generalizada, el síndrome de estrés postraumático, el trastorno de pánico y el trastorno obsesivo-compulsivo.

La duloxetina (*duloxetine*) se tolera mejor en general y no causa efectos adversos cardiovasculares. A una dosis de 60 miligramos al día, es eficaz para el tratamiento de la depresión severa. Los efectos secundarios son, en general, leves, con efectos adversos menores comparables a los de otros antidepresivos.[20] La duloxetina también ayuda a aliviar el dolor y es eficaz en el tratamiento de trastornos de pánico.

El bupropión (*buproprion*) es otro antidepresivo popular. Recientemente ha recibido mucha atención en los medios de comunicación por su utilidad para ayudar a la gente a dejar de fumar. Este antidepresivo aumenta el nivel de energía pero puede causar agitación, ansiedad, insomnio, dolores de cabeza y, en casos raros, convulsiones. Si usted tiene antecedentes de convulsiones, no tome bupropión. En agosto de 2003, el bupropión se empezó a vender en la forma de tabletas de liberación prolongada que se toman una vez al día, lo cual lo hace más práctico que la anterior presentación que requería una dosificación de dos o tres veces al día.[21] El bupropión inhibe la recaptación de noradrenalina y la neurotransmisión de la dopamina, pero no afecta a la serotonina. El bupropión es un antidepresivo de largo plazo eficaz. Entre todos los antidepresivos, el bupropión tiene la menor incidencia de disfunción sexual, aumento de peso y soñolencia. Se puede usar conjuntamente con otros antidepresivos.

Los dos antidepresivos que funcionan en el sistema adrenérgico son la atomoxetina (*atomoxetine*) y la reboxetina (*reboxetine*). La atomoxetina (*Strattera*) tiene actividad antidepresiva y produce su efecto en el neurotransmisor llamado noradrenalina. Los estudios de investigación en niños, adolescentes y adultos han demostrado que la atomoxetina es segura y bien tolerada para el tratamiento del trastorno de déficit de atención e hiperactividad.[22]

La reboxetina es un inhibidor selectivo de la recaptación de noradrenalina. Es un tratamiento seguro y eficaz para pacientes con depresión que no han respondido a los ISRS.[23] La reboxetina es más eficaz para aliviar la ansiedad, que es un síntoma mediado por el sistema noradrenérgico. La reboxetina también mejora la adaptación social. Si un paciente está recibiendo tratamiento con un ISRS y no ha visto resultados positivos, el cambio a la reboxetina usualmente es bien tolerado.

Los antidepresivos atípicos son un grupo de medicamentos que afectan distintas combinaciones de neurotransmisores. En general, los doctores recurren a estos medicamentos cuando los inhibidores selectivos de la recaptación de serotonia (ISRS) no son eficaces. La trazodona y la nefazodona son útiles cuando el paciente sufre de insomnio. El insomnio se puede tratar eficazmente con una dosis más baja de la que sería necesaria para tratar la depresión. Una dosis baja de uno de estos dos medicamentos hace que un ISRS funcione mejor.

La mirtazapina es un antidepresivo noradrenérgico y serotoninérgico específico. Funciona bien para resolver los síntomas de ansiedad y ayuda a aliviar las alteraciones del sueño. También previene la disfunción sexual que frecuentemente ocurre con el uso de los ISRS. Yo no he observado utilidad alguna de administrar la mirtazapina a los pacientes tiroideos. Tiene un potente efecto de aumentar el apetito y a menudo provoca aumento de peso. Otros efectos secundarios de la mirtazapina son sedación, mareo, resequedad de boca y estreñimiento.

En caso de que los ISRS, los IRNA o los antidepresivos atípicos no funcionen o que el paciente presente una reacción adversa a los mismos, el siguiente curso de acción sería un antidepresivo tricíclico, como la amitriptilina o la nortriptilina. Los tricíclicos son eficaces para tratar la depresión y controlar los ataques de pánico. La amitriptilina es bastante eficaz en el síndrome de estrés postraumático agudo. Si está sufriendo de agitación y pérdida del apetito, la doxepina le puede ayudar. Si está durmiendo demasiado, la desipramina tendrá un efecto estimulante. Los efectos secundarios más comunes de los antidepresivos tricíclicos son aumento de peso, sedación, resequedad de boca, problemas sexuales, estreñimiento, sensibilidad al sol, retención urinaria, visión borrosa, problemas con la frecuencia cardíaca y mareo al pararse o sentarse.

Hoy en día, los antidepresivos tricíclicos han perdido popularidad entre muchos doctores porque pueden causar muchos efectos secundarios. Yo he encontrado que los antidepresivos tricíclicos son más útiles para los pacientes que tienen dificultades para dormir por la noche (a menudo los que padecen la enfermedad de Graves) y depresión persistente con síntomas de ansiedad importantes. Los antidepresivos tricíclicos se pueden usar en lugar de los ISRS durante el embarazo y durante el período posparto cuando la mujer está amamantando.[24]

Los doctores ahora generalmente consideran los inhibidores de la monoaminooxidasa (IMAO) como la última opción para tratar la depresión, aunque pueden ser útiles en casos de depresión atípica. Aunque los IMAO son bastante potentes para aliviar la depresión, no es fácil lidiar con ellos dado que a veces causan efectos secundarios como problemas para dormir, presión arterial alta, problemas sexuales y aumento de peso. Si está tomando un IMAO, es necesario que vigile su alimentación y evite comer muchos alimentos comunes, como queso y chocolate, que contienen una sustancia química llamada tiramina. Esta combinación puede provocar presión arterial alta severa y otros problemas serios de salud.

Tomar un inhibidor de la monoaminooxidasa junto con otro antidepresivo puede causar el "síndrome de la serotonina", que se caracteriza por agitación, diarrea, movimientos musculares involuntarios y rigidez muscular, temblores, temperatura alta, presión arterial alta e incluso convulsiones y coma.[25] Tomar L-triptofano o un sustituto de triptofano junto con un ISRS puede provocar el síndrome de la serotonina. Este síndrome se debe a una actividad muy elevada de la serotonina en el tallo cerebral y puede ser causado por el uso de uno o más fármacos serotoninérgicos.

El carbonato de litio es un antidepresivo potente que se emplea más comúnmente para tratar trastornos bipolares, especialmente la maníaco-depresión. Para pacientes que no responden a un ISRS o un antidepresivo tricíclico, algunos doctores agregan litio para mejorar la eficacia del antidepresivo. Mientras esté tomando litio, es necesario que le vigilen sus niveles en sangre para evitar efectos tóxicos como diabetes insípida (que causa mayor micción), niveles elevados de calcio y problemas renales.

Si además de la depresión usted sufre de ansiedad e insomnio, quizá debería tomar medicamentos que sean específicos para estos síntomas. De esta forma, tendrá una sensación de bienestar que le alentará a continuar con el tratamiento. Los ISRS se han convertido en el medicamento de elección para los trastornos de ansiedad, aunque las benzodiazepinas, que funcionan en el sistema del ácido gamma-aminobutírico (AGAB), siguen siendo ampliamente usadas.[26] Debido a que las benzodiazepinas pueden causar adicción, es mejor que sólo las tome si un ISRS o IRNA no ha curado sus síntomas. Sin embargo, puede que necesite tomar una combinación de un ISRS y una benzodiazepina, que es una manera eficaz y práctica de tratar la mayoría de los trastornos de ansiedad. Las benzodiazepinas más comúnmente usadas son *Valium, Librium, Xanax* y *Ativan*. El *BuSpar*, un medicamento ansiolítico no benzodiazepínico, también es bastante eficaz. Los efectos adversos de los medicamentos ansiolíticos incluyen sedación y falta de coordinación.

En general, una vez que le empiecen a dar tratamiento con un antidepresivo, tendrá que continuarlo durante al menos seis meses y si es necesario, prolongarse hasta uno o dos años. La depresión puede regresar aún mientras esté tomando un medicamento antidepresivo, incluidos todos los que se han discutido aquí.

Menos de la mitad de los pacientes que sufren de depresión severa presentan una resolución completa de sus síntomas cuando toman un antidepresivo.[27] Si usted ha mejorado significativamente pero sigue teniendo síntomas residuales o siente que tiene problemas de adaptación social o que aún no es completamente funcional, sigue corriendo riesgo de que le recurra un cuadro completo de depresión en el futuro. Por este motivo, quizá sea necesario tanto que atienda los asuntos psicosociales que pudieran haber perpetuado su depresión, como que hable con su médico acerca de la opción de cambiar de antidepresivo o agregar otro a su tratamiento. Cuando combina antidepresivos, estos medicamentos tienen una mayor probabilidad de lograr resultados óptimos cuando funcionan en sistemas neurotransmisores distintos. El mayor beneficio lo obtendrá con medicamentos que mejoren los sistemas de serotonina y noradrenérgico. Esto acelerará la respuesta y le ayudará a mantenerse libre de la depresión en el largo plazo. Las combinaciones más populares que recetan los psiquiatras son un ISRS con bupropión, un IRNA con un ISRS, un ISRS con un antidepresivo tricíclico y la tríada de bupropión, venlafaxina y mirtazapina.

Incluso cuando los síntomas de depresión se han resuelto, el paciente puede seguir sufriendo de fatiga. Los estudios de investigación han demostrado que tres de cada cuatro pacientes deprimidos que han respondido al tratamiento con antidepresivos siguen sufriendo de fatiga.[28] La fatiga es uno de los síntomas residuales más molestos de la depresión. Tiene que ver con un desequilibrio de serotonina en ciertas áreas del cerebro. Este desequilibrio puede ser contrarrestado con un medicamento que mejore la dopamina, como el bupropión. También se puede corregir mediante el ejercicio aeróbico graduado. Para mejorar la fatiga residual, también puede hacer uso de las intervenciones cognitivas. Se ha demostrado que el modafinil (*Provigil*) es eficaz para mejorar la fatiga residual. A medida que vaya mejorando su nivel de energía, también irá mejorando su cognición.

Hierbas y suplementos para resolver los síntomas persistentes

El triptofano se empleó como suplemento dietético durante mucho tiempo hasta que se prohibió su uso en los Estados Unidos en 1989 como resultado de una epidemia de eosinofilia mialgia relacionada con la contaminación de L-triptofano sintético de un fabricante. Actualmente ha regresado al mercado. El L-triptofano, que es un precursor de la serotonina, se ha comercializado como antidepresivo en diversos países. Los estudios de investigación han demostrado que la suplementación con L-triptofano en mujeres mejora el estado de ánimo y las emociones al igual que lo hacen los antidepresivos que actúan sobre la serotonina.[29] El triptofano se puede obtener a partir de la semilla de calabaza a la cual se le ha extraído el aceite. Un gramo de proteína derivada de la semilla de calabaza sin aceite contiene 22 miligramos de triptofano.[30] Si usted sufre de insomnio, el triptofano le ayudará a dormir mejor. Después de que el L-triptofano fue retirado del mercado en los Estados Unidos, el 5-hidroxitriptofano (*5-HTP* por sus siglas en inglés) se convirtió en un suplemento bastante popular y no se ha reportado toxicidad alguna con relación al mismo.[31] Este suplemento mejora el nivel de serotonina en el cerebro y mejora también la depresión. Además, promueve la secreción de melatonina.

También pueden mejorar los síntomas de ansiedad y los síntomas relacionados con el estrés tomando un suplemento llamado ácido glutámico, que regula el nivel de ácido gamma-aminobutírico (AGAB). Pero una cantidad excesiva de este suplemento puede hacer que una persona coma más, como ya se mencionó en el Capítulo 7. Los medicamentos que mejoran el ácido glutámico en el cerebro son útiles para tratar la ansiedad, el trastorno obsesivo-compulsivo, el síndrome de estrés postraumático, el trastorno de ansiedad generalizada y la fobia social.[32]

La quercetina, que es uno de los principales flavonoides de las frutas y las verduras, tiene un gran efecto antioxidante. La quercetina también ayuda a proteger las células del cerebro de los radicales libres y es altamente recomendada para pacientes tiroideos.[33]

La *Rhodiola rosea* o raíz de rodiola, es una planta que se emplea en los sistemas de medicina tradicional del este de Europa y Asia. Tiene un efecto potenciador en el sistema nervioso, disminuye la depresión, aumenta la energía y mejora el desempeño laboral.[34] Los investigadores la llaman un adaptógeno por su capacidad de aumentar la resistencia al estrés físico, químico y biológico. Se dice que ayuda a prevenir el cáncer y a proteger a las personas de las enfermedades cardíacas. La *Rhodiola rosea* aumenta la capacidad para concentrarse y mejora el poder mental y físico. También afecta al sistema hipotalámico-pituitario-suprarrenal, el sistema que desempeña un papel importante en la reacción del cuerpo ante el estrés.[35] Esta hierba normalmente no produce efectos adversos y no causa adicción con el uso prolongado.

La espirulina (algas azul-verdosas) también tiene propiedades antioxidantes que son de utilidad en el tratamiento de las afecciones tiroideas. La investigación experimental ha demostrado que la espirulina sirve para tratar eficazmente ciertas alergias, hiperglucemia y colesterol alto. También ayuda al sistema inmunitario y disminuye la inflamación. Se ha demostrado que una dieta rica en espirulina disminuye los cambios degenerativos en el cerebro de animales a medida que van envejeciendo.[36]

El corazoncillo (hipérico, *St. John's wort*) mejora los síntomas de la depresión y funciona bien en pacientes tiroideos con síntomas persistentes de depresión subclínica.

Aunque sabemos poco acerca de los diversos componentes de muchos productos herbarios y sus efectos benéficos o perjudiciales potenciales en la tiroides, es importante que tenga presente que sí podrían presentarse tales efectos. Por ejemplo, la popular hierba culinaria llamada tomillo contiene un aceite esencial que podría disminuir la actividad tiroidea.[37] El aceite de tomillo se encuentra en enjuagues bucales y descongestionantes y se usa para tratar el cansancio, la depresión, los problemas de digestión y los dolores y achaques musculares. En un estudio de investigación realizado en 1985 de extractos secados por congelamiento de la hierba relajante llamada toronjil (melisa, *lemon balm*, *Melissa officinalis*), que se emplea para tratar infecciones virales, se documentaron efectos potenciales relacionados con la tiroides.[38] Se demostró que los extractos disminuían la actividad de la inmunoglobulina estimulante de la tiroides, que es el anticuerpo que causa la hiperfunción tiroidea en la enfermedad de Graves.

Es necesario realizar más estudios de investigación para determinar cuáles son los compuestos de origen vegetal que afectan a la tiroides y si existen plantas que pudieran proporcionar directamente una cantidad significativa de hormona tiroidea, pero mientras tanto, si está tomando hierbas, no abuse de ellas. Aún quedan por descubrirse muchos de sus acciones y efectos secundarios.

Los efectos cognitivos persistentes de un desequilibrio tiroideo

"Siento como si mi cerebro hubiera envejecido 10 años", me comentó Cheryl durante su primera visita a mi consultorio. Cheryl, una mujer de 47 años de edad, sufrió de hiperfunción tiroidea que no le fue diagnosticada durante casi dos años. Después de recibir tratamiento con yodo radioactivo, se volvió hipotiroidea y su anterior endocrinólogo le recetó una cantidad adecuada de tiroxina. Aunque los resultados de sus análisis de sangre se habían mantenido dentro del rango normal, ella había seguido batallando con cierto deterioro de sus habilidades intelectuales y cognitivas.

"Mi problema principal —continuó—, es que no puedo concentrarme, ni siquiera en asuntos triviales. Pareciera como si no pudiera procesar información y actuar con base en la misma como solía hacerlo. Se me olvidan las palabras o no puedo encontrar las palabras que necesito mientras estoy conversando con alguien. A veces voy a una habitación y no me puedo acordar para qué fui. A veces me acuerdo después de unos minutos".

Un desequilibrio tiroideo severo puede causar un deterioro significativo en el funcionamiento cognitivo, particularmente con la memoria y la capacidad para concentrarse, así como para registrar y procesar la información. Después de que el desequilibrio tiroideo ha sido corregido, este deterioro a menudo desaparece y el tratamiento impide que siga avanzando. Sin embargo, algunos pacientes que padecen un desequilibrio tiroideo siguen teniendo un déficit en su funcionamiento cognitivo después de que la afección tiroidea haya sido tratada y corregida. El deterioro de estas funciones puede ser aún más profundo cuando el paciente es joven.

En algunos pacientes, el déficit cognitivo relacionado con un hipotiroidismo severo y prolongado puede ser más permanente con respecto a la memoria y temporal con respecto a la inteligencia general y la concentración. El tratamiento normalmente impide que siga avanzando el deterioro de la memoria, pero si el déficit de hormona tiroidea no se trata, el deterioro cognitivo puede empeorar con el tiempo. Los estudios de investigación han indicado que el hipotiroidismo podría causar un efecto directo y quizá irreversible en las estructuras del cerebro, causando un deterioro de la memoria,[39] mientras que otras funciones cerebrales que dependen de una cantidad adecuada de neurotransmisores pueden volver a la normalidad.

Ocasionalmente, algunos pacientes que han sido previamente tratados por hiperfunción tiroidea experimentan dificultades intelectuales residuales importantes que alteran su capacidad para trabajar. El Dr. Hans Perrild, quien ha estudiado el funcionamiento neuropsicológico en pacientes con antecedentes de hipertiroidismo, descubrió que cuatro de sus pacientes recibieron una pensión por invalidez debido a una disminución significativa en su capacidad de desempeñar cualquier trabajo.[40] Un estudio de investigación demostró que los pacientes cuyo funcionamiento tiroideo había vuelto a la normalidad y que habían entrado en remisión experimentaban un deterioro de sus funciones cognitivas con más frecuencia de la normal y también con más frecuencia que antes que se enfermaran,[41] incluso dos años y medio después de su último episodio hipertiroideo. Esto sugiere que las personas que han sufrido un caso de hipertiroidismo que haya persistido durante algún tiempo podrían no ser los mismos incluso 10 años después de haberse corregido el desequilibrio.

El deterioro de las capacidades cognitivas debido al hipotiroidismo puede ser mínimo (detectado sólo mediante análisis neuropsicológicos estandarizados) hasta significativo (notorio tanto para el paciente como para sus amistades o familiares cercanos). En casos extremos, cuando las estructuras del cerebro se ven significativamente afectadas por el déficit de hormona tiroidea, el deterioro puede avanzar hasta llegar a ser demencia, particularmente en personas de edad avanzada.

La manera en que un desequilibrio tiroideo causa daños en el cerebro: el vínculo con el envejecimiento

En cierto sentido, Cheryl estaba en lo correcto cuando comparó su sufrimiento con un envejecimiento acelerado de su cerebro. Conforme una persona va envejeciendo, se vuelve más apta a sufrir de un deterioro cognitivo. Puede empezar a tener dificultades para recordar nombres, pensar en varias cosas al mismo tiempo y procesar información. Puede tener dificultades para encontrar las palabras correctas o lentamente ir perdiendo la capacidad de observar los detalles de lo que está sucediendo a su alrededor.

¿Por qué muchas personas como Cheryl, después de un desequilibrio tiroideo severo, presentan un deterioro de sus capacidades cognitivas similar al que podrían presentar las personas de edad avanzada a lo largo de un período prolongado? ¿Puede el hipotiroidismo no tratado conducir a la demencia irreversible? ¿Y puede el envejecimiento normal empeorar el deterioro de las capacidades cognitivas si la persona ha padecido un desequilibrio tiroideo importante y duradero? Los avances recientes que ha logrado la investigación médica en este campo han ido revelando las respuestas a estas interrogantes. Los estudios de investigación también están sugiriendo lo que debemos hacer para mejorar las facultades mentales y prevenir el deterioro adicional del cerebro relacionado con la edad.

El desequilibrio tiroideo de cierta duración puede dañar el cerebro de la misma forma que el envejecimiento. Con el paso de los años, el cerebro se ve más sometido a los efectos adversos de los radicales libres, que son los compuestos oxigenados tóxicos que se liberan durante los procesos metabólicos. Estos radicales gradualmente dañan los principales componentes del cerebro, entre ellos la mielina, una capa protectora (compuesta de proteínas y grasa) que rodea algunos tipos de fibras nerviosas e incrementa la eficiencia de la transmisión neuronal. La mielina que está en el cerebro es sensible a los efectos dañinos de los radicales libres y se daña con la acumulación de los mismos.[42]

En pacientes con demencia, incluida la enfermedad de Alzheimer, los niveles de homocisteína son elevados debido a una deficiencia de antioxidantes como los ácidos grasos esenciales poliinsaturados, la vitamina B_{12} y el folato. La homocisteína provoca daños a la capa protectora de células de los vasos sanguíneos y a las células del cerebro.[43]

Una vez que la mielina ha sido dañada por los radicales libres, se vuelve más vulnerable a daños posteriores a medida que la persona va envejeciendo. Los científicos ahora saben que los daños a la mielina son uno de los factores más importantes que aceleran el envejecimiento del cerebro humano.

Un desequilibrio tiroideo puede aumentar el riesgo de deterioro cognitivo a medida que una persona envejece porque tiene la misma capacidad que el envejecimiento de dañar las áreas del cerebro que son esenciales para una cognición normal.[44] Cuando la glándula tiroides es hiperfuncionante, aumenta el consumo de oxígeno y el número de radicales libres supera la capacidad de las células de depurarlos del cuerpo. Con el envejecimiento, la maquinaria celular que ha sido diseñada para depurar a estos "malhechores" se vuelve menos eficiente. En esencia, el estrés oxidativo que resulta de un exceso de hormona tiroidea causa daños a nuestro cerebro que son similares a los causados por el envejecimiento. El hipotiroidismo de larga duración también tiene un efecto dañino para las estructuras del cerebro simplemente porque la hormona tiroidea es esencial para que las células del cerebro se mantengan saludables. De hecho, el desarrollo de estas estructuras cerebrales durante el período crítico de rápido crecimiento de la etapa fetal e inmediatamente después del nacimiento también depende de un nivel tiroideo normal.[45] Durante esta fase, la hormona tiroidea es esencial para la formación adecuada de mielina. Esto explica por qué los bebés con hipotiroidismo congénito sufren problemas neurológicos y deterioro mental severos.

Cómo prevenir y curar el deterioro cognitivo residual

Cuando Cheryl me consultó porque estaba presentando deterioro cognitivo después de un desequilibrio tiroideo importante, ella estaba más atemorizada que la mayoría de tales pacientes. A su mamá y a su tía materna recién les habían diagnosticado la enfermedad de Alzheimer. Ella se había enterado que la enfermedad de Alzheimer es una enfermedad familiar y que ella podría convertirse en una víctima de esta afección en el futuro. Pero el programa de salud que ahora sigue Cheryl —lo cual incluye una alimentación equilibrada, suplementos de antioxidantes, tratamiento hormonal y control de su presión arterial— no sólo la ayudó a recuperarse de algunos de los déficits cognitivos que sobrellevó sino que también retrasará el deterioro anticipado que conlleva el envejecimiento. Además, le ayudará a prevenir la enfermedad de Alzheimer o a retardarla si llegara a padecerla.

Todos deberíamos tomar medidas preventivas para conservar un cerebro saludable y funcional y tratar de prevenir el descenso en las capacidades cognitivas que ocurre con el envejecimiento. Pero si usted ha padecido un desequilibrio importante que le haya dejado algunos déficits residuales, tendrá que ser aún más cuidadoso.

Si usted tiene una predisposición a la enfermedad de Alzheimer o tiene alguna afección médica que pudiera causarle daños cerebrales, la privación prolongada de hormona tiroidea podría acelerar la aparición de demencia. Aun si el daño causado por el hipotiroidismo no es severo, sí puede representarle ciertas desventajas. Lo hará más vulnerable a desarrollar demencia más adelante en su vida. La depresión y el estrés prolongados también pueden causar deterioro cognitivo.

Ahora se reconoce que existen diversas medidas que ayudan a prevenir el deterioro posterior del funcionamiento cerebral. El primer paso es prestar más atención a los muchos factores de estilo de vida que pueden afectar el funcionamiento del cerebro. Suplementar la alimentación con cantidades adecuadas de antioxidantes y ácidos grasos omega-3 es una de las medidas más importantes. La vitamina C, el zinc y la vitamina E podrían prevenir el daño y la pérdida de células del cerebro que se debe a la acumulación de radicales libres. Asimismo, tome pequeñas cantidades de ácido glutámico (*glutamic acid*), el cual tiene efectos benéficos en las funciones del cerebro. Sin embargo, tenga presente que el ácido glutámico en cantidades elevadas puede tener efectos nocivos en el centro del apetito. La fosfatidilserina, que es un fosfolípido, mejora la comunicación entre las células del cerebro. Es un suplemento seguro que mejora el funcionamiento cognitivo.[46] Puede tomar 400 mg al día en dosis divididas con seguridad. La fosfatidilserina proviene de diversas fuentes, entre ellas los alimentos de soya. (Vea el Capítulo 19 para más información sobre los antioxidantes).

También necesita disminuir su riesgo de enfermedades cerebrovasculares y derrames cerebrales, dado que se sabe que estos aceleran el proceso de la demencia. La arteriosclerosis (endurecimiento de las arterias) típicamente aumenta con la edad. Cuando este proceso afecta las arterias del cerebro, puede conducir a un suministro inadecuado de sangre, derrames cerebrales y, en última instancia, pérdida de las células del cerebro. El endurecimiento de las arterias del cerebro es uno de los principales factores en el deterioro cognitivo e incluso en la demencia en personas de edad avanzada. Los investigadores han encontrado que más del 50 por ciento de los pacientes de más de 85 años de edad presentan un endurecimiento de las arterias del cerebro.[47] Es probable que muchas personas con demencia, incluidas las que padecen la enfermedad de Alzheimer, tengan arteriosclerosis como factor que contribuye a su demencia.

Si usted ha padecido un desequilibrio tiroideo severo, es importante que controle los riesgos vasculares que pudieran predisponerlo al endurecimiento de las arterias y un mal suministro de sangre al cerebro. Para lograrlo, necesita hacer ejercicio y tomar suplementos multivitamínicos con antioxidantes que contengan folato y vitaminas B_6 y B_{12}. También es esencial que controle su presión arterial. La presión arterial alta puede dañar los vasos sanguíneos del cerebro, el corazón y los riñones. Entre más sea el tiempo que permanezca elevada su presión arterial, mayor será el daño que pueda causar. Un estudio de investigación demostró que los pacientes que ya sufrían de demencia vascular que recibieron tratamiento para bajar su presión arterial sistólica al rango de 135–150 mm Hg presentaron ya sea una mejoría en su déficit cognitivo o un retraso en el empeoramiento de su demencia.[48] Los estudios de investigación recientemente han vinculado el riesgo de enfermedades cardiovasculares con una acumulación del aminoácido llamado homocisteína.[49] Las vitaminas del complejo B antes mencionadas ayudarán a disminuir dicha acumulación y a reducir el riesgo de presentar un suministro inadecuado de sangre al cerebro.

También es necesario que reduzca sus niveles de colesterol y triglicéridos a través de su dieta y con medicamentos, de ser necesario. Un nivel elevado de colesterol conformado por lipoproteínas de baja densidad (LBD), es decir, el tipo "malo" de colesterol, es un factor de riesgo importante en las enfermedades cardiovasculares tanto en hombres como en mujeres. Puede elevar el nivel de colesterol conformado por lipoproteínas de alta densidad (LAD) a más de 60 miligramos por decilitro ingiriendo menos grasa y colesterol y haciendo ejercicio. Baje su nivel de triglicéridos al consumir menos azúcar. Evite el alcohol si tiene un nivel alto de triglicéridos. Sin embargo, no reduzca mucho su nivel de colesterol. Un nivel demasiado bajo de colesterol puede disminuir el nivel de serotonina que hay en el cerebro, causando depresión y un comportamiento agresivo. Puede dañar las células del cerebro y también puede causar un deterioro de la cognición. Para la salud vascular, trate de mantener su nivel de colesterol total en menos de 200 miligramos por decilitro. Sin embargo, no disminuya excesivamente su nivel de colesterol para evitar caídas en el estado de ánimo y problemas cognitivos.

Diversos problemas de salud comunes pueden actuar por sí solos o de manera concertada para precipitar o contribuir al desarrollo de enfermedades cardiovasculares (vea la lista en la página siguiente). El hipotiroidismo prolongado no tratado es uno de dichos factores. El hipotiroidismo puede elevar la presión arterial, aumentar el nivel de colesterol tipo LBD e incluso de triglicéridos y conducir a un exceso de peso y por tanto, a un estilo de vida sedentario. Incluso se ha demostrado que el hipotiroidismo subclínico eleva el colesterol tipo LBD. En la Gran Bretaña, a principios de los años 70, ya se habían publicado estudios de investigación que demostraban que las personas que padecían la tiroiditis de Hashimoto tenían una mayor tasa de enfermedades cardiovasculares incluso después de la exclusión de otros factores de riesgo, como peso, presión arterial alta y colesterol alto.[50] Debido a la alta frecuencia de hipotiroidismo subclínico en mujeres menopáusicas y sus efectos en el colesterol, es probable que el hipotiroidismo subclínico prolongado contribuya a las enfermedades de las arterias coronarias en estas mujeres.

FACTORES DE RIESGO PARA SUFRIR ENFERMEDADES CARDIOVASCULARES
- Presión arterial alta
- Niveles elevados de colesterol y triglicéridos en sangre
- Tabaquismo
- Diabetes
- Hipotiroidismo prolongado
- Exceso de peso
- Antecedentes de enfermedades cardíacas en parientes
- Estilo de vida sedentario
- Síndrome metabólico
- Nivel elevado de insulina/resistencia a la insulina
- Menopausia

Es esencial que las personas que sufren de un desequilibrio tiroideo y que posiblemente pudieran desarrollar los daños que esta afección causa, presten atención a otros factores de riesgo adicionales.

Los niveles elevados de insulina pueden resultar del consumo excesivo de azúcar refinada y por el desarrollo de una resistencia a la insulina. Esto ocurre en personas que son capaces de producir insulina pero cuyos órganos no responden bien a la misma, haciendo que funcione con menor eficiencia. Los niveles elevados de insulina también aumentan el riesgo vascular. Además, promueven la retención de sal en el cuerpo y provocan el estrechamiento de las arterias en los órganos. Debido a que la insulina ya no trabaja con eficiencia, los pacientes que padecen el síndrome metabólico y resistencia a la insulina tienen una tendencia a desarrollar diabetes; también tienen hipertensión y niveles elevados de grasa en su torrente sanguíneo. La clave aquí es bajar de peso y disminuir el consumo de azúcar. Una alimentación sana y bien equilibrada es baja en grasas de origen animal, grasa láctea y azúcar refinada. Evite comer mucha mantequilla, leche entera y huevos. Siempre incluya pescado, verduras y frutas frescas, legumbres, cereales integrales y frijoles (habichuelas) en su alimentación. Siempre deberá incluir también aceites vegetales como los de oliva, girasol y alazor (cártamo) en su dieta.

Los beneficios mentales del estrógeno

La serotonina es una de las sustancias químicas del cerebro que regula el estado de ánimo y las emociones. También interactúa con ciertas funciones fisiológicas, de manera similar a cómo lo hace una hormona. En las mujeres, los niveles constantemente cambiantes de estrógeno que se presentan durante el ciclo menstrual también hacen que fluctúe el nivel de serotonina. Esto explica por qué los cambios en el nivel de estrógeno pueden causar dolores de cabeza, mareo y náusea, que son efectos conocidos de la serotonina. Los estrógenos también se combinan con la serotonina para afectar la densidad ósea, el funcionamiento vascular e incluso la forma en que funciona el sistema inmunitario.[51]

En el Capítulo 11, hablé de los beneficios de la terapia de reemplazo hormonal en las mujeres menopáusicas y algunas de las controversias relativas al riesgo relacionado con el uso de un tratamiento de estrógeno-progesterona después de la menopausia. Sin embargo, el estrógeno tiene efectos benéficos en el estado de ánimo y la cognición que no han sido ampliamente difundidos. Cada vez hay más pruebas científicas que indican que el uso de estrógeno no sólo previene el deterioro cognitivo sino que también puede prevenir y tratar la demencia. La pérdida de estrógeno que ocurre en la menopausia podría ser un factor importante en el daño cerebral que ocurre en pacientes con la enfermedad de Alzheimer. Los estudios de investigación sugieren que el estrógeno tiene un efecto protector en relación con la enfermedad de Alzheimer, disminuyendo el riesgo a contraer dicha enfermedad en un 29 a un 44 por ciento.[52] Los estrógenos minimizan el deterioro de las funciones cognitivas, incluida la pérdida de la memoria que tiende a ocurrir con la edad. Esto sólo ha sido demostrado en mujeres posmenopáusicas más jóvenes; sin embargo, si usted tiene 65 años de edad o más, los estrógenos pueden promover la demencia, según el Estudio de la Memoria de la Iniciativa de Salud de las Mujeres.[53]

La falta de estrógeno después de la menopausia es quizá una de las razones por las cuales la demencia afecta dos o tres veces más a las mujeres que a los hombres. La terapia de reemplazo de estrógeno mejora diversas capacidades cognitivas en las mujeres posmenopáusicas que no sufren de demencia, en particular, las habilidades relativas a la memoria verbal.[54] Los estrógenos estimulan a las células del cerebro para que produzcan más del neurotransmisor llamado acetilcolina, el cual desempeña un papel importante en la memoria y la cognición. El flujo de sangre tiende a disminuir después de la menopausia y la terapia de reemplazo de estrógeno aumenta dicho flujo hacia ciertas regiones del cerebro que son responsables de las capacidades cognitivas. El tratamiento con estrógeno en mujeres posmenopáusicas tiene el efecto de atemperar el estrés. Una mujer que toma estrógeno produce menos cortisol en respuesta al estrés y, por tanto, está menos sujeta a los efectos nocivos del cortisol en las células del cerebro y la memoria. Durante la menopausia, el efecto del estrés en la activación del sistema nervioso autónomo se vuelve más importante y molesto y el estrógeno atenúa los síntomas físicos que ocurren como resultado de la respuesta de dicho sistema.

La perimenopausia es indudablemente un período de transición durante el cual una mujer corre un riesgo más elevado de sufrir de depresión. A medida que una mujer va llegando a la menopausia, van cambiando los neurotransmisores del cerebro, haciéndola más vulnerable a la depresión y también a los síntomas de la menopausia. En casos de depresión menor, el estrógeno puede ser todo lo que necesita una mujer para tratar sus síntomas depresivos.[55] Los estudios de investigación han demostrado que en mujeres menopáusicas que sufren de depresión, el uso de estrógeno transdérmico junto con un antidepresivo hace que este último funcione con mucha mayor rapidez y eficacia.[56]

En mujeres posmenopáusicas jóvenes, el estrógeno disminuye la ansiedad y la depresión. Esto lo logra al incrementar los niveles de serotonina. Las mujeres que sufren incluso de déficits minúsculos de hormona tiroidea en las células del cerebro corren el riesgo de que empeore su depresión al no tomar estrógeno. Los efectos persistentes de un desequilibrio tiroideo en mujeres posmenopáusicas pueden no desaparecer a menos que el médico implemente un régimen bien equilibrado de hormonas sexuales. El tratamiento con hormona tiroidea por sí solo puede no resolver la depresión. Sólo cuando se agregan estrógenos al tratamiento mejora la depresión. En algunas mujeres, la adición de una pequeña cantidad de testosterona ayuda a mejorar tanto la cognición como el estado de ánimo.[57]

El Círculo de Bienestar

El "Círculo de Bienestar" que yo les brindo a mis pacientes es un modelo que cualquiera puede usar para minimizar el deterioro cognitivo que sucede con el envejecimiento y lograr y mantener una salud física y mental óptimas (vea el diagrama en la página siguiente). Los pacientes que sufren de un desequilibrio tiroideo deben reconocer la importancia de que les hagan un diagnóstico oportuno para minimizar cualquier daño cognitivo residual permanente. También deben asegurarse que su tiroides se mantenga equilibrada a lo largo de su vida. Pero incluso eso puede no ser suficiente. Si el cerebro ha sufrido daños importantes a causa del desequilibrio, estos pacientes deben hacer todo lo que puedan para minimizar otros efectos perjudiciales en el cerebro.

Lo que algunos de mis pacientes como Cheryl ahora saben es que necesitan tomar medidas para conservar la salud de sus estructuras cerebrales lo más posible durante los años que están por venir. Si no lo hacen, correrán un riesgo mucho más elevado de presentar un deterioro adicional de sus capacidades cognitivas e incluso de desarrollar demencia.

Es de vital importancia que las personas que padecen una afección tiroidea comprendan que entre más se vea alterado el funcionamiento cerebral por un desequilibrio tiroideo, mayor será su probabilidad de tener algunos efectos residuales, como no sentirse tan bien como antes. Combata estos efectos residuales usando la medicina de cuerpo y mente, la cual podrá ayudarle a aliviar algunos de los efectos emocionales.

CÍRCULO DE BIENESTAR PARA LOS PACIENTES TIROIDEOS

Empiece:
Obtenga un diagnóstico temprano.

Las mujeres posmenopáusicas deben recibir la terapia de reemplazo de estrógeno para:
• mejorar la cognición
• prevenir la demencia
• mejorar su estado de ánimo

Evite consumir demasiado o muy poco yodo, ya que esto causa cambios en la función de la tiroides.

Tome antioxidantes y ácidos grasos esenciales para:
• Ayudar a la hormona tiroidea a funcionar eficientemente
• Protegerse contra el daño cerebral relacionado con la edad
• Proteger su tiroides contra reacciones autoinmunitarias y daños
• Acelerar su metabolismo

Controle la presión arterial alta: La presión arterial alta causa enfermedades vasculares y acelera el impedimento cognitivo.

Controle los niveles de colesterol:
• El colesterol alto causa enfermedades vasculares.
• Niveles demasiado bajos de colesterol impiden la cognición y causan depresión, suicidio y violencia.

Corrija el desequilibrio rápidamente: evite los altibajos con el tratamiento.

Mantenga un equilibrio tiroideo: TSH = 0,5 a 2 unidades mili-internacionales por litro

Evite la depresión persistente y el estrés a través de:
• El manejo del estrés
• Un protocolo de T4/T3
• Un curso de antidepresivos, de ser necesario
• Asesoría y psicoterapia

Obtenga apoyo y comprensión:
• De familiares
• De amistades
• En su trabajo

Controle el peso a través de:
• Ejercicio concienzudo
• Una dieta que sea baja en grasa, alta en proteínas, baja en azúcares simples (como galactosa y fructosa), alta en carbohidratos complejos y que incremente sus niveles de serotonina

Puntos importantes a recordar

- Si el tratamiento de su desequilibrio tiroideo ha sido exitoso pero sigue presentando problemas emocionales, cambios repentinos de humor, cansancio o agotamiento, o si sigue sintiendo achaques en todo su cuerpo u otros síntomas de hipofunción tiroidea, ¡usted no está solo! Estos son sólo los efectos residuales de lo que causó el desequilibrio en su química cerebral. Algunos de los síntomas pueden ser explicados por un déficit de T3 (la forma más activa de hormona tiroidea), no cubierto por la T4 sintética que se emplea para el tratamiento del hipotiroidismo.

- Para combatir estos síntomas, utilice las técnicas de cuerpo y mente y el ejercicio aeróbico, mantenga el equilibrio tiroideo y, en caso necesario, emplee el tratamiento combinado de T4/T3 y un antidepresivo.

- Los efectos dañinos de un desequilibrio tiroideo severo en su cerebro pueden conducir a un deterioro cognitivo y problemas de la memoria que se asemejan a los efectos del envejecimiento. Necesita prestar atención a su estilo de vida, tomar antioxidantes, bajar su nivel de colesterol, control su presión arterial y evitar ingerir azúcares simples.

- Preste atención a las hormonas sexuales si usted es una mujer posmenopáusica y considere tomar una pequeña cantidad de andrógenos para mejorar su estado de ánimo y cognición. También será necesario que tome progesterona si todavía tiene útero.

18

EL NUEVO PROTOCOLO DE T4/T3

"Me hizo sentir mejor de pies a cabeza"

Hace unos años, me invitaron a la fiesta de Navidad en casa de un amigo. Aunque ya tenía varios años de conocer a Alan, nunca había conocido a su esposa. Cuando llegué a la fiesta, noté de inmediato que Jennifer tenía ojos saltones, que es un síntoma de la enfermedad de Graves, una afección que causa hiperfunción tiroidea. No sólo sus ojos estaban saltones, sino que también parecía estar deprimida y retraída. No interactuaba fácilmente con la gente y le contestó de manera cortante varias veces a su esposo a lo largo de la noche, demostrando claramente que no tenía ganas de estar en la fiesta.

Más adelante, me contó Alan que a Jennifer le habían diagnosticado la enfermedad de Graves dos años antes. Lo que le había llevado a consultar a un médico fue su enojo, una ansiedad extrema y cambios pronunciados y repentinos de humor, que ya estaban empezando a cobrar un precio en su matrimonio.

Alan también me explicó que sus problemas emocionales no habían desaparecido por completo después de que había sido tratada su afección tiroidea. De hecho, nunca volvió a ser "ella misma". Como resultado del tratamiento de su hiperfunción tiroidea, Jennifer se había vuelto hipotiroidea y estaba recibiendo tratamiento con hormona tiroidea en la forma de tiroxina sintética (T4). Varios médicos le dijeron que sus niveles de hormona tiroidea eran normales y que no había nada más que pudieran hacer por ella. Uno de ellos incluso le recomendó que consultara a un terapeuta. Jennifer también siguió un tratamiento con antidepresivos pero suspendió el medicamento al cabo de tres meses, cuando se dio cuenta que no le producían una mejoría importante en la manera en que se estaba sintiendo.

Más tarde, cuando empecé a tratar a Jennifer, ella gradualmente volvió a la normalidad mediante un programa de tratamiento innovador que corrigió el desequilibrio en su química cerebral que había sido causado por su afección tiroidea. El programa incluía practicar una técnica de relajación pero sobre todo implicaba un cambio dramático en la naturaleza de su tratamiento con hormona tiroidea. La cambié de un protocolo que emplea un fármaco que sólo contiene T4 a un protocolo que yo he diseñado que combina T4 sintética (levotiroxina) y T3, la cual es la forma más potente y biológicamente activa de hormona tiroidea. Yo creo que este protocolo es muy prometedor para un gran número de personas que, por cualquier motivo, están sufriendo de hipofunción tiroidea y necesitan recibir tratamiento con hormona tiroidea. Yo considero que este nuevo tratamiento con T4/T3 es un tratamiento de vanguardia para el hipotiroidismo y una alternativa viable al método médico actual más ampliamente aceptado, que consiste en recetar T4, una parte de la cual se convierte en T3 en los órganos del cuerpo, entre ellos el cerebro.[1]

"Yo creo que hay muchas mujeres como yo —me dijo Jennifer—, que tienen que lidiar con los mismos problemas que yo tenía todos los días sin jamás enterarse que existe un tratamiento eficaz. Y eso es una pena, porque las afecciones tiroideas pueden alterar completamente no sólo tu personalidad, sino también tu apariencia física y Dios sabe la carga tan pesada que eso puede ser en la sociedad actual".

Deje de vivir bajo una nube

Es bastante evidente por los síntomas que Jennifer describió que mientras sufrió de un trastorno glandular, ella había pasado por una época desagradable de estado de ánimo bajo y emociones alteradas que nunca le fueron validados. Ella me dijo recientemente:

> "Antes que empezara a tomar el nuevo tratamiento de T4/T3, constantemente me preguntaba si así iba a ser por el resto de mi vida".
>
> "Desde entonces, he dejado de vivir bajo una nube. Nuevamente soy capaz de procesar cosas en mi mente normal y rápidamente. He logrado, diría yo, una mejoría del 95 por ciento en mis síntomas. El cosquilleo en mis manos y pies no es tan fuerte. Ahora retengo menos líquidos que antes. Tengo más energía. He regresado a trabajar. Soy más extrovertida y tengo una perspectiva más optimista. Finalmente me estoy recuperando a mí misma. ¡Realmente me siento bien y tengo esperanza!"

Cuando inicié mi carrera en el campo de las enfermedades tiroideas, mi meta al tratar pacientes con hipofunción tiroidea era ayudarles a alcanzar y mantener un nivel normal en sangre de hormonas tiroideas y la hormona estimulante de la tiroides (HET o TSH). La TSH es la hormona pituitaria que regula el funcionamiento de la glándula tiroides. Todavía recuerdo aquellos días en que atendía a un sinfín de pacientes que habían logrado esta meta pero que seguían quejándose de cansancio, piel seca, una incapacidad de funcionar y otros síntomas. Les respondía con vehemencia, "Estos problemas no son a causa de su tiroides". Aunque no encontraba la explicación de estos síntomas persistentes, sentía que de algún modo había cumplido con mi trabajo. En la mayoría de los casos, cuando buscaba alguna afección coexistente, mis esfuerzos eran en vano. Mi frustración siguió creciendo y sentía que no podía brindar las respuestas y las curas que muchos de mis pacientes hipotiroideos estaban esperando de mí.

En aquella época, los doctores empezaron a consternarse por la pérdida ósea y la osteoporosis que presentaban las personas tratadas con un exceso de hormona tiroidea. Los tratamientos iniciales empleaban tiroides desecada de animales. Es natural y brinda ambas hormonas tiroideas (T4 y T3), pero no en una composición lo suficientemente cercana a la química humana como para lograr niveles estables.[2] El resultado a menudo era una elevación pronunciada diaria en el nivel en sangre de T3 que estaba fuera de proporción con el patrón normal de los niveles en sangre de los humanos. Tales pacientes también corrían el riesgo de presentar una pérdida ósea importante. Como muchos otros médicos de la época, yo elegía el tratamiento más nuevo para hipotiroidismo siempre que fuera posible, es decir, les suspendía el tratamiento con tiroides desecada y les recetaba T4 sintética.

Para mi gran sorpresa, este nuevo tratamiento rara vez era totalmente exitoso. Una vez que se cambiaban de las tabletas naturales de T4/T3 a tabletas de T4, los pacientes se quejaban de aletargamiento, problemas de memoria, deterioro en la concentración y toda una gama de síntomas diversos y todo esto pese a que hubieran logrado tener niveles normales en sangre de hormona tiroidea y TSH. De hecho, rara vez pude convencer a un paciente que siguiera tomando levotiroxina: todos querían volver a tomar la pastilla anterior.

Como resultado de estas observaciones, rápidamente me di cuenta que alguna forma de terapia combinada con T4/T3 debería ser eficaz para muchos pacientes con hipofunción tiroidea. ¿No es esta la razón por la cual tantos doctores siguen recetando tiroides desecada a sus pacientes hipotiroideos? ¿No es este el motivo por el cual las combinaciones sintéticas de T4 y T3 como el *Thyrolar* han sido fabricadas durante años? Sin embargo, estas combinaciones rara vez han sido usadas desde los años 70, principalmente porque también producen elevaciones pronunciadas en el nivel de T3 en el torrente sanguíneo. Lo que les estaba faltando a los pacientes tratados con levotiroxina era un poco de T3, en la cantidad correcta y de una forma cercana a la que produce la glándula humana.

La adición de T3 al tratamiento del hipotiroidismo es benéfica porque el cuerpo y la mente dependen de esta forma más potente de hormona tiroidea, que también es la forma principal de la hormona que tiene una mayor función en las células del cerebro. Por lo tanto, incluso un déficit diminuto de

T3, que puede estar presente en muchos pacientes que toman levotiroxina como terapia de reemplazo de hormona tiroidea, puede alterar el funcionamiento de una persona. Sin embargo, también es cierto que una persona a la que le falta una cantidad diminuta de T3 puede ser asintomática, mientras que otra puede presentar algunos efectos.

Aunque las compañías farmacéuticas han tratado de combinar las dos hormonas, los resultados no han igualado a la naturaleza. En humanos, el 20 por ciento de la T3 que necesita el cuerpo es producida directamente por la glándula tiroides. El reemplazo correcto generalmente se evalúa al vigilar la sustancia que la pituitaria detecta y libera, o sea, la TSH. Pero a medida que hemos ido adquiriendo una mayor comprensión de la química y regulación complejas de las hormonas tiroideas en el cuerpo, nos hemos ido dando cuenta que dicha regulación es un tanto distinta en la glándula pituitaria, el cerebro y otros órganos. Antes, se trabajaba bajo el supuesto de que los doctores podían normalizar los niveles de hormona tiroidea en el cuerpo administrando solamente T4. Pero esto resultó no ser cierto en todos los casos. Al darles sólo T4 a los pacientes para normalizar su nivel de TSH, a algunos les seguirá faltando una pequeña cantidad de T3 que normalmente es proporcionada por la glándula tiroides. Es posible que, aunque los resultados de los análisis de sangre sean normales y que la conversión de T4 a T3 en los órganos se tome en cuenta, exista alguna forma de hipotiroidismo en el cerebro o incluso en el cuerpo en general, debido a la falta de T3. Tener un nivel normal de TSH no necesariamente significa que el cerebro y los órganos estén recibiendo exactamente la cantidad de T3 que necesitan. Obviamente, averiguar qué era lo que estaba faltando en el cerebro y el cuerpo de mis pacientes hipotiroideos se convirtió en una de mis metas principales.

Yo sabía que la T3 funciona como un antidepresivo pero que la dosis empleada convencionalmente por los psiquiatras era mucho más alta que la dosis fisiológica de reemplazo (vea el Capítulo 6). También sabía que el sufrimiento persistente de los pacientes hipotiroideos tratados a menudo es de dos tipos. Muchas personas siguen padeciendo los síntomas de un metabolismo más lento. Tienen dificultades para bajar de peso y se quejan de caída del cabello, piel seca, uñas quebradizas, calambres musculares y toda una gama de síntomas físicos. Estos síntomas indican que el cuerpo no está recibiendo exactamente la cantidad indicada de T3 a partir de la conversión de la T4. Muchas personas sufren de algún grado de depresión, también probablemente debido, hasta cierto punto, a un nivel bajo de T3 en el cerebro. Algunos de los efectos persistentes del desequilibrio tiroideo, discutidos en el capítulo anterior, pueden guardar relación con déficits menores de T3 en el cerebro.

Esta línea de pensamiento hizo que los médicos colocaran a todos los pacientes que requerían de tratamiento con T4 bajo una misma categoría, incluso aquellos que padecían la enfermedad de Graves como Jennifer y aquellos a quienes les habían extirpado quirúrgicamente la glándula tiroides debido a algún otro trastorno tiroideo. El propósito del tratamiento es duplicar de manera muy cercana la cantidad de T3 que el cerebro y el cuerpo requieren para su funcionamiento normal.

Cuando la T4 simplemente no es suficiente

Independientemente de que la hipofunción tiroidea haya sido causada por la tiroiditis de Hashimoto, el tratamiento de la enfermedad de Graves o la remoción quirúrgica de la glándula, es posible que uno siga padeciendo los síntomas de la hipofunción tiroidea si sólo le han recetado T4 para tratar su afección. Unos estudios de investigación realizados en Noruega demostraron que los pacientes tratados sólo con T4 siguieron teniendo una menor calidad de vida, depresión, ansiedad y falta de memoria.[3] Aunque estos pacientes mejoraron con el tratamiento que sólo incluía T4, no necesariamente se llegaron a sentir tan bien como antes de que se volvieran hipotiroideos, incluso después de seis a ocho meses de tratamiento. Como mencioné en el Capítulo 17, las investigaciones recientes también han confirmado que los pacientes con la enfermedad de Graves siguen teniendo síntomas anímicos, emocionales y cognitivos importantes, incluso años después de que han recibido tratamiento para su hiperfunción tiroidea y pese a haber logrado resultados normales en sus análisis de funcionamiento tiroideo mediante el tratamiento con tiroxina. Los niveles de TSH pueden estar dentro del rango óptimo pero el nivel de T3 puede estar en el extremo bajo del nivel normal. Un estudio de investigación comparó a 85 pacientes tratados sólo con T4 contra 114 personas normales que tenían niveles similares de TSH y se encontró que los niveles de T3 eran mucho más bajos en los pacientes tratados con T4.[4] En este estudio de investigación, los pacientes que habían sido tratados con T4 presentaban pruebas biológicas de hipotiroidismo demostradas por niveles bajos de la globulina ligante de hormonas sexuales (una proteína que se produce en el hígado y que refleja los efectos de la hormona tiroidea en el cuerpo). Los estudios de investigación realizados en ratas a las que les provocaron hipotiroidismo mediante la remoción quirúrgica de la glándula tiroides han demostrado que para restaurar los niveles normales de T3 en los tejidos de los animales, estos necesitaron cantidades excesivas de T4.[5] Todas estas pruebas indican claramente que en muchos pacientes con hipofunción tiroidea, la T4 por sí sola no es adecuada para lograr y mantener un nivel perfecto de T3 en la sangre y los órganos.

Una maestra llamada Priscilla me enseñó el grado al cual su deterioro cognitivo y otros síntomas fueron el resultado de la pequeña cantidad de T3 que le estaba faltando. Su experiencia ilustra el hecho que la administración de tiroxina para reponer lo que una glándula normal produce y entrega al cerebro y al cuerpo no duplica lo que ocurre en la naturaleza. La conversión de T4 sintética a T3 simplemente no rinde la cantidad necesaria de T3 incluso cuando la TSH pituitaria ha llegado a su nivel normal.

A Priscilla le hicieron una tiroidectomía total porque tenía un bocio grande. Le dieron T4 para el hipotiroidismo y alcanzó niveles normales en sangre de hormonas tiroideas y TSH. Antes de la tiroidectomía, Priscilla no había presentado síntoma alguno. Había sido una mujer feliz y vigorosa, pero sus problemas empezaron una semanas después de la cirugía. En sus palabras:

"Simplemente no podía encontrar la dosis correcta. Un doctor pensó que estaba atravesando por una depresión. Él tampoco nunca pudo ajustar bien la dosis. No parecía poder reponerme. Los doctores me dijeron que todo estaba normal, pero sin duda no me sentía así. Se me estaba cayendo el cabello, me sentía nerviosa, quería hacer cosas destructivas. Pensé que me había vuelto loca".

"Incluso ir a la cita con el médico era un esfuerzo increíble para mí. A menos que me anotaran las instrucciones para llegar, no me podía acordar cómo llegar a su consultorio. O sentía que no podía hacerlo a menos que me acompañara mi esposo, pese a que antes de eso, yo había sido una mujer independiente. Me volví difusa y no podía concentrarme en nada. Incluso en la casa, me costaba trabajo decidir cuáles cosas tirar a la basura y cuáles otras guardar. Todo parecía estar hecho un desorden. Me volví muy desorganizada".

"Yo había sido maestra durante 25 años, pero llegó a tal grado que no podía recordar dónde había dejado los archivos y no podía recordar qué era lo que quería hacer después. Mis colegas me irritaban o yo me molestaba con ellos y a veces sólo explotaba".

Después de que le quitaron la glándula tiroides, el doctor de Priscilla le dio la cantidad exacta de T4 que necesitaba para lograr un nivel normal de TSH. Pero pese a que los análisis de sangre indicaban resultados normales, le seguía faltando una pequeña cantidad de la forma activa de la hormona, T3. Al igual que cuando hay un nivel bajo de serotonina en el cerebro, esto le provocó una depresión que se volvió autoperpetuante.

El pequeño déficit de T3 había causado los síntomas de piel seca, hinchazón y metabolismo lento de Priscilla. Cuando le cambié el tratamiento con T4 por otro régimen que consistía en una combinación de T4/T3, sus síntomas emocionales y físicos se resolvieron rápidamente. Mientras que la mayoría de los antidepresivos tardan de seis a ocho semanas en volverse eficaces, muchas personas se empiezan a sentir mejor incluso al cabo de tan sólo una semana después de comenzar el tratamiento con T4/T3. Priscilla describió la mejoría en sus síntomas a continuación:

"Con el tratamiento combinado, me resultó más fácil manejar las situaciones. Nuevamente podía lidiar con los niños y mis colegas en la escuela. Mis emociones se volvieron más estables. He sido capaz de enfrentar retos en mi vida y también he sido capaz de desafiarme a mí misma, por ejemplo, tomando clases. He notado una gran diferencia en cómo me siento con respecto a mí misma, cómo me visto y cómo me maquillo, que son cosas que estaba dejando a un lado porque me requerían un gran esfuerzo. Otra vez disfruto hacer ejercicio y quiero participar en otras actividades e ir a diferentes lugares".

"Antes de tomar T3, sentía como si estuviera afuera de mi cuerpo, a veces sólo observando lo que estaba sucediendo sin poder comprender por qué no podía participar. Siento que este nuevo tratamiento me ha vuelto a conectar conmigo misma, una persona creativa y energética, es decir, la persona que era antes. Ahora tengo más autoestima y autocontrol".

El caso de Priscilla ilustra que parte del problema cuando un paciente sólo toma T4 para lograr tener una cantidad normal de T3 en su cuerpo y cerebro es que la pastilla de T4 simplemente no brinda la cantidad correcta de T3 que se necesita para lograr un funcionamiento normal.

Necesita la combinación correcta

Mientras trataba de determinar cuál era cantidad correcta de T3 que debía combinar con T4 para mis pacientes, me di cuenta desde un principio que cada persona necesita una cantidad diferente que depende no sólo de la cantidad total de hormona tiroidea que requiere un paciente en particular, sino también de sus síntomas y de la presencia o ausencia de depresión, ansiedad, y/o síntomas físicos residuales. Algunos pacientes requieren entre 5 y 10 microgramos de T3 al día para lograr aliviar sus síntomas lo mejor posible. Sin embargo, otros pacientes pueden requerir tan sólo 2 ó 3 microgramos al día. No hay una sola cantidad mágica de T3 que les funcione a todos. La cantidad necesaria de T3 debe ser cercana a la que una glándula tiroides normal produce cada día. Pero si el paciente está padeciendo síntomas de depresión, puede que la cantidad de T3 tenga que ser ligeramente más elevada sin que llegue a causar un exceso de T3 en el organismo. En esencia, el médico necesita encontrar la proporción de T3 a T4 que hará que el paciente se sienta lo mejor posible sin causarle efectos adversos indebidos. La T3 en la cantidad y proporción correctas le puede provocar cambios milagrosos en su manera de sentirse, pero un exceso de T3 no sólo le impedirá beneficiarse del tratamiento sino que también le puede generar otros síntomas, como una peor ansiedad, depresión o fatiga, frecuencia cardíaca acelerada y palpitaciones. Lo mejor es tomar la T3 dos veces al día (antes del desayuno y a las 2:00 p.m.) para evitar elevaciones anormales en el nivel de esta hormona. Puede evitar elevaciones anormales en los niveles de T3. Puede obtener la T3 tomando una combinación de una dosis baja de tiroides desecada (como *Armour Thyroid*) o una dosis baja de *Thyrolar* (una combinación de T4 sintética y T3), además de una cantidad adecuada de tiroxina sintética, en caso necesario. Pero de nuevo, esto puede o no funcionar en su caso particular. También puede obtener la T3 tomando T3 sintética, (*Cytomel*), que viene en tabletas de 5 microgramos. Debido a que los niveles de T3 típicamente se elevarán y bajarán al cabo de unas horas de haber tomado el *Cytomel*, muchos pacientes necesitan tomar la mitad de la dosis diaria, dos veces al día.

Otra alternativa que he encontrado que es bastante eficaz y segura es el uso de T3 compuesta de liberación retardada tomada una vez al día, junto con T4, media hora a 45 minutos antes del desayuno con el estómago vacío. Cuando toma T3 compuesta de liberación retardada, no presentará elevaciones pronunciadas de T3 en su organismo y sus niveles de T3 se mantendrán estables y dentro de un muy buen rango durante períodos más prolongados a lo largo del día que si toma la T3 sintética de acción rápida.[6] Sin embargo, algunos pacientes se beneficiarán más de tomar la T3 de liberación prolongada dos veces al día.

Cualquiera que sea el tratamiento combinado que su médico haya elegido para usted, debe asegurarse que sus niveles tanto de hormona tiroidea como de TSH se mantengan normales y estables. El tratamiento de pacientes que presentan síntomas persistentes con una combinación de T4/T3 imita en gran medida lo que una glándula tiroides normal le proporciona al cuerpo y al cerebro. Necesita vigilar su nivel de TSH y debe medir su nivel de T3 de dos a tres horas después de haber tomado su dosis matutina de hormona tiroidea para asegurarse que no se esté sobremedicando con T3.

La publicación de la primera edición de *La solución tiroidea*, donde detallé los beneficios de la combinación de T4/T3 para el tratamiento de pacientes hipotiroideos con síntomas residuales, coincidió con la publicación del primer estudio de investigación donde se demostraba que el *Cytomel* junto con la T4 sí mejora el estado de ánimo y la cognición en pacientes hipotiroideos.[7] Aunque el diseño de este estudio no fue perfecto, me emocioné al ver estos resultados. Sin embargo, de aquella fecha para acá, han aparecido aproximadamente 10 estudios de investigación en las revistas médicas donde se evalúa el efecto del tratamiento con una combinación de T4/T3 en pacientes con hipotiroidismo y varios de estos estudios no han podido demostrar beneficio alguno.[8] Por esta razón, un gran número de doctores siguen sin aceptar que la combinación de T4/T3 pueda ayudar a un gran número de pacientes hipotiroideos que sufren de síntomas residuales como estado de ánimo bajo y fatiga pese a que tengan resultados normales en los análisis de sangre tomando sólo T4. Sin embargo, en mi opinión, ningún estudio de investigación hasta ahora se ha realizado de la manera suficientemente adecuada como para comprobar que la combinación de T4/T3 no sea benéfica para los pacientes con síntomas persistentes. La calidad de los estudios de investigación publicados es tan mala que ni siquiera debieron haberse publicado en primer lugar. La mayoría de estos estudios tienen una amplia gama de fallas en su diseño. El número de pacientes en general era demasiado pequeño y la selección de pacientes estudiados a menudo fue inapropiada. Como expliqué anteriormente, no todos los pacientes con hipofunción tiroidea tienen los síntomas residuales de estado de ánimo bajo y fatiga; no obstante, los pacientes que se incluyeron en estas investigaciones no fueron seleccionados para evaluar dichos efectos residuales. Otro problema importante de estos estudios publicados tiene que ver con la dosis de T3 que se empleó. En la mayoría de ellos, se utilizó una dosis fija de T3 para todos los pacientes, sin considerar la cantidad total de hormona tiroidea que necesitaban y sin importar cuáles fueran sus síntomas. Como se mencionó anteriormente, la T3 funciona cuando se administra en la cantidad y proporción correctas, pero en exceso no sólo no aliviará los síntomas, sino que también puede provocar síntomas nuevos e incluso efectos adversos. Además, en los estudios publicados, cuando los pacientes cambiaban su tratamiento con T4 a uno que combinaba T4 y T3, su condición tiroidea pudo haber cambiado ligeramente, lo cual también pudo haber afectado los resultados de estas investigaciones.

Está claro que las autoridades en el campo de la tiroides que les enseñan a los doctores las maneras de tratar las enfermedades tiroideas necesitan llevar al cabo investigaciones cabales y meticulosas antes de llegar al veredicto de que este tratamiento no produce beneficio alguno.

"Me siento hermosa nuevamente"

A Erín, una mujer de 44 años de edad, le habían diagnosticado hipotiroidismo hace cinco años y también le habían hecho una histerectomía. Pese a numerosos ajustes en su dosis de T4, no se sentía lo bien que hubiera deseado. Sus síntomas habían avanzado y hace tres años, llegó a un grado tal que ya era incapaz de funcionar. Debido a que seguía sufriendo de cansancio, problemas para concentrarse y toda una gama de síntomas diversos, su médico le siguió aumentando la dosis de hormona tiroidea para hacerla sentir mejor. Erin no tenía energía y tenía un cosquilleo en las manos que los doctores no podían explicar. Ella dijo:

> "Un doctor no se cansó de repetirme que no había nada mal. Me decía que yo estaba perfectamente bien, creo que porque realmente no sabía qué hacer. Yo llegué a pensar que algo estaba terriblemente mal conmigo, aunque no tenía idea qué podría ser. Podía sentir que mi cuerpo y mi mente no estaban funcionando como debían a mi edad.
>
> En una ocasión, el doctor me dijo que era hipoglucémica y me indicó un régimen de seis comidas pequeñas al día. Eso tampoco me hizo sentir mejor".

Al igual que la mayoría de los pacientes que sufren de los efectos persistentes de un desequilibrio tiroideo, Erin ni siquiera sospechaba que pudiera estar deprimida. Pero cuando le hice preguntas acerca de sus síntomas, ella confesó que sí tenía la mayoría de los síntomas de la depresión. Estaba muy irritable. "Pasé por una época en que la gente me hacía una pregunta simple, como '¿Te agrada mi nuevo corte de pelo?' Y en vez de contestar cortésmente que se les veía bien, fuera cierto o no, yo respondía algo como, 'Fíjate, realmente no va con tu forma de cara', o 'Está espantoso y te hace lucir mal'. Luego, me avergonzaba de lo que acababa de salir de mi boca".

Erin ya no sufre de depresión ni enojo. Sus síntomas físicos se han resuelto desde que empezó a tomar la cantidad correcta de T3 en combinación con T4. Tuvimos que ajustar su dosis de T3 dos veces para que se sintiera bien. Ella comentó:

"Ahora me siento más contenta y estable. Siento como que tengo una vida. Tengo más energía. Ya no estoy enojada. Creo que ya no estoy deprimida en lo absoluto. Ahora puedo hacer cosas por los demás que durante mucho tiempo no pude hacer. Durante una época, no podía dar de mí y ahora participo mucho más en mi iglesia y en las actividades sociales".

"En cuanto a la relación con mi esposo, a él le encantó este cambio porque he vuelto a ser la misma de antes. Lo recibo con una sonrisa y ahora quiero escuchar cómo le fue en su día. Antes, ni siquiera podía hacer eso. Creo que estaba tan envuelta en mis propios problemas que no podía pensar en él. Ahora, hemos vuelto a sentarnos a conversar y a pasar tiempo juntos".

"En el trabajo, ya casi no me enojo cuando el teléfono suena en el momento equivocado o cuando las cosas no salen según lo planeado. Ya no me frustro tanto como antes".

Como resultado de este protocolo, Erin perdió 10 libras (4,48 kg) cuando empezó a seguirlo. Su piel se sentía mejor y se le dejó de caer el cabello. La hinchazón en la cara y su apariencia abotagada también desaparecieron. "Cuando me miro al espejo —dice—, me siento hermosa de nuevo. Este tratamiento revolucionó mi vida por completo".

El cambio de la hormona natural al protocolo de T4/T3

Algunos pacientes con hipofunción tiroidea son tratados con dosis elevadas de tiroides desecada (*Armour Thyroid*) que toman en una sola dosis diaria. Estos pacientes pasan por períodos de niveles elevados de T3 en el cerebro durante mucho tiempo y usualmente experimentan los síntomas del síndrome de abstinencia cuando se suspende el tratamiento con tiroides desecada y se sustituye por levotiroxina. En tales pacientes, si uno emplea la combinación de levotiroxina y T3, como se explicó anteriormente, los síntomas del hipotiroidismo cerebral —entre ellos, cansancio, agotamiento y depresión— a menudo se resuelven. Este método me ha permitido cambiar con éxito el tratamiento de muchos pacientes con tiroides desecada un régimen más fisiológico que combina las cantidades indicadas de T4 y T3.

Unos cuantos pacientes se han rehusado a que les cambie el tratamiento o han probado mi protocolo durante unas cuantas semanas y luego me han pedido que les vuelva a recetar la tiroides desecada. Algunas de estas personas creen firmemente que las hormonas naturales son mejores que las sintéticas. En tales pacientes, el alivio de sus síntomas a menudo se logra a expensas de tener un nivel bajo de TSH y elevaciones importantes en el nivel de T3 que duran varias horas después de que se toman la pastilla. Esta elevación en el nivel de T3 causa un empujón mental en muchos pacientes pero también puede producir problemas del corazón y pérdida ósea. Estos pacientes necesitan entender que su organismo tarda algún tiempo en ajustarse al nuevo régimen fisiológico después de haber estado acostumbrado a tener niveles anormalmente elevados de hormona tiroidea.

El protocolo de T4/T3 para la fibromialgia

El tratamiento con T4/T3 es claramente el mejor tratamiento con hormona tiroidea para pacientes que sufren de fibromialgia causada por hipofunción tiroidea ("fibromialgia hipotiroidea").

Como expliqué en el Capítulo 10, las personas que sufren de fibromialgia eutiroidea tienen el problema de que la hormona tiroidea no está funcionando de manera eficiente. Pueden no estar produciendo una cantidad suficiente de T3 en sus órganos. Por este motivo, el tratamiento ideal para los pacientes que padecen hipofunción tiroidea y que también tienen fibromialgia debe incluir T3. De hecho, la única manera en que yo he logrado alcanzar niveles tisulares normales de hormona tiroidea en pacientes con fibromialgia hipotiroidea es usando una terapia que combine T4 y T3.

Michelle fue una de las muchas pacientes con fibromialgia que traté con éxito con la terapia combinada de T4/T3. Ella tenía 37 años de edad cuando empezó a sentirse cansada y a notar que se le caía el cabello y que tenía las uñas quebradizas. Aumentó de peso y se sentía somnolienta. Gradualmente, empezó a tener dolores en los hombros, la espalda media y los brazos. Eventualmente empezó a ir con varios doctores cuando sus síntomas empeoraron.

Michelle en realidad le sugirió el diagnóstico de fibromialgia hipotiroidea a uno de los médicos. Ella dijo, "Estaba leyendo y tratando de encontrar información que me explicara por qué me estaba sintiendo tan cansada y por qué estaba presentado todos esos síntomas. Yo sabía algo acerca de los problemas tiroideos, entonces empecé a investigar más y fue entonces que decidí consultar a un endocrinólogo".

Durante cuatro años después de que le diagnosticaran hipofunción tiroidea a Michelle, ella siguió padeciendo muchos síntomas que eran claramente indicativos de fibromialgia, pese a que estaba recibiendo una dosis adecuada de tiroxina. Así es como ella describió estos síntomas:

> "El dolor encima mis hombros y a la mitad de mi espalda era tan severo que me despertaba por la noche. No podía dormir porque me dolían las articulaciones todo el tiempo. Estaba tomando ocho pastillas de *Advil* al día y eso no me aliviaba. Estaba haciendo ejercicio, pero sólo parecía empeorarlo. A veces el dolor me corría por la espalda y sentía cosquilleo en los dedos y a veces me viajaba por el brazo o hasta el cuello".
>
> "Una amiga me dijo que ella pensaba que yo tenía artritis y fue entonces que decidí consultar a una serie de especialistas. Después de tres años de ir con estos médicos, un doctor me dijo que tenía problemas de espalda. Me dio un collarín y estuve yendo a sesiones de fisioterapia tres veces a la semana durante tres semanas y eso tampoco me sirvió de nada. Otro doctor me dijo que probablemente me había lastimado algunos músculos de la espalda a causa del estrés. Otro médico me dijo que probablemente se debía a problemas maritales y estrés".
>
> "Finalmente, consulté a otro doctor que, en cinco minutos, me empezó a tocar puntos sensibles en la espalda y los hombros, me sacó unas radiografías y me diagnosticó fibromialgia".

Cuando yo atendí a Michelle, ella estaba tomando L-tiroxina para su tiroides hipofuncionante. En vez, le receté un tratamiento combinado de T4/T3 con dosis pequeñas de T3 tres veces al día. No sólo desaparecieron sus síntomas persistentes, sino que su fibromialgia también mejoró dramáticamente. Michelle también empezó a practicar una técnica de relajación y a recibir masoterapia. Ella dijo:

> "Los cambios fueron asombrosos. Cuando sólo estaba recibiendo tratamiento con T4 para mi tiroides, llegué al punto en que apenas podía levantarme de la cama y realmente no quería tener vida social alguna. Al cabo de unas semanas de haber empezado a seguir el protocolo de T4/T3, empecé a sentirme muy diferente. Ya no quería dormir las 24 horas al día. Podía levantarme y funcionar como una persona normal. Ya no tenía dolor en las articulaciones y el resto del cuerpo. Eso me emocionó mucho porque me había sentido mal durante tantos años, que pensé que nunca me volvería a sentir bien".

Michelle había padecido fibromialgia hipotiroidea. Este tratamiento puede ser benéfico incluso para pacientes con fibromialgia que tienen resultados normales en los análisis de funcionamiento tiroideo y no han sufrido de hipofunción tiroidea. Recuerde, parte del problema puede ser una ineficiencia de la hormona tiroidea. El cuerpo y el cerebro necesitan mucha T3 para compensar dicha ineficiencia. La administración de T3 en las cantidades apropiadas no conducirá a un exceso de hormona tiroidea y dará como resultado niveles más consistentes y estables de T3 a lo largo del día.

T4/T3 junto con antidepresivos

La farmacoterapia con hormona tiroidea puede ayudar a muchas personas que sufren de depresión y que tienen un déficit de T3 en el cerebro que no se corrige completamente con *Prozac* u otros inhibidores selectivos de la recaptación de serotonina (ISRS). Es asombroso el éxito inicial que yo he tenido al usar la combinación de T4/T3 para tratar a personas a las que les han recetado antidepresivos para tratar una depresión persistente que haya resultado de un desequilibrio tiroideo. La T3 tiene un efecto casi milagroso en la química cerebral. La gran ventaja de este tratamiento es que los niveles en sangre de T4, T3 y TSH se mantienen dentro del rango normal.

Como se discutió en el capítulo anterior, no es poco común que las personas hipotiroideas sufran de depresión y necesiten tomar antidepresivos. Sin embargo, más adelante, cuando los resultados de sus análisis de sangre hayan sido normales durante algún tiempo, los intentos por suspender los antidepresivos pueden hacer que la depresión recurra o empeore. En algunos pacientes, los antidepresivos por sí solos no son suficientes. Cuando el paciente suspende la terapia con T4 y empieza a tomar una combinación de T4/T3, se resuelve la depresión. Es como si el ISRS no estuviera funcionando adecuadamente porque a la química cerebral le estuviera faltando una pequeña cantidad de T3 que no le estuviera siendo proporcionada por la pastilla de T4.

Pat, una farmacéutica de 32 años de edad, recuerda que le diagnosticaron hipotiroidismo cuando tuvo una depresión severa que hizo necesario que la internaran en un hospital. Ella había tenido un episodio previo de depresión doce años atrás cuando estuvo en la universidad y terminó con su novio. Su psiquiatra le recetó *Prozac* además de tiroxina y ella recuperó un funcionamiento tiroideo normal cuatro meses más tarde. Sin embargo, siguió teniendo una depresión subclínica y ansiedad, pese a que estaba tomando la dosis máxima de *Prozac* y suficiente hormona tiroidea como para mantener sus niveles en sangre dentro del rango normal.

Al igual que la mayoría de los pacientes que presentan efectos residuales, el tratamiento combinado de T4/T3 fue la solución al problema de Pat. Cuando ella me vino a consultar, me preguntó si su tiroides pudiera estar haciendo que persistieran sus síntomas depresivos. Al agregar T3 a su tratamiento con T4 y *Prozac*, su estado de ánimo y su nivel de energía se transformaron de una manera espectacular. Este tratamiento potenció los otros aspectos de su tratamiento para la depresión. De nuevo, es probable que el tratamiento con *Prozac*-levotiroxina no haya sido totalmente eficaz para curar la depresión porque Pat tenía un déficit de T3 en su cerebro.

Una pequeña cantidad de T3 administrada en dosis divididas usualmente no hace que los niveles de T3 en sangre se eleven por encima del rango normal. No obstante, antes de cambiarse al tratamiento combinado de T4/T3, asegúrese que su médico lo examine para verificar que no tenga problemas del corazón. Esto es importante porque los pacientes con enfermedades cardíacas pueden tener problemas con el ritmo cardíaco u otras complicaciones cardíacas que podrían verse adversamente afectadas por incrementos incluso mínimos en los niveles de T3. Yo no recomiendo usar este tratamiento combinado en pacientes que presentan un riesgo elevado de contraer enfermedades cardíacas, en especial, los pacientes de edad avanzada. Si usted sufre de ansiedad severa, el tratamiento con T3 puede hacer que empeore; eso se puede prevenir al agregar alprazolam al tratamiento durante varias semanas y luego disminuyéndolo gradualmente. Combine este protocolo con alguna técnica de relajación, alimentación y ejercicio, y emplee los cuestionarios que aparecen en los Capítulos 3 y 5 antes y durante su tratamiento para que pueda evaluar su respuesta a este programa de tratamiento.

Los pacientes con síntomas persistentes que están siendo tratados con T4 y tienen resultados normales en sus análisis de sangre ya nunca más se irán de mi consultorio con un veredicto de que no hay nada más que se pueda hacer por ellos. Mis pacientes que habían estado tomando tiroides desecada ahora reciben un tratamiento que les permite sentirse mejor sin tener que pagar el precio de la pérdida ósea.

En mis pacientes con depresión persistente, las pruebas estandarizadas para la depresión han demostrado una mejoría importante en su estado de ánimo después de haber recibido la terapia de T4/T3. Las puntuaciones relativas a los síntomas de ansiedad y otros síntomas físicos acumulativos relacionados con la tiroides bajan, reflejando su transformación de una persona cansada y desconectada a una persona contenta y asintomática. Una de mis muchas pacientes que dejaron de necesitar tomar *Prozac* y *Zoloft* cuando se cambiaron al tratamiento con T4/T3 me dijo, "¡No me he sentido tan bien durante no sé cuánto tiempo! Todos los días pienso que esto va a dejar de funcionar. Tengo mucho miedo. Pero no ha sucedido. Dios lo bendiga por haberme vuelto a la vida. ¡Nada me había funcionado antes!"

Puntos importantes a recordar

• Los pacientes hipotiroideos tratados con fármacos que sólo contienen T4 pueden sufrir de efectos persistentes porque les está faltando la cantidad correcta de T3, que es la forma más potente de hormona tiroidea, así como la forma principal de la misma que actúa en las células del cerebro.

- Cambiar el tratamiento con T4 por un régimen que combine T4/T3 puede empezar a resolver los síntomas emocionales y físicos, incluida la depresión, incluso al cabo de una semana de haber empezado el tratamiento.

- La terapia combinada de T4/T3 puede ayudar a mantener niveles tiroideos normales y mejorar los síntomas en personas que sufren de casos persistentes de fibromialgia.

- Los pacientes con hipofunción tiroidea que son tratados con T4 y un antidepresivo para la depresión y fatiga residuales mejoran tremendamente cuando se les cambia a una terapia combinada de T4/T3. Este tratamiento permite que gradualmente se vaya eliminando la terapia con antidepresivos.

19

SEA AMIGABLE CON SU TIROIDES

Elecciones saludables día a día

Además de conseguir la atención médica apropiada, también necesita llevar un estilo de vida que incluya una dieta sana, los suplementos correctos, un régimen de ejercicio y técnicas de relajación. Todas estas actividades son importantes para lograr y mantener una salud física y mental óptimas, aunque algunos doctores le hagan creer que lo único que necesita es vigilar periódicamente sus niveles de hormona tiroidea y ajustar su dosis de medicamento. Pero ahora que sabemos los efectos sustanciales que una enfermedad tiroidea produce en el cuerpo y la mente, usted mismo ha podido constatar en los capítulos anteriores que es indispensable emplear una combinación de terapias.

Ya hemos visto el papel que desempeña el estrés en provocar o perpetuar las enfermedades tiroideas. Pero los factores relativos al estilo de vida, como la alimentación y el ejercicio, también influyen en la probabilidad que tenga de desarrollar un desequilibrio tiroideo. Estos factores también determinan, hasta cierto grado, la severidad y las consecuencias que tendrá el desequilibrio tiroideo. Aunque por genética usted sea susceptible a desarrollar una afección tiroidea, el hecho de que en realidad la llegue a padecer también tiene que ver con la manera en que vive su vida diaria.

Sin dudas es más fácil prevenir el inicio de un ataque autoinmunitario en contra de la tiroides que tratar un desequilibrio después de que ha ocurrido dicho ataque. Pero incluso cuando ya ha habido un desequilibrio, se pueden minimizar e incluso detener algunos de sus efectos adversos en la salud, llevando un estilo de vida que sea amigable con su tiroides. Dicho estilo de vida también debe tomar en cuenta cualquier otra afección de salud que esté padeciendo y cualesquiera otros medicamentos que esté tomando que puedan contribuir a los efectos mentales y físicos de un desequilibrio tiroideo.

Si usted padece hipofunción o hiperfunción tiroidea, se eleva considerablemente su riesgo de desarrollar enfermedades cardiovasculares. Este riesgo puede acecharlo el resto de su vida a pesar de que su desequilibrio tiroideo haya sido corregido con tratamiento. Por ejemplo, los pacientes que han recibido tratamiento para la enfermedad de Graves presentan una mayor incidencia de internamientos hospitalarios a causa de enfermedades cardiovasculares que las personas que tienen una tiroides saludable. Según un estudio de investigación, los pacientes de más de 50 años de edad que padecen la tiroiditis de Hashimoto tienen un riesgo tres veces mayor de ser ingresados en un hospital a causa de un problema cardíaco.[1] Exactamente qué es lo que hace que los pacientes tiroideos corran un mayor riesgo de desarrollar enfermedades cardiovasculares sigue siendo tema de especulación. Probablemente tenga que ver con los niveles tiroideos imperfectos que produce el tratamiento, pero también con el efecto que tienen la depresión, el estilo de vida, la nutrición y la falta de antioxidantes en el corazón. Es necesario que tome todas las medidas que pueda para disminuir este riesgo.

Nutrición sana, vida sana

En nuestra sociedad, se ha vuelto una obsesión qué comer y qué no comer. Para algunas personas, seguir una dieta es una manera de controlar el peso. Para otras, comer los alimentos correctos es una forma de prevenir enfermedades. Muchas personas también tratan de elegir alimentos que promuevan un estado de ánimo estable y feliz.

En el Capítulo 7, expliqué cómo y por qué los pacientes tiroideos a menudo batallan con problemas de peso. También hice hincapié en que si una persona tiene un desequilibrio tiroideo, la mejor dieta a seguir para superar estos problemas es una dieta de baja carga glucémica, baja en grasa saturada y alta en proteínas. Al igual que en el caso de otras afecciones importantes, entre ellas las enfermedades de las arterias coronarias, la presión arterial alta, la diabetes y el cáncer (todas las cuales se encuentran entre las principales causas de muerte en los Estados Unidos), las enfermedades tiroideas y sus consecuencias se pueden prevenir o minimizar mediante una nutrición adecuada. La dieta que yo recomiendo para el manejo del peso es también la que presenta una mayor probabilidad de prevenir o atemperar un ataque autoinmunitario en contra de la tiroides.

Los estudios de investigación han demostrado que una dieta rica en proteínas y baja en grasa ayuda a prevenir la incidencia de enfermedades autoinmunitarias. Dicha alimentación también parece retardar el avance de afecciones autoinmunitarias.[2] Comer un exceso de grasa dañará el sistema inmunitario y ayudará a precipitar un ataque autoinmunitario en contra de diversos órganos, que podrían incluir la tiroides. Una alimentación alta en proteínas y carbohidratos complejos y baja en grasas y azúcares simples también ayuda a controlar el colesterol y la presión arterial y ayuda a prevenir daños al cerebro causados por un mal suministro de sangre al mismo, así como por derrames cerebrales.

Sin embargo, dada la alta incidencia de depresión y ansiedad en pacientes tiroideos, no hay alimentación alguna, por sana que sea, que sea verdaderamente amigable con la tiroides si no toma en cuenta el efecto que tienen los alimentos en el estado de ánimo. El funcionamiento del cerebro depende en gran medida de lo que uno come. Una dieta con una baja carga glucémica y rica en proteínas de buena calidad (que contengan los aminoácidos esenciales) mejora el rendimiento intelectual y el estado de ánimo. Si después de comer, usted presenta síntomas como fatiga y ansiedad, dificultad para concentrarse, frecuencia cardíaca acelerada y sudación, es posible que su nivel de azúcar en la sangre esté bajando rápidamente después de una elevación muy pronunciada. Muchas personas le atribuyen estos síntomas a la hipoglucemia, mientras que un descenso rápido (después de una elevación rápida) podría, de hecho, provocar tales síntomas sin que la causa sea hipoglucemia (vea el Capítulo 10). Después de que un paciente ha llegado a tener niveles tiroideos normales, puede seguir presentando síntomas posprandiales (o sea, síntomas que se presentan después de las comidas). Para evitar síntomas molestos y estado de ánimo bajo, coma más alimentos con valores bajos en el índice glucémico. (*Nota*: el índice glucémico es una escala que mide cuánto diferentes alimentos elevan el nivel de azúcar en la sangre. Si un alimento dado no eleva mucho el azúcar en sangre, se dice que tiene un valor bajo en el índice glucémico. Típicamente los alimentos con valores bajos son los cereales integrales y las verduras. Por contraste, los alimentos con valores altos en el índice glucémico elevan el azúcar en la sangre bastante: entre los ejemplos de estos están el pan blanco, el arroz blanco, los dulces y los productos panificados hechos con cereales refinados. Varios expertos en nutrición recomiendan comer alimentos con valores bajos en el índice glucémico).

Además, aumente su consumo de carbohidratos complejos. Esto incrementará sus niveles de triptofano y serotonina, los cuales ayudan a aliviar la depresión.

Una alimentación a base de soya como la que tradicionalmente ingieren los japoneses es buena para el estado de ánimo y para la cognición. Esta es una dieta bien equilibrada, alta en carbohidratos complejos y proteínas y baja en grasa. La soya también tiene un efecto benéfico en los niveles de colesterol y triglicéridos y disminuye los riesgos cardiovasculares. Usted puede elegir entre una amplia variedad de alimentos hechos a base de soya, entre ellos postres congelados, quesos de soya, harina de soya y productos hechos con leche de soya libres de colesterol. Si bien se ha pensado que la soya podría alterar el funcionamiento tiroideo, una análisis reciente de los estudios de investigación que se han hecho al respecto han demostrado que las isoflavonas de la soya y los alimentos de soya no parecen hacer que el funcionamiento tiroideo se haga más lento en personas que tienen una glándula tiroides normal y que consumen una cantidad adecuada de yodo.[3] Pero si su glándula presenta alguna alteración y su consumo de yodo no es óptimo, los alimentos de soya pueden hacer que su glándula se vuelva hipofuncionante. Además, los alimentos de soya pueden afectar la absorción de hormona tiroidea desde el tracto gastrointestinal. Por lo tanto, evite comer grandes cantidades de alimentos de soya en el desayuno; sin embargo, el consumo de productos de soya en el almuerzo y la cena no debe afectar la absorción de hormona tiroidea. Debido a los posibles efectos de los fitoestrógenos en el estado de ánimo y la cognición, trate de no consumir más de tres raciones a la semana de alimentos hechos a base de soya (vea el Capítulo 17).[4]

Evite comer regularmente grandes cantidades de alimentos crudos que contengan bociógenos, unas sustancias que pueden alterar la síntesis de hormona tiroidea. Entre los alimentos que son ricos en bociógenos encontramos el albaricoque (chabacano, damasco), el brócoli, los cacahuates (maníes), la col rizada, la coliflor, la fresa, el frijol (habichuela) de soya, las hojas de mostaza, el melocotón (durazno), el millo (mijo), el nabo, los rábanos, el repollo (col), los repollitos (coles) de Bruselas y los piñones. El cocimiento generalmente neutraliza a los bociógenos, de modo que es bastante seguro comer estos alimentos (con los mismos límites indicados anteriormente para la soya) si están adecuadamente cocidos.

GRASAS ALIMENTARIAS ESENCIALES

Las grasas en el cuerpo sirven como fuente de energía, pero esa no es su única función, ni tampoco la más importante. Ciertas grasas intervienen en procesos del cuerpo tan diversos como la síntesis de hormonas y la inteligencia: aproximadamente el 60 por ciento del cerebro consiste en grasa. Su tiroides también necesita ciertos tipos de grasas para funcionar correctamente. Sin embargo, al igual que otras partes del cuerpo, no necesita de los tipos más comunes de grasa que consume la mayoría de la gente.

Los ácidos grasos esenciales son grasas que quizá no le esté brindando en una cantidad adecuada a su tiroides y al resto de su cuerpo. Los ácidos grasos esenciales desempeñan un papel crucial en la estructura de las membranas celulares, la síntesis de diversas sustancias similares a las hormonas en el cuerpo, el funcionamiento apropiado del sistema cardiovascular y otros aspectos de la salud. Se llaman esenciales porque el cuerpo no las puede sintetizar por su propia cuenta, sino que le tienen que ser suministrados a través de los alimentos o los suplementos. Los ácidos grasos esenciales son poliinsaturados y se clasifican en diversos grupos, los mejores de los cuales son los ácidos grasos omega-3 y omega-6. El principal ácido graso esencial omega-6 se llama ácido linoleico y el principal ácido graso esencial omega-3 se conoce como ácido alfa-linolénico. El consumo de aceite de oliva y otros aceites vegetales aumentará su ingesta de estos ácidos grasos esenciales libres. El ácido linoleico, que también se encuentra naturalmente en los productos lácteos, brinda el beneficio de protección contra el cáncer, especialmente el de mama, según ciertos estudios de investigación experimentales.

Los ácidos grasos omega-3 desempeñan un papel sumamente importante en la estructura y el funcionamiento normal del cerebro. Por ejemplo, la deficiencia de ácido alfa-linolénico cambia la composición de las membranas cerebrales, las células del cerebro y las células protectoras que se encuentran en el cerebro. En los bebés, los ácidos grasos omega-3 afectan el desarrollo del cerebro y la vista. Además, los ácidos grasos omega-3 ayudan a prevenir ciertos aspectos de las enfermedades cardiovasculares, particularmente a nivel del suministro de vasos sanguíneos en el cerebro. Por otra parte, la falta de ácidos grasos omega-3 causará un déficit en la renovación de las membranas del cerebro y acelerará el envejecimiento cerebral, contribuyendo así a la demencia, así como a la enfermedad de Alzheimer y la depresión. Un mayor consumo de ácido alfa-linolénico en la forma de aceite de semilla de lino (linaza) y antioxidantes mejora los síntomas del trastorno de déficit de atención. Además, los bajos niveles de ácidos grasos esenciales se relacionan con la depresión. En un análisis de estudios de investigación publicado en la revista médica *Journal of Affective Disorders*, se determinó que los ácidos grasos omega-3 son bastante útiles para el tratamiento de la depresión en adultos.[5]

Son dos los ácidos grasos omega-3 libres que han llamado más la atención por sus beneficios a la salud: el ácido eicosapentaenoico (AEP) y el ácido docosahexaenoico (ADH). Las principales fuentes alimentarias de estos dos ácidos grasos esenciales son diversos pescados de agua profunda, como caballa (escombro), atún blanco (albacora), salmón, arenque y sardinas. Comer la carne de estos pescados grasosos o tomar suplementos de aceite de pescado como los de aceite de hígado de bacalao (abadejo), tiburón y halibut (hipogloso), ayuda a prevenir enfermedades cardíacas. Los estudios de investigación en animales también sugieren que una dieta rica en AEP puede prevenir la incidencia de enfermedades autoinmunitarias similares al lupus,[6] y también puede ayudar a prevenir ataques autoinmunitarios en contra de la tiroides. Algunos doctores están a favor de usar AEP en el tratamiento de la artritis reumatoidea y la psoriasis. Los efectos benéficos conocidos del aceite de pescado se han ido ampliando para incluir la prevención de cáncer, como el cáncer del colon. Yo creo que es imperioso que todos los pacientes tiroideos tomen suplementos de ácidos grasos omega-3, considerando sus efectos en el sistema inmunitario, el estado de ánimo y el sistema cardiovascular.

ANTIOXIDANTES: PROTECCIÓN PARA LA TIROIDES
DE LOS RADICALES LIBRES DAÑINOS

Hace alrededor de 2.000 años, Hipócrates dijo, "Deja que los alimentos sean tu medicina y que la medicina sean tus alimentos". Las células del cuerpo necesitan oxígeno para funcionar correctamente, pero el resultado del consumo de oxígeno es la producción de radicales libres, los cuales son tóxicos para las células. La acumulación de radicales libres producidos por el metabolismo corporal tiende a debilitar el sistema inmunitario y la capacidad del cuerpo de combatir enfermedades. Los radicales libres dañan a las células y su entorno. Dañan a los genes, que a su vez les dicen a las células qué hacer y qué no hacer. El daño genético causado por un exceso de radicales libres afecta su funcionamiento y podría promover el cáncer.

Los antioxidantes son compuestos naturales que tienen la capacidad de ligarse a los radicales libres en el cuerpo y neutralizarlos. Los antioxidantes que contienen los alimentos minimizan la acumulación de estos "malhechores", evitando que dañen componentes celulares importantes. De hecho, los antioxidantes pueden ayudar a prevenir el cáncer y algunos de ellos —como el betacaroteno y las vitaminas C y E— ayudan a prevenir el cáncer de tiroides.[7] Un consumo adecuado de antioxidantes también retarda el envejecimiento prematuro, lo cual puede ser de utilidad para su tiroides, dado que el envejecimiento conduce a un déficit celular de zinc y selenio que puede producir una menor acción por parte de la hormona tiroidea, similar a lo que ocurre en el hipotiroidismo.[8]

Algunos de los antioxidantes que se encuentran en la naturaleza no sólo depuran los productos secundarios tóxicos del cuerpo sino que también son esenciales para mantener una glándula tiroides saludable y un suministro adecuado de hormona tiroidea. Entre estos antioxidantes encontramos el mineral selenio y las vitaminas A, B_2 (riboflavina), B_3 (niacina), B_6 (piridoxina), C y E. (Vea la lista de "Niveles óptimos diarios de suplementos" más adelante en este capítulo en la página 381). El zinc es otro mineral que es esencial para la producción normal de hormona tiroidea. En un estudio de investigación se descubrió que los niños con síndrome de Down se pueden volver hipotiroideos como resultado de una deficiencia de zinc.[9] La administración de suplementos de zinc a estos niños durante cuatro meses corrigió la hipofunción tiroidea. Por lo tanto, aunque usted no tenga un trastorno tiroideo, necesita tomar cantidades adecuadas de antioxidantes para mantener el funcionamiento correcto de su tiroides.

Aunque una alimentación óptima incluye abundantes frutas y verduras frescas (vea la tabla en la página 308), estas en sí pueden no contener cantidades suficientes de las vitaminas y los antioxidantes que necesita. Por desgracia, la mayoría de las frutas y verduras que se venden en los supermercados llegan a su mesa de varias semanas a varios meses después de que han sido cosechadas. Debido a que las vitaminas y los antioxidantes que contienen los alimentos frescos son inestables, el período que transcurre entre la cosecha y el consumo de los alimentos, así como su procesamiento y cocción, hacen que disminuya la cantidad de estos nutrientes esenciales. En particular, los alimentos pierden fácilmente su contenido de selenio durante su procesamiento, almacenaje y cocción. Como resultado, muchos de nosotros tenemos una deficiencia de vitaminas y antioxidantes. Según la Third National Health and Nutrition Examination Survey (Tercera Encuesta Nacional de Salud y Nutrición), realizada de 1988 a 1994 en los Estados Unidos, del 13 al 23 por ciento de las personas tienen un nivel bajo de vitamina C.[10]

Otra causa común de deficiencia de vitaminas y antioxidantes es la infección en el estómago causada por *Helicobacter pylori*, el organismo que causa la infección bacteriana más común en el mundo. Casi el 30 por ciento de la población de países desarrollados y hasta el 80–90 por ciento de la población de regiones en desarrollo tienen una infección por *H. pylori*, la cual se asocia con la úlcera estomacal. Esta infección puede causar deficiencia de hierro, vitamina B_{12}, ácido fólico, vitamina E, vitamina C y betacaroteno. Además, puede ayudar a provocar enfermedades tiroideas autoinmunitarias.

El desequilibrio tiroideo en sí puede causar deficiencia de antioxidantes. Puede promover una producción excesiva de radicales libres, superando la capacidad de las células de neutralizarlos. Este exceso de radicales libres conduce al avance de enfermedades degenerativas. Los estudios de investigación han demostrado que cuando la tiroides es hiperfuncionante, el consumo de oxígeno es mayor, conduciendo a una acumulación de radicales libres que son tóxicos para las células.[11] Los suplementos de antioxidantes como las vitaminas C y E y los carotenoides mixtos ayudan a las células a depurar estos oxidantes dañinos y pueden prevenir el daño celular en muchas partes del cuerpo, entre ellas los músculos.

Si usted está recibiendo tratamiento por hiperfunción tiroidea debida a la enfermedad de Graves, tomar suplementos de vitaminas C y E, betacaroteno y selenio hará que sus medicamentos antitiroideos funcionen con mayor rapidez y ayudará a que sus niveles tiroideos se normalicen mucho más rápido.[12]

ANTIOXIDANTES PARA PACIENTES TIROIDEOS

El selenio cumple con una función antioxidante crucial en nuestro organismo. La glándula tiroides necesita selenio para sintetizar cantidades adecuadas de hormona tiroidea. Se ha demostrado que el selenio tiene un efecto preventivo en la ocurrencia de afecciones degenerativas como cáncer, trastornos inflamatorios, disfunción tiroidea, enfermedades cardiovasculares, afecciones neurológicas, envejecimiento, infertilidad e infecciones. También tiene el efecto de potenciar el sistema inmunitario. En años recientes, ha habido una disminución en los niveles de selenio en sangre en muchos países europeos,[13] la cual podría ser la responsable de la creciente prevalencia de cáncer y enfermedades cardiovasculares en el mundo occidental. Diversas bacterias que se encuentran en el medio ambiente y en nuestro cuerpo requieren selenio para sobrevivir. Por lo tanto, cuando ciertas bacterias contaminan el ambiente, consumen el selenio que les está disponible a los seres humanos y producen una deficiencia de este mineral esencial para el correcto funcionamiento de la tiroides.

El selenio es importante para el funcionamiento de ciertas partes del cerebro. Afecta a sustancias químicas con cierta actividad hormonal y a neurotransmisores del cerebro y por este motivo, parece afectar el estado de ánimo y la cognición en humanos, así como el comportamiento en animales.[14]

Para que las hormonas tiroideas funcionen correctamente en las células del cuerpo, es esencial que haya un suministro adecuado de selenio. El selenio es un componente crucial de la enzima que convierte la T4 en T3 en el cuerpo.[15] Sin él, no se puede producir T3 en la cantidad correcta y esto hará que el cuerpo se vuelva hipotiroideo aunque el nivel en sangre de esta hormona sea normal. Por lo tanto, el consumo adecuado de selenio es esencial para que la hormona tiroidea regule el funcionamiento de diversos órganos, además de que retardará los efectos de envejecimiento. La deficiencia de selenio causa daños musculares y disminuye el desempeño muscular, en parte debido a que ya no se están bloqueando los efectos dañinos de los radicales libres en los músculos.

El selenio también es importante en la modulación del sistema inmunitario. La deficiencia de este mineral disminuye el funcionamiento del sistema inmunitario y promueve las infecciones virales. La deficiencia de selenio también fomenta los ataques autoinmunitarios en contra de la tiroides. El consumo de selenio protege contra la ocurrencia de enfermedades tiroideas autoinmunitarias. Si usted padece la tiroiditis de Hashimoto, tomar selenio disminuirá la inflamación de su tiroides y bajará su nivel de anticuerpos antitiroideos.[16] La deficiencia de selenio no sólo hace que el sistema inmunitario ataque a su tiroides, sino que su glándula sufrirá aún más daños por la presencia de radicales libres. Un nivel bajo de selenio aumenta el riesgo de desarrollar cáncer de la tiroides.

Sin embargo, tenga cuidado cuando esté tomando suplementos de selenio. Una cantidad excesiva de este mineral puede causar efectos indeseables, entre ellos fatiga, dolor abdominal, diarrea, daños neuronales e incluso infertilidad. El exceso de selenio también puede dañar la tiroides. El selenio tomado en una dosis de 50 a 100 microgramos al día es adecuado para brindar una actividad antioxidante significativa.

El zinc es otro micronutriente importante que es esencial no sólo para que la glándula tiroides produzca cantidades adecuadas de hormona tiroidea, sino que también para que la hormona tiroidea funcione con mayor eficiencia en el cuerpo. El zinc interviene en el funcionamiento del sistema inmunitario. La deficiencia de zinc promueve las enfermedades autoinmunitarias y las infecciones.[17]

El zinc afecta la recaptación de serotonina en el cerebro y por lo tanto, el estado de ánimo y el comportamiento. El zinc ahora está siendo considerado como un antidepresivo. Los estudios de investigación han demostrado que en casos de depresión severa, los niveles de zinc son bajos.[18] Si usted tiene un desequilibrio tiroideo, aunque ya haya sido corregido con tratamiento, y sigue sufriendo de un estado de ánimo bajo, le exhorto a que tome cantidades adecuadas de zinc, así como de otros antioxidantes que afectan a los neurotransmisores del cerebro.

Tanto el hipotiroidismo como el hipertiroidismo pueden causar una deficiencia de zinc. Sin embargo, la deficiencia de zinc es más significativa en el hipertiroidismo, dado que el exceso de hormona tiroidea causa una excreción excesiva de zinc por la orina. El cáncer de tiroides también causa un nivel bajo de zinc.

Si usted tiene un trastorno tiroideo, necesita aumentar su consumo de vitamina B_6 (piridoxina) y vitamina B_1 (tiamina). La piridoxina es importante para la conversión de triptofano a serotonina en el cerebro. Un nivel bajo de vitamina B_6 puede promover síntomas depresivos. Los estudios de investigación han demostrado que la vitamina B_6 es bastante eficaz en el tratamiento de las mujeres premenopáusicas que sufren de depresión.[19] La depresión relacionada con problemas hormonales responderá a la adición de vitamina B_6. Cuando esté recibiendo tratamiento por hiperfunción tiroidea, es muy importante que tome un suplemento de vitaminas del complejo B o multivitamínico que contenga piridoxina.

La deficiencia de ciertas vitaminas del complejo B dará como resultado un nivel elevado de homocisteína, que conduce a un mayor riesgo de enfermedades cardiovasculares y de deterioro cognitivo en la vejez.[20] Si usted tiene un nivel bajo de vitamina B_6, su nivel de proteína C reactiva (un marcador de la inflamación) será elevado, reflejando un mayor riesgo cardiovascular.

La deficiencia de tiamina causa daños a las células cerebrales y endoteliales y puede fomentar la depresión. Si usted sufre de neuropatía causada por un exceso de hormona tiroidea, la deficiencia de tiamina podría estar contribuyendo a este problema.

La vitamina A es necesaria para que el cuerpo convierta cantidades apropiadas de T4 en T3. El exceso de vitamina A preformada de origen animal se puede acumular en el hígado hasta llegar a niveles tóxicos. Sin embargo, los precursores de la vitamina A de origen vegetal como el betacaroteno y otros carotenoides no son tóxicos y son de los antioxidantes más potentes encontrados en los alimentos.

El consumo de suplementos de vitamina E ayuda a disminuir los daños oxidativos causados por un desequilibrio tiroideo. La vitamina E también puede disminuir el riesgo de enfermedades de las arterias coronarias y derrames cerebrales, en parte al prevenir que el colesterol conformado por lipoproteínas de baja densidad (colesterol tipo LBD) oxidado dañe a las células de los vasos sanguíneos. La vitamina E disminuye el riesgo de sufrir de cáncer prostático y mejora la fertilidad. También es útil para la tiroides. Los estudios de investigación han demostrado que la mayoría de los hombres y las mujeres en los Estados Unidos no cumplen con las recomendaciones actuales de consumo de vitamina E.[21]

La vitamina E también es una de las vitaminas que regulan el estado de ánimo. Los niveles en sangre de esta vitamina son más bajos en personas que padecen depresión y en muchos pacientes que sufren de depresión, la deficiencia de vitamina E es parte del problema. Esta sustancia también está presente en las membranas nerviosas.

Un estudio poblacional de personas de más de 65 años de edad demostró que tomar suplementos de vitamina E protege contra el deterioro cognitivo y la demencia en personas de edad avanzada.[22] La vitamina E que proviene de los alimentos también puede tener un efecto protector contra el mal de Parkinson. Como paciente tiroideo, es necesario que tome la cantidad correcta de vitamina E para conservar sus funciones cognitivas.

El consumo de vitamina E no debe exceder de 400 unidades internacionales al día y quizá su consumo ideal está dentro del rango de 150–200 unidades internacionales por día. Los estudios de investigación publicados en la revista médica *Preventive Cardiology* han demostrado que las personas que toman demasiada vitamina E presentan una mayor tasa de calcificación de las arterias coronarias, lo cual puede predisponerlas a desarrollar enfermedades de las arterias coronarias.[23] De tal modo, si bien la vitamina E es importante, en exceso es perjudicial para el corazón.

Durante mucho tiempo, se ha prestado mucha atención a una sustancia llamada alfa-tocoferol, que es uno de los ocho componentes de la vitamina E (llamados isoformas), pasando por alto a otros tocoferoles "menores". Sin embargo, investigaciones recientes han descubierto ciertos efectos benéficos inesperados de los tocoferoles menores, entre ellos el gamma-tocoferol.[24] Los efectos de otros tocoferoles tal vez no tengan nada que ver con sus propiedades antioxidantes, sino que más bien reflejan su capacidad de disminuir la inflamación y retardar el crecimiento del cáncer. El gamma-tocoferol tiene un mayor efecto benéfico en cuanto a la prevención de ciertos tipos de cáncer y de ataques al corazón que el alfa-tocoferol. De hecho, los niveles de alfa-tocoferol y gamma-tocoferol en el tejido tiroideo de pacientes con cáncer papilar son bajos.[25] El mito difundido al público —que el alfa-tocoferol es el único componente de la vitamina E que importa— puede conducir a que las personas presenten una deficiencia de gamma-tocoferol. Por lo tanto, pueden privarse de sus enormes beneficios en cuanto a la salud en general y la prevención del cáncer.

El consumo de una cantidad adecuada de vitamina C es crucial para la salud en general. Esta vitamina es inequívocamente el antioxidante hidrosoluble más importante. Los estudios de investigación han demostrado que es seguro tomar 1.000 miligramos de vitamina C al día. Esto ayuda al funcionamiento cerebral, lo cual incluye la cognición y el estado de ánimo. La vitamina C es esencial para la neurotransmisión.[26] De hecho, las terminaciones nerviosas contienen una mayor cantidad de vitamina C que cualquier otra estructura del cuerpo humano. La vitamina C disminuye el riesgo de sufrir trastornos neurodegenerativos, como la enfermedad de Alzheimer. También tiene efectos benéficos en el sistema inmunitario.

La vitamina C disminuye la inflamación y hace que las células que revisten el interior de los vasos sanguíneos funcionen de manera más eficiente. Esto brinda protección contra las enfermedades cardiovasculares. Además, la vitamina C les brinda a las glándulas suprarrenales el apoyo que necesitan para producir cortisol, la hormona de la energía y del estrés. La vitamina C protege al ADN de los radicales libres dañinos, brinda protección contra el cáncer y disminuye el crecimiento del cáncer. También hace que la absorción de hierro en el tracto gastrointestinal sea más eficiente y esto disminuye el riesgo de desarrollar anemia. El consumo de áloe vera (sábila, acíbar) junto con vitamina C le ayudará a mejorar la absorción de esta última. La vitamina C le protegerá de los efectos deletéreos de los metales pesados, como el cadmio, en su tiroides.

Su estado de ánimo y sus emociones dependen de que usted tome cantidades adecuadas de ácido fólico y vitamina B_{12}, los cuales son esenciales para la síntesis de neurotransmisores y afectan el estado de ánimo independientemente de sus niveles tiroideos. Los pacientes con trastornos del estado de ánimo recurrentes que han sido tratados con litio tienen un nivel bajo de ácido fólico. Por lo tanto, si su desequilibrio tiroideo ha sido corregido con tratamiento, es posible que siga presentando los síntomas de una depresión subclínica si no tiene ácido fólico o vitamina B_{12} en su organismo. Es probable que responda mejor a un antidepresivo si toma suplementos de ácido fólico y vitamina B_{12}.[27]

El ácido fólico, la vitamina B_{12} y la vitamina C también son necesarios para el metabolismo de la homocisteína. Si a usted le faltan estos nutrientes importantes, no sólo se deprimirá, sino que su nivel de homocisteína se elevará y aumentará también su riesgo de desarrollar enfermedades cardíacas. Eso explica en parte el vínculo que existe entre la depresión y el riesgo de sufrir enfermedades cardiovasculares. Los desequilibrios tiroideos también afectan los niveles de homocisteína. Por lo tanto, además de asegurarse que le den el tratamiento adecuado para su desequilibrio tiroideo, necesitará tomar cantidades suficientes de estos suplementos. El ácido fólico a una dosis de 800 microgramos al día puede mejorar los síntomas de la depresión.

La deficiencia de ácido fólico y de vitamina B_{12} también puede promover el deterioro cognitivo. Hasta un 10 a un 20 por ciento de las personas de edad avanzada tienen una deficiencia de vitamina B_{12} que podría contribuir al deterioro de su funcionamiento cognitivo.[28] El consumo de suplementos de ácido fólico y vitamina B_{12} probablemente le protegerán de dicho deterioro.

La coenzima Q_{10}, también conocida como ubiquinona, es una sustancia parecida a una vitamina. Es crucial para la generación de energía en la célula y también se considera un antioxidante. En presencia de un desequilibrio tiroideo, el nivel de coenzima Q_{10} típicamente se vuelve bajo. Esto tiene algo que ver con un mal funcionamiento de las mitocondrias. Si usted tiene insuficiencia cardíaca por congestión venosa e hipertiroidismo, la coenzima Q_{10} mejorará su funcionamiento cardíaco. Después de los 35 ó 40 años de edad, el cuerpo empieza a perder la capacidad de producir coenzima Q_{10} a partir de los alimentos, por lo que fácilmente puede presentarse una deficiencia de esta sustancia. El estrés, las infecciones y los malos hábitos alimenticios también contribuyen a un nivel bajo de esta coenzima. La coenzima Q_{10} es un suplemento importante para los pacientes tiroideos dado que retarda los trastornos degenerativos del cerebro. También se recomienda para personas que padecen el mal de Parkinson y otras afecciones cerebrales. Los estudios de investigación han demostrado que los niveles de coenzima Q_{10} en el tejido tiroideo son bajos en pacientes con la enfermedad de Graves y cáncer de tiroides.[29] Un nivel bajo de coenzima Q_{10} fomenta la incidencia de cáncer de tiroides y desequilibrios tiroideos. Una consumo diario adecuado de coenzima Q_{10} es de 25 a 50 miligramos. El ácido alfa-lipoico es otro antioxidante importante que eleva el nivel de glutatión y ayuda a depurar los radicales libres nocivos del cuerpo. También hace que las vitaminas C y E funcionen con mayor eficiencia.

Asimismo, es importante que preste atención a los minerales. Algunos de ellos, como el cobre y el manganeso, tienen propiedades antioxidantes y le protegerán de los radicales libres. El vanadio a una dosis de 20 a 25 microgramos al día ayuda a resolver la resistencia a la insulina y puede ayudarle a manejar su peso. El magnesio es uno de los elementos más abundantes en la Tierra y se encuentra en muchos alimentos. Sin embargo, es fácil que se le agoten sus reservas de magnesio si consume demasiado alcohol o si suda mucho cuando hace ejercicio. La deficiencia de magnesio puede fomentar los calambres y la debilidad musculares, así como las arritmias cardíacas y la presión arterial alta. Un consumo adecuado de magnesio también mejorará su densidad mineral ósea. Se ha demostrado que los suplementos de magnesio tienen un efecto benéfico en las enfermedades de las arterias coronarias.[30] El magnesio está disponible en diferentes preparados, pero el citrato de magnesio podría ser el mejor de todos. Yo recomiendo que tome 200–300 miligramos de magnesio elemental (*elemental magnesium*) al día.

ALIMENTOS RICOS EN NUTRIENTES ESENCIALES

Selenio	Cereales integrales, germen de trigo, copos de avena, hongos, repollo (col), ajo, tallarines de huevo, frijol de soya, nuez del Brasil (nuez de Pará), nuez, nuez de la India, carne de res magra, atún, huevo
Zinc	Arenque, mariscos, pescado, carne de res magra, pavo, salvado de trigo, cereales integrales, frijol de soya, verduras de color verde, jengibre, productos lácteos, frutos secos
Betacaroteno	Col rizada, zanahoria, *butternut squash* (un tipo de calabaza), espinaca, cantaloup (melón chino), brócoli, espárrago, calabaza (calabaza de Castilla), hígado, lechuga, albaricoque (chabacano, damasco), papaya (fruta bomba, lechosa), naranja (china) madura, melocotón (durazno) y albaricoque deshidratado, tomate (jitomate), kiwi, sandía
Vitamina C	Chile rojo, coliflor, brócoli, chícharo (guisante, arveja), kiwi, verduras de hojas verdes, limón, papa blanca, jugo de naranja, perejil, repollo, repollitos de Bruselas, melones, fresa, tomate (jitomate)
Vitamina A	Leche, huevo, hígado, albaricoque, cantaloup (melón chino), calabaza, squash, nabo, zanahoria, ciruela, sandía, plátano macho, chícharo, copos de avena, brócoli, espinaca
Vitamina E	Cereales integrales, germen de trigo, copos de avena, almendras, frijol (habichuela) de soya, maíz (elote, choclo), semilla de girasol, hígado, cereales, aceite vegetal, verduras de hojas verdes, espárrago
Riboflavina (vitamina B_2)	Nuez del Brasil (nuez de Pará), almendra, cereales integrales, arroz silvestre, germen de trigo, productos lácteos, huevo, verduras de color verde, aguacate (palta), pollo, pavo, carne de puerco magra, vísceras, salmón, espárrago, quimbombó (quingombó, calalú), aceituna
Tiamina (vitamina B_1)	Cereales integrales, arroz integral, soya, chícharo, pescado, carne de res magra, frijoles secos
Niacina (vitamina B_3)	Batata dulce (camote), repollo, tomate, hongos, lenteja, espárragos, verduras de hojas verdes, huevo, frutos secos, salmón, atún, carne de res, pollo, gallina de Cornualles
Vitamina B_6 (piridoxina)	Pollo, pavo, rosbif, trucha, papa, frutos secos y semillas, cacahuate (maní), mantequilla, haba blanca, salvado de trigo, copos de avena, hígado, habichuela verde (ejote), plátano amarillo (guineo), zanahoria
Ácido fólico	Frijol, cereales integrales, chícharo, brócoli, aguacate, verduras de hojas verdes, nabos, repollitos de Bruselas, quimbombó, frutas cítricas, mariscos de concha, legumbres
Vitamina B_{12} (cobalamina)	Mariscos de concha, carne de res, carne de ave, huevo, productos lácteos

---

¿Qué cantidad de los diversos suplementos de vitaminas y antioxidantes debe tomar al día? La siguiente lista resume mis recomendaciones:

NIVELES ÓPTIMOS DIARIOS DE SUPLEMENTOS
- Vitamina C: 750 a 1,000 miligramos
- Vitamina E: 150 a 200 unidades internacionales
- Vitamina D: 1.000 unidades internacionales
- Betacaroteno y carotenoides mixtos: 2.000 a 4.000 unidades internacionales de actividad de vitamina A
- Selenio: 50 a 100 microgramos
- Zinc: 15 a 20 miligramos
- Tiamina (vitamina B_1): 1,0 a 1,5 miligramos
- Riboflavina (vitamina B_2): 1,5 miligramos
- Niacina (vitamina B_3): 15 a 20 miligramos
- Vitamina B_6 (piridoxina): 50 a 100 miligramos
- Ácido fólico: 400 a 800 microgramos
- Vitamina B_{12} (cobalamina): 1 a 2 microgramos

Puede tomar estos antioxidantes en la forma de suplementos individuales o en la forma de una combinación bien equilibrada como la de la marca *ThyroLife*. Los suplementos *ThyroLife* combinan todas las vitaminas y antioxidantes en las cantidades correctas para ayudarle a proteger su cerebro y brindarle el apoyo necesario a su sistema inmunitario y tiroides, así como para mejorar su nivel de energía y metabolismo. (Para mayor información al respecto, consulte la página de internet thyrolife.com).

Si sufre de hiperfunción tiroidea, yo le recomiendo que tome vitaminas y antioxidantes incluso mientras sus niveles tiroideos sigan estando elevados. Por el otro lado, si usted es hipotiroideo, probablemente sea más seguro que empiece a tomar los suplementos cuando sus niveles se hayan normalizado o estén cerca del rango normal. Esto es para evitar que se acumulen estos suplementos en su organismo.

Yodo: una espada de doble filo

El mineral yodo es un componente esencial para que una glándula saludable pueda sintetizar hormona tiroidea. Para funcionar normalmente, la tiroides requiere de 150 a 200 microgramos de yodo al día, que es una cantidad bastante inferior a la que ingieren diariamente los estadounidenses. En los Estados Unidos, el consumo de yodo fluctúa entre 300 y 700 microgramos al día. En el caso de la gran mayoría de los estadounidenses, los consejos como "Suplemente su alimentación con yodo para ayudarle a su tiroides" no tienen base científica alguna y en realidad son perjudiciales. Debido a que un consumo elevado de yodo puede causar o precipitar ataques autoinmunitarios en contra de la tiroides, los investigadores han especulado que la creciente incidencia de enfermedades tiroideas autoinmunitarias que se está observando en los Estados Unidos y Japón se debe en parte a un consumo excesivo de yodo.[31] Los estudios de investigación han establecido claramente que un contenido elevado de yodo en la dieta en algunas regiones del mundo ha dado como resultado un aumento en la prevalencia de tiroiditis y cáncer de tiroides.[32]

El exceso de yodo en la alimentación hace que el yodo sea atrapado por una proteína de gran tamaño llamada tiroglobulina que se encuentra en la glándula tiroides. El proceso de síntesis de hormona tiroidea tiene lugar en esta proteína. Una cantidad elevada de tiroglobulina yodada hace que el sistema inmunitario reaccione y cause una inflamación en la tiroides, que es característica de la tiroiditis de Hashimoto. Las investigaciones en animales han demostrado que la severidad de la tiroiditis autoinmunitaria aumenta por un consumo elevado de yodo.

Hace unos años, unos médicos de la NASA me consultaron porque habían observado hipotiroidismo subclínico en algunas personas que estaban participando en un estudio de investigación en tierra. El desequilibrio ocurrió al cabo de unas semanas que los sujetos habían empezado a consumir grandes cantidades de yodo. La cantidad de yodo que se les dio fue de 4 gramos por litro, comparable a la cantidad que se les da a los astronautas en vuelo, quienes consumen agua reciclada a la cual se le agrega yodo para mantenerla estéril. En Rusia, se emplea plata en vez de yodo. En algunos de los sujetos estudiados en tierra, las consecuencias del consumo elevado de yodo podrían eventualmente haber incluido un ataque autoinmunitario en contra de la glándula tiroides. Una de estas personas presentó hiperfunción tiroidea subclínica persistente después de haber tenido hipotiroidismo subclínico. Alarmados por mis advertencias acerca de las consecuencias potenciales de un desequilibrio tiroideo tanto para los astronautas como para los sujetos en tierra, la NASA decidió cambiar su sistema de esterilización e hizo que los participantes de este estudio de investigación suspendieran el consumo elevado de yodo.

La administración o el consumo inadvertido de productos altos en yodo puede provocar un desequilibrio tiroideo en pacientes que padecen la tiroiditis de Hashimoto y la enfermedad de Graves. El exceso de yodo puede causar hipotiroidismo en ciertos pacientes con la enfermedad de Graves, particularmente aquellos que recobraron un funcionamiento tiroideo normal después del tratamiento. Claramente, el consumo de cantidades elevadas de yodo por tomar suplementos de alga marina, la cual es una fuente particularmente rica de yodo, o por usar grandes cantidades de sal yodada, puede representar un peligro para la salud de los pacientes tiroideos.

El exceso de yodo que proviene de ciertos medicamentos y medios de contraste utilizados en procedimientos que emplean rayos X también coloca a los pacientes tiroideos en riesgo de desarrollar una disfunción tiroidea. Por ejemplo, se ha demostrado que la ingestión crónica de una solución expectorante que contiene yodo inorgánico que se emplea para tratar enfermedades pulmonares causa bocio e hipotiroidismo. Incluso se ha demostrado que el glicerol yodado, que antes se consideraba como una alternativa segura dado que no contiene yodo orgánico, conduce al hipotiroidismo. La amiodarona, un medicamento que comúnmente se usa para corregir problemas de ritmo cardíaco que ponen en peligro la vida, contiene grandes cantidades de yodo (75 miligramos por tableta). Aproximadamente el 20 por ciento de las personas que toman amiodarona se vuelven hipotiroideas y el 2 por ciento desarrollan hipertiroidismo. En aquellas regiones del mundo donde la deficiencia de yodo sigue siendo un problema, la amiodarona causa más hipertiroidismo y menos hipotiroidismo que en los Estados Unidos.

Marcia, una ama de casa de 35 años de edad que tiene una hermana a la que le habían diagnosticado la tiroiditis de Hashimoto e hipofunción tiroidea hace unos años, consultó a un médico por aumento de peso y fatiga. Ella se decepcionó cuando le dijeron que los resultados de sus análisis de funcionamiento tiroideo habían sido normales y como no le pudieron explicar por qué estaba presentando esos síntomas, comenzó a leer libros de nutrición, uno de los cuales recomendaba tomar de 2.000 a 3.000 miligramos de alga marina (*kelp*) al día para mantener la salud de la tiroides. Marcia tomó los suplementos recomendados, pensando que al consumir un exceso de yodo, disminuiría su probabilidad de tener un problema tiroideo como su hermana y tal vez se aliviarían sus síntomas. Sin embargo, la ingestión de estos suplementos la llevó a desarrollar hiperfunción tiroidea debida a la enfermedad de Graves.

Entre los alimentos comunes, los mariscos son los que contienen la mayor cantidad de yodo. Estos incluyen langosta, cangrejo, ostiones y otros mariscos de concha. Los vegetales y los productos lácteos pueden tener algo de yodo si provienen de regiones donde hay yodo en la tierra. (La tierra de las áreas costeras generalmente tiene un mayor contenido de yodo que la de las regiones tierra adentro). Otros alimentos con un alto contenido de yodo son el pan y el huevo. La sal yodada, que contiene 70 microgramos de yodo por gramo de sal, es la fuente más común de yodo para la mayoría de los estadounidenses.

Las personas como Marcia que tienen una predisposición genética conocida a las enfermedades tiroideas autoinmunitarias deben evitar consumir yodo en exceso. Si cualquiera de sus familiares tiene una enfermedad tiroidea, minimice el uso de sal yodada en la medida de lo posible. Aunque la recomendación general es que el consumo alimentario no debe exceder de

1 miligramo de sal yodada al día, yo recomiendo que no consuma más de 500 a 600 microgramos al día.

Si bien es cierto que el exceso de yodo es nocivo para la glándula tiroides y puede conducir a la hipofunción o hiperfunción tiroidea, muy poco yodo en la alimentación puede dar como resultado bocio e hipofunción tiroidea. Cuando el nivel de yodo es bajo tanto en la sangre como en la glándula, esto hace que las células tiroideas se agranden y proliferen como resultado de la estimulación de la TSH pituitaria (la hormona estimulante de la tiroides). Si usted rutinariamente hace ejercicio intenso o si es un atleta, es posible que pierda una cantidad considerable de yodo a través del sudor. La pérdida de yodo depende en gran medida de la temperatura y humedad del medio ambiente.[33] Si el yodo perdido no se repone, el cuerpo puede quedarse sin yodo, lo cual hará que la tiroides funcione más lento, afectando el desempeño atlético. Casi 200 millones de personas alrededor del mundo tienen una deficiencia de yodo y como consecuencia, un bocio. En algunas regiones del mundo donde el contenido de yodo del suelo y, por lo tanto, de los alimentos, es muy bajo, y el pescado no es un componente prominente en la alimentación, más del 50 por ciento de la población tiene un bocio. Debido a que el funcionamiento de la glándula tiroides en el feto en desarrollo depende del yodo suministrado por la madre embarazada, las mujeres que viven en regiones donde hay una deficiencia de yodo pueden dar a luz a bebés con defectos cerebrales. Esto se puede evitar fácilmente tomando suplementos de yodo.

En los Estados Unidos, casi no se han dado casos de deficiencia de yodo desde 1924, cuando los productores de sal de mesa empezaron a agregarle yodo. Irónicamente, esta misma medida que originalmente se tomó para prevenir la deficiencia de yodo y el bocio podría ser una de las razones por las cuales ha aumentado la frecuencia de enfermedades tiroideas autoinmunitarias en personas con una predisposición genética a las mismas. No obstante, algunas personas sí presentan una ligera deficiencia de yodo. Sin lugar a dudas, se debe llegar a un equilibrio. Es necesario que se evite tanto la deficiencia como el exceso de yodo.

Calcio y vitamina D

La hiperfunción tiroidea puede hacer que una persona pierda una cantidad significativa de hueso con el tiempo. Si usted tiene una tiroides hipofuncionante y lo tratan con un exceso de hormona tiroidea, también correrá el riesgo de perder hueso. Este riesgo es aún mayor en el caso de mujeres posmenopáusicas. La exposición a niveles elevados de hormona tiroidea durante períodos prolongados es especialmente preocupante si la persona tiene otros factores de riesgo para la osteoporosis. Estos incluyen la delgadez, ser una mujer blanca, padecer diabetes, tabaquismo o tener antecedentes familiares de osteoporosis.

Si usted consume muy poco calcio en su dieta y no puede comer productos lácteos por una intolerancia a la lactosa o necesita seguir una dieta baja en grasas, es importante que suplemente su dieta con al menos 1.000 miligramos de calcio elemental (por ejemplo, en la forma de carbonato de calcio) al día. Incluso el consumo de productos lácteos puede no brindarle suficiente calcio para cumplir con el requerimiento diario recomendado. Los suplementos de calcio son la solución para la mayoría de las personas. Sin embargo, pueden causar estreñimiento. Para aliviar o prevenir el estreñimiento mientras esté tomando suplementos de calcio, asegúrese de hacer ejercicio y beber de seis a ocho vasos de 16 onzas (480 ml) de agua al día. El ejercicio también ayudará a protegerle de una pérdida ósea adicional más severa. También es necesario que consuma una cantidad adecuada de vitamina D junto con el calcio para mantener la salud de sus huesos y la fuerza muscular. La deficiencia de vitamina D es una epidemia que ha pasado desapercibida en nuestra población. Dicha deficiencia causa raquitismo en niños, pero también precipita y agrava la pérdida ósea y la osteoporosis en adultos. En un estudio de investigación reciente publicado en la revista médica *Journal of Clinical Endocrinology and Metabolism* se demostró que más de la mitad de las mujeres de América del Norte que están recibiendo tratamiento para la osteoporosis tienen una deficiencia de vitamina D.[34] Los pacientes que presentan una deficiencia de esta vitamina a menudo se quejan de dolores y achaques en las articulaciones y los músculos.

La mayoría de las personas necesitan exponerse al sol para cumplir con sus requerimientos de vitamina D. Entre los factores que afectan la síntesis de vitamina D en la piel encontramos la estación, la latitud, la hora del día, la pigmentación de la piel, la edad de la persona y el uso de filtro solar. Yo recomiendo exponer los brazos y las piernas, o bien, las manos, los brazos y el rostro, de cinco a diez minutos, dos a tres veces por semana, además de consumir más vitamina D en la alimentación y en la forma de suplementos.

Además de regular los huesos y los músculos, la vitamina D también regula el crecimiento celular y modula al sistema inmunitario. Se recomienda tomar suplementos de vitamina D para prevenir el cáncer y ayudar en casos de enfermedades autoinmunitarias, diabetes insulinodependiente y esclerosis múltiple. La vitamina D en dosis de 1.000 unidades internacionales al día puede disminuir el riesgo de sufrir cáncer del colon en un 50 por ciento. Estudios de investigación realizados en Japón han demostrado que los pacientes con la enfermedad de Graves tienen un menor nivel en sangre de 25-hidroxivitamina D y 35 por ciento de estos pacientes tienen una deficiencia de vitamina D.[35] Para prevenir o disminuir los efectos de un ataque autoinmunitario en contra de la tiroides, es necesario asegurar que el nivel de vitamina D esté dentro del rango ideal. Diversas otras afecciones autoinmunitarias como el lupus eritematoso sistémico, la artritis reumatoidea, la diabetes tipo I e incluso la esclerosis múltiple, parecen tener algo que ver con la deficiencia de vitamina D.[36] El tratamiento con vitamina D puede ser eficaz para retardar la progresión del cáncer de tiroides avanzado. Este nutriente también desempeña un papel importante en el cerebro como sustancia química neuroactiva, modulando el estado de ánimo y las emociones. El trastorno afectivo estacional es un subtipo de depresión que ocurre sólo durante los meses de invierno. Se piensa que la ocurrencia de este trastorno está relacionado con un bajo nivel de vitamina D.[37]

Una alimentación óptima: armar el rompecabezas

Una nutrición saludable es esencial para controlar el peso, prevenir enfermedades degenerativas, mantener un estado de ánimo positivo y prolongar la longevidad. Probablemente sea aún más crucial para los pacientes tiroideos que para cualquier otra persona, porque la hormona tiroidea es uno de los principales factores que permiten que el cuerpo ajuste su metabolismo al tipo de alimentos que se ingieren con el fin de prevenir el aumento de peso. La tabla siguiente resume lo que yo considero como las mejores y más importantes características de una alimentación amigable para la tiroides.

RESUMEN DE LOS EFECTOS BENÉFICOS MÁS IMPORTANTES DE LA NUTRICIÓN RECOMENDADA PARA PACIENTES TIROIDEOS

Componentes de una nutrición saludable	Efectos benéficos generales
Alimentación bien equilibrada baja en grasa, alta en proteínas, alta en carbohidratos complejos, baja en azúcares simples	Manejo del peso Control del colesterol Disminución de reacciones autoinmunitarias Mejoría del estado de ánimo Disminución de los antojos
Antioxidantes y vitaminas (selenio, zinc, vitamina E, betacaroteno, vitamina C, vitaminas B_1, B_6, B_{12} y folato)	Prevención del cáncer de tiroides Control del peso Disminución de los daños degenerativos Prevención de los daños a la tiroides y reacciones autoinmunitarias en contra de la tiroides Mayor eficiencia de la hormona tiroidea Mejoría del estado de ánimo Prevención de deficiencias que pueden contribuir a la demencia Disminución del riesgo cardiovascular

Componentes de una nutrición saludable	Efectos benéficos generales
Ácidos grasos esenciales	Disminución de ataques autoinmunitarios
	Beneficios en el estado de ánimo
	Beneficios en el sistema cardiovascular
	Mantenimiento de la integridad de la membrana celular
	Beneficios en el peso corporal
Vitamina D	Fuerza ósea y muscular
	Disminución de ataques autoinmunitarios
	Prevención del cáncer; retarda el avance del cáncer de tiroides
	Beneficios en el estado de ánimo

Los beneficios del ejercicio

Los pacientes tiroideos frecuentemente me preguntan si pueden hacer ejercicio físico. Yo no recomiendo el ejercicio extenuante mientras una persona siga siendo hipotiroidea o hipertiroidea, dado que si hace ejercicio cuando hay un déficit de hormona tiroidea, corre el riesgo de lesionarse los músculos. También es importante evitar hacer ejercicio extenuante en presencia de hipertiroidismo, porque el funcionamiento de muchas partes del cuerpo, como el corazón, los músculos y el sistema respiratorio, se encuentra alterado. Sin embargo, una vez que los niveles de hormona tiroidea se han normalizado, yo recomiendo muchísimo el ejercicio físico, no sólo para el control del peso, sino también porque el ejercicio produce beneficios psicológicos relacionados con el estado de ánimo y la autoestima. Estos beneficios son cruciales para los pacientes que han padecido un desequilibrio tiroideo.

Hacer ejercicio con regularidad alivia la tensión, el enojo y la confusión. Es eficaz para mejorar el estado de ánimo, aliviar la depresión y la ansiedad y también para disminuir la percepción de estrés. El ejercicio promueve la formación de células nuevas en el cerebro. Estudios de investigación en animales han demostrado que el ejercicio aumenta la generación de células cerebrales al doble o al triple en el hipocampo, que es el área del cerebro que regula el estado de ánimo. El ejercicio tiene el mismo efecto en la generación de células del cerebro que los antidepresivos.[38]

Durante un desequilibrio tiroideo, antes que los resultados de los análisis de sangre se hayan normalizado, yo recomiendo el ejercicio aeróbico ligero como caminar de 15 a 20 minutos al día. Esto fortalece el corazón y los pulmones y permite que el paciente se ajuste a las nuevas demandas del cuerpo conforme se van normalizando sus niveles tiroideos. Se debe evitar el ejercicio riguroso anaeróbico para hacer crecer los músculos durante esta fase del tratamiento porque el metabolismo en los músculos es demasiado lento o demasiado rápido y se puede someter a los músculos a un esfuerzo que no podrán realizar sin que se dañen.

Son tres las razones principales por las cuales un programa diseñado para la salud física y mental óptimas de los pacientes tiroideos debe incluir ejercicio:

1. Hacer ejercicio o algún tipo de actividad física con regularidad incrementa el nivel de endorfinas y alivia el estado de ánimo bajo.
2. El ejercicio aumenta la masa muscular, lo que a la larga acelerará el metabolismo. Por lo tanto, es esencial para el control del peso en pacientes tanto hipotiroideos como hipertiroideos una vez que los niveles en sangre se hayan normalizado.
3. El ejercicio mejora el funcionamiento cardíaco y previene daños a los vasos sanguíneos del cuerpo y el cerebro. Disminuir el riesgo de enfermedades vasculares es una buena medida para cuidar la salud en el futuro. Le ayudará a minimizar el riesgo del deterioro cognitivo que conlleva el envejecimiento.

Bajo el supuesto de que usted no padezca ninguna afección cardíaca, siga un programa de ejercicio que cumpla con estas tres metas a largo plazo, implementando el programa en tres fases consecutivas.

Primera fase: esta es una fase de iniciación, durante la cual hará algún tipo de ejercicio de resistencia, tres días a la semana, durante tan sólo 30 a 60 minutos. Esto puede incluir:

Caminar
Subir y bajar por escaleras
Nadar
Esquiar a campo traviesa
Andar en bicicleta
Correr
Hacer ejercicio en una estera mecánica
Hacer ejercicio en una bicicleta estacionaria
Remar

Debe hacer estiramientos durante 5 a 10 minutos antes de cada sesión y luego terminar cada sesión con un período de enfriamiento de 5 ó 10 minutos, caminando o haciendo estiramientos.

Segunda fase: esta puede empezar al segundo mes, cuando ya esté listo para aumentar la frecuencia de sus sesiones de ejercicio de resistencia de tres a seis días a la semana. Este período de transición deberá durar de uno a dos meses. Puede aumentar la frecuencia a cuatro días a la semana la primera semana, a cinco días a la semana la segunda semana y a seis días a la semana la tercera semana. Mientras esté incrementando gradualmente la frecuencia de sus sesiones de ejercicio de resistencia, también deberá iniciar un programa de levantar pesas. Una buena meta para levantar pesas es programar una sesión de 30 minutos al día, tres días a la semana.

Tercera fase: esta viene después, cuando ya esté listo para seguir un programa de mantenimiento que combine el ejercicio de resistencia seis días a la semana y levantar pesas tres días a la semana.

El ejercicio aeróbico fortalece el corazón y lo hace más eficiente. Mejora el estado de ánimo y le ayuda a quemar calorías y grasa. Es la piedra angular de cualquier programa de ejercicio que le ayudará a retomar el control de su salud. Si tiene 40 años de edad o más o si tiene antecedentes de enfermedades cardíacas, será necesario que le pregunte a su médico si puede empezar a seguir un programa de ejercicio. Puede que su doctor le recomiende hacerse una prueba de esfuerzo cardíaco antes de comenzar con el programa, para calcular su nivel de condición física y determinar si padece alguna enfermedad cardíaca. Las pruebas de esfuerzo son una buena idea para la mayoría de las personas que han tenido un caso de hipotiroidismo que no fue diagnosticado durante mucho tiempo.

Medicamentos que pueden afectar su tiroides

Los pacientes tiroideos a menudo se preguntan si diversos medicamentos que se venden sin receta afectarán su funcionamiento tiroideo. Independientemente de que usted sea hipotiroideo o hipertiroideo, no deben preocuparle la mayoría de los remedios para el resfriado (catarro) y los descongestionantes, siempre y cuando sus niveles tiroideos en sangre estén relativamente estables. Algunos remedios para el resfriado que contienen pseudoefedrina pueden causar que una persona hipertiroidea presente más síntomas de exceso de hormona tiroidea, como temblores, nerviosismo, problemas para dormir y frecuencia cardíaca acelerada. Tomar un descongestionante que contenga pseudoefedrina también puede ser problemático para las personas hipertiroideas que también padecen alguna afección cardíaca. Si tiene hipotiroidismo y sus niveles tiroideos aún están por debajo de lo normal, es importante que evite tomar antihistamínicos que produzcan soñolencia. Asimismo, cabe notar que independientemente de que tenga hipofunción o hiperfunción tiroidea, la ingestión excesiva de cafeína puede agravar los síntomas de ansiedad y hacer que su corazón lata aún más aprisa.

Evite las pastillas para dormir y los sedantes mientras sus niveles tiroideos sigan bajos. No es inusual que los sedantes precipiten un coma mixedematoso, que es una afección peligrosa relacionada con el hipotiroidismo severo, especialmente en personas de edad avanzada. Debido a que la hipofunción tiroidea retarda la depuración de estos medicamentos del cuerpo, pueden causarle mucha somnolencia.

Los pacientes tiroideos que toman warfarina (*Coumadin*), un anticoagulante que se emplea para tratar la flebitis y algunas enfermedades cerebrovasculares, deben tener presente que sus niveles tiroideos afectarán la dosis que necesitan para mantener el nivel deseado de efecto anticoagulante. Si los niveles tiroideos se elevan o disminuyen demasiado, será necesario cambiar la dosis de warfarina.

Los niveles de hormona tiroidea también afectan el nivel de muchos otros medicamentos. Entre los que necesitan ajustarse en presencia de un desequilibrio tiroideo están los betabloqueadores y la digitalina (que se usa para tratar la insuficiencia cardíaca por congestión venosa). La teofilina, que es un medicamento para el asma, también podría requerir ajustes en la dosis. Diversos medicamentos para el asma pueden potenciar el efecto de la hormona tiroidea. Algunos medicamentos antiasmáticos se deben evitar mientras los niveles tiroideos estén elevados.

Las personas que desarrollan un hipotiroidismo leve por tomar el fármaco para el corazón llamado amiodarona deben asegurarse que el médico vigile su nivel de TSH. Sin embargo, los médicos no deben recetar una terapia de reemplazo de hormona tiroidea a menos que el grado de hipofunción tiroidea sea significativo (un nivel de TSH mayor que 20). En muchos pacientes, el hipotiroidismo es transitorio y la TSH se normalizará con el tiempo, incluso mientras sigan tomando el medicamento.

El hipertiroidismo causado por la amiodarona representa un problema más complejo, dado que el exceso de hormona tiroidea puede causar irregularidades en el ritmo cardíaco y hacer que la amiodarona sea menos eficaz para controlar este problema.[39] El hipertiroidismo debido a la amiodarona debe corregirse lo antes posible. Sin embargo, la amiodarona puede causar dos tipos distintos de hipertiroidismo. El tipo I es el resultado de un aumento en la recaptación de yodo por parte de la glándula o un aumento en la cantidad de hormona tiroidea sintetizada. El tipo II se debe a que el medicamento está teniendo un efecto tóxico en la glándula, que da como resultado que las células tiroideas dañadas liberen hormona tiroidea hacia el torrente sanguíneo (similar a lo que ocurre en la tiroiditis silenciosa y la tiroiditis subaguda; vea el Capítulo 4). Es importante que su médico determine cuál es el mecanismo predominante en su caso particular de hipertiroidismo, dado que el tratamiento requerido será distinto según el tipo del que se trate. El interferón, que es un medicamento que se utiliza para tratar la hepatitis viral crónica, la esclerosis múltiple, los tumores hematológicos y el cáncer, frecuentemente causa disfunción tiroidea. Un estudio de investigación demostró que el 6,2 por ciento de los pacientes que tomaron interferón desarrollaron una disfunción tiroidea,[40] donde el 3,9 por ciento de los mismos presentaron hipotiroidismo y el 2,3 por ciento presentaron hipertiroidismo. Las mujeres con una afección tiroidea autoinmunitaria preexistente presentan un mayor riesgo de desarrollar un desequilibrio tiroideo al tomar interferón. El problema tiroideo más común es la tiroiditis destructiva que causa hipertiroidismo, seguida de hipotiroidismo. La disfunción tiroidea a menudo es leve y autolimitada. El desequilibrio se resuelve en el 60 por ciento de los pacientes, independientemente de que sigan tomando interferón o no.

Muchas personas con depresión persistente reciben tratamiento con antidepresivos (vea el Capítulo 17), que puede requerir un aumento en la dosis de hormona tiroidea.[41] Los pacientes con un trastorno tiroideo conocido a quienes se les están administrando antidepresivos deben hacerse análisis con mayor frecuencia y se les debe ajustar la dosis de medicamento tiroideo. De otro modo, los antidepresivos pueden ser menos eficaces para tratar la depresión.

El litio también puede causar hipotiroidismo, dado que inhibe la liberación de hormona tiroidea desde la glándula tiroides y causa que esta glándula retenga yodo. Los estudios de investigación han demostrado que el litio puede fomentar un ataque autoinmunitario en contra de la tiroides, similar a lo que se observa en la tiroiditis de Hashimoto. También puede empeorar la tiroiditis de Hashimoto y causar más daños a la glándula. Un número importante de personas que toman litio para tratar algún trastorno de cambios repentinos de humor presenta señales de hipofunción tiroidea. En casos más raros, el litio puede inducir una hiperfunción tiroidea relacionada con un ataque autoinmunitario en contra de la tiroides. En casos raros, el hipertiroidismo puede ocurrir después de que los pacientes han suspendido el uso del litio. La suspensión del tratamiento con litio causa hiperactividad de la glándula tiroides como fenómeno de rebote.

En personas con un caso preexistente de tiroiditis de Hashimoto, la adición de litio puede causar un estado aún más profundo de hipotiroidismo y puede agravar los problemas mentales relacionados con el trastorno bipolar. Por esta razón, a menudo se les hacen análisis de funcionamiento tiroideo con regularidad a los pacientes maníaco-depresivos tratados con litio. Incluso si la glándula tiroides funciona normalmente, el litio puede causar hipotiroidismo leve o subclínico, el cual debe ser tratado con hormona tiroidea para minimizar los efectos adversos del mismo relacionados con los cambios repentinos de humor. El tratamiento con hormona tiroidea puede ayudar a las personas con maníaco-depresión e hipotiroidismo subclínico inducido por litio a evitar episodios adversos relacionados con el estado de ánimo.

Alcohol y nicotina: los enemigos de la tiroides

El consumo excesivo de alcohol y la depresión a menudo van de la mano. El alcohol interfiere con el equilibrio tiroideo normal porque los alcohólicos que sufren de depresión e hipotiroidismo se descuidan a tal grado que pueden dejar de tomar su medicamento o tomarlo irregularmente, precipitando así otro círculo vicioso. El consumo de alcohol también contribuye a una ingesta calórica excesiva y aumenta el riesgo de aumentar de peso.

El tabaquismo daña a la mayoría de los órganos vitales y la glándula tiroides no es la excepción. Los estudios de investigación han demostrado que el tabaquismo aumenta el riesgo de padecer la enfermedad de Graves casi tres veces[42] y que puede empeorar las enfermedades oculares en pacientes con afecciones tiroideas autoinmunitarias. Si usted sufre de la enfermedad de Graves y está en remisión, el tabaquismo aumentará la probabilidad de una recaída. La severidad de un ataque autoinmunitario en contra de la tiroides es más pronunciada en mujeres embarazadas que fumaron mucho antes del embarazo. Se ha demostrado que fumar activa y pasivamente es perjudicial para la tiroides del feto. Fumar tabaco también aumenta el riesgo de sufrir bocio. El tiocianato, que es un producto de la descomposición del cianuro que contiene el humo del tabaco, no permite que la glándula utilice el yodo y promueve el bocio multinodular. También altera la producción de hormona tiroidea y puede causar hipotiroidismo en una persona que tenga una deficiencia de yodo. Las investigaciones epidemiológicas que han empleado ultrasonidos y análisis de sangre de mostraron un fuerte vínculo entre la multinodularidad tiroidea y el tabaquismo. Sin embargo, la prevalencia de hipotiroidismo subclínico no aumenta con el tabaquismo.[43]

Otros factores del medio ambiente, entre ellos el cloruro mercúrico, la silicona, las anilidas, el cloruro de vinilo, las toxinas y la radiación ultravioleta, pueden fomentar un ataque autoinmunitario en contra de la tiroides y dañar la glándula.[44] Esto es más probable si la persona tiene una predisposición genética a los ataques autoinmunitarios.

Uso inapropiado de la hormona tiroidea para controlar el peso

Frecuentemente se ha recetado hormona tiroidea a los pacientes de las clínicas para el control del peso sin antes hacerles análisis de funcionamiento tiroideo. Esta es una práctica que podría ser peligrosa para pacientes con enfermedades cardíacas o con una tendencia hacia la inestabilidad emocional. La dosis indicada frecuentemente excede la cantidad que normalmente sintetiza una glándula tiroides normal. Las personas que tienen sobrepeso y que se les da T3 y que también siguen una dieta baja en calorías bajan más de peso que las personas que sólo siguen una dieta. Por lo tanto, el tratamiento con hormona tiroidea puede ser eficaz para producir la pérdida de peso deseada, pero como consecuencia, estos pacientes pueden llegar a presentar un exceso de hormona tiroidea y síntomas de hipertiroidismo. Aunque la persona inicialmente pueda estar contenta con la pérdida de peso lograda, también puede experimentar ansiedad, cambios repentinos de humor, enojo, dificultades para concentrarse e incluso debilidad. En otras personas, esto puede causar un efecto similar al de las anfetaminas y un estado de hipomanía. También he visto que el tratamiento inadvertido con hormona tiroidea de pacientes con una enfermedad de Graves latente les provoca un estado de hipertiroidismo permanente que da como resultado un sufrimiento mental importante.

Otra desventaja de usar hormona tiroidea para el control del peso es que la T3 aumenta la descomposición del músculo a un grado mayor mientras la persona está haciendo una dieta. Este es un precio muy alto a pagar por bajar temporalmente de peso. Los resultados a largo plazo de la T3 a menudo son decepcionantes, dado que la mayoría de las personas recuperan el peso perdido.

En años recientes, la disponibilidad de preparados de tiroides desecada natural que se venden sin receta en las tiendas de productos naturales o incluso por correo se ha convertido en una amenaza a la salud pública y pueden causar sobredosis de hormona tiroidea. Por ejemplo, las personas que tomaron *Enzo-Caps*, que son cápsulas para bajar de peso que se venden sin receta hechas con "productos alimenticios naturales" como papaya (fruta bomba, lechosa), ajo y alga marina, se volvieron hipertiroideas.[45] El análisis de las *Enzo-Caps* demostró que el contenido de T3 y T4 de una sola cápsula era equivalente a lo que se encuentra en 60 a 120 mg de tiroides desecada. De forma similar, hace varios años, cien mujeres de diversas regiones de Japón sin querer se volvieron hipertiroideas por tomar una pastilla para bajar de peso, *Basetsuper*, que contenía hormona tiroidea.[46] Una tercera parte de estas mujeres tuvieron problemas psiquiátricos. Dos mujeres tuvieron que internarse en un hospital psiquiátrico, donde los doctores les diagnosticaron una adicción al medicamento. Por lo tanto, yo le exhorto a que sepa exactamente lo que está tomando cuando esté yendo a una clínica para bajar de peso o cuando decida tomar suplementos para controlar su peso.

Puntos importantes a recordar

- La mejor dieta para ayudar a pacientes tiroideos con el estado de ánimo, el control del peso y la prevención de enfermedades, es aquella que sea baja en azúcar refinada y grasa de origen animal y alta en carbohidratos complejos y proteínas.

- Asegúrese de tomar la cantidad correcta de suplementos de antioxidantes y vitaminas. Estos reducirán los daños a la glándula tiroides y harán que la hormona tiroidea funcione con mayor eficiencia en su cuerpo. Los suplementos le ayudarán a conservar un cuerpo y un cerebro saludables.
- Necesita lograr el equilibrio correcto en su consumo de yodo. En exceso, el yodo puede ser dañino para la tiroides; en cantidades insuficientes, puede hacer que su glándula funcione a un nivel inferior al óptimo.
- El ejercicio es un componente importante del programa de cuerpo y mente. Lo mantendrá saludable tanto física como mentalmente.

20

APRENDA A VIVIR CON
LA ENFERMEDAD
OCULAR TIROIDEA

La enfermedad ocular tiroidea, antes conocida como la enfermedad ocular de Graves, es una de las complicaciones tiroideas más temidas debido a los efectos emocionales, personales y profesionales potenciales que puede tener en la vida de una persona. Muchas personas asocian la enfermedad de Graves con tener ojos saltones. Sin embargo, es importante hacer notar que, cuando mucho, tan sólo la mitad de las personas que padecen la enfermedad de Graves tienen los ojos saltones y que algunas personas que sufren de la tiroiditis de Hashimoto y que tienen un funcionamiento tiroideo normal o inferior al normal pueden tener esta enfermedad ocular relacionada con la tiroides.

En los Estados Unidos y otros países, ya se han formado grupos de apoyo exclusivamente para personas que padecen la enfermedad ocular tiroidea, con el fin de ayudar a estos pacientes a entender la enfermedad y lidiar con el sufrimiento que les produce. Pese a los esfuerzos de estas organizaciones para ayudar a que las personas estén mejor informadas acerca de la enfermedad ocular tiroidea, el miedo que genera lo desconocido sigue siendo muy común entre los pacientes que padecen la enfermedad de Graves. Sin embargo, en menos del 20 por ciento de estos pacientes, la afección es lo suficientemente severa como para requerir una intervención agresiva. Los avances tecnológicos que se han hecho en el campo de la cirugía correctiva (así como en otros tratamientos) han mejorado las posibilidades de estos pacientes.

La afinidad que existe entre los ojos y la tiroides

En la enfermedad ocular tiroidea, los problemas oculares pueden ir de mínimos a severos.[1] Si los investigadores hicieran estudio diagnóstico, como un ultrasonido o una resonancia magnética de las órbitas oculares (las cavidades óseas donde se encuentran los ojos), encontrarían que más del 90 por ciento de las personas que padecen la enfermedad de Graves presentan efectos de esta enfermedad no en los ojos en sí, sino en la grasa que rodea a los ojos y en los músculos que son responsables del movimiento ocular. Típicamente hay un agrandamiento de estos músculos debido a una inflamación. Casi del 40 al 45 por ciento de las personas que padecen la enfermedad de Graves presentan cierta afectación del tejido que rodea a los ojos, pero no presenta síntoma alguno. En el resto de estas personas, la enfermedad ocular puede ir de leve a muy severa.

Aunque la enfermedad ocular tiroidea no es una consecuencia directa de la afección tiroidea, ocurre como resultado de la producción de anticuerpos por el sistema inmunitario que atacan los músculos oculares y las estructuras que se ubican alrededor de los ojos. La razón por la cual se producen tales anticuerpos en personas con enfermedades tiroideas tiene que ver con las similitudes que existen entre la estructura de los músculos del ojo y la glándula tiroides.[2] Debido a estas similitudes, el sistema inmunitario ataca tanto a los ojos como a la tiroides. Por lo tanto, la enfermedad ocular se puede considerar como un proceso incidental que ocurre en las enfermedades tiroideas autoinmunitarias. Sin embargo, algunos pacientes presentan síntomas oculares aunque su funcionamiento tiroideo sea normal. De hecho, casi el 10 por ciento de los pacientes que padecen la enfermedad ocular tiroidea tienen niveles tiroideos normales. En tales pacientes, la enfermedad ocular avanza por cuenta propia y puede ser el único problema real que experimenten estos pacientes. Cierto número de estas personas, al darles seguimiento durante meses o años, pueden llegar a desarrollar posteriormente algún tipo de disfunción tiroidea, ya sea hipotiroidismo o hipertiroidismo.

La enfermedad ocular tiroidea es más común en mujeres que en hombres simplemente porque la enfermedad de Graves es principalmente una afección que se presenta en mujeres. Sin embargo, los casos más severos tienden a ocurrir en personas de edad avanzada y en hombres.[3]

La enfermedad ocular tiroidea puede tener uno o más de tres componentes principales:

1. Una inflamación del tejido blando que puede afectar la conjuntiva (una capa fina protectora de mucosa que normalmente cubre la esclera del ojo y la parte interna de los párpados) y las estructuras que rodean a los ojos. Esto puede causar enrojecimiento, una sensación de tener arena en los ojos, mayor lagrimeo y una hinchazón visible alrededor de los ojos.
2. Hinchazón y un aumento en el volumen de grasa adentro de la órbita. Esto conduce a un exceso de presión en los ojos y hace que se vean

saltones. La presión sobre el nervio óptico también puede conducir a la neuropatía óptica (inflamación y daños al nervio óptico) que pueden deteriorar la vista.

3. Inflamación y pérdida de funcionamiento en uno o varios de los cuatro pequeños músculos que normalmente son los responsables del movimiento ocular.

La forma en que una persona reacciona al diagnóstico de enfermedad ocular tiroidea se ve afectada hasta cierto grado por el momento en que hayan aparecido los problemas oculares con relación al momento en que haya ocurrido el desequilibrio tiroideo. La aparición de la enfermedad ocular tiroidea puede ser simultánea a la aparición del hipertiroidismo, o bien, puede aparecer meses o años antes o después del mismo. Cuando a una persona se le diagnostica hipertiroidismo a causa de la enfermedad de Graves pero al momento del diagnóstico no padece una enfermedad ocular, típicamente preguntará, "¿Y qué pasará con mis ojos? ¿Tendré los ojos saltones?" Como es el caso con la mayoría de las preguntas relativas a la enfermedad ocular tiroidea, la respuesta del médico a menudo es, "No sé". Si le han diagnosticado hiperfunción tiroidea debida a la enfermedad de Graves, necesita informarse bien acerca de lo que podría pasar si llegara a desarrollar una enfermedad ocular.

Algunos de los cambios oculares más importantes que suceden en personas con la enfermedad de Graves son la retracción de los párpados superiores, que da como resultado que la persona se vea como si tuviera los ojos demasiado abiertos (porque una mayor parte de la porción visible del ojo queda descubierta cuando la persona ve hacia el frente) y parpadeo poco frecuente. Esta afección también ocasiona que el párpado superior no pueda seguir los movimientos descendentes del ojo cuando se le pide a una persona que mire hacia abajo (algo que los doctores llaman "rezago palpebral"). Además, cuando el paciente ve hacia el frente sin fijar la mirada, uno puedo ver una banda blanca de esclera (tejido conectivo) por encima del borde de la córnea (el círculo central de color del ojo). Esta retracción del párpado superior, que hace que el paciente se vea como si estuviera fijando la mirada y abriendo mucho los ojos, frecuentemente genera inquietudes estéticas cuando es notado por los pacientes o sus familiares y amistades. La apariencia de estos pacientes se vuelve un problema aún mayor cuando desarrollan ojos saltones, que resultan de la hinchazón del tejido adiposo que rodea a los ojos.

Hay otros cambios que no sólo tienen implicaciones estéticas, sino que también le causan un malestar importante al paciente. Entre estos están los cambios inherentes a la reacción inflamatoria del tejido blando de la órbita, como mayor lagrimeo, una sensación de tener un objeto extraño en el ojo y una sensación de tensión en los ojos. Los párpados se hinchan y se forman bolsas de líquido debajo de los ojos, la conjuntiva se enrojece y los vasos sanguíneos se vuelven más aparentes, como ocurre en las reacciones alérgicas que afectan a los ojos. Este enrojecimiento y congestión sanguínea en las estructuras visibles que rodean a los ojos resultan, en parte, de la mayor presión dentro de las órbitas. En algunos pacientes, la exposición a temperaturas cálidas y a la radiación solar provocan irritación de los ojos y les impiden realizar actividades al aire libre en climas cálidos.

El síntoma más incapacitante de esta afección es la visión doble que resulta de la inflamación y el engrosamiento de los músculos oculares. Pueden ocurrir anormalidades en el movimiento ocular, más comúnmente en el movimiento ascendente de los ojos. Por último, cuando la enfermedad ha avanzado significativamente, la protrusión de los ojos puede causar que la córnea quede expuesta continuamente, incluso mientras la persona duerme, haciéndola susceptible a sufrir daños causados por objetos extraños. Esto puede conducir a infecciones o a la perforación de la córnea, potencialmente causando pérdida de la vista e incluso pérdida del ojo. Otro efecto temido es la compresión del nervio óptico, que puede restringir la visión. Se debe a la hinchazón y agrandamiento del músculo, así como a la hinchazón del contenido de la órbita.

La lista siguiente resume los síntomas de la enfermedad ocular tiroidea:

SÍNTOMAS MÁS COMUNES
- Aversión a la luz
- Enrojecimiento de los ojos
- Ojos saltones
- Hinchazón de los párpados superiores
- Visión borrosa
- Lagrimeo
- Ojos adoloridos
- Sensación de arena en los ojos
- Dolores detrás de los ojos
- Ojos resecos
- Mala visión nocturna
- Dolor ocular cuando la persona se mueve
- Luces centelleantes

SÍNTOMAS MENOS COMUNES
- Visión doble
- Menor visión en un ojo o en casos más raros, en ambos ojos
- Menor brillantez de colores
- Hinchazón de los párpados inferiores

Cuál viene primero: ¿los ojos o la tiroides?

Algunos pacientes que padecen la enfermedad de Graves inicialmente desarrollan síntomas de hipertiroidismo prácticamente sin presentar síntomas oculares. Sin embargo, meses o años después de que su afección tiroidea ha sido tratada, pueden empezar a desarrollar síntomas oculares como ojos saltones o irritación de la conjuntiva e incluso fallas en el funcionamiento de los músculos oculares.[4] Estos síntomas pueden atribuirse a otros problemas, o bien, pueden aparecer como una sorpresa poco placentera. Aunque no se debe afligir innecesariamente por la posibilidad de que vaya a desarrollar esta afección en el futuro, sí es necesario que se informe acerca de los posibles síntomas de la enfermedad ocular tiroidea.

Teresa, una mujer de 49 años de edad, no había presentado ningún síntoma ocular en los 12 años que habían transcurrido tras recibir tratamiento con yodo radioactivo para el hipertiroidismo debido a la enfermedad de Graves. Repentinamente, se le empezaron a enrojecer, hinchar y abultar los ojos. Como no sospechaba que sus síntomas oculares tuvieran relación con su afección tiroidea, fue a consultar a un oftalmólogo, quien hizo la conexión.

Teresa estaba devastada. También le daba mucha rabia que nadie le hubiera explicado que esto podría ocurrirle incluso 12 años después de su tratamiento con radioyodo. "Cuando empecé a tener problemas en los ojos —dijo—, lo que me preocupaba era mi apariencia. Mis ojos se estaban haciendo más grandes pero no se veían grotescamente saltones al principio. Sí me daba cuenta que habían habido ciertos cambios, pero no sabía lo que significaban". A Teresa le dio gusto escuchar que su enfermedad ocular no era severa. De hecho, sus ojos mejoraron después con tratamiento.

Si la enfermedad ocular ocurre al mismo tiempo que el desequilibrio tiroideo, es fácil diagnosticarla. Sin embargo, el paciente a menudo siente temor ante la presencia de problemas oculares. Este miedo se exagera debido a la ansiedad y la pérdida de control o la depresión que frecuentemente genera el desequilibrio tiroideo. La pérdida de la autoestima que puede provocar un desequilibrio tiroideo se exacerba por la apariencia o el deterioro funcional de los ojos y puede hacer que el paciente tiroideo se sienta incapaz de funcionar mental o físicamente.

En algunos pacientes, tanto el hipertiroidismo como la enfermedad ocular aparecen de manera simultánea, pero los síntomas de hipertiroidismo son mínimos, de modo que la única molestia que experimentan tiene que ver con los ojos. El sufrimiento de dichos pacientes puede agravarse cuando el médico ignora, diagnostica equivocadamente o no comprende la afección. Además, esta situación puede prolongarse durante mucho tiempo antes que el médico haga el diagnóstico correcto e inicie el tratamiento de los problemas oculares. Estos pacientes e incluso los médicos frecuentemente creen que sus síntomas se deben a alguna alergia. Barbara Bush indicó en su auto-biografía que ella le había atribuido sus síntomas oculares a las alergias du-rante bastante tiempo antes que le diagnosticaran la enfermedad de Graves.[5]

Paulette, al igual que muchos pacientes que padecen la enfermedad de Graves, sufrió de síntomas oculares pero no presentó síntoma alguno de un desequilibrio tiroideo. Ella fue de médico en médico durante casi un año y le diagnosticaron alergias a pesar de que su enfermedad ocular había ido empeorando. Ella dijo:

> "Cuando finalmente averigüé qué era lo que tenía, ya había pasado exactamente un año y me había sometido a muchos tratamientos en la clínica de alergias a la que me derivaron. El doctor de la clínica que me estaba aplicando las inyec-ciones para las alergias me decía constantemente que la comezón y el enrojeci-miento de mis ojos se debía a alergias. Me dijeron que era alérgica a muchas cosas, especialmente a los gatos, pero ese no era el problema".

Aunque el paciente y sus familiares más cercanos pueden no notar los cambios oculares, personas ajenas que ven al paciente por primera vez pueden notarlos e incluso hacer comentarios acerca de los mismos. Laura, la esposa de un médico, sufrió de hipertiroidismo no diagnosticado debido a la enfermedad de Graves durante más de un año y le molestaba que su esposo no hubiera notado los cambios que otras personas extrañas detectaban de inmediato. Laura dijo:

> "La gente me preguntaba, '¿Qué tienes en los ojos?' Hasta la gente que yo no conocía. Un día, alguien me tomó una foto de cerca y cuando la vi, me quedé anonadada. ¿Cómo pudo mi esposo dejarme ir a trabajar así? ¡Con razón la gente me preguntaba qué tenía en los ojos! Ahora me preocupa mi apariencia todo el tiempo".

Debido a que pocos oftalmólogos están capacitados para reconocer o manejar la enfermedad ocular tiroidea, los pacientes que sufren de problemas oculares debido a una enfermedad de Graves no diagnosticada pueden pasar mucho tiempo sin recibir un diagnóstico correcto, incluso cuando son exami-nados por estos especialistas.

Elizabeth, una arquitecta atractiva y exitosa de 29 años de edad, había estado consultando a un oftalmólogo cuando empezó a mostrar señales de enfermedad ocular tiroidea. Ella lo había estado consultando porque se iba a someter a una queratotomía radial, que es un procedimiento quirúrgico que se realiza en la córnea para corregir la miopía. Ella no podía ver con tanta ni-tidez como solía hacerlo y quería corregir su problema para enfocar la vista para no tener que usar anteojos (espejuelos). Antes de la cirugía programada,

Elizabeth empezó a presentar más síntomas en su ojo derecho, el cual se hinchó y se abolsó. Ella comentó:

> "Era como una burbuja de agua. Podía oprimirlo y se sentía como si estuviera lleno de líquido. Sentía como si algo lo estuviera presionando y me empezaron a dar dolores de cabeza. Pensé que quizá me había dado una infección o que esto se debía a las gotas oftálmicas. No me di cuenta que mi párpado se estaba retrayendo, aunque mi ojo se veía abultado y amoratado. Le dije al oftalmólogo, 'Sé que ya me programó para la cirugía, pero mi ojo no está bien'. Él me examinó el ojo y como no vio que estuviera infectado, me recomendó que prosiguiera con la cirugía".

> "La cirugía me causó una hinchazón que duró alrededor de dos semanas. Durante la consulta después de la cirugía, le comenté al médico que el ojo se me veía caído. Yo pensé que esto era parte de la recuperación. Él me siguió diciendo que regresara para que me hiciera chequeos. También me siguió diciendo que esta no era una de las reacciones. Fui a consultar a un otorrinolaringólogo y él también me dijo que no sabía a qué se debía".

> "Mi cara se estaba distorsionando. Lo único que podía ver en el espejo es que cada día me ponía más y más fea".

Durante seis meses, Elizabeth fue de doctor en doctor. Un par de oftalmólogos le dijeron que su afección podría tener algo que ver con los senos paranasales. Finalmente, Elizabeth consultó a un internista por otros síntomas que estaba presentando y él fue quien sospechó que ella tenía la enfermedad de Graves.

En el caso de Elizabeth, el oftalmólogo no consideró que sus síntomas oculares iniciales pudieran haber sido causados por la enfermedad ocular tiroidea. De hecho, la cirugía del ojo pudo haber empeorado su problema. Cualquier traumatismo del ojo, incluido un traumatismo quirúrgico, puede empeorar o incluso provocar una reacción autoinmunitaria en el ojo de un paciente con enfermedad ocular tiroidea preexistente. A su vez, esto puede hacer que los problemas oculares empeoren.

Los efectos diversos de la enfermedad ocular tiroidea

La aparición de síntomas oculares puede tener muchos efectos en su manera de percibir su estado de salud en general y en su desempeño laboral, su estilo de vida, su autoestima e incluso su estado de ánimo. Algunos estudios de investigación publicados en la revista médica *Archives of Ophthalmology* demostraron que la enfermedad ocular tiroidea puede hacer que los pacientes sientan una mayor tensión interna y tengan más depresión, falta de vitalidad, confusión, fatiga y enojo.[6] El impacto en el estado de ánimo es peor si hay cambios cosméticos, como ojos saltones. Elizabeth, por ejemplo, casi tuvo que renunciar a su empleo como diseñadora arquitectónica como resultado de la enfermedad ocular tiroidea. Su enfermedad ocular se manifestó como una inflamación y protrusión severas, pero ella no tuvo problemas en los músculos de los ojos. Por lo tanto, no veía doble a menos que la presión en sus ojos aumentara por un mal posicionamiento de su cabeza. Su sufrimiento se debía principalmente a la hinchazón que tenía alrededor de los ojos y la presión que sentía en los mismos, la cual afectaba su vista.

En algunos pacientes, la enfermedad ocular tiroidea no causa inflamación o protrusión sino que ataca principalmente a los músculos que permiten que los ojos se muevan de manera uniforme. La aparición repentina resultante de la visión doble es una de las manifestaciones más atemorizantes de la enfermedad ocular tiroidea. La persona afligida puede tener muchas dificultades durante esta época, mismas que sólo se agravarán si los médicos no hacen un diagnóstico oportuno.

Mark, un hombre de 54 años de edad, había mantenido su empleo durante 22 años en la misma compañía cuando empezó a sufrir de ansiedad, depresión y un caos total en su vida como resultado del mal funcionamiento de sus músculos oculares. Sin embargo, no presentó ningún síntoma de hinchazón o inflamación alrededor de los ojos. Debido a que su único problema ocular era la visión doble, los médicos estaban buscando una afección neurológica y tardaron algún tiempo en diagnosticarle la enfermedad ocular de Graves.

Mark no podía relajarse y empezó a tener problemas para dormir. Se volvió intolerante e irritable. Su enojo llegó al máximo cuando se dio cuenta que no podía hacer cosas sencillas como cambiar un foco (bombillo) o presionar un botón. Su esposa dijo que se había convertido en una persona totalmente diferente.

Un oftalmólogo de una de las principales escuelas de medicina finalmente diagnosticó a Mark e inició planes para su tratamiento, que incluía una cirugía de los músculos oculares y radiación externa. Meses después, Mark recuperó su capacidad de funcionar.

Sin el apoyo adecuado de sus familiares, los pacientes que padecen una enfermedad ocular tiroidea severa tienen dificultades para lidiar con la enfermedad y los efectos que produce en su capacidad para funcionar tanto en su hogar como en el trabajo. A menudo se requiere que sus cónyuges o parejas entiendan el proceso y el tratamiento de la enfermedad, dado que el paciente frecuentemente se siente estresado por su situación y puede no comprender lo que el médico le está tratando de explicar. El cónyuge debe involucrarse lo más posible con el caso y, a su vez, debe asegurarle a su pareja que todo estará bien. Esto minimizará el enojo y los cambios repentinos de humor generados por los efectos de la enfermedad ocular. Estos sentimientos, que también son síntomas de un desequilibrio tiroideo, se acrecientan cuando ocurre el deterioro o la desfiguración ocular causados por la enfermedad ocular tiroidea.

Más preguntas que respuestas

Una vez que se ha diagnosticado la enfermedad ocular, el paciente generalmente se tiene que enfrentar a una situación en la que no hay respuestas claras debido a la incertidumbre de la eficacia del tratamiento y a la falta de conocimiento sobre la evolución natural de la enfermedad. Muchos pacientes se frustran y enojan porque no pueden obtener respuestas directas a preguntas como:

- "¿Qué puede ocurrir después?"
- "¿Es posible revertirlo?"
- "¿Puede corregirse completamente sin que se dañen más mis ojos?"

Vanessa padeció los síntomas de la enfermedad ocular tiroidea durante alrededor de seis meses antes de que la diagnosticaran. Tenía los ojos rojos y saltones y la mirada fija. Después de que le dijeron que la mayoría de sus problemas oculares se debían a la enfermedad de Graves, Vanessa se unió a un grupo de apoyo para pacientes tiroideos para averiguar más sobre su afección. Su endocrinólogo no le dio respuestas definitivas ni le dio folletos donde se describieran los pronósticos posibles y las alternativas de tratamiento. El oftalmólogo al que la derivaron le dijo, "Vamos a esperar a ver qué pasa". Le ayudó mucho asistir a las juntas del grupo de apoyo para pacientes tiroideos porque ahí averiguó que no era la única que estaba lidiando con esta situación. Ella dijo:

"Nadie parece tener respuestas. En las juntas del grupo de apoyo, he conocido a mucha gente que ha sido mal diagnosticada durante muchos años".

"Al principio, antes de que empezara a ir al grupo de apoyo, estaba muy amargada y enojada. Es una enfermedad que te enoja. Es como si tuviéramos el derecho de sentirnos así. Debemos estar enojados por tener que pasar por esto. Algunas de las personas que he conocido están tan desfiguradas que me dan ganas de llorar. Pienso, 'Esa podría ser yo en uno o dos años'".

"Ahora creo que estoy dispuesta a luchar, aunque sigo sin entender esta enfermedad complicada. Ahora me doy cuenta que realmente no le prestaba mucha atención a mi salud sino hasta que se empezó a deteriorar".

La falta de información adecuada y reconfortante contribuyó a la ansiedad que sentía Vanessa cuando veía a otras personas desfiguradas por la enfermedad de Graves. Ella no se empezó a sentir mejor sino hasta que su endocrinólogo le explicó que, en general, sólo un pequeño porcentaje de las personas que padecen la enfermedad ocular tiroidea llegan a una etapa tan severa. Vanessa dijo, "Hablar con mi esposo y con otros pacientes que padecían la enfermedad de Graves me ayudó a lidiar con esto de mejor forma. Ahora no me siento tan rara y distinta como antes. La mayor parte del tiempo, simplemente siento que tengo una enfermedad ocular y tengo esperanza de que mejoraré".

Tratamientos prometedores para la enfermedad ocular tiroidea

Los pacientes que padecen la enfermedad de Graves le temen mucho a la enfermedad ocular tiroidea y por desgracia, la vida persona y profesional de algunas personas que sufren de una enfermedad ocular severa puede verse significativamente afectada, llevando a dichas personas a deprimirse. Tales pacientes pueden encontrar consuelo en la información siguiente:

- Padecer la enfermedad de Graves e incluso la enfermedad ocular tiroidea no necesariamente significa que la afección ocular se volverá severa, desfigurante o discapacitante. La enfermedad ocular tiroidea sólo llega a ser lo suficientemente severa como para justificar intervenciones agresivas para su tratamiento en un 5 a 10 por ciento de estos pacientes.
- Muchos pacientes con cambios oculares relacionados con la enfermedad de Graves presentarán una mejoría espontánea o hasta una resolución casi completa de dichos cambios con el tiempo; en sólo un pequeño porcentaje de ellos (casi el 20 por ciento) empeorará la enfermedad ocular, e incluso en esos casos, dicha enfermedad puede llegar a mejorar por sí sola con el tiempo.[7]
- En términos generales, desde el momento en que inicia la enfermedad ocular, los síntomas oculares pueden empeorar o avanzar durante un período de 6 a 24 meses.[8] Después de este período inicial (que se conoce como la fase aguda), los síntomas oculares a menudo permanecen estables durante un período de uno a tres años. Más adelante, muchos pacientes presentan una mejoría gradual y a menudo a resolución incompleta de los síntomas. Por ejemplo, un estudio de investigación demostró que la retracción del párpado desapareció en el 60 por ciento de las personas varios años después de que hubieran empezado a tener problemas oculares[9] y que los problemas en los músculos del ojo mejoraron en el 38 por ciento de pacientes. Sin embargo, los ojos saltones tienden a persistir: menos del 10 por ciento de las personas con ojos saltones presentarán una mejoría sin recibir tratamiento. Esto tiene que ver con la mayor cantidad de grasa inflamada dentro de la órbita ocular que no puede retroceder espontáneamente.

- Para aquellas personas que han presentado cambios oculares importantes, existen diversos tratamientos que pueden mejorar o incluso corregir hasta los efectos oculares más severos. Cuando tales pacientes comprenden desde el inicio que el tratamiento puede ser prolongado, esto puede ayudar a minimizar su frustración, enojo y desesperanza. También es importante que estos pacientes sepan que sí hay tratamientos disponibles, no sólo para evitar perder la vista y restaurar y mantener un funcionamiento ocular normal, sino también para corregir la desfiguración estética.[10]

Por ejemplo, las gotas oftálmicas que contrarrestan el efecto de la mayor retracción del párpado a menudo son bastante útiles. Aumentar la humedad ambiental en casa y en el trabajo ayudará a aliviar la resequedad de los ojos causada por la continua exposición al aire y a la luz solar que resulta de la retracción del párpado. Se pueden usar prismas para corregir la visión doble. Es útil que estos pacientes usen lentes (gafas) de sol cuando estén al aire libre y que se apliquen lágrimas artificiales (solución de metilcelulosa al 1 por ciento) durante el día, así como emolientes para lubricar los ojos a la hora de irse a dormir. También es necesario que se coloquen una cinta adhesiva sobre los párpados en la noche para prevenir la resequedad y la exposición de la córnea. Yo frecuentemente recomiendo a mis pacientes que eleven la cabeza de su cama o que usen dos o tres almohadas para bajar la hinchazón y disminuir la visión doble al despertar.

Para la retracción del párpado superior, la cirugía estética del párpado superior realizada una vez que el desequilibrio tiroideo del paciente ha sido corregido y que el funcionamiento tiroideo normal se ha estabilizado, brinda excelentes resultados cuando es realizada por especialistas capacitados. Este problema también se puede tratar con la inyección de toxina botulínica tipo A (*Botox*). Frecuentemente, el problema se corrige con una sola inyección. Esta forma de tratamiento parece ser segura y eficaz; sin embargo, en casos raros puede causar visión doble.[11] Usted puede recibir este tratamiento mientras esté esperando a que le realicen un procedimiento quirúrgico, como descompresión orbitaria o cirugía de los músculos oculares. Algunos pacientes también pueden requerir una blefaroplastia, que es la remoción de la parte excedente del párpado, o la remoción de tejido orbital que haya quedado colgando por fuera de la órbita.

Para pacientes que tienen molestias (como la sensación de que tienen arena o polvo en los ojos) y desfiguración por la inflamación del tejido blando que rodea los ojos, es necesario un tratamiento más agresivo. Este consiste ya sea de un tratamiento con corticosteroides, radioterapia externa de las órbitas o cirugía para disminuir la hinchazón en las órbitas. Un oftalmólogo con experiencia puede recomendarle uno o más de estos tratamientos después de hacerle un chequeo y evaluación completos. En general, para los pacientes que tienen dolor o inflamación severa alrededor de los ojos, el tratamiento más eficaz es con corticosteroides, que inicialmente consiste en una dosis de 60 a 80 miligramos de prednisona al día durante dos a cuatro semanas. Se puede empezar a notar una mejoría en la inflamación al cabo de uno o dos días. Luego, la dosis se puede ir disminuyendo gradualmente por 2,5 a 10 miligramos cada semana a lo largo de un período de varias semanas si los síntomas oculares no vuelven a presentarse. Es posible que el tratamiento con esteroides dure un total de tres a doce meses. Sin embargo, los corticosteroides rara vez resuelven los problemas de ojos saltones o musculares y son benéficos en mayor medida durante la fase activa o "aguda" de la enfermedad ocular. Otro medicamento que también puede ser útil es la ciclosporina, con o sin corticosteroides. Sin embargo, los esteroides son, por mucho, más eficaces que todos los demás medicamentos inmunosupresores, incluida la ciclosporina.

Los pacientes en quienes va empeorando la protrusión ocular pero que no tienen inflamación importante y aquellos que tienen un deterioro funcional significativo de los ojos, generalmente reciben tratamiento con radiación externa aplicada en varias sesiones a lo largo de dos semanas. Después de la radiación externa, dos tercios de estos pacientes presentan una mejoría notoria sino es que dramática en la hinchazón del tejido blando.[12] Dicha mejoría a menudo empieza a notarse incluso a las seis semanas de hacer recibido el tratamiento y al cabo de tres meses, los ojos pueden verse mucho menos saltones. La inflamación del nervio óptico también mejora con la radiación externa. Aunque la radiación externa no sirve para tratar la disfunción de los músculos oculares, a menudo se recomienda antes de la cirugía de estos músculos.

La radiación externa generalmente produce una mejoría significativa y es especialmente útil en casos en los que el nervio óptico se ha visto afectado por la hinchazón. Algunos pacientes que inicialmente fueron tratados con corticosteroides pero que no presentaron mejoría pueden ser tratados con radiación externa también. La radiación orbital mejora los cambios en el tejido blando en un 80 por ciento de los pacientes tratados con este método. Los mejores resultados se obtienen cuando se emplean tanto corticosteroides como radiación externa. Este tratamiento combinado permite que mejoren con mayor rapidez la hinchazón del tejido blando, los movimientos de los músculos oculares y la visión.[13] Sin embargo, la radiación combinada con corticosteroides no mejora la protrusión ocular. Lo mejor es usar corticosteroides y/o radiación orbital cuando hay presencia de inflamación activa.

Casi una tercera parte de los pacientes que requieren corticosteroides, radiación o ambos, también necesitarán algún tipo de cirugía, ya sea una cirugía de descompresión, una corrección del párpado o una cirugía de los músculos oculares. La cirugía para remover ciertas partes de las paredes óseas de las órbitas y disminuir la presión en las mismas puede estar indicada por razones estéticas o por afectación de la vista. Esta cirugía mejora la protrusión de los ojos así como la visión. Permite que la córnea esté más protegida y también ayuda a resolver la neuropatía óptica. De hecho, la cirugía puede estar indicada incluso en casos donde no haya presencia de ojos saltones; la neuropatía óptica ocurre con mayor frecuencia en pacientes que no tienen los ojos saltones simplemente porque la presión que se acumula en el interior de las órbitas de dichos pacientes es mucho mayor sobre el nervio óptico. La cirugía de descompresión orbitaria se realiza cuando no se logra mejoría con fármacos y radiación. En general, la cirugía es más eficaz cuando la actividad de la enfermedad ha disminuido. Cuando la cirugía se realiza durante la fase aguda de la enfermedad ocular, la visión doble se presenta con mayor frecuencia como una complicación de la misma.[14] Los indicios de actividad de la enfermedad ocular son la presencia de inflamación y enrojecimiento de los ojos. Asegúrese de dejar de fumar antes de someterse a tales procedimientos, dado que el tabaquismo anula los beneficios de la cirugía.[15]

La cirugía de los músculos oculares es delicada y puede ser necesaria en casos donde hay visión doble persistente. Cabe notar que, en general, la descompresión orbitaria se debe realizar antes de la cirugía de los músculos oculares porque esta última puede causar una hinchazón que agrava la protrusión de los ojos. La cirugía de estrabismo le permitirá tener visión simple. Esto significa que mejorará su visión cuando vea hacia el frente y cuando lea. Sin embargo, después de la cirugía, puede seguir teniendo visión doble cuando vea hacia el lado o hacia arriba. Si presenta este problema residual, no significa que la cirugía no haya sido exitosa.

Debido a la falta de tratamientos específicos para curar la enfermedad ocular tiroidea y eliminar completamente el ataque autoinmunitario en el ojo, los pacientes que padecen la enfermedad ocular tiroidea siguen siendo tratados con estos métodos desagradables. La buena noticia es que, en gran medida, estos tratamientos logran una mejoría significativa en términos tanto estéticos como funcionales. El simple hecho de saber que sí hay cosas que se pueden hacer para ayudar, debe servir para eliminar gran parte del miedo y la ansiedad que sienten estos pacientes cuando se les diagnostica la enfermedad ocular tiroidea.

Cómo asegurar el mejor resultado posible

Los pacientes que padecen la enfermedad de Graves, con o sin enfermedad ocular, a menudo preguntan qué pueden hacer para prevenir o estabilizar sus problemas oculares. La respuesta es que deben considerar cualquier cosa que haya demostrado afectar los cambios oculares o que justificablemente se crea que pueda afectarlos.

En primer lugar, se debe corregir cualquier desequilibrio tiroideo lo antes posible. Los investigadores han demostrado claramente que los desequilibrios tiroideos agravan los síntomas oculares.[16] El hipertiroidismo severo puede estar relacionado con un mayor riesgo de padecer una enfermedad ocular más severa. Además, la ocurrencia de hipotiroidismo durante el tratamiento de la enfermedad de Graves puede hacer que empeoren los síntomas oculares. Por ende, tanto los especialistas en tiroides como los pacientes deben asegurarse de mantener un funcionamiento tiroideo normal a lo largo del tratamiento, especialmente en aquellos pacientes con enfermedad ocular más severa. Un régimen de bloqueo-reemplazo que emplee un medicamento antitiroideo como el metimazol (que parece tener un efecto benéfico en el ataque autoinmunitario) junto con levotiroxina (para que el paciente tenga un funcionamiento tiroideo normal y estable) puede ayudar a estabilizar los niveles tiroideos durante la fase aguda de la enfermedad ocular tiroidea. Este régimen, administrado durante el primer año a pacientes con enfermedad ocular moderada a severa, ayudará a prevenir los efectos perjudiciales de un desequilibrio tiroideo en la enfermedad ocular.

En segundo lugar, en pacientes que padecen una enfermedad ocular importante, durante el primer año se debe evitar la destrucción de una parte de la glándula tiroides mediante la exposición de la misma al yodo radioactivo y, en vez, esperar hasta que la enfermedad ocular esté más estable. Esto se debe a que el tratamiento con yodo radioactivo puede empeorar la enfermedad ocular al potenciar el ataque autoinmunitario en el tejido que rodea los ojos. En vez, lo recomendable durante este período crítico es emplear un medicamento antitiroideo para contrarrestar el efecto del hipertiroidismo y potencialmente disminuir el ataque autoinmunitario.

Incluso si su enfermedad ocular es leve, los cambios oculares se pueden agravar después del tratamiento con yodo radioactivo. Los estudios de investigación han demostrado que en pacientes con enfermedad ocular mínima o nula, el 15 por ciento reportaron la aparición o agravamiento de la enfermedad ocular de dos a seis meses después del tratamiento con yodo radioactivo.[17] Frecuentemente los cambios oculares que ocurren después del tratamiento con yodo radioactivo son temporales. Sin embargo, en algunos pacientes, los cambios pueden perdurar. Para prevenir que empeore la enfermedad ocular, su médico puede recetarle prednisona durante aproximadamente tres meses. El tratamiento con corticosteroides, en mi opinión, es útil, por ejemplo, para quienes hayan tenido que ser tratados con yodo radioactivo para corregir una hiperfunción tiroidea y quienes padezcan una enfermedad ocular importante que no haya podido ser tratada con medicamentos debido a sus efectos adversos. En esta situación, los corticosteroides ayudarán a prevenir que la enfermedad ocular empeore aún más.[18]

Como vimos en el Capítulo 2, el estrés es uno de los principales disparadores de la enfermedad de Graves y del ataque autoinmunitario responsable del hipertiroidismo.[19] Aunque no se ha escrito mucho acerca del efecto del estrés en la enfermedad ocular tiroidea, es inconcebible que el estrés pueda afectar la afección tiroidea pero no los ojos. Un gran número de estudios de investigación han sugerido que el mecanismo y el disparador subyacente son los mismos tanto para la enfermedad ocular como para la afección tiroidea. Por lo tanto, incluso las personas con una enfermedad ocular tiroidea leve deben aprender lo más que puedan acerca de cómo lidiar eficazmente con el estrés. La afección tiroidea y la enfermedad ocular, que en sí son generadoras de estrés, pueden imponer una carga demasiado pesada en los pacientes, quienes luego pueden perder fácilmente el control por su preocupación y por su deterioro funcional. De nuevo, es crucial que estos pacientes reciban un gran apoyo para ayudarlos a lidiar con el estrés. Las personas que padecen la enfermedad ocular tiroidea necesitan educarse lo antes posible, ya que informarse acerca de las prometedoras opciones de tratamiento que están disponibles deberá servirles para reforzar su optimismo. Recuerde, una actitud positiva puede fomentar un resultado exitoso.

Los estudios de investigación han demostrado que el tabaquismo puede agravar la enfermedad ocular tiroidea.[20] Los efectos negativos del tabaquismo tienen que ver principalmente con una mayor inflamación del ojo. Los especialistas en tiroides y los oftalmólogos siempre les insisten a los pacientes que padecen la enfermedad de Graves que dejen de fumar. El hincapié que se hace en los efectos adversos del tabaquismo genera una gran ansiedad en estos pacientes. Para quienes no puedan dejar de fumar mientras estén presentando los efectos de una tiroides hiperfuncionante, yo sugiero que usen unos anteojos (espejuelos) adecuados que puedan proteger sus ojos de los efectos dañinos del humo. Tan pronto como los niveles tiroideos se normalicen, deberán hacer su mayor esfuerzo posible para dejar de fumar.

Asimismo, yo le recomiendo que tome vitaminas y antioxidantes, muchos de los cuales han demostrado servir para apoyar el sistema inmunitario. De hecho, como indiqué en el Capítulo 19, el uso de antioxidantes junto con el medicamento antitiroideo metimazol mejora la probabilidad de que un paciente con la enfermedad de Graves entre en remisión. Los estudios de investigación han demostrado que el consumo de agentes antioxidantes produce mejoría en casos de enfermedad ocular tiroidea leve a moderadamente severa.[21]

Pese al hecho que aún no se tiene una cura que elimine enteramente la enfermedad ocular tiroidea de raíz, los pacientes que padecen la enfermedad de Graves y que también tienen problemas oculares ya no tienen que resignarse a la desesperanza y la discapacidad. Un buen entendimiento de su afección y la disponibilidad de tratamientos eficaces han cambiado las perspectivas de los pacientes que sufren de esta afección. Si usted padece la enfermedad ocular tiroidea y requiere tratamiento, pídale a su médico que lo derive a un oftalmólogo que tenga experiencia en este campo. Es probable que encuentre la ayuda que necesita en la mayoría de las instituciones que estén afiliadas a las escuelas de medicina.

Puntos importantes a recordar

- Los problemas oculares severos ocurren en menos del 20 por ciento de los pacientes que padecen la enfermedad de Graves.
- La enfermedad ocular relacionada con la tiroides es el resultado de un ataque inmunitario en contra de las estructuras que rodean a los ojos, incluidos la grasa y los músculos. Dicho ataque inmunitario puede causar inflamación del tejido blando, hinchazón de la grasa que conduce a la protrusión de los ojos (exoftalmia) e inflamación y disfunción de los músculos oculares responsables del movimiento de los ojos.
- Muchos pacientes presentan una mejoría espontánea de la enfermedad ocular con el tiempo.
- Actualmente están disponibles diversos tratamientos para corregir la desfiguración estética, la inflamación, la exoftalmia y los problemas de los músculos oculares.

21

CÁNCER DE TIROIDES

Curable pero angustiante

La incidencia del cáncer de tiroides ha ido aumentando a nivel mundial. Aunque es menos común que muchos otros tipos de cáncer, la tasa de cáncer de tiroides se ha incrementado de manera considerable en años recientes. Actualmente, casi 300.000 personas que viven en los Estados Unidos tienen cáncer de tiroides y cada año se diagnostican alrededor de 23.500 casos nuevos.[1]

De hecho, en mujeres, el cáncer de tiroides actualmente es la octava malignidad más común y su incidencia está aumentando con mayor rapidez que la de otros cánceres. Sin embargo, aún no queda claro por qué es más frecuente en mujeres que en hombres y por qué en personas de edad avanzada, su frecuencia es casi igual en mujeres que en hombres. La genética sin duda desempeña un papel en la incidencia de cáncer de tiroides, pero la nutrición y los contaminantes ambientales probablemente también han contribuido al aumento tan drástico que se ha dado con el tiempo. Por ejemplo, la práctica común entre los años 20 y los años 50 de tratar diversas afecciones de cabeza y cuello con dosis elevadas de radiación ha contribuido al aumento en la incidencia de cáncer de tiroides. El cáncer de tiroides también se ha relacionado con la lluvia radiactiva.[2] Asimismo, ahora se diagnostica el cáncer de tiroides con mayor frecuencia que antes gracias a chequeos y evaluaciones más frecuentes y al uso común del ultrasonido de tiroides en el ejercicio de la medicina.

Cuando un médico le dice a un paciente que tiene un crecimiento en su glándula tiroides que podría ser cáncer, el paciente comúnmente reacciona con miedo, ansiedad e incluso shock. Si el tumor resulta ser maligno, el paciente pasa por las etapas de negación, enojo y depresión que son típicas de los pacientes con muchos otros tipos de cáncer. Sin embargo, el cáncer de tiroides es uno de los cánceres más curables. En general, el cáncer de tiroides casi nunca se propaga a otras partes del cuerpo y presenta una tasa de mortalidad del 3 al 5 por ciento. Sin embargo, algunos cánceres tiroideos son altamente invasivos; estos presentan una tasa de mortalidad del 50 por ciento. En algunos casos, se pueden llegar a requerir años de tratamientos repetidos para erradicar las células cancerosas por completo. Incluso después de que el cáncer se ha erradicado, las personas a menudo se siguen vigilando el resto de su vida y algunos viven con el miedo de que el cáncer vaya a recurrir.

Durante años, no ha habido un consenso general entre los médicos, incluidos los expertos en tiroides, acerca de la mejor manera de tratar el cáncer de tiroides. Ha sido bastante difícil investigar este tipo de cáncer y los lineamientos para su tratamiento se han basado principalmente en estudios retrospectivos. No fue sino hasta fechas recientes que un grupo de trabajo de la Asociación de la Tiroides de los Estados Unidos propuso unos lineamientos bastante precisos que ayudarán a los médicos a seguir protocolos de tratamiento similares cuando estén atendiendo a pacientes con cáncer de tiroides.[3]

Las muchas facetas del cáncer de tiroides

Hay diversos tipos de cáncer de tiroides, pero el más común es el cáncer papilar. Este tipo de cáncer es el que tiene el mejor pronóstico de todos y representa el 70 por ciento de todos los casos de cáncer de tiroides. El cáncer papilar también tiende a ocurrir a una edad más temprana. Otra variante importante del cáncer de tiroides es el cáncer folicular, que representa alrededor del 20 al 25 por ciento de todos los casos de cáncer de tiroides. Es más agresivo que el cáncer papilar y su pronóstico es peor en general. Tiende a ocurrir en personas de mayor edad. El cáncer de células de Hurthle es una variedad de cáncer folicular y representa del 3 al 4 por ciento de los cánceres tiroideos. Este cáncer a menudo es más agresivo y se propaga a los ganglios linfáticos del cuello desde sus etapas tempranas. Casi uno de cada tres pacientes con este tipo cáncer ya tiene metástasis en los ganglios linfáticos e incluso en otros órganos, entre ellos los pulmones y los huesos, al momento en que son diagnosticados. Los cánceres papilar y folicular de la tiroides son lo que llamamos cánceres tiroideos bien diferenciados, los cuales pueden ser familiares en casi el 5 por ciento de los casos.

Por fortuna, el cáncer de tiroides mal diferenciado (cáncer anaplásico), que es una de las malignidades más agresivas, es muy raro. En algunos casos, el origen de este tipo de cáncer puede ser un cáncer diferenciado no tratado o inadecuadamente tratado. Casi el 5 por ciento de todos los cánceres tiroideos se conocen como cánceres tiroideos medulares. A veces son familiares y pueden coexistir con tumores en otras glándulas endocrinas (neoplasia endócrina múltiple) como la glándula paratiroides y las glándulas suprarrenales. El cáncer tiroideo medular se deriva de un tipo distinto de células tiroideas llamadas células C. Estas células producen una hormona llamada calcitonina, que también se emplea como marcador para estos cánceres.

Debido a que el cáncer tiroideo anaplásico y el cáncer tiroideo medular son mucho menos comunes y requieren un tratamiento distinto, en este capítulo me concentraré en los tipos papilar y folicular. Los tratamientos para estos dos tipos de cáncer son, en general, los mismos. La extirpación quirúrgica de la glándula tiroides es el primer y más importante componente del tratamiento. Sin embargo, el cáncer folicular requiere una cirugía más agresiva que incluya la disección de ganglios linfáticos para que el resultado sea mejor. Uno de los principales factores que permiten un mejor pronóstico es una edad de menos de 40 años para los hombres y de menos de 50 años para las mujeres, incluso cuando ya se ha propagado el cáncer.[4] El resultado generalmente es mejor en niños y adolescentes,[5] en mujeres y en personas con un tumor pequeño al momento del diagnóstico (menos de 3 centímetros).[6] Después de la cirugía inicial, los pacientes a menudo reciben tratamiento con yodo radioactivo, que típicamente va seguido de escaneos periódicos de cuerpo entero y de la medición de los niveles de tiroglobulina (que es un marcador en sangre que ayuda a determinar si hay actividad tiroidea residual). Un indicio de que el tratamiento probablemente ha inactivado eficazmente la enfermedad es un nivel bajo de tiroglobulina y un escaneo de seguimiento negativo.[7]

El tratamiento con yodo radioactivo es eficaz después de la extirpación quirúrgica de la tiroides porque las células tiroideas selectivamente concentran el yodo en la tiroides. Los doctores que se han especializado en medicina nuclear formulan un líquido que contiene una forma de yodo que es radiactiva. El paciente bebe este líquido, permitiendo que el yodo radioactivo llegue a la tiroides y mate las células tiroideas activas que hayan quedado, ya sean normales o anormales, incluidas la cancerosas. Algunos pacientes pueden requerir más de uno o dos tratamientos para erradicar el cáncer. Los doctores frecuentemente administran el tratamiento de seis a ocho semanas después de la cirugía inicial y lo repiten una o varias veces, en caso necesario, a intervalos que pueden ir de seis meses a un año.

Qué hacer si le detectan una bolita

Los médicos usualmente diagnostican el cáncer de tiroides cuando el paciente tiene una bolita o lo que los doctores llaman un nódulo. Algunas veces, la bolita se puede ver en el cuello y otras veces, el doctor la encuentra al palpar la glándula tiroides. En muchos casos, el nódulo puede haber estado presente durante mucho tiempo antes de que se haya detectado. La mayoría de los pacientes con nódulos tiroideos no tienen síntomas. Sin embargo, algunos pacientes pueden tener dificultades para tragar, ronquera o una sensación de presión o dolor en el área del cuello. Los médicos tienden a no darle mucha importancia al diagnóstico de nódulos tiroideos o cáncer de tiroides. Aunque ciertos comentarios como "Si ya le tenía que dar cáncer, este es el mejor cáncer que le pudo haber dado" o "Nadie se muere de cáncer de tiroides. Usted vivirá para siempre y no tendrá problema alguno" pueden ser apropiados, también pueden dar como resultado que el paciente no se preocupe por su afección, lo cual podría conducir a sorpresas poco agradables a la larga.

Las bolitas en la tiroides que se pueden detectar mediante la exploración manual de la glándula son muy comunes y ocurren hasta en un 3 a un 7 por ciento de la población, aunque con mayor frecuencia en mujeres que en hombres.[8] A veces, el médico sentirá una protuberancia en la tiroides y podrá sospechar la presencia de un nódulo tiroideo, pero podría deberse a un área de inflamación localizada (como en la tiroiditis de Hashimoto) más que a un nódulo verdadero. En esta situación, el ultrasonido de la tiroides no servirá para identificar un nódulo. La frecuencia de nódulos pequeños (es decir, los que miden menos de un 1 centímetro de diámetro) es mucho mayor que la de los nódulos detectados mediante la palpación. Más del 20 por ciento de las personas tienen nódulos pequeños. Estos nódulos se detectan mediante un ultrasonido y a veces de manera incidental cuando, por otras razones, se realiza un examen por resonancia magnética o bien una tomografía computarizada (TC) del cuello. Los nódulos pequeños también pueden ser cancerosos.

Existen dos tipos básicos de nódulos. Los nódulos calientes o templados no conllevan un riesgo importante de sufrir cáncer, captan cantidades significativas de yodo e incluso pueden volverse autónomos del resto de la glándula tiroides y conducir al hipertiroidismo con el tiempo. Los nódulos fríos que no captan yodo aparecen como áreas no funcionantes en los escaneos de la tiroides. A menudo son benignos: sólo del 10 al 15 por ciento de los mismos son cancerosos. Casi el 85 por ciento de todos los nódulos son fríos, mientras que el resto son templados o calientes.

Para evaluar a los pacientes con nódulos tiroideos, algunos médicos les indican un escaneo de la tiroides. Sin embargo, en la actualidad, los doctores realizan este procedimiento con menor frecuencia. En vez, la mayoría indica un análisis de la hormona estimulante de la tiroides (HET o *TSH* por sus siglas en inglés). Sólo si el nivel de TSH es bajo (lo que indicaría la posibilidad de que hubiera un nódulo caliente), entonces piden al paciente que se haga un escaneo de la tiroides. Si la TSH es normal, entonces los doctores dan por sentado que es un nódulo frío. El ultrasonido de la tiroides puede ayudar a identificar lesiones que probablemente podrían ser malignas. Por ejemplo, es tres veces más probable que los nódulos de forma esférica sean cancerosos.[9] Si el ultrasonido de la tiroides muestra calcificaciones o un mayor flujo de sangre al interior del nódulo, entonces es más probable que sea maligno. Sin embargo, el tamaño del nódulo no le sirve al médico para predecir si el nódulo es maligno o benigno.

Para evitar someter a cirugía a todas las personas a quienes se les detecta un nódulo tiroideo, los médicos recomiendan un procedimiento que se conoce como biopsia por aspiración con aguja fina.[10] En este caso, el médico saca células a través de una aguja muy delgada que se inserta en tres a cinco lugares del nódulo. Esto ayuda a determinar si el nódulo es benigno o canceroso. El procedimiento se puede hacer a ciegas, pero cada vez más médicos lo están realizando con la ayuda de una máquina de ultrasonido para asegurar que la aguja efectivamente esté adentro del nódulo. Si el nódulo mide menos de 2,5 centímetros, el uso del ultrasonido brindará resultados más concluyentes que una biopsia ciega. En buenas manos, este procedimiento es bastante confiable, pero por desgracia no es 100 por ciento certero.[11] Hasta un 20 a 30 por ciento de las biopsias son no concluyentes o no sirven para distinguir entre lesiones benignas o cancerosas. No hay un consenso en cuanto a que si todos los pacientes con biopsias no concluyentes deben someterse a cirugía. Lo que frecuentemente ocurre es que el médico le explica las opciones al paciente y le deja la decisión a él o ella. Los estudios de investigación han demostrado que los hombres con una lesión folicular de más de 3 centímetros tienen una probabilidad del 80 por ciento de tener cáncer, mientras que las mujeres con lesiones foliculares pequeñas presentan un riesgo mucho más bajo.[12] Sin embargo, para evitar sorpresas desagradables, quizá sería prudente someterse a una cirugía si la biopsia muestra una lesión folicular. Un estudio de investigación publicado en la revista médica *American Journal of Surgery* demostró que el 42 por ciento de los pacientes a los que se les diagnosticó una lesión folicular mediante una biopsia por aspiración con aguja fina resultaron tener cáncer de tiroides cuando se sometieron a una cirugía.[13] Además, para evitar una cirugía innecesaria, es una buena idea repetir la biopsia por aspiración con aguja fina para confirmar que la lesión efectivamente sea un tumor folicular. Con el fin de mejorar la precisión del procedimiento, actualmente se están desarrollando marcadores moleculares que se emplean para mejorar la precisión en el diagnóstico de nódulos indeterminados o no concluyentes; es posible que el uso de dichos marcadores se convierta en una práctica rutinaria en el futuro.

Rosa apenas había cumplido 38 años de edad cuando, después de una lesión del cuello causada por un accidente automovilístico, incidentalmente le encontraron un nódulo que medía 2 centímetros. El doctor le hizo una biopsia por aspiración con aguja fina, la cual indicó la presencia de una lesión folicular. Él le dijo que aunque podría ser cáncer, la probabilidad de que fuera maligna no era elevada y que él le sugería que se volviera a examinar al año siguiente. También le dijo, "Si quieres que te la extirpen, te puedo derivar a un cirujano. Es una decisión personal. Tienes que decidir si puedes vivir con eso o si prefieres resolverlo ahora".

Rosa tuvo que tomar una decisión. Ella dijo, "Tenía mucho miedo, pero no podía dejar de pensar que si me habían descubierto esto, era una bendición oculta. Estaba muy indecisa. Un día pensaba que todo iba a estar bien. Luego, pasaba por épocas en que me sentía muy deprimida y con mucho miedo y pensaba en mi hija de 3 años de edad".

Rosa se preocupó durante muchos meses. Luego, me vino a consultar para pedir una segunda opinión. Yo le recomendé la cirugía y el nódulo resultó ser benigno. Ya dejó de preocuparle la posibilidad de que tuviera cáncer de tiroides. Sólo se le extirpó un lóbulo de la tiroides y luego yo le indiqué un tratamiento con hormona tiroidea para prevenir la hipofunción tiroidea y el crecimiento de nódulos en el futuro.

Este dilema sobre cuál tratamiento elegir también se presenta frecuentemente cuando el nódulo es pequeño. Debido a que estas bolitas son bastante comunes y usualmente son benignas, los doctores no recomiendan cirugía ni biopsia por aspiración con aguja fina en estos casos. Es probable que su médico le repita un ultrasonido de seis meses a un año después, para ver si el nódulo ha crecido.

Si el nódulo aumenta de tamaño y llega a medir más de 1 centímetro, entonces el médico le recomendará que se haga una biopsia. No obstante, si tiene antecedentes de haber estado expuesto a la radiación durante su infancia, si tiene antecedentes familiares de cáncer de tiroides, si el ultrasonido de su tiroides muestra rasgos sospechosos o si recibió radiación de cuerpo entero por un transplante de médula ósea, lo mejor sería que le hicieran una biopsia guiada por ultrasonido si el nódulo mide 7–10 milímetros de diámetro.

Yo he diagnosticado cáncer papilar en varios pacientes que tenían nódulos pequeños (de 7 a 8 milímetros de tamaño). Los cánceres pequeños son comunes y según los estudios de investigación, pueden quedarse así durante mucho tiempo. Si usted tiene un tumor papilar tiroideo de menos de 1 centímetro, es posible que su doctor le recomiende la extirpación del lóbulo canceroso solamente, seguida de tratamiento con hormona tiroidea. Sin embargo, algunos cánceres pequeños son agresivos y algunos regresarán si sólo se extirpa la mitad de la glándula. Incluso si el cáncer parece estar localizado en la tiroides, es posible que ya se haya propagado a los ganglios linfáticos. Por este motivo, yo tiendo a recomendar tiroidectomías casi completas cuando hay tumores pequeños.

Hay diversos factores que indican una mayor probabilidad de cáncer en pacientes diagnosticados con nódulos tiroideos, independientemente de su tamaño:

- Nódulos que crecen con el tiempo
- Ser hombre, dado que los nódulos son mucho más comunes en las mujeres
- Síntomas como ronquera, dificultades para tragar o escupir sangre
- Antecedentes de radiación externa o exposición a lluvia radiactiva causada por accidentes nucleares
- Antecedentes familiares de cáncer del colon o poliposis intestinal (vínculo genético)
- Antecedentes familiares de cáncer de tiroides

Un problema común en el diagnóstico de cáncer de tiroides es que los médicos no saben que incluso si una persona tiene un resultado normal en su primera biopsia por aspiración con aguja fina, la lesión aún puede contener células cancerosas. Alrededor del 3 al 5 por ciento de las personas que tienen una lectura benigna en su biopsia inicial resultan tener cáncer de tiroides a la larga.[14] Por este motivo, si usted tiene un nódulo y le diagnostican que es benigno mediante una biopsia por aspiración con aguja fina, es necesario que se lo vigilen con ultrasonidos periódicos para asegurar que no haya aumentado de tamaño. Además, es más seguro repetir la biopsia unos cuantos meses más tarde, aunque el nódulo no haya aumentado de tamaño. Por desgracia, rutinariamente no se hace una segunda biopsia y algunos pacientes pueden seguir teniendo un tumor maligno durante años antes de que les diagnostiquen cáncer de tiroides y finalmente les extirpen la glándula. También tendrá que repetir la biopsia si la primera fue no diagnóstica, lo que significa que no se recolectaron suficientes células para brindar información precisa acerca del nódulo. Si la segunda biopsia tampoco es concluyente, entonces la mejor decisión será someterse a una cirugía. La cirugía también está indicada cuando las biopsias indican que el nódulo es benigno pero este sigue creciendo.

Andrea fue a consultar a su internista porque tenía un dolor fuerte de garganta. Él le descubrió en una bolita en la tiroides y la derivó a un endocrinólogo, quien le hizo una biopsia por aspiración con aguja fina de la lesión. El médico le aseguró que el nódulo era benigno. Entonces, inició un tratamiento con hormona tiroidea, la cual puede disminuir el tamaño del nódulo en algunos pacientes. Ella pensó que este era al fin de la historia. Casi tres años después, consultó a otro endocrinólogo porque había aumentado de peso y había escuchado que las disfunciones tiroideas pueden causar aumento de peso. Este doctor le recomendó una cirugía para extirparle la glándula tiroides. Mientras se estaba recuperando de la operación, le avisaron que tenía cáncer tiroideo de tipo papilar en el nódulo. Andrea se molestó mucho cuando escuchó la noticia. No podía creer que le hubieran detectado el nódulo hace tres años y que le hubieran asegurado que era benigno.

Después de recibir tratamiento para el cáncer con una dosis única de yodo radioactivo, Andrea se curó y desde entonces ha estado bien. La moraleja de esta historia es que si le dicen que su nódulo tiroideo es benigno, pídale a su médico que le repita la biopsia seis meses más tarde.

Si está embarazada y el resultado de la biopsia es sospechoso o indicativo de cáncer de tiroides, la extirpación de la tiroides se debe hacer antes de la semana Nº24 de embarazo para minimizar el riesgo de un aborto espontáneo. Si el nódulo se detecta durante la segunda mitad del embarazo, es mejor posponer la cirugía hasta después de que la madre haya dado a luz.[15]

Antes de someterse a una cirugía de tiroides para el cáncer tiroideo, necesita asegurarse que le hagan un ultrasonido del cuello para determinar si el cáncer se le ha propagado a los ganglios linfáticos. Esta información es muy importante porque le permitirá al cirujano saber si es necesario quitarle también los ganglios linfáticos del cuello. Los estudios de investigación han demostrado que el cáncer de tiroides diferenciado se propaga a los ganglios linfáticos del cuello en aproximadamente un 20 a un 50 por ciento de los pacientes.[16] Aunque el tumor sea pequeño y parezca estar localizado en la glándula tiroides, el cáncer puede haberse propagado a los ganglios linfáticos.[17]

Además del ultrasonido del cuello, es necesario que le midan el nivel de tiroglobulina antes de la cirugía. Un nivel elevado de tiroglobulina en realidad es una buena señal, dado que frecuentemente implica que usted responderá mejor al tratamiento con yodo radioactivo.

No todos los doctores tratan los nódulos tiroideos benignos de la misma forma

Algunos doctores recomiendan el tratamiento con hormona tiroidea para suprimir o reducir los niveles de TSH con el fin de encoger el nódulo después de que la biopsia por aspiración con aguja fina haya demostrado que el nódulo es benigno. Los estudios de investigación han demostrado que este tratamiento es eficaz en un 17 por ciento de los pacientes y que retarda el crecimiento posterior en un 10 por ciento de los casos.[18] Muchos nódulos benignos pueden llegar a encogerse eventualmente sin tratamiento alguno. El tratamiento con hormona tiroidea sí parece prevenir que crezcan otros nódulos, pero para lograr este efecto benéfico, es probable que el tratamiento produzca un exceso de hormona tiroidea en el organismo, lo cual puede afectar los huesos, el corazón, el estado de ánimo y las emociones. Por esta razón, yo rara vez recomiendo el tratamiento con hormona tiroidea para los nódulos benignos. Si un nódulo crece de tamaño y genera inquietudes, entonces la cirugía podría ser la mejor alternativa.

Si su médico ha optado por darle tratamiento con hormona tiroidea para suprimir un nódulo tiroideo, asegúrese que la dosis que le indique sea la más baja posible para mantener su TSH a un nivel de 0,4 a 0,6 miliunidades internacionales por litro. Esta supresión de bajo nivel produce el mismo resultado en términos del tamaño del nódulo que cuando se emplea una dosis mucho más elevada.[19] Sin embargo, es importante que sepa que si usted es una mujer menopáusica, el tratamiento supresor con hormona tiroidea le brindará pocos beneficios en cuanto a reducir el tamaño del nódulo.[20]

Altibajos emocionales y físicos

A Louise le diagnosticaron cáncer de tiroides más o menos tres o cuatro años después de que le habían diagnosticado hipotiroidismo. Ella estaba recibiendo la terapia de reemplazo de hormona tiroidea para el hipotiroidismo cuando, durante la consulta anual de seguimiento con su endocrinólogo, él le dijo que tenía una bolita. Según Louise, "Él dijo, 'No creo que sea nada; no es importante'. El médico estaba por irse de vacaciones y dijo que cuando regresara, le haría un ultrasonido". Louise le pidió al endocrinólogo que le hiciera el ultrasonido antes de que se fuera de viaje. "Me hizo el ultrasonido y empezó a decir que era un nódulo. Luego dijo, 'Cuando regrese de mis vacaciones, te haré una biopsia por aspiración con aguja fina y entonces veremos qué es'".

A Louise le molestó mucho la actitud aparentemente casual de su endocrinólogo y entonces fue a consultar a otro endocrinólogo que le había recomendado una amiga. El segundo endocrinólogo le hizo una biopsia por aspiración con aguja fina y le dijo que el nódulo era benigno. Él le aumento la dosis de hormona tiroidea para suprimir el nódulo.

Un año más tarde, Louise se mudó a otra cuidad, donde otro endocrinólogo le repitió la biopsia por aspiración con aguja fina. Al día siguiente, el endocrinólogo le llamó por teléfono para decirle que le había encontrado cáncer y que necesitaba someterse a una cirugía.

Louise inmediatamente consultó a un cirujano, quien le dijo que sería necesario extirparle la tiroides pero que también le aseguró que todo estaría bien. Cuando terminó la cirugía, el cirujano salió del quirófano y le dijo a la madre y al esposo de Louise que el nódulo era benigno y que por lo tanto, sólo le había extirpado un lóbulo de la glándula tiroides. Él comentó que esta situación ocurría con mucha frecuencia. A Louise le dieron la buena noticia cuando aún estaba en la sala de recuperación. Tanto Louise como su familia sintieron como si les hubieran quitado un gran peso de encima.

Treinta minutos después, el cirujano pidió hablar nuevamente con el esposo de Louise. Le explicó que cuando el patólogo hizo cortes del tumor, encontró otro tumor que sí era maligno. Para cuando esto se descubrió, a Louise ya le habían suturado la incisión.

El cirujano le aseguró a Louise que como el tumor no era muy grande, no tenía nada de qué preocuparse y que a efectos prácticos, ella ya estaba curada. En esencia, le dijo que estaba perfectamente bien y que podía irse a casa. Pero por lo que ya le había pasado, la felicidad de Louise ahora estaba nublada de sospecha. "¿Cómo pudo pasar de decirme que era maligno a decirme que era benigno y luego decirme que sí era maligno pero que podía irme a casa porque ya estaba bien?"

Unas semanas más tarde, Louise le pidió a su internista que solicitara las laminillas y que las enviara a una institución académica para pedir una segunda opinión. Los resultados de la interpretación fueron bastante distintos a los originales, dado que indicaban la presencia de cáncer multifocal, es decir, cáncer en múltiples áreas de la tiroides. (Cuando el cáncer de tiroides es multifocal, a menudo requiere un tratamiento más agresivo). Esto la confundió aún más. A estas alturas, Louise ya había perdido completamente la fe en los médicos que la habían estado atendiendo.

Cuando Louise me vino a consultar, yo le recomendé la extirpación quirúrgica del lóbulo restante que, efectivamente, resultó ser canceroso. La noticia la devastó. Su miedo creció sin control y empezó a sufrir una depresión severa. Ella dijo:

> "Pasé por altibajos emocionales y físicos. A veces pienso que tengo suerte de recordar cómo me llamo después de todo esto. A veces pienso que me estoy volviendo loca. Me enoja mucho que no se me haya dado un buen manejo desde el principio. Siento que todo esto ha sido una pesadilla. Siempre voy a vivir con ese recuerdo. No creo que algún día me vaya a curar por completo de esto".

Después de la segunda cirugía, yo vigilé de cerca la evolución de Louise. Cada año durante cuatro años consecutivos, le administré tratamiento con yodo radioactivo. Este tratamiento finalmente le curó el cáncer.

La situación que acabo de describir es típica para muchos pacientes de cáncer tiroideo. Aunque a veces su tratamiento se ve obstaculizado por diferencias de opinión, en la mayoría de los casos se ve obstaculizado por una falta de conocimiento y experiencia por parte de algunos de los médicos que atienden a estos pacientes.

¿Quién debe atenderle si tiene cáncer tiroideo?

Los oncólogos (especialistas en cáncer) generalmente no tienen un buen conocimiento del manejo del cáncer de tiroides. De hecho, rara vez se recurre a un oncólogo para que maneje un caso de cáncer de tiroides dado que este tipo de cáncer no se trata con quimioterapia. En efecto, algunos endocrinólogos convencionales tampoco tienen mucha experiencia en el manejo de pacientes con cáncer de tiroides. Salvo que trabajen en un centro especializado o alguna otra institución donde tengan contacto con muchos pacientes con cáncer de tiroides, a menudo ofrecen recomendaciones estereotípicas que pueden o no ser aplicables y apropiadas para un paciente en particular.

Además, la cirugía de tiroides es una cirugía delicada y difícil. El cirujano que elija deberá tener suficiente experiencia en cirugía de tiroides y un conocimiento adecuado del manejo del cáncer tiroideo. Es necesario que el cirujano trabaje en estrecha colaboración con el endocrinólogo que lo haya recomendado para planear el tratamiento óptimo. Si esto no ocurre, puede haber un mal manejo o un retraso en la administración de la terapia apropiada.

Algunos doctores en medicina nuclear tienden a hacerse cargo del manejo de pacientes con cáncer de tiroides porque tratan más frecuentemente con esta afección que los endocrinólogos convencionales. Sin embargo, carecen de la experiencia y conocimiento de los diversos tipos patológicos que serían necesarios para hacer recomendaciones específicas en cada caso individual.

Un cirujano derivó a una paciente que conozco con cáncer de tiroides a un doctor en medicina nuclear para que la siguiera atendiendo. Este doctor dirigió el tratamiento con yodo radioactivo y la administración de hormona tiroidea. Dos años más tarde, la paciente resultó tener un cáncer tiroideo importante en el área del cuello. También había padecido muchos síntomas de exceso de hormona tiroidea. El doctor en medicina nuclear simplemente no sabe cómo evaluar y tratar a pacientes con cáncer de tiroides.

Por lo tanto, los pacientes a quienes se les diagnostica cáncer de tiroides deben buscar meticulosamente un endocrinólogo que se especialice en enfermedades tiroideas y que tenga gran experiencia en el manejo del cáncer de tiroides. El endocrinólogo que atiende a un paciente con cáncer de tiroides debe vigilar de cerca los tratamientos administrados por otros especialistas. Así pues, él o ella debe fungir como el principal coordinador de las diversas terapias e intervenciones a las que se someterá al paciente, entre ellas:

- Cirugía, incluida la decisión de hacer una extirpación parcial o total de la tiroides
- Determinar si el reporte de patología es apropiado
- Recomendar que el paciente obtenga segundas opiniones con base en la valoración de las laminillas de la tiroides enviadas a patología
- Interactuar con los radioterapeutas en caso de que se le haya recomendado la radioterapia externa
- Interactuar con el doctor en medicina nuclear

Es especialmente importante que el endocrinólogo y el cirujano que vaya a realizar la cirugía inicial coordinen esfuerzos. Si esto no ocurre, puede haber un mal manejo del paciente. Esto podría dar como resultado sufrimiento, ansiedad y frustración sustanciales para el paciente y podría también prolongar la evolución del cáncer.

El caso de Vera ilustra cómo la falta de comunicación entre el endocrinólogo y el cirujano puede conducir a problemas serios en el manejo de los pacientes, con el sufrimiento subsecuente para los mismos. Vera llegó llorando cuando vino a consultarme desde Nuevo México para contarme su historia. Ella relató:

> "Cuando sentí una gran bola en mi cuello, fui al médico, quien me derivó a un endocrinólogo. Él me dijo que tendría que operarme porque podría ser cáncer. Me operé de inmediato. No sabía en aquel entonces que el cáncer de tiroides es muy curable. Estaba muy preocupada y lloraba todo el tiempo. Me daba miedo tener que enfrentarme a esto sola. Estaba deprimida porque pensaba que me iba a morir y aún sigo pensándolo. Siempre pienso que lo único que quiero es vivir lo suficiente para ver a mi hijo llegar a los 18 años de edad antes de que me muera".

> "Cuando me llevaron de la sala de recuperación a mi habitación, mi esposo me dijo que sí era cáncer. El cirujano vino a hablar conmigo y me informó que sólo extirpó el lóbulo donde había cáncer y que no había sacado toda la tiroides. No podía entender por qué hizo eso. No sabía si el cirujano tenía mucha experiencia con la cirugía de tiroides, pero el endocrinólogo me había dicho que era un buen cirujano".

Vera tenía la voz ronca debido a una lesión de las cuerdas vocales que le provocó la cirugía y empezó a llorar cuando le dije que era necesario que le extirparan el otro lóbulo de la tiroides. Después de la segunda cirugía, en la que se determinó que sí había cáncer en el otro lóbulo y en los ganglios linfáticos, le hicieron varios escaneos de cuerpo entero a intervalos de seis a doce meses para determinar si tenía cualquier complicación residual. Cada vez, ella requirió un tratamiento con una dosis elevada de yodo radioactivo tratamiento.

Cualquier tumor tiroideo canceroso de buen tamaño (es decir, de más de 1 centímetro) se debe tratar mediante la extirpación completa de la glándula tiroides realizada por un cirujano competente que haya realizado ya muchas cirugías de tiroides. Actualmente, algunos cirujanos están realizando cirugías ambulatorias, aunque hay controversia sobre la seguridad de la cirugía ambulatoria de tiroides.[21] La cirugía puede ser difícil y puede tener complicaciones como daños a los nervios que controlan el habla y la voz. Los cirujanos también pueden dañar o extirpar inadvertidamente las glándulas paratiroides, que se ubican detrás de la glándula tiroides y ayudan a controlar los niveles de calcio y fósforo en el cuerpo. Si se dañan o extirpan las glándulas paratiroides, la persona tendrá problemas causados por un nivel bajo de calcio que podrían requerir tratamiento con calcio y vitamina D a lo largo de toda su vida. Los síntomas más comunes de un nivel bajo de calcio son cosquilleo y entumecimiento alrededor de la boca y en los dedos, así como espasmos musculares que afectan las manos. Por lo tanto, para evitar un resultado adverso, pídale a su endocrinólogo que lo derive a un cirujano que tenga mucha experiencia en cirugía de tiroides.

De nuevo, es importante que haga preguntas acerca del historial del cirujano. El cirujano debe haber realizado cuando menos de 10 a 15 cirugías de tiroides al año durante dos a tres años consecutivos.

Cómo prepararse para el tratamiento con yodo radiactivo

Una vez que el cirujano le haya hecho una tiroidectomía total, generalmente le programará un escaneo de cuerpo entero con yodo radiactivo de seis a ocho semanas después de la cirugía. Después de la cirugía, ya no tiene una glándula tiroides funcional y durante este período de seis a ocho semanas, el médico a propósito dejará que se vuelva hipotiroideo para que su nivel de TSH se eleve por encima de las 40 miliunidades internacionales por litro. Eso es lo que tardan las hormonas tiroideas en caer a niveles muy bajos. Es necesario que tenga un nivel elevado de TSH porque así sus células tiroideas (normales o cancerosas) captarán la máxima cantidad de yodo radioactivo, el cual las destruirá.

Durante las semanas en que tenga hipotiroidismo, es probable que presente diversos síntomas físicos y emocionales. Muchos pacientes se deprimen y pronto empiezan a notar cambios extraños en su cuerpo. Se sienten fuera de control o se enojan e irritan por asuntos triviales. Se molestan con todo el mundo. Estos pacientes frecuentemente no quieren salir y no quieren ver a nadie ni ser vistos por otras personas. Su enojo es tanto por el déficit de hormona tiroidea en el cerebro como por la transformación acelerada de su cuerpo, que altera su autoestima y su funcionamiento normal.

A Daniela, una mujer de 34 años de edad, le hicieron una tiroidectomía y le dijeron que regresara seis semanas después para un escaneo. Durante un tiempo, no sintió que estuviera ocurriendo nada y luego, repentinamente se convirtió en otra persona totalmente distinta. Así es cómo ella describió su experiencia:

"Es como si estuvieras flotando encima de tu cuerpo y tu mente. No tienes control alguno sobre ellos y eso produce miedo. Odio los cambios físicos que me sucedieron con tanta rapidez. De repente, mi cara se hinchó y aumenté mucho de peso. Me volví una persona letárgica. No había nada peor en el mundo que mirarme al espejo y ver lo mucho que había cambiado mi rostro. Era como si el espejo me estuviera diciendo lo que estaba ocurriendo adentro de mi cuerpo.

Era deprimente. Todo te está pasando, pero no hay nada que puedas hacer para cambiarlo".

Miguel, otro paciente con cáncer de tiroides, describió su primera experiencia con el hipotiroidismo repentino. Los efectos físicos fueron tan apabullantes que tuvo que pedirle a su esposa que se hiciera cargo de su negocio. "Durante dos meses después de la cirugía —dijo—, empecé a aumentar de peso. El casco que usaba cuando andaba en motocicleta ya no me entraba en la cabeza de lo hinchada que la tenía. Mis ojos estaban tan hinchados que no me podía poner los lentes de contacto. Mi dedo anular también se empezó a hinchar y tuve que remojar la mano durante hora para sacarme el anillo. Mi ropa ya no me quedaba. Mis zapatos ya no me servían. Estos eran los detalles que realmente me molestaban".

Para minimizar la tortura del hipotiroidismo repentino, yo típicamente receto *Cytomel* (T3) durante las primeras dos a tres semanas después de la cirugía. Luego suspendo el *Cytomel* durante las tres semanas siguientes. Después de suspender el *Cytomel*, la TSH se eleva al nivel deseado (por encima de 40 miliunidades internacionales por litro) y entonces el paciente estará listo para el escaneo y el tratamiento. Para evitar un desequilibrio prolongado, empiece a tomar *Cytomel* tres días después de la cirugía a una dosis de 5 microgramos, tres veces al día, durante una semana. Luego aumente la dosis a 12 microgramos, dos veces al día, si pesa menos de 115 libras (51,5 kg), si tiene más de 55 años de edad o si tiene antecedentes de enfermedades cardíacas. De otro modo, aumente la dosis a 10 microgramos, tres veces al día, durante dos semanas más y luego suspenda el *Cytomel*. Mientras esté tomando T3, seguirá funcionando normalmente y puede que no presente síntomas. Sin embargo, después de suspender el *Cytomel*, es posible que empiece a sentir los molestos síntomas del hipotiroidismo.

Tan pronto como suspenda la T3, o bien, una a dos semanas antes del tratamiento con yodo radioactivo, le recomiendo que siga una dieta especial que consista en alimentos bajos en yodo. (La sección titulada "Yodo: una espada de doble filo" en las páginas 381–384 incluye una lista de alimentos y nutrientes ricos en yodo, los cuales deberá evitar durante este período). Deberá evitar todos los productos lácteos, las carnes frías, el tocino, la salchicha, el pescado y los mariscos, los tallarines de huevo, la yema de huevo, los postres, las galletitas, los aliños (aderezos), la *catsup*, las galletas saladas, los *pretzels*, las frituras y todos los alimentos enlatados. Durante este período, puede consumir porciones pequeñas de pollo, pavo y ternera. Las papas frescas, la pasta, el arroz, la fruta fresca, la clara de huevo y las verduras frescas (excepto las espinacas) también son bajos en yodo. Asegúrese de que su comida no tenga sal y lea las etiquetas de todo lo que consuma, incluidos los suplementos multivitamínicos. Si va a recibir tratamiento con yodo radiactivo, debe evitar el material yodado que se usa en estudios de imagenología (tomografía computarizada, cateterización cardíaca) porque podría llegar a tener un exceso de yodo en el organismo durante varias semanas.

Continúe con esta dieta baja en yodo hasta una semana después de que haya recibido el tratamiento con yodo radioactivo. Al privarse de yodo, cualquier célula tiroidea que haya quedado después de la cirugía tendrá "hambre" por el yodo que recibirá durante el tratamiento con yodo radioactivo, lo cual aumentará la probabilidad de que se cure con un solo tratamiento.

Una dieta baja en yodo también le hará consumir menos sal, lo cual le ayudará a reducir la hinchazón y a retener menos líquidos cuando se esté volviendo rápidamente hipotiroideo. La dieta también debe ser baja en grasa saturada para evitar que el cuerpo almacene mucha grasa cuando se esté volviendo hipotiroideo. Durante este período de tres semanas, evite el alcohol y los sedantes. Tenga presente que tal vez no pueda conducir con seguridad, dado que es posible que tenga problemas para enfocar la atención y estar alerta. Informe a su supervisor en el trabajo acerca de los efectos del hipotiroidismo repentino. De ser posible, evite pasar por este período de hipotiroidismo forzado durante las festividades, dado que podría hacer que sienta más deprimido.

Después de que haya tenido hipotiroidismo durante tres semanas, el médico le pedirá que se haga una análisis de TSH. Si su nivel de TSH es lo suficientemente elevado, le darán una pequeña cantidad de yodo radioactivo para el escaneo. Un doctor en medicina nuclear tomará fotografías del área del cuello y el resto del cuerpo 48 horas después. Después del escaneo, es probable que lo internen en el hospital para recibir el tratamiento con yodo radioactivo. Sin embargo, algunos doctores en medicina nuclear han empezado administrar este tratamiento de manera ambulatoria. Estos pacientes reciben instrucciones para que sigan ciertas medidas de precaución durante unos cuantos días después del tratamiento para minimizar la exposición de familiares, amistades y otros a la radiación.

La soledad del tratamiento con yodo radiactivo

Las personas que ya se han programado para recibir un tratamiento con yodo radioactivo rara vez reciben una descripción adecuada de lo que van a experimentar. Emily recuerda haber pensado:

"Nadie realmente me habló acerca de la radiación. Siempre me ha parecido interesante que, cuando se trata de cáncer de tiroides, todo el mundo piensa, 'No es tan grave porque la gente no se muere de cáncer tiroideo y si yo tuviera que escoger un cáncer, ese es el que escogería'. Yo me les quedo mirando y les digo, 'Discúlpame, pero yo escogería ningún cáncer'. El cáncer es cáncer. La ansiedad que produce el tratamiento es considerable. Mientras que todos realmente minimizan el efecto del cáncer de tiroides, yo creo que muchas cosas hubieran estado mejor si yo tan sólo hubiera manejado el hecho de que tenía cáncer".

Los médicos tienden a olvidar que estos pacientes son severamente hipotiroideos cuando regresan para el escaneo y el tratamiento. La percepción que tienen de su entorno a menudo está distorsionada. La cosa más insignificante puede convertirse en una fuente de temor y aprehensión. Mientras están recibiendo el tratamiento, se sienten alienados porque tienen que permanecer aislados en un cuarto. Muchos pacientes se preguntan por qué todos tienen tanto cuidado al manejar la solución radiactiva, poniéndose guantes, ¡cuando ellos son los que se la tienen que tomar!

La primera vez que Emily se internó en un hospital para recibir el tratamiento con yodo radioactivo, la experiencia fue doblemente aterradora para ella porque no le habían hablado de lo que iba a ocurrir. Ella sabía que el líquido era radiactivo y que el personal médico tenía buenas razones para tomar tantas precauciones. Emily comentó:

"Le pidieron a mi esposo que se quedara afuera, en el pasillo, y yo era la única que estaba en la habitación. Colocaron papel por todo el cuarto. No podía caminar en el piso, sino sólo sobre el material especial que habían pegado en el piso. Me puse una bata y luego entraron con un carrito y botellitas protegidas con hierro. Me pregunté, '¿Qué me va a hacer esto? ¿Me va a matar? Me preguntó si alguien ha verificado que sea la cantidad correcta'. Lo midieron en la habitación, porque no sería bueno que se equivocaran. Yo veía todas las precauciones que estaban tomando con el material radioactivo. La persona que lo estaba manejando parecía un extraterrestre. Me dijeron, 'Tómese esto. ¡Sólo toque el borde de la taza!' Empecé a llorar y realmente tenía mucho miedo. Pensé, 'Ustedes quieren que yo me tome esto y todos ustedes están allá afuera y traen guantes puestos. ¿Qué me está pasando?' Me puse histérica. El doctor en medicina nuclear estaba parado afuera de la habitación diciendo, 'No llores, Emily, sólo tómatelo'. Lo único que pensaba era, '¡Realmente no estoy segura que esto sea lo que quiero hacer!' Pero luego pensaba, '¿Quiero tener cáncer? ¿Quiero seguir siendo hipotiroidea?' No, entonces me lo tomé".

"Me servían la comida en platos desechables con cubiertos desechables. Todo lo que el paciente toca se tiene que tirar. Tienes que descargar al inodoro tres veces después de usarlo. Tienes que tomar mucha agua para ir al baño y ducharte varias veces para quitarte la radiactividad del cuerpo".

"Me sentía como una alienígena con una enfermedad desconocida. Eso realmente me deprimió. Mi estado mental empeoró cuando me informaron que no podía estar cerca de mi hijo, y que él tampoco me podía abrazar ni besar durante cinco días. Esto probablemente fue lo más difícil".

Las secuelas de la radiación

Una vez que haya recibido el tratamiento con yodo radioactivo, le darán hormona tiroidea. Gradualmente irá recuperando su salud física y su estado de ánimo irá mejorando. Sin embargo, tardará alrededor de dos semanas en empezar a notar una mejoría significativa y alrededor de tres a cuatro semanas antes de volverse a sentir como antes.

Para acelerar su recuperación del hipotiroidismo, puede empezar a tomar hormona tiroidea el día después del tratamiento con yodo radioactivo. Para pacientes que estén presentando síntomas severos, yo agrego al tratamiento 5 microgramos de T3, tres veces al día, durante diez días, para acelerar aún más su recuperación.

Algunos pacientes tratados con yodo radioactivo presentan síntomas en el área del cuello, como dolor de garganta, hinchazón en la garganta o dolor y sensibilidad en el cuello. Estos síntomas ocurren principalmente después del primer tratamiento con yodo radioactivo y casi siempre en aquellos pacientes a quienes no se les extirpó completamente la glándula tiroides durante la cirugía.[22] Un medicamento antiinflamatorio no esteroideo como el ibuprofén puede ayudar a aliviar estos síntomas. Muchos especialistas en tiroides piden que el doctor en medicina nuclear tome una fotografía de cuerpo entero unos cuantos días después del tratamiento (escaneo postratamiento). No le pedirán que tome más yodo radioactivo para este escaneo. Dado que la cantidad de yodo radioactivo que recibe para el tratamiento es mucho mayor que la dosis empleada para un escaneo normal, el escaneo postratamiento podría mostrar más áreas de actividad tiroidea en el cuello y otras partes del cuerpo. Los resultados de este escaneo se utilizarán como punto de referencia de modo que los escaneos futuros se pueden comparar con este y se puedan evaluar cabalmente los efectos del tratamiento.

Después del tratamiento con yodo radioactivo, el 20 al 70 por ciento de las mujeres dejan de tener períodos menstruales, o bien, empiezan a tener menos períodos menstruales de lo normal.[23] El yodo radiactivo también pueden dañar los ovarios, de modo que estas mujeres pueden presentar una menopausia temprana.[24]

Se ha demostrado que después del tratamiento con yodo radiactivo, puede aumentar la incidencia de infertilidad, abortos espontáneos y malformaciones fetales. Sin embargo, una mujer corre riesgo de tener un aborto espontáneo si se embaraza durante el año siguiente al tratamiento.[25] En los hombres, el tratamiento con yodo radioactivo hace que disminuya el conteo de espermatozoides pero no causa infertilidad masculina en el largo plazo.[26] Si usted ha estado amamantando, necesita posponer el tratamiento con yodo radioactivo al menos seis a ocho semanas después de la fecha en que suspenda la lactancia. En caso contrario, la radioactividad se acumulará en el área de sus senos y podría fomentar la aparición de cáncer de mama.

El tratamiento con yodo radiactivo puede generar diversas complicaciones, entre ellas daños a las glándulas salivales y obstrucción de los conductos lagrimales.[27] El sentido del gusto puede perderse temporalmente o cambiar. Los daños a las glándulas salivales por radiación ocurren en un 5 a un 40 por ciento de los pacientes, mientras que la obstrucción de los conductos lagrimales se presenta en un 2 a un 5 por ciento de los mismos. Si usted ha sufrido daños a las glándulas salivales que den como resultado síntomas continuos de resequedad bucal y caries dentales, los medicamentos colinérgicos pueden ayudar a mejorar el flujo de saliva. Algunos han sugerido que chupar limones después del tratamiento con yodo radioactivo disminuye el riesgo de tener problemas con las glándulas salivales, pero este sigue siendo un tema de controversia. Si presenta una obstrucción de los conductos lagrimales que cause un lagrimeo excesivo y persistente, es posible que necesite someterse a una cirugía para corregir el problema. El mayor lagrimeo ocurre porque se tapa el conducto que permite que las lágrimas se salgan a través de la nariz. Otros problemas más serios que pueden ocurrir como resultado del tratamiento con yodo radioactivo son leucemia o cáncer en el intestino delgado, el colon, las glándulas salivales, la vejiga,[28] y posiblemente los senos.[29] Entre mayor sea la dosis acumulada de yodo radioactivo, mayor será el riesgo del paciente de desarrollar leucemia u otros tipos de cáncer.[30] Estas complicaciones a largo plazo ocurren en 1 de cada 300 pacientes que han recibido una radiactividad total de más de 500 miliCuries. El uso de laxantes durante algunos días después del tratamiento con yodo radioactivo, para depurar la radiactividad del tracto gastrointestinal, puede ayudar a disminuir el riesgo de sufrir cáncer del colon.

La importancia de una vigilancia continua

Después del tratamiento con radioyodo, el médico le dará una dosis ligeramente mayor de hormona tiroidea de la que necesitaría para tener niveles tiroideos normales. El propósito de esto es hacer que el nivel de TSH sea menor de lo normal, porque se sabe que la TSH estimula a las células tiroideas cancerosas y puede fomentar la recurrencia del cáncer. Sin embargo, algunos doctores recetan una dosis de hormona tiroidea mucho más elevada de la que se requiere para producir este efecto, por lo que muchos pacientes terminan padeciendo los síntomas del hipertiroidismo.

Dependiendo de lo agresivo que haya sido el tumor original y de su tamaño, el médico le pedirá que repita el escaneo de seis meses a un año después. Poco antes de que se lo hagan, le pedirán que suspenda la tiroxina y harán que se vuelva hipotiroideo para que le hagan otro escaneo de cuerpo entero, igual que la primera vez. Así como lo hizo antes de su primer tratamiento, tome T3 durante tres semanas de modo que no esté sin tomar hormona tiroidea durante más de tres semanas. Observe los mismos lineamientos dietéticos que siguió antes de su primer tratamiento. El médico también medirá sus niveles de tiroglobulina cuando haya suspendido la hormona tiroidea para decidir si usted requiere otro tratamiento. Después de la extirpación quirúrgica de la glándula tiroides, le deberán medir el nivel de tiroglobulina cada 6 a 12 meses. Si dicho nivel permanece por encima de 2 nanogramos por mililitro o si se va incrementado gradualmente con el tiempo, esto podría ser indicativo de una recurrencia o de que la enfermedad se ha propagado a los pulmones u otros órganos. En este caso, a menudo se recomienda otro tratamiento con yodo radioactivo aunque el escaneo de cuerpo entero salga negativo. Si el escaneo de cuerpo entero que le hagan de seis a siete días después del tratamiento con yodo radioactivo también sale negativo, su médico le pedirá que se haga una tomografía por emisión de positrones (*PET scan*) para buscar metástasis. Si esta tomografía indica que el cáncer se ha propagado a los pulmones u otros órganos, es posible que pueda beneficiarse de tratamientos como la radiación de haz externo, la quimioterapia, la ablación por radiofrecuencia o la quimioembolización.

Este procedimiento de seguimiento se debe repetir cada año hasta que el nivel de tiroglobulina sea bajo y el escaneo salga negativo. Los pacientes con cáncer de tiroides pueden tener un sufrimiento importante por la ansiedad que produce el hipotiroidismo severo, rápido y profundamente agudo que resulta de la suspensión del tratamiento con hormona tiroidea. Y esto a menudo se agrava por la ansiedad considerable que sienten mientras esperan los resultados del escaneo de cuerpo entero. En términos generales, es una experiencia terrible.

"La primera vez que lo haces, no sabes nada de nada —comentó una paciente sobre su experiencia cuando se volvió agudamente hipotiroidea—. Realmente eres ignorante y no sabes qué es lo que va a ocurrir. La segunda vez, te pones realmente nerviosa y la tercera vez, llegas a estar al borde del suicidio porque ya sabes qué es lo que te va a pasar".

Una alternativa a dejar de tomar hormona tiroidea antes del escaneo es que el médico le administre *Thyrogen* (TSH recombinante) mediante una inyección intramuscular para lograr que se eleve el nivel de TSH. Esto producirá más o menos el mismo resultado que volverse hipotiroideo,[31] permitiendo que las células tiroideas recapten la máxima cantidad de yodo radioactivo sin tener que suspender el tratamiento con hormona tiroidea. Sin embargo, es importante que tenga presente que un escaneo realizado después de una inyección de *Thyrogen* puede no siempre revelar la actividad que hubiera sido detectada en un escaneo realizado después de suspender el medicamento tiroideo. Además, un nivel bajo de tiroglobulina mientras está siendo tratado con hormona tiroidea no necesariamente significa que no tenga cáncer tiroideo residual en el cuello o los pulmones. Por este motivo, siempre se debe medir el nivel de tiroglobulina después de las inyecciones de *Thyrogen*. Si después de recibir una inyección de *Thyrogen*, el escaneo muestra una recaptación anormal y/o el nivel de tiroglobulina se eleva por encima de 2 nanogramos por mililitro, entonces tendrá que dejar de tomar la hormona tiroidea, como lo hizo la primera vez, para recibir otro tratamiento con yodo radioactivo. Si usted es un paciente de bajo riesgo, su médico puede vigilarlo solamente midiendo su nivel de tiroglobulina después de la inyección de *Thyrogen* y no hacerle un escaneo.

Si su nivel de tiroglobulina se eleva por encima de 2 nanogramos por mililitro después de la estimulación con *Thyrogen*, es probable que tenga células tiroideas residuales aunque su escaneo de cuerpo entero haya salido completamente negativo. De hecho, la medición del nivel de tiroglobulina después de la inyección de *Thyrogen* es más útil que el escaneo para detectar la persistencia de la enfermedad. Un estudio de investigación demostró que de 107 pacientes que se habían considerado como curados del cáncer de tiroides, el 10 por ciento tuvo cáncer persistente detectado mediante la medición del nivel de tiroglobulina después de hacer recibido TSH recombinante.[32] Un análisis de los estudios de investigación publicados mostró que casi 1 de cada 5 pacientes que no presentaban evidencia de un tumor y cuyo nivel de tiroglobulina fue bajo mientras estuvieron recibiendo tratamiento supresor de hormona tiroidea en realidad presentaron una elevación en su nivel de tiroglobulina a más de 2 nanogramos por mililitro después de recibir una inyección de *Thyrogen*. Casi una tercera parte de estos pacientes tenían metástasis.[33] Sin embargo, después de que el doctor haya examinado tanto su nivel de tiroglobulina después de la inyección de *Thyrogen* como los resultados del escaneo, el riesgo de que no detecte un cáncer persistente o recurrente se vuelve muy bajo. El *Thyrogen* puede causar náusea y otros efectos secundarios menores, como dolores de cabeza, cansancio y, en casos raros, fiebre y síntomas similares a los de la gripe.

Si su nivel de tiroglobulina es elevado pero el escaneo de cuerpo entero sale negativo, un ultrasonido de cuello será el primer paso para evaluar la posibilidad de cáncer recurrente o residual. Así se podrá determinar si hay metástasis a los ganglios linfáticos cervicales. También se pueden emplear una tomografía computarizada de pecho y una tomografía por emisión de positrones (imagenología con fluorodesoxiglucosa) para identificar la fuente de tiroglobulina. Si se detectan ganglios linfáticos sospechosos, la metástasis a menudo se puede confirmar mediante una biopsia por aspiración con aguja fina.

Actualmente también se emplea el *Thyrogen* para propósitos de administrar el tratamiento con yodo radioactivo sin suspender el tratamiento con hormona tiroidea. Su médico también vigilará su cáncer con ultrasonidos de cuello, los cuales son particularmente útiles para la detección temprana de metástasis en los ganglios linfáticos. Los ultrasonidos le servirán de guía a su médico para implementar otros tratamientos, entre ellos cirugías posteriores o radiación externa.

Afortunadamente, el cáncer de tiroides a menudo es curable. Pero debido a que puede recurrir, es importante que su médico lo examine periódicamente haciéndole las pruebas indicadas aunque aparentemente ya esté curado. Para los pacientes que sí tienen un crecimiento progresivo del cáncer, se han ido desarrollando tratamientos nuevos y las investigaciones se han ido expandiendo para incluir los inhibidores de oncogenes. Entre otros tratamientos que se están desarrollando están los moduladores del crecimiento, los moduladores del sistema inmunitario y la terapia de genes.[34]

El poder de un buen sistema de apoyo

Algunos pacientes con cáncer de tiroides pueden requerir varios tratamientos con yodo radioactivo e incluso radiación externa (indicada cuando hay presencia de metástasis en los ganglios linfáticos o recurrencia en el cuello). Pero pese a haber recibido varios tratamientos, algunos pacientes podrían seguir teniendo cáncer. Debido a que los tratamientos con yodo radioactivo sólo se administran una o dos veces por año, algunos pacientes tienen que esperar a conocer el resultado de los mismos durante todo un año para saber si el escaneo sigue siendo positivo o si necesitarán otro tratamiento con radioyodo. Los conflictos emocionales relacionados con el cáncer, entre ellos la ansiedad y el enojo, a menudo se exacerban por la depresión que provoca la suspensión del medicamento tiroideo.

Kelly, quien ha seguido teniendo cierta recaptación tisular residual en el cuello pese a que ha recibido tres tratamientos con yodo radioactivo, había desarrollado una depresión leve porque su cáncer aún no había quedado curado. Mientras tomaba hormona tiroidea, era capaz de trabajar y funcionar e intentaba llevar una vida normal. Trataba de no pensar demasiado en su cáncer. Seguía teniendo miedo pero se mantenía ocupada. Sin embargo, cada vez que suspendía el medicamento, emprendía un camino hacia la depresión y el sufrimiento.

Durante una de sus consultas, ella me comentó, "Espero y pido que todos los tratamientos con yodo radioactivo anteriores hayan resuelto el problema y que no tenga que pasar por esto de nuevo. Ojalá pudiera huir. Creo que todavía tengo cáncer y que me voy a morir. No quiero dejar a mis hijos. Eso es lo que más me preocupa. Cuando me vuelvo hipotiroidea, siento que ya no podré soportarlo más". Este es el período durante el cual los pacientes con cáncer de tiroides experimentan los sentimientos más intensos y cuando necesitan mucho apoyo por parte de sus familiares y amistades.

Además del apoyo de sus familiares (quienes deben informarse acerca de la enfermedad), tener amistades cercanas que recen por y con usted puede ser de gran utilidad. El pensamiento positivo es muy importante. Los grupos de apoyo también pueden brindarle beneficios tremendos. Sin embargo, en vez de unirse a grupos que traten con el cáncer en general, le será mucho más benéfico interactuar con personas que hayan tenido cáncer de tiroides.

También es útil que los familiares asistan a su propio grupo de apoyo donde los cónyuges, las parejas y los familiares cercanos de pacientes con cáncer de tiroides puedan hablar e intercambiar experiencias. Los cónyuges necesitan comprender que los cambios de personalidad son normales y de esperarse. Un cónyuge que sabe brindar apoyo puede decir de vez en cuando, "Acuérdate que por lo que estás pasando ahora es por lo que pasa casi toda la gente con cáncer de tiroides. Eso es lo que dice en este libro. Vamos a superar esto. Sólo faltan X días para que te hagan tu próximo escaneo y luego podrás volver a tomar el medicamento".

Es sumamente importante que el paciente tenga este tipo de apoyo verbal. El hipotiroidismo rápido y profundo hace que los pacientes se vuelvan más retraídos. Ellos quieren estar con alguien que pueda prever sus necesidades y comprender que necesitan mucho apoyo. Las personas afligidas carecen de paciencia, pierden el control y no se sienten bien. Las emociones se hacen más intensas, las necesidades emocionales aumentan y los pacientes se percatan de su vulnerabilidad. Tienden a pedir más ayuda. Es comprensible que un cónyuge que no esté familiarizado con las consecuencias mentales y físicas del hipotiroidismo agudo no pueda manejar la impaciencia y el enojo muy bien.

En general, el cáncer de tiroides tiene una alta tasa de curación y el pronóstico es bueno, aunque en algunos casos, el tratamiento puede ser prolongado. Para cualquier persona a la que le hayan diagnosticado cáncer de tiroides, el período de seguimiento es indefinido. Comprender los principios generales del tratamiento y conocer y entender la base del sufrimiento mental que podrían padecer estos pacientes indudablemente le ayudará a manejar esta afección de mejor forma.

Puntos importantes a recordar

- Aunque el cáncer de tiroides es uno de los cánceres más curables, puede generar una preocupación importante y requerir años de tratamientos repetidos para su completa erradicación.
- Los médicos aún no han llegado a un consenso acerca de la mejor forma de tratar el cáncer de tiroides.
- Las dos formas principales de cáncer de tiroides son el cáncer papilar, que tiende a estar relacionado con el mejor pronóstico, y el cáncer folicular, que es más agresivo.

- Los pacientes con cáncer de tiroides deben encontrar a un endocrinólogo que se especialice en enfermedades tiroideas y que tenga gran experiencia en el manejo del cáncer de tiroides.

- Los pacientes necesitan estar bien informados acerca de la naturaleza del tratamiento con radioyodo y cómo podrían reaccionar al mismo antes de que los programen para recibir el tratamiento.

- El cáncer de tiroides puede volver a aparecer aún después de un tratamiento aparentemente exitoso. Por lo tanto, los pacientes deben pedirle a su médico que periódicamente les haga las pruebas pertinentes.

- Formar un poderoso equipo de apoyo con sus familiares y amistades cercanas puede ser de gran ayuda para su recuperación.

22

OCHO PASOS PARA EL FUTURO

Cómo promover una mejor comprensión de la
tiroides, la mente y los estados de ánimo

La mayoría de las personas que buscan ayuda médica y que están tratando de sentirse mejor no tienen idea si los médicos que están consultando tienen un buen conocimiento del complejo campo de las enfermedades tiroideas. Lo que realmente les importa a estos pacientes es sentirse mejor. Con toda razón, esperan que su médico averigüe por qué se están sintiendo así y que sepa cómo curarlos. Sin embargo, muchos médicos no reconocen las enfermedades tiroideas o no saben cómo tratarlas o cómo manejar los efectos persistentes de un desequilibrio tiroideo.

Existe la necesidad imperante de que la comunidad médica evalúe y revise sus criterios para atender a los pacientes tiroideos y que tenga una mejor apreciación de los efectos que producen las anormalidades tiroideas sutiles en la salud y las emociones en general. El público en general y las personas que padecen desequilibrios tiroideos también necesitan promover un mejor cuidado general de la tiroides. ¿Cómo se puede lograr todo esto? Aquí le doy algunas sugerencias para que empiece a mejorar la calidad de la atención que recibe.

Infórmese acerca de su tiroides. Cuando los pacientes están mejor informados, pueden colaborar con sus doctores e involucrarse en su propio tratamiento y curación. Al igual que otras personas con enfermedades complejas, muchos pacientes tiroideos sienten que están a la merced del sistema médico. Algunos pacientes que padecen un desequilibrio tiroideo pueden consultar a toda una retahíla de endocrinólogos, doctores en medicina nuclear, cardiólogos y otros especialistas. Pídale a su doctor que le dé información durante sus consultas o que le diga cómo conseguir la información que necesita. Cierta información que encontrará en la internet le será útil, pero a veces no es muy precisa. Muchos pacientes sienten que van arrastrados a consultar al siguiente especialista debido a sus múltiples síntomas, todos los cuales en realidad tienen que ver con su afección tiroidea. Es especialmente importante que comprenda la naturaleza de síntomas tales como la ansiedad y la depresión y cómo manejarlos. Al comprenderlos, ya no le causarán tanto temor si vuelven a aparecer. Al educarse hablando con otros pacientes tiroideos, leyendo libros y uniéndose a grupos de apoyo para pacientes tiroideos, usted podrá adquirir una comprensión más completa de los retos que enfrentará en su camino hacia la curación.

Hable abiertamente con su médico acerca de sus experiencias, síntomas y tratamientos. La comunicación clara entre usted y los profesionales que lo estén atendiendo es un factor invaluable para cualquier tratamiento exitoso. También deberá asegurarse que su endocrinólogo y su médico de atención primaria, así como cualquier trabajador social, psiquiatra y demás profesionales en el cuidado de la salud que lo estén atendiendo, se comuniquen entre sí. Todos los profesionales que lo estén tratando deberán hablar de sus problemas para asegurar que todos ellos sepan de su diagnóstico y tratamiento.

Si su cónyuge, pareja, familiar o ser querido tiene una afección tiroidea, infórmese más acerca de dicha afección e involúcrese más en su tratamiento. En mi experiencia, los pacientes tiroideos que desarrollan un buen sistema de apoyo conformado por familiares, amistades y colegas, son capaces de manejar su enfermedad mucho mejor.

Para quienes apenas hayan recibido un diagnóstico, la terapia familiar y la terapia de pareja pueden ser un valioso mecanismo de apoyo. Es importante que pida el apoyo que necesite. Al igual que en el tratamiento de los trastornos del estado de ánimo, el tratamiento de los familiares de pacientes tiroideos se puede hacer en grupos. Las juntas de los grupos de apoyo le dan la oportunidad a los familiares de compartir las dificultades de lidiar con una enfermedad tiroidea, que pueden incluir cambios en la personalidad de la persona afligida. Debido a que ciertas afecciones tiroideas como la tiroiditis de Hashimoto y la enfermedad de Graves se pueden considerar como afecciones genéticas, es posible que otros miembros de la familia (incluso los niños) puedan llegar a presentarlas en el futuro. Es de gran ayuda que usted y su familia sientan que no son los únicos en el mundo que están lidiando con los efectos mentales de una afección tiroidea. Además, reunirse con otros pacientes le dará la oportunidad de aprender más mecanismos para lidiar con la enfermedad que hayan funcionado con éxito en otras familias.

No permita que su médico desestime sus inquietudes o que le ponga otro nombre a su afección. A lo largo de este libro, le he mostrado las similitudes que existen entre los síntomas de un desequilibrio tiroideo y los síntomas de otras afecciones como la depresión, los trastornos de ansiedad, la hipoglucemia, el síndrome de fatiga crónica y la fibromialgia. Las similitudes son tan asombrosas que es posible que reciba un diagnóstico equivocado y por ende, un tratamiento incorrecto. Si sus síntomas persisten, insista en que su doctor busque un diagnóstico alternativo. Si se informa más acerca de su enfermedad y las opciones comunes de tratamiento, podrá intervenir con más confianza en su propia atención, tratamiento y recuperación.

Apoye las campañas para la realización de análisis tiroideos al público en general y demás esfuerzos dirigidos a lograr la realización rutinaria de dichos análisis. El público ya ha sido informado acerca del colesterol como factor de riesgo para las enfermedades de las arterias coronarias. La gente ya sabe que debe tratar de mantener su nivel de colesterol total por debajo de 200 y que necesita guardar una buena proporción entre el colesterol "bueno" conformado por lipoproteínas de alta densidad (LAD) y el colesterol "malo" conformado por lipoproteínas de baja densidad (LBD). De este mismo modo, se debe lograr que el público esté más consciente de la importancia de hacerse pruebas para evaluar su funcionamiento tiroideo. En 1997, la Asociación de Endocrinólogos Clínicos de los Estados Unidos dio un gran paso en este sentido al promover programas para la realización de análisis de funcionamiento tiroideo en diversas comunidades de los Estados Unidos, con el fin de identificar casos no detectados de hipotiroidismo. Tan sólo en Houston uno de tales programas permitió que un número significativo de personas que padecían afecciones tiroideas no diagnosticadas recibieran un diagnóstico e iniciaran su tratamiento.[1]

En un estudio de investigación publicado en 1996 en la revista médica *Journal of the American Medical Association* se demostró que los análisis de TSH realizados cada cinco años en mujeres de 35 años de edad o mayores eran eficientes en costos porque permitían la detección de enfermedades tiroideas no identificadas que de otro modo podrían tener implicaciones considerables en la salud de estas pacientes, entre ellas una elevación en su nivel de colesterol y otros problemas.[2] Por supuesto, este estudio de investigación no consideró el precio que una enfermedad tiroidea no diagnosticada cobra en las relaciones personales y el desempeño laboral. Dados estos costos adicionales, es fácil ver que la realización más frecuente de análisis de TSH indudablemente prevendría no sólo los efectos negativos en la salud física de los pacientes, sino también gran parte de su sufrimiento mental y emocional.

De ser necesario, no tenga miedo de pedirle a su médico de atención primaria que lo derive a un endocrinólogo. Una paradoja que existe en el actual sistema de salud y que frustra tanto a los endocrinólogos como a los pacientes es que aunque la investigación y el conocimiento se han ido expandiendo, permitiendo que los especialistas les brinden un mejor cuidado a los pacientes tiroideos, la responsabilidad de detectar y manejar las afecciones tiroideas ha seguido recayendo principalmente en los médicos de atención primaria. Frecuentemente, esto médicos no pueden brindar una atención óptima a los pacientes que padecen desequilibrios tiroideos porque generalmente no tienen el tiempo, la experiencia ni el interés suficientes en el complejo e intrincado campo de la tiroidología. El Colegio de Médicos de los Estados Unidos, la Asociación Médica de los Estados Unidos y muchas otras organizaciones médicas reconocen a los endocrinólogos como médicos que tienen un dominio de los trastornos hormonales y metabólicos. Los especialistas en tiroides (tradicionalmente los endocrinólogos) están capacitados para diagnosticar y tratar trastornos de las hormonas, que son los mensajeros químicos del cuerpo. Son los médicos más indicados para atender a pacientes con afecciones hormonales y metabólicas complejas. Los trastornos endocrinos más comunes son los desequilibrios tiroideos, la diabetes mellitus y las enfermedades metabólicas óseas, entre ellas la osteoporosis.

En 1995, el Comité de Iniciativas en Endocrinología Clínica de la Sociedad Endócrina emitió algunas recomendaciones relativas al momento en que los médicos de atención primaria deben derivar a sus pacientes a un endocrinólogo.[3] Con respecto a los trastornos tiroideos, algunas recomendaciones estipulan que los pacientes que padecen hipertiroidismo deben ser evaluados y tratados por un endocrinólogo hasta que se hayan estabilizado. Otros pacientes que deben ser derivados son los que presentan un hipotiroidismo inusualmente complicado, aquellos con análisis de funcionamiento tiroideo difíciles de interpretar y los que padecen la enfermedad ocular tiroidea. Los pacientes también se deben derivar a un endocrinólogo para la evaluación, biopsia y manejo de nódulos tiroideos, así como cuando sus análisis de la tiroides o sus pruebas de funcionamiento tiroideo muestran resultados anormales inexplicables. Estas recomendaciones también incluyen a pacientes con cáncer de tiroides y aquellos que padecen tiroiditis subaguda o que tienen dolor y sensibilidad en la glándula tiroides.

Hasta que los médicos de atención primaria adquieran un conocimiento más cabal del tratamiento de las enfermedades tiroideas, insista en que lo deriven a un endocrinólogo que tenga experiencia en este campo si no logra los resultados que estaba esperando.

Si está inscrito en un plan administrado de atención médica (*HMO*), sea firme e insista que se satisfagan sus necesidades relativas al tratamiento de su afección tiroidea. Los planes de atención médica administrada favorecen el uso de médicos de atención primaria por encima de endocrinólogos para el cuidado de pacientes tiroideos, lo cual eventualmente puede llevar a que el médico desestime los síntomas del paciente o no le brinde un tratamiento óptimo. Debido a restricciones en gastos, los médicos de atención primaria que forman parte de la red de proveedores del plan quizás no repitan los análisis con la frecuencia necesaria.

Debido al sistema de atención médica administrada, muchos endocrinólogos han empezado a dudar de la supervivencia de la endocrinología como especialidad. Diversos de estos planes desalientan la práctica de derivar a los pacientes a un especialista. De hecho, en muchos planes, cuando un paciente es derivado, a menudo se reduce el reembolso que se recibe por los servicios de atención primaria. Otro problema que se presenta con este sistema de atención médica administrada es que, cuando ya se deriva el paciente al especialista, a menudo tiene que escoger entre un grupo muy reducido de endocrinólogos.

Poner el cuidado de los pacientes tiroideos en manos de los médicos de atención primaria en lugar de confiárselos a los endocrinólogos y limitar el número de pacientes que son derivados a un endocrinólogo afecta no sólo la calidad de la atención que reciben, sino que probablemente también aumenta los costos generales. La selección incorrecta de análisis de funcionamiento tiroideo, la interpretación errónea de los resultados y la repetición de análisis de seguimiento con demasiada frecuencia o con una frecuencia insuficiente puede llevar a problemas de salud aún más costosos a la larga. Según un artículo que habla de la ineficiencia potencial de la atención médica primaria en el tratamiento de pacientes tiroideos, comúnmente se pasan por alto las enfermedades marginales y subclínicas en los establecimientos de atención médica administrada.[4]

Exija que se mejore la capacitación de los médicos. Los directores de los programas de capacitación que son responsables de asignar las rotaciones académicas necesitan implementar una rotación sistemática obligatoria en endocrinología. Los profesionales en medicina familiar deben aprender de un tiroidólogo el arte de examinar una tiroides, haciendo hincapié en la importancia de buscar problemas tiroideos y reiterando cómo se deben interpretar correctamente las pruebas de funcionamiento tiroideo. También deben darles lineamientos para derivar a los pacientes a especialistas, de modo que los deriven lo antes posible cuando se sientan incapaces de atender a un paciente en particular.

Los médicos de atención primaria también deben recibir una mejor capacitación y educación en psiquiatría durante la residencia. Por su parte, los psiquiatras deben recibir una capacitación adecuada para que aprendan a detectar enfermedades tiroideas y se les debe alentar a que deriven a sus pacientes a especialistas en la tiroides.

Estos pasos le ayudarán a usted y a su familia a evitar un sufrimiento innecesario. También ayudarán a que todos tengamos una mayor consciencia de lo importante que es la glándula tiroidea para la salud y para la felicidad.

REFERENCIAS

CAPÍTULO 1

1. L. C. Wood, D. S. Cooper, and E. C. Ridgway, Your Thyroid: A Home Reference, 3rd ed. (New York: Ballantine Books, 1995), 215–19.
2. R. Arem and D. Escalante, "Subclinical Hypothyroidism: Epidemiology, Diagnosis, and Significance," Advances in Internal Medicine 41 (1996): 213–50.
3. S. I. Sherman, P. Nadkarni, and R. Arem, "Outcomes of a Community TSH Screening Program," abstract presented at the Seventy-ninth Annual Meeting of the Endocrine Society, Minneapolis, June 11, 1997.
4. G. J. Canaris, N. R. Manowitz, G. Mayor, and E. C. Ridgway, "The Colorado Thyroid Disease Prevalence Study," Archives of Internal Medicine 160, no. 4 (2000): 526–34.
5. C. Scheffer, C. Heckmann, T. Mijic, and K. H. Rudorff, "Chronic Distress Syndrome in Patients with Graves' Disease," Medizinische Klinik 99, no. 10 (2004): 578–84.
6. L. Wartofsky, "The Scope and Impact of Thyroid Disease," Clinical Chemistry 42, no. 1 (1996): 121–24.
7. R. J. Graves, "Newly Observed Affection of the Thyroid Gland in Females," London Medical Surgical Journal 7, part 2 (1835): 516.
8. Collections from the Unpublished Writings of the Late C. H. Parry (London: Underwoods, 1825).
9. W. W. Gull, "On a Cretinoid State Supervening in Adult Life in Women," Transitional Clinical Society (London) 7 (1873): 180–85.
10. G. Lewis and S. Wessely, "The Epidemiology of Fatigue: More Questions than Answers," Journal of Epidemiology and Community Health 46 (1992): 92–97.
11. R. C. Kessler, K. A. McGonagle, S. Zhao, et al., "Lifetime and Twelve-Month Prevalence of DSM-III-R Psychiatric Disorders in the United States: Results from the National Comorbidity Study," Archives of General Psychiatry 51 (1994): 8–19.
12. D. A. Regier, R. M. A. Hirschfeld, F. K. Goodwin, et al., "The NIMH Depression Awareness, Recognition, and Treatment Program: Structure, Aims, and Scientific Basis," American Journal of Psychiatry 145 (1988): 1351–7.
13. K. B. Wells, R. D. Hays, M. A. Burnam, et al., "Detection of Depressive Disorders for Patients Receiving Prepaid or Free-for-Service Care: Results from the Medical Outcomes Study," Journal of the American Medical Association 262 (1989): 3298–3302.

14. W. Katon, M. Von Korff, E. Lin, et al., "Adequacy and Duration of Antidepressant Treatment in Primary Care," Medical Care 30 (1992): 67–76.

15. R. G. Kathol and J. W. Delahunt, "The Relationship of Anxiety and Depression to Symptoms of Hyperthyroidism Using Operational Criteria," General Hospital Psychiatry 8 (1986): 23–28.

16. S. Gulseren, L. Gulseren, Z. Hekimsoy, P. Cetinay, C. Ozen, and B. Tokatlioglu, "Depression, Anxiety, Health-Related Quality of Life, and Disability in Patients with Overt and Subclinical Thyroid Dysfunction," Archives of Medical Research 37, no. 1 (2006): 133–39.

17. B. A. Bartman and K. B. Weiss, "Women's Primary Care in the United States: A Study of Practice Variation Among Physician Specialties," Journal of Women's Health 2, no. 3 (1993): 261–68.

18. L. Laurence and B. Weinhouse, Outrageous Practices: The Alarming Truth About How Medicine Mistreats Women (New York: Random House, 1994), 259–61.

19. T. G. Strieder, M. F. Prummel, J. G. Tijssen, E. Endert, and W. M. Wiersinga, "Risk Factors for and Prevalence of Thyroid Disorders in a Cross-Sectional Study Among Healthy Female Relatives of Patients with Autoimmune Thyroid Disease," Clinical Endocrinology 59, no. 3 (2003): 396–401.

20. Y. Ban and Y. Tomer, "Susceptibility Genes in Thyroid Autoimmunity," Clinical Developmental Immunology 12, no. 1 (2005): 47–58.

21. D. A. Ringold, J. T. Nicoloff, M. Kesler, H. Davis, A. Hamilton, and T. Mack, "Further Evidence for a Strong Genetic Influence on the Development of Autoimmune Thyroid Disease: the California Twin Study," Thyroid 12, no. 8 (2002): 647–53.

22. S. Wang, S. Mao, G. Zhao and H. Wu, "Relationship Between Estrogen Receptor and Graves' Disease," Zhonghua Wai Ke Za Zhi 38, no. 8 (2000): 619–21.

23. P. C. Calder, S. Kew, "The Immune System: A Target for Functional Foods?" British Journal of Nutrition 88, suppl. 2 (2002): S165–77.

24. D. A. de Luis, C. Varella, H. de la Calle, et al., "Helicobacter pylori Infection Is Markedly Increased in Patients with Autoimmune Atrophic Thyroiditis," Journal of Clinical Gastroenterology 26, no. 4 (1998): 259–63.

25. P. C. Calder, S. Kew, "The Immune System: A Target for Functional Foods?" British Journal of Nutrition 88, suppl. 2 (2002): S165–77.

26. C. Boumad and J. J. Orgiazzi, "Iodine Excess and Thyroid Autoimmunity," Journal of Endocrinological Investigaton 26 (2003): 49–56.

27. H. Völzke, A. Werner, and H. Wallaschofski, et al., "Occupational Exposure to Ionizing Radiation Is Associated with Autoimmune Thyroid Disease," Journal of Clinical Endocrinology and Metabolism 90, no. 8 (2005): 4587–92.

CAPÍTULO 2

1. Norman Cousins, Anatomy of an Illness as Perceived by the Patient (New York: W. W. Norton, 1979).

2. T. M. O'Connor, D. J. O'Halloran, and F. Shanahan, "The Stress Response and the Hypothalamic-Pituitary-Adrenal Axis: From Molecule to Melancholia," Quarterly Journal of Medicine 93 (2000): 323–33.

3. J. K. Levey, K. E. Bell, B. L. Lachar, et al., "Psychoneuroimmunology," in Neuroimmunology for the Clinician, edited by Loren A. Rolak and Yadollah Harati, 35–55 (Newton, Mass.: Butterworth-Heinemann, 1997).

4. E. Caffro, B. Forresi, and L. S. Lievers, "Impact, Psychological Sequelae and Man-

agement of Trauma Affecting Children and Adolescents," Current Opinions in Psychiatry 18, no. 4 (2005): 422–28.

5. D. N. Khansari, A. J. Murgo, and R. E. Faith, "Effects of Stress on the Immune System," Immunology Today 11 (1990): 170–75.

6. J. K. Kiecolt-Glaser, W. B. Malarkey, and M. Chee, "Negative Behavior During Marital Conflict Is Associated with Immunological Down-Regulation," Psychosomatic Medicine 55 (1993): 395–409.

7. S. Cohen, A. J. Tyrell, and A. P. Smith, "Psychological Stress and Susceptibility to the Common Cold," New England Journal of Medicine 325 (1991): 606–12.

8. Collections from the Writings of the Late C. H. Parry (London, Underwoods, 1825).

9. V. R. Radosavljevic, S. M. Jankovic, and J. M. Marinkovic, "Stressful Life Events in the Pathogenesis of Graves' Disease," European Journal of Endocrinology 134 (1996): 699–701.

10. K. Yoshiuchi, H. Kumano, S. Nomura, et al., "Stressful Life Events and Smoking Were Associated with Graves' Disease in Women, but Not in Men," Psychosomatic Medicine 60 (1998): 182–85.

11. B. Harris, S. Othman, J. A. Davies, et al., "Association Between Postpartum Thyroid Dysfunction and Thyroid Antibodies and Depression," British Medical Journal 305, no. 6846 (1992): 152–56.

12. V. J. Pop, L. H. Maartens, G. Leusink, et al., "Are Autoimmune Thyroid Dysfunction and Depression Related?" Journal of Clinical Endocrinology and Metabolism, 83, no. 9 (1998): 3194–7.

13. J. J. Haggerty, K. L. Evans, R. N. Golden, et al., "The Presence of Antithyroid Antibodies in Patients with Affective and Non-Affective Psychiatric Disorders," Biological Psychiatry 27 (1990): 51–60.

14. M. G. Carta, A. Loviselli, M. C. Hardoy, et al., "The Link Between Thyroid Autoimmunity (Antithyroid Peroxidase Autoantibodies) with Anxiety and Mood Disorders in the Community: A Field of Interest for Public Health in the Future," BMC Psychiatry 4 (2004): 25.

15. K. C. Hyams, F. S. Wignall, and R. Roswell, "War Syndromes and Their Evaluation: From the U.S. Civil War to the Persian Gulf War," Annals of Internal Medicine 125 (1996): 398–405.

16. S. Wang, "Traumatic Stress and Attachment," Acta Physiologica Scandinavica 161, suppl. 640 (1997): 164–69.

17. H. Brooks, "Hyperthyroidism in the Recruit," American Journal of Medical Science 156 (1918): 726–33.

18. R. Grelland, "Thyrotoxicosis at Ullevâl Hospital in the Years 1934–44 with a Special View of Frequency of the Disease," Acta Medica Scandinavica 125 (1946):108–38.

19. Abigail Trafford, "Me, Bush, and Graves' Disease: Many Thyroid Patients Face an Emotional Rollercoaster," Washington Post, May 26, 1991, p. D1.

20. S. A. Ebner, M.-C. Badonnel, L. K. Altman, et al., "Conjugal Graves' Disease," Annals of Internal Medicine 116 (1992): 479–81.

21. J. B. Jaspan, H. Luo, B. Ahmed, et al., "Evidence for a Retroviral Trigger in Graves' Disease," Autoimmunity 20 (1995): 135–42.

22. A. Fukao, M. Ito, and S. Hayashi, "The Effect of Psychological Factors on the Prognosis of Antithyroid Drug-Related Graves' Disease Patients" (abstract), Thyroid 5, suppl. 1 (1995): S244.

23. H. M. Voth, P. S. Holzman, J. B. Katz, et al., "Thyroid 'Hot Spots': Their Relationship to Life Stress," Psychosomatic Medicine 32 (1970): 561–68.

24. A. Fukao, J. Takamatsu, Y. Murakami, S. Sakane, A. Miyauchi, K. Kuma, S. Hayashi, and T. Hanafusa, "The Relationship of Psychological Factors to the Prognosis of Hyperthyroidism in Antithyroid Drug-Treated Patients with Graves' Disease," Clinical Endocrinology 58, no. 5 (2003): 550–55.

25. E. Moschowitz, "The Nature of Graves' Disease," Archives of Internal Medicine 46 (1930): 610–29.

26. D. R. Brown, Y. Wang, and A. Ward, "Chronic Psychological Effects of Exercise and Exercise Plus Cognitive Strategies," Medicine and Science in Sports and Exercise 27, no. 5 (1995): 765–75.

CAPÍTULO 3

1. F. F. Cartwright, Disease and History (New York: Dorset Press, 1972), 105–6.

2. H. F. Stoll, "Chronic Invalidism with Marked Personality Changes Due to Myxedema," Annals of Internal Medicine 6 (1932): 806.

3. W. M. Easson and T. Kay, "Myxedema with Psychosis," Archives of General Psychiatry 14 (1966): 277–83.

4. R. Asher, "Myxedematous Madness," British Medical Journal 2 (1949): 555–62.

5. I. Klein and K. Ojamaa, "Thyroid Hormone and Blood Pressure Regulation," in Hypertension: Pathophysiology, Diagnosis, and Management, 2d ed., edited by J. H. Laragh and B. M. Brenner, 2247–62 (New York: Raven Press, 1995).

6. J. J. Series, E. M. Biggart, D. St. J. O'Reilly, et al., "Thyroid Dysfunction and Hypercholesterolaemia in the General Population of Glasgow, Scotland," Clinica Chimica Acta 172 (1988): 217–22.

7. M. S. Morris, A. G. Bostom, P. F. Jacques, J. Selhub, and I. H. Rosenberg, "Hyperhomocysteinemia and Hypercholesterolemia Associated with Hypothyroidism in the Third US National Health and Nutrition Examination Survey," Atherosclerosis 155, no. 1 (2001): 195–200.

8. F. Monzani, A. Dardano, and N. Caraccio, "Does Treating Subclinical Hypothyroidism Improve Markers of Cardiovascular Risk?" Treatments in Endocrinology 5, no. 2 (2006): 65–81.

9. E. Beghi, M. Delodovici, G. Boglium, et al., "Hypothyroidism and Polyneuropathy," Journal of Neurology, Neurosurgery, and Psychiatry 52 (1989): 1420–3.

10. M. A. Laylock and R. Pascuzzi, "The Neuromuscular Effects of Hypothyroidism," Seminars in Neurology 11, no. 3 (1991): 288–94.

11. J. Salvador, J. Iriarte, C. Silva, J. Gomez Ambrosi, A. Diez Caballero, and G. Fruhbeck, "The Obstructive Sleep Apnea Syndrome in Obesity: A Conspirator in the Shadow," Review of the Medical University of Navarra 48, no. 2 (2004): 55–62.

12. R. Arem and D. Escalante, "Subclinical Hypothyroidism: Epidemiology, Diagnosis, and Significance," Advances in Internal Medicine 41 (1996): 213–50.

13. W. M. G. Turnbridge, M. Brewis, J. M. French, et al., "Natural History of Autoimmune Thyroiditis," British Medical Journal 282 (1981): 258–62.

14. D. Brown and D. Hoffman, "Russian Government Contributes to Hide Details of Yeltsin's Medical Problems," Washington Post, February 20, 1996, 3.

15. Cable News Network, heart specialist: "Yeltsin Didn't Look Sick," September 26, 1996.

16. Cable News Network, "Yeltsin's Health Problems Cloud Russia's Future. More Than Heart Disease May Be Involved," September 21, 1996.

17. R. Arem and W. Patsch, "Lipoprotein and Apolipoprotein Levels in Subclinical Hypothyroidism," Archives of Internal Medicine 150 (1990): 2097–100.

18. R. Luboshitzky, A. Aviv, P. Herer, and L. Lavie, "Risk Factors for Cardiovascular Disease in Women with Subclinical Hypothyroidism," Thyroid 12, no. 5 (2002): 421–25.

19. J. P. Walsh, A. P. Bremner, M. K. Bulsara, et al., "Subclinical Thyroid Dysfunction as a Risk Factor for Cardiovascular Disease," Archives of Internal Medicine 165, no. 21 (2005): 2467–72.

20. M. M. Mya and W. S. Aronow, "Increased Prevalence of Peripheral Arterial Disease in Older Men and Women with Subclinical Hypothyroidism," Journals of Gerontol, Series A: Biological Sciences and Medical Sciences 58, no. 1 (2003): 68–69.

21. G. Bono, R. Fancellu, F. Blandini, G. Santoro, and M. Mauri, "Cognitive and Affective Status in Mild Hypothyroidism and Interactions with L-Thyroxine Treatment," Acta Neurologica Scandinavica 110, no. 1 (2004): 59–66.

22. R. Fierro-Benitez, R. Casar, J. B. Stanburly, et al., "Long-Term Effects of Correction of Iodine Deficiency on Psychomotor and Intellectual Development," in Proceedings of the Fifth Meeting of the PAHO/WHO Technical Group on Endemic Goiter, Cretinism, and Iodine Deficiency, edited by J. T. Dunn et al. (Washington, D.C.: Pan-American Health Organization, 1986).

23. E. Nyström, K. Caidahl, G. Fager, et al., "A Double-Blind Cross-over 12–Month Study of L-Thyroxine Treatment of Women with 'Subclinical' Hypothyroidism," Clinical Endocrinology 29 (1988): 63–76.

24. J. J. Haggerty, J. C. Garbutt, D. L. Evans, et al., "Subclinical Hypothyroidism: A Review of Neuropsychiatric Aspects," International Journal of Psychiatry in Medicine 20, no. 2 (1990): 193–208.

25. F. Monzani, P. Del Guerra, N. Caraccio, et al., "Subclinical Hypothyroidism: Neurobehavioral Features and Beneficial Effect of L-Thyroxine Treatment," Clinical Investigator 71 (1993): 367–71.

26. J. V. Felicetta, "Thyroid Changes with Aging: Significance and Management," Geriatrics 42 (1987): 86–92.

27. J. D. Davis, R. A. Stern, and L. A. Flashman, "Cognitive and Neuropsychiatric Aspects of Subclinical Hypothyroidism: Significance in the Elderly," Current Psychiatry Reports 5, no. 5 (2003): 384–90.

28. D. L. Ewins, M. N. Rossot, J. Butler, et al., "Association Between Autoimmune Thyroid Disease and Familial Alzheimer's Disease," Clinical Endocrinology 35 (1991): 93–96.

29. C. T. Sawin, D. Chopra, A. Azizi, et al., "The Aging Thyroid: Increased Prevalence of Elevated Serum Thyrotropin in the Elderly," Journal of the American Medical Association 242 (1979): 247–50.

30. F. Delange, "Neonatal Screening for Congenital Hypothyroidism: Results and Perspectives," Hormone Research 48 (1997): 51–61.

31. M. A. Jabbar, J. Larrea, and R. A. Shaw, "Abnormal Thyroid Function Tests in Infants with Congenital Hypothyroidism: The Influence of Soy-Based Formula," Journal of the American College of Nutrition 16, no. 3 (1997): 280–82.

32. H. E. Roberts, C. A. Moore, P. M. Fernhoff, et al., "Population Study of Congenital Hypothyroidism and Associated Birth Defects, Atlanta, 1979–1992," American Journal of Medical Genetics 71 (1997): 29–32.

33. E. Medda, A. Olivieri, M. A. Stazi, et al., "Risk Factors for Congenital Hypothyroidism: Results of a Population Case-Control Study (1997–2003)," European Journal of Endocrinology 153, no. 6 (2005): 765–73.

CAPÍTULO 4

1. H. F. Dunlap and F. P. Moersch, "Psychic Manifestations Associated with Hyperthyroidism," American Journal of Psychiatry 91 (1935): 1215–38.

2. S. Nagasaka, H. Sugimoto, T. Nakamura, et al., "Antithyroid Therapy Improves Bony Manifestations and Bone Metabolic Markers in Patients with Graves' Thyrotoxicosis," Clinical Endocrinology 47, no. 2 (1997): 215–21.

3. C. Erem, H. O. Ersoz, S. S. Karti, K. Ukinc, A. Hacihasanoglu, O. Deger, and M. Telatar, "Blood Coagulation and Fibrinolysis in Patients with Hyperthyroidism," Journal of Endocrinological Investigation 25, no. 4 (2002): 345–50.

4. P.-T. Trzepacz, I. Klein, M. Roberts, et al., "Graves' Disease: An Analysis of Thyroid Hormone Levels and Hyperthyroid Signs and Symptoms," American Journal of Medicine 87, no. 5 (1989): 558–61.

5. V. I. Reus, "Behavioral Aspects of Thyroid Disease in Women," Psychiatric Clinics of North America 12, no. 1 (1989): 153–63.

6. R. C. W. Hall, "Psychiatric Effects of Thyroid Hormone Disturbance," Psychosomatics 24, no. 1 (1983): 7–18.

7. B. E. Brownlie, A. M. Rae, J. W. Walshe, and J. E. Wells, "Psychoses Associated with Thyrotoxicosis—'Thyrotoxic Psychosis.' A Report of 18 Cases, with Statistical Analysis of Incidence," European Journal of Endocrinology 142, no. 5 (2000): 438–44.

8. P. H. Rockey and R. J. Griep, "Behavioral Dysfunction in Hyperthyroidism: Improvement with Treatment," Archives of Internal Medicine 140 (1980): 1194–7.

9. D. G. Folks and W. M. Petrie, "Thyrotoxicosis Presenting as Depression" (letter), British Journal of Psychiatry 140 (1982): 432–33.

10. P. F. Giannandrea, "The Depressed Hyperthyroid Patient," General Hospital Psychiatry 9 (1987): 71–74.

11. M. M. Demet, B. Ozmen, A. Deveci, S. Boyvada, H. Adiguzel and O. Aydemir, "Depression and Anxiety in Hyperthyroidism," Archives of Medical Research 33, no. 6 (2002): 552–56.

12. B. Schlote, B. Nowotny, L. Schaaf, et al., "Subclinical Hyperthyroidism: Physical and Mental State of Patients," European Archives of Psychiatry and Clinical Neuroscience 241 (1992): 357–64.

13. B. Uzzan, J. Campos, M. Cucherat, et al., "Effects on Bone Mass of Long-Term Treatment with Thyroid Hormones: A Meta-Analysis," Journal of Clinical Endocrinology and Metabolism 81 (1996): 4278–89.

14. B. Biondi, S. Fazio, A. Cuocola, et al., "Impaired Cardiac Reserve and Exercise Capacity in Patients Receiving Long-Term Thyrotropin Suppressive Therapy with Levothyroxine," Journal of Clinical Endocrinology and Metabolism 81 (1996): 4224–8.

15. V. Fatourechi, J. P. Aniszewski, G. Z. E. Fatourechi, E. J. Atkinson, and S. J. Jacobsen, "Clinical Features and Outcome of Subacute Thyroiditis in an Incidence Cohort: Olmsted County, Minnesota, Study," Journal of Clinical Endocrinology and Metabolism 88, no. 5 (2003): 2100–5.

16. W. M. G. Turnbridge, D. C. Evered, R. Hall, et al., "The Spectrum of Thyroid Disease in a Community: The Whickham Survey," Clinical Endocrinology 7 (1977): 481–93.

17. C. Triavalle, J. Doucet, P. Chassagne, et al., "Differences in the Signs and Symptoms of Hyperthyroidism in Older and Younger Patients," Journal of the American Geriatrics Society 44 (1996): 50–53.

18. F. I. R. Martin and D. R. Deam, "Hyperthyroidism in Elderly Hospitalized Patients: Clinical Features and Treatment Outcomes," Medical Journal of Australia 164 (1996): 200–203.

CAPÍTULO 5

1. F. Monzani, P. Del Guerra, N. Caraccio, et al., "Subclinical Hypothyroidism: Neurobehavioral Features and Beneficial Effect of L-Thyroxine Treatment," Clinical Investigator 71 (1993): 367–71.

2. J. Scherer, "The Prevalence of Goiter in Psychiatric Outpatients Suffering from Affective Disorders" (letter), American Journal of Psychiatry 151 (1994): 453.

3. M. B. Dratman and J. T. Gordon, "Thyroid Hormones as Neurotransmitters," Thyroid 6, no. 6 (1996): 639–47.

4. C. Kirkegaard and J. Faber, "The Role of Thyroid Hormone in Depression," European Journal of Endocrinology 138 (1998): 1–9.

5. G. A. Mason, C. H. Walker, and A. J. Prange Jr., "L-Triiodothyronine: Is the Peripheral Hormone a Central Neurotransmitter?" Neuropsychopharmacology 8 (1993): 253–57.

6. P. C. Whybrow and A. J. Prange Jr., "A Hypothesis of Thyroid-Catecholamine-Receptor Interaction: Its Relevance to Affective Illness," Archives of General Psychiatry 38 (1981): 106–13.

7. T. Gunnarsson, S. Sjoberg, M. Eriksson, and C. Nordin, "Depressive Symptoms in Hypothyroid Disorder with Some Observations on Biochemical Correlates," Neuropsychobiology 43, no. 2 (2001): 70–74.

8. J. M. Gorman, The New Psychiatry (New York: St. Martin's Press, 1996).

9. J. Morrison, "DSM-IV Made Easy," The Clinician's Guide to Diagnosis (New York: Guilford Press, 1995).

10. A. F. Thomsen, T. K. Kvist, P. K. Andersen, and L. V. Kessing, "Increased Risk of Developing Affective Disorder in Patients with Hypothyroidism: A Register-Based Study," Thyroid 15, no. 7 (2005): 700–707.

11. M. S. Gold, A. L. C. Pottash, and I. Extein, "'Symptomless' Autoimmune Thyroiditis in Depression," Psychiatry Research 6 (1982): 261–69.

12. C. B. Nemeroff, J. S. Simon, J. J. Haggerty, et al., "Antithyroid Antibodies in Depressed Patients," American Journal of Psychiatry 142 (1985): 840–43.

13. J. J. Haggerty, R. A. Stern, G. A. Mason, et al., "Subclinical Hypothyroidism: A Modifiable Risk Factor for Depression?" American Journal of Psychiatry 150, no. 3 (1993): 508–10.

14. C. Kirkegaard and J. Faber, "The Role of Thyroid Hormones in Depression," European Journal of Endocrinology 138 (1998): 1–9.

15. K. D. Denicoff, R. T. Joffe, M. C. Lakshmanan, et al., "Neuropsychiatric Manifestations of Altered Thyroid State," American Journal of Psychiatry 147, no. 1 (1990): 94–99.

16. R. H. Howland, "Thyroid Dysfunction in Refractory Depression: Implications for Pathophysiology and Treatment," Journal of Clinical Psychiatry 54, no. 2 (1993): 47–54.

17. R. C. Kessler, K. A. McGonagle, S. Zhao, et al., "Lifetime and 12–Month Prevalence of DSM-III-R Psychiatric Disorders in the United States. Results from the National Comorbidity Study," Archives of General Psychiatry 51 (1994): 8–19.

18. C. G. Lindemann, C. M. Zitrin, and D. Klein, "Thyroid Dysfunction in Phobic Patients," Psychosomatics 25 (1984): 603–6.

19. S. Matsubayashi, H. Tamai, Y. Matsumoto, et al., "Graves' Disease After the Onset of Panic Disorder," Psychotherapy and Psychosomatics 65 (1996): 277–80.

20. M. E. Lickey and B. Gordon, Medicine and Mental Illness: The Use of Drugs in Psychiatry (New York: Freeman, 1991).

21. J. M. Gorman, The New Psychiatry (New York: St. Martin's Press, 1996), 212.

22. P. Chiaroni, "Clinical Picture and Diagnosis of Bipolar Disorder," Revue du Practicien 55, no. 5 (2005): 493–500.

23. L. Citrome and J. F. Goldberg, "The Many Faces of Bipolar Disorder. How to Tell Them Apart," Postgraduate Medicine 117, no. 2 (2005): 15–16, 19–23.

24. J. F. Goldberg and C. J. Truman, "Antidepressant-Induced Mania: An Overview of Current Controversies," Bipolar Disorder 5, no. 6 (2003): 407–20.

25. C. Henry, D. Van den Bulke, F. Bellivier, B. Etain, F. Rouillon, and M. Leboyer, "Anxiety Disorders in 318 Bipolar Patients: Prevalence and Impact on Illness Severity and Response to Mood Stabilizer," Journal of Clinical Psychiatry 64, no. 3 (2003): 331–35.

26. R. W. Cowdry, T. A. Wehr, A. P. Zis, et al., "Thyroid Abnormalities Associated with Rapid-Cycling Bipolar Illness," Archives of General Psychiatry 40 (1983): 414–20; M. M. Kusalic, "Grade II and Grade III Hypothyroidism in Rapid-Cycling Bipolar Patients," Neuropsychobiology 25 (1992): 177–81.

27. Z. J. Zhang, L. Qiang, W. H. Kang, et al., "Differences in Hypothyroidism Between Lithium-Free and -Treated Patients with Bipolar Disorder," Life Science 78, no. 7 (2006): 771–76.

28. H.A.P.C. Oomen, A.J.M. Schipperijn, and H. A. Drexhage, "The Prevalence of Affective Disorder and in Particular of a Rapid Cycling of Bipolar Disorder in Patients with Abnormal Thyroid Function Tests," Clinical Endocrinology 45 (1996): 215–23.

CAPÍTULO 6

1. G. R. Murray, "Note on Treatment of Myxoedema by Hypodermic Injections of an Extract of the Thyroid Gland of a Sheep," British Medical Journal 2 (1891): 796–97.

2. S. C. Kaufman, G. P. Gross, and G. L. Kennedy, "Thyroid Hormone Use: Trends in the United States from 1960 Through 1988," Thyroid 1 (1991): 285–91.

3. R. T. Joffe, S. T. H. Sokolov, and W. Singer, "Thyroid Hormone Treatment of Depression," Thyroid 5, no. 3 (1995): 235–39.

4. A. Baumgartner, M. Eravci, G. Pinna, et al., "Thyroid Hormone Metabolism in the Rat Brain in an Animal Model of 'Behavioral Dependence' on Ethanol," Neuroscience Letters 227 (1997): 25–28.

5. P. Hauser, A. J. Zametkin, P. Martinez, et al., "Attention Deficit-Hyperactivity Disorder in People with Generalized Resistance to Thyroid Hormone," New England Journal of Medicine 328 no. 14 (1993): 997–1001.

6. B. Rozanov and M. B. Dratman, "Immunohistochemical Mapping of Brain Triiodothyronine Reveals Prominent Localization in Ventral Noradrenergic Systems," Neuroscience 74, no. 3 (1996): 897–915.

7. J. A. Hatterer, J. Herbert, C. Hidaka, et al., "Transthyretin in Patients with Depression," American Journal of Psychiatry 150 (1993): 813–15.

8. G. M. Sullivan, J. A. Hatterer, J. Herbert, X. Chen, S. P. Roose, E. Attia, J. J. Mann, L. B. Marangell, R. R. Goetz, and J. M. Gorman, "Low Levels of Transthyretin in the CFS of Depressed Patients," American Journal of Psychiatry 156, no. 5 (1999): 710–15.

9. J. C. Sousa, C. Grandela, J. Fernandez-Ruiz, R. de Miguel, L. de Sousa, A. I. Magalhaes, M. J. Saraiva, N. Sousa, and J. A. Palha, "Transthyretin Is Involved in Depression-Like Behavior and Exploratory Activity," Journal of Neurochemistry 88, no. 5 (2004): 1052–8.

10. C. Kirkegaard and J. Faber, "The Role of Thyroid Hormones in Depression," European Journal of Endocrinology 138 (1998): 1–9.

11. S. T. H. Sokolov, A. J. Levitt, and R. T. Joffe, "Thyroid Hormone Levels Before Unsuccessful Antidepressant Therapy Are Associated with Later Response to T3 Augmentation," Psychiatry Research 69 (1997): 203–6.

12. W. N. Henley and T. J. Koehnle, "Thyroid Hormones and the Treatment of Depression: An Examination of Basic Hormonal Actions in the Mature Mammalian Brain," Synapse 27 (1997): 36–44.

13. L. L. Altshuler, M. Bauer, M. A. Frye, M. J. Gitlin, J. Mintz, M. P. Szuba, K. L. Leight, and P. C. Whybrow, "Does Thyroid Supplementation Accelerate Tricyclic Antidepressant Response? A Review and Meta-Analysis of the Literature," American Journal of Psychiatry 158, no. 10 (2001): 1617–22.

14. R. T. Joffe, W. Singer, A. J. Levitt, et al., "A Placebo-Controlled Comparison of Lithium and Triiodothyronine Augmentation of Tricyclic Antidepressants in Unipolar Refractory Depression," Archives of General Psychiatry 50 (1993): 387–93.

15. G. Abraham, R. Milev, and J. Stuart Lawson, "T3 Augmentation of SSRI Resistant Depression," Journal of Affective Disorders 91, no. 2–3 (2006): 211–15.

16. O. Agid and B. Lerer, "Algorithm-Based Treatment of Major Depression in an Outpatient Clinic: Clinical Correlates of Response to a Specific Serotonin Reuptake Inhibitor and to Triiodothyronine Augmentation," International Journal of Neuropsychopharmacology 6, no. 1 (2003): 41–49.

17. E. E. Feldmesser-Reiss, "The Application of Triiodothyronine in the Treatment of Mental Disorders," Journal of Nervous and Mental Disease 127 (1958): 540–46.

18. R. M. Post, "The Impact of Bipolar Depression," Journal of Clinical Psychiatry 66, suppl. 5 (2005): 5–10.

19. A. Campos-Barros, A. Musa, A. Flechner, et al., "Evidence for Circadian Variations of Thyroid Hormone Concentrations and Type II 5'-Iodothyronine Deiodinase Activity in the Rat Central Nervous System," Journal of Neurochemistry 68 (1997): 795–803.

20. E. Souetre, E. Salvati, T. A. Wher, et al., "Twenty-Four-Hour Profiles of Body Temperature and Plasma TSH in Bipolar Patients During Depression and During Remission and in Normal Control Subjects," American Journal of Psychiatry 145, no. 9 (1988): 1133–7.

21. R. E. Noble, "Depression in Women," Metabolism 54, suppl. 1 (2005): 49–52.

22. N. Konno and K. Morikawa, "Seasonal Variation of Serum Thyrotropin Concentration and Thyrotropin Response to Thyrotropin-Releasing Hormone in Patients with Primary Hypothyroidism on Constant Replacement Dosage of Thyroxine," Journal of Clinical Endocrinology and Metabolism 54 (1982): 1118–24.

23. M. S. Bauer and P. C. Whybrow, "Rapid-Cycling Bipolar Affective Disorder," part 2, "Treatment of Refractory Rapid Cycling with High-Dose Levothyroxine: A Preliminary Study," Archives of General Psychiatry 47 (1990): 435–40.

24. J. S. Manning, R. F. Haykal, P. D. Connor, P. D. Cunningham, W. C. Jackson, and S. Long, "Sustained Remission with Lamotrigine Augmentation or Monotherapy in Female Resistant Depressives with Mixed Cyclothymic-Dysthymic Temperament," Journal of Affective Disorders 84, no. 2–3 (2005): 259–66.

25. O. Brawman-Mintzer, R. G. Knapp, and P. J. Nietert, "Adjunctive Risperidone in Generalized Anxiety Disorder: A Double-Blind, Placebo-Controlled Study," Journal of Clinical Psychiatry 66, no. 10 (2005): 1321–5.

26. M. Bauer, E. D. London, N. Rasgon, et al., "Supraphysiological Doses of Levothy-roxine Alter Regional Cerebral Metabolism and Improve Mood in Bipolar Depression," Molecular Psychiatry 10, no. 5 (2005): 456–69.

27. L. Gyulai, J. Jaggi, M. S. Bauer, et al., "Bone Mineral Density and L-Thyroxine Treatment in Rapidly Cycling Bipolar Disorder," Biological Psychiatry 47 (1990): 503–6.

28. M. Bauer, H. Baur, A. Berghofer, A. Strohle, R. Hellweg, B. Muller-Oerlinghausen, and A. Baumgartner, "Effects of Supraphysiological Thyroxine Administration in Healthy Controls and Patients with Depressive Disorders," Journal of Affective Disorders 68, no. 2–3 (2002): 285–94.

CAPÍTULO 7

1. R. J. Kuczmarski, K. M. Flegal, S. M. Campbell, et al., "Increasing Prevalence of Overweight Among U.S. Adults: The National Health and Nutrition Examination Surveys, 1960–1991," Journal of the American Medical Association 272, no. 3 (1994): 205–11.

2. P. Schrauwen and K. R. Westerterp, "The Role of High-Fat Diets and Physical Activity in the Regulation of Body Weight," British Journal of Nutrition 84, no. 4 (2000): 417–27.

3. P. M. Hellstrom, A. Geliebter, E. Naslund, P. T. Schmidt, E. K. Yahav, S. A. Hashim, and M. R. Yeomans, "Peripheral and Central Signals in the Control of Eating in Normal, Obese and Binge-Eating Human Subjects," British Journal of Nutrition 92, suppl. 1 (2004): S47–57.

4. C. J. Hukshorn and W. H. Saris, "Leptin and Energy Expenditure," Current Opinion in Clinical Nutrition and Metabolic Care 7, no. 6 (2004): 629–33.

5. C. Bjorbaek and B. B. Kahn, "Leptin Signaling in the Central Nervous System and the Periphery," Recent Progress in Hormonal Research 59 (2004): 305–31.

6. N. F. Chu, M. J. Stampfer, D. Spiegelman, N. Rifai, G. S. Hotamisligil, and E. B. Rimm, "Dietary and Lifestyle Factors in Relation to Plasma Leptin Concentrations Among Normal Weight and Overweight Men," International Journal of Obesity and Related Metabolic Disorders 25, no. 1 (2001): 106–14.

7. X. Y. Lu, C. S. Kim, A. Frazer, and W. Zhang, "Leptin: A Potential Novel Antidepressant," Proceedings of the National Academy of Sciences 103, no. 5, (2006): 1593–8.

8. S. C. Benoit, D. J. Clegg, R. J. Seeley and S. C. Woods, "Insulin and Leptin as Adiposity Signals," Recent Progress in Hormone Research (2004): 267–85.

9. E. V. Gelfand and C. P. Cannon, "Rimonabant: A Selective Blocker of the Cannabinoid CB1 receptors for the Management of Obesity, Smoking Cessation and Cardiometabolic Risk Factors," Expert Opinion on Investigational Drugs 15, no. 3 (2006): 307–15.

10. G. J. Schwartz, "Biology of Eating Behavior in Obesity," Obesity Research 12, suppl. 2 (2004): S102–6.

11. L. J. Moran, N. D. Luscombe-Marsh, M. Noakes, G. A. Wittert, J. B. Keogh, and P. M. Clifton, "The Satiating Effect of Dietary Protein Is Unrelated to Postprandial Ghrelin Secretion," The Journal of Clinical Endocrinology and Metabolism 90, no. 9 (2005): 5205–11.

12. J. N. Loeb, "Metabolic Changes in Hypothyroidism," in Werner and Ingbar's The Thyroid, 6th ed., edited by Lewis E. Braverman and R. D. Utiger, 1064–71 (Philadelphia: Lippincott, 1991).

13. Z. Orban, S. R. Bornstein, and G. P. Chrousos, "The Interaction between Leptin and the Hypothalamic-Pituitary-Thyroid Axis," Hormone Metabolic Research 30 (1998): 231–35.

14. J. E. Morley, "Neuropeptide Regulation of Appetite and Weight," Endocrine Reviews 8, no. 3 (1987): 256–87.

15. S. R. Gambert, T. L. Garthwaite, C. M. Pontzer, et al., "Thyroid Hormone Regulation of Central Nervous System (CNS) Beta-Endorphin and ACTH," Hormone Metabolic Research 12 (1980): 345–46.

16. S. Z. Donhoffer and J. Vonotzky, "The Effect of Thyroxine on Food Intake and Selection," American Journal of Physiology 150 (1947): 334–39.

17. G. N. Burrow, J. K. Oppenheimer, and R. Volpe, "Graves' Disease," in Thyroid Function and Disease, edited by Robert Volpe, 214–60 (Philadelphia: Saunders, 1990).

18. V. Kamat, W. L. Hecht, and R. T. Rubin, "Influence of Meal Composition on the Postprandial Response of the Pituitary-Thyroid Axis," European Journal of Endocrinology 133 (1995): 75–79.

19. S. Jansson, G. Berg, G. Lindstedt, et al., "Overweight: A Common Problem Among Women Treated for Hyperthyroidism," Postgraduate Medical Journal 69 (1993): 107–11.

20. S. Tigas, J. Idiculla, G. Beckett, and A. Toft, "Is Excessive Weight Gain After Ablative Treatment of Hyperthyroidism Due to Inadequate Thyroid Hormone Therapy?" Thyroid 10, no. 12 (2000): 1107–11.

21. P. Iglesias, P. Alvarez Fidalgo, R. Codoceo, and J. J. Diez, "Serum Concentrations of Adipocytokines in Patients with Hyperthyroidism and Hypothyroidism Before and After Control of Thyroid Function," Clinical Endocrinology 59, no. 5 (2003): 621–29.

22. T. Zimmermann-Belsing, A. Juul, J. Juul Holst, and U. Feldt-Rasmussen, "The Insulin-Like Growth Axis in Patients with Autoimmune Thyrotoxicosis: Effect of Antithyroid Drug Treatment," Growth Hormone and IGF Research 14, no. 3 (2004): 235–44.

23. F. Celsing, S. H. Westing, U. Adamson, et al., "Muscle Strength in Hyperthyroid Patients Before and After Medical Treatment," Clinical Physiology 10 (1990): 545–50.

24. J. Kruger, D. A. Galuska, M. K. Serdula, and D. A. Jones, "Attempting to Lose Weight: Specific Practices Among U.S. Adults," American Journal of Preventive Medicine 26, no. 5 (2004): 402–6.

25. S. Tigas, J. Idiculla, G. Beckett, and A. Toft, "Is Excessive Weight Gain After Ablative Treatment of Hyperthyroidism Due to Inadequate Thyroid Hormone Therapy?" Thyroid 10, no. 12 (2000): 1107–11.

26. R. Lozano, S. A. Chalew, and A. A. Kowarski, "Cornstarch Ingestion After Oral Glucose Loading: Effect on Glucose Concentrations, Hormone Response, and Symptoms in Patients with Postprandial Hypoglycemic Syndrome," American Journal of Clinical Nutrition 52 (1990): 667–70.

27. R. D. Mattes, "Ready-to-Eat Cereal Used as a Meal Replacement Promotes Weight Loss in Humans," Journal of the American College of Nutrition 21, no. 6 (2002): 570–77.

28. J. Satia-Abouta, R. E. Patterson, R. N. Schiller, and A. R. Kristal, "Energy from Fat Is Associated with Obesity in U.S. Men: Results from the Prostate Cancer Prevention Trial," Preventive Medicine 34, no. 5 (2002): 493–501.

29. I. Elmadfa and H. Friesling, "Fat Intake, Diet Variety and Health Promotion," Forum of Nutrition 57 (2005): 1–10.
30. M. J. Muller, "Thyroid Hormones and Energy and Fat Balance," European Journal of Endocrinology 136 (1997): 267–68.
31. S. Iossa, M. P. Mollica, L. Lionetti, et al., "Effect of a High-Fat Diet on Energy Balance and Thermic Effect of Food in Hypothyroid Rats," European Journal of Endocrinology 136 (1997): 309–15.
32. A. Astrup, "The Role of Dietary Fat in the Prevention and Treatment of Obesity. Efficacy and Safety of Low-fat Diets," International Journal of Obesity and Related Metabolic Disorders 25, suppl. 1 (2001): S46–50.
33. M. S. Westerterp-Plantenga, M. P. Lejeune, I. Nijs, M. van Ooijen, and E. M. Kovacs, "High Protein Intake Sustains Weight Maintenance After Body Weight Loss in Humans," International Journal of Obesity and Related Metabolic Disorders 28, no. 1 (2004): 57–64.
34. J. M. Gaullier, J. Halse, K. Hoye, K. Kristiansen, H. Fagertun, H. Vik, and O. Gudmundsen, "Supplementation with Conjugated Linoleic Acid for 24 Months Is Well Tolerated by and Reduces Body Fat Mass in Healthy, Overweight Humans," Journal of Nutrition 135, no. 4 (2005): 778–84.
35. J. Louis-Sylvestre, A. Lluch, F. Neant, and J. E. Blundell, "Highlighting the Positive Impact of Increasing Feeding Frequency on Metabolism and Weight Management," Forum of Nutrition 56 (2003): 126–28.
36. S. Cho, M. Dietrich, C. J. Brown, C. A. Clark, and G. Block, "The Effect of Breakfast Type on Total Daily Energy Intake and Body Mass Index: Results from the Third National Health and Nutrition Examination Survey," Journal of the American College of Nutrition 22, no. 4 (2003): 296–302.
37. D. P. DiMeglio and R. D. Mattes, "Liquid Versus Solid Carbohydrates: Effects on Food Intake and Body Weight," International Journal of Obesity and Related Metabolic Disorders 24, no. 6 (2000): 794–800.
38. G. A. Bray, "The Epidemic of Obesity and Changes in Food Intake: The Fluoride Hypothesis," Physiology and Behavior 82, no. 1 (2004): 115–21.
39. A. K. Kant and B. I. Graubard, "Eating Out in America, 1987–2000: Trends and Nutritional Correlates," Preventive Medicine 38, no. 2 (2004): 243–49.
40. W. C. Ping-Delfos, M. J. Soares, and N. K. Cummings, "Acute Suppression of Spontaneous Food Intake Following Dairy Calcium and Vitamin D," Asia Pacific Journal of Clinical Nutrition 13, suppl. (2004): S82.
41. P. Flachs, O. Horakova, P. Brauner, et al., "Polyunsaturated Fatty Acids of Marine Origin Upregulate Mitochondrial Biogenesis and Induce Beta-Oxidation in White Fat," Diabetologia 48, no. 11 (2005): 2365–75.
42. M. Hermanussen, A. P. Garcia, M. Sunder, M. Voigt, V. Salazar, and J. A. Tresguerres, "Obesity, Voracity, and Short Stature: The Impact of Glutamate on the Regulation of Appetite," European Journal of Clinical Nutrition 60, no. 1 (2006): 25–31.
43. A. R. Kristal, A. J. Littman, D. Benitez, and E. White, "Yoga Practice Is Associated with Attenuated Weight Gain in Healthy, Middle-Aged Men and Women," Alternative Therapies in Health and Medicine 11, no. 4 (2005): 28–33.
44. L. Rapoport, M. Clark, and J. Wardle, "Evaluation of a Modified Cognitive-Behavioural Programme for Weight Management," International Journal of Obesity and Related Metabolic Disorders 24, no. 12 (2000): 1726–37.
45. G. DiMartino, M. G. Matera, B. De Martino, et al., "Relationship Between Zinc and Obesity," Journal of Medicine 24 (1993): 177–83.

46. M. C. Nachtigal, R. E. Patterson, K. L. Stratton, L. A. Adams, A. L. Shattuck, and E. White, "Dietary Supplements and Weight Control in a Middle-Aged Population" Journal of Alternative and Complementary Medicine 11, no. 5 (2005): 909–15.

47. C. S. Johnston, "Strategies for Healthy Weight Loss: From Vitamin C to the Glycemic Response," Journal of the American College of Nutrition 24, no. 3 (2005): 158–65.

48. T. L. Lenz and W. R. Hamilton, "Supplemental Products Used for Weight Loss," Journal of the American Pharmaceutical Association 44, no. 1 (2004): 59–67.

49. M. S. Westerterp-Plantenga, M. P. Lejeune, and E. M. Kovacs, "Body Weight Loss and Weight Maintenance in Relation to Habitual Caffeine Intake and Green Tea Supplementation," Obesity Research 13, no. 7 (2005): 1195–204.

50. M. Martinez-Tome, A. M. Jimenez, S. Ruggieri, N. Frega, R. Strabbioli, and M. A. Murcia, "Antioxidant Properties of Mediterranean Spices Compared with Common Food Additives," Journal of Food Protection 64, no. 9 (2001): 1412–9.

51. M. L. Misso, C. Jang, J. Adams, J. Tran, Y. Murata, R. Bell, W. C. Boon, E. R. Simpson, and S. R. Davis, "Differential Expression of Factors Involved in Fat Metabolism with Age and the Menopause Transition," Maturitas 51, no. 3 (2005): 299–306.

52. H. R. Mogul, S. J. Peterson, B. I. Weinstein, S. Zhang, and A. L. Southren, "Metformin and Carbohydrate-Modified Diet: A Novel Obesity Treatment Protocol: Preliminary Findings from a Case Series of Nondiabetic Women with Midlife Weight Gain and Hyperinsulinemia," Heart Disease 3, no. 5 (2001): 285–92.

53. D. H. Ryan, "Clinical Use of Sibutramine," Drugs Today 40, no. 1 (2004): 41–54.

54. J. C. Halford, J. A. Harrold, C. L. Lawton, and J. E. Blundell, "Serotonin (5–HT) Drugs: Effects on Appetite Expression and Use for the Treatment of Obesity," Current Drug Targets 6, no. 2 (2005): 201–13.

55. O. E. Janssen, N. Mehlmauer, S. Hahn, A. H. Offner, and R. Gartner, "High Prevalence of Autoimmune Thyroiditis in Patients with Polycystic Ovary Syndrome," European Journal of Endocrinology 150, no. 3 (2004): 363–69.

56. L. Starka, M. Duskova, I. Cermakova, J. Vrbikova, and M. Hill, "Premature Androgenic Alopecia and Insulin Resistance. Male Equivalent of Polycystic Ovary Syndrome?" Endocrine Regulations 39, no. 4 (2005): 127–31.

57. S. J. Winters, E. Talbott, D. S. Guzick, J. Zborowski, and K. P. McHugh, "Serum Testosterone Levels Decrease in Middle Age in Women with the Polycystic Ovary Syndrome," Fertility and Sterility 73, no. 4 (2000): 724–29.

58. D. A. Ehrmann, R. B. Barnes, R. L. Rosenfield, M. K. Cavaghan, and J. Imperial, "Prevalence of Impaired Glucose Tolerance and Diabetes in Women with Polycystic Ovary Syndrome," Diabetes Care 22, no. 1 (1999): 141–46.

59. R. S. Legro, D. Driscoll, J. F. Strauss III, J. Fox, and A. Dunaif, "Evidence for a Genetic Basis for Hyperandrogenemia in Polycystic Ovary Syndrome," Proceedings of the National Academy of Sciences 95, no. 25 (1998): 14956–60.

60. K. G. Klipstein and J. F. Goldberg, "Screening for Bipolar Disorder in Women with Polycystic Ovary Syndrome: A Pilot Study," Journal of Affective Disorders 91, no. 2–3 (2006): 205–9.

61. K. Marsh and J. Brand-Miller, "The Optimal Diet for Women with Polycystic Ovary Syndrome?" British Journal of Nutrition 94, no. 2 (2005): 154–65.

62. B. Kolodziejczyk, A. J. Duleba, R. Z. Spaczynski, and L. Pawelczyk, "Metformin Therapy Decreases Hyperandrogenism and Hyperinsulinemia in Women with Polycystic Ovary Syndrome," Fertility and Sterility 73, no. 6 (2000): 1149–54.

CAPÍTULO 8

1. R. W. Lewis, K. S. Fugl-Meyer, R. Bosch, A. R. Fugl-Meyer, E. O. Laumann, E. Lizza, and A. Martin-Morales, "Epidemiology/risk factors of sexual dysfunction," Journal of Sexual Medicine 1, no. 1 (2004): 35–39.

2. E. Lambreva, R. Klaghofer, and C. Buddeberg, "Psychosocial Aspects of Patients with Sexual Dysfunction," Schweiz Rundschau für Medizin Praxis 95, no. 7 (2006): 226–31.

3. R. N. Pauls, S. D. Kleeman, and M. M. Karram, "Female Sexual Dysfunction: Principles of Diagnosis and Therapy," Obstetrical and Gynecological Survey 60, no. 3 (2005): 196–205.

4. G. Corona, L. Petrone, E. Mannucci, V. Ricca, G. Balercia, R. Giommi, G. Forti, and M. Maggi, "The Impotent Couple: Low Desire," International Journal of Andrology 28, suppl. 2 (2005): 46–52.

5. C. Araki, "Sexuality of Aging Couples—From Women's Point of View," Hinyokika Kiyo. 51, no. 9 (2005): 591–94.

6. P. Kadioglu, A.S. Yalin, O. Tiryakioglu, N. Gazioglu, G. Oral, O. Sanli, K. Onem, and A. Kadioglu, "Sexual Dysfunction in Women with Hyperprolactinemia: A Pilot Study Report," Journal of Urology 174, no. 5 (2005): 1921–5.

7. C. Longcope, "The Male and Female Reproductive Systems in Hypothyroidism," in Werner and Ingbar's The Thyroid, 6th ed., edited by L. D. Braverman and R. D. Utiger, 1052–55 (Philadelphia: Lippincott, 1991).

8. S. R. Davis, A. T Guay, J. L. Shifren, and N. A. Mazer, "Endocrine Aspects of Female Sexual Dysfunction," Journal of Sexual Medicine 1, no. 1 (2004): 82–86.

9. C. Longcope, "The Male and Female Reproductive Systems in Thyrotoxicosis," in Werner and Ingbar's The Thyroid, 6th ed., edited by L. D. Braverman and R. D. Utiger, 828–35 (Philadelphia: Lippincott, 1991).

10. W. F. Bergfeld, "Androgenic Alopecia: An Overview," Seventh Symposium on Alopecia, in Dermatology: Capsule and Comment, edited by H. P. Badin, 1–10 (New York: HP Publishing, 1988).

11. B. J. Kumar, M. L. Khurana, A. C. Ammini, et al., "Reproductive Endocrine Functions in Men with Primary Hypothyroidism: Effect of Thyroxine Replacement," Hormone Research 34 (1990): 215–18.

12. R. W. Hudson and A. L. Edwards, "Testicular Function in Hyperthyroidism," Journal of Andrology 13 (1992): 117–24.

13. J. Lever and P. Schwartz, "When Sex Hurts: Finding the Causes of Your Pain During Intercourse," Sexual Health 1 (1997): 64–66.

14. A. J. Wright, "Lichen Sclerosus and Thyroid Disease" (letter), Journal of Reproductive Medicine 43 (1998): 240.

15. C. Penner and J. Penner, The Gift of Sex: A Guide to Sexual Fulfillment (Waco, Tex.: Word Publishing, 1981).

16. M. J. Taylor, L. Rudkin, and K. Hawton, "Strategies for Managing Antidepressant-Induced Sexual Dysfunction: Systematic Review of Randomised Controlled Trials," Journal of Affective Disorders 88, no. 3 (2005): 241–54.

17. A. H. Clayton, J. K. Warnock, S. G. Kornstein, R. Pinkerton, A. Sheldon-Keller, and E. L. McGarvey, "A Placebo-Controlled Trial of Bupropion SR as an Antidote for Selective Serotonin Reuptake Inhibitor-Induced Sexual Dysfunction," Journal of Clinical Psychiatry 65, no. 1 (2004): 62–67.

18. B. B. Sherwin, "Affective Changes with Estrogen and Androgen Replacement Therapy in Surgically Menopausal Women," Journal of Affective Disorders 14 (1988): 177–87.

19. J. Simon, G. Braunstein, L. Nachtigall, et al., "Testosterone Patch Increases Sexual Activity and Desire in Surgically Menopausal Women with Hypoactive Sexual Desire Disorder," Journal of Clinical Endocrinology and Metabolism 90, no. 9 (2005): 5226–33.

20. N. Gregersen, C. B. Hilmand, P. T. Jensen, and A. G. Giraldi, "Sexual Dysfunction in the Menopause, Incidence, Pharmacological Treatment and Side Effects," Ugeskrift for Laeger 168, no. 6 (2006): 559–63.

21. J. Suckling, A. Lethaby, and R. Kennedy, "Local Oestrogen for Vaginal Atrophy in Postmenopausal Women," Cochrane Database System Review 4 (2003): CD001500.

CAPÍTULO 9

1. J. Gray, Men Are from Mars, Women Are from Venus (New York: HarperCollins, 1992).

2. P. H. Rockey and R. J. Griep, "Behavioral Dysfunction in Hyperthyroidism," Archives of Internal Medicine 140 (1980): 1194–7.

CAPÍTULO 10

1. G. Lewis and S. Wessely, "The Epidemiology of Fatigue: More Questions than Answers," Journal of Epidemiology and Community Health 46 (1992): 92–97.

2. K. Kroenke, D. R. Wood, A. D. Mangelsdorff, et al., "Chronic Fatigue in Primary Care: Prevalence, Patient Characteristics, and Outcome," Journal of the American Medical Association 260 (1988): 929–34.

3. M. G. Carta, M. C. Hardoy, M. F. Boi, S. Mariotti, B. Carpiniello, and P. Usai, "Association Between Panic Disorder, Major Depressive Disorder and Celiac Disease: A Possible Role of Thyroid Autoimmunity," Journal of Psychosomatic Research 53, no. 3 (2002): 789–93.

4. A. M. Sawka, V. Fatourechi, B. F. Boeve, and B. Mokri, "Rarity of Encephalopathy Associated with Autoimmune Thyroiditis: A Case Series from Mayo Clinic from 1950 to 1996," Thyroid 12, no. 5 (2002): 393–98.

5. L. B. Krupp and D. Pollina, "Neuroimmune and Neuropsychiatric Aspects of Chronic Fatigue Syndrome," Advances in Neuroimmunology 6 (1996): 155–67.

6. W. K. Cho and G. H. Stollerman, "Chronic Fatigue Syndrome," Hospital Practice 27 (1992): 221–45.

7. J. R. Greenfield and K. Samaras, "Evaluation of Pituitary Function in the Fatigued Patient: A Review of 59 Cases," European Journal of Endocrinology 154, no. 1 (2006): 147–57.

8. J. C. Smith, "Hormone Replacement Therapy in Hypopituitarism," Expert Opinion in Pharmacotherapy 5, no. 5 (2004): 1023–31.

9. A. De Bellis, A. Bizzarro, M. Conte, S. Perrino, C. Coronella, S. Solimeno, A. M. Sinisi, L. A. Stile, G. Pisano, and A. Bellastella, "Antipituitary Antibodies in Adults with Apparently Idiopathic Growth Hormone Deficiency and in Adults with Autoimmune Endocrine Diseases," Journal of Clinical Endocrinology and Metabolism 88, no. 2 (2003): 650–54.

10. M. Nishino, S. Yabe, M. Murakami, T. Kanda, and I. Kobayashi, "Detection of Antipituitary Antibodies in Patients with Autoimmune Thyroid Disease," Endocrine Journal 48, no. 2 (2001): 185–91.

11. A. A. Kasperlik-Zaluska, B. Czarnocka, W. Czech, J. Walecki, A. M. Makowska, J. Brzezinski, and J. Aniszewski, "Secondary Adrenal Insufficiency Associated with Autoimmune Disorders: A Report of Twenty-Five Cases," Clinical Endocrinology 49, no. 6 (1998): 779–83.

12. G. Aimaretti and E. Ghigo, "Traumatic Brain Injury and Hypopituitarism," Scientific World Journal 15, no. 5 (2005): 777–81.

13. D. H. Su, Y. C. Chang, and C. C. Chang, "Post-Traumatic Anterior and Posterior Pituitary Dysfunction," Journal of the Formosan Medical Association 104, no. 7 (2005): 463–67.

14. V. Popovic, "GH Deficiency as the Most Common Pituitary Defect after TBI: Clinical Implications," Pituitary 8, no. 3–4 (2005): 239–43.

15. L. De Marinis, S. Bonadonna, A. Bianchi, G. Maira, and A. Giustina, "Extensive Clinical Experience: Primary Empty Sella," Journal of Clinical Endocrinology and Metabolism 90, no. 9 (2005): 5471–7.

16. R. C. Cuneo, F. Salomon, G. A. McGauley, et al., "The Growth Hormone Deficiency Syndrome in Adults," Clinical Endocrinology 37 (1992): 387–97.

17. T. Mahajan, A. Crown, S. Checkley, A. Farmer, and S. Lightman, "Atypical Depression in Growth Hormone Deficient Adults, and the Beneficial Effects of Growth Hormone Treatment on Depression and Quality of Life," European Journal of Endocrinology 151, no. 3 (2004): 325–32.

18. R. M. Bennett, "Adult Growth Hormone Deficiency in Patients with Fibromyalgia," Current Rheumatology Reports 4, no. 4 (2002): 306–12.

19. F. Wolfe, H. A. Smythe, M. B. Yunus, et al., "The American College of Rheumatology 1990 Criteria for the Classification of Fibromyalgia: Report of the Multicenter Criteria Committee," Arthritis and Rheumatism 33 (1990): 160–72.

20. S. Ozgocmen, H. Ozyurt, S. Sogut, and O. Akyol, "Current Concepts in the Pathophysiology of Fibromyalgia: The Potential Role of Oxidative Stress and Nitric Oxide," Rheumatology International 26, no. 7 (2006): 585–97.

21. S. Bagis, L. Tamer, G. Sahin, R. Bilgin, H. Guler, B. Ercan, and C. Erdogan, "Free Radicals and Antioxidants in Primary Fibromyalgia: An Oxidative Stress Disorder?" Rheumatology International 25, no. 3 (2005): 188–90.

22. D. Berg, L. H. Berg, J. Couvaras, and H. Harrison, "Chronic Fatigue Syndrome (CFS) and/or Fibromyalgia (FM) as a Variation of Antiphospholipid Antibody Syndrome (APS): An Explanatory Model and Approach to Laboratory Diagnosis," Blood Coagulation and Fibrinolysis 10 (1999): 1–4.

23. R. L. Garrison and P. C. Breeding, "A Metabolic Basis for Fibromyalgia and Its Related Disorders: The Possible Role of Resistance to Thyroid Hormone," Medical Hypotheses 61, no. 2 (2003): 182–89.

24. J. C Lowe, R. L. Garrison, A. Reichman, et al., "Triiodothyronine (T3) Treatment of Euthyroid Fibromyalgia: A Small-N Replication of a Double-Blind Placebo-Controlled Crossover Study," Clinical Bulletin of Myofascial Therapy 2, no. 4 (1997): 71–88.

25. J. C. Lowe, "Results of an Open Trial of T3 Therapy with 77 Euthyroid Female Fibromyalgia Patients," Clinical Bulletin of Myofascial Therapy 2, no. 1 (1997): 35–37.

26. O. N. Pamuk and N. Cakir, "The Frequency of Thyroid Antibodies in Fibromyalgia Patients and Their Relationship with Symptoms," Clinical Rheumatology 26, no. 1 (2007): 55–59.

27. L. S. Ribiero and F. A. Proietti, "Interrelations Between Fibromyalgia, Thyroid Autoantibodies, and Depression," Journal of Rheumatology 31, no. 10 (2004): 2036–40.

28. J. B. Shiroky, M. Cohen, M. L. Ballachey, et al., "Thyroid Dysfunction in Rheumatoid Arthritis: A Controlled Prospective Survey," Annals of Rheumatic Diseases 52 (1993): 454–56.

29. H. J. Lucas, C. M. Brauch, L. Settas, and T. C. Theoharides, "Fibromyalgia—New Concepts of Pathogenesis and Treatment," International Journal of Immunopathology and Pharmacology 19, no. 1 (2006): 5–10.

30. M. L. Shuer, "Fibromyalgia: Symptom Constellation and Potential Therapeutic Options," Endocrine 22, no. 1 (2003): 67–76.

31. O. N. Pamuk and N. Cakir, "The Variation in Chronic Widespread Pain and Other Symptoms in Fibromyalgia Patients. The Effects of Menses and Menopause," Clinical and Experimental Rheumatology 23, no. 6 (2005): 778–82.

32. G. O. Littlejohn and E. K. Guymer, "Fibromyalgia Syndrome: Which Antidepressant Drug Should We Choose," Current Pharmaceutical Design 12, no. 1 (2006): 3–9.

33. L. J. Crofford, M. C. Rowbotham, and P. J. Mease, et al., "Pregabalin for the Treatment of Fibromyalgia Syndrome: Results of a Randomized, Double-Blind, Placebo-Controlled Trial," Arthritis and Rheumatology 52, no. 4 (2005): 1264–73.

34. K. Kaartinen, K. Lammi, M. Hypen, M. Nenonen, O. Hanninen, and A. L. Rauma, "Vegan Diet Alleviates Fibromyalgia Symptoms," Scandinavian Journal of Rheumatology 29, no. 5 (2000): 308–13.

35. H. M. Taggart, C. L. Arslanian, S. Bae, and K. Singh, "Effects of Tai Chi Exercise on Fibromyalgia Symptoms and Health-Related Quality of Life," Orthopedic Nursing 22, no. 5 (2003): 353–60.

36. R. Bonadonna, "Meditation's Impact on Chronic Illness," Holistic Nursing Practice 17, no. 6 (2003): 309–19.

37. B. B. Singh, W. S. Wu, S. H. Hwang, R. Khorsan, C. Der-Martirosian, S. P. Vinjamury, C. N. Wang, and S. Y. Lin, "Effectiveness of Acupuncture in the Treatment of Fibromyalgia," Alternative Therapies in Health and Medicine 12, no. 2 (2006): 34–41.

38. R. M. Bennett, S. C. Clark, and J. Walczyk, "A Randomized, Double-Blind, Placebo-Controlled Study of Growth Hormone in the Treatment of Fibromyalgia," American Journal of Medicine 104 (1998): 227–31.

39. A. Schluderberg, S. E. Strauss, P. Peterson, et al., "NIH Conference on Chronic Fatigue Syndrome Research: Definition and Medical Outcome Assessment," Annals of Internal Medicine 117 (1992): 325–31.

40. D. W. Bates, W. Schmitt, D. Buchwald, et al., "Prevalence of Fatigue and Chronic Fatigue Syndrome in a Primary Care Practice," Archives of Internal Medicine 153 (1993): 2759–65.

41. A. C. Logan, A. Venket Rao, and D. Irani, "Chronic Fatigue Syndrome: Lactic Acid Bacteria May Be of Therapeutic Value," Medical Hypotheses 60, no. 6 (2003): 915–23.

42. M. Maes, I. Mihaylova, and M. De Ruyter, "Lower Serum Zinc in Chronic Fatigue Syndrome (CFS): Relationships to Immune Dysfunctions and Relevance for the Oxidative Stress Status in CFS," Journal of Affective Disorders 90, no. 2–3 (2006): 141–47.

43. M. R. Werbach, "Nutritional Strategies for Treating Chronic Fatigue Syndrome," Alternative Medicine Review 5, no. 2 (2000): 93–108.

44. D. Racciatti, M. T. Guagnano, J. Vecchiet, P. L. De Remigis, E. Pizzigallo, R. Della Vecchia, T. Di Sciascio, D. Merlitti, and S. Sensi, "Chronic Fatigue Syndrome: Circadian Rhythm and Hypothalamic-Pituitary-Adrenal Axis Impairment," International Journal of Immunopathology and Pharmacology 14, no. 1 (2001): 11–15.

45. B. L. Farris, "Prevalence of Post-Glucose-Load Glycosuria and Hypoglycemia in a Group of Healthy Young Men," Diabetes 23 (1974): 189.

46. J. Yager and R. T. Young, "Nonhypoglycemia Is an Epidemic Condition," New England Journal of Medicine 291 (1974): 907.

47. S. E. Langer and J. F. Scheer, Solved: The Riddle of Illness (New Canaan, Conn.: Keats Publishing, 1984).

CAPÍTULO 11

1. G. E. Krassas, "Thyroid Disease and Female Reproduction," Fertility and Sterility 74, no. 6 (2000); 1063–70.

2. R. Arem and D. Escalante, "Subclinical Hypothyroidism: Epidemiology, Diagnosis, and Significance," Advances in Internal Medicine 41 (1996): 213–50.

3. D. I. W. Phillips, J. H. Lazarus, and B. R. Butlano, "The Influence of Pregnancy and Reproductive Span on the Occurrence of Autoimmune Thyroiditis," Clinical Endocrinology 32 (1990): 301–6.

4. American Psychiatric Association, Diagnostic and Statistical Manual of Mental Disorders, 4th ed. (Washington, D.C.: American Psychiatric Association, 1994).

5. X. Gonda and G. Bagdy, "Neurochemical Background of the Premenstrual Syndrome: The Role of the Serotoninergic System," Neuropsychopharmacologia Hungarica 6, no. 3 (2004): 153–62.

6. T. Backstrom, L. Andreen, V. Birzniece, et al., "The Role of Hormones and Hormonal Treatments in Premenstrual Syndrome," CNS Drugs 17, no. 5 (2003): 325–42.

7. N. Anim-Nyame, C. Domoney, N. Panay, J. Jones, J. Alaghband-Zadeh, and J. W. Studd, "Plasma Leptin Concentrations Are Increased in Women with Premenstrual Syndrome," Human Reproduction 15, no. 11 (2000): 2329–32.

8. S. W. Masho, T. Adera, and J. South-Paul, "Obesity as a Risk Factor for Premenstrual Syndrome," Journal of Psychosomatic Obstetrics and Gynaecology 26, no. 1 (2005): 33–39.

9. B. L. Perry, D. Miles, K. Burruss, and D. S. Svikis, "Premenstrual Symptomatology and Alcohol Consumption in College Women," Journal of Studies on Alcohol 65, no. 4 (2004): 464–68.

10. M. W. Ward and T. D. Holimon, "Calcium Treatment for Premenstrual Syndrome," Annals of Pharmacotherapy 33, no. 12 (1999): 1356–8.

11. U. Halbreich, J. Borenstein, T. Pearlstein, and L. S. Kahn, "The Prevalence, Impairment, Impact, and Burden of Premenstrual Dysphoric Disorder (PMS/PMDD)," Psychoneuroendocrinology 28, suppl. 3 (2003): 1–23.

12. I. Hassan, K. M. Ismail, and S. O'Brien, "PMS in the Perimenopause," Journal of the British Menopause Society 10, no. 4 (2004): 151–56.

13. M. Richards, D. R. Rubinow, R. C. Daly, and P. J. Schmidt, "Premenstrual Symptoms and Perimenopausal Depression," American Journal of Psychiatry 163, no. 1 (2006): 133–37.

14. M. C. Hsiao, C. C. Hsiao, and C. Y. Liu, "Premenstrual Symptoms and Premenstrual Exacerbation in Patients with Psychiatric Disorders," Psychiatry and Clinical Neurosciences 58, no. 2 (2004): 186–90.

15. P. J. Schmidt, G. N. Grover, P. P. Roy-Byrne, et al., "Thyroid Function in Women with Premenstrual Syndrome," Journal of Clinical Endocrinology and Metabolism 76 (1993): 671–74.

16. N. D. Brayshaw and D. D. Brayshaw, "Thyroid Hypofunction in Premenstrual Syndrome," New England Journal of Medicine 315 (1986): 1486–7.

17. A. Rapkin, "A Review of Treatment of Premenstrual Syndrome and Premenstrual Dysphoric Disorder," Psychoneuroendocrinology 28, suppl. 3 (2003): 39–53.

18. E. W. Freeman, "Luteal Phase Administration of Agents for the Treatment of Premenstrual Dysphoric Disorder," CNS Drugs 18, no. 7 (2004): 453–68.

19. M. Steiner, T. Pearlstein, L. S. Cohen, J. Endicott, S. G. Kornstein, C. Roberts, D. L. Roberts, and K. Yonkers, "Expert Guidelines for the Treatment of Severe PMS, PMDD, and Comorbidities: The Role of SSRIs," Journal of Women's Health 15, no. 1 (2006): 57–69.

20. M. Bryant, A. Cassidy, C. Hill, J. Powell, D. Talbot, and L. Dye, "Effect of Consumption of Soy Isoflavones on Behavioural, Somatic and Affective Symptoms in Women with Premenstrual Syndrome," British Journal of Nutrition 93, no. 5 (2005): 731–39.

21. E. R. Bertone-Johnson, S. E. Hankinson, A. Bendich, S. R. Johnson, W. C. Willett, and J. E. Manson, "Calcium and Vitamin D Intake and Risk of Incident Premenstrual Syndrome," Archives of Internal Medicine 165, no. 11 (2005): 1246–52.

22. R. J. Shamberger, "Calcium, Magnesium, and Other Elements in the Red Blood Cells and Hair of Normals and Patients with Premenstrual Syndrome," Biological Trace Element Research 94, no. 2 (2003): 123–29.

23. A. M. Levin, "Pre-menstrual Syndrome: A New Concept in Its Pathogenesis and Treatment," Medical Hypotheses 62, no. 1 (2004): 130–32.

24. G. Altman, K. C. Cain, S. Motzer, M. Jarrett, R. Burr, and M. Heitkemper, "Increased Symptoms in Female IBS Patients with Dysmenorrhea and PMS," Gastroenterology Nursing 29, no. 1 (2006): 4–11.

25. M. C. De Souza, A. F. Walker, P. A. Robinson, and K. Bolland, "A Synergistic Effect of a Daily Supplement for 1 Month of 200 mg Magnesium Plus 50 mg Vitamin B_6 for the Relief of Anxiety-Related Premenstrual Symptoms: A Randomized, Double-Blind, Crossover Study," Journal of Women's Health and Gender-Based Medicine 9, no. 2 (2000): 131–39.

26. M. J. Walsh and B. I. Polus, "A Randomized, Placebo-Controlled Clinical Trial on the Efficacy of Chiropractic Therapy on Premenstrual Syndrome," Journal of Manipulative Physiological Therapeutics 22, no. 9 (1999): 582–85.

27. D. Habek, J. C. Habek, and A. Barbir, "Using Acupuncture to Treat Premenstrual Syndrome," Archives of Gynecology and Obstetrics 267, no. 1 (2002): 23–26.

28. A. E. Schindler, "Thyroid Function and Postmenopause," Gynecological Endocrinology 17, no. 1 (2003): 79–85.

29. P. A. Kaufert, P. Gilbert, and R. Tate, "The Manitoba Project: A Reexamination of the Link Between Menopause and Depression," Maturitas 14, no. 2 (1992): 143–56.

30. N. E. Avis, P. A. Kaufert, M. Lock, et al., "The Evolution of Menopausal Symptoms," Balliere's Clinical Endocrinology and Metabolism 7 (1993): 17–32.

31. D. J. Cooke and J. G. Green, "Types of Life Events in Relation to Symptoms at the Climacterium," Journal of Psychosomatic Research 25 (1981): 5–11.

32. A. Holte and A. Mikkelson, "Psychosocial Determinants of Menopausal Complaints," Maturitas 13 (1991): 193–203.

33. C. Northrup, Women's Bodies, Women's Wisdom (New York: Bantam Books, 1994).

34. J. E. Rossouw, G. L. Anderson, R. L. Prentice, et al., "Risks and Benefits of Estrogen Plus Progestin in Healthy Postmenopausal Women: Principal Results from the Women's Health Initiative Randomized Controlled Trial," Journal of the American Medical Association 288, no. 3 (2002): 321–33.

35. R. A. Medina, E. Aranda, C. Verdugo, S. Kato, and G. I. Owen, "The Action of Ovarian Hormones in Cardiovascular Disease," Biological Research 36, no. 3–4 (2003): 325–41.

36. E. L. Klaiber, W. Vogel, and S. Rako, "A Critique of the Women's Health Initiative Hormone Therapy Study," Fertility and Sterility 84, no. 6 (2005): 1589–601.

37. R. A. Medina, E. Aranda, C. Verdugo, S. Kato, and G. I. Owen, "The Action of Ovarian Hormones in Cardiovascular Disease," Biological Research 36, no. 3–4 (2003): 325–41.

38. J. A. Raza, R. A. Reinhart, and A. Movahed, "Ischemic Heart Disease in Women and the Role of Hormone Therapy," International Journal of Cardiology 96, no. 1 (2004): 7–19.

39. A. H. MacLennan, A. W. Taylor, and D. H. Wilson, "Hormone Therapy Use After the Women's Health Initiative," Climacteric 7, no. 2 (2004): 138–42.

40. R. A. Lobo, "Appropriate Use of Hormones Should Alleviate Concerns of Cardiovascular and Breast Cancer Risk," Maturitas 51, no. 1 (2005): 98–109.

41. P. This, "Hormonal Replacement Therapy and Breast Cancer," Revue du Practicien 55, no. 4 (2005): 377–82.

42. J. L. Kuijpens, I. Nyklictek, M. W. Louwman, T. A. Weetman, V. J. Pop, and J. W. Coebergh, "Hypothyroidism Might Be Related to Breast Cancer in Post-Menopausal Women," Thyroid 15, no. 11 (2005): 1253–9.

43. M. Holzbauer and M. B. Youdim, "The Oestrous Cycle and Monoamine Oxidase Activity," British Journal of Pharmacology 48 (1973): 600–608.

44. A. Cagnacci, S. Arangino, F. Baldassari, C. Alessandrini, S. Landi, and A. Volpe, "A Combination of the Central Effects of Different Progestins Used in Hormone Replacement Therapy," Maturitas 48, no. 4 (2004): 456–62.

45. P. G. Sator, J. B. Schmidt, T. Rabe, and C. C. Zouboulis, "Skin Aging and Sex Hormones in Women—Clinical Perspectives for Intervention by Hormone Replacement Therapy," Experimental Dermatology 13, suppl. 4 (2004): 36–40.

46. U. Gaspard and F. Van den Brule, "Medication of the Month. Angeliq: New Hormonal Therapy of Menopause, with Antialdosterone and Antiandrogenic Properties," Revue Médicale de Liège 59, no. 3 (2004): 162–66.

47. A. S. Dobs, T. Nguyen, C. Pace, and C. P. Roberts, "Differential Effects of Oral Estrogen Versus Oral Estrogen-Androgen Replacement Therapy on Body Composition in Postmenopausal Women," Journal of Clinical Endocrinology and Metabolism 87, no. 4 (2002): 1509–16.

48. A. D. Genazzani, M. Stomati, F. Bernardi, M. Pieri, L. Rovati, and A. R. Genazzani, "Long-Term Low-Dose Dehydroepiandrosterone Oral Supplementation in Early and Late Postmenopausal Women Modulates Endocrine Parameters and Synthesis of Neuroactive Steroids," Fertility and Sterility 80, no. 6 (2003): 1495–501.

49. H. D. Nelson, K. K. Vesco, E. Haney, R. Fu, A. Nedrow, J. Miller, C. Nicolaidis, M. Walker, and L. Humphrey, "Nonhormonal Therapies for Menopausal Hot Flashes: Systematic Review and Meta-Analysis," Journal of the American Medical Association 295, no. 17 (2006): 2057–71.

50. E. Petri Nahas, J. Nahas Neto, L. De Luca, P. Traiman, A. Pontes, and I. Dalben, "Benefits of Soy Germ Isoflavones in Postmenopausal Women with Contraindication for Conventional Hormone Replacement Therapy," Maturitas 48, no. 4 (2004): 372–80.

51. T. Low Dog, "Menopause: A Review of Botanical Dietary Supplements," American Journal of Medicine 118, suppl. 2 (2005): 98–108.

52. K. Winther, E. Rein, and C. Hedman, "Femal, a Herbal Remedy Made from Pollen Extracts, Reduces Hot Flushes and Improves Quality of Life in Menopausal Women: A Randomized, Placebo-Controlled, Parallel Study," Climacteric 8, no. 2 (2005): 162–70.

53. J. Eden, "The Need for Tissue Selective Menopausal Agents," Gynecological Endocrinology 21, suppl. 1 (2005): 22–27.

54. J. J. Curcio, L. S. Kim, D. Wollner, and B. A. Pockaj, "The Potential of 5-Hydroxy-tryptophan for Hot Flash Reduction: A Hypothesis," Alternative Medicine Review 10, no. 3 (2005): 216–21.

CAPÍTULO 12

1. L. P. Salzer, Surviving Infertility (New York: Harper Perennial, 1991).

2. E. Erikson, Childhood and Society (New York: Norton, 1950).

3. I. Gerhard, T. Becker, W. Eggert-Kruse, et al., "Thyroid and Ovarian Function in Infertile Women," Human Reproduction 6 (1991): 338–45.

4. K. Poppe, D. Glinoer, A. Van Steirteghem, H. Tournaye, P. Devroey, J. Schiettecatte, and B. Velkeniers, "Thyroid Dysfunction and Autoimmunity in Infertile Women," Thyroid 12, no. 11 (2002): 997–1001.

5. I. Gerhard, W. Eggert-Kruse, K. Merzoug, et al., "Thyrotropin-Releasing Hormone (TRH) and Metoclopramide Testing in Infertile Women," Gynecological Endocrinology 5, no. 1 (1991): 15–32.

6. T. Maruo, K. Katayama, H. Matuso, et al., "Maintaining Early Pregnancy in Threatened Abortion," Acta Endocrinologica 127 (1992): 118–22.

7. A. Singh, Z. N. Dantas, S. C. Stone, et al., "Presence of Thyroid Antibodies in Early Reproductive Failure: Biochemical Versus Clinical Pregnancies," Fertility and Sterility 63, no. 2 (1995): 277–81.

8. D. Glinoer, "The Regulation of Thyroid Function in Pregnancy: Pathways of Endocrine Adaptation from Physiology to Pathology," Endocrine Reviews 18, no. 3 (1997): 404–33.

9. A. S. Leung, L. K. Millar, P. P. Koonings, et al., "Perinatal Outcome in Hypothyroid Pregnancies," Obstetrics and Gynecology 81, no. 3 (1993): 349–53.

CAPÍTULO 13

1. Columbia University College of Physicians and Surgeons, Complete Home Guide to Mental Health, ed. F. I. Kass et al. (New York: Henry Holt, 1995).

2. G. P. Redmond, "Thyroid Dysfunction and Women's Reproductive Health," Thyroid 14, suppl. 1 (2004): S5–15.

3. J.-E.-D. Esquirol, Des maladies mentales considerées sous les rapports médical, hygiénique et médico-légal, vol. 1 (Paris: J. B. Bailliere, 1838).

4. I. F. Brockington and R. Kumar, eds., Motherhood and Mental Illness (London: Academic Press, 1982).

5. T. H. Chen, T. H. Lan, C. Y. Yang, and K. D. Juang, "Postpartum Mood Disorders May Be Related to a Decreased Insulin Level After Delivery," Medical Hypotheses 66, no. 4 (2006): 820–23.

6. N. I. Gavin, B. N. Gaynes, K. N. Lohr, S. Meltzer-Brody, G. Gartlehner, and T. Swinson, "Perinatal Depression: A Systematic Review of Prevalence and Incidence," Obstetrics and Gynecology 106 (2005): 1071–83.

7. D. F. Hay, S. Pawlby, A. Angold, G. T. Harold, and D. Sharp, "Pathways to Violence in the Children of Mothers Who Were Depressed Postpartum," Developmental Psychology 39, no. 6 (2003): 1083–94.

8. A. Rahman, Z. Iqbal, J. Bunn, H. Lovel, and R. Harrington, "Impact of Maternal Depression on Infant Nutritional Status and Illness: A Cohort Study," Archives of General Psychiatry 61, no. 9 (2004): 946–52.

9. J. A. Hamilton and P. N. Harberger, eds., Postpartum Psychiatric Illness: A Picture Puzzle (Philadelphia: University of Pennsylvania Press, 1992).

10. M. Bloch, N. Rotenberg, D. Koren, and E. Klein, "Risk Factors for Early Postpartum Depressive Symptoms," General Hospital Psychiatry 28, no. 1 (2006): 3–8.

11. J. W. Rich-Edwards, K. Kleinman, A. Abrams, et al., "Sociodemographic Predictors of Antenatal and Postpartum Depressive Symptoms Among Women in a Medical Group Practice," Journal of Epidemiology and Community Health 60, no. 3 (2006): 221–27.

12. E. J. Corwin, J. Brownstead, N. Barton, S. Heckard, and K. Morin, "The Impact of Fatigue on the Development of Postpartum Depression," Journal of Obstetrics, Gynecology, and Neonatal Nursing 34, no. 5 (2005): 577–86.

13. J. Heron, N. Craddock, and I. Jones, "Postnatal Euphoria: Are 'the Highs' an Indicator of Bipolarity?" Bipolar Disorder 7, no. 2 (2005): 103–10.

14. A. Wenzel, E. N. Haugen, L. C. Jackson, and K. Robinson, "Prevalence of Generalized Anxiety at Eight Weeks Postpartum," Archives of Women's Mental Health 6, no. 1 (2003): 43–9.

15. W. M. Ord, "Report of a Committee of the Clinical Society of London, Nominated December 14, 1883, to Investigate the Subject of Myxoedema," Transactions of the Clinical Society of London (suppl.) 21, no. 18 (1888).

16. B. Harris, S. Othman, J. A. Davies, et al., "Association Between Postpartum Thyroid Dysfunction and Thyroid Antibodies and Depression," British Medical Journal 305, no. 6846 (1992): 152–56.

17. F. Monaco, "Classification of Thyroid Diseases: Suggestions for a Revision," Journal of Clinical Endocrinology and Metabolism 88, no. 4 (2003): 1428–32.

18. J. H. Lazarus, "Thyroid Dysfunction: Reproduction and Postpartum Thyroiditis," Seminars in Reproductive Medicine 20, no. 4 (2002): 381–88.

19. T. F. Nikolai, S. L. Turney, and R. C. Roberts, "Postpartum Lymphocytic Thyroiditis: Prevalence, Clinical Course, and Long-Term Follow-Up," Archives of Internal Medicine 147 (1987): 221–24.

20. D. Benhaim Rochester and T. F. Davies, "Increased Risk of Graves' Disease After Pregnancy," Thyroid 15, no. 11 (2005): 1287–90.

21. Y. Hidaka, T. Hada, and N. Amino, "Postpartum Autoimmune Thyroid Syndrome," Nippon Rinsho. 57, no. 8 (1999): 1775–8.

22. J. L. Kuijpens, H. L. Vader, H. A. Drexhage, W. M. Wiersinga, M. J. van Son, and V. J. Pop, "Thyroid Peroxidase Antibodies During Gestation Are a Marker for Subsequent Depression Postpartum," European Journal of Endocrinology 145, no. 5 (2001): 579–84.

23. H. Guan, C. Li, Y. Li, C. Fan, Y. Teng, Z. Shan, and W. Teng, "High Iodine Intake Is a Risk Factor of Post-Partum Thyroiditis: Result of a Survey from Shenyang, China," Journal of Endocrinological Investigation 28, no. 10 (2005): 876–81.

24. S. Othman, D. I. W. Phillips, A. B. Parkes, et al., "A Long-Term Follow-up of Postpartum Thyroiditis," Clinical Endocrinology 32 (1990): 559–64.

25. C. C. Hayslip, H. G. Fein, V. M. O'Donnell, et al., "The Value of Serum Antimicrosomal Antibody Testing in Screening for Symptomatic Postpartum Thyroid Dysfunction," American Journal of Obstetrics and Gynecology 159 (1988): 203–9.

26. D. E. Stewart, A. M. Addison, G. E. Robinson, et al., "Thyroid Function in Psychosis Following Childbirth," American Journal of Psychiatry 145, no. 12 (1988): 1579–81.

27. S. Misri and X. Kostaras, "Benefits and Risks to Mother and Infant of Drug Treatment for Postnatal Depression," Drug Safety 25, no. 13 (2002): 903–11.

28. M. P. Freeman, J. R. Hibbeln, K. L. Wisner, B. H. Brumbach, M. Watchman, and A. J. Gelenberg, "Randomized Dose-Ranging Pilot Trial of Omega-3 Fatty Acids for Postpartum Depression," Acta Psychiatrica Scandinavica 113, no. 1 (2006): 31–35.

29. T. H. Chen, T. H. Lan, C. Y. Yang, and K. D. Juang, "Postpartum Mood Disorders May Be Related to a Decreased Insulin Level After Delivery," Medical Hypotheses 66, no. 4 (2006): 820–23.

CAPÍTULO 14

1. D. S. Ross, G. H. Daniels, and D. Gouveia, "The Use and Limitations of a Chemiluminescent Thyrotropin Assay as a Single Thyroid Function Test in an Outpatient Endocrine Clinic," Journal of Clinical Endocrinology and Metabolism 71, no. 3 (1990): 764–69.

2. M.-F. Poirier, H. Lôo, A. Galinowski, et al., "Sensitive Assay of Thyroid-Stimulating Hormone in Depressed Patients," Psychiatry Research 57 (1995): 41–48.

3. R. A. Dickey and H. W. Rodbard, "American Association of Clinical Endocrinologists 'Neck Check' Promoted During Thyroid Awareness Month," First Messenger 5, no. 1 (1997): 1.

4. O. M. Pedersen, N. P. Aardal, T. B. Larssen, J. E. Varhaug, O. Myking, and H. Vik-Mo, "The Value of Ultrasonography in Predicting Autoimmune Thyroid Disease," Thyroid 10, no. 3 (2000): 251–59.

5. S. Morita, T. Arima, and M. Matsuda, "Prevalence of Nonthyroid Specific Autoantibodies in Autoimmune Thyroid Diseases," Journal of Clinical Endocrinology and Metabolism 80, no. 4 (1995): 1203–6.

6. B. Lindberg, U.-B. Ericsson, R. Ljung, et al., "High Prevalence of Thyroid Autoantibodies at Diagnosis of Insulin-Dependent Diabetes Mellitus in Swedish Children," Journal of Laboratory and Clinical Medicine 130 (1997): 585–89.

7. J. Heward and S. C. L. Gough, "Genetic Susceptibility to the Development of Autoimmune Disease," Clinical Science 93 (1997): 479–91.

8. E. Biro, Z. Szekanecz, L. Czirjak, et al., "Association of Systemic and Thyroid Autoimmune Diseases," Clinical Rheumatology 25, no. 2 (2006): 240–45.

9. M. S. Rosenthal, The Thyroid Source Book: Everything You Need to Know, 2d ed. (Los Angeles: Lowell House, 1996), 57.

10. J. Coll, J. Anglada, S. Tomas, et al., "High Prevalence of Subclinical Sjögren's Syndrome Features in Patients with Autoimmune Thyroid Disease," Journal of Rheumatology 24, no. 9 (1997): 1719–24.

11. J. S. Sloka, P. W. Phillips, M. Stefanelli, and C. Joyce, "Co-occurrence of Autoimmune Thyroid Disease in a Multiple Sclerosis Cohort," Journal of Autoimmune Diseases 2 (2005): 9.

12. D. P. Westerberg, J. M. Gill, B. Dave, M. J. DiPrinzio, A. Quisel, and A. Foy, "New Strategies for Diagnosis and Management of Celiac Disease," Journal of the American Osteopathic Association 106, no. 3 (2006): 145–51.

13. M. Hakanen, K. Luotola, J. Salmi, P. Laippala, K. Kaukinen, and P. Collin, "Clinical and Subclinical Autoimmune Thyroid Disease in Adult Celiac Disease," Digestive Diseases and Sciences 46, no. 12 (2001): 2631–5.

14. L. M. da Silva Kotze, R. M. Nisihara, S. R. da Rosa Utiyama, G. C. Piovezan, and L. R. Kotze, "Thyroid Disorders in Brazilian Patients with Celiac Disease," Journal of Clinical Gastroenterology 40, no. 1 (2006): 33–36.

15. C. L. Ch'ng, M. Biswas, A. Benton, M. K. Jones, and J. G. Kingham, "Prospective Screening for Coeliac Disease in Patients with Graves' Hyperthyroidism Using Anti-Gliadin and Tissue Transglutaminase Antibodies," Clinical Endocrinology 62, no. 3 (2005): 303–6.

16. E. Deressa, A. C. Wammer, J. A. Falch, and J. Jahnsen, "Bone Metabolism in Patients with Newly Diagnosed Coeliac Disease," Tidsskrift for den Norske Laegeforening 126, no. 9 (2006): 1201–4.

17. W. Dickey and S. A. McMillan, "Increasing Numbers at a Specialist Coeliac Clinic: Contribution of Serological Testing in Primary Care," Digestive and Liver Disease 37, no. 12 (2005): 928–33.

18. P. F. Peerboom, E. A. M. Hassink, R. Melkert, et al., "Thyroid Function 10–18 Years After Mantle Field Irradiation for Hodgkin's Disease," European Journal of Cancer 28A, no. 10 (1992): 1716–8.

19. A. Leznoff and G. L. Sussman, "Syndrome of Idiopathic Chronic Urticaria and Angioedema with Thyroid Autoimmunity: A Study of 90 Patients," Journal of Allergy and Clinical Immunology 84, no. 1 (1989): 66–71.

20. L. C. Hofbauer, C. Spitzweig, S. Schmauss, et al., "Graves' Disease Associated with Autoimmune Thrombocytopenic Purpura," Archives of Internal Medicine 157 (1997): 1033–6.

21. A. Pinchera, E. Martino, and G. Faglia, "Central Hypothyroidism," in Werner and Ingbar's The Thyroid, 6th ed., edited by Lewis E. Braverman and R. D. Utiger, 968–84 (Philadelphia: Lippincott, 1991).

22 M. Mori, Y. Shoda, M. Yamado, et al., "Case Report: Central Hypothyroidism Due to Isolated TRH Deficiency in a Depressive Man," Journal of Internal Medicine 229 (1991): 285–88.

CAPÍTULO 15

1. K.W. Geul, I.L.L. van Sluisveld, D.E. Grobbee, et al., "The Importance of Thyroid Microsomal Antibodies in the Development of Elevated Serum TSH in Middle-Aged Women: Associations with Serum Lipids," Clinical Endocrinology 39 (1993): 275–80.

2. Stathatos N, Wartofsky L 2002 Managing subclinical hypothyroidism in women. Women Health Primary Care 5:239–246

3. Hollowell JG, Staehling NW, Flanders WD, Hannon WH, Gunter EW, Spencer CA, Braverman LE 2002 Serum TSH, T4, and thyroid antibodies in the United States population (1988 to 1994): National Health and Nutrition Examination Survey (NHANES III). J Clin Endocrinol Metab 87:489–499.

4. H.J. Baskin, R.H. Cobin, D.D. Duick, et al., "American Association for Clinical Endocrinologists Medical Guidelines for Clinical Practice for the Evaluation of Treatment of Hyperthyroidism and Hypothyroidism," Endocrine Practice 8 (2002): 457–67.

5. M.I. Surks, G. Coswami, and G.H. Daniels, "Controversies in Clinical Endocrinology: The Thyrotropin Reference Range Should Remain Unchanged," Journal of Clinical Endocrinology and Metabolism 90, no. 9 (2005): 5489–96.

6. Andersen S, Bruun NH, Pedersen KM, Lauberg P 2003 Biologic variation is important for interpretation of thyroid function tests. Thyroid 13:1069–1078
7. G. Michalopoulou, M. Alevizaki, G. Piperingos, et al., "High Serum Cholesterol Levels in Persons with 'High-Normal' TSH Levels: Should One Extend the Definition of Subclinical Hypothyroidism?" European Journal of Endocrinology 138, no. 2 (1998): 141–45.
8. R. Arem and D. Escalante, "Subclinical Hypothyroidism: Epidemiology, Diagnosis, and Significance," Advances in Internal Medicine 41 (1996): 213–50.
9. I. Berlin, C. Payan, E. Corruble, and A. J. Puech, "Serum Thyroid-Stimulating-Hormone Concentration as an Index of Severity of Major Depression," International Journal of Neuropsychopharmacology 2, no. 2(1999): 105–10.
10. J. J. Haggerty, R. A. Stern, G. A. Mason, et al., "Subclinical Hypothyroidism: A modifiable Risk Factor for Depression?" American Journal of Psychiatry 150, no. 3 (1993): 508–10.
11. J. G. Eales, "Iodine Metabolism and Thyroid-Related Functions in Organisms Lacking Thyroid Follicules: Are Thyroid Hormones Also Vitamins?" Proceedings of the Society for Experimental Biology and Medicine 214 (1997): 302–17.
12. G. R. B. Skinner, R. Thomas, M. Taylor, et al., "Thyroxine Should be Tried in Clinically Hypothyroid but Biochemically Euthyroid Patients," British Medical Journal 314 (1997): 1764.
13. J. C. Lowe, R. L. Garrison, A. Reichman, et al., "Triiodothyronine (T3) Treatment of Euthyroid Fibromyalgia: A Small-N Replication of a Double-Blind Placebo-Controlled Crossover Study," Clinical Bulletin of Myofascial Therapy 2, no. 4 (1997): 35–37.

CAPÍTULO 16

1. U. M. Kabadi and M. M. Kabadi, "Serum Thyrotropin in Primary Hypothyroidism: A Reliable and Accurate Predictor of Optimal Daily Levothyroxine Dose," Endocrine Practitioner 7, no. 1 (2001): 16–18.
2. M. I. Surks, "Treatment of Hypothyroidism," in Werner and Ingbar's The Thyroid, 6th ed., edited by Lewis E. Braverman and R. D. Utiger, 1099–103 (Philadelphia: Lippincott, 1991).
3. E. Roti, R. Minelli, and E. Gardini, "The Use and Misuse of Thyroid Hormone," Endocrine Reviews 14, no. 4 (1993): 401–23.
4. Approved Drug Products with Therapeutic Equivalence Evaluations, 24th edition, Cumulative Supplement 6, Prepared by Office of Pharmaceutical Science, Office of Generic Drugs, Center for Drug Evaluation and Research, FDA, June 2004.
5. V. Blakesley, W. Awni, C. Locke, T. Ludden, G. R. Granneman, and L. E. Braverman, "Are Bioequivalence Studies of Levothyroxine Sodium Formulations in Euthyroid Volunteers Reliable?" Thyroid 14 (2004): 191–200.
6. P. C. Whybrow, "Behavioral and Psychiatric Aspects of Hypothyroidism," in Werner and Ingbar's The Thyroid, 6th ed., edited by Lewis E. Braverman and R. D. Utiger, 1078–83 (Philadelphia: Lippincott, 1991).
7. D. S. Ross, G. H. Daniels, and D. Gouvela, "The Use and Limitations of a Chemiluminescent Thyrotropin Assay as a Single Thyroid Function Test in an Outpatient Endocrine Clinic," Journal of Clinical Endocrinology and Metabolism 71, no. 3 (1990): 764–69.

8. B. Biondi, S. Fazio, A. Cuocolo, et al., "Impaired Cardiac Reserve and Exercise Capacity in Patients Receiving Long-Term Thyrotropin Suppressive Therapy with Levothyroxine," Journal of Clinical Endocrinology and Metabolism 81 (1996): 4224–8.

9. B. Uzzan, J. Campos, M. Cucherat, et al., "Effects on Bone Mass of Long-Term Treatment with Thyroid Hormones: A Meta-Analysis," Journal of Clinical Endocrinology and Metabolism 81 (1996): 4278–89.

10. B. Scholte, B. Nowotny, L. Schaaf, et al., "Subclinical Hyperthyroidism: Physical and Mental State of Patients," European Archives of Psychiatry and Clinical Neuroscience 241 (1992): 357–64.

11. M. T. McDermott, B. R. Haugen, D. C. Lezotte, S. Seggelke, and E. C. Ridgway, "Management Practices Among Primary Care Physicians and Thyroid Specialists in the Care of Hypothyroid Patients," Thyroid 11, no. 8 (2001): 757–64.

12. B. M. Arafah, "Increased Need for Thyroxine in Women with Hypothyroidism During Estrogen Therapy," New England Journal of Medicine 344, no. 23 (2001): 1743–9.

13. G. B. Anker, P. E. Lønning, A. Aakvaag, et al., "Thyroid Function in Postmenopausal Breast Cancer Patients Treated with Tamoxifen," Scandinavian Journal of Clinical Laboratory Investigation 58 (1998): 103–7.

14. E. Lesho and R. E. Jones, "Hypothyroid Graves' Disease," Southern Medical Journal 90, no. 12 (1997): 1201–3.

15. N. Takasu, T. Yamada, A. Sato, et al., "Graves' Disease Following Hypothyroidism Due to Hashimoto's Disease: Studies of Eight Cases," Clinical Endocrinology 33 (1990): 687–89.

16. R. Comtois, L. Faucher, and L. Lafleche, "Outcome of Hypothyroidism Caused by Hashimoto's Thyroiditis," Archives of Internal Medicine 155 (1995): 1404–8.

17. A. H. Saliby, C. Larosa, R. Rachid, et al., "Changes in Levothyroxine Dose Requirements in the Follow-up of Patients with Primary Hypothyroidism," abstract presented at the Sixty-ninth Annual Meeting of the American Thyroid Association, November 13, 1996.

18. H. T. Stelfox, S. B. Ahmed, J. Fiskio, and D. W. Bates, "An Evaluation of the Adequacy of Outpatient Monitoring of Thyroid Replacement Therapy," Journal of Evaluation in Clinical Practice 10, no. 4 (2004): 525–30.

19. G. S. Kurland, M. W. Hamolsky, and A. S. Freedberg, "Studies in Non-Myxedematous Hypometabolism," Journal of Clinical Endocrinology 15 (1955): 1354–66.

20. B. O. Barnes and L. Galton, Hypothyroidism: The Unsuspected Illness (New York: Harper and Row, 1976).

21. B. Barnes, "Basal Temperature Versus Basal Metabolism," Journal of the American Medical Association 119 (1942): 1072–4.

22. E. D. Wilson, Wilson's Syndrome: The Miracle of Feeling Well (Orlando, Fla.: Cornerstone Publishing, 1991).

23. R. Arem, "When to Choose Radioactive Iodine, Drugs, or Surgery," Consultant 28, no. 9 (1989): 21–35.

24. A. P. Johnstone, J. C. Cridland, C. R. Da Costa, S. S. Nussey, and P. S. Shepherd, "A Functional Site on the Human TSH Receptor: A Potential Therapeutic Target in Graves' Disease," Clinical Endocrinology 59, no. 4 (2003): 437–41.

25. J. A. Franklyn, "The Management of Hyperthyroidism," New England Journal of Medicine 330, no. 24 (1994): 1731–8.

26. T. Misaki, Y. Iida, K. Kasagi, and J. Konishi, "Seasonal Variation in Relapse Rate of Graves' Disease After Thionamide Drug Treatment," Endocrine Journal 50, no. 6 (2003): 669–72.

27. J. Tajiri and S. Noguchi, "Antithyroid Drug-Induced Agranulocytosis: How Has Granulocyte Colony-Stimulating Factor Changed Therapy?" Thyroid 15, no. 3 (2005): 292–97.

28. T. Kashiwai, Y. Hidaka, T. Takano, et al., "Practical Treatment with Minimum Maintenance Dose of Anti-Thyroid Drugs for Prediction of Remission in Graves' Disease," Endocrine Journal 50, no. 1 (2003): 45–49.

29. J. M. H. Deklerk, J. W. Van Isselt, A. Van Dijk, et al., "Iodine-131 Therapy in Sporadic Nontoxic Goiter," Journal of Nuclear Medicine 38, no. 3 (1997): 372–76.

30. S. J. Bonnema, F. N. Bennedbaek, A. Veje, J. Marving, and L. Hegedus, "Propylthiouracil Before 131I Therapy of Hyperthyroid Diseases: Effect on Cure Rate Evaluated by a Randomized Clinical Trial," Journal of Clinical Endocrinology and Metabolism 89, no. 9 (2004): 4439–44.

31. V. A. Andrade, J. L. Gross, and A. L. Maia, "The Effect of Methimazole Pretreatment on the Efficacy of Radioactive Iodine Therapy in Graves' Hyperthyroidism: One-Year Follow-up of a Prospective, Randomized Study," Journal of Clinical Endocrinology and Metabolism 86, no. 8 (2001): 3488–93.

32. A. M. Ahmad, M. Ahmad, and E. T. Young, "Objective Estimates of the Probability of Developing Hypothyroidism Following Radioactive Iodine Treatment of Thyrotoxicosis," European Journal of Endocrinology 146, no. 6 (2002): 767–75.

33. E. K. Alexander and P. R. Larsen," High Dose of (131)I Therapy for the Treatment of Hyperthyroidism Caused by Graves' Disease," Journal of Clinical Endocrinology and Metabolism 87, no. 3 (2002): 1073–7.

34. L. E. Holm, P. Hall, K. Wicklund, et al., "Cancer Risk After Iodine-131 Therapy for Hyperthyroidism," Journal of the National Cancer Institute 83 (1991): 1072–7.

35. H. Jonsson and S. Mattsson, "Excess Radiation Absorbed Doses from Non-Optimized Radioiodine Treatment of Hyperthyroidism," Radiation Protection Dosimetry 108, no. 2 (2004): 107–14.

36. S. T. Tietgens and M. C. Leinung, "Thyroid Storm," Medical Clinics of North America 79, no. 1 (1995): 169–84.

37. C. C. Wang, J. Chen, Y. Z. Hu, D. B. Wu, and Y. H. Xu, "Endoscopic Thyroidectomy with 150 Cases," Zhonghua Wai Ke Za Zhi, 42, no. 11 (2004): 675–77.

38. H. Xiao, W. Zhuang, S. Wang, B. Yu, G. Chen, M. Zhou, and N. C. Wong, "Arterial Embolization: A Novel Approach to Thyroid Ablative Therapy for Graves' Disease," Journal of Clinical Endocrinology and Metabolism 87, no. 8 (2002): 3583–9.

39. W. B. Kim, S. M. Han, T. Y. Kim, et al., "Ultrasonographic Screening for Detection of Thyroid Cancer in Patients with Graves' Disease," Clinical Endocrinology 60, no. 6 (2004): 719–25.

40. G. Pellegriti, A. Belfiore, D. Giuffrida, L. Lupo, and R. Vigneri, "Outcome of Differentiated Thyroid Cancer in Graves' Patients," Journal of Clinical Endocrinology and Metabolism 83, no. 8 (1998): 2805–9.

41. M. A. Emanuele, M. H. Brooks, D. L. Gordon, et al., "Agoraphobia and Hyperthyroidism," American Journal of Medicine 86 (1989): 484–86.

42. J. H. Lazarus, "Antithyroid Drug Treatment," Clinical Endocrinology 45 (1996): 517–18.

43. A. Toft, "Transient Hypothyroidism," Clinical Endocrinology 46 (1997): 7–8.

44. D. Glinoer, "The Regulation of Thyroid Function in Pregnancy: Pathways of Endocrine Adaptation from Physiology to Pathology," Endocrine Reviews 18, no. 3 (1997): 404–33.

45. T. Maruo, K. Katayama, H. Matsuo, et al., "Maintaining Early Pregnancy in Threatened Abortion," Acta Endocrinologica 127 (1992): 118–22.

46. E. Roti, S. Minelli, and M. Salvi, "Management of Hyperthyroidism and Hypothyroidism in Pregnant Women," Journal of Clinical Endocrinology and Metabolism, 81, no. 5 (1996): 1679–82.

47. Y. Nakagawa, K. Mori, S. Hoshikawa, M. Yamamoto, S. Ito, and K. Yoshida, "Postpartum Recurrence of Graves' Hyperthyroidism Can Be Prevented by the Continuation of Antithyroid Drugs During Pregnancy," Clinical Endocrinology 57, no. 4 (2002): 467–71.

CAPÍTULO 17

1. H. Leigh, "Cerebral Effects of Endocrine Disease," in Principles and Practice of Endocrinology and Metabolism, 2d ed., edited by K. L. Becker et al. (Philadelphia: Lippincott, 1995), 1695.

2. P. C. Whybrow, "Behavioral and Psychiatric Aspects of Hypothyroidism," in Werner and Ingbar's The Thyroid, 6th ed., edited by Lewis E. Braverman and R. D. Utiger, 1078–83 (Philadelphia: Lippincott, 1991).

3. R. A. Stern, B. Robinson, A. R. Thorner, et al., "A Survey Study of Neuropsychiatric Complaints in Patients with Graves' Disease," Journal of Neuropsychiatry and Clinical Neurosciences 8 (1996): 181–85.

4. M. Abraham-Nordling, O. Torring, B. Hamberger, G. Lundell, L. Tallstedt, J. Calissendorff, and G. Wallin, "Graves' Disease: A Long-Term Quality-of-Life Follow-up of Patients Randomized to Treatment with Antithyroid Drugs, Radioiodine, or Surgery," Thyroid 15, no. 11 (2005): 1279–86.

5. C. Scheffer, C. Heckmann, T. Mijic, and K. H. Rudorff, "Chronic Distress Syndrome in Patients with Graves' Disease," Med Klin 99, no. 10 (2004): 578–84.

6. P. Thygesen, K. Hermann, and R. Willanger, "Concentration Camp in Denmark: Persecution, Disease, Disability, Compensation. A 23–Year Follow-up. A Survey of the Long-Term Effect of Severe Environmental Stress," Danish Medical Bulletin 17 (1970): 65–108.

7. J. Kabat-Zinn, Full Catastrophe Living: Using the Wisdom of Your Body and Mind to Face Stress, Pain, and Illness (New York: Dell, 1990).

8. J. A. Astin, S. L. Shapiro, D. M. Eisenberg, and K. L. Forys, "Mind-Body Medicine: State of the Science, Implications for Practice," Journal of the American Board of Family Practice 16 (2003): 131–47.

9. J. A. Dusek, B. H. Chang, J. Zaki, et al., "Association Between Oxygen Consumption and Nitric Oxide Production During the Relaxation Response," Medical Science Monitor 12, no. 1 (2006): CR1–10.

10. D. R. Brown, Y. Wang, A. Ward, et al., "Chronic Psychological Effects of Exercise and Exercise Plus Cognitive Strategies," Medicine and Science in Sports and Exercise 27, no. 5 (1995): 765–75.

11. R. E. Taylor-Piliae, W. L. Haskell, C. M. Waters, and E. S. Froelicher, "Change in Perceived Psychosocial Status Following a 12–Week Tai Chi Exercise Programme," Journal of Advanced Nursing 54, no. 3 (2006): 313–29.

12. R. Bonadonna, "Meditation's Impact on Chronic Illness," Holistic Nursing Practice 17, no. 6 (2003): 309–19.

13. J. A. Astin, B. M. Berman, B. Bausell, W. L. Lee, M. Hochberg, and K. L. Forys, "The Efficacy of Mindfulness Meditation Plus Qigong Movement Therapy in the Treatment of Fibromyalgia: A Randomized Controlled Trial," Journal of Rheumatology 30, no. 10 (2003): 2557–62.

14. S. A. Green, "Office Psychotherapy for Depression in the Primary Care Setting," American Journal of Medicine 101, no. 6A, suppl. (1996): 37–44.

15. I. Elkin, M. Shea, J. Warkins, et al., "National Institute of Mental Health Treatment of Depression: Collaborative Research Program: General Effectiveness of Treatments," Archives of General Psychiatry 46 (1989): 971–83.

16. S. H. Kennedy, H. F. Andersen, and R. W. Lam, "Efficacy of Escitalopram in the Treatment of Major Depressive Disorder Compared with Conventional Selective Serotonin Reuptake Inhibitors and Venlafaxine XR: A Meta-Analysis," Journal of Psychiatry and Neuroscience 31, no. 2 (2006): 122–31.

17. S. Kasper, C. Spadone, P. Verpillat, and J. Angst, "Onset of Action of Escitalopram Compared with Other Antidepressants: Results of a Pooled Analysis," International Clinical Psychopharmacology 21, no. 2 (2006): 105–10.

18. A. K. Ashton, A. Mahmood, and F. Iqbal, "Improvements in SSRI/SNRI-Induced Sexual Dysfunction by Switching to Escitalopram," Journal of Sex and Marital Therapy 31, no. 3 (2005): 257–62.

19. S. M. Stahl, M. M. Grady, C. Moret, and M. Briley, "SNRIs: Their Pharmacology, Clinical Efficacy, and Tolerability in Comparison with Other Classes of Antidepressants," CNS Spectrums 10, no. 9 (2005): 732–47.

20. J. I. Hudson, M. M. Wohlreich, D. K. Kajdasz, C. H. Mallinckrodt, J. G. Watkin, and O. V. Martynov, "Safety and Tolerability of Duloxetine in the Treatment of Major Depressive Disorder: Analysis of Pooled Data from Eight Placebo-Controlled Clinical Trials," Human Psychopharmacology 20, no. 5 (2005): 327–41.

21. M. Fava, A. J. Rush, M. E. Thase, A. Clayton, S. M. Stahl, J. F. Pradko, and J. A. Johnston, "15 Years of Clinical Experience with Bupropion HCl: From Bupropion to Bupropion SR to Bupropion XL," Primary Care Companion Journal of Clinical Psychiatry 7, no. 3 (2005): 106–13.

22. J. G. Waxmonsky, "Nonstimulant Therapies for Attention-Deficit Hyperactivity Disorder (ADHD) in Children and Adults," Essential Psychopharmacology 6, no. 5 (2005): 262–76.

23. G. Rubio, L. San, F. Lopez-Munoz, and C. Alamo, "Reboxetine Adjunct for Partial or Nonresponders to Antidepressant Treatment," Journal of Affective Disorders 81, no. 1 (2004): 67–72.

24. L. L. Altshuler, L. S. Cohen, M. L. Moline, D. A. Khan, D. Carpenter, J. P. Docherty, and R. W. Ross, "Treatment of Depression in Women: A Summary of the Expert Consensus Guidelines," Journal of Psychiatric Practice 7, no. 3 (2001): 185–208.

25. B. C. Prator, "Serotonin Syndrome," Journal of Neuroscience Nursing 38, no. 2 (2006): 102–5.

26. O. Tajima, "Recent Trends in Pharmacotherapy for Anxiety Disorders," Nihon Shinkei Seishin Yakurigaku Zasshi. 24, no. 3 (2004): 133–36.

27. S. Pridmore and Y. Turnier-Shea, "Medication Options in the Treatment of Treatment-Resistant Depression," Australian and New Zealand Journal of Psychiatry 38, no. 4 (2004): 219–25.

28. H. Marin and M. A. Menza, "The Management of Fatigue in Depressed Patients," Essential Psychopharmacology 6, no. 4 (2005): 185–92.

29. S. E. Murphy, C. Longhitano, R. E. Ayres, P. J. Cowen, and C. J. Harmer, "Tryptophan Supplementation Induces a Positive Bias in the Processing of Emotional Material in Healthy Female Volunteers," Psychopharmacology 187, no. 1 (2006): 121–30.

30. C. Hudson, S. P. Hudson, T. Hecht, and J. MacKenzie, "Protein Source Tryptophan Versus Pharmaceutical Grade Tryptophan as an Efficacious Treatment for Chronic Insomnia," Nutritional Neuroscience 8, no. 2 (2005): 121–27.

31. Y. T. Das, M. Bagchi, D. Bagchi, and H. G. Preuss, "Safety of 5–hydroxy-L-tryptophan," Toxicology Letters 150, no. 1 (2004): 111–22.

32. B. M. Cortese and K. L. Phan, "The Role of Glutamate in Anxiety and Related Disorders," CNS Spectrums 10, no. 10 (2005): 820–30.

33. H. J. Heo and C. Y. Lee, "Protective Effects of Quercetin and Vitamin C Against Oxidative Stress-Induced Neurodegeneration," Journal of Agricultural and Food Chemistry 52, no. 25 (2004): 7514–7.

34. G. S. Kelly, "Rhodiola Rosea: A Possible Plant Adaptogen," Alternative Medicine Review 6, no. 3 (2001): 293–302.

35. A. Panossian and H. Wagner, "Stimulating Effect of Adaptogens: An Overview with Particular Reference to Their Efficacy Following Single Dose Administration," Phytotherapy Research 19, no. 10 (2005): 819–38.

36. G. Chamorro, M. Salazar, K. G. Araujo, C. P. dos Santos, G. Ceballos, and L. F. Castillo, "Update on the Pharmacology of Spirulina, an Unconventional Food," Archivos Latinoamericanos de Nutrición 52, no. 3 (2002): 232–40.

37. M. D. Edden and M. S. Torre, "Physician's Guide to Herbs," Practical Diabetology 16, no. 1 (1997): 10–20.

38. M. Auf'mkolk, J. C. Ingbar, K. Kubota, et al., "Extracts and Auto-Oxidized Constituents of Certain Plants Inhibit the Receptor-Binding and the Biological Activity of Graves' Immunoglobulins," Endocrinology 116, no. 5 (1985): 1687–93.

39. M. Mennemeier, R. D. Garner, and K. M. Heilman, "Memory, Mood and Measurement in Hypothyroidism," Journal of Clinical and Experimental Neuropsychology 15, no. 5 (1993): 822–31.

40. H. Perrild, J. M. Hansen, K. Arnung, et al., "Intellectual Impairment After Hyperthyroidism," Acta Endocrinologica 112 (1986): 185–91.

41. M. Bommer, T. Eversmann, R. Pickhardt, et al., "Psychopathological and Neuropsychological Symptoms in Patients with Subclinical and Remitted Hyperthyroidism," Klinische Wochenschrift 68 (1990): 552–58.

42. L. S. Chia, J. E. Thompson, and M. A. Moscarello, "Changes in Lipid Phase Behavior in Human Myelin During Maturation and Aging" (letter), Federation of European Biochemical Societies 157 (1983): 155–58.

43. A. McCaddon, B. Regland, P. Hudson, and G. Davies, "Functional Vitamin B_{12} Deficiency and Alzheimer Disease," Neurology 58, no. 9 (2002): 1395–9.

44. J. M. Pasquini and A. M. Adamo, "Thyroid Hormones and the Central Nervous System," Developmental Neuroscience 16 (1994): 1–8.

45. J. Bernal and J. Nunez, "Thyroid Hormones and Brain Development," European Journal of Endocrinology 133 (1995): 390–98.

46. B. L. Jorissen, F. Brouns, M. P. Van Boxtel, and W. J. Riedel, "Safety of Soy-Derived Phosphatidylserine in Elderly People," Nutritional Neuroscience 5, no. 5 (2002): 337–43.

47. I. Skoog, L. Nilsson, B. Palmertz, et al., "A Population-Based Study of Dementia in 85-Year-Olds," New England Journal of Medicine 328 (1993): 153–58.

48. J. S. Meyer, B.W. Judd, T. Tawakina, et al., "Improved Cognition After Control of Risk Factors for Multi-Infarct Dementia," Journal of the American Medical Association 256 (1986): 2203–9.

49. N. Pancharuniti, C. A. Lewish, H. E. Sauberlich, et al., "Plasma Homocysteine, Folate, and Vitamin B_{12} Concentrations and Risk Factors for Early Onset Coronary Artery Disease," American Journal of Clinical Nutrition 59 (1994): 940–48.

50. P. A. Bastenie, L. Van Haelst, M. Bonnyns, et al., "Preclinical Hypothyroidism: A Risk Factor for Coronary Heart Disease," Lancet 1 (1971): 203–4.

51. L. A. Rybaczyk, M. J. Bashaw, D. R. Pathak, S. M. Moody, R. M. Gilders, and D. L. Holzschu, "An Overlooked Connection: Serotonergic Mediation of Estrogen-Related Physiology and Pathology," BMC Women's Health, 5, no. 1 (2005): 12.

52. M. L. Ancelin and K. Ritchie, "Lifelong Endocrine Fluctuations and Related Cognitive Disorders," Current Pharmaceutical Design 11, no. 32 (2005): 4229–52.

53. V. W. Henderson, "Estrogen-Containing Hormone Therapy and Alzheimer's Disease Risk: Understanding Discrepant Inferences from Observational and Experimental Research," Neuroscience 138, no. 3 (2006): 1031–9.

54. B. B. Sherwin, "Estrogen and/or Androgen Replacement Therapy and Cognitive Functioning in Surgically Menopausal Women," Psychoneuroendocrinology 13 (1988): 345–57.

55. G. Bertschy, D. De Ziegler, and F. Bianchi-Demicheli, "Mood Disorders in Perimenopausal Women: Hormone Replacement or Antidepressant Therapy?" Revue Médicale Suisse 1, no. 33 (2005): 2155–6, 2159–61.

56. M. L. Morgan, I. A. Cook, A. J. Rapkin, A. F. Leuchter, "Estrogen Augmentation of Antidepressants in Perimenopausal Depression: A Pilot Study," Journal of Clinical Psychiatry 66, no. 6 (2005): 774–80.

57. B. B. Sherwin, "Affective Changes with Estrogen and Androgen Replacement Therapy in Surgically Menopausal Women," Journal of Affective Disorders 14 (1988): 177–87.

CAPÍTULO 18

1. W. M. Wiersinga, "Thyroid Hormone Replacement Therapy," Hormone Research 56, suppl. 1 (2001): 74–81.

2. R. W. Rees-Jones and P. R. Larsen, "Triiodothyronine and Thyroxine Content of Desiccated Thyroid Tablets," Metabolism 26 (1977): 1213–18.

3. S. N. Bjerke, T. Bjoro, and S. Heyerdahl, "Psychiatric and Cognitive Aspects of Hypothyroidism," Tidsskrift for den Norske Laegenforening 121, no. 20 (2001): 2373–6.

4. M. Alevizaki, E. Mantzou, A. T. Cimponeriu, C. C. Alevizaki, and D. A. Koutras, "TSH May Not Be a Good Marker for Adequate Thyroid Hormone Replacement Therapy," Wiener Klinische Wochenschrift 117, no. 18 (2005): 636–40.

5. H. F. Escobar-Morreale, F. E. Escobar del Rey, M. J. Obregon, and G. Morreale de Escobar, "Only the Combined Treatment with Thyroxine and Triiodothyronine Ensures Euthyroidism in All Tissues of the Thyroidectomized Rat," Endocrinology 137 (1996): 2490–502.

6. G. Hennemann, R. Docter, T. J. Visser, P. T. Postema, and E. P. Krenning, "Thyroxine Plus Low-Dose, Slow-Release Triiodothyronine Replacement in Hypothyroidism: Proof of Principle," Thyroid 14, no. 4 (2004): 271–75.

7. R. Bunevicius, G. Kazanavicius, R. Zalinkevicius, and A. J. Prange Jr., "Effects of Thyroxine as Compared with Thyroxine Plus Triiodothyronine in Patients with Hypothyroidism," New England Journal of Medicine 340 (1999): 424–29.

8. S. Grozinsky-Glasberg, A. Fraser, E. Nahshoni, A. Weizman, and L. Leibovici, "Thyroxine-Triiodothyronine Combination Therapy Versus Thyroxine Monotherapy for Clinical Hypothyroidism—Meta-Analysis of Randomized Controlled Trials," Journal of Clinical Endocrinology and Metabolism 91, no. 7 (2006): 2592–9.

CAPÍTULO 19

1. M. J. Nyirenda, D. N. Clark, A. R. Finlayson, J. Read, A. Elders, M. Bain, K. A. Fox, and A. D. Toft, "Thyroid Disease and Increased Cardiovascular Risk," Thyroid 15, no. 7 (2005): 718–24.

2. W. J. W. Morrow, J. Homsy, and J. A. Levy, "The Influence of Nutrition on Experimental Autoimmune Disease," in Nutrient Modulation of the Immune Response, edited by S. Cunningham-Rundles, 153–67 (New York: Dekker, 1993).

3. M. Messina and G. Redmond, "Effects of Soy Protein and Soybean Isoflavones on Thyroid Function in Healthy Adults and Hypothyroid Patients: A Review of the Relevant Literature," Thyroid 16, no. 3 (2006): 249–58.

4. B. B. Sherwin, "Affective Changes with Estrogen and Androgen Replacement Therapy in Surgically Menopausal Women," Journal of Affective Disorders 14 (1988): 177–87.

5. A. L. Williams, D. Katz, A. Ali, C. Girard, J. Goodman, and I. Bell, "Do Essential Fatty Acids Have a Role in the Treatment of Depression?" Journal of Affective Disorders 93, no. 1–3 (2006): 117–23.

6. V. E. Kelley, A. Ferretti, S. Izui, et al., "A Fish Oil Diet Rich in Eicosapentaenoic Acid Reduces Cyclooxygenase Metabolites and Suppresses Lupus in MRL/1pr Mice," Journal of Immunology 134 (1985): 1914–9.

7. B. D'Avanzo, E. Ron, C. La Vecchia, et al., "Selected Micronutrient Intake and Thyroid Carcinoma Risk," Cancer 79 (1997): 2186–92.

8. O. Olivieri, D. Girelli, M. Azzini, et al., "Low Selenium Status in the Elderly Influences Thyroid Hormones," Clinical Science 89 (1995): 637–42.

9. F. Licastro, E. Mocchenegiani, M. Zannotti, et al., "Zinc Affects the Metabolism of Thyroid Hormones in Children with Down's Syndrome: Normalisation of Thyroid-Stimulating Hormone and of Reverse Triiodothyronine Plasmic Levels by Dietary Zinc Supplementation," International Journal of Neuroscience 65 (1992): 259–68.

10. J. S. Hampl, C. A. Taylor, and C. S. Johnston, "Vitamin C Deficiency and Depletion in the United States: The Third National Health and Nutrition Examination Survey, 1988 to 1994," American Journal of Public Health 94, no. 5 (2004): 870–75.

11. K. Asayama and K. Kato, "Oxidative Muscular Injury and Its Relevance to Hyperthyroidism," Free Radical Biology and Medicine 8 (1990): 293–303.

12. V. Bacic Vrca, F. Skreb, I. Cepelak, Z. Romic, and L. Mayer, "Supplementation with Antioxidants in the Treatment of Graves' Disease; The Effect on Glutathione Peroxidase Activity and Concentration of Selenium," Clinica Chimica Acta 341, no. 1–2 (2004): 55–63.

13. M. Kornitzer, F. Valente, D. De Bacquer, J. Neve, and G. De Backer, "Serum Selenium and Cancer Mortality: A Nested Case-Control Study Within an Age- and Sex-Stratified Sample of the Belgian Adult Population," European Journal of Clinical Nutrition 58, no. 1 (2004): 98–104.

14. P. D. Whanger, "Selenium and the Brain: A Review," Nutritional Neuroscience 4, no. 2 (2001): 81–97.

15. M. J. Berry and P. R. Larsen, "The Role of Selenium in Thyroid Hormone Action," Endocrine Reviews 13 (1992): 207–19.

16. R. Gärtner, B. C. Gasnier, J. W. Dietrich, B. Krebs, and M. W. Angstwurm, "Selenium Supplementation in Patients with Autoimmune Thyroiditis Decreases Thyroid Peroxidase Antibodies Concentrations," Journal of Clinical Endocrinology and Metabolism 87, no. 4 (2002): 1687–91.

17. J. F. Bach, "The Multi-Faceted Zinc Dependency of the Immune System," Immunology Today 2 (1981): 225–27.

18. C. W. Levenson, "Zinc: The New Antidepressant?" Nutrition Reviews 64, no. 1 (2006): 39–42.

19. A. L. Williams, A. Cotter, A. Sabina, C. Girard, J. Goodman, and D. L. Katz, "The Role for Vitamin B-6 as Treatment for Depression: A Systematic Review," Family Practice 22, no. 5 (2005): 532–37.

20. R. Salerno-Kennedy and K. D. Cashman, "Relationship Between Dementia and Nutrition-Related Factors and Disorders: An Overview," International Journal for Vitamin and Nutrition Research 75, no. 2 (2005): 83–95.

21. J. E. Maras, O. I. Bermudez, N. Qiao, P. J. Bakun, E. L. Boody-Alter, and K. L. Tucker, "Intake of Alpha-Tocopherol Is Limited Among US Adults," Journal of the American Dietetic Association 104, no. 4 (2004): 567–75.

22. A. Cherubini, A. Martin, C. Andres-Lacueva, et al., "Vitamin E Levels, Cognitive Impairment and Dementia in Older Persons: The InCHIANTI Study," Neurobiology and Aging 26, no. 7 (2005): 987–94.

23. C. Hatzigeorgiou, A. J. Taylor, I. M. Feuerstein, L. Bautista, and P. G. O'Malley, "Antioxidant Vitamin Intake and Subclinical Coronary Atherosclerosis," Preventive Cardiology 9, no. 2 (2006): 75–81.

24. K. Hensley, E. J. Benaksas, R. Bolli, et al., "New Perspectives on Vitamin E: Gamma-Tocopherol and Carboxyethylhydroxychroman Metabolites in Biology and Medicine," Free Radical Biology and Medicine 36, no. 1 (2004): 1–15.

25. T. Mano, K. Iwase, R. Hayashi, et al. "Vitamin E and Coenzyme Q Concentrations in the Thyroid Tissues of Patients with Various Thyroid Disorders," American Journal of the Medical Sciences 315, no. 4 (1998): 230–32.

26. W. B. Alshuaib and M. V. Mathew, "Vitamins C and E Modulate Neuronal Potassium Currents," Journal of Membrane Biology 210, no. 3 (2006): 193–8.

27. A. Coppen and C. Bolander-Gouaille, "Treatment of Depression: Time to Consider Folic Acid and Vitamin B_{12}," Journal of Psychopharmacology 19, no. 1 (2005): 59–65.

28. K. Lechner, M. Fodinger, W. Grisold, A. Puspok, and C. Sillaber, "Vitamin B_{12} Deficiency. New Data on an Old Theme," Wiener Klinische Wochenschrift 117, no. 17 (2005): 579–91.

29. F. Ogura, H. Morii, M. Ohno, T. Ueno, S. Kitabatake, N. Hamada, and K. Ito, "Serum Coenzyme Q10 Levels in Thyroid Disorders," Hormone and Metabolism Research 12, no. 10 (1980): 537–40.

30. W. K. Al-Delaimy, E. B. Rimm, W. C. Willett, M. J. Stampfer, and F. B. Hu, "Magnesium Intake and Risk of Coronary Heart Disease Among Men," Journal of the American College of Nutrition 23, no. 1 (2004): 63–70.

31. N. R. Rose, A. M. Saboori, L. Rasooly, et al., "The Role of Iodine in Autoimmune Thyroiditis." Clinical Reviews in Immunology 17 (1997): 511–17.

32. H. R. Harach and E. D. Williams, "Thyroid Cancer and Thyroiditis in the Goitrous Region of Salta, Argentina, Before and After Iodine Prophylaxis," Clinical Endocrinology 43 (1995): 701–6.

33. P. P. Smyth and L. H. Duntas, "Iodine Uptake and Loss—Can Frequent Strenuous Exercise Induce Iodine Deficiency?" Hormone and Metabolism Research 37, no. 9 (2005): 555–58.

34. M. F. Holick, E. S. Siris, N. Binkely, et al., "Prevalence of Vitamin D Inadequacy Among Postmenopausal North American Women Receiving Osteoporosis Therapy," Journal of Clinical Endocrinology and Metabolism 90, no. 6 (2005): 3215–24.

35. Y. Doi, H. Yamashita, and S. Noguchi, "High Prevalence of Secondary Hyperparathyroidism Due to Vitamin D Insufficiency in Graves' Disease," Clinical Calcium 15, suppl. 1 (2005): 68–70.

36. M. F. Holick, "Vitamin D: Important for Prevention of Osteoporosis, Cardiovascular Heart Disease, Type 1 Diabetes, Autoimmune Diseases, and Some Cancers," Southern Medical Journal 98, no. 10 (2005): 1024–7.

37. F. M. Gloth III, W. Alam, and B. Hollis, "Vitamin D Versus Broad Spectrum Phototherapy in the Treatment of Seasonal Affective Disorder," Journal of Nutrition, Health, and Aging 3, no. 1 (1999): 5–7.

38. C. Ernst, A. K. Olson, J. P. Pinel, R. W. Lam, and B. R. Christie, "Antidepressant Effect of Exercise: Evidence for an Adult-Neurogenesis Hypothesis?" Journal of Psychiatry and Neuroscience 31, no. 2 (2006): 84–92.

39. C. C. Chow and C. S. Cockram, "Thyroid Disorders Induced by Lithium and Amiodarone: An Overview," Adverse Drug Reactions and Acute Poisoning Reviews 9, no. 4 (1990): 207–22.

40. F. Monzani, N. Caraccio, A. Dardano, and E. Ferrannini, "Thyroid Autoimmunity and Dysfunction Associated with Type I Interferon Therapy," Clinical and Experimental Medicine 3, no. 4 (2004): 199–210.

41. K. C. McCowen, J. R. Garber, and R. Spark, "Elevated Serum Thyrotropin in Thyroxine-Treated Patients with Hypothyroidism Given Sertraline" (letter), New England Journal of Medicine 337, no. 14 (1997): 1010–11.

42. I. A. Holm, J. E. Manson, K. B. Michels, E. K. Alexander, W. C. Willett, and R. D. Utiger, "Smoking and Other Lifestyle Factors and the Risk of Graves' Hyperthyroidism," Archives of Internal Medicine 165, no. 14 (2005): 1606–11.

43. N. Knudsen, I. Bulow, P. Laurberg, H. Perrild, L. Ovesen, and T. Jorgensen, "High Occurrence of Thyroid Multinodularity and Low Occurrence of Subclinical Hypothyroidism Among Tobacco Smokers in a Large Population Study," Journal of Endocrinology 175, no. 3 (2002): 571–76.

44. S. Yoshida and M. E. Gershwin, "Autoimmunity and Selected Environmental Factors of Disease Induction," Semininars in Arthritis and Rheumatism 22, no. 6 (1993): 399–419.

45. G. D. Braunstein, R. Koblin, M. Sugawara, et al., "Unintentional Thyrotoxicosis Factitia Due to a Diet Pill," Western Journal of Medicine 145 (1986): 388–91.

46. F. Ohno and K. Miyoshi, "Clinical Observations on Thyreoidismus Medicamentosus Due to Weight-Reducing Pills in Japan," Endocrinologica Japonica 18 (1971): 321–23.

CAPÍTULO 20

1. C. A. Gorman, R. S. Bahn, and J. A. Garrity, "Ophthalmopathy," in Werner and Ingbar's The Thyroid, 6th ed., edited by L. E. Braverman and R. D. Utiger, 657–76 (Philadelphia: Lippincott, 1991).

2. B. J. Major, B. E. Busuttil, and A. G. Frauman, "Graves' Ophthalmopathy: Patho-genesis and Clinical Implications," Australian and New Zealand Journal of Medicine 28 (1998): 39–45.

3. D. L. Kendler, J. Lippa, and J. Rootman, "The Initial Clinical Characteristics of Graves' Orbitopathy Vary with Age and Sex," Archives of Ophthalmology 111 (1993): 197–201.

4. J. Tallstedt, G. Lundell, O. Tørring, et al., "Occurrence of Ophthalmopathy After Treatments of Graves' Hyperthyroidism," New England Journal of Medicine 326 (1992): 1733–8.

5. B. Bush, Barbara Bush: A Memoir (New York: St. Martin's, 1994).

6. M. Farid, A. C. Roch-Levecq, L. Levi, B. L. Brody, D. B. Granet, and D. O. Kikkawa, "Psychological Disturbance in Graves' Ophthalmopathy," Archives of Ophthalmol-ogy 123, no. 4 (2005): 491–96.

7. P. Perros, A. L. Cromble, and P. Kendall-Taylor, "Natural History of Thyroid-Associ-ated Ophthalmopathy," Clinical Endocrinology 42 (1995): 45–50.

8. R. S. Bahn, "Assessment and Management of the Patient with Graves' Ophthalmopa-thy," Endocrine Practice 1, no. 3 (1995): 172–78.

9. I. B. Hales and F. F. Rundle, "Ocular Changes in Graves' Disease: A Long-Term Follow-up Study," Quarterly Journal of Medicine 29 (1960): 113–26.

10. G. B. Bartley, V. Fatourechi, E. F. Kadrmas, et al., "The Treatment of Graves' Oph-thal-mopathy in an Incidence Cohort," American Journal of Ophthalmology 121 (1996): 200–206.

11. M. J. Shih, S. L. Liao, and H. Y Lu, "A Single Transcutaneous Injection with Botox for Dysthyroid Lid Retraction," Eye 18, no. 5 (2004): 466–69.

12. I. A. Petersen, J. P. Kriss, I. R. McDougall, et al., "Prognostic Factors in the Radio-therapy of Graves' Ophthalmopathy," International Journal of Radiation Oncol-ogy/Biology/Physics 19 (1990): 259–64.

13. C. M. Ng, H. K. Yuen, K. L. Choi, et al., "Combined Orbital Irradiation and Sys-temic Steroids Compared with Systemic Steroids Alone in the Management of Mod-erate-to-Severe Graves' Ophthalmopathy: A Preliminary Study," Hong Kong Medical Journal 11, no. 5 (2005): 322–30.

14. L. Baldeschi, I. M. Wakelkamp, R. Lindeboom, M. F. Prummel, and W. M. Wiersinga, "Early Versus Late Orbital Decompression in Graves' Orbitopathy: A Retrospective Study in 125 Patients," Ophthalmology 113, no. 5 (2006): 874–78.

15. A. Eckstein, B. Quadbeck, G. Mueller, A. W. Rettenmeier, R. Hoermann, K. Mann, P. Steuhl, and J. Esser, "Impact of Smoking on the Response to Treatment of Thyroid Associated Ophthalmopathy," British Journal of Ophthalmology 87, no. 6 (2003): 773–76.

16. M. F. Prummel, W. M. Wiersinga, M. Mourits, et al., "Effect of Abnormal Thyroid Function on the Severity of Graves' Ophthalmopathy," Archives of Internal Medi-cine 150 (1990): 1098–1101.

17. L. Bartalena, C. Marocci, F. Bogazzi, et al., "Relation Between Therapy for Hyper-thyroidism and the Course of Graves' Ophthalmopathy," New England Journal of Medicine 338, no. 2 (1998): 73–78.

18. L. Bartalena, C. Marocci, F. Bogazzi, et al., "Use of Corticosteroids to Prevent Pro-gression of Graves' Ophthalmopathy After Radioiodine Therapy for Hyperthyroid-ism," New England Journal of Medicine 321 (1989): 1349–52.

19. N. Sonino, M. E. Girelli, M. Boscaro, et al., "Life Events in the Pathogenesis of Graves' Disease," Acta Endocrinologica 128 (1993): 293–96.

20. B. Shine, P. Fells, O. M. Edwards, et al., "Association Between Graves' Ophthalmopathy and Smoking," Lancet 335 (1990): 1261–3.

21. E. A. Bouzas, P. Karadimas, G. Mastorakos, and D. A. Koutras, "Antioxidant Agents in the Treatment of Graves' Ophthalmopathy," American Journal of Ophthalmology 129, no. 5 (2000): 618–22.

CAPÍTULO 21

1. A. Jemal, T. Murray, E. Ward, et al., "Cancer Statistics 2005," CA, Cancer Journal for Clinicians 55 (2005): 10–30.

2. M. Imaizumi, T. Usa, T. Tominaga, et al., "Radiation Dose-Response Relationships for Thyroid Nodules and Autoimmune Thyroid Diseases in Hiroshima and Nagasaki Atomic Bomb Survivors 55–58 Years After Radiation Exposure," Journal of the American Medical Association 295, no. 9 (2006): 1011–22.

3. American Thyroid Association Guidelines Task Force, "Management Guidelines for Patients with Thyroid Nodules and Differentiated Thyroid Cancer," Thyroid 16, no. 2 (2006): 109–41.

4. R. L. Rossi, B. Cady, and M. L. Silverman, "Surgically Incurable Well-Differentiated Thyroid Carcinoma: Prognostic Factors and Results of Therapy," Archives of Surgery 123 (1988): 569–74.

5. D. Zimmerman, I. D. Hay, and I. R. Gough, "Papillary Thyroid Carcinoma in Children and Adults: Long-Term Follow-up of 1,039 Patients Conservatively Treated at One Institution During Three Decades," Surgery 104 (1988): 1157–66.

6. A. Schindler, G. Van Melle, B. Evequoz, et al., "Prognostic Factors in Papillary Carcinoma of the Thyroid," Cancer 68 (1991): 324–30.

7. D. P. Aiello and A. Manni, "Thyroglobulin Measurements vs. Iodine 131 Total-Body Scan for Follow-up of Well-Differentiated Thyroid Cancer," Archives of Internal Medicine 150 (1990): 437–39.

8. AACE/AME Task Force on Thyroid Nodules, "American Association of Clinical Endocrinologists and Associazione Medici Endocrinologi Medical Guidelines for Clinical Practice for the Diagnosis and Management of Thyroid Nodules," Endocrine Practice 12, no. 1 (2006): 63–102.

9. E. K. Alexander, E. Marqusee, J. Orcutt, C. B. Benson, M. C. Frates, P. M. Doubilet, E. S. Cibas, and A. Atri, "Thyroid Nodule Shape and Prediction of Malignancy," Thyroid 14, no. 11 (2004): 953–58.

10. F. S. Greenspan, "The Role of Fine-Needle Aspiration Biopsy in the Management of Palpable Thyroid Nodules," Pathology Patterns 108, no. 4 suppl. (1997): S26–30.

11. M. Boignon and D. Moyer, "Solitary Thyroid Nodules: Separating Benign from Malignant Conditions," Postgraduate Medicine 98, no. 2 (1995): 73–80.

12. R. M. Tuttle, H. Lemar, and H. B. Burch, "Clinical Features Associated with an Increased Risk of Thyroid Malignancy in Patients with Follicular Neoplasia by Fine-Needle Aspiration," Thyroid 8, no. 5 (1998): 377–83.

13. B. Miller, S. Burkey, G. Lindberg, W. H. Snyder III, and F. E. Nwariaku, "Prevalence of Malignancy Within Cytologically Indeterminate Thyroid Nodules," American Journal of Surgery 188, no. 5 (2004): 459–62.

14. L. R. Ylagan, T. Farkas, and L. P. Dehner, "Fine Needle Aspiration of the Thyroid: A Cytohistologic Correlation and Study of Discrepant Cases," Thyroid 14, no. 1 (2004): 35–41.

15. American Thyroid Association Guidelines Task Force, "Management Guidelines for Patients with Thyroid Nodules and Differentiated Thyroid Cancer," Thyroid 16, no. 2 (2006): 109–41.

16. S. M. Chow, S. C. Law, J. K. Chan, S. K. Au, S. Yau, and W. H. Lau, "Papillary Microcarcinoma of the Thyroid—Prognostic Significance of Lymph Node Metastasis and Multifocality," Cancer 98 (2003): 31–40.

17. E. Papini, R. Guglielmi, A. Bianchini, et al., "Risk of Malignancy in Nonpalpable Thyroid Nodules: Predictive Value of Ultrasound and Color-Doppler Features," Journal of Clinical Endocrinology and Metabolism 87, no. 5 (2002): 1941–6.

18. F. Zelmanovitz, S. Genro, and J. L. Gross, "Suppressive Therapy with Levothyroxine for Solitary Thyroid Nodules: A Double-Blind Controlled Clinical Study and Cumulative Meta-Analyses," Journal of Clinical Endocrinology and Metabolism 83, no. 11 (1998): 3881–5.

19. M. Koc, H. O. Ersoz, I. Akpinar, D. Gogas-Yavuz, O. Deyneli, and S. Akalin, "Effect of Low- and High-Dose Levothyroxine on Thyroid Nodule Volume: A Crossover Placebo-Controlled Trial," Clinical Endocrinology 57, no. 5 (2002): 621–28.

20. G. Costante, U. Crocetti, E. Schifino, et al., "Slow Growth of Benign Thyroid Nodules After Menopause: No Need for Long-Term Thyroxine Suppressive Therapy in Post-Menopausal Women," Journal of Endocrinological Investigation 27, no. 1 (2004): 31–36.

21. A. E. Schwartz, O. H. Clark, P. Ituarte, et al., "Therapeutic Controversy: Thyroid Surgery—The Choice," Journal of Clinical Endocrinology and Metabolism 83, no. 4 (1998): 1097–105.

22. L. A. Burmeister, R. P. du Cret, and C. N. Mariash, "Local Reactions to Radioiodine in the Treatment of Thyroid Cancer," American Journal of Medicine 90 (1991): 217–22.

23. L. Vini, S. Hyer, A. Al-Saadi, B. Pratt, and C. Harmer, "Prognosis for Fertility and Ovarian Function After Treatment with Radioiodine for Thyroid Cancer," Postgraduate Medical Journal 78 (2002): 92–93.

24. C. Ceccarelli, W. Bencivelli, D. Morciano, A. Pinchera, and F. Pacini, "131I Therapy for Differentiated Thyroid Cancer Leads to an Earlier Onset of Menopause: Results of a Retrospective Study," Journal of Clinical Endocrinology and Metabolism 86, no. 8 (2001): 3512–5.

25. M. Schlumberger, F. De Vathaire, C. Ceccarelli, et al., "Exposure to Radioactive Iodine-131 for Scintigraphy or Therapy Does Not Preclude Pregnancy in Thyroid Cancer Patients," Journal of Nuclear Medicine 37 (1996): 606–12.

26. M. Wichers, E. Benz, H. Palmedo, H. J. Biersack, F. Grunwald, and D. Klingmuller, "Testicular Function After Radioiodine Therapy for Thyroid Carcinoma," European Journal of Nuclear Medicine 27, no. 5 (2000): 503–7.

27. S. J. Mandel and L. Mandel, "Radioactive Iodine and the Salivary Glands," Thyroid 13, no. 3 (2003): 265–71.

28. C. Rubino, F. de Vathaire, M. E. Dottorini, et al., "Second Primary Malignancies in Thyroid Cancer Patients," British Journal of Cancer 89, no. 9 (2003): 1638–44.

29. A. Y. Chen, L. Levy, H. Goepfert, B. W. Brown, M. R. Spitz, and R. Vassilopoulou-Sellin, "The Development of Breast Carcinoma in Women with Thyroid Carcinoma," Cancer 92 (2001): 225–31.

30. P. Hall, L. E. Holm, G. Lundell, et al., "Cancer Risks in Thyroid Cancer Patients," British Journal of Cancer 64 (1991): 159–63.

31. P. W. Ladenson, L. E. Braverman, E. L. Mazzaferri, et al., "Comparison of Administration of Recombinant Human Thyrotropin with Withdrawal of Thyroid Hormone for Radioactive Iodine Scanning in Patients with Thyroid Carcinoma," New England Journal of Medicine 337, no. 13 (1997): 888–96.

32. E. L. Mazzaferri and R. T. Kloos, "Is Diagnostic Iodine-131 Scanning with Recombinant Human TSH Useful in the Follow-up of Differentiated Thyroid Cancer After Thyroid Ablation?" Journal of Clinical Endocrinology and Metabolism 87, no. 4 (2002): 1490–8.

33. E. L. Mazzaferri, R. J. Robbins, L. E. Braverman, et al., "Author's Response: A Consensus Report of the Role of Serum Thyroglobulin as a Monitoring Method for Low-Risk Patients with Papillary Thyroid Carcinoma," Journal of Clinical Endocrinology and Metabolism 88 (2003): 4508–9.

34. American Thyroid Association Guidelines Task Force, "Management Guidelines for Patients with Thyroid Nodules and Differentiated Thyroid Cancer," Thyroid 16, no. 2 (2006): 109–41.

CAPÍTULO 22

1. S. I. Sherman, P. Nadkarni, and R. Arem, "Outcomes of a Community TSH Screening Program," abstract presented at the Seventy-ninth Annual Meeting of the Endocrine Society, Minneapolis, June 11, 1997.

2. M. D. Danese, N. R. Powe, C. T. Sawin, et al., "Screening for Mild Thyroid Failure at the Periodic Health Examination: A Decision and Cost-Effectiveness Analysis," Journal of the American Medical Association 276 (1996): 285–92.

3. L. H. Fish, "The Role of the Endocrinologist in Patient Care: Indications for Specialty Consultations and Management," Endocrine News 20, no. 2 (1995): 3.

4. L. Wartofsky, "The Scope and Impact of Thyroid Disease," Clinical Chemistry 42 (1996): 121–24.

RECURSOS

ORGANIZACIONES NACIONALES

HORMONE FOUNDATION
(FUNDACIÓN DE LAS HORMONAS)
(EDUCACIÓN PÚBLICA ACERCA DE AFECCIONES
RELACIONADAS CON LAS HORMONAS)
www.hormone.org
8401 Connecticut Ave, Suite 900
Chevy Chase, MD 20815-5817
Teléfono: 1-800-HORMONE

THE THYROID FOUNDATION OF AMERICA
(LA FUNDACIÓN TIROIDEA DE LOS ESTADOS UNIDOS)
www.allthyroid.org, www.tsh.org
One Longfellow Place, Suite 1518
Boston, MA 02114
Teléfono: 1-800-832-8321

NATIONAL GRAVES' DISEASE FOUNDATION
(FUNDACIÓN NACIONAL DE LA ENFERMEDAD DE GRAVES)
www.ngdf.org
PO Box 1969
Brevard, NC 28712
Teléfono: 1-828-877-5251 or 877-643-3123

AMERICAN THYROID ASSOCIATION, PATIENT RESOURCES
(ASOCIACIÓN DE LA TIROIDES DE LOS ESTADOS UNIDOS,
RECURSOS PARA PACIENTES)
www.thyroid.org
6066 Leesburg Pike, Suite 550
Falls Church, VA 22041
Teléfono: 1-800-THYROID

LIGHT OF LIFE FOUNDATION (FOR THYROID CANCER PATIENTS)
(FUNDACIÓN LUZ DE VIDA, PARA PACIENTES CON CÁNCER DE TIROIDES)
www.checkyourneck.com
PO Box 163
Manalapan, NJ 07726
Teléfono: 1-877-LOL-NECK (565-6325)
Dirección de correo electrónico: info@checkyourneck.com

THYCA: THYROID CANCER SURVIVORS' ASSOCIATION, INC.
(ASOCIACIÓN DE SOBREVIVIENTES DE CÁNCER DE TIROIDES)
www.thyca.org
PO Box 1545
New York, NY 10159-1545
Teléfono: 1-877-588-7904

THE KELLY G. RIPKEN PROGRAM
(PROGRAMA KELLY G. RIPKEN)
http://thyroid-ripken.med.jhu.edu
Johns Hopkins Medicine
1830 E. Monument Street, Suite 333
Baltimore, MD 21287
Teléfono: 888-595-2131

ORGANIZACIONES INTERNACIONALES

THYROID FOUNDATION OF CANADA
(FUNDACIÓN DE LA TIROIDES DE CANADÁ)
www.thyroid.ca
797 Princess Street, Suite 304
Kingston, ON K7L 1G1, Canada
Teléfono: 1-800-267-8822 in Canada

CANADIAN THYROID CANCER SUPPORT GROUP (THYR'VORS) INC.
(GRUPO DE APOYO PARA PACIENTES CON CÁNCER DE TIROIDES DE CANADÁ)
www.thryvors.org
PO Box 23007
550 Eglinton Avenue West
Toronto, ON M5N 3A8, Canada
Teléfono: 416-487-8267

THYROID FEDERATION INTERNATIONAL (FEDERACIÓN
INTERNACIONAL DE LA TIROIDES)
(RECURSO PARA PERSONAS INTERESADAS EN ESTABLECER UNA
ORGANIZACIÓN LOCAL PARA PACIENTES)
www.thyroid-fed.org
797 Princess Street, Suite 304
Kingston ON K7L 1G1, Canada
Teléfono: 613-544-8364
Dirección de correo electrónico: tfi@on.aibn.com

BRITISH THYROID FOUNDATION
(FUNDACIÓN BRITÁNICA DE LA TIROIDES)
www.btf-thyroid.org
PO Box 97, Clifford
Wetherby, West Yorkshire LS23 6XD, United Kingdom
Teléfono: +44 (0) 1423 7 09448

THYROID EYE DISEASE (TED) HEAD OFFICE
(OFICINA CENTRAL DE LA ENFERMEDAD OCULAR TIROIDEA)
www.tedct.co.uk
P.O. Box 2954, Calne, SN11 8WR
Teléfono: +44 (0) 844 8008133
Dirección de correo electrónico: ted@tedct.co.uk

ASSOCIATION FRANÇAISE DES MALADES DE LA THYROIDE
(ASOCIACIÓN FRANCESA DE ENFERMEDADES DE LA TIROIDES)
www.asso-malades-thyroide.org
BP 1-82 700 Bourret, France
Dirección de correo electrónico: asso.thyroide@worldonline.fr

SCHILDDRUSEN-LIGA DEUTSCHLAND E.V.
www.schilddruesenliga.de
Ev. Krankenhaus Bad Godesburg
Waldstrasse 73, 53177 Bonn, Germany
Teléfono: 0228 386 9060
Dirección de correo electrónico: info@schilddruesenliga.de

THYREOIDEA LANDSFORENINGEN
www.thyreoidea.dk
Strandkrogen 4A
3630 Jaegerspris, Denmark
Email: lis_l@get2net.dk

THYROID FOUNDATION OF FINLAND
(FUNDACIÓN DE LA TIROIDES DE FINLANDIA)
www.kolumbus.fi/kilpirauhasliitto
Vilhonkatu 4B
00100 Helsinki, Finland
Teléfono: (89)86846550

SCHILDKLIERSTICHTING NEDERLAND
www.schildklier.nl
Stationsplein 6
3818 LE Amersfoort, The Netherlands
Teléfono: +31 900 8998866
Dirección de correo electrónico: info@schildklier.nl

NORSK THYREOIDEAFORBUND
www.stoffskifte.org
Fr. Nansen plass 9, N-0160
Oslo, Norway
Teléfono: 011+ 47 22 94 1010
Dirección de correo electrónico: post@stoffskifte.org

THYROID FOUNDATION OF ST. PETERSBURG
(FUNDACIÓN DE LA TIROIDES DE SAN PETERSBURGO)
42 Chaykovsky St.
St. Petersburg 191123, Russia
Dirección de correo electrónico: gasparyan@peterlink.ru

AUSTRALIAN THYROID FOUNDATION
(FUNDACIÓN DE LA TIROIDES DE AUSTRALIA)
www.thyroidfoundation.com.au
PO Box 2103
Boronia Park, NSW 2111 AU
Teléfono: (02) 9890 4962
Dirección de correo electrónico: info@thyroidfoundation.com.au

THYROID AUSTRALIA
(TIROIDES AUSTRALIA)
www.thyroid.org.au
333 Waverley Road
Mount Waverley
Victoria 3149 Australia
Teléfono: +61 3988 2588

INSTITUTO DA TIROIDE
(INSTITUTO DE LA TIROIDES)
www.indatir.org.br
Teléfono: (5511) 3032-3090
R conselheiro Brotero 353, sala 36
Sao Paulo—SP—CEP 01154-000, Brazil
Dirección de correo electrónico: indatir@uol.com.br

SITIOS EDUCATIVOS EN EL INTERNET

**THYROIDWELLNESS.COM BRINDA INFORMACIÓN DETALLADA ACERCA DE
DIVERSOS TEMAS RELACIONADOS CON A LA TIROIDES PARA LA POBLACIÓN
EN GENERAL, ASÍ COMO LOS PRINCIPALES COMPONENTES DE UN
PROGRAMA COMPLETO DE CUERPO Y MENTE PARA TRATAR LA TIROIDES**
www.thyroidwellness.com

MYTHYROID.COM ES UNA PÁGINA DE INTERNET DEDICADA A ENFERMEDADES DE LA TIROIDES QUE CONTIENE INFORMACIÓN BASADA EN PRUEBAS Y QUE SE CENTRA EN EL PACIENTE, DISEÑADA POR EL DR. DANIEL J. DRUCKER DE LA UNIVERSIDAD DE TORONTO, EL HOSPITAL MOUNT SINAI, Y EL HOSPITAL GENERAL DE TORONTO
www.mythyroid.com

ENDOCRINEWEB.COM INCLUYE INFORMACIÓN ACERCA DE LOS TRASTORNOS TIROIDEOS, PARATIROIDEOS Y ENDÓCRINOS
www.endocrineweb.com

THYROID-CANCER.NET, DEL CENTRO DE TUMORES TIROIDEOS DE JOHNS HOPKINS, PARA PACIENTES CON NÓDULOS TIROIDEOS, QUE SE VAN A SOMETER A UNA BIOPSIA O QUE SE VAN A SOMETER A EVALUACIÓN Y TRATAMIENTO PARA EL CÁNCER TIROIDEO
www.thyroid-cancer.net

THYROIDMANAGER.ORG, RECURSO EDUCATIVO EN LÍNEA PARA MÉDICOS CLÍNICOS
www.thyroidmanager.org
www.thyroid.about.com

THYROID TODAY, UN RECURSO EDUCATIVO COMPLETO PARA MÉDICOS CLÍNICOS
www.thyroidtoday.com

DIRECTORIOS DE ESPECIALISTAS EN TIROIDES

AMERICAN THYROID ASSOCIATION (ASOCIACIÓN DE LA TIROIDES DE LOS ESTADOS UNIDOS)
www.thyroid.org
6066 Leesburg Pike, Suite 550
Falls Church, VA 22041
Teléfono: 1-800-THYROID

AMERICAN ASSOCIATION OF CLINICAL ENDOCRINOLOGISTS (ASOCIACIÓN DE ENDOCRINÓLOGOS CLÍNICOS DE LOS ESTADOS UNIDOS)
www.aace.com
245 Riverside Avenue, Suite 200
Jacksonville, FL 32202
Teléfono: 904-353-7878

THE ENDOCRINE SOCIETY (LA SOCIEDAD ENDOCRINA)
www.endo-society.org
8401 Connecticut Avenue, Suite 900
Chevy Chase, MD 20815
Teléfono: 301-941-0200

ORGANIZACIONES PARA LA FIBROMIALGIA

ADVOCATES FOR FIBROMYALGIA FUNDING, TREATMENT, EDUCATION AND RESEARCH (PARTIDARIOS DE LA RECAUDACIÓN DE FONDOS, TRATAMIENTO, EDUCACIÓN E INVESTIGACIÓN DE LA FIBROMIALGIA)
www.affter.org
PO Box 768
Libertyville, IL 60048-0768
Phone: 847-362-7807
Dirección de correo electrónico: info@affter.org

NATIONAL FIBROMYALGIA ASSOCIATION (ASOCIACIÓN NACIONAL DE FIBROMIALGIA)
www.fmaware.org
2121 S. Towne Centre Place, Suite 300
Anaheim, CA 42800
Teléfono: 714-921-0150

FIBROMYALGIA NETWORK (RED DE FIBROMIALGIA)
www.fmnetnews.com
PO Box 31750
Tucson, AZ 85751
Teléfono: 1-800-853-2929

AMERICAN FIBROMYALGIA SYNDROME (FMS) ASSOCIATION, INC. (ASOCIACIÓN DEL SÍNDROME DE LA FIBROMIALGIA DE LOS ESTADOS UNIDOS)
www.afsafund.org
PO Box 32698
Tucson, AZ 85751
Teléfono: 520-733-1570

NATIONAL FIBROMYALGIA RESEARCH ASSOCIATION (ASOCIACIÓN NACIONAL PARA LA INVESTIGACIÓN DE LA FIBROMIALGIA)
www.nfra.net
PO Box 500
Salem, OR 97308
Teléfono: 503-315-7257
Dirección de correo electrónico: nfra@firstpac.com

ORGANIZACIONES PARA EL SÍNDROME DE FATIGA CRÓNICA

CHRONIC FATIGUE AND IMMUNE DYSFUNCTION SYNDROME ASSOCIATION OF AMERICA (ASOCIACIÓN DE LA FATIGA CRÓNICA Y DEL SÍNDROME DE DISFUNCIÓN INMUNITARIA DE LOS ESTADOS UNIDOS)
www.cfids.org
PO Box 220398
Charlotte, NC 28222-0398
Teléfono: 704-365-2343

NATIONAL CFIDS FOUNDATION (FUNDACIÓN NACIONAL DEL SÍNDROME DE FATIGA CRÓNICA Y DISFUNCIÓN INMUNITARIA)
www.ncf-net.org
103 Aletha Road
Needham, MA 02492
Teléfono: 781-449-3535
Dirección de correo electrónico: info@ncf-net.org

ORGANIZACIONES PARA LOS TRASTORNOS AUTOINMUNITARIOS

AMERICAN AUTOIMMUNE RELATED DISEASES ASSOCIATION (ASOCIACIÓN DE ENFERMEDADES AUTOINMUNITARIAS DE LOS ESTADOS UNIDOS)
www.aarda.org
22100 Gratoit Avenue
E. Detroit, MI 48021
Teléfono: 586-776-3900

ARTHRITIS FOUNDATION (FUNDACIÓN DE LA ARTRITIS)
www.arthritis.org
Teléfono: 1-800-283-7800

LUPUS FOUNDATION OF AMERICA, INC. (FUNDACIÓN DEL LUPUS DE LOS ESTADOS UNIDOS)
www.lupus.org
National Office
2000 L. Street, N.W., Suite 710
Washington, DC 20036
Teléfono: 202-349-1155
Dirección de correo electrónico: info@lupus.org

SJÖGREN'S SYNDROME FOUNDATION (FUNDACIÓN DEL SÍNDROME DE SJÖGREN)
www.sjogrens.org
6707 Democracy Boulevard, Suite 325
Bethesda, MD 20817
Teléfono: 1-800-475-6473

SCLERODERMA FOUNDATION (FUNDACIÓN DEL ESCLERODERMA)
www.scleroderma.org
300 Rosewood Drive, Suite 105
Danvers, MA 01923
Teléfono: 1-800-722-HOPE

NATIONAL ADRENAL DISEASES FOUNDATION
(FUNDACIÓN NACIONAL DE ENFERMEDADES ADRENALES)
www.medhelp.org/nadf
505 Northern Boulevard
Great Neck, NY 11021
Teléfono: 516-487-4992

ORGANIZACIONES PARA LA SALUD MENTAL

NATIONAL INSTITUTE OF MENTAL HEALTH (NIMH)
(INSTITUTO NACIONAL DE SALUD MENTAL)
www.nimh.nih.gov
Public Information and Communications Branch
6001 Executive Boulevard, Room 8184, MSC 9663
Bethesda, MD 20892-9663
Teléfono: 1-866-615-6464
Dirección de correo electrónico: nimhinfo@nih.gov

NATIONAL ASSOCIATION FOR MENTAL ILLNESS
(ASOCIACIÓN NACIONAL DE ENFERMEDADES MENTALES)
www.nami.org
Colonial Place Three
2107 Wilson Blvd., Suite 300
Arlington, VA 22201-3042
Teléfono: 1-800-950-NAMI

NATIONAL MENTAL HEALTH ASSOCIATION
(ASOCIACIÓN NACIONAL DE SALUD MENTAL)
www.nmha.org
2000 N. Beauregard Street, 6th Floor
Alexandria, VA 22311
Teléfono: 703-684-7722

U.S. DEPARTMENT OF HEALTH AND HUMAN SERVICES
Substance Abuse and Mental Health Services Administration
National Mental Health Information Center
(DEPARTAMENTO DE SALUD Y SERVICIOS HUMANOS DE LOS ESTADOS
UNIDOS)
(Administración de Servicios para el Abuso de Sustancias y la Salud Mental
Centro Nacional de Información sobre la Salud Mental)
mentalhealth.samhsa.gov
PO Box 42557
Washington, DC 20015
Teléfono: 1-800-789-2647

DEPRESSION AND BIPOLAR SUPPORT ALLIANCE
(ALIANZA DE APOYO PARA LA DEPRESIÓN Y EL TRASTORNO BIPOLAR)
www.dbsalliance.org
730 N. Franklin Street, Suite 501
Chicago, IL 60610-7224
Teléfono: 1-800-826-3632

INTERNATIONAL FOUNDATION FOR RESEARCH AND EDUCATION ON
DEPRESSION (IFRED)
(FUNDACIÓN INTERNACIONAL PARA LA EDUCACIÓN
E INVESTIGACIÓN DE LA DEPRESIÓN)
www.ifred.org
2017-D Renard Court
Annapolis, MD 21401
Teléfono: 410-268-0044
Dirección de correo electrónico: info@ifred.org

AMERICAN PSYCHOLOGICAL ASSOCIATION
(ASOCIACIÓN PSICOLÓGICA DE LOS ESTADOS UNIDOS)
www.apa.org
750 First Street, N.E.
Washington, DC 20002-4242
Teléfono: 1-800-374-2721

AMERICAN PSYCHIATRIC ASSOCIATION
(ASOCIACIÓN PSIQUIÁTRICA DE LOS ESTADOS UNIDOS)
www.healthyminds.org
1000 Wilson Boulevard, Suite 1825
Arlington, VA 22209
Teléfono: 1-888-35-PSYCH
Dirección de correo electrónico: apa@psych.org

NATIONAL ORGANIZATION FOR SEASONAL AFFECTIVE DISORDER
(ORGANIZACIÓN NACIONAL PARA EL TRASTORNO AFECTIVO ESTACIONAL)
www.nosad.org

ANXIETY DISORDERS ASSOCIATION OF AMERICA
(ASOCIACIÓN DE TRASTORNOS DE ANSIEDAD DE LOS ESTADOS UNIDOS)
www.adaa.org
Teléfono: 240-485-1001

THE SOCIAL ANXIETY NETWORK
(RED PARA LA ANSIEDAD SOCIAL)
www.social-anxiety-network.com

THE ANXIETY NETWORK INTERNATIONAL
(RED INTERNACIONAL PARA LA ANSIEDAD)
www.anxietynetwork.com

OBSESSIVE COMPULSIVE FOUNDATION
(FUNDACIÓN DEL TRASTORNO OBSESIVO-COMPULSIVO)
www.ocfoundation.org
676 State Street
New Haven, CT 06511
Teléfono: 203-401-2070
Dirección de correo electrónico: info@ocfoundation.org

FREEDOM FROM FEAR
(LIBERTAD DEL MIEDO)
(ORGANIZACIÓN DE RECURSOS PARA PERSONAS
QUE SUFREN DE ANSIEDAD Y DEPRESIÓN)
www.freedomfromfear.org
308 Seaview Avenue
Staten Island, NY 10305
Teléfono: 718-351-1717
Dirección de correo electrónico: help@freedomfromfear.org

THERAPYWORLD
www.therapyworld.com
14359 Miramar Parkway, Suite 162
Miramar, FL 33027
Teléfono: 1-866-753-0574

ORGANIZACIONES PARA LA DEPRESIÓN POSPARTO

U.S. DEPARTMENT OF HEALTH AND HUMAN SERVICES
(DEPARTAMENTO DE SALUD Y SERVICIOS HUMANOS DE LOS ESTADOS
UNIDOS)
www.4woman.gov/faq/postpartum.htm
Teléfono: 1-800-994-9662

POSTPARTUM SUPPORT INTERNATIONAL
(ORGANIZACIÓN INTERNACIONAL DE APOYO DURANTE EL POSPARTO)
www.postpartum.net
Teléfono: 1-800-944-4773

MASSACHUSETTS GENERAL HOSPITAL
CENTER FOR WOMEN'S MENTAL HEALTH
(HOSPITAL GENERAL DE MASSACHUSETTS
CENTRO PARA LA SALUD MENTAL DE LAS MUJERES)
www.womensmentalhealth.org

ORGANIZACIONES PARA LA INFERTILIDAD

**THE AMERICAN FERTILITY ASSOCIATION
(ASOCIACIÓN DE FERTILIDAD DE LOS ESTADOS UNIDOS)**
www.theafa.org
305 Madison Avenue, Suite 449
New York, NY 10165
Teléfono: 1-888-917-3777
Dirección de correo electrónico: info@theafa.org

**RESOLVE: THE NATIONAL INFERTILITY ASSOCIATION
(RESOLVE: LA ASOCIACIÓN NACIONAL DE INFERTILIDAD)**
www.resolve.org
1760 Old Meadow Road
Suite 500
McLean, VA 22102
Teléfono: 703-556-7172
Dirección de correo electrónico: info@resolve.org

**FERTILITY RESOURCE NETWORK
(RED DE RECURSOS PARA LA FERTILIDAD)**
www.yourfertility.com
1216 Positas Road
Chula Vista, CA 91910
Dirección de correo electrónico: fertilitynet@aol.com

**NATIONAL INFERTILITY NETWORK EXCHANGE
(RED NACIONAL PARA LA INFERTILIDAD)**
www.nine-infertility.org
PO Box 204
East Meadow, NY 11554
Teléfono: 516-794-5772
Dirección de correo electrónico: info@nine-infertility.org

ORGANIZACIONES DE MEDICINA NUCLEAR

**SOCIETY OF NUCLEAR MEDICINE
(SOCIEDAD DE MEDICINA NUCLEAR)**
www.snm.org
1850 Samuel Morse Drive
Reston, VA 20190-5316
Teléfono: 703-708-9000

ORGANIZACIONES DE APOYO PARA CÓNYUGES

WELL SPOUSE ASSOCIATION
(ASOCIACIÓN PARA EL BIENESTAR DE LOS CÓNYUGES)
www.wellspouse.org
63 West Main Street, Suite H
Freehold, NJ 07728
Teléfono: 1-800-838-0879
Dirección de correo electrónico: info@wellspouse.org

NATIONAL FAMILY CAREGIVERS ASSOCIATION
(ASOCIACIÓN NACIONAL DE FAMILIARES CUIDADORES)
www.thefamilycaregiver.org
10400 Connecticut Avenue, Suite 500
Kensington, MD 20895-3944
Teléfono: 1-800-896-3650
Dirección de correo electrónico: info@thefamilycaregiver.org

FAMILY CAREGIVER ALLIANCE
(ALIANZA DE FAMILIARES CUIDADORES)
www.caregiver.org
180 Montgomery Street, Suite 1100
San Francisco, CA 94104
Teléfono: 1-800-445-8106
Dirección de correo electrónico: info@caregiver.org

AMERICAN ASSOCIATION OF SEXUALITY EDUCATORS, COUNSELORS, AND THERAPISTS
(ASOCIACIÓN DE EDUCADORES, ASESORES Y TERAPEUTAS EN SEXUALIDAD DE LOS ESTADOS UNIDOS)
www.aasect.org
PO Box 1960
Ashland, VA 23005-1960
Teléfono: 804-752-0026
Dirección de correo electrónico: aasect@aasect.org

ÍNDICE DE TÉRMINOS

H

El Dr. Ridha Arem es profesor clínico de Medicina de la Universidad de Medicina en Houston, Texas. Durante años trabajó como Jefe de Endocrinología y Metabolismo en el Hospital General Ben Taub y como Director Médico del Laboratorio Endócrino del Hospital Metodista.

El Dr. Arem ha hecho una gran aportación a la investigación de la tiroides y es el autor de muchos artículos publicados en revistas médicas de prestigio. Durante más de 10 años fue el editor en jefe de *Clinical Thyroidology*, una publicación periódica educativa que trata los trastornos tiroideos y que ahora es una publicación oficial de la Asociación de la Tiroides de los Estados Unidos, leída por miles de médicos a lo largo de todos los Estados Unidos.

Además de enseñar a estudiantes de Medicina y médicos que están recibiendo capacitación especializada en el Centro Médico de Texas, el Dr. Arem a menudo es invitado como ponente en diversos programas de educación médica continua dirigidos a médicos de atención primaria y especialistas. Frecuentemente imparte discursos sobre los trastornos tiroideos al público en general y en organizaciones de apoyo a pacientes y contribuye con la redacción de artículos y temas educativos para el público.

El Dr. Arem actualmente ejerce como especialista en trastornos tiroideos en el Centro Médico de Texas (www.TexasThyroidInstitute.com).